研究阐释党的十九届六中全会精神国家社科基金重点项目"推进义务教育优质均衡发展研究"（22AZD080）阶段性成果

MIANXIANG
XIANSHI DE
JIAOYU
TANSUO

面向现实的
教育探索

司晓宏 著

陕西师范大学出版总社 西安

图书代号：JY25N0901

图书在版编目（CIP）数据

面向现实的教育探索 / 司晓宏著 . -- 西安：陕西师范大学出版总社有限公司，2025. 7. -- ISBN 978-7-5695-5323-9

Ⅰ . G632.0

中国国家版本馆 CIP 数据核字第 2025Q43A79 号

面向现实的教育探索

MIANXIANG XIANSHI DE JIAOYU TANSUO

司晓宏　著

出 版 人 / 刘东风

出版统筹 / 侯海英　曹联养

策划编辑 / 曹联养　王　冰

责任编辑 / 王　冰　赵荣芳

责任校对 / 付玉肖　孟冰清

封面设计 / 纸坊工作室

出版发行 / 陕西师范大学出版总社

　　　　　（西安市长安南路 199 号　邮编 710062）

网　　址 / http://www.snupg.com

电　　话 /（029）85307864

印　　刷 / 天渠（西安）印务有限责任公司

开　　本 / 787 mm × 1092 mm　1/16

印　　张 / 38.25

字　　数 / 694 千

版　　次 / 2025 年 7 月第 1 版

印　　次 / 2025 年 7 月第 1 次印刷

书　　号 / ISBN 978-7-5695-5323-9

定　　价 / 158.00 元

序

　　出版社送来了书稿杀青，催促着让我写序言。凝视着一叠厚厚的书稿，一时竟不知从何说起、如何落笔。十八年前，时任中国教育学会中青年教育理论工作者分会理事长的石中英教授，倡议出版一套以中青年骨干为主体作者的教育理论研究丛书。当时我担任中青会的副理事长，于是积极响应，就把自己自1983年工作以来至2007年发表的学术论文汇集成册，冠名以《面向现实的教育关怀》于2008年由安徽教育出版社正式出版。弹指间，十八年已飞驰而过，并且自己也已到了退休的年轮。但凡退休之人，总喜欢回忆往事、总结过去，拾掇拾掇自己的一生。于是，便油然地产生了一种冲动，即想把自己继2008年那本册子后所发表的学术论文再梳理一下，汇集成书以资出版，这样既可以作为与上部书接续的姊妹篇，也聊作对自己后半期职业生涯的一个学术总结。

　　由于上部书冠名为《面向现实的教育关怀》，因此我将此书定名为《面向现实的教育探索》。其所以这样命名，一则是为了对此书中所辑录的70多篇文章在选题方向和研究内容上做一个凝练和概况；二则是想客观地反映自己一生来探索教育问题的旨趣以及长期躬耕教育实践的经历和经验。教育，是一个人人皆可议论的内涵极为丰富、外延极为广泛的公共话题。谈论教育，既可以从开天辟地、绵延不绝的人类文明说起，也可以从咿呀学语、步履蹒跚的孩童成长开议；既可以大至"教育强国"战略的擘画与筑就，也可以小至"人人成才"的探索与总结；既可宏阔开篇、形而上者论道，也可以见微知著、形而下者议器。总结自己一生的学术研究，在对问题选择的取向上，往往比较偏好于我国教育事业在各个阶段运行和发展中的具体实际问题，如西部地区教育发展问题、乡村教育振兴问题、义务教育均衡发展问题、中小学管理体制改革深化问题、高等教育人才培养质量提升问题、教育制度设计和政策供给问题等等。回顾自己近十多年所主持承担的教育部重大攻关项目、国家社科基金重点项目和一般项目、中宣部马工程重大项目等十几项课题，以及在《教育研究》《高等教育研究》《光明日报》等刊物发表的数十篇论文和在人民教育出版社、高等教育出版社等所出版的几部著作，大都是有关这方面的内容。有缘于此，所以将此论文集定名为《面向现实的教育探索》。

再从自己一生的工作经历来看，自1983年陕西师范大学教育系毕业留校后就一直从事教育管理学和教育学原理的教学与研究工作，相继从助教、讲师成长为教授、博导。与此同时，又先后在大学里承担了大量的管理和领导工作，曾担任过教研室主任、副系主任、人事处副处长、组织部长、校党委副书记、校长、省社科院书记兼院长、省政府参事等职务。长期的教育教学和管理实践，使我深切体会到，教育活动是一个极为复杂的巨型系统，其在理论上说清楚、道明白很难，而要将说清楚的道理或理论付诸于实践并产生良好的实际效果更难。在教育的场域内，既不存在自然科学中X+Y=Z的固定程式，也不存在理工科实验中输入一个自变量而必然导致一个因变量的可重复性的应然结果。人们不难观察到这样的现象，在教育实践中同一种原因既可以导致同一种结果，也可以导致不同的结果；相应地，不同的施教方法或管理措施既可以导致相同的教育效果，也可以导致不同的教育效果。教育是一个理性和非理性、逻辑与非逻辑、线性与非线性等多种因素相互交织的复杂社会系统，其既有规律可循，却无定法可遵，既是一门科学，又是一门艺术。基于这样的认知，我常常显在或潜在地提醒自己，在学术研究上一定要关注实践、关注问题、面向现实，恪守理论联系实际的原则；在实际操作的管理与领导工作中，则要充分尊重事实、直面矛盾、实事求是，努力做到具体问题具体分析具体对待。尤其是作为理论研究者和实践工作者的双重身份，自己毕生致力于用所学的理论来真枪实弹地解决实际工作中所遇到的种种突出矛盾和问题，致力于所履任过的工作岗位、工作部门、工作单位教育管理效能改进和教育质量的提升。否则，所学所言的理论只能谓之为"纸上谈兵"，"屠龙之术"。这种深刻的实践体会与认知，是我将此书命名为《面向现实的教育探索》的另一个缘由。

全书在整体架构上共分为四个部分，第一部分"基础教育篇"，汇集了自己从2008年以来公开发表的有关基础教育特别是义务教育均衡发展的19篇论文；第二篇"高等教育篇"，汇集了自2008年以来发表的有关高等教育改革和发展的18篇论文；第三部分"学校管理篇"汇集了自2008年以来发表的有关中小学管理的16篇论文；第四部分"实践操作篇"则汇集整理了自己在担任陕西师范大学党委副书记、宝鸡文理学院校长和陕西省社科院党组书记、院长期间开展教育管理工作的一些实践案例共16篇。这部分内容中，既有一些给上级机关撰写的调研报告、咨询建议，也有一些面向教职工、干部和学生的工作讲话，还有一些教育管理实践的总结和反思。其所以附上这一部分内容，一是为了记载和总结自己从事教育管理工作的经历和经验，二是想让读者们了解作为一个一线教育管理工作者真实的心路历程。

书稿在搜集、整理的过程中，得到我的博士生樊莲花副教授的倾力帮助，也得到了陕西师范大学出版总社刘东风社长、李有谋书记和景明、王冰两位编辑的大力支持。书籍中所收录的文章，既有我个人独著的，也有和博士生合作发表的，在此一并致谢！

著名哲学家杜威曾言，教育即生活，教育即生长，教育即经验改造。总结自己的一生，活在教育里，长在教育里，干在教育里。作为学之研之的理论工作者，自己一生都在用冰冷的理智之刀去解剖教育、分析教育；作为行之践之的实践工作者，自己毕生又在用满腔的热忱去拥抱教育、感悟教育、耕耘教育。教育就是我的生活和生命！

目　录

基础教育篇 ……………………………………………………………… 001

新中国建立 70 年以来我国义务教育发展轨迹、成就及愿景分析 ………… 003

义务教育均衡发展监测的理性困境及其超越 ……………………………… 021

义务教育优质均衡发展督导评估审视与展望 ……………………………… 031

浅议义务教育监测制度的发育 ……………………………………………… 041

西部县域义务教育均衡发展现状调研报告 ………………………………… 051

当前我国西部地区农村义务教育形势分析 ………………………………… 063

优化教育资源配置　促进西部农村义务教育优质发展 …………………… 073

西部地方政府履行义务教育均衡发展责任状况的调查研究 ……………… 081

数字化转型中的城乡义务教育一体化 ……………………………………… 091

新中国建立 70 年以来我国义务教育政策的演变与发展 ………………… 099

"小城镇"推动西部乡村教育振兴的价值逻辑——基于教育生态视角 …… 109

扎实推进县域义务教育优质均衡发展 ……………………………………… 124

西部农村义务教育均衡发展现状与策略研究 ……………………………… 127

后疫情时代义务教育均衡发展监测制度的优化——基于整体性治理理论的探析 …… 148

我国西北地区义务教育均衡发展的现实困境与政策选择——基于国家教育督导《反馈意见》

的研究 ………………………………………………………………………… 159

义务教育均衡发展进程中"政府悖论"现象透视 ………………………… 169

新型城镇化背景下乡村教育振兴的样态与路径 ·················· 177

义务教育迈向以质图强新征程 ·················· 190

习近平教育公平观的生成逻辑、核心内涵及时代价值 ·················· 195

高等教育篇·················· 205

关于推进现阶段我国大学章程建设的思考 ·················· 207

斯坦福大学章程的特征及其启示 ·················· 213

民国时期大学章程文本的要素分析及其启示 ·················· 222

国际化背景下高等教育质量保障发展趋势及中国选择 ·················· 230

澳大利亚高等教育发展特征探析 ·················· 239

管窥美国公立大学的教师聘任制度——以明尼苏达大学为例 ·················· 252

民办高校发展面临的"高原现象"探析——以陕西普通民办高校为例 ·················· 259

对我国高校本科教学水平评估工作的评价与反思 ·················· 272

创客教育:信息时代催生创新的教育新形态 ·················· 283

新型高校教育智库助力高等教育综合改革研究 ·················· 294

学术女性职业发展的实践困境及矛盾分析 ·················· 303

我国高水平大学智库建设之研究 ·················· 312

"以人为本"教育价值观的真正确立——对党的"十七大"报告从"改善民生"角度论述教育问题的解读·················· 322

高质量审计助力大学治理现代化:逻辑必然与功能优化 ·················· 329

陕西省高等教育"双一流"建设的现状、困境与路径 ·················· 343

理实相生、知行合一的教育家——师从刘献君教授札记 ·················· 348

教育家精神的光辉典范——纪念改革开放后陕西师范大学教育系创始人张安民教授 ··· 355

习近平关于青年工作重要论述的逻辑理路、理论特征及实践价值 ················ 362

学校管理篇 ·· 373

西部县域校长教师交流轮岗政策执行中的问题与对策 ················ 375

新中国建立 70 年以来我国教育管理学发展的总结、评价与展望 ········· 383

贯彻落实中小学校党组织领导的校长负责制的思考 ·············· 393

中小学党组织书记领导力的价值意蕴、构成要素及提升路径 ········· 399

构建具有中国特色的中小学内部治理体系 ················ 406

传统文化与内隐观念下的师生关系研究 ················ 408

从校本课程到课程校本化——我国学校课程开发自主权探寻 ········· 416

在线课堂的实践困境与破解之策 ···················· 421

"双减"之下：教育焦虑现象的纾解与治理 ··············· 427

百年来我国中小学教师资格制度的流变与展望 ············· 432

城乡教育一体化进程中的教师资源配置研究——以陕西省为例 ········ 440

我国欠发达地区普通高中教育发展的现实困境与理性选择 ········· 450

教育政策评估的困境及其超越 ···················· 457

批评议论主义视域下教育政策研究的双重逻辑 ············· 466

法国教育督导的权责构造与运行机制 ················ 477

法国教育督导制度变迁的内在逻辑与动力机制——基于历史制度主义分析范式 ······ 490

实践操作篇 ··· 507

关于加快陕西省高等教育"双一流"建设的调研报告 ······························ 509

新高考背景下陕西省高中阶段教育教学面临的对策研究 ······················ 522

加强文化建设　培育大学精神 ··· 531

创新形式　拓展阵地　不断把全校学习型党组织建设引向深入 ············· 539

推进综合改革　加快内涵发展　努力实现建成宝鸡大学的奋斗目标 ········ 543

凝心聚力　砥砺奋进　努力开创建设高水平宝鸡大学新局面 ················· 557

继往开来　携手共进　为建成高水平大学——宝鸡大学而努力奋斗 ········ 569

青春飞翔　绽放辉煌 ··· 573

博文明理　强身健体　开启人生新篇章 ·· 577

博学笃行　发奋进取　努力做新时代勇于创新创业的高素质人才 ··········· 580

不辱使命　恪尽职守　开创陕西省社科院工作新局面 ··························· 584

植根三秦四十载　砥砺奋进新时代——纪念陕西省社会科学院恢复建院四十周年 ··· 587

为人民"做学问"——关于繁荣陕西哲学社会科学事业的思考 ················ 591

社科研究应担当讴歌改革开放精神的时代大任 ··································· 594

加强社科研究　为陕西高质量发展提供智力支持 ································· 598

勇担哲学社会科学工作者的时代使命 ··· 600

基础教育篇

新中国建立 70 年以来我国义务教育发展轨迹、成就及愿景分析 ①

义务教育是由国家依法统一实施的所有适龄儿童、少年必须接受的强迫性教育，具有强制性、普及性和免费性三个基本特征。义务教育在国家各项事业发展中具有基础性、先导性和全局性作用，事关数亿少年儿童健康成长、国家发展、民族未来。回顾新中国建立 70 年来义务教育发展的基本历程，总结其成就经验，展望其发展趋势，是重大历史节点上鉴往知来的重要使命。

一、新中国建立 70 年以来我国义务教育发展的基本历程

义务教育肇始于西方。1763 年，普鲁士颁布强迫教育法令，这是世界正式实施义务教育的开端。② 随后，法、英、美、意、日等国于 19 世纪下半叶相继颁布完善了关于义务教育的法令，并使之得到广泛普及。我国义务教育制度是鸦片战争后伴随着西学东渐思潮的兴起而产生的。1902 年清政府颁布了《钦定学堂章程》（壬寅学制），次年将该章程修订后又颁布为《奏定学堂章程》（癸卯学制），其中首次提出了实施义务教育的概念和政策："外国通例，初等小学堂，全国人民均应入学，名为强迫教育；除废疾、有事故外，不入学者罪其家长"③，并规定"此项学堂，国家不收学费，以示国民教育国家认为义务之本意"④。这预示着义务教育在我国正式开启。随后在民国时期又相继颁布了《学校系统令》（1912 年）、《特定教育纲要》（1915 年）、《中华民国宪法》（1947 年）等，明确提出实施 4 年制或 6 年制义务教育。然而从清末到民国这一时期，整个国家一直处于列强入侵、军阀混战、民不聊生的动荡时期，因此上述法令宛如一纸空文，根本未能得到广泛而有效的实施。义务教育作为惠及民生的伟大工程在神州大地上的真正普及与发展，是中华人民共和国成立以后的事情。梳理新中国建立以来义务教育发展的基本历程，大体可分为以下四个阶段。

---

① 原载《人文杂志》2019 年第 9 期，《新华文摘》2019 年 24 期全文转载，荣获陕西省第十五次哲学社会科学优秀成果一等奖。与樊莲花、李越合作。

② 司晓宏：《义务教育均衡发展论纲——以西部农村为研究对象》，人民教育出版社，2013 年，第 19 页。

③ 朱有瓛主编：《中国近代学制史料》（第二辑 上册），华东师范大学出版社，1987 年，第 74 页。

④ 何东昌主编：《中华人民共和国重要教育文献（1949 — 1975）》，海南出版社，1998 年，第 1 页。

（一）恢复建立期（1949 — 1965 年）

新中国建立后，虽在较长的一段时间内未明确提出"普及义务教育"的概念，但在教育方针和教育目标中却始终贯彻着"为人民服务""面向工农""科学的、民主的和大众的""让学龄儿童入学"的宗旨，这在客观上蕴含了发展义务教育的理念与政策。1949 年 9 月，《中国人民政治协商会议共同纲领》规定国家要"有计划有步骤地实行普及教育"。1951 年，教育部召开第一次全国初等教育及师范教育会议时强调：我们的教育应该以工农为主体，应该特别着重于工农大众的文化教育、政治教育和技术教育，并指出"十年之内全国学龄儿童基本上入学，五年之内争取全国学龄儿童 80% 入学"[①] 的目标。1952 年，教育部在《工作计划要点》中强调：各级各类学校继续贯彻向工农兵开门的方针。1954 年，首部《中华人民共和国宪法》第 94 条规定："中华人民共和国公民有受教育的权利。"据统计，到 1957 年，全国小学数量达到 54.43 万所，在校小学生达 6428.3 万人，全国学龄儿童入学率达到 61.7%。到 1965 年，小学数量（含教学点）达到 168.19 万所，在校小学生达 11620.9 万人，小学学龄儿童入学率达到 84.7%。[②]

（二）延误停滞期（1966 — 1976 年）

1966 年，"文革"爆发，各级各类学校相继停课。这一时期包括中小学在内的各项教育事业的正常工作秩序均遭到严重破坏，需要特别指出的是，这一时期毛泽东提出了教育普及的思想，甚至主张县县有大学、社社有中学、村村有小学，并在广大农村地区广泛践行。但是由于这一时期师资力量和教育资源极度短缺，加之不够尊重教育规律等原因，中小学的教育普及只有数量没有质量、只有外延没有内涵，教育质量不高，这在客观上造成了改革开放初期我国各行各业出现了人才青黄不接、严重断层的现象。我国义务教育发展实际陷入了延误停滞期。

（三）全面普及期（1977 — 2010 年）

我国义务教育的快速发展和全面普及是改革开放以后的事情。1977 年 8 月邓小平主持召开科学和教育工作座谈会，指出我国要赶上世界先进水平，必须从科学和教育着手，并提出自己要亲自抓科技和教育，这为发展和普及义务教育提供了顶层支持。从改革开放初到 2010 年，我国义务教育的发展和普及大致可以划分为三个阶段：

[①] 彭泽平、姚琳等：《新中国基础教育改革与发展：历程·经验·展望》，人民出版社，2018 年，第 171、172、175 页。

[②] 朱有瓛主编：《中国近代学制史料》（第二辑 上册），华东师范大学出版社，1987 年，第 70 页。

第一，提出"普及初等教育"阶段。

1980 年 12 月，中共中央、国务院颁布了《关于普及小学教育若干问题的决定》，明确提出："在 80 年代，全国应基本实现普及小学教育的历史任务，有条件的地区还可以进而普及初中教育。"随后在 1982 年 12 月第五届全国人民代表大会通过的《中华人民共和国宪法》中明确规定："国家举办各种学校，普及初等义务教育。"

第二，确立"普九"任务阶段。

1985 年党中央召开了新中国建立以来第一次全国教育工作会议，颁布了《中共中央关于教育体制改革的决定》，明确提出要"实行九年制义务教育"，并根据当时的国情现状，提出了分期分批普及义务教育的策略，即把全国大致分为三类地区："一是约占全国人口四分之一的城市、沿海各省的经济发达地区和内地少数发达地区。在这类地区，相当一部分已经普及初级中学，其余部分应该抓紧按质按量普及初级中学，在 1990 年左右完成。二是约占全国人口一半的中等发展程度的镇和农村。在这类地区，首先抓紧按质按量普及小学教育，同时积极准备条件，在 1995 年左右普及初中阶段的普通教育或职业和技术教育。三是约占全国人口四分之一的经济落后地区。在这类地区，要随着经济的发展，采取各种形式积极进行不同程度的普及基础教育工作。对这类地区教育的发展，国家尽力给予支援。国家还要帮助少数民族地区加速发展教育事业。"[1]

1986 年 4 月，第六届全国人民代表大会第四次会议通过并颁布了《中华人民共和国义务教育法》，这标志着实施九年制义务教育获得了正式的法律地位。在普及义务教育、遏制青少年儿童增量文盲的同时，为了消除青壮人口中的存量文盲，1988 年 2 月国务院又发布了《扫除文盲工作条例》，规定："凡年满十五周岁以上的文盲、半文盲公民，除丧失学习能力的以外，不分性别、民族、种族，均有接受扫除文盲教育的权利和义务。"这意味着基本普及九年义务教育、基本扫除青壮年文盲"两基"目标任务由此正式确立。1994 年，国家教委印发《普及九年义务教育评估验收办法》，要求各省、自治区、直辖市根据"普九"验收评估要求，对该地区九年义务教育的普及工作进行检查验收。

第三，实现全面"普九"目标阶段。

到 2000 年，我国九年义务教育普及率达到了 85%，如期实现了"基本普及"的既定目标。但是全国还有 15% 的县（410 个）未实现"两基"目标，其中包括 309 个少数民族县和 51 个边境县，这些县均处在西部地区。[2] 有鉴于这种状况，2003 年党中央、国务院决定实施

---

① 欧少亭主编：《教育政策法规文件汇编》（第 1 卷），延边人民出版社，2001 年，第 8、22—24 页。

② 陈至立：《巩固"两基"攻坚成果 开创农村义务教育工作新局面——在国家西部地区"两基"攻坚总结表彰大会上的讲话》，《基础教育改革动态》2008 年第 1 期。

以"农村寄宿制学校建设工程"为核心的《国家西部地区"两基"攻坚计划（2004—2007年）》，并于同年9月再次颁布了《国务院关于进一步加强农村教育工作的决定》，要求农村地区、西部地区、贫困地区打好"两基"工作攻坚战。到2009年底，全国实现"两基"验收的县（市、区）累计达到3052个（含其他县级行政区划单位207个），占全国总县数的99.5%，"两基"人口覆盖率达到99.7%。① 到2010年底，伴随着我国西部省份最后一批13个县"两基"攻坚任务的完成，"两基"人口覆盖率达到100%，青壮年文盲率降低到1.08%，小学学龄儿童净入学率达到99.7%，巩固率为89.9%，全国3069个县彻底实现了普及九年义务教育的目标。②

（四）均衡发展期（2010年至今）

进入21世纪以来，伴随着我国义务教育普及任务的基本完成，区域之间、城乡之间、校际之间发展不均衡的问题逐渐衍生和凸显，于是"促进均衡发展，实现教育公平"的呼声日益高涨，并成为学术界和社会舆论关注的焦点。在这种背景下，促进义务教育均衡发展，被历史性地提上了议事日程。这一时期可划分为两个阶段：

第一，促进基本均衡完成阶段。

为缩小城乡、区域及校际之间办学条件、生均经费、师资水平等有形教育资源的差距，2010年1月，教育部发布了《关于贯彻落实科学发展观，进一步推进义务教育均衡发展的意见》，提出了实现义务教育均衡发展的具体目标和路线图。同年7月，第四次全国教育工作会议颁布了《国家中长期教育改革和发展规划纲要（2010—2020年）》，明确提出要到2020年"基本实现区域内均衡发展"。2012年初，《国务院关于深入推进义务教育均衡发展的意见》印发，进一步提出推进义务教育均衡发展是贯彻落实科学发展观、促进教育公平的重要举措，是义务教育实现普及后的一项重要任务。2012年7月，教育部颁布了《县域义务教育均衡发展督导评估暂行办法》，并于次年启动了对义务教育基本均衡县（区）的验收工作。截至2017年底，全国已有2379个县（市、区）通过了义务教育基本均衡发展督导评估认定，超过八成的县（市、区）实现了义务教育的基本均衡，北京、上海、江苏、浙江等11个省（区、市）整体通过了教育部的督导评估认定，总体上完成了基本均衡目标。③

---

① 教育部：《2009年全国教育事业发展统计公报》，《中国教育报》2010年8月3日第1版。
②《人类教育史上的奇迹——中国普及九年义务教育和扫除青壮年文盲的报告》，教育部政府门户网站：http//www.moe.edu.cn/jyb.xwfb/s5147/201209/t20120910_142013.html.（2024年12月14日查询）
③《2017年全国义务教育均衡发展督导评估工作报告》，教育部政府门户网站：http://www.moe.gov.cn/jyb_xwfb/xw_fbh/moe_2069/xwfbh2018n/xwfb_20180227/sfcl/201802/t20180227_327990.（2024年12月14日查询）

第二，促进优质均衡发展阶段。

在县域内所有义务教育学校办学条件达到基本标准、校际间达到基本均衡之后，义务教育又步入促进优质均衡发展阶段，即在巩固基本均衡的基础上，推进义务教育均衡向更高水平发展，全面提高义务教育质量。2017 年 9 月，教育部制定并发布了《县域义务教育优质均衡发展督导评估办法》，决定建立县域义务教育优质均衡发展督导评估制度，开展义务教育优质均衡发展县市区督导评估认定工作。同年，国务院办公厅印发《关于深化教育体制机制改革的意见》，强调完善义务教育均衡优质发展的体制机制。2018 年，党的十九大报告进一步指出，推动城乡义务教育一体化发展，高度重视农村义务教育。2019 年 6 月，中共中央、国务院印发《关于深化教育教学改革全面提高义务教育质量的意见》，要求实施义务教育质量提升工程，促进县域义务教育从基本均衡向优质均衡发展。至此，全面提升教育质量，实现优质均衡，成为现阶段义务教育发展的主要任务。

二、新中国建立 70 年以来义务教育取得的辉煌成就

新中国建立 70 年来，我国义务教育发展取得了令人瞩目的成就，成功解决了约占全世界五分之一人口从"无学上"到"有学上"的难题，并踏上了从"有学上"到"上好学"的征途。在中国共产党的领导下，全国人民披荆斩棘，奋勇开拓，走出了"穷国办大教育"的模式。这不仅在中华民族的历史上亘古未有，而且也创造了世界教育发展史上的奇迹。

（一）重中之重：义务教育战略地位的确立

从新中国建立初期国家逐步恢复教育秩序和普及小学教育，到改革开放后将普及九年义务教育作为整个教育工作的"重中之重"，再到步入新时代以来强调发展"公平而有质量"的义务教育，我国义务教育在国家战略中"重中之重"的地位逐步确立。

第一，义务教育的法律地位得以保障。从《中国人民政治协商会议共同纲领》（1949）提出要"有计划有步骤地实行普及教育"，到《中华人民共和国宪法》（1982）明确规定"国家举办各种学校，普及初等义务教育"，再到颁布专门的《中华人民共和国义务教育法》（以下简称《义务教育法》，1986 年颁布，2006 年、2015 年、2018 年分别修订），意味着国家以根本大法的形式对普及义务教育做出了明确规定。与此同时，自 1985 年第一次全教会明确提出要"实行九年制义务教育"以来，党中央和国务院相继颁布了近 40 部政策性文件来指导和规范义务教育事业的发展，基本形成了具有中国特色的义务教育法规制度体系，确立了义务教育的基础性、先导性、全局性战略地位。

第二，党和国家领导人高度重视义务教育。从毛泽东主张"在农村，教育要强调普及"①，到邓小平强调"中央提出要以极大的努力抓教育，并且从中小学抓起"②，到江泽民指出"必须舍得投资把义务教育办好，这是提高全民素质的奠基工程"，到胡锦涛提出"必须促进教育公平。……重点是促进义务教育均衡发展和扶持困难群众"③，再到习近平强调要"优先发展教育事业……推动城乡义务教育一体化发展，高度重视农村义务教育"④，可以看出党和国家领导人高度重视义务教育的普及和发展，这有力地推动了义务教育战略地位的形成。

第三，义务教育成为最为重要的社会建设和民生工程。党的十七大将"学有所教"列为五大社会建设（学有所教、劳有所得、病有所医、老有所养、住有所居）之首，十九大又提出了七大民生工程（幼有所育、学有所教、劳有所得、病有所医、老有所养、住有所居、弱有所扶）。与此同时，为确保义务教育有效推进，国家相继推出"希望工程""贫困地区义务教育工程""中小学危房改造工程""两免一补计划""农村义务教育学生营养改善计划"等一系列举措，全社会范围内也日益生成了"再苦也不能苦了孩子，再穷也不能穷了教育"的基本理念共识，这一切都使得义务教育的战略地位落地生根。

（二）学有所教：义务教育普及目标全面实现

中华民族虽有"尊师重教，为学受教"的历史传统，但千百年来，真正能够接受教育、启蒙开智的始终只是少数特权群体。"有教无类""受教育权利平等""人人皆可受教"等这些基本人权和美好理想，直到新中国建立后才得以全面、彻底实现，并使九年义务教育完全覆盖至 13.4 亿（中国大陆）人口。据统计，2018 年全国共有义务教育阶段学校 21.38 万所，占全国各级各类学校总数的 41.2%；在校生 1.5 亿人，占各级各类在校生总数的 54.35%；专任教师 973.09 万人，占各级各类教育教师总数的 58.17%。小学学龄儿童净入学率达到 99.95%，初中阶段毛入学率达到 100.9%，九年义务教育巩固率达到 94.2%。⑤这不仅是中华民族历史上亘古未有的壮举，而且在世界教育史上也留下了浓墨重彩的华章。回顾这一伟大进程，彰显了三个特点：

---

① 毛泽东：《毛泽东著作选读》，人民出版社，1986 年，第 245 页。

② 邓小平：《邓小平文选》第 3 卷，人民出版社，1993 年，第 12 页。

③《胡锦涛在全国教育工作会议上的讲话》，教育部政府门户网站：https：//www.moe.goy.cn/jyb_xwfb/more_176/201009/t20100909_97450.html.（2024 年 12 月 14 日查询）

④《习近平在中国共产党第十九次全国代表大会上的报告》，观察者网：https：//www.guancha.cn/politics/2017_10_27_432557_4.shtml.（2024 年 12 月 14 日查询）

⑤《2018 年全国教育事业发展统计公报》，教育部政府门户网站：http：//www.moe.gov.cn/jyb_sjzl/sjzl_fztjgb/201907/t20190724_392041.html.（2024 年 12 月 14 日查询）

第一，投入大。面对建国初期"一穷二白"的局面，党中央高度重视，励精图治，倾注巨大人力物力财力兴办义务教育。

首先，实现了财政性教育投入占 GDP 比例 4% 的目标。1993 年，中共中央国务院发布的《中国教育改革和发展纲要》提出了"国家财政性教育经费支出占国民生产总值的比例到 2000 年末达到 4%"的目标。2012 年国家财政性教育经费占 GDP 比例达到 4.28%，此后一直维持在 4% 以上。据统计，1950 年时，国家财政性教育事业经费支出仅为 3.76 亿（当年全国总财政支出为 60.08 亿）[①]，1980 年，全国教育经费投入增长到了 145.5 亿元[②]。到 1997 年时，仅义务教育财政性经费支出就达到了 989.2 亿，2018 年时增长到 19668 亿。义务教育财政性经费占义务教育总经费比重从 1997 年的 75.71% 增长到 2018 年的 94.29%，增长了 18.58 个百分点（见表 1），充分彰显了义务教育国家举办的性质。

表 1　1997 — 2018 年义务教育经费情况表（单位：亿元）

年份	教育经费总投入	国家财政性教育经费	义务教育总经费	义务教育财政性经费	国家财政性教育经费占GDP比重	义务教育财政性经费占义务教育总经费比重
1997	2531.73	1862.54	1307	989	25%	75.67%
2007	12148.07	8280.21	5003	4413	3.22%	88.21%
2010	19561.85	14670.07	8300	7327	3.66%	88.28%
2011	23869.29	18586.70	10178	8849	3.93%	86.94%
2012	27695.97	22236.23	12211	10606	4.28%	86.86%
2013	30364.72	24488.22	13108	11332	4.3%	86.45%
2014	32806.46	26420.58	14321	12886	4.15%	89.98%
2015	36129.19	29221.45	15916	14982	4.26%	94.13%
2016	38888.39	31396.25	17603	16583	4.22%	94.21%
2017	42562.01	34207.75	19358	18126	4.14%	93.64%
2018	46143.00	36995.77	20858	19668	4.11%	94.29%

数据来源：1998—2018 年《中国教育经费统计年鉴》。

其次，生均教育费用逐年增长。1997 年普通初中、小学生均预算内教育事业经费分别为 591.38 元和 333.81 元，2017 年分别增长到 14641.15 元和 10199.12 元，增长幅度分别为 23.8 倍和 29.6 倍。在 1997—2017 年十年间，义务教育阶段普通初中和小学生均公共财政

[①]《中国教育年鉴》编辑部编：《中国教育年鉴（1949—1981）》，中国大百科全书出版社，1984 年，第 98 页。

[②] 王红：《中国教育经费发展历程与未来展望》，上海科技教育出版社，2016 年，第 2 页。

预算内教育事业费支出呈现逐年增长趋势（见图1）。

再次，生均公用经费增长迅速。在1997—2017年十年间，我国普通初中、小学生均公用经费分别由93.05元、33.97元增长到3792.53元、2732.07元，增长幅度分别为39.8倍和79.4倍（见图2）。

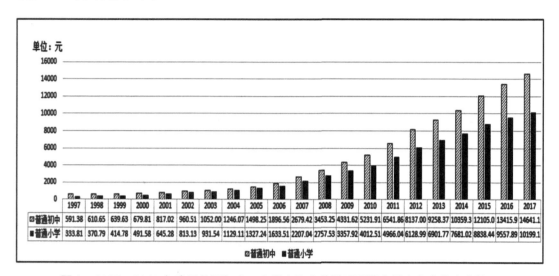

图1　1997—2017年我国普通初中、小学生均公共财政预算内教育事业费支出情况

数据来源：1997—2017年《中国教育经费统计年鉴》。

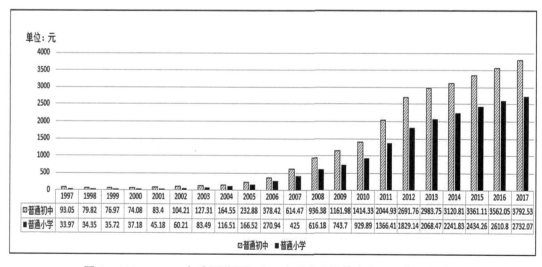

图2　1997—2017年我国普通初中、小学生均预算内公用经费支出情况

数据来源：1997—2017年《中国教育经费统计年鉴》。

最后，设立了大量的专项资金。为攻坚克难，确保义务教育有效实施，中央政府和地方政府相继实施了"贫困地区义务教育工程"（197.12亿）、"农村寄宿制学校建设工程"

（100 亿）、"农村中小学现代化远程教育工程"（90 亿）、"中小学危房改造工程"（90 亿）等一系列投资巨大的工程项目。

第二，时间短。若从 1949 年算起，到 2011 年我国全面普及九年制义务教育用了 62 年。若从 1986 年《义务教育法》颁布算起，则仅仅用了 25 年。从世界范围看，这一时间跨度也是短的。日本普及九年义务教育用了 78 年，英、美、德等发达国家普及十二年义务教育普遍用了 100 多年，与我国毗邻的印度至今尚未实现义务教育普及。普及九年制义务教育比较快的是韩国，用了 49 年。[1] 而我国是世界上受教育人口最多的国家，中华人民共和国成立后用 62 年时间全面普及了九年义务教育实属不易。

第三，成效好。新中国建立之初，我国人口为 5.42 亿，其中 80% 以上是文盲，全国小学在校生人数仅为 2439.1 万人。[2] 到 2010 年底，小学在校生人数达到 9940.7 万人，小学学龄儿童净入学率达到 99.7%，升学率达到 98.7%，初中阶段在校生人数达到 5279.33 万人，初中阶段毛入学率达到 100.1%。[3] 义务教育的全面普及，促进了国民素质显著提升，我国初步实现了由人力资源大国向人力资源强国的转变。

（三）理念嬗变：从"应试教育"转向"素质教育"

义务教育从其性质和功能来讲，是提高全民族素质的奠基工程，应以面向全体学生、促进学生德智体美劳全面发展为基本目标。然而我国义务教育在普及和发展的过程中，由于受高考指挥棒的导引，在价值取向和基本功能上却衍生出了"应试教育"的倾向，经历了由"应试教育"向"素质教育"的发展转型过程，这一过程大体经历了三个阶段：

第一，应试教育盛行期。20 世纪 80 年代中期至 90 年代初，以片面追求升学率为目的的"填鸭式"教学充斥中小学，并成为教和学的主导形式，出现了"考考老师的法宝，分分学生的命根"以及"题海战术""层层加码""大运动量训练"等现象。这种状况一方面造成学生负担过重，损害身心健康，另一方面导致学校、学生和家长只重视智育而轻视德育、体育、美育和劳动教育，从而导致学生身心出现了片面发展的现象。

第二，素质教育理念确立期。针对应试教育弊端的出现，自 20 世纪 90 年代起，国家开始着手纠正这一现象。1993 年，中共中央颁发的《中国教育改革和发展纲要》指出"中

---

① 张宁娟等：《从追赶到超越——教育跨越式发展之路》，华东师范大学出版社，2018 年，第 82 页。

② 国家西部地区"两基"攻坚领导小组办公室：《民生之本 强国之基：西部地区"两基"攻坚报告》，人民教育出版社，2008 年，第 76 页。

③《2010 年全国教育事业发展统计公报》，教育部政府门户网站：http://www.moe.gov.cn/srcsite/A03/s180/moe_633/201203/t20120321_132634.html.（2024 年 12 月 14 日查询）

小学要由'应试教育'转向全面提高国民素质的轨道"。[①]1994年，在第二次全国教育工作会议召开后，中共中央颁布了《关于进一步加强和改进学校德育工作的若干意见》，明确提出"增强适应时代发展、社会进步以及建立社会主义市场经济体制的新要求和迫切需要的素质教育"。1999年，在第三次全国教育工作会议上，颁布了《中共中央、国务院关于深化教育改革全面推进素质教育的决定》，进一步确立了素质教育的理念，并对其内涵做出了明确界定："实施素质教育，就是全面贯彻党的教育方针，以提高国民素质为根本宗旨，以培养学生的创新精神和实践能力为重点，造就'有理想、有道德、有文化、有纪律'的、德智体美等全面发展的社会主义事业建设者和接班人"[②]。2010年，第四次全国教育工作会议颁布了《国家中长期教育改革和发展规划纲要（2010—2020年）》，对实施素质教育进一步提出明确要求，指出素质教育的重点是"面向全体学生、促进学生全面发展，着力提高学生服务国家服务人民的社会责任感、勇于探索的创新精神和善于解决问题的实践能力"[③]。至此，素质教育的理念在义务教育阶段的学校中得到牢固树立，并采取各种措施予以积极推进。

第三，素质教育扎实推进期。虽然素质教育的口号和理念在20世纪90年代初就已揭橥，并且中央相继颁布了一系列文件予以积极推进，但其实施效果并不理想，以至于社会上流传着"素质教育轰轰烈烈，应试教育扎扎实实"的说法。针对这一实际情况，党的十八大以来，以习近平总书记为核心的党中央明确提出"素质教育是教育的核心，要大力推进素质教育"[④]，并把"立德树人"作为对教育工作最为核心的要求。党的十九大报告进一步指出："要全面贯彻党的教育方针，落实立德树人根本任务，发展素质教育，推进教育公平，培养德智体美全面发展的社会主义建设者和接班人"[⑤]。在2018年召开的全国教育大会上，习近平总书记进一步强调要"培养德智体美劳全面发展的社会主义建设者和接班人"[⑥]。2019年6月，中共中央国务院颁布了《关于深化教育教学改革全面提高义务教育质量的意

---

① 国家教育委员会编：《新的里程碑——全国教育工作会议文件汇编》，教育科学出版社，1994年，第68页。

② 中华人民共和国教育部编：《深化教育改革 全面推进素质教育：第三次全国教育工作会议文件汇编》，高等教育出版社，1999年。

③《国家中长期教育改革和发展规划纲要（2010—2020年）》，人民出版社，2010年，第6页。

④《习近平：全面贯彻落实党的教育方针 努力把我国基础教育越办越好》，中国共产党新闻网：http://cpc.people.com.cn/n1/2016/0910/c64094_28705697.html.（2024年12月14日查询）

⑤《习近平在中国共产党第十九次全国代表大会上的报告》，观察者网：https://www.guancha.cn/politics/2017_10_27_432557.shtml.（2024年12月14日查询）

⑥《坚持中国特色社会主义教育发展道路 培养德智体美劳全面发展的社会主义建设者和接班人》，人民教育频道：http://edu.people.com.cn/n1/2018/0911/c1053-30286253.html.（2024年12月14日查询）

见》的专门文件，强调"坚持'五育'并举，全面发展素质教育"①。与此同时，为贯彻落实习近平总书记的一系列讲话精神和党中央的决策部署，自十八大以来，教育部和各省教育行政部门相继采取了一系列操作性强的改革措施，诸如修订中小学课程标准，改革高考中考制度，规范中小学考试方式，严禁考试排名，均等分配普通高中名额，深化课堂教学组织形式和方法改革，实施"减负""禁止择校""免试就近入学"政策，严格管控课外补习，等等，确保素质教育扎实地贯彻和推进。

（四）注重质量：从"有学上"转向"上好学"

在全面完成了义务教育的普及任务之后，根据广大人民群众日益增长的对优质教育的需求，党和政府又与时俱进地把促进义务教育均衡发展，大力加强农村地区、边远地区、贫困地区和薄弱学校的办学条件建设作为重点，促进上述地区的学龄儿童实现从"有学上"向"上好学"转变，不仅极大地拓宽了教育公平"量"的维度，而且厚植了教育公平"质"的深度。

第一，广大农村和边远贫困地区的办学条件得到显著改善，日趋现代化。经过新中国建立 70 年特别是改革开放 40 多年来的努力建设，用"天翻地覆"来形容我国广大农村中小学办学条件和面貌的改善一点也不为过。这体现在农村学校的校舍面貌、教学设施、仪器设备、图书资料、网络信息等多个方面。针对于此，用两组数据加以说明：2001 年时，全国普通中小学校舍建筑面积为 108800.74 万平方米，体育运动场（馆）面积达标校数、音乐器材配备达标校数、美术器材配备达标校数、数学自然实验仪器达标校数的比例，小学分别为 47.4%、36.62%、34.51%、48.55%；普通初中分别为 69.46%、50.42%、48.84%、68.35%。② 到 2018 年时，全国普通中小学校舍建筑面积达 142987.66 万平方米，比 2001 年增长了 34186.92 万平方米，增长率为 31.42%；体育运动场馆面积达标校数、音乐器材配备达标校数、美术器材配备达标校数、数学自然实验仪器达标校数的比例，小学分别为 88.47%、93.89%、93.70%、93.72%，与 2001 年相比，分别增长了 41.07、57.27、42.7、45.17 个百分点；普通初中分别为 92.58%、95.45%、95.21%、95.64%，与 2001 年相比，分别增长了 23.12、45.03、46.37、27.29 个百分点。③

---

① 《中共中央 国务院关于深化教育教学改革全面提高义务教育质量的意见》，中国政府网：http://www.gov.cn/xinwen/2019-07/08/content_5407361.htm.（2024 年 12 月 14 日查询）

② 《2001 年全国教育事业发展统计公报》，教育部政府门户网站：http://www.moe.gov.cn/jyb_sjzl/sjzl_fztjgb/tnull_844.html.（2024 年 12 月 14 日查询）

③ 《2018 年全国教育事业发展统计公报》，教育部政府门户网站：http://www.moe.gov.cn/jyb_sjzl/sjzl_fztjgb/201907/t20190724_392041.html.（2024 年 12 月 24 日查询）

第二，义务教育阶段的教师地位得到不断提升，师资力量显著增强。教师是教育的第一资源，师资水平决定教育质量。新中国建立以来，我国中小学教师队伍建设虽历经波折，但改革开放后呈现出向上向好的局面。一是教师的政治地位和社会地位获得法律保障，教师被定性为"人民教师"，1985年国家将每年的9月10日确定为教师节。1993年全国人大颁布了《教师法》，并明确了公办中小学教师作为国家公职人员的特殊法律地位。二是党和政府相继采取了一系列措施，以此加强中小学教师队伍建设。如出台《教师资格条例》（1995年）、《中小学教职工编制标准》（2001），实施国培省培计划、免费师范生政策、特岗教师计划、实习支教计划、城乡教师特岗交流计划等等。以上措施不仅使中小学教师队伍的数量及时得到补充和保证，而且使其学历结构、职称结构、专业结构、年龄结构日趋优化。据统计，2018年全国专任教师小学为609.19万人、初中为363.9万人；专任教师学历合格率小学达到99.97%，初中专任教师学历合格率达到99.86%；生师比小学为16.97：1、初中为12.79：1，优于教育部公布的生师比小学为19：1、初中为13.5：1的标准。① 三是中小学教师待遇得到不断提高。过去是"家有三斗粮，不当孩子王"，而现在中小学教师成为令人向往的职业。根据国家统计年鉴数据表明，2017年我国教育行业城镇单位就业人员平均工资为83412元，高于行业平均工资（74318元）12.24%，在19大行业中排名第7位。②

第三，均衡发展成效显著。自2013年教育部启动义务教育基本均衡县（区）验收以来，我国县域内义务教育均衡发展呈现出良好态势。据统计，2013—2017年，全国义务教育阶段新建改建扩建学校约26万所，增加学位2725万个，补充教师172万人，参与交流的校长和教师达243万人次，累计建设各类校舍和附属用房面积达4.48亿平方米，新建体育运动场馆3.39亿平方米，新增实验室、功能室746万间，新增设施、器材和信息化装备共计价值3257亿元，新增图书14.40亿册，新增计算机1248万台。③ 通过义务教育均衡发展督导评估认定的县（市、区）逐年大幅增长（见图3）。截至2018年底，全国共有2717个县实现义务教育基本均衡发展，占全国总县数的92.7%，其中中西部地区实现义务教育基

①《2018年全国教育事业发展统计公报》，教育部政府门户网站：http://www.moe.gov.cn/jyb_sjzl/sjzl_fztjgb/201907/t20190724_392041.html.（2024年12月24日查询）
②数据来源于2008年、2018年《中国统计年鉴》
③《2017年全国义务教育均衡发展督导评估工作报告》，教育部政府门户网站：http://www.moe.gov.cn/jyb_xwfb/xw_fbh/moe_2069/xwfbh_2018n/xwfb_20180227/sfcl/201802/t20180227_327990.html.（2024年12月24日查询）

本均衡发展的县数比例达 90.5%。[①]

图 3　2013—2018 年通过全国义务教育均衡发展认定的县（市、区）数与占比

（五）多元共治：义务教育治理体系不断得到完善

新中国建立 70 年以来，我国义务教育的治理体系历经了一个逐步发展完善的过程，目前基本形成了适应义务教育发展需求的现代义务教育治理体系。

第一，义务教育管理体制日益完善。新中国建立初期，受"一大二公"思想支配，我国将基础教育事业作为国家计划的有机组成部分，纳入国家全面统一管理中，形成了由政府管理高度集中统一的教育管理体制。这一体制在有效保证基础教育事业恢复重建和集中发展的同时，由于政府统得过死、管得过严，而出现了管理体制僵化、办学活力不足等弊端。改革开放以后，在社会主义市场经济体制和"人民教育人民办"的思想引导下，逐步形成了"地方负责、分级管理"的基础教育管理体制。这一体系虽增强了地方办学活力，但也造成了地方政府尤其是县、乡（镇）两级政府财政负担加重（西部尤为突出）和区域之间城乡之间经费投入、办学条件的差距被急剧拉大等现象。进入新世纪以来，按照"办人民满意教育"和"依法治教"理念，形成了"在国务院领导下，实行地方负责，分级管理，以县为主"的管理体制，并完善了义务教育经费保障机制。2010 年第四次全教会后，按照推进政校分开、管办分离的思路，积极探索和建设"依法办学、自主管理、民主监督、社会参与"的现代学校制度。

第二，义务教育办学体制逐步成熟。建国初期，我国采取的是政府主导的一元化办学体制，即所有的中小学均为公办学校。政府既是教育的投资者、举办者，同时又是管理者，

---

①《全国 92.7% 的县实现义务教育基本均衡发展》，教育部政府门户网站：http：//www.moe.gov.cn/jyb_xwfb/xw_zt/moe_357/jyzt_2019n/2019_zt4/jxx/mtjj/201905/t20190505_380647.html.（2024 年 12 月 24 日查询）

办学经费完全由政府统一划拨。改革开放后，以政府办学为主、社会各界共同办学的义务教育办学体制快速发展，初步形成了办学主体多元和办学形式多样的新格局。进入新世纪以来，为巩固社会力量办学的地位，国家先后出台了《中华人民共和国民办教育促进法》（2002 年颁布，2013 年、2016 年、2018 年修订）、《中华人民共和国民办教育促进法实施条例》（2004 年）等法律法规，肯定了民办教育的合法地位，鼓励民办学校积极发展，同时进一步强化了义务教育阶段的公益性原则，形成了"政府主导、社会参与、办学主体多元、办学形式多样，充满生机"的办学体制。①

第三，义务教育学校内部治理结构和体系日益健全。建国以来，我国中小学领导体制几经更迭反复。解放初实施军管制和校务委员会制，1954 年开始实施校长负责制，1957 年改为党支部领导下的校长负责制，1961 年又恢复了校长负责制，"文革"期间实行"革委会"制，1978 年再次实行党支部领导下的校长分工负责制，1985 年又恢复了校长负责制，以后其被较为稳定地确定下来并延续至今。经过 30 多年的探索实践，中小学校长负责制日益完善，党支部的政治核心和保障监督作用得到充分发挥，教职工代表大会制度日益健全，中小学家长委员会制度普遍建立，逐步形成了校长全面负责、党支部发挥政治核心和保障监督作用、教职工民主管理、家长和社会积极参与的学校内部治理体系。

三、新时代我国义务教育发展展望

经过 70 年的努力，我国义务教育发展取得了举世瞩目的成就，实现了历史性跨越，但与人民群众日益增长的接受高质量义务教育的需求相比，仍存在着发展不充分、不平衡的矛盾，面临着一些亟待破解的难题。2019 年 6 月，中共中央国务院印发了《关于深化教育教学改革全面提高义务教育质量的意见》，这是新时代党中央对义务教育发展进行的顶层设计和科学谋划，为进一步深化义务教育教学改革、促进义务教育发展指明了前进方向。

（一）立德树人：全面推进素质教育

经过近 30 年的推动，我国义务教育虽实现了从"应试教育"向"素质教育"的理念嬗变和初步转型，但素质教育的实施依然不到位、不深入。因此，在今后较长的一个时期内，扎实推进素质教育，仍是我国义务教育改革和发展的主旋律。

实施素质教育要在指导思想上把立德树人作为根本任务。《左传·襄公二十四年》曰：

---

① 人民出版社编：《国家中长期教育改革和发展规划纲要（2010—2020 年）》，人民出版社，2010 年，第 6 页。

"太上有立德，其次有立功，其次有立言，虽久不废，此之谓不朽。"①《管子·权修》曰："一年之计，莫如树谷；十年之计，莫如树木；终身之计，莫如树人。"②立德树人既反映了中国传统文化在教育价值观上的基本取向，也反映了教育的客观规律。党的十八大以后，习近平总书记明确强调要把立德树人作为教育的根本任务。这既是对教育本质属性和内在规律的揭示，也是对现阶段我国教育事业在发展过程中所存在的种种不合理现象的纠正，具有鲜明的现实针对性和指向性。教育以育人为本，育人以立德为宗。目前义务教育在发展和运行中仍存在着重智育轻德育、重知识传授轻素质培养的现象。这既危害了年轻一代的健康成长，又影响了社会主义建设者和接班人的培养。

首先，贯彻和落实立德树人的基本理念，要做到以下四点：

第一，树立正确的人才观。司马光讲："才者，德之资也；德者，才之帅也。"③王充讲："德不优者，不能怀远。"④因此在人才观上必须树立"成才必先成人，成人重在立德"的基本理念。

第二，坚持德育为先。中小学要切实扭转德育工作"说起来重要，干起来次要，忙起来不要，出了问题再大喊大叫"的状况，要不折不扣地把德育课程开齐开足上好，保障社会主义核心价值观"进教材、进课堂、进头脑"；要下功夫提高德育课程质量和教学效果，改变那种"我讲你听，我打你通；一讲就灵，一打就通"的简单化和灌输式教学方式；要坚持教学的教育性原则，把思想品德教育渗透溶解到各门课程的教学之中。

第三，加强校园文化建设，积极营造文明、高尚、健康、向上的文化氛围，并把教书育人、管理育人、服务育人、环境育人真正落到实处。"如入芝兰之室，久而不闻其香；如入鲍鱼之肆，久而不闻其臭。"⑤优良的校园文化犹如春风化雨，学生置身其中，久而久之心灵自然会受到濡染、浸润和熏陶。

第四，铸师魂正师风。雅斯贝尔斯讲："教育的本质是一棵树摇动另一棵树，一朵云推动另一朵云，一个灵魂唤醒另一个灵魂。"⑥教师只有具备了优良的师德师风，做到"学高为师，身正为范"，才能真正担负起"人类灵魂工程师"的神圣职责，才能无愧于"太阳底下最光辉的职业"。

---

① 王珑燕译注：《左传译注》（第 2 版），上海三联书店，2018 年，第 32 页。
② 黎翔凤：《管子校注》，中华书局，2004 年，第 45 页。
③ 司马光：《资治通鉴》，中华书局，2010 年，第 12 页。
④〔汉〕王充著，张宗祥校注：《校注论衡》，浙江古籍出版社，2017 年，第 72 页。
⑤〔魏〕王肃注：《孔子家语》，商务印书馆，2018 年，第 74 页。
⑥〔德〕雅斯贝尔斯著，邹进译：《什么是教育》，生活·读书·新知三联书店，1991 年，第 66 页。

其次，在教育内容上要坚持"五育"并举。学生的身心发展是德智体美劳的有机整体，偏废了任何一方都会造成学生的片面发展。与之相对应，教育的内容自然也应坚持德育、智育、体育、美育、劳动教育五育并施，齐抓共管。只有五育并举，才能整体性地提升学生的综合素质，促进其身心全面、健康、和谐发展。目前应特别重视劳动技术教育，强化青少年儿童的劳动观念、劳动意识、劳动能力和劳动习惯，并在此过程中锻炼他们的意志品质，砥砺他们的耐挫心理，培养他们的实践能力和创新精神，增强他们服务祖国、服务人民、报效国家的社会责任感。

最后，在管理措施和评价机制上要坚决遏止唯分数、唯升学和"择校热"现象，大力推进减负政策，严格管控校外培训机构，防止"校内减负校外补"。素质教育的有效实施不能单靠学校，需要全社会的密切配合、协同推进。当前尤其是要通过宣传教育引导家长们充分认识到人生是一场漫长的马拉松，"抢跑现象"或"别让孩子输在起跑线上"存在巨大的认知误区，过早过度地开发和承重，只能破坏和摧残学生长远的、持久的、可持续的发展潜力，继而导致"赢在了起点却输在了终点"的不良后果。

（二）城乡一体：实现义务教育高位均衡

现阶段我国义务教育在质量上仍然存在着"乡村弱""城镇挤""城乡壁垒"等突出问题。推进义务教育城乡一体化，就是要进一步建立健全城乡义务教育资源均衡配置机制，改变优质教育资源单一"向城性"流动的既有格局，尤其是要缩小城乡之间的师资差距，从而促进城乡义务教育基本公共服务均等化，推动义务教育由基本均衡向优质均衡和高位均衡发展。

首先，树立高位均衡发展新理念。高位均衡是以公平为基，以内涵为重，以质量为本，旨在让每一个儿童都能够接受到适合自身个性发展的特色义务教育，使儿童的社会化教育和个性化教育有机结合、有教无类和因材施教有机结合、大众教育和英才教育有机结合，进而追求一种更理想、高效、优质的教育状态。

其次，破解制约"城乡一体化"发展的师资瓶颈。师资水平差异是导致目前城乡教育质量差异的症结所在，因此大力加强农村师资队伍建设是促进义务教育城乡一体化的关键。针对在岗教师，应改善乡村教师的收入待遇，大力提高边远艰苦地区从教人员的津（补）贴标准，以市场机制促进教师正向流动。同时扎实推进教师、校长轮岗交流计划，使优质教育资源在城乡之间得到合理调配和布局。针对职前教师，应深化教师教育改革，提高师范教育质量，制定教师优待办法，吸引和激励优秀大学生、研究生到乡村和边远地区从教。

再次，提升政府在"城乡一体化"发展中的统筹能力。省、市、县级政府要统筹规划和调配教育资源，加快推进薄弱学校改造，做好乡村教育底部攻坚和精准托底，在经费投入上不遗余力，在优质资源布局上不留盲区，以大气魄打造大格局，以新理念开创新境界，以高水平铸就高品质，努力让每一个适龄儿童的教育权益得到充分尊重，身心健康发展受到充分保障。

最后，提高均衡发展文化软实力。应着力构建以学校文化建设为抓手、以优质均衡监测制度为手段、以良好教育生态为屏障的发展模式，为统筹城乡一体化发展，实现高位均衡新跨越营造良好环境、奠定坚实基础。

（三）以质图强：奋力实现教育现代化

党的十九大开启了"全面建设社会主义现代化强国"的新征程，我国教育事业也面临着从"教育大国"向"教育强国"的历史转变。教育现代化既涉及数量又涉及质量，既涉及硬件又涉及软件，其核心是提高质量、扩充内涵，从而缩小与发达国家在质量、水平上的差距，培养具有现代观念、现代精神和 21 世纪核心素养的优秀人才。只有率先实现了教育现代化，才能促进人口素质现代化；只有人口素质实现了现代化，才能真正建设现代化强国。经过 70 年的发展，我国义务教育已经完成了规模扩张和全面普及的历史任务，目前亟需从"以量谋大"向"以质图强"转变，走质量优先的内涵式发展道路。一要厘定标准，完善义务教育现代化的顶层设计。2019 年 2 月中共中央国务院颁布了《中国教育现代化 2035》，这是党中央关于教育现代化的基本蓝图和构想，其中提出的"八大基本理念"——更加注重以德为先、更加注重面向人人、更加注重终身学习、更加注重发展中国特色世界先进水平的优质教育、更加注重推动各级教育高水平高质量普及、更加注重实现基本公共教育服务均等化、更加注重构建服务全民的终身学习体系、更加注重开创教育对外开放新格局，应成为现阶段我国构建义务教育发展现代化标准体系遵循的基本规律。二要软硬兼顾，推动义务教育现代化实践发展。在硬件上，加快义务教育办学条件标准化建设，努力提升信息化水平，以信息化带动现代化。在软件上，完善教育治理体系和治理结构，提高学校治理水平和治理能力，优化师资队伍建设，加强具有现代化意识的学习文化建设。

（四）守正创新：构建中国特色发展模式

长期以来，我国教育事业发展习惯于遵从和效仿发达国家的理论与模式。借鉴和吸收外来优秀成果是必要的，但是作为历史悠久、人口众多、土地辽阔的泱泱大国，我们更需要铭记初衷、不忘本心、面向未来。尤其是历经新中国 70 年的发展与积累，我们已创造了穷国办大教育的奇迹，开创了具有中国特色和中国气派的义务教育发展模式，完成了从

"跟跑"到"并跑"的跨越。进入新的历史阶段，我国义务教育发展应强化"四个自信"，更加关注本土理论创生和实践创新，从而为世界特别是那些发展中国家提供中国经验、中国模式、中国道路。一要秉持守正的初心，始终坚持党对义务教育发展的领导，进一步强化中央政府和地方政府对义务教育的统筹规划和管理，尤其是要进一步优化义务教育的管理权限、责任、义务以及经费合理分担机制。二要加强理论探索和创新，积极构建和创生具有中国特色的义务教育发展理论体系。三要提炼和完善具有中国特色的义务教育实践模式，以在全世界范围内争取更多的话语权和感召力，并借此进一步昭示和彰显中国特色社会主义的优越性和制度红利。

义务教育均衡发展监测的理性困境及其超越①

一、问题的提出

义务教育均衡发展监测是衡量和评价一个地区义务教育均衡发展水平的"监测仪"和"指挥棒"，对促进义务教育公平而有质量的发展起着重要的保障作用。目前，对义务教育均衡发展监测的研究和探索，已经成为政策制定、学界研讨和实践探索层面关注的热点和焦点问题。

首先，从政策视角看，教育部先后印发了《县域义务教育均衡发展督导评估暂行办法》（2012年）、《县域义务教育优质均衡发展督导评估办法》（2017年），为义务教育均衡发展监测与评估奠定了理论基础。2019年6月，中共中央、国务院印发的《关于深化教育教学改革全面提高义务教育质量的意见》明确提出，要健全质量评价监测体系，县域教育质量评价要突出考查地方党委和政府对教育教学改革的价值导向、组织领导、条件保障和义务教育均衡发展等情况。②2020年2月，中共中央办公厅、国务院办公厅印发的《关于深化新时代教育督导体制机制改革的意见》提出，到2022年，基本建立全面覆盖、运转高效、结果权威、问责有力的中国特色社会主义教育督导体制机制。③上述文件的出台，为建立健全教育评估监测体系擘画了任务书和路线图。

其次，从实践层面看，无论是以差异系数模拟计算为手段的基本均衡监测阶段，还是以内涵质量提升为目标的优质均衡监测阶段，我国的义务教育均衡发展监测活动都是以督导评估的形式呈现和展开的，并形成了"一个门槛、两项内容、一个参考"④的评估体系。

---

① 原载《教育研究》2020年第11期，人大复印资料《中小学教育》2021年4期全文转载，与樊莲花合作。

② 《中共中央 国务院关于深化教育教学改革全面提高义务教育质量的意见》，中国政府网：https：//www.gov.cn/xinwen/2019-07/08/content_5407361.htm.（2024年12月24日查询）

③ 《中共中央办公厅 国务院办公厅印发关于深化〈新时代教育督导体制机制改革的意见〉》，教育部政府门户网站：https：//www.moe.gov.cn/jyb_xxgk/moe_177/moe_178/202002/t20200219_422406.html.（2024年12月24日查询）

④ "一个门槛"，即各省首先要建立本省（区、市）义务教育学校办学基本标准，各县域在达到本省（区、市）基本标准后，才能进入是否均衡发展的评估阶段；"两项内容"，即主要评估县域内义务教育学校之间的均衡状况和县级人民政府在推进义务教育均衡发展工作中的努力程度；"一个参考"，即把公众对本县义务教育均衡发展的满意度作为评估认定的重要参考。其中基本均衡监测包括义务教育校际均衡状况8项指标、县级人民政府努力程度4项指标及公众满意度三个方面内容；优质均衡监测则包括资源配置7项指标、政府保障程度15项指标、教育质量评估9项指标及社会认可度评价四个方面内容。

在监测主体上多以中央和省级督导团为主体，借助差异系数①衡量县域义务教育均衡发展程度。在监测和督导程序上采取县级人民政府自评、地市级复核、省级督导评估并公示、申请国家评估审核备案的自下而上申报模式。国家教育督导团接到各省（自治区、直辖市）的报送材料后，进行实地抽查，并对通过的县予以公布授牌。在核查方法与手段上，由国家督导团成立实地核查小组，主要采取查阅资料、听取汇报、领导约谈、走访学校以及大面积访谈为主的方式实施监测。自 2013 年国家启动义务教育基本均衡督导评估认定工作以来，截至 2019 年年底，全国已有 2767 个县通过了国家基本均衡县评估认定，占比达 95.32%。②在这一过程中，逐步建构起了一套比较完整的义务教育均衡发展监测评估体系。

再次，从学界研究看，对义务教育均衡发展监测的研究多聚焦于操作层面的主体构成、指标设置、方法选择以及结果使用等方面。在监测主体层面，有学者认为，应实施多元监测主体，探索并加强教育督导部门与相关研究机构的合作，监测活动可以在政府部门的宏观调控和组织下，将某些需具备较强专业性和客观性的工作委托给社会第三方进行，赋予其监督和评价学校的权力，并充分关注社会公众的意见，以保障监测程序的公正和监测数据的真实性。③在指标设置方面，有学者从输入变量、生产变量、产出变量和独立变量 4 个维度构建了表征教育资源与教育产出变量关系的公平测度指标体系。④也有学者从教师资源、生源以及保障系统 3 个维度出发，设计了一套涵盖生源数量等 15 个一级指标、72 个二级指标和 64 个三级指标在内的县域义务教育均衡发展监测指标矩阵。⑤

在监测方法的科学性上，有学者认为，对监测指标的筛选与权重确定，应参考相关系数法的分析结果，采用主成分分析法剔除双负荷指标。⑥关于监测结果的研究主要集中在监测效能如何实现方面，有学者分析认为，应建立一套义务教育均衡发展预警机制，既可以对我国义务教育均衡发展总体态势进行预警演示，同时也可以对已制定实施的政策措施效

---

① 差异系数（CV=S/X*100%）由标准差（S）与全县平均数（X）的百分比比值而得。其中，基本均衡要求小学和初中的差异系数分别小于或等于 0.65 和 0.55；优质均衡要求小学和初中的差异系数分别小于或等于 0.5 或 0.45。

②《2019 年全国义务教育均衡发展督导评估工作报告》，教育部政府门户网站：http://www.moe.gov.cn/fbh/live/2020/51997/sfcl/202005/t20200519_456057.html.（2024 年 12 月 26 日查询）

③ 尤莉：《义务教育均衡发展指数设计的国际经验与借鉴》，《中国教育学刊》2016 年第 10 期。

④Houck, E.A.&Eom, M. "Resource and Output Equity as a Mechanism for Assessing Educational Opportunity in Korean Middle School Education.", *Journal of Education Finance* no.1（2012）.

⑤ 董世华、范先佐：《我国县域义务教育均衡发展监测指标体系的构建——基于教育学理论的视角》，《教育发展研究》2011 年第 9 期。

⑥ 任春荣：《县域义务教育均衡发展评估指标的选择方法》，《中国教育学刊》2011 年第 9 期。

果进行追踪评估，从而为各级教育行政部门的及时反馈与调整提供切实可行的参考依据。[①]

此外，还有学者从制度变迁和政策选择的视角，提出我国义务教育监测制度经历了以"普九"验收为主的制度萌芽、以学界研究和地方摸索为主的制度探索、以差异系数模拟计算为手段的基本均衡监测和以内涵质量为目标的优质均衡监测四个阶段。[②]

总结上述观点，可以发现，一方面，当前学界对义务教育均衡发展监测的研究尚不充分，且未形成比较成熟统一的理论；另一方面，现有的研究多是基于最大限度发挥监测工具性功能视角的分析，而对均衡发展监测活动价值性功能的关注度明显不足。义务教育均衡监测在取得上述发展成果的同时，也存在着价值理性与工具理性的矛盾冲突问题，工具理性过于彰显，而价值理性遭到遮蔽。这在监测制度的顶层设计层面，可以被诠释为"理性困境"。

二、理性困境的表现

德国社会学家韦伯（Weber，M.）将理性分为价值理性和工具理性。[③] 价值理性是一种以人为主体、以人为中心的理性，多以"合目的性"的形式存在，强调方向性和满足主体需要；工具理性则以工具崇拜和技术至上作为实现目标的决定因素，可看作一个行动系统，强调手段和方法的科学性。以此为依据，工具理性可以被看作为价值理性服务，即通过特定的技术手段和科学路径最终完成和实现价值理性所产生的美好期待——价值目标。

在义务教育均衡发展监测中，价值目标可归纳为三方面：第一，通过监测主体与客体的相互作用，改变区域范围内的不合理、不正当差异，实现区域之间、城乡之间、学校之间在经费投入、办学设施和师资配置等方面的均衡，彰显"全体发展"的特点。第二，在教育内容和目标上，促进学生德智体美劳全面而和谐的发展，追求"全面发展"的目标。第三，在全体发展和全面发展的基础上，引导教育因材施教，促进学生个性化发展，使学生潜在的禀赋与特长得到充分开发，继而使学生个体身心发展得到社会化与个性化的高度统一。

与价值理性相对应的工具理性则表现为监测本身是促进义务教育均衡发展的重要抓手；监测结果是各级政府政绩考核的内在需要；监测是达成公平而有质量的教育发展目标的方式和手段。理想的或应然的义务教育均衡发展监测制度应是工具理性与价值理性的统一，即手段与目的、形式与实质的高度一致。

---

① 薛海平：《我国义务教育均衡发展预警机制探讨》，《教育科学》2013年第3期，第8—13页。
② 杨令平、司晓宏、魏平西：《浅议义务教育监测制度的发育》，《教育研究》2018年第12期。
③［德］马克斯·韦伯著，约翰内斯·温克尔曼整理，林荣远译：《经济与社会》（上卷），商务印书馆，1997年，第56页。

（一）义务教育均衡发展监测中效率与公平的困境

受传统科层体制的影响，在我国义务教育均衡发展监测实践中，工具理性的效率优先逻辑得以强化。主要表现为：

第一，追求工作效率使复查过程简化。监测主体以"高效率"为工作准则，执行行为以"通过均衡验收"为要求，在"县级自评、地市复查、省级评估、国家认定"的四级联动工作体系中，市级督导部门复审和省级督导部门评估往往侧重于对县级自评的结果进行数据核查和印证，而缺乏对县级均衡发展的常态进行跟踪与实地考察。

第二，追求工作效率导致选择性抽查行为产生。以效率和压力为政策传导的方式，在科层制规范化、制度化的管理方式下，其功能被不断放大。例如，在对申请评估验收县进行抽查认定过程中，一方面为了降低验收成本、提高效率，往往导致抽查样本县的数量不足；另一方面在样本选择上因为受多种因素影响，往往会选择性地抽查经济社会发展相对较好的县域。以 2019 年整域通过国家基本均衡验收的 H 省为例，在其申请认定的 32 个县中只实地抽查了 3 个县，抽查比例仅占 9%。[①]

（二）义务教育均衡发展监测中形式与实质的困境

工具理性具有注重形式、程序优先和强调制度责任的特征[②]，对于促进义务教育均衡发展监测程序的合理性、进一步强化规则意识具有积极作用，但其又潜存着忽视价值理性和伦理责任的弊端。在实际操作过程中，过于重视形式合理性往往就会导致实质合理性被忽视，造成二者相悖与冲突状况的出现。根据课题组的调研[③]，各省市在制定与执行本省义务教育均衡发展监测评估手册的过程中，虽然能够做到相关的监测主体、内容、步骤符合《县域义务教育均衡发展督导评估暂行办法》或《县域义务教育优质均衡发展督导评估办法》的规定，在逻辑上能够自洽，在形式上不相矛盾，在数据上能够满足最低标准，但这仅仅只是一种形式上的合理与正当。从义务教育均衡发展监测的实质合理性来看，数据上的均衡不能代表实际状况和真正均衡。以 S 省 Y 市为例，该市某县（区）政府在推进义务教育均衡发展工作中满意度得分高达 95 分，但其大班额、大校额问题却依然严重，其

[①]《国家教育督导检查组对黑龙江省义务教育均衡发展督导检查反馈意见》，教育部政府门户网站：http://www.moe.gov.cn/jyb_xwfb/gzdt_gzdt/s5987/202001/t20200106_414545.html.（2024 年 12 月 24 日查询）

[②] 方菲、张恩健：《工具理性：精准扶贫实践困境的一个伦理学解释——基于我国中部地区 Z 村的调查》，《华中农业大学学报》（社会科学版）2018 年第 3 期。

[③] 自承担课题以来，"义务教育均衡发展监测制度研究"课题组对上海、江苏、山东、湖北、河南、陕西、广西、青海、新疆等 9 省（自治区）的 36 个县开展了深入调研。

中一所学校在校生人数高达 4776 人。高满意度背后的大班额、大校额等"择班""择校"现象，在一定程度上折射出均衡满意度监测过程中潜存着"形式很完美，实质有偏差"的问题，这样的形式合理并不能真正体现监测结果"诊、咨、督、促、导"的作用。

（三）义务教育均衡发展监测中共性与个性的困境

科学而合理的教育既要有教无类，又要因材施教；既要面向全体学生，又要尊重个体差异；既要促进学生全面发展，又要帮助学生个性成长。教育的真正目的，既要帮助学生完成社会化发展，又要帮助学生实现个性化发展。"只有在集体中，个人才能获得全面发展其才能的手段，也就是说，只有在集体中才能有个人自由。"[1] 个性化发展在于使学生具有人的个性，使之成为独一无二的人，"每个人的自由发展是一切人的自由发展的条件"[2]。只有坚持社会化教育与个性化教育的辩证统一，才能培养出既全面发展而又具有个性的人，如此才能建成既富有法治、道德和秩序，又充满创新与活力的社会。[3] 然而在实践中，我国义务教育均衡发展监测"重共性轻个性"的困境在一些方面有所显现。

首先，工具理性的过度彰显和滥用导致非人格化倾向出现，即只重程序而忽视结果、只重统一性而忽视差异性、只重视儿童的群体发展而忽视儿童的个体发展。课题组在对 9 个省（自治区、直辖市）义务教育均衡发展督导评估文本的梳理中发现，各省（自治区、直辖市）在义务教育学校办学标准上，主要反映的是硬件教育资源配置状况，而对学校的办学特色、校园文化、管理水平、师资质量、学业水平以及学生素质发展等方面均不够重视。

其次，对义务教育均衡发展过程和结果的考核，不能仅仅以差异化系数作为衡量指标，除了量化的客观指标考量，考核更应该关注家长和社会的切身感受。数字量化的表征虽然使均衡的短期成效易于显现，但这种均衡更偏重硬件设备的改善和外在形象的变化，无法反映出教育质量上是否均衡的真正内蕴。

再次，义务教育均衡发展是一个历史性概念，其必然是一种由"基本均衡"向"优质均衡"演进的时序性结构。针对不同的历史阶段，监测制度的设计应体现出其阶段性特点。目前我国义务教育均衡发展处在从"量"转向"质"、从"有学上"转向"上好学"的提升阶段，应更加凸显监测评估的价值理性。正如有学者所言，均衡发展的目的在于改变现有教育发展中不合理的差异，尊重和承认发展过程中不可避免的差异，开发个体具有特质

---

① 马克思、恩格斯：《马克思恩格斯全集》（第三卷），人民出版社，1979 年，第 84 页。
② 上海师范大学教育系编：《马克思恩格斯论教育》，人民教育出版社，1979 年，第 87 页。
③ 司晓宏：《面向现实的教育关怀》，安徽教育出版社，2008 年，第 17 页。

的差异并使差异成为资源。①

三、理性困境的实践逻辑剖析

反思工具理性的目的并非是否定工具理性，而是在于为工具理性厘定方向、划定边界。义务教育均衡发展监测要实现全体发展、全面发展和特色发展的价值目标，必然需要借助工具理性对其实现途径和过程进行选择与设计，研制出行之有效的监测方法与工具。为此，针对当前义务教育均衡发展监测中的"理性困境"，反思其实践逻辑中工具理性与价值理性割裂的原因十分必要。

（一）技术理性思维的泛化

"科技赋能教育评价、技术引领均衡监测"已成为"互联网+"时代教育监测的主题。科技文明的发展在凸显教育技术理性作用的同时，也显性或隐性地遮蔽了教育的价值理性。大数据时代，均衡发展监测在数据采集、分析和可视化操作过程中更趋于精准化。随着监测技术的不断发展，监测主体分工越来越明确，其对人的改变也逐渐从"用"的层面深入到"体"的层面。在这一过程中，监测技术内在的技术理性正缓慢地侵蚀和改变着人们的思维方式，重塑人们对监测思维的认知。当技术理性逐渐成为监测思维的新标准并形成一种路径依赖时，就会产生一种过度应用的倾向，导致在教育监测中人们更多关注的不再是儿童成长与发展本身，而是已经建立起来的技术化、标准化、制式化的过程，即更多关注的是"如何实施监测"，而"监测的目的是什么"则被遮蔽或忽略。这突出表现为：义务教育均衡发展监测专注于利用技术对监测结果数据进行解读，专注于对《县域义务教育均衡发展督导评估暂行办法》中设定的"标准"与"红线"进行检测与对比，而忽视了学生个体世界的复杂性、自身特质的差异性以及内在人格和精神世界的丰富性。因此，对义务教育均衡发展监测技术的功能要理性分析，对监测结果的审视要以价值理性为引领，警惕均衡发展监测过程中技术应用过度所带来的技术异化风险。

（二）监测主体的"双重立场"

在我国义务教育均衡发展监测实践中，监测主体既包括中央层级的政府督导，也包含省市县的政府督导机构。根据多重制度逻辑理论，由多方主体、多重制度逻辑相互交织构成的义务教育均衡发展监测主体必然会形成复杂的利益关系网络。一方面，任一层级的监测主体都存在两种立场：职责立场与自我利益立场。站在职责立场，政府监测主体会秉承

---

① 叶澜：《关于教育优质公平发展的三重思考》，《光明日报》2019年10月16日第13版。

公平公正公开原则严格按照督导评估办法进行监测。然而基于自我利益立场，监测主体很可能从政绩考量出发，而虚报监测数据。事实上，监测实践中的具体行动或行为，均是监测主体在这两种立场间进行博弈和妥协综合权衡后的产物。一旦自我利益立场占据上风时，预设的职责立场则被淹没，继而监测实践活动就有可能偏离既定的价值目标。另一方面，监测主体的行为偏向多体现为利益主体的博弈行为。监测主体有时基于获得更多自身利益的目的，会与其他主体协商并形成一种非正式行为，从而影响均衡监测的结果。此外，部分县级政府在自我评估的过程中，为完成任务或出于其政绩考量，极易产生"权力寻租"行为。[①]

（三）监测评估考核的工具指向性

我国的义务教育均衡监测继承了自"普九"验收以来督导评估的目的性导向，即强调通过一种自上而下的信息反馈模式来对事物发展的状况进行控制和调节，以利于行为目标朝向特定时间内的短期既定目标。在这种目的性导向牵引下，义务教育均衡监测评估考核更注重是否"达到均衡标准"，而忽视了长远的价值目标，呈现出明显的工具指向性。这集中表现为三个方面：一是注重对硬性指标数据的考核，弱化对利益相关者主观态度的关注。在监测指标考核中对办学基本标准、校际均衡状况、政府努力程度等设置了严格的刚性量标，并利用差异系数进行量化考核。但对能反映群众密切关注的热点、难点和重点问题等软性指标（如社会认可度和家长满意度）则不够重视。二是强调均衡发展监测评估的流程，并使其日趋线性化，即监测活动实施更多地依赖资料审核、实地检查、领导约谈、会议指导和书面反馈等形式，使监测演变为数据输入、数据输出及对标反馈的简单回路，而监测目的和监测发展的终极目标则被忽略。三是片面关注具有同一性和制式化的监测数据与效率，而遮蔽了学校的特色发展和学生的个性发展。过度的数字化达标，容易使监测流变为一种数据印证形式，形成"数据凸显，生命凹陷"的畸形发展模式。正如马尔库塞（Marcuse，H.）所指出的，技术的解放理论 = 使事物工具化 = 转而成为解放的桎梏，即使得人也工具化。[②]

---

① 杨令平、司晓宏、魏平西：《浅议义务教育监测制度的发育》，《教育研究》2018 年第 12 期。
② ［美］赫伯特·马尔库塞，刘继译：《单向度的人：发达工业社会意识形态研究》，上海译文出版社，2014 年，第 114 页。

四、理性困境的超越

义务教育均衡发展监测的未来发展需要进行理性的审视与谋划。只有在明晰监测价值取向的基础上，并辅之科学的监测技术与工具，才能达到有效的监测目的。对此，义务教育均衡发展监测必须坚持工具理性与价值理性的有机统一，并以价值理性来引领监测技术的创新与发展。

（一）坚持"以生为本"的价值取向

义务教育均衡发展以消除区域间、城乡间和学校间的不合理差异为逻辑起点，其最终目的是普遍而全面地提高教育质量，让每一个儿童都能够接受到公平而又适合自身发展的教育，使儿童的社会化发展和个性化发展有机结合、有教无类和因材施教有机结合、大众教育和英才教育有机结合。[①] 循此，对义务教育均衡发展的监测应以"机会平等""全体发展""全面发展""个性发展"和"受教育质量的公平"为价值导向。一是坚持"以生为本"的监测制度设计理念。在制度设计中凸显对质量均衡指标要素的考核，提高人民群众对义务教育均衡获得感和满意度的占比权重，组建集政府部门、学校、学生、家长和社会第三方机构于一体的多元监测主体，并基于证据考量因地制宜地开展监测。二是坚持"以生为本"的监测制度执行立场。在制度执行过程中，优化执行人员素养，确保不同层级的监测主体都能以助力学生"全体发展""全面发展""个性发展"的理念履行监测职责。与此同时，应加大对监测执行过程中虚报数据、隐瞒问题等行为的查处力度，确保监测过程的公平性。三是努力营造"以生为本"的监测制度环境。义务教育均衡发展监测"绝不能单一地运用简单性、单向性和线性的思维模式，而应充分借鉴和应用复杂性研究的思维模式与研究思路"[②]，增强不同身份评价主体对监测价值目标的认同感，营造出既有助于学生全体发展，又重视学生个性发展的制度环境和文化氛围。

（二）秉持"器为人用"的工具理性取向

义务教育均衡过程中的监测手段与方法应秉持"器为人用"的基本理念，并与监测的价值取向和终极目标紧密结合。一是根据均衡发展阶段性目标选择监测技术。如在"重数量更重质量"的优质均衡发展阶段，可采用更为严格的监测标准，在确保相关指标差异系数符合国家标准的基础上，主动尝试包括泰尔系数、基尼系数、极值倍率等在内的差异分

---

① 司晓宏、樊莲花、李越：《新中国 70 年义务教育发展轨迹、成就及愿景分析》，《人文杂志》2019 年第 9 期。

② 司晓宏、吴东方：《复杂性理论与教育的复杂性研究》，《教育研究》2007 年第 11 期。

析技术手段①，克服由单一差异系数考核带来的偏差。二是明确监测技术的应用边界。技术运用是有边界的，其主要"被用来解决实践领域的确定性问题"②。在技术运用中，既要充分发挥其精准收集数据、高效处理数据的功能，又要合理界定其使用阈值，以是否有助于学生整体素质提高、特色潜能开发、主体意识养成等作为考量标尺。三是警惕监测过程中的技术鼓吹风险。所谓技术鼓吹是指技术的开发者和推广者在宣称技术绝对有效并使人产生信任感的同时，隐匿了技术的缺陷以及技术开发者、推广者附加在技术中的企图。③在"智能技术引领教育监测"的时代，要根据监测的实际目的和问题寻找与运用技术，理性识别不同监测技术的局限性。

（三）兼顾全面发展与个性发展的双重旨归

立足于教育的基本目的和规律，必须坚持工具理性与价值理性的辩证统一，实现促进学生全面发展与个性发展的双重旨归。

首先，构建统一性与特色性兼具的多元指标体系。各省（自治区、直辖市）可在满足国家最低监测标准的前提下结合本地均衡发展水平与资源优势，制定省级特色监测指标体系。

其次，应构建义务教育均衡发展双向判断表（见表1）。该表在利用"差异系数"对外在均衡（如资源配置）进行事实判断的基础上，增设价值判断标准，利用学生和家长的主观感受与客观实际感知来衡量内在均衡（如教育质量）的发展水平。具体说来，双向判断表以"事实判断"和"价值判断"作为评判义务教育均衡发展的两个依据，在"事实判断"和"价值判断"维度下分设"均衡"和"不均衡"两个评判值，并借助真假值构建起均衡发展的四个"理想类型"。其中，A类型表明无论是从事实判断还是价值判断出发，监测结果都是"真—真"均衡，即无论是客观评判还是主观感受都是真正意义上的均衡。而D类型表明无论是事实判断还是价值判断都是"假—假"均衡，即在客观评判和主观感受上都存在不均衡。B类型和C类型表明从"不均衡"到"均衡"之间存在着"模糊状态"，④两者都不是真正意义上的均衡。

再次，建立立体分层的均衡监测保障体系。从县级政府来看，立足本县县情和发展需求，发挥统筹与协调作用，为均衡监测提供政策与资源保障；从义务教育学校来看，坚持办学

---

① 杨令平、司晓宏、魏平西：《浅议义务教育监测制度的发育》，《教育研究》2018年第12期。

② ［美］唐纳德·A.舍恩著，郝彩虹等译：《培养反映的实践者：专业领域中关于教与学的一项全新设计》，教育科学出版社，2008年，第3页。

③ Jacques Ellul, *The Technological Bluff*（Grand Rapids, MI：Eerdmans,1990），xvi.

④ 林瑞玉：《基于叙事范式的教育均衡研究："北仑现象"的析与解》，中国社会科学出版社，2017年，第8页。

特色，主动作为，积极推动校际均衡；从教师来看，坚持以生为本，提高教学质量，密切关注班级间均衡。通过不同层级均衡发展监测的规范和引导，促进和推动义务教育早日实现高位均衡发展。

表1　义务教育均衡发展双向判断表

义务教育均衡判断双向维度		价值判断	
		均衡	不均衡
事实判断	均衡	A(真–真)	B(真–假)
	不均衡	C(假–真)	D(假–假)

义务教育优质均衡发展督导评估审视与展望①

一、问题的提出

促进均衡发展、实现教育公平是 21 世纪以来中国义务教育发展的战略目标和时代主题。伴随着 2000 年我国九年义务教育"基本普及"目标的如期实现②，人人都"有学上"的问题得到了有效解决。但与此同时，区域之间、城乡之间、校际义务教育办学条件和水平的差异却急剧加大。面对这种状况，学术界和实践层面吁求促进义务教育均衡发展的呼声不断。2002 年 2 月，教育部印发《关于加强基础教育办学管理若干问题的通知》，其中明确提出"积极推进义务教育阶段学校均衡发展"③，这是"义务教育均衡发展"在官方文件中首次揭橥和确定。2005 年 5 月，《关于进一步推进义务教育均衡发展的若干意见》颁布，提出要加大力度遏制城乡之间、地区之间和学校之间义务教育发展水平差距不断扩大的势头，积极改善农村学校和城镇薄弱学校的办学条件，逐步实现义务教育均衡发展。2006 年修订的《中华人民共和国义务教育法》明确规定，国务院和县级以上地方人民政府应当合理配置教育资源，促进义务教育均衡发展。至此，促进义务教育均衡发展成为非常鲜明的时代主题，与之相应的是一系列制度设计和政策供给的相继出台。2010 年 7 月，《教育规划纲要》强调"均衡发展是义务教育的战略任务"，并提出"到 2020 年基本实现区域内均衡发展"的目标。④2012 年 9 月，国务院印发《关于深入推进义务教育均衡发展的意见》，明确要求"到 2020 年，全国义务教育巩固率达到 95%，实现基本均衡的县（市、区）比例达到 95%"⑤。以上政策为促进义务教育基本均衡发展目标的实现擘画了任务书和路线图。

为保障义务教育基本均衡发展工作能够扎实推进、有效实施，国家启动了由国务院教

---

① 原载《教育研究》2021 年第 10 期，人大复印资料《中小学学校管理》2022 年 3 期全文转载，与樊莲花合作。

② 2000 年，我国义务教育普及率达到了 85%，实现了 1985 年第一次全国教育大会和 1994 年第二次全国教育大会提出的目标。2010 年，伴随着西部 13 个县"两基"攻坚任务的最后完成，义务教育实现了 100% 的普及。

③《教育部关于加强基础教育办学管理若干问题的通知》，教育部政府门户网站：http://www.moe.gov.cn/s78/A06/jcys_left/moe_706/s3321/201006/t20100608_88981.html.（2024 年 12 月 26 日查询）

④《国家中长期教育改革和发展规划纲要（2010—2020 年）》，教育部政府门户网站：http://www.moe.gov.cn/srcsite/A01/s7048/201007/t20100729_171904.html.（2024 年 12 月 26 日查询）

⑤《国务院关于深入推进义务教育均衡发展的意见》，教育部政府门户网站：http://www.moe.gov.cn/jyb_xxgk/moe_1777/moe_1778/201209/t20120907_141773.html.（2024 年 12 月 26 日查询）

育督导委员会总牵头、各省教育督导机构具体负责的基本均衡县（市、区）的评估验收工作。2012 年 2 月，教育部印发《县域义务教育均衡发展督导评估暂行办法》（以下简称《督导评估暂行办法》），建立了县域义务教育均衡发展督导评估制度，制定了基本均衡县（市、区）评估认定的具体实施方案。2013 年 5 月，教育部在江苏省张家港市召开全国县域义务教育均衡发展督导评估认定现场会，正式启动基本均衡县的评估验收工作。2017 年，伴随着县域内基本均衡目标的初步实现，国家又进一步提出了"促进义务教育优质均衡发展"的目标，即在巩固基本均衡的基础上，推进义务教育均衡向更高水平迈进，实现受教育质量和水平的实质性公平。①

从 2012 年教育部《督导评估暂行办法》正式颁布到评估认定工作的全面开展，已历时近十年，为此国家投入了大量的人力、物力和财力，那么此项工作的实际成效如何，取得了哪些经验，还存在哪些不足，在业已开展的优质均衡督导评估认定中又有哪些方面值得借鉴和完善，对这些问题的回答，是本文聚焦和探讨的重点。

二、义务教育基本均衡县评估认定的做法与成效

我国义务教育基本均衡县评估认定以《督导评估暂行办法》为行动指南，经过近十年的探索与实践，初步形成一整套比较成熟的模式，并取得了显著成效。

（一）基本模式

第一，形成由教育督导机构牵头实施的认定主体。认定主体是督导评估认定活动的承担者和实施者。《督导评估暂行办法》规定："按照省级评估、国家认定的原则进行。国家教育督导团对省级评估工作进行指导和监督。""县级义务教育发展的评估工作由省、自治区人民政府教育督导团负责，由市、区两级教育督导部门组织实施。"由此可见，国务院教育督导委员会 ② 和各级教育督导部门是我国义务教育基本均衡县督导评估认定的承担主体和主要力量。

第二，构成"一个门槛、两项内容、一个参考"的认定标准和内容。"一个门槛"即基本办学标准。该标准由各省级政府制定，只有在县级义务教育学校达到省定基本办学标准后，才能申请国家的评估认定。"两项内容"即主要评估县域内义务教育校际均衡状况和县级人民政府在推进义务教育均衡发展工作中的努力程度。需要指出的是：对校际均衡

---

① 司晓宏、樊莲花、李越：《新中国 70 年义务教育发展轨迹、成就及愿景分析》，《人文杂志》2019 年第 9 期。

② 2016 年 2 月，教育部教育督导团办公室更名为教育督导局，加挂国务院教育督导委员会办公室牌子。

状况的评估主要侧重于"资源配置"是否均衡，并通过计算小学、初中差异系数的形式来反映其均衡水平。"一个参考"即将公众对本县义务教育均衡发展状况的满意度作为评估认定的重要参考依据。

第三，生成自下而上逐级申报的认定程序。在基本均衡县的评估认定程序上，采用"县级自评—地市复核—省级督导评估并公示—申请国家评估审核备案"的模式。国务院教育督导委员在收到各省基本均衡县（市、区）认定申请后，由国家督学、有关专家组成审核组对相关材料进行审核，并在当年申报县中随机抽取部分学校进行实地核查。实地核查组将对申报县"是否通过评估认定"形成综合评估的结论意见，在督导评估结束后，向国务院教育督导委员会办公室提交书面报告。

第四，建立定期公示、动态复查的结果运用方式。在结果认定环节，国务院教育督导委员会办公室根据各环节审核评估的结论意见，拟定本年度"义务教育发展基本均衡县"名单，在教育部网站公布并向有关省印发督导评估认定意见。与此同时，还建立了监测复查制度，即国务院督导委员会办公室对全国县域义务教育均衡发展状况进行监测，对已公布名单上的县进行复查。如复查中发现获得评估认定的县，连续三年（特殊情况除外）不能达到《督导评估暂行办法》中的规定标准，将撤销其"义务教育发展基本均衡县"的认定。

（二）成效分析

《督导评估暂行办法》的出台和基本均衡县评估认定工作的开展，在思想和行动上均引起了各省、市、县的高度重视与积极响应，使义务教育均衡发展的步伐明显加快，取得了显著成效。

第一，极大牵引和推动了全国各地义务教育的均衡发展。在党的领导下统一指导、协调各方、集中力量办大事的"举国体制"，是中国特色社会主义制度的显著优势。基本均衡县评估认定工作正是发挥了这一制度优势，从而使我国义务教育发展不平衡、不充分的突出矛盾得到了快速有效的解决。据不完全统计，2013—2020 年，国务院教育督导委员会、教育部累计安排国家督学和专家共 4342 人次，发放满意度网络调查问卷 143.41 万份，随机抽查学校和教学点 2.59 万所，撰写对受检省政府反馈意见 159 份，推动全国 2809 个县级单位实现了义务教育基本均衡发展，约占全国总数的 96.8%。[1] 仅 2013—2017 年，国务院实地核查小组实地督导检查县级单位 2384 个，实地复查县级单位 152 个。[2] 数据显示，

---

① 根据 2013—2019 年《全国义务教育基本均衡督导评估认定报告》《均衡督导持续发力义教保障水平更高——义务教育基本均衡"双九五"目标如期实现》中相关数据整理所得。

② 《2017 年全国义务教育均衡发展督导评估工作报告》，教育部政府门户网站：http://www.moe.gov.cn/jyb_xwfb/xw_fbh/moe_2069/xwfbh_2018n/xwfb_20180227/sfcl/201802/t20180227_327990.html.（2024 年 12 月 26 日查询）

2013—2020 年，依次有 293 个县、464 个县、545 个县、522 个县、560 个县、338 个县、69 个县、42 个县通过了义务教育基本均衡国家认定。[①] 截至 2020 年年底，全国共有 2809 个县通过验收，有 26 个省（区、市）通过了整体认定。[②]

第二，有效缩小了校际办学条件和水平的差距。均衡发展督导评估认定工作的开展，有力推动了县域内义务教育基本公共服务水平的均等化。以"差异系数"[③]为例，数据显示，2019 年在全国验收通过的 2764 个基本均衡县中，小学和初中计算机台数、图书册数和教学仪器设备值三项指标差异系数均在 0.232 ~ 0.447 之间，其中综合差异系数[④]分别达到了 0.431、0.322，[⑤]显著优于《督导评估暂行办法》0.65 和 0.55 的规定，这反映出县域内小学、初中校际差异明显缩小。同时，据不完全统计，仅 2013—2017 年，全国 31 个省（区、市）和新疆生产建设兵团累计投入经费 3.4 万亿元，新建改扩建学校约 26 万所，增加学位 2725 万个，补充教师 172 万人，参与交流的校长和教师达 243 万人次，累计建设各类校舍和附属用房面积达 4.48 亿平方米，新建体育运动场馆 3.39 亿平方米，新增实验室、功能室 746 万间，新增设施、器材和信息化装备价值 3257 亿元，新增图书 14.4 亿册，新增计算机 1248 万台。[⑥]以上的资源投入主要是向乡村学校和薄弱学校倾斜，从而极大缩小了校际在生均经费、办学条件和师资水平等方面的差距。在督导评估认定工作的牵引下，县域内义务教育均衡发展呈现出良好态势。

第三，形成了较为系统完备的评估认定框架体系。历经近十年的实践探索，基本均衡

---

① 2013—2019 年以《全国义务教育基本均衡督导评估认定报告》数据为准，2020 年通过基本均衡县的数据均以教育部 2021 年 4 月 27 日公布的《均衡督导持续发力 义教保障水平更高——义务教育基本均衡"双九五"目标如期实现》文件为准。

②《均衡督导持续发力 义教保障水平更高——义务教育基本均衡"双九五"目标如期实现》，教育部政府门户网站：http://www.moe.gov.cn/jyb_xwfb/gzdt_gzdt/s5987/202104/t20210427_528707.html.（2024 年 12 月 26 日查询）

③ 差异系数（CV=S/X*100%）是指标准差（S）与全县平均数（X）的百分比值，其主要用来诠释县域内校际的差异状况，其数值越小，表明县域内校际的均衡程度越高，反之亦然。

④ 综合差异系数是 8 项评估指标（生均教学及辅助用房面积、生均体育运动场馆面积、生均教学仪器设备值、每百名学生拥有计算机台数、生均图书册数、师生比、生均高于规定学历教师数、生均中级及以上专业技术职务教师数）差异系数的平均值，反映的是县域内校际均衡发展状况。《督导评估暂行办法》规定，小学和初中综合差异系数应分别小于或等于 0.65 和 0.55。

⑤《国务院教育督导委员会办公室对 2764 个义务教育发展基本均衡县（市、区）开展监测复查》，教育部政府门户网站：http://www.moe.gov.cn/jyb_xwfb/gzdt_gzdt/s5987/202009/t20200907_486020.html.（2024 年 12 月 26 日查询）

⑥《2017 年全国义务教育均衡发展督导评估工作报告》，教育部政府门户网站：http://www.moe.gov.cn/jyb_xwfb/xw_fbh/moe_2069/xwfbh_2018n/xwfb_20180227/sfcl/201802/t20180227_327990.html.（2024 年 12 月 26 日查询）

县督导评估认定工作逐步形成了一整套较为完备的框架体系。一是确立了由督导机构牵头的认定方式，即评估认定工作主要以督导评估的形式展开，并以督导制度为蓝本形成了具有中国特色的评估认定体系。二是形成了一套自下而上逐级申报的认定程序，即"县级自评、地市复核、省级评估、国家认定"的基本模式被逐渐固化下来，厘清了国家、省、市、县教育督导机构的任务与职责，并形成了四级联动的认定机制。三是建立了以目标和过程控制为特征的双向保障机制。目标控制主要表现为"两个标准，一个得分"，即注重基本办学标准和差异系数标准，关注政府在推进基本均衡工作方面的评估得分。[①] 这种以"均衡认定通过"为目标的控制方式，将督导评估结果作为考核各地党政领导干部政绩的主体内容，同时辅之以奖惩激励措施，极大地推动了基本均衡县认定工作在不同地区的有效开展。过程控制，即构建了均衡认定复查制度和定期公示制度。一方面，从中央到地方建立起复查制度，各省对已被认定的"义务教育发展基本均衡县"，在一定期限内组织复查，发现问题，限期整改；另一方面，各级政府相继建立了公示公告制度，通过纸质文本和网络平台发布监测报告，扩大公众知晓度和知情权。以上双向保障机制的运行不但起到了良好的控制作用，而且促进了义务教育均衡发展的可持续性。

三、完善义务教育优质均衡督导评估的思考与建议

为巩固义务教育基本均衡发展成果，使义务教育均衡发展向更高水平迈进，2017年4月，教育部印发《县域义务教育优质均衡发展督导评估办法》（以下简称《优质均衡督导评估办法》），提出"建立县域义务教育优质均衡发展督导评估制度，开展义务教育优质均衡发展县（市、区）督导评估认定工作"[②]。2019年2月，中共中央、国务院印发《中国教育现代化2035》，明确提出"到2035年全面实现优质均衡的义务教育"[③]。2019年10月，全国县域义务教育优质均衡发展督导评估认定启动会的召开，标志着优质均衡发展评估认定工作正式拉开帷幕。展望业已开展的优质均衡督导评估认定工作，应认真总结和汲取基本均衡评估认定的有益经验与长处，克服其显在或潜在的不足与缺陷，使评估认定的"指挥棒"作用更科学地得到发挥。

① 杨令平、司晓宏、魏平西：《浅议义务教育监测制度的发育》，《教育研究》2018年第12期。
②《教育部关于印发〈县域义务教育优质均衡发展督导评估办法〉的通知》，教育部政府门户网站：http：//www.moe.gov.cn/srcsite/A11/moe_1789/201705/t20170512_304462.html.（2024年12月26日查询）
③《中共中央、国务院印发〈中国教育现代化2035〉》，教育部政府门户网站：http：//www.moe.gov.cn/jyb_xwfb/s6052/moe_838/201902/t20190223_370857.html.（2024年12月26日查询）

（一）倡导主体多元，增强督导评估专业性

随着教育领域"管办评分离"和政府"放管服"改革的深入推进，我国义务教育治理主体多元化的趋势日益增强。2020年10月，中共中央、国务院印发的《深化新时代教育评价改革总体方案》提出："构建政府、学校、社会等多元参与的评价体系，建立健全教育督导部门统一负责的教育评估监测机制"[①]。这为新时代教育督导体制改革指明了方向。循此出发，义务教育优质均衡督导评估认定应进一步发挥不同利益群体的主体作用。

第一，应坚持认定主体构成多元化原则。如前所述，基本均衡县评估认定主体分别由各级教育督导部门承担。这一规定从形式逻辑上较为清晰，但在具体的实施中，由于《督导评估暂行办法》对"国家教育督导团""各省级教育督导机构"的具体构成缺乏明确规定，导致参与评估认定的主体往往以政府督学为主，其主体的多元性和专业性并未得到保障和体现。因此在"谁来评"的问题上，应积极组建由教育督导部门统一负责，集第三方教育评估机构、专家学者、校长、教师、学生和家长于一体的评估认定团队。

第二，应提高实地核查小组的专业水平。均衡发展督导评估认定属于"督政"内容，与日常中小学的"督学"有一定区别。然而，受传统做法和"路径依赖"的影响，实际参与此项工作的往往是各级督学。我国督学的资格证书、遴选聘用以及考核培训等相关制度还不够健全，且长期存在配置数量不足、专业化水平不高等问题，这导致评估认定主体的素质参差不齐。为此，应搭建由国家督学、地方督学、知名校长、教育专家、管理专家、统计专家、财务专家以及第三方研究机构专业人士于一体的实地核查组，利用不同群体的专业优势和内部张力来保障评估认定的精准性。

第三，应厘清不同层级教育督导机构的基本职责。县级教育督导部门在自评过程中应将优质均衡评估认定指标与所在辖区内的资源、条件和特色相结合，将认定内容有机融入县域情境，在满足国家认定标准的同时，积极挖掘本地特色。市级教育督导部门应发挥区域统筹作用，集中解决本市优质均衡评估认定中的共性问题。省级教育督导部门则应发挥自身在评估认定中的资源整合与监督把关作用，切实当好"守门员"。

（二）兼顾国家统一标准和地方特色，凸显质量指标要素

认定标准与内容是义务教育均衡发展验收的基础和前提，承载着优质均衡发展督导评估的现实目标和具体要求。一是应把坚持国家统一标准与因地制宜、彰显地方特色有机统

[①]《中共中央、国务院印发〈深化新时代教育评价改革总体方案〉》，教育部政府门户网站：http://www.moe.gov.cn/jyb_xxgk/moe_1777/moe_1778/202010/t20201013_494381.html.（2024年12月26日查询）

筹。在基本均衡县督导评估认定中，由于评估标准设定权限在省级政府，县级义务教育学校在达到本省办学基本标准后就可申请国家评估认定，这导致一些省份出现了基于自身利益考量而降低标准的现象。如有学者将 13 个省份制定的义务教育基本均衡指标与标准同国家现行的明确规定指标与标准 [1]（如生均校舍面积、生均教学及辅助用房面积、生师比等）进行对照，发现部分省份制定的标准明显低于国家规定标准。[2] 为避免上述问题的出现，新出台的《优质均衡督导评估办法》将认定标准的制定权限上升至国家。这就要求在优质均衡县的督导评估认定中，一方面，各地要不折不扣地贯彻执行国家标准，坚决杜绝设低门槛、降格一求的现象；另一方面，又要结合当地情境、因地制宜地选择优质均衡县发展模式。二是凸显对优质均衡质量指标要素的考核。在优质均衡督导评估认定中要坚持"重数量，更重质量"的原则，恪守标准，严把质量，尤其要以师资队伍建设为重点，以实质性的质量均衡为核心。如应格外关注"资源配置"指标中高于规定学历的教师数量、骨干教师数量、音体美教师数量等。对"教师交流轮岗"指标既要重视"全县每年教师交流轮岗比例""骨干教师交流比例"，还要将教师进入流入地后的"工作态度""投入程度""教育教学质量"等纳入考核范围。在关注定量指标的同时，应强化对定性指标的考核，如学校的办学理念、校园文化、管理水平和区域影响力；学生的情感发展、学习态度、学习能力和公民素养；公众对均衡的认可度、满意度以及教育获得感、幸福感、安全感等。此外，评估认定还应坚持发展"特色义务教育"的理念，使学生的社会化教育与个性化教育有机结合、有教无类与因材施教有机结合、大众教育与英才教育有机结合。

（三）构建动态数据采集机制，以科技赋能督导评估

第一，应树立数据驱动的评估认定理念。在优质均衡督导评估认定中，数据采集应发挥全域观照和立体全息功能，并坚持分层抽样，确保样本的多样性和代表性。在实地核查中可根据自然地理环境、经济发展水平、区域人口数量等因素分层次、分阶段有重点地选择抽查样本，尤其应确保老少边穷地区的县域占据一定比例。

第二，应建立数据常态化采集机制。如对师资队伍结构、校舍面积、仪器设备、班额等数据可按学期进行采集，从而能够科学反映其动态变化趋势。对社会满意度或公众认可度的调查应改变以往仅局限于"评估认定期"进行实施的做法，而应每年安排一定的时间段，

---

① 《城乡普通中小学校校舍建设标准》《农村普通中小学校建设标准》《中央编办教育部财政部关于统一城乡中小学教职工编制标准的通知》等文件。

② 王帅锋、杜晓利：《义务教育从基本均衡走向优质均衡：一个政策调适案例》，《教育发展研究》2019 年第 21 期。

在县级政府、教育行政部门官网以及知名媒体首页或公众号悬挂问卷二维码，方便群众及时扫码进行问卷填答，以便快速掌握其动态变化。

第三，应注重内涵数据的有效采集。优质均衡评估认定中的德育工作、校园文化建设、教师教学水平、设施设备利用率等数据，往往渗透在学校教育、教学和日常管理工作中。采集该类数据既可通过听取汇报、查阅资料、走访学校、会议座谈等形式，还可以深入课堂，采取推门听课、教学观察、现场检查、随机访谈、核查档案等方式获取第一手资料。此外，对学生课业负担指标数据的采集，还可以突破学段限制，对县域内的相关幼儿园、高中进行延伸察访，强化数据间的"三角互证"，实现数据采集的全过程、全要素、全方位管理。[①]

（四）强化评估结果使用方式，注重多元问责和持续改进

开展义务教育优质均衡督导评估的初衷"不是证明，而是改进"，其最终目的在于为各县义务教育优质均衡发展提供"体检报告"。合格、完整、科学的评估认定在获得数据结果后要加以整理、分析和运用，及时将结果反馈给县级政府、教育部门和广大公众，以利于利益相关者及时发现问题和解决问题。

第一，要力求评估认定报告精准化，力戒"'反馈意见'文本同质化"的弊端，提高文本的针对性、适切性和指导性。

第二，应关注结果的"以评促改"功能。在基本均衡督导评估认定中存在着对通过结果高关注而对问题整改落实不够的现象。数据显示，2013—2020年均衡发展县的申报通过率依次为100%、94.5%、97.15%、95.96%、99.47%、98.26%、100%、100%。[②]这种"高申报通过率"既反映出县级政府在推动义务教育均衡发展工作中积极作为、成效显著，同时也折射出社会各界对均衡验收通过的主观期盼与高度关注。然而存在的问题是一些地方对认定报告中所指出问题的整改落实力度明显不够。因此，优质均衡督导评估认定报告发布后，要重点强化问题整改工作，注重对整改落实情况的监测、追踪与再评估，建立评估与整改紧密衔接的闭环机制。

第三，应健全督导评估问责机制。2021年7月，国务院教育督导委员会印发的《教育督导问责办法》强调："被督导的地方各级人民政府和相关职能部门及其相关责任人存在'对教育督导发现的问题整改不力、推诿扯皮、不作为等导致没有完成整改落实任务'的情形

---

① 司晓宏、樊莲花：《义务教育均衡发展监测的理性困境及其超越》，《教育研究》2020年第11期，第89—90页。

② 根据2013—2019年《全国义务教育基本均衡督导评估认定报告》和《均衡督导持续发力义务保障水平要高——义务教育基本均衡"双九五"目标如期实现》数据整理所得。

应当予以问责"[①]。据此，在优质均衡评估认定中，应严格落实问责机制。在问责的方式上，既要发挥政府的主体和主导作用，如可运用"公开批评、约谈、督导通报、资源调整、组织处理和处分"等方式落实问责，又可借鉴"多元学校问责"[②]理念，成立由校长、教师、家长、知名专家、媒体大众代表等构成的管理联合体，借助媒体舆论力量，汇聚问责合力。

（五）更新评估理念，科学校正评估价值取向

实施义务教育优质均衡县的督导评估认定，其根本目的是为了促进教育公平，全面提高义务教育质量。为此，在评估理念厘定上应特别注意处理以下几方面的关系：

第一，处理好绝对公平与相对公平的关系。在确立义务教育优质均衡发展评估认定理念、厘定其价值取向时，一方面要对已经突出存在的城乡之间、区域之间、校际义务教育发展的显著差距予以坚决的遏制和消弭；另一方面，又要防止"绝对化"思潮和倾向的出现，特别是不能堕高埋庳、削峰填谷，在把发展慢的带上来的同时又把好的拉下来，使义务教育学校变成"千校一面"。

第二，处理好全面发展与个性发展的关系。义务教育优质均衡发展在政策指向上是为了促进全体学生的发展，即旨在让不同群体、不同区域的少年儿童都能享受到质量和水平大体公平的教育。但其在少年儿童个体发展的内容上则既包含着促进学生德智体美劳全面发展，还包含着促进学生的个性化发展。因此，在设定督导评估理念时，必须坚持促进学生全面发展与个性发展有机统一、社会化教育与个性化教育有机统一、面向全体学生与因材施教有机统一。

第三，处理好形式合理与实质合理的关系。优质均衡追求的是义务教育阶段学生受教育质量与水平的实质性均衡。这就要求在评估认定理念上不仅要考虑到方法、程序等形式上的合理性，更要注重评估认定结果实质上的合理性，即得出的结论要符合真实状况，具有客观性、精确性，能够让社会认可、让群众信服。为此，在评估认定的方法上应坚持质性评价与量化评价有机结合，注重大数据、云计算等手段的广泛运用，扩大对群众满意度的调查与测评等。

（六）深化学术研究，探索构建具有中国特色的评估认定理论体系

中国共产党成立一百年以来，我国义务教育走出了一条从"一无两有—基本普及—两

[①]《国务院教育督导委员会关于印发〈教育督导问责办法〉的通知》，教育部政府门户网站：http://www.moe.gov.cn/srcsite/A11/s7057/202107/t20210723_546399.html.（2024年12月26日查询）

[②] 张雅慧、王阳、唐汉卫：《多元学校问责：OECD国家教育治理的新趋势》，《比较教育研究》2019年第8期。

基攻坚"再到"基本均衡—优质均衡—高质量发展"的路子,创造了世界义务教育发展的奇迹和壮举,同时也开创了具有中国特色和中国气派的义务教育发展模式。

回顾我国义务教育的发展变迁历程,督导评估制度发挥了重要的政策保障和牵引作用。但目前学术界对其系统的理论研究远远不够。为此,在实施义务教育优质均衡督导评估中,一是要秉持守正的初心,进一步优化制度设计,完善制度供给;二是加强理论探索与创新,丰富和发展有关义务教育均衡发展评估的理论体系;三是应遵循习近平总书记"不忘本来、吸收外来、面向未来"[1]的基本要求,既要注意总结提炼我国义务教育发展的成功经验,又要积极学习和借鉴世界各国的有益做法,为构建具有中国特色的义务教育发展模式做出积极的探索和贡献。

---

[1] 习近平:《在哲学社会科学工作座谈会上的讲话》,《人民日报》2016 年 5 月 17 日。

浅议义务教育监测制度的发育 ①

我国始终把义务教育放在教育发展的首位。监测制度作为推进义务教育发展的重要保障，在我国义务教育发展进程中发挥了不可替代的作用。回顾监测制度的变迁历程，展望未来发展趋势，对新时代实现义务教育的优质均衡发展具有重要意义。

一、义务教育监测制度的发展历程

依据义务教育发展的阶段性特征以及国家重大义务教育发展的政策颁布时间，可以把义务教育监测制度的变迁划分为以"普九"验收为主的萌芽阶段（1978—2005）、以学界研究和地方摸索为主的探索阶段（2006—2012）、以差异系数模拟计算为手段的基本均衡监测阶段（2013—2017）及以内涵质量为目标的优质均衡监测阶段（2017年至今）。

（一）以"普九"验收为目标的萌芽阶段

改革开放后，义务教育的概念被引进中国，并被逐步以法律的形式明确下来。②1986年，《中华人民共和国义务教育法》颁布，将普及九年义务教育作为我国的基本教育制度确定下来。1992年，《中华人民共和国义务教育法实施细则》对义务教育普及地区各中小学校应具备的基本条件作出规定，提出"县级以上政府应当建立对实施义务教育工作进行监督、指导、检查的制度"。这是首次提出关于义务教育监测制度的思想内容。根据这一要求，国家教育委员会相继颁发《普及九年义务教育评估验收办法（试行）》和《普及义务教育评估验收暂行办法》，正式提出要建立对普及九年义务教育县（市、区）进行评估验收的制度，各省（区、市）按照文件精神相继制定本地区评估验收制度的具体实施细则。此后，"普九"评估验收制度在全国范围内正式建立并全面实施。"普九"评估验收制度的主要特点是坚持"人民教育人民办，办好教育为人民"，注重的是"两基"达标，主要监测的是外延指标，解决的是"一无两有"（校校无危房，班班有教室，人人有课桌凳）问题。"普九"评估验收制度推动了义务教育的快速发展，直到2000年，我国在85%的地区基本实现了"普九"目标。

---

① 原载《教育研究》2018年第12期，荣获陕西省哲学社会科学第14次哲学社会科学三等奖。与杨令平、魏平西合作。

② 陈鹏、林玲：《中国义务教育法制百年历程之反思》，《陕西师范大学学报》（哲学社会科学版）2007年第2期，第93—98页。

（二）以促进均衡发展为目标的探索阶段

2005 年，《教育部关于进一步推进义务教育均衡发展的若干意见》正式在国家层面提出要"建立义务教育均衡发展监测制度"，2006 年修订的《义务教育法》将"促进义务教育均衡发展"作为方向性要求确定下来。2006 年，《国家教育督导报告 2005》发布，提出各地要开展对义务教育均衡发展状况的监测和督导评估工作。由此将建立义务教育均衡发展监测制度提上了议事日程。与此同时，学术界和一些省市地方开始了对义务教育均衡发展监测制度的研究与实践。学术界从基本理论研究、国际经验借鉴及区域实践探索等方面开展了一系列的研究。各省则结合自身条件和实际情况，在实际操作层面积极探索均衡监测的具体实施路径。北京、上海、浙江、湖北、陕西等省市相继制定了区域义务教育均衡发展监测工作的具体实施要求。

2010 年，《教育部关于贯彻落实科学发展观 进一步推进义务教育均衡发展的意见》提出，国家和省级教育督导部门要研究制定义务教育均衡发展评估指标和标准，从而定期对县域内义务教育均衡发展状况进行监测和督导评估。与此同时，国家教育督导部门在全国 312 个县开展了义务教育均衡发展督导评估的试点研究，并在东、中、西部地区选择了 160 个县、22 个地级市，对 300 余名政府官员、教育行政部门相关人员、教育科研部门专家学者、中小学校师生和学生家长及社会有关人士开展了问卷调查、座谈和访谈。教育部依据已有研究成果，借鉴多个省市义务教育均衡发展督导评估方面的经验和测算办法，并多次召开专题研讨会反复研讨均衡督导评估体系，初步建构了监测指标体系和监测评估方法，形成了一套比较完整的监测程序。[①] 这一时期，基本构建起了我国义务教育均衡发展监测制度的框架体系，但仍尚未形成系统化的制度文本和操作程序。

（三）以实现基本均衡为目标的实证化阶段

2012 年，教育部《县域义务教育均衡发展督导评估暂行办法》颁行，提出了"一个门槛、两项内容、一个参考"[②] 的评估体系和制度要求，并就开展基本均衡县（市、区）国家级认定工作做了安排。2014 年，《教育部关于进一步做好县域义务教育均衡发展督导评估工作的通知》要求"建立监测与复查制度"，这标志着我国义务教育基本均衡发展监测制度

---

① 李桂荣等：《县域义务教育均衡发展监测机制研究》，科学出版社，2016 年，第 10—11、53 页。
② "一个门槛"，即各省首先要建立本省（区、市）义务教育学校办学基本标准，各县域在达到本省（区、市）基本标准后，才能进入是否均衡发展的评估阶段；"两项内容"，即主要评估县域内义务教育学校之间的均衡状况和县级人民政府在推进义务教育均衡发展工作的努力程度；"一个参考"，即把公众对本县义务教育均衡发展的满意度作为评估认定的重要参考。

体系全面形成。其主要特点是：注重差异系数的模拟计算，这对义务教育均衡发展特别是基本均衡县的认定工作起到了重要的引导、评估和预警作用。自 2012 年开始，县域义务教育均衡发展监测正式在全国范围内实施。各地纷纷根据文件要求相继开展针对县域义务教育均衡发展的监测评估工作。据《2017 年全国义务教育均衡发展督导评估工作报告》，2013 年国家对县域义务教育均衡发展评估认定工作正式启动，截至 2017 年年底，全国共有 2379 个县通过了国家义务教育发展基本均衡县认定标准，占到全国总县数的 82%，同时，京、沪、浙、苏、皖、鄂等 11 个省（市）整体通过了国家评估认定标准。这一时期，我国义务教育基本均衡发展合格认定工作取得了重大成效。

（四）以推动优质均衡为目标的科学化阶段

2017 年 5 月，教育部印发《县域义务教育优质均衡发展督导评估办法》，优质均衡发展监测制度正式建立和实施。相对于基本均衡监测制度，优质均衡监测制度体系更加完善，更注重内涵发展、公平和质量指标的测度。尤其是对义务教育优质均衡发展的评估目的、范围、内容与标准、程度与方法、结果利用等方面进行了更为详细和明确的规定，并在基本均衡发展评估办法的基础上，增加了新指标，设立了新标准，采用了新方法。优质均衡发展监测制度体现了中国特色、中国标准。伴随着具体制度安排在中央和地方层面的逐步形成与实施，我国义务教育监测制度开始迈进优质均衡监测阶段，从而为推动我国义务教育事业既充分又均衡地持续高水平发展提供了有利的制度保障。

二、义务教育监测制度的变迁逻辑

纵观我国义务教育监测制度变迁，其遵循以"质量—公平"为导向的制度价值取向、以强制性变迁为主导的制度变迁模式、以督导制度为蓝本的监测制度架构体系、以县域为基本单元的监测制度对象体系和以"过程—目标"控制为特征的监测制度保障机制的变迁逻辑。

（一）以"质量—公平"为导向的制度价值取向

教育制度是对教育行为的约束，因而在教育制度生成与变迁过程中无不蕴含和宣示着特定时期相关行为主体的价值选择与时代取向。义务教育监测制度在三十年的变迁历程中，所蕴涵和宣示的制度价值取向主要经历了以下三个阶段：

1. "质量优先，分类推进"（20 世纪 80 年代至 20 世纪末）

在"普九"评估验收阶段，由于受到社会整体生产力较低的限制，政府基本公共服务供给能力相对不足，因此，这一阶段更为注重对有限教育资源的充分利用，从而分地区、分阶段地制定相应的义务教育发展目标和监测制度，以充分调动地方政府有效供给义务教育公共服务的积极性。充分调动一切积极要素，提高教育质量和普及水平，保证少年儿童"有学上"，是这一时期的价值取向。

2. "公平优先，注重质量"（21世纪初至2012年）

当义务教育普及目标得到基本实现之后，教育公平和教育均衡发展逐渐成为教育制度制定的价值取向。自2005年正式在制度文本中得以确立，到2012年国家将"推动义务教育均衡发展，促进教育公平"作为义务教育监测制度制定和执行的目标，"均衡与公平"逐渐成为这一时期教育制度制定的重要价值取向。与此同时，建立和完善义务教育质量监测制度也在同步推行，提高基础教育整体质量和水平仍然是重要的发展目标。

3. "有质量的公平"（2013年至今）

《教育规划纲要》颁布之后，"建立以提高教育质量为导向的管理制度和工作机制"逐渐成为各项教育制度制定的既定方针。伴随着义务教育领域均衡发展程度的不断深化，提高教育公平的质量和水平，保障所有少年儿童能够接受优质教育，实现"上好学"的目标，成为这一时期乃至今后时期制度生成与变迁的主要价值取向。

（二）以强制性变迁为主导的制度变迁模式

义务教育监测制度在变迁历程中形成以强制性变迁为主导的制度变迁模式，即由国家通过法律法规和规章命令自上而下地进行强制性推行的制度变迁过程。从制度约束行为层面来看，义务教育监测行为本质上是一种评价行为，其监测主体是政府部门，在管理过程中属于上级政府对下级政府与所管辖义务教育学校在推进实行义务教育发展中的控制环节，意在保障实施结果不偏离既定路线与目标的有效实现。因此，能否通过精确有效的手段对各地义务教育发展状况进行测量与评估，便成为监测主体在制度设计和实施过程中要考虑的主要因素。从具体制度实施层面来看，在当前我国教育的行政体制与办学体制下，监测制度在很大程度上是对政府部门开展监测工作的行为规范与约束。由于政府机构具备一套独立完备的组织结构与运行机制，能够有效克服"搭便车"现象，降低搜集信息、组织实施和监督的成本，在制度供给过程中能够发挥效力，从而形成以政府部门的政策文件与行政命令为依托、自中央到地方逐级推行的强制性制度变迁模式。

（三）以督导制度为蓝本的监测制度架构体系

在实践层面，义务教育监测活动主要以督导评估的形式呈现和展开，并以督导制度为蓝本形成了具有中国特色和话语形式的义务教育发展监测制度架构体系。

首先，我国《义务教育法》规定人民政府教育督导机构要对义务教育发展状况进行督导，这就使得各级教育督导部门成为我国开展义务教育监测工作的实施主体。教育督导评估是教育督导部门开展的教育行政评估，针对义务教育发展的督导评估工作主要侧重于督政职能的开展，即对下级政府执行国家相关法律法规和政策方针的效力以及推进义务教育发展的努力程度进行监督、检查、评估和认定，并作为重要维度纳入监测指标体系。

其次，我国教育督导制度自改革开放恢复重建以来，组织机构不断革新，督导队伍不断壮大，督导职能由早期的督政逐步扩大为督政、督学和监测"三维一体"的督导评估新体系，逐步建立了具有中国特色的教育督导制度体系。而以此为蓝本进行设计的义务教育监测制度体系，执行机构主要依托教育督导部门，监测人员以各级教育督导部门行政人员为主体，监测实施行为方式以资料审核、实地检查、领导约谈、会议指导、书面反馈等为主要形式。

再次，相较于监测的过程性导向而言，督导更为注重目的性导向，即强调通过一种自上而下的信息反馈模式来对某一事物的发展状况进行控制，从而发出指令对其进行调节，以利于行为目标朝向既定目标。这就使得我国的监测制度在进行顶层设计时便将"达到均衡标准"与"实现均衡目标"作为核心理念，并以此作为管理人员绩效考核的重要标准之一，在增强制度实施效力的同时，也容易产生负面效应，即过于追求均衡指数的达标而忽略了对县域义务教育整体质量和资源投入的提高。

（四）以县域为基本单元的监测制度对象体系

义务教育监测制度在演进过程中逐步形成以县域为基本单元的监测对象体系，这是由我国特有的义务教育发展机制和监测制度现实可行性所决定的。

首先，在我国县（区、市）是一个相对独立的社会运行系统，其拥有相对稳定的各项资源和较为独立的行政决策权，从而使县级政府成为我国管理和推进义务教育事业发展的基本层级。1992年，《中华人民共和国义务教育法实施细则》明确规定："实施义务教育，城市以市或者市辖区为单位组织进行，农村以县为单位组织进行。"以此为据，"普九"评估验收制度将县、不设区的市、市辖区和国家划定的其他实施义务教育的县级行政区域单位作为验收对象。2001年，国务院印发的《关于基础教育改革与发展的决定》中提出，在我国农村实行由地方政府负责、分级管理、以县为主的义务教育管理体制。之后颁布的《国务院关于进一步加强农村教育工作的决定》和教育部《关于建立对县级人民政府教育工作进行督导评估制度的意见》相关文件中进一步提出要将县级政府作为督导评估的对象。2010年，《教育规划纲要》明确指出，义务教育要"率先在县（区）域内实现城乡均衡发展，逐步在更大范围内推进"。由此，2012年《县域义务教育均衡发展督导评估暂行办法》颁发，正式建立义务教育均衡发展监测制度，并将县级单位作为监测评估的对象。

其次，实现义务教育均衡发展就是要实现区域、城乡、校际、群体间义务教育发展水平的均衡，而其中差异程度最高的是在"以乡镇为主"的教育投入体制和"重点校"政策影响下县域内校际义务教育发展水平。因此，率先实现县域内校际义务教育的均衡发展任务非常急迫。同时，这也是进一步实现城乡、区域和群体间义务教育均衡发展的突破口。

再次，我国"普九"评估验收制度从政策制定到制度目标完成历时近二十年，在制度实施主体、制度实施程序和对制度实施结果的利用方式等方面形成了独特的制度框架，其以县级行政单位作为检查验收对象的制度实践过程中也逐渐形成了与之相应的制度设计、执行和反馈的行为模式，从而为义务教育监测制度提供了运行经验，并在一定程度上降低了制度变迁成本。

（五）以"过程—目标"控制为特征的监测制度保障机制

义务教育监测制度在形成与完善的过程中基本形成以过程和目标双重控制为特征的制度保障机制。

首先，以"两个标准、一个得分"（基本办学标准、差异系数标准以及政府推进工作评估得分）作为判断制度实施效力的主要标准，从目标层面对各级行动主体行为进行控制，并通过奖惩措施激励制度目标的实现，尤其是将评估结果作为考核主要管理人员业绩的重要内容和进行表彰奖励的依据，加速推动了监测制度在各地区的有效实施。

其次，通过建立动态监测与复查制度以及定期公示公告制度对制度实施过程进行控制，从而保障制度实施效力。一是从中央到地方逐步建立复查制度，根据文件规定在一定期限内（通常为1—3年），各省级教育督导部门对已被认定为"义务教育发展基本均衡县"的县（市、区）组织复查，发现问题、限期整改。部分省份还建立了全省义务教育均衡发展基础数据库，所有数据严格对应教育事业统计和教育经费统计的原始数据，每年定期更新，从而为实时监测县域内义务教育学校发展变化和差异状况提供支撑与保障。二是各级政府相继建立公示公告制度，通过纸质文本和网站平台定期发布监测报告，扩大公众知情权，接受社会监督。

三、义务教育监测制度的发展方向

为使义务教育监测制度科学化、现代化和程序化，有效破解现阶段监测制度面临的难题，义务教育监测制度应在价值取向、制度体系、执行保障及结果使用等方面不断完善。

（一）确立多元价值取向

义务教育监测是价值性和工具性相统一的评估活动。因此，制度的建立和完善，应当追求"以人为本""有质量的公平""服务至上""创新为道"等充分丰富的价值取向。

首先，树立以人为本、服务至上的制度设计理念，不仅崇尚技术理性和数据思维，还要从根本上建立为多元主体服务的价值观。应将现代监测理念与以人民为中心的发展理念相结合，形成以公平且有质量的优质均衡发展为目标，以大数据信息收集、储存、分析技术为手段，以人民群众公平获得感和满意度为依据的监测理念，突出强调"监测目的的持续改进性，强化监测制度的独立性和完整性，增强监测主体的多元化、监测方式的常态化、监测手段的多样化、监测程序的透明化和对监测结果的多元价值判断"[1]。

其次，由"路径依赖"向整体创新转变。既要注意继承自"普九"评估验收制度以来的有益做法和经验，更要注意克服"路径依赖"和"路径锁定"现象。

再次，充分发挥非正式制度的嵌入作用，将现代监测理念嵌入当前正式制度的实施过程中，通过观念濡染逐步增强监测行为的科学性与先进性，通过教育培训和宣传等方式提高各级行动主体对现代监测理念内涵与外延的认知程度。

最后，增强制度变迁的内生动力，凸显诱致性变迁理念的作用。结合新时代义务教育均衡发展的新趋势、新特点、新要求、新期待，超前设计制度框架，聚焦关键环节和重点领域，适时提出监测制度的目标及实施要求，使监测制度发展始终走在义务教育发展前列，彰显制度顶层设计的前瞻性。

（二）完善监测制度体系

1. 明确监测主体多元化

随着教育领域"管办评分离改革"和"放管服"改革的深入推进，义务教育治理主体多元化倾向日益明确和强烈。义务教育监测制度的完善，也必须遵循这种改革趋势，即尊重相关利益主体，坚持监测主体多元化。从利益攸关性来分析，义务教育监测主体应主要包括政府机构、第三方专业监测机构和社会公众等。对这三方面主体应明确规定其在监测过程中的具体功能，使之在相互作用的发挥中既增强监测的客观性和公正性，又有助于对政府部门权力寻租行为进行制约，提高监测活动的专业化程度。

首先，政府部门应科学制定义务教育发展的区域目标和监测标准，厘定监测工作推进的具体行为细则；加强与专业机构和专家学者的合作，开发独立的数据填报系统；充分发

---

① 乔刚、李芬：《监测评估：高等教育评估的新理念》，《高教探索》2016年第11期。

挥领导与组织协调职能，保障监测工作的顺利开展和有效实施。其次，第三方监测机构应充分发挥其在选取监测指标、开发与构建监测平台、数据库形成与分析、监测结果呈现等方面的专业优势。再次，应提高民众满意度在衡量发展程度中的权重，提高社会公众的参与度，这既有助于对区域内义务教育发展产生舆论上的促进作用，还可以对监测过程和监测工作本身起到广泛的民主监督作用。[1]

2. 提高监测指标精准度

义务教育监测越来越强调问题引导、数据驱动、基于证据做出结论，应形成统一性与多元性兼备的监测指标体系，提高监测指标精准度。通过教育大数据挖掘，分析义务教育发展中的问题，精准地呈现监测结果，为义务教育发展提供直接的决策支持。遵循统一性、多元性、适中性、可行性与可操作性五个原则，由研究者与管理者在法律法规和相关政策的框架下，结合各地实际状况共同协商制定。鉴于各省（区、市）义务教育事业发展的均衡化程度存在相对较大的差距，各地区在制定相应的监测指标体系时，应充分考虑本地义务教育均衡化发展的实际水平，按照统一制定、因地制宜、分级推进的原则，在国家监测指标体系和监测标准的基础上，科学制定符合本地区发展水平、有自身特色的义务教育优质均衡发展监测指标体系和监测标准。

3. 提高监测的智能化

优化监测技术手段，将定量化指标和定性化指标纳入统一的处理系统，有选择地综合运用多学科视角，特别是运用数据处理技术对其进行标准化处理，并针对不同监测目标和需求，选择性地综合利用包括泰尔系数、基尼系数、差异系数、极值倍率等在内的差异分析技术手段，在相同的基准上进行有针对性的分析和处理，提高监测技术手段的精准度。政府部门应与第三方专业监测机构合作，完善各部门信息共享机制，通过高频率甚至在线实时的数据采集方式形成面向多层次监测需求的义务教育均衡发展数据库和数据仓库，并利用大数据、人工智能等现代化手段建设基于云计算的监测评估平台，逐步将数据采集、存储、分析、可视化等服务功能整合到云端，通过开发终端应用软件支持监测数据的采集和查询等功能，准确识别和测量各地义务教育发展的均衡度，为相关决策提供科学精准的数据支撑。

（三）创新监测执行机制

1. 数据收集机制

数据收集是开展义务教育监测的基础，政府教育行政部门、义务教育学校和有关社会

---

[1] 李桂荣等：《县域义务教育均衡发展监测机制研究》，科学出版社，2016年，第10—11、53页。

机构应完善全国义务教育监测平台数据库，保证监测数据来源的稳定性、可靠性和持续性。通过满意度调查、对利益相关者访谈等方式，利用社会组织和个体开发的大数据来补充和完善数据的收集机制，保障数据来源的广泛性、全面性和多样性。

2. 数据开放共享机制

大数据的最大优点是可以多维重复利用，满足不同目的的主体需要，建立信息的互联互通和开放共享机制，可以突破传统上各自为政的信息孤岛，打破低水平重复建设数据库的局面，提高数据利用率，降低数据收集开发成本，更好地发挥大数据常态监测的平台功能和预测预警功能。

3. 监测报告发布使用机制

常态监测的最终目的是要服务持续改进、预警机制，政府部门、义务教育学校和第三方机构均要健全义务教育发展年度报告发布和使用机制，健全核心数据、丰富报告内容、完善报告的呈现形式，并向社会公开发布结果，满足多元主体多样化的需要。为便于公众更加全面地了解义务教育学校的教育教学质量，应对义务教育发展的运行状况进行实时监测。

4. 信息安全和风险防范机制

数据的开放共享和互联互通为数据的使用和获取提供了便捷、快速和高效的途径，但涉及大量的个人隐私和伦理道德问题，建立必要的信息安全和风险防范机制，形成相应的伦理道德约束机制，是实施义务教育发展监测的客观要求。

（四）强化监测结果使用与问责机制

对制度及其实施效果的评估是确保制度发挥效能的重要保障，也是决定制度完善、变迁的重要依据。通过构建多主体监督的反馈机制、形成长效的政府问责机制，从而强化义务教育监测结果的使用机制。

各级政府部门要保证反馈渠道的畅通，形成定期向同级主管人员和上级主管部门分级汇报的制度，各级政府监测工作小组要定期或不定期召开办公会议，及时有效地掌握各地区义务教育发展水平及监测工作动态。第三方专业监测机构要充分利用大数据分析能力和数据处理技术，定期对相关数据信息进行差异化分析，并与政府教育部门通力合作，充分借鉴与利用地理监测领域中的地理信息系统（GIS）和经合组织（OECD）所构建的 GPS 可视化信息管理系统，构建一套适合我国义务教育监测领域的监测数据结果可视化呈现系统，以便直观掌握各地发展状况，为政府决策服务。各级政府部门和监测机构还要定期通过纸质文本和电子文档两种方式向社会公开监测结果报告，并建立高效畅通的投诉建议渠道，从而保障社会公众监督作用的有效发挥。

建议国家尽快制定义务教育发展问责的法律法规，使各级政府在义务教育发展过程中应履行的权利与义务得以明晰，对政府行为的奖惩有法可依。中央和省级政府要建立对下级政府常态化、制度化的问责机制，规范问责的启动与执行程序。各省级政府要依托《对省级人民政府履行教育职责的评价办法》制定出台相应的评价细则，并进一步明确省、市、县各级政府在促进义务教育均衡化发展中所承担的责任。突出完善对县级政府推进义务教育发展努力程度进行考核的评价指标体系，并注重"将公众对义务教育均衡发展的满意度作为重要依据，评估和考核结果向社会公布，接受社会的监督"[1]，保证问责有理、有据、有序地进行。

---

[1] 阮成武：《我国义务教育均衡发展政策的演进逻辑与未来走向》，《教育研究》2013年第7期。

西部县域义务教育均衡发展现状调研报告 ①

《国家中长期教育改革和发展规划纲要（2010—2020年）》提出：均衡发展是义务教育的战略性任务，率先在县（区）域内实现城乡均衡发展，逐步在更大范围内推进。从我国东、中、西三大区域发展的实际状况来看，由于西部义务教育处于全国平均水平以下的低谷，因此，实现县域内义务教育均衡发展的攻坚重点应在西部。目前，西部县域内义务教育均衡发展的现状如何？面临哪些突出矛盾与问题？如何进一步推进西部县域义务教育均衡发展？对此，本文拟在深入调查②的基础上加以分析和研究。

一、西部县域义务教育均衡发展取得的主要成效

近年来，西部各县以改革创新为动力，以促进公平为重点，以提高质量为核心，大力整合县域内教育资源，不断优化教育结构，积极转变教育教学方式，努力提高办学水平，县域义务教育均衡发展在以下方面取得了显著成效。

（一）县域义务教育均衡发展机制初步建立

2011年7月，教育部与27个省（区、市）及新疆生产建设兵团签署了义务教育均衡发展备忘录，明确了我国以省（区、市）为单位推进县域内义务教育均衡发展的时间表和路线图。调研中我们深切地感受到，推进义务教育均衡发展工作已经摆上了各县工作的重要议事日程，各地纷纷召开现场经验交流会，下发指导性文件，检查评估，初步建立起了推进县域义务教育均衡发展的体制机制，即完善了领导和责任分担机制，形成了县政府统一领导、县教育局主要负责、其他部门相互协调配合的责任落实机制；健全相关的督导评估机制，把督导评估结果作为考核主要领导干部政绩的重要依据；完善激励机制。西部各地通过"评先表优、典型引路"等方式，调动基层政府推进义务教育均衡发展工作的积极性。

---

① 原载《教育研究》2012年第4期，与杨令平合作。
② 2011年春季至秋季，笔者通过抽样的方法对西部一些省区教育厅和有代表性的县级教育行政主要部门及中小学校长、教师、学生、家长等进行了调研、访谈，共访谈教育局长10位，发放校长问卷300余份，召开校长、教师座谈会30余场，走访西部农村中小学42所。调研的样本县有：新疆的莎车县，陕西的富平县、平利县、吴起县、旬邑县、洛川县、志丹县，甘肃的平凉市，宁夏的平罗县，等等。同时，笔者还对参加"国培计划"的青海省、甘肃省的部分农村中小学教师进行了访谈，获得了相关资料和数据。

（二）县域义务教育投入力度不断加大

充足的资金是推进县域义务教育均衡发展的物质保障。2006 年以来，随着新机制的建立，西部县域内义务教育的投入力度明显加大。不仅学校基本建设经费投入大幅度增加，而且经常性事业经费也获得了基本保障，从而彻底改变了以往"无米之炊"的窘迫局面。以公用经费为例，各县均达到了国家规定的生均基本定额标准，即小学生均 400 元 / 年、初中生均 600 元 / 年。不仅如此，一些省区还相应地提高了定额标准，如新疆、甘肃从 2011 年秋季开始将这一标准提高到了小学生均 600 元 / 年，初中生均 700 元 / 年。陕西省已明确提出，2012 年义务教育经费标准将提高到小学生均 800 元 / 年，初中生均 1000 元 / 年。与此同时，西部许多县还根据自身财力状况，不同程度地加大了对义务教育的投入。如陕西的吴起县、志丹县均实施了 12 年义务教育；神木县则把学前教育和高中阶段教育全部纳入免费教育的范畴，实施 15 年义务教育。

（三）农村师资队伍建设取得较大进展

缩小城乡师资水平差距是实现县域义务教育均衡发展的关键。近年来，西部各地将县域内教师支教、教师交流等制度化，引导教师向农村学校、边远地区学校和薄弱学校流动，从而促进教师资源公平合理地配置。具体来说：

1. 改革了农村教师编制制度

根据教育部、财政部、人事部、中央编办相关文件精神，西部许多省区将县镇、农村学校教职工编制标准提高到城市学校水平，新增的编制指标均重点用于补充农村中小学紧缺学科。

2. 实施了教师特殊津贴制度

目前，西部各省地区不仅积极落实了教师绩效工资政策，而且在这一过程中许多区县均不同程度地给予边远贫困地区、农村教师一些其他待遇倾斜政策。上述政策的推行使农村中小学教师工资收入均有了一定程度的提高。

3. 实施了城乡教师交流制度

为促进教师在城镇学校和农村学校之间合理流动，不少地方规定了每年实际交流人数要达到应交流人数的 10% 以上，有的地方还规定在同一所学校任职满两届的校长也要进行流动。上述措施在一定程度上促进了县域内教师的均衡配置。

（四）学校布局趋于合理，办学条件改善显著

在经费投入不断加大的背景下，西部农村学校的办学条件得到了明显改善。

1. 学校的布局结构更趋于合理

近年来，各县均开展了大规模的学校布局结构调整工作，一大批规模较小的农村教学点和村小被撤并。与此同时，政府加大了学校建设的力度，一所所崭新的、充满现代化气息的学校拔地而起。

2. 学校内部的教育教学设施不断改善

目前，西部各县大部分农村学校都建起了标准化的教室、微机室、实验室，信息技术课、实验课的开课率均达到了国家课程标准的要求，演示实验能够全部开齐。[①]

3. 学校的信息化程度进一步提升

各县均高标准地建成了县级教育信息资源中心，硬件设施配备先进。一些县的基础教育资源库初具规模，"校校通工程""班班通工程"进展顺利，县域内优质教育资源共享机制初步形成。陕西、青海、宁夏等省区还建立了全省区基础教育资源信息中心，加速了全省区的优质教育资源向广大农村的辐射。

二、西部县域义务教育均衡发展面临的突出问题

西部县域义务教育均衡发展虽然取得了显著成效，但不同地区、不同学校因为认识思维、发展水平、师资保障、生源质量以及办学条件差异等因素的影响，在落实义务教育均衡发展目标中仍存在一些突出的问题。

（一）对实现均衡发展目标缺乏共识

尽管促进义务教育均衡发展已成为《国家中长期教育改革和发展规划纲要（2010—2020年）》提出的战略性任务，然而在调研中我们发现，在义务教育均衡发展目标任务落实上还存在一些实际问题。

1. 部分县级政府对促进义务教育均衡发展的重视不够，对承担促进本区域义务教育均衡发展的责任意识不强，认为西部地区经济社会发展和自然条件落后，县级财政薄弱，因而促进均衡发展、实现教育公平，应主要靠中央和省级政府投资。因为各种原因，导致其主动作为不够，落实行动迟缓，在区域规划中并未优先考虑义务教育发展，在财政分配上并未优先安排义务教育经费，在精力投入上未把义务教育发展当作头等大事来抓。陕西某

---

① 司晓宏、杨令平：《当前我国西部地区农村义务教育形势分析》，《教育研究》2010年第8期。

县的校长和老师们有过这样的抱怨："县级领导经常来我们镇视察经济、新农村建设、苹果业发展、社会治安综合治理、生猪养殖等方面工作，并召开各类现场会，但却极少来学校视察工作，使我们有一种被遗忘的感觉。"

2. 部分乡村校长和教师对"率先在县（区）域内实现义务教育均衡发展目标"的信心不足。率先实现县域内义务教育均衡发展是实现全国义务教育均衡发展路线图的第一步。我们对校长的问卷调查显示：只有38.6%的校长对这一目标选择"有信心，一定能实现"，27.7%的校长选择了"基本能实现"，另外还有33.7%的校长选择"不可能实现"。这表明西部中小学校长对实现县域义务教育均衡发展目标缺乏信心，这导致他们在推进义务教育均衡发展工作中主动性不强，落实相关政策的力度也不够。对教师的问卷也显示：有69%的农村教师认为义务教育均衡发展的目标"不可能实现"。访谈中农村教师对这一目标的实现也是持悲观态度，认为农村学校与县城学校的差距是全方位的，尤其是在软件方面，要想短期内达到基本均衡是不可及的目标。

3. 家庭教育观念的影响。受目前社会就业形势、城乡教育差距等因素的影响，农村学生家庭的教育观念呈现出两极倾向：其一，一些经济状况较好的家庭，他们深谙"知识改变命运，教育成就未来"的道理，希望通过教育改变子女乃至整个家庭的命运。因此，他们千方百计通过各种"手段"择校，寻求更优质的资源，甚至出现了为孩子就学举家迁徙的现象。其二，一些经济状况一般的家庭，认为自己的孩子可能不是读书的材料，上了学也不一定能考上大学，考上了大学也不一定能找到满意的工作。与其如此，还不如让孩子早早回家干活以减轻家庭的经济负担。这部分农村家庭对孩子的教育期望不高，放任自流，甚至让孩子辍学务农或者外出打工。

（二）经费保障机制有待进一步完善

通过调研我们发现，目前西部县域义务教育发展经费保障机制虽然已经建立但要实现均衡发展的目标，该机制尚需进一步调整与完善。

1. 经费投入的整体水平仍然较低且不平衡

（1）从调研状况来看，各县之间义务教育投入水平相差较大。西部各县之间经济发展水平差异明显，因而"富县办富教育，穷县办穷教育"现象较为突出。从整体上看，西部大多数县经济发展落后，全国的贫困县主要集中在西部。这些贫困县主要靠上级财政转移支付过日子，县级财力薄弱，促进教育经费"三个增长"的目标难以落实到位。

（2）均等化的教育经费拨付政策难以满足县域内农村学校发展的需求。目前在生均公用经费投入方面，西部各省普遍实行的是生均拨款的办法，这种拨款方式并没有突出对农村学校的投资倾斜，只是将农村学校的生均公用经费与城市学校拉平而已。这种状况导致农村学校很难在教育质量上实现与城市学校或县城学校的公平发展。因为农村学校一是历史欠账较多，二是师生生存条件差。因此，平等或同等的生均公用经费拨款并不能达到消除差距、促进均衡发展的目的。在问卷调查中，有83%的校长明确表示促进县域义务教育均衡发展首要是要加大对经费的投入。

2. 经费分配使用尚不尽如人意

（1）拨款方式有待完善。目前，各县普遍实行的是学校经费全部由县级核算中心按照学生人数分户设立账户、集中管理、集中报账的"校财局管校用"制度。这一制度在确保资金安全有序运行方面起到了较好的作用。然而根据调查显示：有88%的校长对于现在的经费拨付方式不满意，82.8%的校长认为应改变现行拨付方式。调研中，校长们在回答"您认为理想的学校公用经费拨付方式"这一问题时，12%的校长选择了"按照实际的学生人数拨付"，45.6%的校长选择了"偏远的学校应该享受更高的拨付标准"，37.2%的校长选择了"基准定额＋生均拨款"，5.2%的校长选择"无法回答"。

（2）拨付不够及时。在回答"您认为现在的学校经费拨付方式能否按时到位"的问题中，27.4%的校长认为"很好，能按时到位"，47.6%的校长选择了"还可以，基本能按时到位"，12.3%的校长选择了"不好，环节太多且不能按时到位"，12.3%的校长选择了"说不清楚"。这说明，在经费拨付过程中，一些地方仍存在不能按时拨付、不能及时到位的情况。不少校长反映，一些地方教育公用经费一般都是在学期中期到位，个别地方甚至到学期末才能拨付下来，这使得很多学校刚开学的经费开支便出现了断档，直接影响到了学校各项工作的正常运转。

（三）城乡教师队伍差异明显

1. 从纵向比较，农村教师队伍的建设取得了显著成效，但从横向比较，县域城乡教师队伍差异依然明显，乡村教师的生存状态依旧堪忧

（1）县域师资分布不均，农村教师相对短缺。据我们统计，所有案例县中小学的特级教师均在城区学校和教研单位工作，县区级的教学能手、教学新秀、优秀教师、优秀班主任、学科带头人、教改骨干78%在城区学校工作；市级以上的各类先进和骨干教师92%在城区学校和教研单位工作。这种优质师资分布的不均衡是导致城乡教育质量差异的重要因素。

（2）教师逆向流动现象突出。由于现在许多乡村教师在城区购房，在乡下教书，生活不方便且加大了交通费的支出，因而他们向城区学校流动的意愿较强烈。问卷中有近

84.6% 的农村教师表明：如果有机会的话，会选择进城。

（3）农村教师结构性缺编严重。从各县的教师总量上看，教师队伍编制已经达到甚至超过了要求。但从使用的状况来看，缺编情况较为严重。根据我们的调研，目前各县均不同程度地存在教师缺编状况，信息技术、英语、科学课程、心理健康教师缺乏是较为普遍的现象。我们在某案例县观察到，该县农村至今没有一名专职的专业计算机教师，以至于学生的信息技术课都由数学或物理教师兼任，教师也没有授课计划和教案，导致信息技术课教学质量难以保证。

2. 城乡教师素质水平差异明显

（1）从学历层面来看，县镇明显高于农村。以小学教师学历为例，所有案例县小学教师专科以上学历县镇占 93%，农村占 71%，两者相差 22 个百分点，且农村教师后取学历比例较高。究其原因，主要是农村教师队伍大部分由二十世纪六七十年代参加工作的"民转公"教师构成，这批教师的学历层次起点往往都比较低。

（2）城乡教师职称结构差异显著。以案例县小学教师职称结构为例，县镇小学教师高级职称教师的比例高出农村 23 个百分点。

（3）城乡教师培训机会不均等。从某案例县了解到：2010 年县城教师人均培训次数明显高于农村，城乡教师人均培训次数比高达 4 ∶ 1。另外，从培训的效果来看，二者也存在很大的差距。县城承训人员培训理念先进，专业水平高，且采用现代化的教学手段，而农村地区承训人员的整体水平及培训条件则相对较差。我们在新疆调研时了解到，该地区各县的教师培训一般就是请当地的一些教师和领导进行培训，不仅培训的质量和效果难以保证，而且也挫伤了教师进一步接受培训的积极性。培训工作薄弱，影响了农村教师专业能力的发展，同时也制约了农村中小学教育教学质量的提高。

3. 城乡学校校长素质差异显著

"一个好校长就是一所好学校。"调研显示，多数县城学校校长的办学理念较新，视野开阔，整体素质和管理水平较高。相比之下，乡村中小学校长在学历层次、知识素养和管理水平等方面明显逊色。城乡校长办学能力素质的差异直接导致了城乡学校管理水平和办学质量的差距。这也是目前影响县域义务教育均衡发展的一个重要因素。

（四）城乡学校生源差异显著

1. 生源数量的差异

县城学校生源众多尤其是优秀生源充足，伴随出现的问题是班额过大，择校压力大；而农村学校学生数量不断萎缩，生源普遍不足。以某案例县为例，该县县城初中近 5 年来各年级平均班额达到了 82 人，最大班额达到了 96 人，教学空间与场所面临严重不足。与此形成鲜明对比的是，该县县城以外的其他乡村初中的班额却在不断减小，最小的一个班竟只有 7 名学生。从调研整体状况来看，所有案例县县城小学的平均班额均在 60 人以上，最大班额有 82 人；而农村小学虽一再进行撤并，但仍赶不上学生流失的速度，小学平均班额在 25 人左右。

2. 学生入学起点的差异

2008 年，我国城镇学前教育三年毛入园率为 55.6%，而农村仅为 35.6%，两者相差 20 个百分点。[①] 调研结果统计表明，所有案例县目前约 80% 的幼儿园集中在县城，85.9% 的行政村没有幼儿园。这意味着县城学生入学前就受到了良好的学前教育，入学起点明显高于农村学生。这种状况是导致县域城乡义务教育质量差异的一个重要因素。

3. 家庭教育环境的差异

通过调研，我们明显可以感觉到县城学生的家庭教育条件普遍比较优越，这对弥补学校教育不足、促进孩子健康成长发挥了重要作用；而农村学生的家庭教育环境相对较差，再加上近年来父母外出打工、隔代抚养等现象加剧，使城乡学生在接受家庭教育方面的差距愈加明显。同时，伴随着农村学校布局结构调整工作的推进，农村的寄宿制学校越来越多。寄宿制一方面导致孩子的家庭教育缺失，使学生频繁发生孤僻、厌学、冷漠等心理问题；另一方面也加重了家长的经济负担。笔者在某案例县的一所农村寄宿制学校了解到，该校 72.1% 的学生为留守儿童。由于附近学校被撤并，学生只能从周日下午到周五下午寄宿在学校。从寄宿生的费用来看，除了国家所给的寄宿生生活补贴外，一名小学生每周的生活成本大约为 40 元，初中生大约为 60 元。依此计算，小学生每年仅基本生活费开支就需要 1600 元，初中生需要 2400 元。这对于西部贫困县的农村家庭来讲无疑是一笔巨大的开支。

（五）城乡间办学条件差距依然较大

目前，西部各县大多数农村学校虽然新建了校舍，校容校貌有了很大改观，但就其内部设施配备而言，仍与县城学校之间存在较大差距，主要体现在以下三个方面：

1. 教师临时性住房和集体宿舍严重短缺

教师"办公住宿一间房"的现象比较普遍，还有相当一部分农村中小学教师连一间房都无法保证。近年来，西部农村新聘任教师增多，异地交流任教教师、支教教师和特岗教师的人数也在不断增多，在这种状况下，教师住宿用房的供求矛盾尤为突出，这在一定程

---

① 《教育规划纲要》工作小组办公室编著：《教育规划纲要学习辅导百问》，教育科学出版社，2010 年，第 60 页。

度上也影响了农村教师的积极性和稳定性。

2. 学生食宿条件较差

目前，偏远农村寄宿制学校学生的宿舍大部分由旧教室改造而成，条件十分简陋，既拥挤不堪，又无取暖设施。有的学校没有就餐场所，学生经常雨天打着伞吃饭。同时，由于学生生活费补助较低，直接导致伙食标准低，一些地方学生常年吃着同样的饭菜，致使营养不良。被媒体披露的广西部分农村小学生顿顿吃黄豆蒸饭、贵州小学生露天厨房生火做饭、青海部分学生餐餐土豆干馍、云南部分学生土豆熬菜汤等，就是这种状况的真实写照。我们在一些偏远农村学校还能看到，由于物价上涨，国家补贴的生活费难以保障学生的生活，因此学校不得不变相向学生收取伙食费。如某县教育局就规定：每位寄宿生每学期要向学校交 5 斤菜油、150 斤土豆作为伙食补贴；有的县区要求学生上学自带干粮（米和面），冬季取暖的煤炭也让学生从家里带。

3. 城乡信息化水平差异较大

近年来，西部农村信息化建设水平虽得到了极大改善，但与城市和县城学校相比，仍存在较大差距。主要表现在以下三个方面：（1）城乡每百名学生拥有计算机台数差距较大。从所有案例县的整体状况来看，每百名学生拥有计算机台数县域内城乡小学的均值比最大为 7.2，初中最大为 2.9。（2）信息技术课程开设情况差异较大。县城的学校一般均有 1~2 名科班出身的计算机教师任教，课程教学较为规范；而农村学校因缺乏专业课教师，课程教学质量难以保证。（3）信息资源使用状况差异明显。受设施设备和教师能力水平等因素的影响，县城学校利用信息资源开展教学活动的状况明显好于乡村。我们在访谈中经常听到农村教师们有这样的反映："由于经济因素制约，学校在软件和硬件上的花费还不能满足使用上的需要""学校网络教室设备陈旧""学校没有网络教室""学校多媒体教室有限""教师无法完成一些需要借助计算机或网络才能完成的课程""学校中硬件使用不方便，每次使用前后，教师就成了搬运工"。

三、促进西部县域义务教育均衡发展的思路与对策

综上所述，西部县域在促进义务教育均衡发展方面虽取得了一些成效，但距离实现均衡发展目标还有较大差距。在这种情况下，如果不加倍努力，则会使得中央实现义务教育均衡发展的既定目标难以如期实现。为此，我们提出以下建议：

（一）强化公平理念，营造县域义务教育均衡发展良好氛围

国内外义务教育发展的成功经验表明，政府及其教育行政部门是特定地区先进教育理

念的引领者和示范者。因此，县域教育事业发展在很大程度上取决于当地党政领导的教育理念，取决于各相关主体对县域义务教育均衡发展认识的完整度和深度。

对于西部县域来讲，首先，各级政府和教育行政部门应树立和强化以公平为核心的义务教育均衡发展理念，并坚持用这一理念来武装各级政府部门、教育行政部门、中小学校长以及广大教师和学生家长的头脑，切实将义务教育均衡发展纳入县域经济社会发展的总体规划中，引导县域各部门形成财政资金优先安排教育、经济社会发展优先考虑教育、公共资源配置优先满足教育，在县域内形成人人关心义务教育均衡发展的良好氛围与机制。只有在价值观念上把"公平"视为最为重要的价值取向和追求，才能在工作方针和实践策略上统筹县域义务教育发展，才能对县域内义务教育最薄弱的环节予以更多的倾注和关怀，继而才能加快整个县域义务教育均衡发展的步伐。其次，应积极践行县级政府是促进义务教育均衡发展第一责任人理念。当务之急是应根据义务教育均衡发展备忘录的要求厘定促进县域内义务均衡发展的具体规划图和日程表，明确相关部门的责任，不断完善落实机制。

（二）完善经费保障机制，提高经费投入绩效

义务教育均衡发展离不开充足的经费支持，从世界各国和我国部分地区的经验来看，凡义务教育均衡发展成效显著的地区都非常重视教育投资。针对目前西部县域义务教育经费投入方面存在的问题，我们提出以下建议：

1. 中央政府应进一步完善教育投入机制，继续加大对西部经济发展落后县的财政转移支付力度。针对西部贫困县域的实际，在继续实施专项转移支付制度的同时，应增加一般性教育转移支付力度，给予贫困县以更大的经费支持。

2. 省级政府要加强省域内的教育经费统筹工作，适当向贫困县域的农村地区倾斜。省级政府应全面统筹辖区内义务教育发展的整体状况，统筹省域内义务教育的财政拨款，特别是应重点扶持经济发展落后地区县域义务教育发展，统筹解决好因县域经济发展不均衡对全省义务教育均衡发展的不良影响。

3. 县级财政部门要千方百计增加本级财政的教育投入，并确保各项教育拨款向乡村学校和边远地区倾斜。

4. 应加强经费监督管理，提高资金使用绩效。随着教育经费投入的不断增加，经费的管理和使用问题日益成为迫切需要解决的问题。

因此，应认真贯彻落实《国务院关于进一步加大财政教育投入的意见》（国发［2011］22号）文件精神，建立健全县域内教育经费使用和管理制度，加强教育经费的科学化、精细化管理，切实提高经费使用绩效。

（三）创新教师队伍建设机制，推进县域人事制度改革

师资是县域义务教育均衡发展不可或缺的重要保障，没有师资的均衡就不会有县域义务教育的均衡。对西部县域来讲，应始终把加强教师队伍建设作为均衡发展最重要的基础性工作来抓。

1. 完善工资待遇制度，以利益导向为手段吸引优秀师资。[①] 目前尤其要注意，在工资水平、福利待遇、职称评审等方面应适当向农村倾斜。同时，加大农村教师周转房建设力度，解决农村教师生活条件差的问题。

2. 完善城乡校长和教师的相互交流制度。现在大部分县都建立了城乡校长和教师交流制度，通过刚性制度安排来促成城乡校长和教师交流，以达到均衡配置资源的目的，但实施的效果并不理想。建议县级政府建立交流补偿机制，对流动教师和校长进行相应的经济补偿。同时，还应建立城乡教师交流质量评估机制，并将评估结果与交流教师的绩效工资和职称职务晋升相联系。

3. 抓好教师的县本培训和校本培训，为教师创造良好的学习条件和进修机会。在完成上级相关教师培训任务的基础上，有效开展县本培训和校本培训是提升县域师资队伍水平的有效举措。因此，应采取措施，抓好县级教师培训机构建设，整合县域教师培训资源，将县级教师培训机构建成上联高校、下联中小学的区域性教师学习培训中心。当前培训工作应着力加强和提高农村教师使用现代教育技术的水平和能力。

4. 完善教师准入与退出制度，建立正常的新陈代谢机制，解决目前县域既超编又缺人的突出矛盾。

（四）改进管理运行机制，实现义务教育服务均等化

导致目前西部县域义务教育发展失衡的根源在于县域义务教育供给结构与教育需求结构之间的不匹配，其实质是对优质义务教育的需求与供给不足之间的矛盾。解决这一问题的根本措施是改进管理运行机制，提升优质义务教育供给的能力和水平，满足学生的教育需求。

1. 改革完善县域教育管理体制，明确和理顺办学权责

依照"政事分开、引入竞争、适度干预、规范监管"原则，明确县、乡两级政府在促进义务教育均衡发展中的责任分担。理顺县级政府决策机构与教育行政管理部门、教育行

---

① 杨令平、司晓宏：《完善西部农村义务教育师资保障机制的思考》，《陕西师范大学学报》（哲学社会科学版）2011 年第 5 期。

政管理部门与政府其他相关部门的关系。推进教育行政部门的效能建设，理顺其与学校之间的关系。同时，还应理顺农村学前教育办园体制，规范幼儿教育管理，提升农村幼儿教育质量和水平，缩小因入学起点不同造成的城乡生源差异。

2. 大力推进学校标准化建设，扩大优质教育资源范围

办学标准化是均衡发展的重要标志，也是国家推进义务教育均衡发展的重要措施。目前，国家和省级的义务教育办学标准已经相继颁布。各县应根据国家和省级办学基本标准的要求，因地制宜地制定本县实施方案。学校标准化的推进应坚持硬件和软件"两手抓，两手都要硬"的工作方针。硬件改善应重点放在改进教学设施和实验设备、健全校园网络建设以及建好、管好、用好（音乐、体育、美术、卫生、综合实践、科技活动）"六大功能室"上；软件提升重点放在转变办学理念、加强师资队伍建设、深化教育教学改革、提高学校管理水平、丰富校园文化等方面。需要指出的是：中央和省级政府规定的办学基本标准是"底线""温饱"水平的标准，是所有学校都应必须达到的水平。各县在落实好这些标准的同时，还应该根据县域教育发展的实际状况，可以适当提高。

3. 抓好留守儿童和外来务工人员随迁子女教育工作

留守儿童多和县城外来务工人员随迁子女多是西部县域义务教育阶段学生的显著特征。针对这种状况，必须不断创新其教育方式和方法，有针对性地对其进行教育，力争做到让每一位学生健康快乐成长。在留守儿童教育方面，应继续健全以政府为主导的关爱服务体系，动员全社会力量，加大对农村留守儿童关爱和服务的工作力度。同时，做好农村寄宿学校的建设工作，配齐配好生活和心理教师以及必要的管理人员。还可以通过"代理家长""爱心妈妈""托管中心"等方式，不断加强留守儿童心理健康教育。要建设好农村乡镇青少年活动中心，丰富农村留守儿童的课外、校外生活。在外来务工人员随迁子女教育方面，继续落实"两为主"政策，给予他们与县城学生同等待遇。[①]县级教育行政部门和学校应注重对外来务工人员随迁子女在心理、文化、习俗等方面的关心和引导，使他们更好地融入输入地的学习和生活中。

4. 探索多样化的县域义务教育均衡发展模式

近年来，我国涌现出了"名校集团化模式""学区管理模式""捆绑发展模式""学校托管模式""城乡一体化模式""寿光模式"和"铜陵模式"等一批促进义务教育均衡发展行之有效的模式，为我们提供了鲜活的实践范本，值得西部各县认真学习和借鉴。在此基础上，西部各县还应不断拓宽发展思路，积极探索多样化的义务教育均衡发展模式。

---

① 司晓宏、杨令平：《当前我国西部地区农村义务教育形势分析》，《教育研究》2010 年第 8 期。

在当前西部大部分县域因经济发展滞后而导致的教育投入不足的情况下，适当引入民办教育力量促进义务教育均衡发展不失为一条有效路径。调研中，我们也发现了在一些"穷县富民"的县区中，民办教育在缓解政府办学资金不足、缓解县城大班额现象、满足群众追求优质教育资源等方面发挥了重要作用。如陕北某县的初中阶段民办学校生源占到了全县初中阶段学生总数的23.3%。因此，一些县域经济落后地区可以借鉴这一做法，尝试进行办学体制的改革，适当引进民办教育资源发展义务教育。可以尝试采取公办民助或者委托管理的办法进行。但需注意的是：这种尝试比例不宜过大，在政府有能力的情况下还是应该以政府为主。毕竟义务教育的本质属性决定了政府是义务教育均衡发展的主体，这也是通过法律予以明确的基本责任。

（五）健全县域督导评估机制，保障县域义务教育均衡发展

科学完善的督导评估机制是促进县域义务教育均衡发展的重要保障。

1. 建立相对独立的县域教育督导机构和专业化督导队伍

当前，教育督导机构隶属于县级政府和教育管理部门的现实决定了教育督导的独立性和有效性难以保证。因此，应建立独立的县域教育督导机构，将县级督导机构人员的人事任免交由上级教育管理部门进行选拔和任用，推进教育督导人员专业化。

2. 完善教育督导工作机制

结合西部县域特色，积极探索新的教育督导工作机制，坚持监督与指导、督政与督学的统一，将监督、检查、评估和指导结合起来，保证督导内容与形式的统一。

3. 健全督导信息公开制度

有效的义务教育均衡发展信息公开制度是用好监测成果、改进政府工作和促进均衡发展的重要环节。各地应健全这一制度，通过公告、通报等形式，公开或非公开地向社会、学校报告义务教育均衡发展督导评估结果，以便各级政府、教育行政部门、学校能够根据督导评估结果了解自己的成绩和差距、优势和劣势，以调整和改进自己的行为。①

---

① 中央教育科学研究所教育事业督导评估研究中心：《义务教育均衡发展报告·2010》，教育科学出版社，2010年，第261页。

当前我国西部地区农村义务教育形势分析 [①]

由于种种客观和主观的、历史和现实的原因，我国西部地区 12 个省、市、自治区的农村义务教育发展水平还普遍较低，成为我国义务教育均衡发展的攻坚所在。针对这一情况，近年来党和政府采取了一系列措施：2003 年启动了西部地区"两基"攻坚重大战略，并率先对西部地区贫困儿童实施了"两免一补"政策；2005 年底颁布了《国务院关于深化农村义务教育经费保障机制改革的通知》（以下简称"新机制"），并率先在西部地区农村实施；2006 年公布了新修订的《义务教育法》；等等。随着上述举措的出台，各种教育资源迅速向西部地区倾斜和集结，使西部地区农村义务教育在短短的几年内发生了显著变化。那么，经过上述努力，西部地区农村义务教育究竟取得了哪些成效？当前还面临哪些问题？今后应如何发展？对此，本文拟在广泛深入调研的基础上加以分析。

一、西部地区农村义务教育取得的成效

（一）"两基"攻坚计划顺利完成，西部地区农村青少年儿童平等受教育的权利得到保障

2000 年，我国九年义务教育普及率达到了 85%，如期实现了"基本普及"的既定目标。但没有普及的 15% 的县主要在西部地区和中部地区，尤其是在全国 410 个未实现"两基"的县 [②] 中有 309 个少数民族县和 51 个边境县均处在西部地区。当时整个西部地区"两基"人口覆盖率仅为 77%，人均受教育时间仅为 6.7 年，比同期全国平均水平低 1.3 年。[③] 针对这种状况，国家于 2003 年做出了开展西部地区"两基"攻坚的重大战略决策，其中 84 个攻坚县主要位于西部地区。经过中央财政的大力转移支付和西部地区各级政府的艰苦攻坚，到 2007 年底，西部地区 368 个县通过了国家"两基"验收，其余特别困难的 42 个县也达到了攻坚计划确定的"普六"标准，使西部地区"两基"人口覆盖率达到了 98%，比计划实施前提高了 21 个百分点；初中毛入学率达到了 90% 以上，青壮年文盲率降到 5% 以下。[④]

---

① 原载《教育研究》2018 年第 8 期，获西安市第七次社会科学优秀成果三等奖，与杨令平合作。

② 陈至立：《巩固"两基"攻坚成果 开创农村义务教育工作新局面——在国家西部地区"两基"攻坚总结表彰大会上的讲话》，《基础教育改革动态》2008 年第 1 期。

③ 许嘉璐：《中国义务教育发展研究报告》，中国民主法制出版社，2006 年，第 16 页。

④ 国家教育发展研究中心编著：《2008 年中国教育绿皮书——中国教育政策年度分析报告》，教育科学出版社，2008 年，第 90 页。

截至 2010 年底，随着西部地区最后一批 13 个县的"两基"验收，我国九年义务教育将实现 100% 覆盖。以上目标的实现，解决了长期以来困扰西部地区农村适学龄人口"上学难"的问题，这便最大限度地保障了广大西部地区农村青少年儿童平等接受义务教育的权利，使"义务教育机会均等"这一最重要和最基本的教育公平在当代中国成为现实。

（二）"新机制"的推行，使义务教育的本真属性在西部地区农村率先得以体现

"新机制"从全面推行"两免一补"入手，将农村义务教育彻底纳入了公共财政的保障范围。2006 年初"新机制"率先在西部地区的农村实施，这使长期困扰西部地区农村的"控辍保学"难题得到破解，辍学和失学现象得到历史性遏制。"新机制"惠及西部地区 5000 多万农村中小学生，平均每个小学生年减免费用 140 元，初中生年减免费用 180 元，贫困寄宿生年减免费用 500 元。[①] 以新疆为例，2006—2009 年中央和自治区各级政府分别安排资金 38.36 亿元和 13.35 亿元，全部免除了义务教育阶段农村中小学生的学杂费和课本费，86% 的农村中小学寄宿学生享受到了生活补助。"新机制"实施当年，西部地区就有近 20 万因贫困辍学的学生返回学校。西部地区各级地方政府还相继出台了一系列特殊政策支持广大农村儿童就学。如新疆给全区每个农村儿童每天免费提供一顿午餐（5 元钱），陕西则推行了"蛋奶工程"，每天免费给每个农村儿童提供一袋牛奶和一个鸡蛋（2 元钱）。

（三）教育经费短缺问题初步解决，办学条件得到显著改善

随着"新机制"中规定的省级农村中小学公用经费拨款标准的出台以及中央和西部地区各省、市、自治区 8：2 分担机制的建立，西部地区农村中小学的办学经费得到了史无前例的增长，不仅学校基本建设经费投入大幅度增加，而且经常性事业经费也得到了基本保障。以公用经费为例，陕西 2009 年农村中小学生均公用经费拨款标准小学为 350 元 / 年，初中为 550 元 / 年；新疆 2009 年农村中小学生均公用经费拨款标准小学为 340 元 / 年，初中为 500 元 / 年。而"新机制"实施之前西部地区农村学校的此项财政拨款基本为零。对陕西、新疆、宁夏所辖 9 个县的调查研究显示，农村中小学的办学条件得到明显改善，如演示实验能够全部开齐，学生分组实验开出率也在 60% 以上。在学校基本建设经费方面，随着"两基"攻坚工程的实施，国家财政斥巨资，在西部地区农村建设了 7000 多所寄宿制学校，使西部地区农村的校舍面貌发生了天翻地覆的变化。以新疆为例，自 2000 年以来，

---

① 国家教育发展研究中心编著：《2009 年中国教育绿皮书——中国教育政策年度分析报告》，教育科学出版社，2009 年，第 9、10、14、69、72 页。

中央财政累计安排专项资金近 100 亿元用于农村中小学校舍建设，完成校舍建筑面积 800 多万平方米。2007—2009 年，自治区各级财政又投入 2.25 亿元，为经济困难县的中小学购置图书、仪器设备。2008 年 "5·12" 汶川大地震发生后，自治区又安排地方国债资金 20 亿元，实施中小学危房改造和校舍安全工程，全部消除了中小学的 66.3 万平方米 D 级危房，并对 440 多万平方米的中小学校舍进行了抗震加固改造。

（四）教师工资待遇稳步提高，师资队伍建设呈现良好势头

"新机制" 建立了严格的农村教师工资保障机制，使西部地区农村长期存在的拖欠、挪用、克扣教师工资等不良现象得以根除。现在西部地区农村中小学教师工资不仅能够每月足额及时发放，而且随着国家调资政策尤其是绩效工资的实施，其收入水平也有了较大幅度的提高。以陕西为例，2009 年开始实施教师绩效工资制度后，全省农村教师月工资平均达到了 2500~3000 元。在这种背景下，教师敬业乐教的积极性明显增强，"跳槽" "弃教" 现象基本消失。同时，近年来国家启动的 "特岗教师" 计划和 "支教" 政策，也在很大程度上为西部地区农村教师队伍补充了新鲜血液。2006—2008 年，全国共招聘 6 万多名特岗教师，他们主要工作在西部地区 400 多个县的数千所农村学校中。近年来，国家还先后组织实施了 "西部农村中小学教师国家级远程培训计划" "中小学教师国家级培训计划" "中小学中青年骨干教师培训工程" "中小学班主任培养计划" "援助西部边远地区骨干教师培训专项计划" 等一系列培训项目，这些都有力地促进了西部地区农村中小学教师队伍素质的提升。

（五）农村中小学管理重心上移，学校管理水平逐步提高

"国务院领导，省、自治区、直辖市人民政府统筹规划实施，县级人民政府为主管理的体制" 的推行，改变了原来 "国务院领导下地方负责，分级管理" 体制下 "三级办学、三级管理" 或 "三级办学、两级管理" 的格局，使西部地区广大农村中小学的管理水平获得了显著提升。

首先，新农村义务教育管理体制的施行使农村中小学的管理中心由原来的乡镇提升到了县级人民政府，这在很大程度上保证了学校管理人员素质的提升。以校长的选拔和任命为例，以前农村初中和中心小学的校长基本上由乡镇政府任命，村小学校长基本上由村民委员会聘任。由于乡镇政府和村民委员会的管理能力有限，因此其所任命的校长素质很难得到保证。现在教育事业的管理责任和权限上升到了 "以县为主"，中小学校长全部改由县教育局任命，这在很大程度上规范了校长选拔和任用的程序，也保证了校长队伍的质量，

从而有力地促进了农村中小学管理水平和教育教学质量的提升。

其次，"新机制"实施后，农村义务教育发展有了财力保障，这促使各县区教育行政管理部门工作重心开始转移，普遍把促进教育均衡发展、提高教育质量当作教育事业发展的头等大事来抓。与此同时，由于办学经费有了基本保障，也使农村中小学校长普遍从过去的"化缘""躲债"等尴尬境遇中解脱出来，将主要精力集中到了抓学校内部管理、抓教改深化、抓质量提高等常规工作上，使整个学校管理工作的运行步入了良性轨道。

综上所述，随着"新机制"的实施，西部地区农村与东部发达地区以及西部地区大中城市义务教育的各项发展指标正在逐步缩小。据国家教育发展研究中心统计，2002—2008年，全国中小学教育发展水平有了明显提高，小学入学率、巩固率和升学率分别增加了0.96、0.71和2.70个百分点；初中入学率和升学率分别增加了8.5和25.1个百分点。[①] 分析上述指标的变化，其主要得益于西部地区和中部地区农村教育的增量贡献，这也充分反映出我国城乡之间、东西部之间义务教育均衡发展指数和水平正在逐步提高。

二、西部地区农村义务教育面临的问题

西部地区农村义务教育虽然有了较大发展，但由于基础差、底子薄、历史欠账太多，因此从总体看，其基本形势仍然严峻。从纵向看，西部地区农村义务教育已获得了长足的发展，这种发展对西部地区而言具有里程碑式的历史意义。但从横向看，西部地区农村义务教育与东部发达地区以及西部地区大中城市相比仍存在较大差距，促进均衡发展、实现教育公平的任务依然十分艰巨。

（一）办学条件与东部发达地区、西部地区大中城市相比仍有较大差距

随着"普九"验收和"两基"攻坚任务的完成，西部地区农村中小学的校园校舍面貌已发生了很大变化，但在教学技术手段和实验设备等方面，仍无法与东部地区和西部地区大中城市的学校相比。

1. 生均公用经费水平相差悬殊

以2007年云南和上海生均公用经费为例，云南初中生均公用经费为307.88元，小学生均公用经费为217.85元。而上海初中生均公用经费为3863.61元，小学生均公用经费为3027.97元，两者分别相差11.55倍和12.9倍。

---

① 国家教育发展研究中心编著：《2009年中国教育绿皮书——中国教育政策年度分析报告》，教育科学出版社，2009年，第9、10、14、69、72页。

2. 人均图书资料差距较大

2008 年宁夏小学生均图书 12.7 册，2009 年新疆小学生均图书 12.22 册，而 2004 年上海小学生均图书已达 33 册。

3. 教学仪器设备和条件差距较大

据国家教育发展研究中心统计，在学校体育运动场（馆）面积、体育器材配备、音乐器材配备、美术器材配备、理科实验仪器（小学为数学、自然实验仪器）配备的达标数及建立校园网学校数量等项指标方面，2008 年全国的基本情况是：普通小学分别为 55.9%、50.6%、46.3%、45.0%、54.7% 和 12.5%；普通初中分别为 69.3%、66.9%、60.3%、59.2%、73.5% 和 39.4%。大量调查研究显示，上述数据缺口主要发生在西部和中部地区的农村学校。[①]以初中建网学校比例为例，东部地区平均为 61.8%，西部地区平均仅为 26.8%，相差达 35 个百分点。

（二）师资队伍水平低，结构性缺编严重

据调查，目前西部地区农村中小学教师队伍的数量缺口已经有所补充，甚至基本上处于饱和状态，但教师队伍的整体水平则无法与东部发达地区和西部地区大中城市相比。主要表现在以下几个方面：

1. 学历层次偏低

如果单纯从国家规定的学历合格率看，2008 年全国小学专任教师的合格率在 99.17% 以上，初中专任教师的合格率在 97.79% 以上，尽管这些数字缺口主要发生在西部地区和中部地区农村学校，但彼此之间的差距并不悬殊。但如果以高于标准学历（小学专科以上，初中本科以上）的教师来统计，则存在明显的东西部差距和城乡差别。2008 年，东部地区小学专任教师中高于标准学历的比例为 77.22%，西部地区则为 71.50%，相差 5.72 个百分点。东部地区初中专任教师高于标准学历的比例为 66.44%，西部地区则为 53.95%，相差 12.49 个百分点。

2. 职称层次偏低

2008 年，小学高级以上教师的比例东部地区为 57.24%，西部地区仅为 42.01%，东西部相差 15.23 个百分点。初中一级以上教师的比例东部地区为 57.37%，西部地区仅为 43.17%，东西部相差 14.20 个百分点。据《国家教育督导报告 2008》显示，2007 年，在贵州、陕西两个西部省份，小学高级职称教师比例城市高于农村 15 个百分点以上，初中高

---

① 国家教育发展研究中心编著：《2009 年中国教育绿皮书——中国教育政策年度分析报告》，教育科学出版社，2009 年，第 9、10、14、69、72 页。

级职称教师比例城市高于农村 25 个百分点以上。[1]

3. 教师培训机会不均等

2008 年，东部地区教师人均培训次数明显高于中西部地区，小学东中部地区比为 2.33：1，东西部地区比为 3.49：1；初中东中部地区比为 1.53：1，东西部地区比为 2.15：1；教师人均培训次数城乡比最高达 6.78：1。[2] 按照这种趋势发展，西部地区教师队伍素质与东部地区的差距将会越来越大。

4. 教师结构性缺编现象严重

在西部地区一些条件艰苦的地方，虽然中小学教师队伍数量基本满编，但结构性缺编的矛盾十分突出，有些科目教师过剩，有些科目则教师奇缺。根据我们对新疆、陕西、宁夏所辖 9 个县的实地调研发现，边远贫困地区农村中小学最为缺乏的是英语、体育、音乐、美术、信息技术等学科的教师，其次是生物、化学、物理、数学等学科的教师。以陕西平利县为例，除县中心初中外，其余乡镇初中均无一名体育、音乐、美术和信息技术的专任教师。

5. 县域内教师资源配置和管理体制存在缺陷

城乡之间教师合理流动困难，不合理流动现象严重。

6. 教师存在老龄化现象

随着 1998 年大学生就业"供需见面、双向选择、自主择业"机制的实施，西部地区许多贫困县在相当长的一段时期内都得不到正规本专科学历大学生的补充，这导致了教师队伍老龄化，中青年骨干断层的现象。

（三）农民教育需求多元化，"择校"问题严重

随着农村经济的发展，农民对优质教育的追求日益增强，在要求"上好学"的前提下，优质生源开始向城镇流动。这种流动一方面使许多"希望学校"变成了"空壳"，造成教育资源浪费；另一方面导致农村学校正常的教育教学活动难以有效开展，出现质量滑坡。为解决这一问题，西部各地普遍加快了撤点并校、布局调整的步伐。以新疆为例，2007 年、2008 年、2009 年三年全区义务教育阶段的学校数量分别为 5965 所、5474 所、4848 所，后两年分别减少了 491 所和 626 所。陕西的情况更为严重，2005—2008 年四年间，全省小

---

[1]《国家教育督导团关于印发〈国家教育督导报告 2008（摘要）〉的通知》，中国政府网：http：//www.gov.cn/zwgk/2008-12/15/content_1178668.htm.（2024 年 12 月 28 日查询）

[2] 中央教育科学研究所教育督导与评估研究中心：《我国义务教育县域均衡持续推进：城乡教育经费支出水平比较均衡 校际差距值得关注》，《中国教育报》2009 年 12 月 2 日第 4 版。

学数分别为 20711 所、18590 所、16316 所、14185 所，初中数分别为 2092 所、2052 所、2001 所、1968 所。由此可以看出，陕西的小学数量每年以 2000 多所的数量递减，初中以 40~60 所的数量递减。布局调整后的农村中小学仍然不断出现生源流失、学生不饱和的状况。从目前的择校趋向看，农村学生普遍向乡镇流动，乡镇学生普遍向县城流动，县城学生普遍向大中城市流动。

（四）留守儿童和流动儿童受教育问题日益突出

进城务工农民随迁子女和农村留守儿童受教育问题是工业化和城镇化进程中所出现的时代性问题。2008 年全国义务教育阶段学生约 1.6 亿人，农村留守儿童在校生则达到 2140.3 万人，其中小学生 1397.9 万人，初中生 742.4 万人，以上 80% 集中在中西部地区。[①] 以陕西石泉县为例，2007 年全县义务教育阶段在校生 2.46 万人中有留守儿童 1.18 万人，占在校生总数的 48.40%。[②] 在西部地区许多贫困农村，类似的情况十分普遍，并且其数量呈增长趋势。

2008 年全国义务教育阶段在校生中进城务工农民随迁子女达到 884.7 万人，其中小学生 677.7 万，初中生 207 万。子女随父母进城现象在西部地区十分普遍。以新疆为例，2009 年全区有义务教育阶段进城务工农民随迁子女在校生 33.3 万人。这些数量巨大的儿童随父母漂泊，受教育问题十分突出。针对这一情况，国家曾采取了一系列的政策措施。1996 年国家教委颁布了《城镇流动人口中适龄儿童少年就学办法（试行）》，1998 年国家教委、公安部又联合颁布了《流动儿童少年就学暂行办法》。以上两个文件虽规定了"流入地政府有解决农民工子女接受教育的责任"，但许多城市很难将此落实到位。2001 年国务院颁布的《关于基础教育改革和发展的决定》正式提出流动人口子女接受义务教育的"两为主"原则，即"以流入地政府为主，以全日制公办中小学为主"。2003 年又颁布了《关于进一步做好进城务工就业农民子女义务教育工作的意见》，重申了"两为主"的原则，并提出"建立进城务工农民子女全面接受义务教育保证制度和机制"，要求对进城务工农民随迁子女与城市学生在上学收费问题上（当时还未免除学杂费）"一视同仁"。

客观地讲，以上政策对解决流动儿童受教育问题起到了一定的作用，但各地在实施过程中也普遍遇到了一些实际困难。其一，在"两为主"原则下，流入地和流出地政府责任如何对称的问题在法律上存在悖论，如《义务教育法》规定："户籍所在地政府负责义务

---

① 国家教育发展研究中心编著：《2009 年中国教育绿皮书——中国教育政策年度分析报告》，教育科学出版社，2009 年，第 9、10、14、69、72 页。

② 吕明凯主编：《基础教育改革发展研究》，三秦出版社，2009 年，第 322 页。

教育"，而进城务工农民往往不迁户口，倘若迁户口又会遇到种种问题；其二，如果坚持"两为主"且也坚持"就近入学"的原则，那么城市特别是城市名牌中小学便会应接不暇、不堪重负，甚至会出现大批进城务工农民专门为子女就学而举家迁徙的现象。

（五）教育教学质量提升速度缓慢

目前西部与东部地区、农村与城市在义务教育均衡发展方面的症结主要体现在"内涵"上。换言之，与东部发达地区和西部地区大中城市相比，西部地区农村中小学的教育教学质量依然处于十分低下的状态。有学者对我国小学语文、数学、科学、品德与社会几门课程的质量进行了随机抽查，结果显示：东部地区学业成就达到良好和优秀的学生所占比例明显高于中西部地区，其中达到优秀的学生高出了约 10 个百分点，而不合格学生所占比例东部地区则低于中西部地区近 15 个百分点。抽查结果还显示：城市学生的学业成就达到良好和优秀的比例均高于农村学生近 3 个百分点，基本合格和不合格的学生比例则均低于农村学生，特别是不合格的学生，城市学生比例低于农村学生近 4 个百分点。

三、西部地区农村义务教育的发展策略

针对目前西部地区农村义务教育所面临的实际情况，综合分析当前国家的相关政策，笔者认为，要促进西部地区农村义务教育健康、快速发展，确保教育均衡发展目标早日实现，亟须在以下方面做出积极的努力。

（一）制定义务教育办学标准，推进学校标准化建设

推进义务教育学校标准化建设、实施规范化办学是《国家中长期教育改革和发展规划纲要（2010—2020 年）》提出的一项重要的制度创新，此项措施对于加快缩小东西部差距具有十分重要的战略意义。当务之急是制定具有可行性和前瞻性的国家办学条件标准体系。笔者认为，该标准体系应包括两个层次，即基本标准和发展标准。基本标准应具有强制性，即在校舍条件、生均经费、实验室仪器配置、图书馆藏书等方面提出全国性的统一要求；发展标准则应为经济发展水平不同的地区留出足够的发展空间，并代表中小学未来发展的方向。在制定国家办学标准时，一是要注意从制度上约束各级政府公正合理地配置教育资源，从而确保每一所学校都能够在同一起点上办学。二是要求各地政府根据未来人口变动情况和教育发展趋势科学规划学校布局，确保学校布局合理。三是从制度上遏制目前少数公办学校在办学设施上的超标准、超豪华建设之风。

（二）完善农村义务教育经费保障机制，加大中央财政和省级财政的转移支付力度

针对目前西部地区农村义务教育办学经费仍十分拮据的实际情况，应继续按照区别对待的原则，进一步加大对西部地区农村义务教育的投入，不断完善其经费保障机制。

1. 要确保实现《义务教育法》中规定的各级政府教育投入达到"三个增长"的目标。

2. 要进一步合理划分中央、省、市、县级义务教育财政责任，明晰各级政府的投资责任和投入比例。在这一过程中，由于西部地区经济社会发展落后，地方财力薄弱，因此继续加大中央财政的转移支付力度至关重要。

3. 要贯彻落实中央制定的农村义务教育阶段中小学公用经费基准定额，并采取措施使这一基准定额能够不断提高。

4. 各级政府要采取超常措施有效化解农村中小学债务，并防止新的债务发生。

（三）完善制度设计，加快西部地区农村中小学教师队伍的建设步伐

加强师资队伍建设、提高教师队伍水平是目前在"内涵"上促进东西部地区教育均衡、城乡公平的关键。为此，必须从完善制度设计入手，大力促进西部地区农村中小学教师队伍的建设。

1. 在工资制度设计上，应建立西部地区农村教师尤其是山区教师特殊津贴制度，促进优质教师资源向西部地区农村流动。

2. 在教师编制设置上，应从农村学校的实际出发，适当扩大农村中小学教师编制标准，并根据寄宿生普遍增多的特点，适当增加寄宿生生活教师和管理教师的编制。

3. 进一步加大教师培训力度，努力提升西部地区农村教师队伍的专业水平。关于这一点，一方面西部地区农村中小学要切实用足、用好公用经费预算总额中不低于 5% 的经费用于教师培训的基本政策，确保教师能够及时接受培训；另一方面中央政府和省级政府应进一步增加对西部地区农村教师的专培计划，加大培训投入，增强培训力度。

4. 深化中小学人事制度改革，拓宽不合格教师出口。同时，也可对部分不能胜任教学工作的教师实行转岗分流，如让他们做寄宿生的生活教师或管理教师等。只有这样才能腾出编制和岗位，适时补充优秀的大学毕业生。

5. 在教师补充机制上，应继续完善特岗计划、支教计划、免费师范生政策等，同时应积极探索新形势下推进教师聘任制的新途径，确保西部地区农村中小学能够补充到优质教师资源。

6. 在分配制度上，应认真落实绩效工资制度，确保通过绩效工资的有效发放来达到增

强广大农村中小学教师爱岗敬业、积极进取、合理竞争、自行提高的目的。

（四）采取切实措施，解决流动儿童和留守儿童的受教育问题

对流动儿童和留守儿童受教育问题的关注，是体现以人为本理念、彰显教育公平的重要方面。

1. 在流动儿童教育方面，各级政府应合理预测进城务工农民随迁子女的流动变化趋势，建立健全预案处理机制，努力保障每一个进城务工农民随迁子女都能免费接受义务教育。

（1）流入地政府应该加强学区内的学位统筹，挖掘城市学校潜力，坚决执行"两为主"原则，落实流动儿童的同等入学政策。同时，可以参照一些西方国家的经验，积极实施"教育券"或义务教育凭证制度，解决流入地和流出地政府之间的教育责任分担问题。

（2）在城市文化建设中，应教育和引导市民转变观念，以平等、包容、仁爱的心态积极接纳进城务工农民及其子女。

（3）应加强对进城务工农民的宣传教育和管理疏导，使其不盲流、不盲从，理性务工、理性就学。

2. 在留守儿童教育方面，西部各级政府应在扩大农村寄宿制学校规模、改善办学和住宿条件的同时，积极建立政府主导、社会广泛参与的关爱和服务体系。在这方面，陕西石泉县形成了"党政统筹下教育主导的社会共担管护机制"，其具体内容包括：党政统筹的领导机制、教育主导的运行机制、社会共担的参与机制和儿童为本的动力机制。这一做法值得我们学习和借鉴。

（五）加强信息技术平台的建设，促进优质教育资源共享

在信息化时代，巨大的"数字鸿沟"无疑会对区域之间、城乡之间、学校之间的均衡发展带来深刻影响。因此，加强西部地区广大农村中小学信息技术平台建设，促进优质教育资源共享，是当前推动义务教育均衡发展的一项重要策略和渠道。

1. 应完善公共教育优质资源共享机制，加强与之相匹配的软件资源开发。目前亟须设立免费的公共教育资源网络，将东部地区及城市的优质教育资源无偿提供给西部农村地区。

2. 应以现代信息技术平台建设为中心，努力提高西部地区农村中小学教学、管理、文化及生活信息化程度，建设数字化校园，使其在信息化、数字化的影响与熏陶下，与东部地区保持和谐，与城市保持同步，与世界连为一体。[1]

---

[1] 司晓宏：《优化教育资源配置，促进西部农村义务教育优质发展》，《教育研究》2009年第6期，第17—21页。

优化教育资源配置 促进西部农村义务教育优质发展 ①

目前，我国政府正在研究制定《国家中长期教育改革和发展规划纲要》（以下简称《规划纲要》），对影响全局的若干重大问题进行研究探讨，其中"如何改善农村学校的办学条件，促使农村义务教育优质资源均衡发展"就是一个需要重点讨论的问题。本文认为，优化教育资源配置是解决这一问题的关键所在。

一、在财力资源配置上，应认真落实"新机制"，确保西部农村义务教育发展的基础性供给

在教育资源配置中，教育经费的投放原则和使用去向始终是最基本的内容。办教育需要花钱是一个不证自明的道理。由于教育事业发展涉及不同的层次、不同的类别和不同的区域，因此，把教育经费向哪一类、哪一级或哪一区域的学校投放，直接关系到不同类型、不同阶段和不同区域教育事业发展的速度与水平。

20世纪末，西部农村义务教育发展滞后及其与东部差距急速拉大，究其根本就是由于教育经费投入严重不足所致。以生均预算内事业经费为例，20世纪90年代中后期，西部农村中小学与东部发达地区中小学之间少则相差几倍，多则相差几十倍。② 到2004年，差距仍然显著存在，东部地区初中当年的生均预算内事业经费平均为1847元，而西部地区仅为1017元，二者之比为1.8∶1；东部地区初中当年生均预算内公用经费平均为304元，而西部地区仅为121元，二者之比为2.5∶1。③ 截至2004年，全国尚有113个县（区）的小学、142个县（区）的初中生均预算内公用经费为零，其中85%以上集中在西部和中部地区。

2005年12月，国务院出台和建立了农村义务教育经费保障"新机制"，主要举措有以下三个方面：

1. 将农村义务教育经费全面纳入了公共财政保障的范围，实施了"两免一补"政策，提高了农村义务教育阶段中小学公用经费的保障水平，建立了农村中小学校舍维修的长效

---

① 原载《教育研究》2009年第6期。

② 司晓宏、王华：《教育财政转移支付与义务教育均衡发展》，《陕西师范大学学报》（哲学社会科学版）2006年第2期。

③ 改革开放30年中国教育改革与发展课题组：《教育大国的崛起1978—2008》，教育科学出版社，2008年，第311、312、338、341页。

机制，完善了农村中小学教师的工资保障机制。

2. 建立了中央和地方分项目、按比例分担的经费投入机制，对中西部地区农村义务教育经费支出充分体现了"中央拿大头"的原则。[①]

3. 实行了经费"省级政府统筹落实、管理以县为主"的农村义务教育管理体制。遵循科学发展观的指导思想和积极区别对待的原则，在教育经费配置上对西部和中部地区的农村义务教育给予了充分的倾斜与照顾，加大了中央财政的转移支付力度，从而实现优质资源的配置和促进西部农村义务教育向优质化方向的发展。

（一）进一步加大中央财政对西部农村义务教育发展的扶持力度

在"新机制"中，中央本着以人为本、全面协调可持续的科学发展观对西部和中部地区的农村义务教育发展给予了极大的财政支持，解决了长期以来制约其发展的瓶颈问题。从近三年来的实施效果看，"新机制"中规定的中央财政的各项经费支持政策充分到位，极大地缓解了西部农村义务教育发展的危难局面，缩小了西部与东部之间在义务教育发展水平上的显著差距。然而，由于西部地区长期以来经济社会发展落后，基础建设薄弱，自然环境艰苦，因此，其义务教育发展所需的资金缺口十分巨大，实现与东部地区均衡和谐发展的任务仍非常艰巨。在这种背景下，建议中央能够继续采取与东部地区差别对待的政策，加大对西部农村义务教育的扶持力度，进一步强化经费投入的倾斜政策。

（二）西部各省级政府应加强统筹落实的力度，承担更多的责任

"按比例、分项目分担"是"新机制"的一个重要原则。"分项目"是指将农村义务教育经费分为教师工资、学校公用经费、学校基建经费、学生助学金四大项，"按比例"是指上述项目中的经费应由哪几级政府按照规定比例来分别承担。从"新机制"目前的实施情况看，中央政府和地方政府的责任划分已经比较清楚，但在省、市、县三级地方政府（乡镇政府目前已不再承担义务教育经费的任何投资责任）之间各自的责任分担机制还有待进一步界定和明确，尤其是在公用经费和基建经费方面，仍相当程度地存在着责任不清、推诿扯皮以及"责任下推、重心下移"的现象。西部各省级政府应切实承担起统筹落实的责任。首先，应在认真调研论证的基础上，规定出符合本省实际的省、市、县各级地方政府的分担比例和应承担的责任。其次，省级政府应切实强化自己的投资责任，承担更多义务。在地方四级政府中，省级政府不仅有权力核定各市县财力，且其本身的财政实力与统

---

① 《国务院关于深化农村义务教育经费保障机制改革的通知》，国发〔2005〕43号，2005年12月24日。

筹能力较强，因此理应承担更多的责任，尤其当所属的市、县由于财力不足而难以应付农村义务教育发展时，省级政府应通过积极主动的财政转移支付来弥补其缺口，防止出现"中央转移支付、省市少支少付、县区不堪重负"等现象。

（三）尽快制定全国义务教育公用经费的基准定额

《中华人民共和国义务教育法》第四十三条规定：应首先制定国家标准，然后由各省再依据国家标准和本省实际情况制定自己的标准，这样既有利于公用经费标准满足各地学校的实际需要，又有利于实现教育资源的均衡配置。在"新机制"中也明确提出了这一点，并给出了具体的时间表：2009 年中央出台农村义务教育阶段中小学公用经费基准定额，2010 年农村义务教育阶段中小学公用经费基准定额全部落实到位。然而，截至目前，全国性的基准定额尚未出台。全国性标准的欠缺不仅很难实现义务教育公用经费的均衡配置，而且也使得农村义务教育公用经费的最终落实受阻。因此，在制定全国义务教育公用经费标准基准定额时，需要从以下几个方面考虑：

1. 城乡义务教育一体化发展的要求。农村义务教育的均衡发展不仅在于实现不同区域的均衡发展，更为重要的是实现城乡之间的均衡发展，因此，应该按照城乡义务教育发展一体化的要求来制定其公用经费标准，而不是单纯制定全国农村义务教育公用经费标准。

2. 应建立一种"经济发展水平＋绩效＋弹性指数"[1]的义务教育公用经费标准核定方式。（1）随着经济社会发展水平及对教育质量要求的逐步提高，义务教育公用经费标准应随之不断增长，尤其是作为发展中国家，"为了加速现代化进程，促进经济起飞，必须增加教育投资，采取增长教育投资比例原则，使教育投资比例随着经济增长而增长"[2]。（2）通过绩效监测实现效率的提高，达到开源与节流并重。（3）建立义务教育公用经费标准的弹性指数，以应对物价涨跌及政策变动等因素的影响。

3. 建议在《规划纲要》中规定建立督促西部各省区不断提高中小学生均公用经费标准的有效监督机制，确保西部各省制定的义务教育公用经费标准不低于国家基准定额。

---

① 邬志辉主编，于胜刚副主编：《农村义务教育经费保障新机制》，北京大学出版社，2008 年，第 129 页。

② 靳希斌编著：《教育经济学》，人民教育出版社，1997 年，第 197 页。

二、在人力资源配置上，应完善制度设计，促进和保障优秀教师到西部从教

在教育事业发展中，师资是最为主要的人力资源。教师质量决定教学质量，教师水平决定教育水平。正如胡锦涛总书记指出的："没有高水平的教师队伍，就没有高质量的教育。"党的十七大报告也明确提出了"加强教师队伍建设，重点提高农村教师素质"的要求。长期以来，教师资源短缺尤其是优质教师资源匮乏，是造成西部农村义务教育落后的一个重要原因。主要表现在以下三个方面：

1. 合格教师数量不足，学历达标率低。以陕西为例，2000年教师的学历达标率小学为95%，初中为78%（其中相当多的人还是通过函授、夜大、电大等途径取得的学历）。[①]

2. 优质教师资源短缺。在教师的专业技术职务结构方面，西部地区小学高级职称以上教师的比例和初中一级职称以上教师的比例，较之东部地区均相差12%。[②]

3. 教师的引进和稳定困难。如何通过制度设计促进和保障优秀教师到西部从教，是提高西部农村义务教育质量、促使其向优质方向发展的另一关键所在。

（一）尽快明确义务教育阶段教师的公务员身份，确保教师合理的流动

关于义务教育阶段教师的身份问题，社会各界的争论一直没有停止过。大部分学者倾向给予公办义务教育阶段教师公务员、准公务员或公职人员的身份。[③]近年来，在全国"两会"期间，也有不少人大代表和政协委员纷纷提出此类议案。如建议修改现行《中华人民共和国教师法》或对《中华人民共和国公务员法》做出补充规定，将公办普通中小学教师纳入国家公务员行政管理系统之中。[④]针对国家对义务教育学校实施绩效工资的举措，认为不如直接将中小学教师确定为教育公务员，这样可以从根本上保障教师的待遇。[⑤]

笔者认为，义务教育阶段的教师作为国民教育任务的承担者，其职业含有代理行使国家教育权的性质，具有一定的执行公务的特性，因此应该将其确定为国家公务员。将义务教育阶段教师确定为国家公职人员，一方面，可以确保其工资和津补贴制度保持稳定且不断提高；另一方面，有利于教育行政部门对本行政区域内的教师资源进行合理调配，从而

[①] 司晓宏：《面向现实的教育关怀》，安徽教育出版社，2008年，第70页。

[②] 改革开放30年中国教育改革与发展课题组：《教育大国的崛起1978—2008》，教育科学出版社，2008年，第311、312、358、341页。

[③] 劳凯声：《在义务教育阶段建立教育公务员制度的思考》，《中国教育报》2009年2月12日第1版。

[④] 《周洪宇2008年人大议案建议 关于建立国家教育公务员制度的建议》，管理资源网：https://www.9g68.cn/news/detail/10918_1.html.（2024年12月28日查询）

[⑤] 李斌：《朱鸿民：老师应确定为公务员》，《中国青年报》2009年3月6日。

能够保障农村地区和偏远地区的义务教育师资不断得到调剂与补充。

有学者主张，为了鼓励优秀教师到农村贫困地区去从教或支教，须把中小学教师变成国家公务员，因为只有这样才能以行政干预的方式促进教师资源的合理流通，只要明确了教师的国家公务员身份，就可以实行教师城乡轮换制度，即五年一轮岗，这样做就可以促进城乡教师资源的均衡了。[1]

（二）建立吸引和稳定优秀教师到西部农村学校从教的激励机制

在我国社会主义市场经济已经充分发展的今天，鼓励优秀人才到西部去工作、去从教，不能仅凭思想教育和舆论宣传的手段，而应出台实实在在的激励政策，建立相应的保障机制；否则，"到西部去""到祖国最需要的地方去"，就只能是一句空洞的口号而已。[2]

1. 应较大幅度地提高西部教师的经济待遇。西部经济社会发展落后，生活环境艰苦。在这种条件下，吸引优秀人才到西部从教的主要举措就是使他们获得适当的经济补偿。对此，笔者在 2002 年就提出了"应在西部建立教师特殊津贴制度"的建议，并主张特殊津贴的额度应至少达到全国教师工资平均水平的 50% 以上。[3] 在现代社会人的经济理性普遍彰显的背景下，只有将西部从教人员的收入提高到令人羡慕的程度，才能真正促进人才资源向西部流动。应该充分利用 2009 年国家落实教师绩效工资的契机，较大幅度地提高西部教师的绩效工资标准。

2. 建议在继续实施好六所部属师范大学师范教育免费政策（试行）的基础上，将免费师范生政策进一步扩大到西部的省属师范院校之中，以吸引更多的优秀生源加入教师队伍，为西部培养出真正能够"下得去、用得上、留得住"的优秀师资。

3. 建议西部各省区应认真落实好 2009 年 2 月 23 日教育部、财政部、人力资源和社会保障部、中央编办联合印发的《关于继续组织实施"农村义务教育阶段学校教师特殊岗位计划"的通知》的精神，由省级教育行政部门统一掌握各地中小学教师岗位的需求状况，并采取全部面向社会公开招聘的办法来补充中小学师资，不得再以其他方式或途径来聘用教师，以确保新进教师的质量。

4. 建议西部各省区积极主动地采取多种措施改善农村中小学的办学条件和教职工住房

---

[1]《朱清时：必须把中小学教师逐步变成公务员》，搜狐新闻：https://news.soho.com/20090307/n262648773.shtml.（2024 年 12 月 28 日查询）

[2] 司晓宏、杨令平：《后农业税时代农村义务教育面临的问题与对策》，《教育研究》2006 年第 11 期。

[3] 赵世超、司晓宏：《关于在西部地区建立教师特殊津贴制度的思考与建议》，《教育研究》2002 年第 5 期。

等福利待遇，真正做到"党以重教为先，政以兴教为本，民以支教为荣，师以从教为乐"，努力营造尊重知识、尊重人才的良好社会环境，使更多的优秀师资愿意并安心在西部执教。

（三）科学合理地确定城市学校与农村学校、东部学校与西部学校的岗位编制标准

现行中小学教师编制标准基本上是按照生师比来核定的。根据 2001 年中央编办、教育部、财政部《关于制定中小学教职工编制标准的意见》规定，义务教育阶段中小学教职工的编制标准应为：农村初中为 18.0 ：1，县镇初中为 16.0 ：1，城市初中为 13.5 ：1；农村小学为 23.0 ：1，县镇小学为 21.0 ：1，城市小学为 19.0 ：1。这种把城市学校与农村学校区别对待且城市学校编制大于农村学校编制的做法，既有失公允，更不符合实际。西部农村地区地广人稀，人口居住分散，由此必然导致学校布局相对分散、规模较小。在这种状况下，理应是农村学校的生师比小于城市学校，而绝非大于城市学校。

针对这一问题，2003 年，《国务院关于进一步加强农村教育工作的决定》明确要求："在核定编制时，应充分考虑农村中小学区域广、生源分散、教学点较多等特点，保证这些地区教学编制的基本需求。"2005 年，《教育部关于进一步推进义务教育均衡发展的若干意见》又强调："核定教师编制时要向农村学校倾斜，新增教师要优先满足农村学校、城镇薄弱学校的需求。"

然而至今，中小学教师编制标准仍未得到系统修订和重新出台，这导致在实际操作过程中农村中小学教师岗位编制的增加困难重重。在修订的指导思想上，一方面，应坚持岗位不可或缺的原则，确保教师队伍的基本规模和数量；另一方面，应从生师比、周课时数、师班（班级）比、师科（学科）比等多方面来综合考量，而绝不能只依据生师比来考虑。同时，还应坚持因地制宜、区别对待的原则，适当增大西部农村中小学教师的编制标准。

三、在信息资源配置上，建立公共教育服务平台，促进西部农村中小学共享优质教育资源

我国不同区域之间、群体之间、阶层之间存在着较大的"数字鸿沟"和"信息教育鸿沟"。中国的网络用户只有 0.3% 是农民，互联网的城市普及率为农村普及率的 740 倍。[①]2003 年 9 月，国务院下发《关于进一步加强农村教育工作的决定》，国家相继斥巨资在西部贫困地区学校建设信息网络远程教育和电化教育的试点。2006 年底，中央和地方共投入 80

---

① 改革开放 30 年中国教育改革与发展课题组：《教育大国的崛起 1978—2008》，教育科学出版社，2008 年，第 311、312、338、341 页。

亿元资金，共配备教学光盘设备 35 万余套、卫星教学收视系统 19 万余套、计算机教室和多媒体设备 3.5 万余套，覆盖了中西部 80% 以上的农村中小学。

然而，目前西部农村义务教育在优质教育信息资源共享方面仍存在诸多困难，突出表现为：（1）信息网络的覆盖率与城市和东部地区相比尚存在较大差距。（2）信息资源的利用效率偏低，设备闲置现象较为普遍。因此，进一步建立健全公共教育服务信息平台，促进西部农村中小学共享优质教育信息资源，是目前需要高度重视和亟待解决的问题。

（一）健全和完善公共教育优质资源共享机制，加强与之相匹配的软件资源开发

在网络资源的建设上，应坚持硬件建设与软件建设兼顾的原则。目前，虽然很多西部农村中小学已经被纳入远程教育工程，但可供学校应用的数字化资源却严重不足，使优质资源共享的目标难以有效实现。为此，国家应设立免费的公共教育资源网络，将东部及发达地区的优质教育资源无偿提供给西部农村地区；组织优秀人才开发更多的适合西部农村中小学实际的优质网络教育资源；继续通过对口支援、送教下乡、互派挂职锻炼干部等手段，加大对西部教育信息资源开发人才培养、培训的力度，以提升西部农村中小学自主开发优质网络教育资源的能力和水平。

（二）以现代信息技术为平台，继续加大实施农村中小学现代远程教育工程的力度

促进义务教育均衡发展，必须进行教育手段的创新。国家应继续加大实施农村中小学现代远程教育工程的力度，力争为绝大多数农村中小学配备现代信息化设备，完善技术支持和服务体系，缩小城乡数字鸿沟，加强优质教育资源库建设，促进信息技术与教学过程的有机结合。推进西部农村中小学教学、管理、文化及生活信息化程度，建设数字化校园，使西部农村中小学师生在信息化、数字化的影响和熏陶下与东部地区保持和谐，与世界保持同步。

四、在资源配置理念上，坚持公平与效率并重，提高现有资源的使用效率

西部义务教育均衡发展的基础和前提是均衡地配置优质教育资源，提高优质资源的使用率。

1. 西部各省区应根据本行政区域内适龄儿童、少年的数量以及分布状况和流动人口变化趋势等因素，对农村中小学统筹兼顾地进行合理规划与布局，加强教育资源整合的力度，

最大限度地释放现有资源的效力和潜能。在这一过程中，既要从就近入学的原则出发，合理设计学校服务范围，方便学生就学；又要提高农村中小学的规模效益，使绝大多数学校具有适度的规模，能够形成平行班，这样既有助于教育教学质量的提高，也有助于校园文化的形成。

2. 以绩效考核为核心提高西部农村义务教育资源配置的使用效率。做好绩效考核工作是提高教育资源配置效率和效益的重要保障。在教育资源配置过程中，经常发生由于权力失范而导致的教育经费被挤占、挪用等现象。因此，必须完善相应的监督机制，加大对教育资源使用去向和使用效率的监管力度。具体体现在以下三个方面：

（1）建立刚性指标。明确规定各级政府对农村义务教育应承担的具体责任和实际份额，凡执行低于刚性指标而又未补足的，要追究其负责人的责任。与此项改革相配套的措施是建立健全教育经费年度需求计划编制制度，实行教育经费单列。

（2）拓宽监督渠道。改变政府官员只对上级负责、只接受上级检查的状况，使之同时接受来自上级和下级的检查与监督；要改变政府官员只接受政府内部监督的状况，使之同时接受来自内部和外部的共同监督。

（3）制定严格明晰的考核目标。在中央给西部各省加大资源配置力度的同时，应提出相应的考核目标，在各省区给市、县加大资源配置的同时，也应提出相应的考核目标。只有建立起了明确的考核目标，并实行严格的问责制度，西部农村义务教育资源配置的使用效率才能真正得到提高。

西部地方政府履行义务教育均衡发展责任状况的调查研究[①]

教育部与全国 27 个省（区、市）及新疆生产建设兵团义务教育均衡发展备忘录的签署，是我国中央政府和地方政府协同推进义务教育均衡发展新机制建立的标志，也使地方政府在促进区域义务教育均衡发展方面的责任与义务得以进一步明确。了解和掌握地方政府的责任落实情况，对于落实备忘录精神、推进区域义务教育的均衡发展，具有十分重要的意义。为此，笔者通过对陕西、新疆等西部地区部分县的实地调研，对西部地区地方政府履行义务教育均衡发展责任的现状及存在的主要问题有所了解，进而提出强化和落实地方政府责任的有效路径，以期对我国推进区域义务教育均衡发展有所裨益。

一、西部地方政府履行义务教育均衡发展责任的现状及其存在的问题

我国地方政府由省（自治区、直辖市）、地（市）、县（区）和乡（镇）四级组成，它们共同支撑着包括义务教育在内的地方各项社会事业的发展。近年来，在中央政府的大力支持下，西部各级地方政府结合自身的实际情况，制定了义务教育阶段学校基本办学标准，加强了农村学校和城市薄弱学校建设，初步建立了教师交流制度，规范了办学行为，使特殊困难群体和进城务工人员子女平等接受义务教育的权利得到了有效保障，区域内义务教育均衡发展取得了初步成效。

然而调查结果显示：地方政府在履行区域内义务教育均衡发展责任方面还存在缺失和不到位的现象，这直接影响和制约了义务教育均衡发展工作的推进。

（一）省级政府的统筹责任落实不到位

加强省级政府对义务教育的统筹是关于教育管理体制改革的一项重要内容，也是党和政府在新的历史条件下做出的一项创新性制度安排。但从笔者的调研来看，西部地区省级政府统筹责任的落实普遍存在不到位的问题。具体表现如下：

1. 尚未建立科学的义务教育经费配置模式，经费配置的随意性较大

在回答"您认为理想的学校公用经费拨付方式"这一问题时，有 12% 的校长选择了"按照实际的学生人数拨付"，有 45.6% 的校长选择了"偏远的学校应该享受更高的拨付标准"，有 37.2% 的校长选择了"基准定额 + 生均拨款"，有 5.2% 的校长选择"无法回答"。从

[①] 原载《教育探索》2012 年第 1 期，与杨令平合作。

调查结果可以看出，有88%的校长对于现在的经费拨付方式不满意，有82.8%的校长认为应改变现行的拨付方式。在回答"您认为现在的学校经费拨付方式能否按时到位"这一问题时，有27.4%的校长认为"很好，能按时到位"，有47.6%的校长选择了"还可以，基本能按时到位"，有12.3%的校长选择了"不好，环节太多且不能按时到位"，剩下的人选择了"说不清楚"。这说明在经费拨付过程中，一些地方还存在着不能按时拨付的情况。

2. 部分省级政府未能按国家标准落实公用经费基准定额

2010年国家规定公用经费基准定额标准中西部小学生人均400元/年，初中生人均600元/年。但从目前西部各省的落实情况来看，大多数省份至今仍未达到该标准。

（二）市级政府的责任不明晰

市级政府处于我国政府层级的中间层，发挥着承上启下的桥梁和纽带作用。但我国现行的义务教育管理体制没有对市级政府的责任予以明确界定，这在一定程度上导致了市级政府在促进区域义务教育均衡发展中责任不明晰的问题。虽然各地市级政府也在努力采取各种措施促进本区域内义务教育的均衡发展，并取得了一些成效，但从目前市级政府履行责任的状况来看，由于缺乏明确的责任划分，其努力程度往往受市级政府的财力状况、领导人对教育的重视程度等因素的影响，致使同一省域内市与市之间义务教育的发展存在较大差异。

在调研中笔者看到，经济越发达、财力状况越好、领导重视程度越高的市级政府所辖地区，义务教育发展状况越好。这一现象主要是由市级政府在促进义务教育发展方面的责任不够明晰所致。

（三）县级政府难以真正担负起主要的管理责任和任务

我国现行"经费省级统筹，管理以县为主"的义务教育管理体制决定了县级政府是义务教育工作的管理主体，在促进义务教育均衡发展中承担着具体的管理任务，担负着主要责任。但根据笔者的调查，目前西部大部分县级政府难以真正担负起对义务教育的管理责任，具体表现在以下两个方面：

1. 县级财政难以满足县域内义务教育的发展需求

由于过于强调"以县为主"，在一定程度上导致省级和市级政府对推动义务教育均衡发展的责任有所淡化和弱化。因此，县级政府因财力状况不同必然导致其在教育资源配置上存在巨大差异，即财政越是困难的县，教育投入往往越少；同样同一县域内，贫困的乡镇，其教育投入也往往越少。根据笔者的调查，在西部同一省份内，不同地级市的生均教育成本之比有的高达 10 ： 1，而在同一地级市内的不同县之间，生均教育成本也存在着相差数倍的现象。

2. 县域义务教育管理体制机制滞后，难以适应义务教育的发展需求

这突出体现在县域内教育、人事、财政等部门的权力边界不清，政府在行使权力的过程中存在"越位"和"缺位"共存的问题。在调研中，某县教育局局长向我们反映，目前县级政府与教育行政部门之间、教育行政部门与学校之间的管理权限边界模糊，权责不明确的问题较突出，导致政府对学校干预过多、权力滥用的现象普遍存在，而且教育局和学校的自主权受到了一定程度的限制，使其对教育工作的直接领导和管理日益被边缘化，校长负责制亦没有得到彻底落实。这种"被放弃"了大部分正当权利的教育行政部门和学校，由于权力"内耗"而导致了管理效能降低。

（四）乡镇级政府责任被"挤出"现象严重

乡镇作为我国最基层的一级政府，在义务教育发展历程中曾经承担过重要责任，做出过不可磨灭的贡献。然而，随着"经费省级统筹，管理以县为主"的义务教育新管理体制的实施，发展义务教育的责任进一步上移，导致乡镇政府的责任权力被"挤出"。一些经历过"普九"和"两基"攻坚的农村中小学校长向笔者反映，与当时全力发展教育形成鲜明对比的是，近两年来乡镇政府领导很少过问教育工作，更不敢奢望他们能来学校调研为学校解决发展难题了。这种责任的缺失在一定程度上影响和制约了义务教育的均衡发展。如何进一步激发和调动乡镇政府在促进义务教育发展方面的积极性和主动性，成为地方政府履行责任的重要内容。

二、西部地方政府在促进区域义务教育均衡发展中作为不力的原因分析

（一）对发展义务教育的重要性认识不到位

政府作为不力的主要原因是在思想观念上对发展义务教育的重要性认识不到位，具体体现在以下两个方面：

1. 义务教育的重要地位与作用未能得到落实

在调研中笔者发现，西部许多地方政府未能充分认识到发展义务教育的深远意义，没有将其放在促进区域经济社会可持续发展的战略高度来看待，因而使义务教育"重中之重"和"优先发展"的战略地位并未充分显现出来。对义务教育的重视只停留在口头或文件上，

而未真正落实在行动中。在区域规划中没有优先考虑义务教育的发展，在财政分配上没有优先安排义务教育经费，在精力投入上没有把促进义务教育的发展当作头等大事来抓。陕西某县的校长和教师们反映："政府各级领导经常来我们镇视察经济发展、新农村建设、苹果种植业发展、社会治安综合治理、生猪养殖等工作，召开各类现场会，但极少有县级主要领导来学校考察教育工作，这使得我们这些农村学校的校长和教师们产生了一种被政府遗忘了的感觉。"西部许多地方政府面对农村义务教育发展所存在的种种困境和问题，既缺乏积极主动解决问题的态度，也缺乏切实有效的策略，他们对此似乎感到束手无策，因而便听之任之，顺其自然。

2. 民众对农村教育的认识仍存在一定偏见

由于长期以来受城乡经济社会二元结构客观存在的影响，许多城市人对农村人形成了偏见，并由此也导致对农村教育产生了错误的认识，表现在以下两个方面：

（1）认为农村教育是低层次、低水平的教育。所谓低层次，即认为农村教育在层次上本来就应该低于城市教育，把农村教育层次低于城市教育看作是一种理所当然的现象，甚至认为农民只需要接受小学或初中教育就足够了。所谓低水平，即认为农村教育在经费投入、办学条件、教学设施、师资水平和教学质量等方面自然应该低于城市，优质教育资源向城市倾斜是理所当然的。由于这种观念作祟，致使在普及九年义务教育的认识上存在一种"城市教育先于农村教育""农村教育发展缓后于城市教育发展"的错误价值导向。回顾近三十年来我国所采取的"有步骤地实施九年义务教育"的制度，一方面可以将其理解为是一种立足国情、实事求是的发展策略；另一方面也可以将其理解为是一种城市教育优先的发展政策。在这样的制度运行下，农村义务教育发展滞后问题自然也无可避免。

（2）片面地认为农村教育就是面向农村、面向农业、面向农民的"三农"教育。长期以来，在我国客观存在着"农之恒为农，士之恒为士""唯城市人与农村人不移"的思想和观念。受这种观念的支配，教育改革中总是强调农村教育要端正培养目标，而这种所谓的"端正"，就是强调农村学校的教育、教学、课程等要密切与"三农"相结合，使农村教育与农村、农业、农民具有鲜明的"适应性"。笔者认为，在构建和谐社会的今天，这种观念上的偏见亟待克服。

（二）责任分担机制尚不健全，地方政府投入力度明显不足

我国的相关法律政策对于各级政府在发展义务教育方面的责任做出了较为明确的规定。《中华人民共和国义务教育法》第七条规定："义务教育实行国务院领导，省、自治区、直辖市人民政府统筹规划实施，县级人民政府为主管理的体制。"第四十四条规定："义

务教育经费投入实行国务院和地方各级人民政府根据职责共同负担，省、自治区、直辖市人民政府负责统筹落实的体制。农村义务教育所需经费，由各级人民政府根据国务院的规定分项目、按比例分担。"从这些规定中不难看出，以上有关政府责任的规定都是对原则性的描述，既没有明确各级政府的具体责任，也缺乏具有可操作性的实施细则。

同时，长期的贫困使西部地方政府形成了较强的依赖意识。因此，在西部广泛流行着这样一句口头禅："农村靠政府，政府靠中央。"这可以说是西部一些地方政府不作为的真实写照。2006年"新机制"实施以后，中央政府加大了对西部农村义务教育的财政转移支付力度，在这一背景下，西部一些地方政府的"等靠要"意识变得更加强烈，即一味地等待中央和上级政府的财政支持，而在自己的财政蛋糕中却舍不得切一块给教育。曾有人将这种现象形象地描述为："中央转移支付，省市基本不付，县乡如释重负。"这也就是说，不断增加的中央财政投入并没有使西部地方政府增加对教育的投入，相应的配套资金非但没有到位，相反却产生了一种"挤出效应"。这种状况严重妨碍了西部义务教育的健康发展。

（三）政绩观和教育督导制度存在偏差，加剧了义务教育的非均衡发展

众所周知，教育尤其是义务教育是一项周期长、见效慢的事业，即所谓"十年树木，百年树人"。在这种背景下，西部不少地方官员不愿意做"前人栽树，后人乘凉"的长期工程，而只想做见效快的"短、平、快"工程。地方政府这种只关心GDP而不注重发展教育事业的错误政绩观，自然会抑制他们对义务教育尤其是农村义务教育发展的资源投入和实际作为。尤其是在当前的升学教育模式中，不少地方政府往往将升学率作为主要的教育政绩指标，各地纷纷采取集中优质教育资源、增加本地高考竞争力的资源配置模式。然而这种做法，只能导致西部地区教育非均衡发展的状况进一步加剧。

（1）在教育督导方面，政府在督导理念、督导重点以及对督导结果的处理上均存在严重偏差，这在一定程度上导致了政府的作为不力。在督导理念方面受重点学校制度的影响，长期实行城乡分别标准的等级评估制度，即对于城乡学校实行不同的办学标准，城市学校的标准远远高于农村学校，农村中心小学的标准高于村小。这就造成了处于同一片蓝天下的义务教育阶段的学生却享受着质量不同的教育，这进一步加剧了城乡学校间教育的非均衡发展状况。

（2）在评估重点方面，过于注重对校舍、教学设施设备等硬件资源的评估，忽视了对教育理念、管理方式和学校文化等软件资源的评估。

（3）在评估结果处理方面，注重锦上添花的"面子工程"，忽视雪中送炭的"扶弱工程"，

导致了"强校更强、弱校更弱"现象的加剧。近两年来，这种状况虽有所改变，但与均衡发展的目标要求还相差甚远。

三、强化地方政府责任的对策建议

（一）提高认识，牢固树立地方政府是促进区域义务教育均衡发展第一责任人的理念

义务教育是每一位公民应享有的一项基本权利，是一项基础性的民生工程。这种特性决定了开展义务教育是国家的法定责任，政府是义务教育的责任主体早已成为当今世界各国的普遍共识。

任何一个国家的政府都是由中央和地方两级政府构成的。从我国现行的管理体制来看，地方政府在义务教育发展中负主要责任，是推动我国义务教育发展的基础性力量。由于西部地区经济社会发展落后这一特殊原因，在义务教育经费投入方面中央政府为其承担了较大的责任和义务，但西部各级地方政府对于推动义务教育发展应尽的管理责任是不容推卸的。因此，应牢固树立地方政府是义务教育均衡发展第一责任人的理念，将促进义务教育的均衡发展真正提上议事日程。唯其如此，才能真正落实教育优先发展的战略地位，进而才能以积极的态度和行动推进区域义务教育的均衡发展。

（二）建立健全责任分担机制，进一步明确各级地方政府的责任

1. 加强省级政府的统筹责任

作为我国地方行政建制的最高层次，省是相对独立的经济社会发展规划单位，具有较强的经济实力和统筹能力。由于西部地区县及县以下政府的财政支付能力和管理水平有限，因此迫切需要省级政府予以统筹和支持，即省级政府应全面统筹辖区内义务教育的整体发展，其基本职责如下：

（1）落实省级政府的财政统筹责任。省级政府应依法落实各级地方政府对义务教育的财政责任，并制定统一的标准和保障措施。目前，首要任务是建立健全省域内义务教育经费保障机制，合理划分省、市、县各级人民政府的经费分担责任，明确分担比例，尤其应加大省级政府的财政转移支付力度，防止产生"中央转移支付，省市不支不付"的现象。

（2）制定省域内义务教育办学基本标准。制定和颁布省域内义务教育办学的基本标准，对于促进西部地区义务教育的均衡发展具有重要的意义。制定这一标准应坚持以下三个原则：

第一，均衡性原则。应改变过去那种划分等级的做法，实行城乡统一的标准。这样不

仅有利于使同一区域内的义务教育学校达到相同标准，而且还有利于促进省域内城乡之间、地区之间、学校之间义务教育的办学条件大体均衡，让不同区域、不同群体的学生都能享有基本相同的学习条件。

第二，适度超前性原则。省域内义务教育办学标准不仅应立足于维持中小学的生存，满足当前教育、教学、管理的基本需要，更应体现教育现代化的发展趋势；既要考虑能否够承受得起，又要具有一定的超前性，即需要付出一定的努力才能达到，并确保标准在一段时间内不落伍不过时。

第三，系统整体性原则。办学标准的制定是一项整体性的系统工程，在省域内办学标准中不仅要对学校办学硬件做出明确规定，也要对教育、教学、管理等软件方面提出明确的要求；既要注重对学校的基础设施、技术装备等"硬实力"的改善，又要注重对学校的师资队伍、管理水平、教学改革、校园文化等"软实力"的提升。概言之，省域内学校办学基本标准的制定，应充分考虑学校工作的方方面面，以确保其标准的系统性和整体性。

（3）支持和督促市（地）、县级政府履行职责。《国务院关于进一步加强农村教育工作的决定》明确规定，"以县为主"管理体制是指县级政府担负"经费安排使用"的责任，而不是"以县为主"投入。因此，省级政府要明确市（地）、县级政府的管理职责，并对其职责进行有效监督，避免将"以县为主"的管理体制混同于"县级投入为主"。目前尤其要注意防止市（地）县级政府在义务教育发展中不作为现象的产生。

（4）统筹配置省域内义务教育的师资。均衡配置省域内的教师资源是落实省级统筹的重要内容。为此应做好以下工作：

第一，省级教育行政部门统一负责认定中小学教师资格，从源头上保证教师的素质。采取有力措施解决农村地区的师资紧缺问题，培养一批"下得去、留得住、教得好"的教师。

第二，从本省经济社会发展和自然地理环境的实际出发，对城乡之间和经济社会发展水平不同的农村地区之间的教师实行有差别性的地方津补机制，即在边远、贫困和艰苦地方执教的教师，其所获得的补贴就较高。

第三，对长期在农村基层和艰苦边远地区工作的教师实行倾斜政策，落实和完善教师社会保障政策，为教师解决后顾之忧，应为教师的专业发展和成长创造更多的机会，提供更有利的条件。

2. 强化市级政府的宏观规划、政策调控和教育服务的职能

作为具有独立收支管理权限的一级地方政府，其在义务教育均衡发展方面的责任不容忽视。笔者认为，西部各市级政府发展义务教育的责任主要体现在宏观规划、政策调控和

教育服务等方面。

（1）宏观规划是市级政府在义务教育均衡发展方面的首要职责，其主要内容是结合本市经济社会发展的实际，制定本市义务教育的宏观发展规划，明确本市义务教育特别是农村义务教育发展的长期、中期和近期目标，并制定具体的实施计划。

（2）政策调控是指市级政府可以通过制定一些政策，对本市的农村义务教育发展进行调控。例如，通过制定市级财政对县级财政在发展农村义务教育方面的转移支付制度，加大对农村义务教育经费的投入力度；通过制定资源配置政策，对农村地区的义务教育在人力、物力和财力方面给予必要的倾斜；通过推进市域内义务教育均衡发展的配套制度的改革，为实现市域内义务教育均衡发展创造良好的制度环境等。

（3）教育服务是指市级政府可以依法审批成立市级教育中介组织和评估机构，以加强对市域内义务教育均衡发展情况的全面督导和评估，为促进各区县义务教育的均衡发展提供信息服务和决策服务。

3.落实县级政府的管理主体地位

县级政府是义务教育的管理主体和责任主体，承担着促进义务教育均衡发展的重要责任。为此，应理顺管理体制，明确县域内各部门的权力边界。

（1）明确"归权"。所谓归权即归还权力，就是要将那些明确归属于教育部门分管的权力归还给教育主管部门及学校。笔者认为，应按照国家行政管理体制改革的要求，以政校分离为框架，明确界定政府权限与学校权限，明确政府作为教育体系的构建者、教育条件的保障者、教育服务的提供者、教育公平的维护者、教育标准的制定者和教育质量的监管者的角色，将真正属于教育部门的权力归还给教育行政部门和学校，如将办学自主权、中小学校长的任命权、教师职称评审权、教师调配权等理应由教育行政部门主管的权力一律归还给教育行政部门和学校。

（2）合理"分权"。所谓合理"分权"，即为避免权力过于集中而对其进行合理的配置，它是确保权力正常运行的重要保障。政府的"归权""分权"并不意味着政府就失去了或者脱离了对教育的管理责任和权力，与此相反，政府应调整对教育的管理方式，由过多地直接干预和微观管理转变为综合运用立法、拨款、规划、信息服务、政策指导等行政措施，为促进教育的均衡发展创设良好的外部环境，提供高效的行政服务。如关于中小学教师职称的评审权，合理的权力配置应是教育部门负责具体的实施和操作，人事部门从职称结构、指标下达、评审过程等方面加强监督和管理。又如，在教育项目经费的使用与管理方面，教育（业务）部门要使用好、管理好财政经费，财政（财务）部门要保障预算资金拨付到位，加强对预算资金使用效益的有效监督。再如，关于中小学校长的任命，具体招聘和任用权除归县委组织部直接管理的高中校长的任命外，其他初中和小学校长的任命应划归县教育行政部门，县人事部门可以从岗位设置和程序运作等方面对其进行监督。

（3）科学"确权"。所谓科学"确权"，即明确县级政府的权力边界，明确政府应"管什么"和"怎么管"。按照建设服务型政府的要求，政府对于教育的管理职能主要体现在统筹规划、政策引导、监督管理、提供公共教育服务等方面。当前应进一步加强对县级政府随意介入教育管理活动、干涉教育事务的管理，使政府放弃"不该管"的，并强化"该管"的，特别是应强化政府在教育投入、教育公平维护、服务体系构建和法律法规制定等方面的职能。同时，对于义务教育均衡发展过程中出现的一些新情况、新问题，如免费师范生、实习支教教师、特岗教师及西部农村日益增多的留守儿童、寄宿制学校的管理等，应通过立法、立规等方式尽快明确其法律归属，确保不出现权力"真空"。

4. 充分调动乡镇政府的积极性和创造性

需要说明的是，新的义务教育管理体制的建立并不意味乡镇政府就不再承担发展义务教育的责任，而是乡镇政府发展义务教育的责任发生了转变。在我国现实国情下，乡镇政府在促进农村义务教育发展方面仍具有不可替代的重要作用。因此，应该通过体制机制创新，调动和激发乡镇政府在促进西部农村义务教育发展方面的积极性和创造性，配合上级政府落实相关政策，共同促进西部义务教育的均衡发展。具体而言，乡镇一级政府在促进义务教育均衡发展方面的责任主要体现在以下五个方面：（1）落实上级部门下达的各项政策，做好农村义务教育均衡发展的基础性保障工作；（2）依法履行职能，组织好本辖区内适龄儿童少年就近入学，建立辍学预警和责任追究制度，防止中小学生辍学；（3）依法划拨新建、扩建校舍所需要的土地；（4）为促进本乡镇教育的发展提供资源；（5）维护校园的安全稳定，使教育教学活动能够有序开展，确保师生生命财产的安全。

（三）强化教育问责机制，规范政府办学行为

建立健全教育问责机制是规范政府办学行为、强化政府责任的重要保障。针对目前在政绩观和教育督导方面存在的认识偏差，笔者认为，应从以下三个方面入手强化教育问责机制。

1. 界定教育问责主客体

清晰界定问责的主客体是有效实施问责机制的前提。问责制中的主体是指权力的拥有者和实施者，客体是指权力的实施对象。在我国现行的政治体制中，各级政府权力的赋予者和监督者是各级人民代表大会及其常务委员会。根据这一规定，我国教育问责的主体应

是地方各级人民代表大会及其常务委员会，客体应是各级人民政府及其教育行政机构和各级各类义务教育学校。各级地方权力机关应通过建立和完善制度，对各级政府、教育行政机构及学校推进义务教育均衡发展状况进行问责。如建立和完善政府定期向人大汇报义务教育均衡发展状况制度、人大代表视察教育工作制度等，使各级地方政府的办学行为接受同级人大代表的质询和监督。

2. 明确问责内容

教育问责的内容应涉及与义务教育均衡发展相关的所有方面。从目前的状况来看，既要体现在涉及义务教育均衡发展学校标准化建设、义务教育均衡发展保障机制和城乡一体化发展机制的建立和完善上，同时还应体现在对愈演愈烈的"择校"和"奥数""奥语"等有悖于教育均衡发展的热点、难点等不规范办学行为的治理和纠正上。当然，随着以上目标的实现，应将教育问责的重点转移到义务教育质量提升上，即将落脚点放在如何办好每一所学校、教好每一位学生上面。

3. 规范问责程序

程序的公正、公平与问责结果的公平与正义是密切相关的。罗尔斯指出，不存在判定正当结果的独立标准，而是存在一种正确的或公平的程序；这种程序若被人们恰当地遵守，其结果也会是正确的或公平的，而无论它们可能会是一些什么样的结果。① 因此，应加强教育问责程序的法制化建设，确保教育问责程序的公正、公开、透明。应通过立法，建立包括刑事责任、行政责任、政治责任和道义责任在内的完整的责任体系，细化各方责任并依法保障落实。例如，可以通过建立完善代表视察、政府定期汇报、网络搜集教情等制度，督促各级地方政府认真履行促进义务教育均衡发展的责任。还可以通过网络、报纸、广播、电视等媒体定期向社会公布教育问责结果，尤其是要将问责后各级地方政府在促进义务教育均衡发展方面所采取的改进措施及时向社会公布，切实保障广大人民群众的知情权，进一步推进义务教育的均衡发展。

---

① ［美］约翰·罗尔斯著，何怀宏、何包钢、廖申白译：《正义论》（修订版），中国社会科学出版社，2009 年。

数字化转型中的城乡义务教育一体化①

2016 年，国务院颁发《关于统筹推进县域内城乡义务教育一体化改革发展的若干意见》，明确提出"到 2020 年，义务教育与城镇化发展基本协调，县域义务教育均衡发展和城乡基本公共教育服务均等化基本实现"的工作目标。伴随着大数据、云计算、物联网、区块链、人工智能和虚拟现实等数字化技术相继涌现，以数字化转型推动基本公共教育服务均等化逐渐成为重要的发展方向，而城乡义务教育一体化作为实现均等化目标的关键环节，也将面临"怎样适应数字化转型要求""如何在数字化转型中提高一体化发展水平"的现实问题。因此，本文从数字化转型对推进城乡义务教育一体化的价值功能出发，探究在数字化转型中推进城乡义务教育一体化所面临的现实困境及其原因与出路，以期为缩小城乡教育差距、促进义务教育优质均衡发展提供有益探索。

一、数字化转型中推进城乡义务教育一体化的价值意蕴

城乡义务教育一体化是打破城乡教育二元结构和制度壁垒，缩小城乡义务教育发展差距，发挥城乡学校各自特色与优势，促进城乡优质教育资源要素合理流动和共建共享，逐步实现教育公平和质量提升的动态发展过程。数字化转型（Digitaltransformation）是一种旨在通过综合运用数据信息收集、处理、传递和联结技术，以实现组织性能转变和效率提升的过程。②

在数字化转型中，推动大数据、云计算、物联网、SDCI（互联基础架构）等数字化技术与城乡义务教育学校组织的深度融合，有助于在城乡学校之间搭建高度互联的数字化系统，充分激活物质、人力、制度文化等资源利用效率和潜在价值，满足城乡学生差异化、个性化和多样化的教育需求。因此，数字化转型在消除城乡基本公共教育服务的获得性壁垒、整体提高城乡学校一体化办学水平中，将发挥更为重要的作用。

1. 数字化转型有助于推动城乡学校数字校园一体化建设

2017 年，国务院印发《新一代人工智能发展规划》，明确提出："开展智能校园建设，推动人工智能在教学、管理、资源建设等全流程应用。"③ 面对城乡学校基本办学条件供

---

① 原载《现代基础教育研究》2023 年第 1 期，与杨令平、魏平西合作。

② Gregory Vial. "Understanding Digital Transformation：A Reviewanda Research Agenda"，*Journal of Strategic Information Systems*，Vol.28，No.2（2019）:121.

③《国务院关于印发新一代人工智能发展规划的通知》，中国政府网：https://www.gov.cn/zhengce/content/2017-07/20/content_5211996.htm.（2024 年 12 月 28 日查询）

给和多元教育主体需求的差异性，借助数字技术赋能校园基础设施、仪器设备及其使用管理，可以有效实现城乡学校物质资源的建设、应用系统的一体化互联互通，提高资源利用效率，有效对接师生需求。

2. 有利于监控和保障城乡学校教师的双向合理流动

高效推进义务教育师资跨校、跨区域流动，关键在于能够科学预测和动态监控城乡学校的师资数量规模和质量结构需求。由大数据和区块链技术支撑的区域教师流动数据库系统，可以精准识别城镇和乡村学校的实际教育教学需求，动态把握优质师资双向流动的实施效果。

3. 有助于促进城乡学校治理体系一体化建构

新一代数字技术支撑下的学校治理具有较强的系统性、渗透性和建构性，能够有效打通城乡教育的时空壁垒，通过智能收集和分析数据、整合碎片化课程资源、辅助转变学习理念和方式、变革学校组织与管理形式以及构建动态反馈评价系统等举措[1]，充分提升城乡学校治理水平。

二、数字化转型中推进城乡义务教育一体化的困境及其成因

（一）亟待弥合城乡义务教育学校的新数字鸿沟

数字鸿沟是指社会中不同社会群体对互联网在可及和使用上的差异。[2]映射到义务教育领域，则表现为城乡学校在数字设备接入及师生在数字技术操作能力、数字使用素养等方面的差异，包括接入鸿沟、技能鸿沟和使用鸿沟三个层面。[3]尽管近年来我国乡村学校数字化基础设施条件得到极大改善，如 2020 年，乡村初中每百人拥有网络多媒体教室数为 3.6 间，远高于城区和镇区的 3.1 间和 2.8 间，逐渐弥合了城乡学校之间的传统数字鸿沟。但紧接着以教学设施设备使用效率和师生数字应用素养为主要表现的"新数字鸿沟"，开始逐渐成为横亘在城乡义务教育一体化发展中的重大障碍。

1. 亟待提升乡村学校数字化教学设施设备的使用效率

随着学校标准化建设和教育信息化深入推进，乡村学校的多媒体电脑、计算机网络教

---

[1] 刘建、李帛芊：《人工智能助力学校治理现代化：价值、内容与策略》，《中国教育学刊》2021 年第 4 期，第 13—15 页。

[2] 邱泽奇、张樹沁、刘世定等：《从数字鸿沟到红利差异——互联网资本的视角》，《中国社会科学》2016 年第 10 期，第 95 页。

[3] 张辉蓉、毋靖雨、刘燚等：《城乡基础教育的"数字鸿沟"：表征、成因与消弭之策——基于线上教学的实证调查研究》，《教育与经济》2021 年第 4 期，第 21 页。

室等数字化教学设施设备得以充分配置。但与城镇学校相比，数字化教学设施设备在乡村学校教学实践中的价值功能被严重低估，使用率普遍不高。相关调查结果显示，乡村学校现代教育设备的使用率均低于40%[①]，部分学校配备的电脑、多媒体教学设施均处于闲置或无法使用状态。

2. 乡村学校师生的数字应用素养相对较低

乡村学校不仅严重缺乏拥有数字技术专业背景和知识结构的专职教师，而且乡村教师使用数字化教学设备的熟练程度也普遍低于城镇教师。有学者在对湖南省一所镇级中学的调查中发现，占全校教师总人数75%的45岁以上教师能熟练运用多媒体的只有2.5%[②]，而且乡村学生在数字知识结构和素养、数据筛选和运用技能、数字化自主学习和创新能力等方面均不如城镇学生。

究其原因，一方面，乡村学校在数字化教学设施设备的维护更新上相形见绌。即在以"生均"为标准的教育资源配置下，根据学生数量划拨的公用经费仅能勉强保障乡村学校的正常运转，而对数字教学设施设备的技术维护、软件更新和技能培训则力有不逮。另一方面，乡村教师利用现代数字技术改进传统教学方式的动机和能力不足。相对于城镇教师能够快速应用新兴的技术手段和工具改进教学方式，乡村教师则囿于惯性思维，不仅主观认为学习和使用数字技术和教学设备耗时耗力、增加负担，而且较少接受将新型技术手段与传统教学方式相结合的技能培训机会，从而难以将数字化技术创造性地应用于日常教学实践活动之中。同时，受家庭环境、网络资源和使用习惯等因素影响，处境不利群体的子女花费在探索和发现有学习价值的知识和材料上的时间和精力较少，而在校外使用网络聊天娱乐的比例却高达90%[③]，这也是造成城乡学生数字素养和学业成绩差距的一个重要原因。

（二）城乡学校优质教育教学资源仍存在较大差距

优质教育教学资源既是城乡义务教育一体化发展的核心内容，又是义务教育领域中数字化技术应用的重要载体。在数字化转型中推进城乡义务教育一体化，关键在于运用数字化技术赋能优质教育教学资源，使其突破城乡二元壁垒，实现双方优势资源互融共生。但长期以来，乡村学校优势资源不足的基本状况始终未能彻底扭转，主要表现在以下两个方面：

---

① 江宏、江楠、李志辉：《乡村教师专业发展政策支持困境调查研究——以重庆市乡村教师支持计划实施为例》，《教育理论与实践》2021年第13期，第53页。

② 张辉蓉、毋靖雨、刘燚等：《城乡基础教育的"数字鸿沟"：表征、成因与消弭之策——基于线上教学的实证调查研究》，《教育与经济》2021年第4期，第24页。

③ OECD.Student，Computers and Learning：Making the Connection，Paris：OECD Publishing，2015:28.

1. 乡村学校教学内容的城市化倾向明显

城乡义务教育一体化并不意味着同质化，而是要充分挖掘城乡学校的优质资源和办学特色，发挥各自所独具的优势。然而，当前乡村学校的课程教学内容主要以城市生活经验为背景，以城市生活文化价值为取向，而忽视了城镇学生和乡村学生在文化背景和生活经验上的巨大差异。乡村学生学习的教材内容远离自身的生活经验，导致其难以很好地掌握课本知识，容易滋生焦虑乃至厌学情绪。而乡村教师在组织和实施课程教学过程中，也更多地以城镇学校为参照标准，脱离了乡土社会情境，不利于乡村学生先赋性经验优势的发挥。

2. 乡村学校的教育文化资源建设严重滞后

受历史传统、思维范式和行为习惯等因素影响，乡村学校在现代化进程中过于注重校舍建筑、场地设备等硬件建设，忽视了校园文化、办学理念、行为规范等软件建设，而城市学校教育教学模式的大量涌进，使得乡村学校教育文化资源建设不可避免地出现僵化模仿和生搬硬套的片面化现象，缺乏对现代文化资源的本地化转变和本土化吸收。

寻其根源，长期实施的城市偏向政策所形成的城市中心主义是主要诱因。城市中心主义是指"以城市为本位的一整套思想观念的集合，突出表现为国家以城市为中心的制度安排与资源分配、社会以城市为主体的日常运转、个体形塑了一种以城市化为导向的思维方式和行为模式"[1]。在此影响下，城市优先发展的政策导向逐渐形成，城市话语体系逐步在乡村教育发展中占据主导和支配地位，乡村教育主体对现代城市文化的盲目迷信和追逐，使其愈发向往和推崇城市教育模式，而忽视了乡村本土文化中所蕴含的精神价值，遗忘了乡村学校不仅是立德树人、教书育人的重要场所，更承载着乡村社会优秀文化的传播、传承、弥散和辐射等价值功能。与此同时，新生代乡村教师在"城市中心"思维的浸染下，既在文化上缺乏对乡村社会的深刻理解和高度认同，无法完成乡村"局内人"的身份建构，又在行为上想方设法逃离乡村，抑或候鸟式栖身于"乡村"这一地理环境，心灵和未来都已奔赴城镇，难以真正扎根乡村、服务乡村。[2]

（三）城乡义务教育数字资源的融合机制建设困难

资源要素的数字化需要经历一个长期、复杂的数据要素形成过程，数字技术的持续进步和大规模应用，使得教育系统中原本无法被采集、识别、分离的资源信息，能够被转化

---

① 文军、沈东：《当代中国城乡关系的演变逻辑与城市中心主义的兴起——基于国家、社会与个体的三维透视》，《探索与争鸣》2015年第7期，第76页。

② 赖昀、李伟：《乡村教师队伍治理：政策历程、逻辑及新发展走向》，《教育学术月刊》2022年第4期，第33页。

为具备应用和开发潜力的数据要素。[①] 在数字化转型背景下，充分实现城镇学校和乡村学校数据资源要素的双向流动，核心在于要建立健全城乡学校数字资源的融合机制，但从现实层面来看，建设过程中存在种种阻碍。

1. 城乡学校数字资源的互联互通存在障碍

教育资源要经过采集、标注、储存、处理等系列活动，才能被转化为可在不同时空中进行传输应用的数据要素。城乡学校的数据资源要素呈现碎片化、静态化和单一化的特性，学校之间的管理相对独立，不同部门在数据共享、信息即时传播等方面缺乏同步性，缺少纵向历史数据的保护而导致过程化数据流失严重[②]；而地方教育行政部门则由于数据基础薄弱、数据质量参差不齐、"数据烟囱"林立等突出问题[③]，难以对城乡学校的优质教育资源数据进行全过程、全区域、全要素的动态调配与合理使用。

2. 城乡学校之间存在较强的数据隔阂和组织壁垒

尽管部分地区借以集团化办学、学区化治理和城乡学校共同体建设等机制运行，有效促进了城乡学校线上、线下优质教学资源共建共享，但在实际运行过程中仍存在城镇学校对涉及自身组织利益的优质课程资源不易共享、教师流动"派弱不派优"以及城乡学校师生间线上、线下交流互动较少等问题，使得共同体机制建设障碍重重。

探其渊源，城镇学校缺乏优质数据资源共享的内生动力，以及城乡教育数据治理水平滞后是主要原因。在长期资源配置"优势累积"效应的作用下，城镇优质学校在单向输出和扶助乡村薄弱学校方面缺乏内在动力，其主要表现为：（1）与城镇优质学校相比，乡村学校往往在设施设备、课程资源、教育技术、教学技能、治理水平等方面处于劣势，这使得其难以发挥优势，进而在资源共享中呈现被动态势。（2）在以往所推行的城乡教育一体化举措中，更多的是城镇优质学校单向援助乡村薄弱学校，城镇学校在数字化资源共享过程中往往要承担更高的成本和负担，甚至存在降低优质资源储备和竞争力以及数据泄露的风险，从而不愿耗费大量的人力、物力和财力推动及配合优质资源要素的融合流动。而教育主管部门由于未能在数字校园建设初期制订具体的统一标准和相关规定，导致后期在统筹管理城乡学校数字化资源要素过程中缺乏执行力，数据供给渠道狭窄、采集储存数据技

---

① 张昕蔚、蒋长流：《数据的要素化过程及其与传统产业数字化的融合机制研究》，《上海经济研究》2021年第3期，第62页。

② 赵磊磊、代蕊华、赵可云：《人工智能场域下智慧校园建设框架及路径》，《中国电化教育》2020年第8期，第101页。

③ 何振、彭海艳：《人工智能背景下政府数据治理新挑战、新特征与新路径》，《湘潭大学学报》（哲学社会科学版）2021年第6期，第83页。

术陈旧、甄选鉴别数据成本提高等问题突出[①]，严重制约着城乡数据资源的双向自由流动。

三、数字化转型中推进城乡义务教育一体化的策略

（一）加快推进乡村学校基础设施数字化转型与应用技能提升

1. 要有充足的物质条件保障

一方面，地方政府要补齐乡村社会数字化基础设施短板，促进城乡基础公共服务数字化、网络化、智能化发展，这是重要的外部条件；另一方面，要加大对发展滞后和财政压力大的区县进行转移支付，设立县域基础教育数字化建设的专项资金账户，保障充足稳定的资金定向投入。同时要针对乡村学校建立有区别的资源配置原则，即规模较小学校的标准化原则[②]，以应对乡村学生高流动性所带来的资源配置失灵问题，从而保障学校数字化基础设施建设与日常维护正常进行。

2. 要优化乡村教师的数字化培训模式

教师专业素质提升具有较强的长期性、复杂性和情境性，要"在充分了解和把握乡村教师数字素养发展现状与诉求的基础上，促进数字技术与乡村教师培训的深度融合，以培养乡村教师数字素养的实际需求为导向，有针对性地增设数字化教育培训内容"[③]；要充分利用数字化技术健全乡村教师线上研修共同体、校际合作共同体、教学实践共同体，以及学校内部教师群体之间的互助学研共同体机制的建设，以促进教师专业成长和数字技能提升。

3. 要创新乡村教师的数字化教学方式

缩小城乡教师在数字技术使用上的差距，必须要支持和鼓励乡村教师将新型技术手段与传统教学方式相融合，使其成为数字化资源课程建设和特色教学模式的主导者和分享者，而不仅仅是被动的接受者和模仿者。要推进教师设计开发数字技术支持下的新型教学模式，将混合式教学引入课堂教学环境中，让师生在参与性的学习体验中提高数字素养，缩小技能鸿沟和使用鸿沟。[④]

[①] 翟雪松、楚肖燕、张紫徽等：《基于中台架构的教育信息化数字治理研究》，《电化教育研究》2021年第6期，第41页。

[②] 周兴国、江珊：《非权力性资源配置与乡村学校发展困境：一种理论解释》，《安徽师范大学学报》（人文社会科学版）2021年第1期，第144页。

[③] 戴妍、王奕迪：《以数字化改革助推乡村教育振兴》，《中国社会科学报》，2021年6月28日。

[④] 关成华、黄荣怀主编：《面向智能时代：教育、技术与社会发展》，教育科学出版社，2021年，第450页。

（二）大力加强乡村优质教育资源本土化培育和数字化挖掘

1. 面对当前以城市中心为导向的乡村教育发展话语体系，要坚持以积极的社会发展观探索乡村学校特色发展模式。既要通过挖掘乡土特色资源优势，将其资源数据化，并与城镇互通共融，充分提高城镇学校的乡土化色彩；同时也要支持乡村学校坚守独立性和个体性，在此基础上主动适应城镇化所带来的开放竞争、鼓励创新、交流合作等现代性观念，提高自身对社会环境变化的应对能力和自我革新能力。

2. 要推动数字技术与乡村课程资源的深度融合。数字技术与乡村课程资源的全面深度融合，可以促进内容呈现、师生互动和教学评价的方式创新，基于乡村师生的实际需求共享相关的优质资源，并逐渐探索符合乡村独特教学状况的本土化模式，最终提高乡村学生参与数字化教学过程的积极性和获得感。譬如，针对不同区域和学段学生的文化背景、知识结构和学习需求，开发与之相适应的数字化教材，以文字、图像、声音、动画等形式提高乡村学生与课程优质资源的认知互动，实现对外部知识经验的解构与本土性知识经验的重构。

3. 要增强对乡村教育文化资源的数字化挖掘力度。要传承优质的乡村教育文化资源，就必然借助数字化技术手段来挖掘蕴含其中的现代教育文化价值。（1）要推动乡村文化资源数字化，利用数字技术的可再生性、非竞争性、高渗透性以及大数据自身的可复制性、多样性等特点，记录有明显地方文化特色、较高历史传承及人文价值的文化资源[①]。（2）要利用数字化手段推动乡村教育与乡村本土文化的深度融合，因地制宜地将乡村优秀文化要素融入教材体系、课堂教学内容以及校园环境建设之中，使学校师生在潜移默化中感受乡村文化的价值，以提高对本土性文化的认同感和归属感。

（三）有效提升城乡数字化教育资源治理水平和安全保障能力

1. 数字技术是城乡教育资源融合机制建设的基础保证，以技术优化创新一体化共享平台，对促进优质资源要素在县域层面合理流动具有重要作用。要充分运用大数据和人工智能技术，及时测量和生成城乡学校布局结构、人口分布、课程结构、学生素养等相关数据，保证共享平台数据库中数据的稳定性与流动性，打破城乡学校之间的数据孤岛和壁垒，为县域内城乡师资双向合理流动提供决策依据；要利用区块链技术构建城乡数字化课程内容和知识技能分享平台，在区块链分布式储存、数据库加密处理等技术手段的支撑下，破除

---

① 秦秋霞、郭红东、曾亿武：《乡村振兴中的数字赋能及实现途径》，《江苏大学学报》（社会科学版）2021年第5期，第28页。

校际课程共享的隔阂，降低知识共享过程中的传播成本和数据损耗，以保障其对优质课程资源的实时采集、数据转化、动态存储和提取应用。

2. 要提高城乡学校资源数据的综合治理水平，在统一的规范标准下实现校际资源的互联互通和共建共享。教育行政部门要设立统一的数据传输、识别、储存等运行标准，建立有效的内外数据网络系统，实现跨部门、跨学校以及学校内部资源的数据整合和协同化治理①；城乡学校则要积极引进第三方机构参与数据治理过程，借助其专门的技术研发团队和对外部技术提升的高敏感性、强适应性，能够对在教学过程中产生的文档、图片、音视频等半结构化和非结构化数据进行采集和处理，在统一的范式基础上对比、筛选和分析数据，从而实现多部门、多领域、多场景的数据共享服务。

3. 要加强城乡学校资源数据的信息安全与风险防范。2021年，我国《数据安全法》和《个人信息安全法》相继颁布、实施，明确提出建立健全数据安全治理体系，提高数据安全保障能力，采取必要措施保障所处理的个人信息的安全。这需要教育行政部门在充分参照相关法律法规的基础上，制定严格的获取、挖掘、传输、应用学校数据的标准、行为准则和奖惩制度，规范和引导城乡学校在安全的前提下进行数据共享。此外，要加大对城乡教育共享数据的安全监管和隐私保护，保障学校师生知识产权和个人利益不受侵害，从而降低师生对优质资源数据安全隐患的担忧。

---

① 陈良雨、陈建：《大数据背景下的教育治理能力现代化研究》，《现代教育技术》2017年第2期，第30页。

新中国建立 70 年以来我国义务教育政策的演变与发展 [①]

教育是立国之本、强国之基。义务教育则是教育之根本、育人之根基。新中国建立以来，我国义务教育在培养规模、校园建设、教学设备、教学水平、办学质量等方面均得到了显著的提升和改善，城乡教育之间存在的显著差距持续受到了国家的高度重视。城乡义务教育一体化是体现教育公平、保障教育质量、办好人民满意的教育的重要途径和举措。党的十九大报告明确指出："推动城乡义务教育一体化发展，高度重视农村教育。"因此，梳理七十年来我国义务教育政策的演变与发展，对于完善新阶段城乡义务教育一体化的政策系统及建立长效联动的发展机制具有十分重要的意义和作用。

一、我国义务教育政策的演进逻辑

新中国建立 70 年以来，我国义务教育经历了一个由弱到强，由关注数量到关注质量再到关注公平，由城乡义务教育发展不均衡到城乡义务教育一体化发展的转变过程。这些重大成就充分彰显了我国义务教育政策制定的科学性和合理性，具体来看，我国义务教育政策的演进与变革大致可以划分为以下三个主要发展阶段。

（一）非均衡发展政策阶段（1949—1999 年）

新中国建立之后，党中央就对义务教育的发展给予极大的政策支持，在 1949 年通过的《中国人民政治协商会议共同纲领》中规定："人民政府应有计划有步骤地改革旧的教育制度、教育内容和教学法。同时指出要有计划有步骤地实行普及教育。"这一规定自上而下推动了各级政府对义务教育发展的重视。随后，1954 年通过的《中华人民共和国宪法》第九十四条规定："中华人民共和国公民有受教育的权利。国家设立并逐步扩大各种学校和其他文化教育机关，以保证公民享受这种权利。"教育立法和政策的调整有力地推动了我国义务教育的发展进程并快速提升了义务教育的办学质量。1980 年颁发的《关于普及小学教育若干问题的决定》规定："坚持两条腿走路的多种形式办学方针。以国家办学为主体，充分调动社队集体、厂矿企业等各方面办学的积极性，鼓励群众自筹经费办学。"多元办学主体益于义务教育办学的针对性和实效性，能够因地制宜地促进地方教育事业发展，但由于办学主体所占据的经济地位和社会资源的差异，又出现了城乡义务教育差距不断拉大

[①] 原载《现代教育管理》2020 年第 6 期，与王桐合作。

的新问题，并且这一问题仍在不断加剧。1985 年颁发的《中共中央关于教育体制改革的决定》指出："我国幅员广大，经济文化发展很不平衡，义务教育的要求和内容应该因地制宜，有所不同。实行基础教育由地方负责、分级管理的原则，大力推进九年义务制教育。"这一举措明确了义务教育的管理主体并将管理主体上移至地方政府。1986 年颁发的《中华人民共和国义务教育法》规定了"地方办学、分级管理"的义务教育管理体制，明确了地方政府作为义务教育经费承担主体的合法性。为了缓解农村学校的财政困难，保障农村学校的办学经费，国务院专门于 1984 年颁发了《关于筹措农村学校办学经费的通知》，文件中允许乡政府征收教育事业费附加，并强调征收费用要取之于乡，用之于乡。虽然这一举措对于消解农村义务教育办学经费困境起到了一定的实质作用，但由于农村教育经费投入总量在增加的同时，城市教育经费的投入总量却以更大的速率在增长。因此，这一举措未能从根本上缩小城乡教育的差距，二者差距依然被不断拉大。

（二）非均衡向均衡发展过渡政策阶段（2000—2009 年）

城乡义务教育一体化政策的提出基于我国经济建设取得了一定成就的历史背景，其政策的构建是一个逐步推进、不断优化的过程。历经了对已有政策的修补和完善，并结合国内教育的现实条件以及国外教育的发展经验，既强调政策制定的科学性和合理性，又关注政策运行的适切性和高效性。自 2001 年起，义务教育就进入了非均衡向均衡发展的过渡政策阶段。

1. 重新确立了义务教育管理体制，厘清了义务教育管理的职、权、责关系。2001 年颁布的《国务院关于基础教育改革与发展的决定》提出建立"以县为主"的新体制，这一体制的确立有利于解决之前义务教育存在的管理权限不明、责任划分不清等问题，同时也利于强化管理主体在今后学校管理过程中所关注的核心问题和主要内容。

2. 大力提高农村义务教育经费保障水平，消解城乡义务教育发展差距。2005 年颁布的《国务院关于深化农村义务教育经费保障机制改革的通知》中规定将农村义务教育全面纳入公共财政保障范围，建立中央和地方分项目、按比例分担的农村义务教育经费保障机制。这一政策缓解了贫困地区当地政府的教育财政压力，保障了弱势地区的教育经费投入水平，体现了我国义务教育的公平性和均衡性。

3. 城乡义务教育一体化发展的法律保障显著增强。2006 年通过的《中华人民共和国义务教育法（修正案）》明确要求国务院和县级以上地方人民政府应当合理配置教育资源，努力改善薄弱学校的办学条件，促进义务教育均衡发展。这一内容从法理上确立了城乡义务教育一体化发展的基础地位和责任主体，也从侧面凸显出了这一问题的重要性和迫切性。

（三）义务教育城乡一体化政策阶段（2010 年至今）

2010 年以来，城乡义务教育一体化发展成为基础教育领域的关键词，国家先后出台多部相关政策着力缩小城乡教育差距。《国家中长期教育改革和发展规划纲要（2010—2020 年）》中明确提出要构建城乡义务教育一体化发展机制，加大对农村地区的弱势补偿。城乡义务教育一体化可以分为不同的层级和维度，但实现县（区）域内的城乡一体化是更大范围城乡一体化的基础和关键。现阶段是城乡义务教育一体化政策改革创新的深化阶段。

1. 城乡义务教育一体化相关政策密集出台，其重要性空前提高。国家高度重视城乡义务教育一体化发展，先后出台多部文件以保障城乡义务教育一体化的顺利推进。

2. 建立城乡义务教育一体化改革试验区，深入研究其发展机理。2010 年成都市统筹城乡教育综合改革试验区开始正式运行，试验区通过统筹区域内教育资源，分阶段、分步骤、分要素逐步实现城乡教育均衡发展。

3. 城乡义务教育一体化的政策目的性更加明确。国家出台的关于促进城乡义务教育一体化的政策文件开始关注影响这一进程的关键环节和重要内容，如学校标准化建设、教师队伍的建设、教育经费的分配以及评价指标体系的构建，这些具体推动措施的提出表明在城乡义务教育一体化发展的进程中我们已经达成了一定的思想共识，并探索出改进这一问题的基本路径和方法。

二、我国义务教育政策的演进特征

从社会转型的最终结果来说，其转型必然是整个社会的转型。但从有计划的社会变迁来看，社会转型的中心任务和首要目标通常是体制的转轨。[1] 教育变迁是推动社会变迁的重要力量源泉，而教育政策的演化又是教育变迁中的核心内容。教育政策的演进过程必然是缓慢而曲折的，其既有历史惯性的掣肘与羁绊，也有现代性的权衡和博弈。纵观我国城乡义务教育一体化政策的演进过程，其发展演进大致呈现出四个基本特征。

（一）以教育公平为导向的政策价值取向

教育公平是社会公平的保障和内核，是社会发展的稳定器，是社会主义现代化国家的应有之意。[2] 新中国建立 70 年以来，教育公平一直是我国发展义务教育的基本理念和价值参照。

1. 国家重点强化教育起点公平

从 1986 年开始实行九年义务教育制度，并于 2006 年正式将其写入《中华人民共和国

---

① 吴康宁：《教育社会学》，人民教育出版社，1998 年，第 182 页。
② 周洪宇：《教育公平是和谐社会的基石》，安徽教育出版社，2007 年，第 1 页。

义务教育法》，从法理上保障了教育起点公平。同时国家高度重视弱势群体的受教育问题，先后出台《关于深化农村义务教育经费保障机制改革的通知》《关于进一步做好进城务工就业农民子女义务教育工作意见的通知》等一系列政策，极大保障了弱势群体的受教育问题。1987 年我国的小学、初中净入学率分别为 66.4%、94%，截至 2017 年，我国的小学、初中净入学率已达 99.9%、103.5%。[①]

2. 极力关注教育过程公平

关注硬件设施和教师资源的均衡配置，既是实现城乡义务教育一体化的重要路径，也是促进教育公平，打破城乡教育二元分化的突破口与落脚点。[②] 我国长期重视由于"重城抑乡"的教育发展策略所造成的教育资源配置不均衡问题，通过提高教育经费保障水平，加强农村中小学学校标准化建设，建立城乡校长、教师的常态化交流，提升信息化办学水平，使农村学校逐步能够享有与城镇学校同等优质的办学条件、师资水平，进而提升农村学校的教育质量，有力地推动了城乡义务教育一体化的发展进程。

（二）以政府强势主导的自上而下的制度调整为主

科层组织是现代国家的基本组织形式，其显著特征为：上下级关系清晰，个人权利范畴明确，注重工作的专业化，具有一定的制度规范，通过自上而下的形式传达政令，推动各项政策的高效落实。[③] 我国城乡义务教育一体化的推动主要是基于"压力型管理体制"自上而下的政策调整过程，然而地方教育行政部门和学校在这一进程中的功能性发挥并不强。

1. 政府的价值标准是影响城乡义务教育发展方式的重要参照

政府的价值标准，即不同价值标准以及关于这些价值标准体系在该体系的重要性判断。新中国建立 70 年以来，政府的价值标准经由"又快又好"向"又好又快"转变，其价值标准的变迁亦映射在城乡义务教育发展之中，表现为从"重城抑乡"到"城乡一体"。城乡教育政策伴随着政府的价值标准的变化而快速变革，以不断适应新的发展需求。

2. 城乡义务教育一体化的发展逻辑呈"运动式推进"规律

新中国建立 70 年以来，我国人民的生活水平有了较大改善，群众普遍期待能够接受优质的教育资源。政府敏锐地感知到了这一深刻变化，先后实行了"撤点并校""义务教

---

① 张烁：《我国教育事业总体发展水平挺进世界中上行列——个个有学上 人人可出彩》，《人民日报》2018 年 9 月 27 日。

② 张新平、张冉：《义务教育学校标准化建设：现况、问题与理路选择》，《教育发展研究》2017 年第 18 期，第 1—7 页。

③ 周雪光：《中国国家治理的制度逻辑：一个组织学研究》，生活·读书·新知三联书店，2017 年，第 126 页。

育均衡发展合格县评估""校长教师轮岗"等一系列举措来缩小、消解城乡教育不均衡，这些举措替代、突破、治理了旧有的不合理的教育体制机制，代以自上而下、政治动员的方式来调配教育资源，实现域内教育资源的均衡配置，进而实现推动城乡义务教育一体化发展的目标。

（三）以多学科理论为根基的政策表达规则

没有任何人和事能存在于真空之中，因为我们在环境之外就无法生存。环境包括塑造我们的个人和组织——家庭、宗教、政治、法律、社会以及改变我们的其他许多影响因素——还有学校中的那些因素。城乡义务教育既有各自不同的发展条件，也有二者密不可分的共生环境。这一政策的表达以多学科理论为根基，同时也是以多学科理论为政策话语的。

1. 强调政策的历史脉络

教育财政体制从"两级财政、分级包干、分级管理"到"地方负责、分级管理、以乡为主"，再从税费改革后"以县为主"到"农村义务教育经费保障新机制"。这一政策的变迁就是基于城乡义务教育发展的历史进程，并不仅仅是对已有政策的简单否定，而是在尊重发展规律基础上，基于对县、镇级政府的财力状况、不同地区的经济发展水平以及当前制度运行困境整体思忖和扬弃的结果。

2. 关注政策的共生环境

城乡公共服务均等化也是城乡义务教育一体化的重要保障，没有城乡公共服务均等化，城乡义务教育一体化就难以成为现实。为了良好共生环境的生成，国家先后颁发《国家新型城镇化规划（2014—2020 年）》《国家乡村振兴战略规划（2018—2022 年）》等一系列重要文件。

3. 强化政策制定的过程

在城乡义务教育一体化政策拟定的过程中调研不断深入，"循证决策"和"循数决策"的意识不断受到重视，政策体系的严谨和方法的规范已成为常态，同时强调多学科的有机融合和不同理论间的相互借鉴。

（四）以增量变迁带动存量变迁的渐进式制度变迁

渐进式的制度变迁是基于个体或整体在有限信息的背景下，难以构建理想的制度模型，故而采取增量的不断扩大和局部逐次突破的发展路径，使得制度不断优化并趋向最优制度的变革过程。[①] 从城乡义务教育一体化制度演变的历史轨迹来看，这一过程无不留存着渐

---

① 卢现祥主编：《新制度经济学》，武汉大学出版社，2004 年，第 177—178 页。

进式制度变迁的印痕。

1. 具体目标伴随着制度演化而逐步确立

义务教育管理主体的厘定经由管理实践的不断探索和借鉴比较，才由"乡镇为主"到"分级管理"再到"以县为主"，其管理主体的变迁过程也推动着城乡义务教育一体化目标渐次明朗。

2. 试验区推进全面改革的发展路径

成都市、重庆市作为统筹城乡教育综合改革试验区，通过积极探索，积累了宝贵的发展经验。其在教育规划、教育管理、建设标准、教育质量等方面制定了一系列具体、高效的运行制度，实现了城乡教育交流共享、互动发展、多元办学的积极局面。这些有益探索为全国城乡义务教育一体化发展提供了发展思路和重要借鉴。

3. 城乡义务教育一体化演进呈现先增量后存量的特点

所谓的增量就是在原有的权威型一元供给制度之外生长出来的私人供给，而存量则主要是指政府的直接供给和间接供给。[①] 义务教育的重要性已经成为广大家长的共识，家庭的教育投资相比过去也有了较大的增长，家长关注升学率，而学校的硬件设施和师资水平与学校的升学率密切相关，这就推动了民办学校的快速发展。民办教育的快速发展，从反面凸显了公办教育发展滞后的新问题，又引发新一轮的校际间发展不均衡的问题。而在这一进程中，义务教育的质量却实现了整体提升。

三、我国义务教育政策的未来展望

新中国建立 70 年以来，我国城乡义务教育从注重公平、政府主导、多元理论、渐进变迁的政策演进逻辑中汲取了许多有益的政策经验并取得了显著的发展成就。当前，城乡义务教育一体化发展的程度还不高，仍面临着诸多难题，需要继续秉持科学的发展理念，聚焦重点，关注难点，既有传承，又有突破，做出科学、高效、贴合实际、具有可操作性的制度安排，破除掣肘城乡义务教育一体化发展的各种藩篱。

（一）加大农村教育支持力度，消解历史欠账

城乡教育二元结构是造成城乡教育差距的根本原因，也是影响城乡社会差距的重要因素。[②] 2016 年我国义务教育阶段学校共有 22.97 万所。其中农村地区（镇区＋乡村）15.1 万所，

---

① 樊纲：《渐进改革的政治经济学分析》，上海远东出版社，1996 年，第 152—153 页。
② 朱文辉、殷志美：《城乡义务教育一体化发展中政府职能的三重梗阻与疏通》，《现代教育管理》2018 年第 10 期。

人数达 9485.78 万人，约占义务教育阶段总人数的 2/3。[①] 农村义务教育如此庞大的体量决定了城乡义务教育一体化发展的难点和关键，没有农村教育的改变，城乡义务教育一体化只能是一种期待和奢谈。新中国建立 70 年以来，"教育公平"成为引领教育发展的价值标杆，但是由于历史、地域、政治、文化等多方面因素的影响，农村教育问题积弊深重，留下了很多历史旧账，需要给予更多关注和支持。

1. 加大教育经费支持力度

教育发展离不开充足的经费支持，纵观发达国家的教育发展策略和我国教育发达地区的成功经验，其教育经费投入水平普遍较高。[②] 2016 年全国普通小学、初中生均公共财政预算教育事业费支出分别为 9557.89 元、2610.80 元。其中，农村小学、初中生均费用为 9246.00 元、2402.18 元，仍然低于全国平均水平。对农村教育经费的投入尚需进一步加大并不断提高教育经费的精准度和效益率。

2. 吸引优秀教师支持农村办学

教师是制约教育教学质量的决定性因素，是当前我国在推进城乡教育一体化建设、实现区域内教育均衡发展进程中最需要迫切解决的关键问题。[③] 当前城乡义务教育阶段教师学历的比率仍存在 10% 的差距，国家应进一步提升农村中小学教师学历水平，适度增加公费师范生和特岗教师的名额。在他们从教之后，还应关注他们的实际生活，及时帮助他们解决生活困难，并适时进行培训进修，使他们"下得去、留得住"。要进一步完善校长教师轮岗政策，让轮岗不做表面文章，而是切切实实帮助农村学校改进教学水平、提高教学质量。要积极拓宽优秀教师来源通道，完善激励政策，大力吸纳城市学校中有志于去农村任教、支教的骨干教师、教学能手，要制定政策吸引城市优秀退休教师返聘到农村小校任教、支教。

3. 加强农村学校标准化建设

学校标准化建设是设置办学基准，推动教育资源配置的均等化、精准化、合理化，是消解城乡教育资源差距的长效措施，能够有效保障教育资源配置基本均衡，有利于推动城乡义务教育一体化发展。[④] 当前农村学校的硬件建设虽然有了整体改善，但任务依然艰

---

① 邬志辉、秦玉友主编：《中国农村教育发展报告 2017—2018》，北京师范大学出版社，2019 年，第 203—222 页。

② 杨令平、司晓宏：《西部县域义务教育均衡发展现状调研报告》，《教育研究》2012 年第 4 期，第 35—42 页。

③ 王鹏炜、司晓宏：《城乡教育一体化进程中的教师资源配置研究——以陕西省为例》，《陕西师范大学学报》（哲学社会科学版），2011 年第 1 期，第 157—161 页。

④ 李潮海、于月萍：《新型城镇化背景下农村义务教育转型路径探究》，《现代教育管理》2017 年第 11 期，第 36—41 页。

巨。据 2016 年教育年鉴统计，农村学校的硬件达标率仍不足 80%，互联网接入率更是不足 50%，这些现状让我们清晰地感受到城乡义务教育一体化发展的道路依然漫长，需要我们以更大的力度推行学校标准化建设，保障农村学校的基本硬件水平。

（二）破解路径依赖，坚持自上而下和自下而上相结合

政策实施是政策过程中的关键环节，决定了政策执行的方法选择和政策目标的达成情况。[①] 我国教育政策由上层规划和制定，然后以政府主导的自上而下的文件传递来落实。路径依赖是联通过去、现在和未来之间的纽带，制度变迁的路径依赖是旧制度主义的分析过程，是通过对已有政策的调整、修改、替代来适应新的教育环境，进而实现对未来发展的影响。城乡义务教育一体化发展涉及要素众多、结构复杂，不论是教师轮岗制度，还是教育经费分配制度，这些制度的改革和推行必然会面临旧有制度的阻碍和利益的博弈，需要有一定的勇气和智慧。

1. 深入实际，汇集众智

城乡义务教育一体化政策的提出必须深入了解城市发展、农村建设的个体特性与共同特征，认真倾听学生家长、学校教师和社会群众的真实声音，深刻了解他们的实际关切，制定科学合理、符合他们根本利益和共同期待的制度，只有这样才能获得更多的理解和支持，以促进义务教育制度的贯彻和落实。

2. 执行精准，避免偏离

对于城乡义务教育一体化制度的落实一定要不折不扣、精准到位，坚决防止制度在执行过程中的偏离、异化。校长教师轮岗制是推动城乡义务教育一体化实行的重要制度，然而在实际运行中这一制度并未真正达到预期的目标要求。许多教师为了评定职称不得不参与交流轮岗，其在交流学校中常常也是应付了事、心不在焉。再者由于轮岗时限较短，轮岗教师难以管理，接收学校常常大发牢骚："我们这里只是他们的歇息之地，这些轮岗教师迟早是要走的，管人家干嘛。"甚至有些学校通过"校际共谋"，仅从文件上落实教师轮岗，而实际上各学校的教师教学一如往常，教师轮岗制度形同虚设。此类政策执行中表现出来的种种问题应当受到重视，并及时采取相应配套措施予以完善。

3. 实验在先，推广在后

邓小平说过："中央在原则上决定以后，还是要经过试点、取得经验，集中智慧，成熟一个，解决一个。"[②] 成都市、重庆市作为统筹城乡教育综合改革的试验区是我们探索

---

① 宁骚主编：《公共政策学》，高等教育出版社，2011 年，第 335 页。
② 邓小平：《邓小平文选》（第 2 卷），人民出版社，1994 年，第 341 页。

城乡教育一体化发展规律的重要尝试和路径，这类的实验区可以更多元、更深入，进而能够有效适应我国复杂的现实需求。

（三）强化多学科理论的融合，弥补制度缺陷

政策科学应重视系统化的知识及理性化的认识，能够"有机地"处理超理性过程和非理性过程的价值意蕴，在传统的学科特别是行为科学和管理科学之间搭建桥梁，能够融合源自不同学科的理论内容，构建一个"整体政策模型"。[1] 城乡义务教育一体化的构建既要关注理论学科的价值，也要重视应用学科的作用，二者应融为一体，相辅相成。

1. 关注"价值"理论的价值

城乡义务教育一体化政策的制定不但要发扬传统价值，也要吸收现代价值，既要关注本土化，也要注重国际化；既要秉承人文价值，也要坚持科学价值。公平、民主、科学、高效等这些普适的价值理念是城乡义务教育一体化政策的价值内核，差异性、灵活性、多样性、相对性这些后现代的价值理念同样也是政策制定和执行过程中的有机组成。

2. 重视"方法"理论的方法

城乡义务教育一体化政策的出台和制定，不熟练掌握和应用"方法论"这门学问是断然不行的。只有深入一线的质性研究和量化测评才能了解城乡一体发展的实质和要害，才能把握发展过程中的矛盾和症结，进而才能采取科学、合理的应对之策。当前，基于"数据"或"证据"的决策已经在管理过程中受到普遍的重视和应用。

3. 强化"系统"理论的融合

跨越边界的路径通畅，使我们拥有了大量的合作潜能。当下的任务是发现和融合各种方法，在适宜的表达环境下，让这些潜能得以释放。城乡一体化政策的构建需要考虑不同学科的特点，将其进行有机融合，同时注意共生制度环境的创设，增强政策的完备性和适切性。

（四）优化制度设计，进一步完善城乡义务教育一体化政策

制度设计是基于整体性的角度去寻求问题的解决，规避单一维度解决问题可能存在的弊端。城乡义务教育一体化发展面对的问题是复杂的、多样的，需要因时而进、因时而新，不断优化制度设计，以破解实践中存在的各种问题。

1. 自上而下与自下而上相结合

国家统筹制定城乡义务教育一体化发展的政策，特别是大政方针的制定和教育经费的

---

① ［以］叶海卡·德罗尔著，王满船、尹宝虎、张萍译：《逆境中的政策制定》，国家行政学院出版社，2009 年，第 223 页。

分配，这些都需要考虑全域的整体状况，并基于弱势补偿原则和公平正义原则在政策制定和推行过程中有所差异和侧重。城乡义务教育一体化的关键是县域和区域两个维度，县域城乡义务教育一体化的实现有助于推动区域城乡义务教育一体化的完成，但这并不意味着县域一体化推行在前，区域一体化推行在后，而应是二者共同推进，相互促进。影响这一过程的因素是复杂和多元的，为了达成目标，既需要有自下而上不断的信息反馈和经验总结，也需要自上而下对于政策的强力推行和认真落实。

2. 局部推进与整体协调相结合

城乡义务教育一体化政策的推行可以先从一些容易达到、投入成本相对较低的内容率先开始，如学校标准化建设的图书、教学仪器设备、体育设施等基本要素，对于师资、学校规模、生均校舍建筑面积这些要素则需要整体规划、组织和协调，方可逐步实现预期的发展目标。对于一些缺乏实践经验的内容还需报以"摸着石头过河""错了再试"的积极心态而孜孜探寻。

3. 改革、发展与稳定有机结合

渐进主义制度变迁是一种渐进调适，把制度制定看成是一个一步接一步、永远没有完结的过程。2001 年由国务院发起的学校布局调整，其本意是整合优质教育资源实现人民群众"上好学"的教育期待，而在具体实施过程中却出现了偏离。一些地方政府仅考虑政绩的需要而盲目地撤点并校，其行为严重侵害了人民的受教育权，并造成恶劣影响。后期国家明确提出要坚持办好必要的村小和教学点，审慎推进义务教育学校布局调整。为此，要充分把握"稳定是前提，改革是手段，发展是目的"这一深刻内涵，有章有节、循序渐进推动城乡义务教育一体化发展。

"小城镇"推动西部乡村教育振兴的价值逻辑
——基于教育生态视角[①]

一、引言

2018 年 1 月，中共中央、国务院发布的《关于实施乡村振兴战略的意见》指出"农业农村农民问题是关系国计民生的根本性问题"，要"优先发展农村教育事业，高度重视发展农村义务教育，推动建立以城带乡、整体推进、城乡一体、均衡发展的义务教育发展机制"。[②] 乡村教育振兴是乡村振兴的重要内容，是功在当代、利在千秋的民族伟业，直接影响我国教育现代化目标的实现。[③] 良好的乡村教育是推进实施乡村振兴战略的关键因素，是改变农民知识结构、培养农民价值观念、改良乡风民俗、提升乡村文化品位的重要途径，也是推动人力资源构建、乡风文明、结构治理的重要基础，更是乡村振兴的动力和智慧之源。

"教育生态系统是社会生态系统中的一个重要子系统：一方面，它以其他社会子系统为自身生存与发展的环境；另一方面，它本身又是作为生态主体的人的社会环境。"[④] 教育不仅与其内部子系统密切联系，而且与社会、经济、政治、文化等外部环境密切相关。随着社会的变迁，教育与其他各因素联系的相关性也在发生变化，教育系统内部结构与功能的发展，不仅对教育自身有制约或推动作用，而且与周围环境产生直接或间接的相互影响。西部乡村教育衰落既是城市教育和乡村教育在教育系统内部竞争的结果，又是外部环境的文化、人口、政治、经济、社会、自然影响的结果。我国不同地区生产方式、交通条件不同，人口积聚的状况亦不同。因此，研究中国乡村，"一定要先承认中国各地的乡村并不是同一的东西，我们应当如民族学家对付着不同的部落一般的对付我们的乡村"[⑤]。尤其是随着城市化进程的加快，我国东西部地区经济鸿沟持续拉大，城乡二元结构导致教

---

① 原载《当代教育论坛》2022 年第 4 期，与兰慧君、周丽敏合作。

② 《中共中央 国务院关于实施乡村振兴战略的意见》，中国政府网：https://www.gov.cn/zhengce/2018-02/04/content_5263807.html.（2024 年 12 月 28 日查询）

③ 范先佐：《乡村教育发展的根本问题》，《华中师范大学学报》（人文社会科学版）2015 年第 5 期，第 146—154 页。

④ 范国睿：《教育生态学》，人民教育出版社，2019 年，第 29 页。

⑤ 费孝通：《费孝通论小城镇建设》，群言出版社，2000 年，第 14 页。

育资源配置不均，西部地区的城市和乡村出现了两种不同形式的人口分布。同时，物质和精神背离导致乡村教育主体流失，教育生态系统失衡，西部地区乡村教育振兴面临诸多问题。这不仅影响乡村人才的培养，而且影响了我国乡村振兴战略全局。

二、西部乡村教育振兴的现实困境

"社会小世界"是一个客观存在的、有着自身逻辑和必然性的场域，只有将事物置身场域之中才能获得真正的意涵。[①] "对教育的思考必然延伸至对国家和社会问题的考察"[②]，且社会问题的频发会引发教育领域的重大变革，西部乡村教育振兴之路须扎根西部社会发展的现状，基于场域发展理论客观审视西部乡村教育发展的现实困境。

（一）资源困境：城乡二元结构导致教育资源配置不均

长期的城乡二元结构导致城乡教育资源不均衡的问题一直制约着我国教育事业的发展。在城乡二元结构的影响下，城乡在资源配置上已经形成显著差异，特别体现在办学条件、师资水平上，致使优质教育资源向上流动，进而影响城乡的教育质量。

1. 行政乡村数量的递减客观上使得乡村教育发展载体流失

城乡教育的二元结构与政治、经济、文化等城乡二元结构是辩证统一的关系，在城乡二元结构仍较为明显的背景下，乡村整体发生了很大变化。世界银行数据显示，2011年我国有行政村 266.9 万个，2019 年减少到 251.3 万个，8 年间行政村减少 15.6 万个，平均每年减少 1.95 万个。[③] 截至 2020 年，乡村人口减少 16.436 万人，城镇人口增加 23.642 万人，城镇人口比重上升了 14.21 个百分点。[④] 教育部数据显示，近 10 年来，农村的小学数量和小学在校生分别锐减了 49% 和 40%，而城市的小学数量和小学在校生则分别增长了 11% 和 61%。"十三五"期间，我国义务教育阶段在校生数量持续上涨，而学校数量却持续下降（见表 1）。与 2018 年相比，2019 年全国义务教育阶段在校生增加了 396 万人，城市小学增加了 700 所，农村小学减少了 2000 所；城市初中减少了 400 所，农村初中减少了 300 所。

---

①［法］皮埃尔·布迪厄、［美］华康德著，李猛、李康译，邓正来校：《实践与反思——反思社会学导引》，中央编译出版社，2004 年，第 134 页。

②［德］卡尔·雅斯贝尔斯著，童可依译，《什么是教育》，生活·读书·新知三联书店，2021 年，第 43 页。

③The World Bank.Replication Package.Self-employment and Migration（1991—2018）［R/OL］，2021，accessed April5，2022，https：//microdata.worldbank.org/index.php/catalog/3836.

④熊春文、陈辉：《人口变迁与教育变革——基于第七次全国人口普查公报的社会学思考》，《教育研究》2021 年第 11 期，第 27—35 页。

表 1　2010—2020 年我国义务教育阶段学校数量、小学生人数

年度	义务教育阶段学校数（万所）	初级中学数（万所）	城区初级中学数（万所）	县镇初级中学数（万所）	农村初级中学数（万所）	全国共有小学数（万所）	城市小学数（万所）	县镇小学数（万所）	农村小学数（万所）	其中小学教学点数（万所）	城市教学点数（万所）	县镇教学点数（万所）	农村教学点数（万所）	小学在校生（万人）	城市小学在校生（万人）	县镇小学在校生（万人）	农村小学在校生（万人）
2011	29.54	5.41	1.08	2.23	2.1	24.13	2.62	4.6	16.91	6.74	0.08	0.56	6.1	9926	2607	3254	4065
2012	28.18	5.32	1.09	2.29	1.94	22.86	2.62	4.74	15.5	6.98	0.08	0.64	6.26	9696	2688	3355	3652
2013	26.64	5.28	1.11	2.28	1.85	21.36	2.61	4.72	14.03	8.28	0.12	0.81	7.36	9361	2773	3371	3271
2014	25.4	5.26	1.15	2.34	1.77	20.14	2.63	4.64	12.87	8.9	0.14	0.9	7.86	9451	2943	3458	3050
2015	24.29	5.24	1.15	2.39	1.7	19.05	2.61	4.61	11.84	9.3	0.15	0.97	8.18	9692	3070	3655	2966
2016	22.98	5.21	1.19	2.4	1.62	17.76	2.67	4.46	10.64	9.84	0.15	1.01	8.68	9913	3267	3754	2892
2017	21.89	5.30	1.24	2.43	1.53	16.7	2.72	4.4	9.61	10.29	0.16	1.1	9.03	10093	3462	3856	2775
2018	21.38	5.20	1.28	2.44	1.48	16.18	2.78	4.34	9.06	10.14	0.17	1.09	8.88	10339	3722	3951	2666
2019	21.26	5.24	1.24	2.45	1.45	16.01	2.85	4.31	8.86	9.65	0.17	1.03	8.45	10561	3964	4040	2558
2020	21.08	5.30	–	–	–	15.8	2.92	4.27	8.61	–	–	–	7.92	10725	4203	4072	2450

2. 区域性财政经费差距一定程度上使西部乡村教育发展动力不足

（1）我国财政性教育经费主要依靠地方，地方政府承担本地区义务阶段教育经费支出的 94%~95%，而我国地方政府财政性教育经费维持在本地区 GDP 的 4% 稍高一点。由于东西部经济发展存在巨大差距，所以极大影响了西部地区教育资源的投入。[①]

（2）我国基础教育阶段的教育经费一般采取生均公共预算事业经费拨付的方式，由于乡村学生人数的急剧减少，导致西部乡村学校经费长期短缺，西部乡村学校处于发展动力不足的状态。在东西部差距和城乡二元结构影响下，教育资源配置不均是导致我国乡村教育衰落的根本原因，乡村人口开始向城市流动，乡村教育主体流失。

（二）主体困境：物质和精神背离导致教育主体的流失

乡村学校教育主体的流失是影响西部地区乡村教育式微的关键因素。[②] 新型城镇化过程中，城乡之间在政治、经济、文化上的差距越来越大，以致影响了人与社会的发展均衡。随着城市化进程加快，乡村教师和学生因为物质与精神的背离而流失，使乡村教育发展失去内生动力。

---

① 罗贵明、邬美红：《我国小学阶段生均一般公共预算教育经费地区差异分析》，《当代教育论坛》2020 年第 5 期，第 26—35 页。

② 曾新、高臻一：《赋权与赋能：乡村振兴背景下农村小规模学校教师队伍建设之路——基于中西部 6 省 12 县〈乡村教师支持计划〉实施情况的调查》，《华中师范大学学报》（人文社会科学版）2018 年第 1 期，第 174—187 页。

1. 物质和精神背离导致乡村教师流失

（1）乡村教师有其"经济人"的一面，有其物质追求和基本的社会追求。发展相对滞后的乡村经济导致城乡教师待遇差异较大，乡村教师待遇偏低，流动失衡，流失严重。[①]

（2）乡村教师更是一个"社会人"，在追逐物质利益的同时，更要寻求精神上的认同和满足[②]。乡村教师在工具理性主导下缺少人文关怀，乡村教师与学生、家长、领导等主体构建的信任关系随着乡村社会的转型出现了危机。[③]在传统认知观念偏差的影响下，乡村教师社会地位普遍偏低，乡村教师的身份认同模糊，专业发展受限，职业发展存在瓶颈，缺乏职业成就感，导致信念动摇，优秀教师流失。有学者在研究云南多民族地区乡村教师时，发现"子女上学及家庭生活""工资待遇与工作负担""学校区位"是影响乡村教师流动及流失的主要因素。其中，青年教师和女教师更易受现实需要的影响。数据显示，在有流动及流失意愿的教师中，56.1%的教师表示想调动，20.8%的教师表示想改行；在关于目标行业意愿的研究中显示，公务员和其他事业单位为优选，只有17.6%的教师选择继续当老师。[④]随着东西部差距和城乡差距的持续拉大，西部乡村教师的流失意愿最为强烈，这成为西部乡村教育式微的关键因素。

2. 社会结构因素影响下的乡村学生变迁

（1）外出务工随迁子女导致的乡村学生流失。随着城市化进程的发展，单一的乡村产业导致农民收入方式单一且收入微薄，土地资源有限，就业创业机会少。在1995—2016年间，中国乡村地区就业机会由4.9亿个减少到3.62亿个，乡村大量劳动力外出务工。教育部数据显示，2019年，义务教育阶段进城务工人员随迁子女1427万人，占在校生总人数的9.3%。从来源看，进城务工人员随迁子女以省内流动为主，省内其他县迁入比例为57.1%；从区域分布看，在东部地区就读的进城务工人员随迁子女为828.8万人，占全国总数的58.1%。第七次全国人口普查中流动人口达37.582万人，与2010年相比，人户分离人口增长了88.52%。这表明，我国外出务工随迁子女日益增多是导致乡村学生流失的主要原因。

（2）越来越多的乡村家长和学生在追求优质教育资源和强烈的学习动机中实现了乡村逃离，

---

① 冯帮、陈文博：《乡村教师面临的现实困境与出路——对"会宁县教师集体出走"事件的反思》，《教育与教学研究》2017年第1期，第83—90页。

② 曾素林、李娇娇、侯伟浩等：《乡村振兴背景下乡村教师激励的现实困境及其突破》，《教育理论与实践》2020年第10期，第40—44页。

③ 张地容、何倩李祥：《社会转型中乡村教师信任危机论》，《当代教育论坛》2020年第4期，第111—118页。

④ 王艳玲、李慧勤：《乡村教师流动及流失意愿的实证分析——基于云南省的调查》，《华东师范大学学报》（教育科学版）2017年第3期，第134—141、173页。

进而导致乡村学生流失。[①] 数据显示，2020 年全国人口共 141.178 万人，城镇化率 63.89%（2020 年我国户籍人口城镇化率为 45.4%），居住在乡村的人口占 36.11%。与 2010 年相比，城镇人口增加 23.642 万人[②]，而 2019 年，我国小学在校生城镇化率达 75.8%，初中生城镇化率达 86.5%。2011—2020 年十年间我国农村小学在校人数持续下降，由 2011 年的 4065 万人减少至 2020 年的 2450 万人（见图 1）。这意味着义务教育阶段学生城镇化率远远超过了全国人口城镇化率的平均水平，乡村学生更愿意选择在城市接受教育。根据纳什均衡理论，随着社会发展和城市化进程的加快，越来越多的乡村学生将逃离乡土，去城市追求优质教育资源。未来我国城镇化率还会持续增长，乡村学生将继续大量流失，导致乡村人才外流、村民老龄化加重、留守儿童问题严峻、乡村经济衰落、农业边缘化、乡村道德失范、传统文化缺失和村落废弃等问题不断加剧。

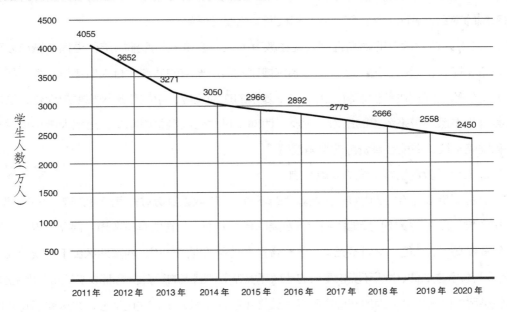

图 1　2011—2020 年我国农村小学在校人数曲线图

（三）生态困境：多元主体结构影响教育生态系统失衡

教育生态系统作为社会生态系统的子系统，与其他子系统和生态因子有着广泛的联系。西部乡村教育生态系统失衡，除了全国乡村教育的共性问题外，还与其区域内政治、经济、

① 陶芳铭：《逃离与坚守：乡村教育的现实困境与路径选择——基于 A 省 N 县的调研》，《现代教育科学》2021 年第 3 期，第 1—6 页。

②《第七次全国人口普查公报（第七号）》，国家统计局：https://www.stats.gov.cn/sj/zxfb/202302/t20230203_1901087.html.（2024 年 12 月 29 日查询）

文化、人口和地缘环境有关。[①]

1. 人口是导致乡村教育生态失衡的根本原因

人口是一个具有许多规定和关系的丰富总体，直接对教育生态发生作用，主要表现在人口结构和人口容量上。

（1）人口结构是社会的基础，是观察和研判社会整体结构及其变迁的重要指标，对教育的发展有着重大影响。此外，人口与文化、经济、自然和社会等有着错综复杂的关系，这种错综复杂的关系形成了特定的社会生态，直接对教育生态发生作用。同时，西部地区人口迁移数量大、生活方式多样化、人口密度小，这些因素都给西部乡村教育生态系统带来了不稳定性，不但造成学校人力和物力的大量浪费，也造成教育内部生态系统和外部生态系统的紊乱，进而使学校管理制度和校园文化建设弱化。

（2）人口对教育的影响直接表现在教育的人口容量上，西部城市化进程中城市教育需求急剧增长，远远超过了教育生态系统健康发展所要求的适度教育人口容量，教育需求与教育供给之间存在种种矛盾，由此带来复杂的连锁反应，学校和班级规模超大化，给城市教育生态系统带来沉重的压力。相反，西部乡村学生数量急剧减少，出现大量小规模学校和空壳学校，造成教育资源的严重浪费。

2. 文化对教育生态系统的双重影响

文化既是教育的主要内容，又是教育的环境，它以双重身份对教育产生影响。不同类型、不同区域的文化直接或间接地影响教育发展的各个方面。教育既具有选择、保存、传递、延续和发展文化的功能，又对多元文化的整合具有特殊的促进作用。西部地区由于民族构成、风俗习惯、宗教信仰、生活环境和复杂的地缘环境等多种因素的综合影响而形成多元文化生态，即使是民族内部也会因为地理位置不同导致文化差异而形成多元文化生态。在这种不同文化共存与发展的过程中，教育不仅要适应这种复杂的文化生态环境，还要受到多元文化对教育外部生态环境和内部生态环境的共生影响，这些对西部地区乡村教育的发展产生了直接影响。

3. 西部地区经济、政治、地理是影响教育资源分布的主要因素

（1）学校生态系统和外部环境构成了复杂的教育生态，其既有适应性又具有动态平衡的原则。经济基础、地理位置、风俗习惯、宗教信仰、生产力水平直接对学校布局产生决定性作用，而学校分布又以资源分布的形式影响着乡村教育生态和社区环境。

（2）乡村原有的教育水平、经济结构和人口结构直接制约着西部乡村的教育发展水平、

---

① 聂清德、董泽芳：《一个值得高度关注的问题：城镇化背景下乡村教育生态危机》，《教育研究与实验》2015 年第 5 期，第 8—12 页。

规模和速度，教育资源从环境因子和输入要素两个方面对乡村教育生态系统进行影响。

4. 家庭教育缺位是导致西部地区乡村教育治理困境的主要因素

家庭教育在学生多项发展维度上的作用甚至大于学校。[①]家庭教育缺位成为西部地区乡村教育振兴难以调和的主要矛盾。随着城市化进程的加快，工商业主要集中在东部沿海地区，西部地区农村剩余劳动力富足，多数乡村人口迫于生计开始选择外出务工，导致留守儿童长期缺少亲情陪伴，以致家庭教育缺失。截至 2020 年年底，全国义务教育阶段在校生中留守儿童数量达 1289.67 万人[②]。调研甘肃 K 县乡村中学近 5 年学生人数变化，随机抽样 2 所乡村初级中学，发现留守儿童人数比例逐年上涨，截至 2021 年，留守儿童接近全校总人数的 50%（见图 2）。留守儿童成为社会关注的焦点，主要原因是长期的亲情缺失可能会导致儿童生理和心理发展障碍，进而导致学生学业成绩不理想，对社会发展产生不良影响。究其原因，这是西部乡村缺少良好的经济环境所致。

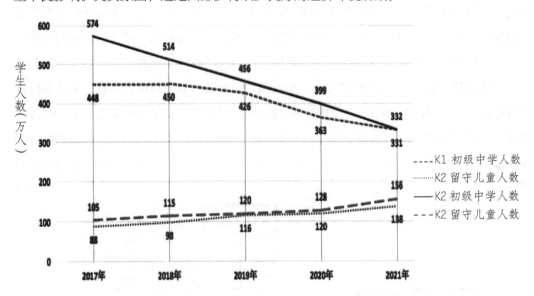

图 2　甘肃 K 县乡村中学近 5 年学生人数变化示意图

马克思认为劳动力再生产和物质资料同等重要，决定着社会的发展和存在，教育具有使劳动力恢复、保持和再生产的作用。由于东西部差距和城乡二元结构，导致西部乡村教育资源匮乏，进而使西部乡村教师和学生大量流失。同时，在西部乡村政治、经济、文化和环境等多结构因素的影响下，西部乡村教育生态系统失衡，教育领域发生重大改变，不

---

① 刘善槐：《农村教育高质量发展的多重挑战与改革建议》，《中国教育学刊》2020 年第 12 期，第 9 页。

② 国家统计局编：《中国统计年鉴·2021》，中国统计出版社，2021 年，第 692 页。

利于西部乡村的劳动力恢复、保持和再生产，从而加剧了西部乡村教育振兴的困难与挑战。

三、"小城镇"推动西部乡村教育振兴的价值逻辑

事物的发展具有普遍联系性，只有从整体出发分析其组成要素之间的关系才能防止片面性，因此，二者之间的关系理路是解决问题的关键。乡村教育振兴是一个复杂的深层次社会学问题。西部乡村教育振兴的现实困境与生成逻辑衍生出乡村教育衰败的根本原因，既有内部因素，又有外部因素；既需要通过教育内部手段进行自我诊疗，又需要通过外部政治、经济、文化环境等进行多元修复。我们在寻找解决这些困境的方法时，探寻"小城镇"这个标本兼治的现实路径。

"小城镇"萌芽于西周时期的货物交换，出现于 20 世纪 80 年代，是江浙一带的社会发展成果，其概念由我国著名社会学家费孝通先生根据我国社会发展而提出。费孝通先生认为，乡村的发展不是一个村落的独立发展，而是许多村落一起发展，在发展的过程中必然会形成一个中心，这个中心就是我们所说的"小城镇"。从政治、经济、文化的发展角度讲，"小城镇"是不可缺少的中心；从地域、人口、环境等因素看，"小城镇"既保持着与乡村相同的特点，又具有相异性。"小城镇"既是城市通往乡村的桥梁，又是乡村衰落的海绵体。"小城镇"既符合城市和乡村发展的双重需要，又是一类文化发达、经济繁荣的村落，同时也是乡村日益增加的过剩人口和剩余劳动力的去处。它对国民经济的发展、工业布局的调整、城乡差别和工农差别的缩小都具有积极的意义。"小城镇"建设在推动

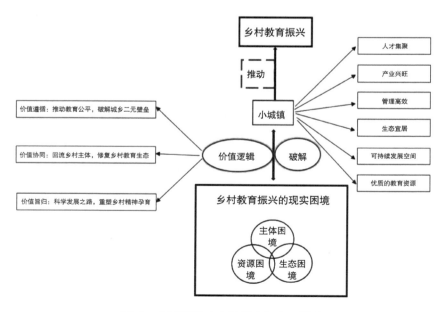

图 3　小城正推动乡村教育振兴逻辑关系图

乡村教育振兴过程中，既能治愈西部地区乡村教育的内部症结，又能修复乡村教育外部生态，通过解决乡村非教育问题来推动教育振兴，最终实现农业农村现代化。在西部发展"小城镇"，对西部乡村的政治、经济、文化、生态等方面的发展都有积极的推动作用，有望从根本上解决我国西部乡村教育振兴的现实困境，促进西部乡村教育的可持续发展（见图3）。

（一）价值遵循：推动教育公平，破解城乡二元壁垒

"治国莫先于公"，通过教育公平推动社会公平，实现国家的稳定和繁荣，应是时代赋予义务教育的使命和责任，是现代化建设的根砥。[1] 教育公平既是促进社会公平的重要手段，又是社会公平的重要内容。纵观中国共产党百年教育历程，其先后经历了教育权利公平、教育机会公平、教育过程和结果公平三个阶段。[2] 西部地区乡村教育振兴的首要任务是破解城乡二元壁垒，积极构建城乡教育一体化，推动优质均衡，促进教育过程和结果公平。

1."小城镇"集聚优质教育资源推动教育公平

教育过程公平是保证结果公平的先决条件，而西部乡村教育衰落的主要原因之一是教育资源配置不均导致的教育过程不公。在"小城镇"发展过程中，（1）借助国家政策支持加大转移支付力度，深化教育供给侧和需求侧结构性改革，通过优化优质教育资源配置、稳定教师队伍推动教育过程公平；（2）随着"小城镇"工业体系的完善和乡村经济的发展，"小城镇"将拥有集资改造乡村教育内外部环境的物质基础。教育资源的配置实际是财力体现，"小城镇"因为有了经济的支持，所以可以通过加大经济投入推动教育过程公平，"小城镇"的教育事业将进入越办越好的良性循环状态；（3）"小城镇"必须具备优质的教育资源。中国进入高质量发展阶段，寻求优质的教育资源是每个父母的愿望。"小城镇"凭借优质的教育资源对人口产生虹吸作用，吸引更多的青年回乡发展，减少乡村人口外流，不再令越来越多的乡村人口因为寻求优质教育资源而离开乡村，从而走上可持续发展之路。

2."小城镇"有助于破解城乡二元壁垒

（1）"小城镇"具备破解城乡二元结构、推动城乡义务教育一体化的优势。"小城镇"除保持原有的乡村气息外，更具有城市的特点，这些特点主要表现在优质的教育资源、医疗服务和就业机会，具有乡村和城市的共性。（2）"小城镇"的政策支持是其破解城乡

---

① 司晓宏、樊莲花、李越：《新中国 70 年义务教育发展轨迹、成就及愿景分析》，《人文杂志》2019 年第 9 期，第 1—12 页。

② 赵岚、陈钰洁、伊秀云等：《党管教育的百年历史嬗变及价值追求》，《现代教育管理》2021 年第 7 期，第 1—10 页。

二元结构的基本保障。"小城镇"在发展过程中，首先得到的是政策的支持，中央层面更是鼓励城乡一体化发展，依靠政策红利积极推动城乡一体化。（3）"小城镇"得天独厚的产业结构是破解城乡二元结构的经济基础。无论是学校基础设施建设，还是人才引进都需要相应的经济扶持，"小城镇"从资源配置角度利用经济倾斜打破城乡二元结构，依托良好的产业结构吸引更多的乡村主体回流，修复乡村教育生态环境。

（二）价值协同：回流乡村主体，修复乡村教育生态

随着社会的发展和信息传递速度的加快，社会交流的频率越来越高，人们为了能够共同生活，迫切需要一个共同认可和理解的价值体系，并为之而不懈奋斗。"小城镇"集优质教育资源、就业机会、社会服务和人居环境为一体，构筑协同发展格局，搭建协同发展平台，建立协同发展机制，打造协同发展氛围。

1. "小城镇"的协同发展模式对乡村主体回流起到了积极的推动作用

（1）宜居宜业的"小城镇"有利于"筑巢引凤"。"小城镇"凭借优美的自然环境和优越的经济基础，以及完善的配套措施、高质量的生活服务和广阔的就业机会，使越来越多的农民从城市回流到"小城镇"，寻求新的发展机遇，同时又能享受本土的优质生活。随着回流居民越来越多，随迁务工子女会因为父母的回乡选择在"小城镇"完成自己的学业；留守儿童会因为父母的回乡健康成长；教师会因为"小城镇"发展空间的增大以及优质资源和生活服务，投身于乡村教育振兴的实际行动中。

（2）"小城镇"的人才引培用机制加快主体回流速度。人才是推动乡村政治、经济、文化、社会发展的基础和关键，更是促进乡村教育振兴和教育质量提升的主体和力量之源，为乡村振兴提供智力支持。而教育又是人才培养的基础，发展教育事业更需要人才支持。人才、教育和产业结构之间的协同发展模式，不但能积极推进乡村人才开发和质量提升，而且能有力地推动乡村教育振兴和乡村振兴。

2. "小城镇"的协同发展模式具备强大的生态修复能力

和谐的教育生态对乡村教育振兴具有重要意义，"小城镇"通过推动乡村经济繁荣、政治建设、文化发展和环境改善等，修复乡村教育生态；通过发展非教育产业解决教育问题，赋能乡村振兴。例如，学校资源的利用具有整体性特点，即使学校只有一个班，它也需要配足各学科教师、教辅人员、行政人员、工勤人员、实验室、图书资料、教学和非教学所必需的各项设施。这时，学生的培养成本较高，资源的利用率较低。随着班级和学生人数

的增加，资源的利用率会逐渐提高。[1] 社会服务和管理也一样，由于人口的集中，管理成本越低，服务质量越高，资源利用率越高。"小城镇"的发展使学校内部因为回流主体增多和资源配置合理而进入良性循环的状态，学校外部也因为人口回流、经济复苏、文化振兴、环境改善和管理提升而进入高质量发展阶段，所以"小城镇"集优化的居住环境不仅有助于提升管理水平和生活水平，更利于节约资源和预防自然灾害，对教育生态起到良好的修复作用，使乡村振兴和乡村教育振兴能够协同发展，走上科学的可持续发展之路。

（三）价值旨归：重塑乡村文化，探寻科学发展之路

由于人与自然相处总是在政治、经济、文化等多重因素的驱动下持续地交互影响和联系，随着社会的发展，"全球在经济、科学、文化和政治方面的相互依赖关系正日益加深"[2]，而中国"三农"问题的本质是乡村地域系统的可持续发展问题[3]。"小城镇"旨在盘活乡村政治、经济、文化、产业、人口等元素，保持各元素长期的定力和活力，以期建立一种各元素协同发展的可持续发展之路。

1. 发展"小城镇"有助于重塑乡村文化

乡村是华夏文明的摇篮，乡土智慧充盈着中国优秀传统文化。冯友兰先生曾说"中国人最关切的是中国文化和文明的继续和统一"[4]。乡村教育振兴离不开乡土文化的精神孕育和价值引领，振兴乡村文化对于中华民族的血脉延续、精神弘扬和文化重塑有着不可替代的作用。"小城镇"的人力资本是实现文化振兴的主体保障，大量回流的人力资本成为文化传承的主体，发挥"小城镇"居民的智慧有助于推进文化建设体制机制创新。"小城镇"人口通过乡村教育实现多民族文化融合，有助于振兴乡村文化生态，实现乡村文化振兴的应然状态，筑牢中华民族命运共同体意识。"小城镇"的教育是实现文化振兴的不竭动力和主要媒介，通过推动乡村教育振兴，进而激发文化传承的内生动力。教育还是文化传承之血脉和创新之枢纽，是文化进步的助推器、文化新人的摇篮、新文化的塑造者。乡村教育更是承续乡土文化、弘扬民族精神的重要手段。乡村教育将本土文化作为价值追求，将其融合在教育教学中以实现本土文化的代代相传，实现乡村文化认同。学校在传承传统

---

① 兰慧君：《西部地区农村中学教育资源配置现状与效率提升——以甘肃省平凉市崆峒区为例》，《信阳师范学院学报》（哲学社会科学版）2021 年第 3 期，第 49—54 页。
② 联合国教科文组织总部编，联合国教科文组织总部中文科译：《教育——财富蕴藏其中》，教育科学出版社，2014 年，第 3 页。
③ 李玉恒、阎佳玉、宋传垚：《乡村振兴与可持续发展——国际典型案例剖析及其启示》，《地理研究》2019 年第 3 期，第 595—604 页。
④ 冯友兰：《中国哲学简史》，北京大学出版社，2013 年，第 181 页。

文化中还应将本土文化与现代文化相互融合，实现优秀文化的传承，以其强大的生命力对乡村文化进行传承、改造、创新。"小城镇"是实现乡村文化振兴的基本平台，文化是"小城镇"的元素，更是"小城镇"的符号和外在形象，"小城镇"通过建立乡村文化共同体来保护、传承和活化乡村文化。"小城镇"的经济基础是实现乡村文化振兴的物质保障。

2."小城镇"通过推动各元素的协同发展寻求可持续发展之路

"教育将成为实现可持续发展的动力和建设美好世界的关键"[①]。教育是提升民族素质的奠基工程，其培养的人能够进行社会再生产，同时能够以和谐的方式与他人、社会和自然相处，推动社会发展。"小城镇"通过振兴乡村教育，实现乡村人才培养、集聚和高质量发展。同时，"小城镇"在推动西部乡村教育振兴时寻求各元素的全面发展，在以经济建设为基础中寻求产业结构、基础服务、政治稳定和文化结构同频共振的新模式，创建人居环境优美、经济繁荣、产业结构合理、文化欣欣向荣、管理高效的新乡村环境。发展"小城镇"还利于防御自然灾害，解决乡村振兴与乡村教育振兴等多项生态系统的现实问题，保护生态环境的稳定性，在推动西部乡村教育振兴的同时落实生态环境综合治理，助力西部乡村早日实现"产业兴旺、生态宜居、乡风文明、治理有效、生活富裕"的新目标。

"小城镇"在推动西部乡村教育振兴的同时，紧紧围绕教育事业推动教育公平，提升教育质量，多渠道畅通使乡村主体回流，推动乡村经济发展，激发乡村活力，重塑乡村文化精神，使西部乡村教育走上新的可持续发展。

四、"小城镇"推动乡村教育振兴的行动路径

"小城镇"建设不是一种模式，更不是一种理念，而是一种教育、经济、政治、文化和生态协同发展的实践过程。"小城镇"在推动西部乡村教育振兴过程中，始终发挥着总体布局、要素调节、结构调节和文化传承等诸多功能，可解决当前乡村发展面临的现实问题。[②] 在西部地区发展"小城镇"，应坚持从内生理念出发，开辟可持续发展空间，完善教育体系，挖掘发展资源，努力做到提升人文服务、优化发展结构、构建经济实体、创新人才引培用机制。

（一）坚持发展"小城镇"的内生理念，开辟可持续发展空间

内生理念在地方发展中占据重要地位，未来乡村发展的一个重要特征就是以理念的突

---

① 联合国教科文组织总部编，联合国教科文组织总部中文科译：《反思教育：向"全球共同利益"的理念转变》，教育科学出版社，2017年，第24页。

② 曾江、慈峰：《新型城镇化背景下特色小镇建设》，《宏观经济管理》2016年第12期，第51—56页。

破和更新为先导，在乡村发展实践中引起社会的巨大变革。"小城镇"的发展内容十分复杂，各个要素不但有联系，而且相互包含。因地制宜和可持续发展是引领内生理念的基本方向，因此地方政府要有发展"小城镇"的决心，充分发挥"小城镇"在乡村振兴和乡村教育振兴中的作用。发展"小城镇"的过程中，要注意以下两点：

1. 要坚持因地制宜的发展理念，立足区位优势和新发展阶段，构建特色发展新格局，走差异化、特色化的发展之路，防止同质化、照搬照抄式发展"小城镇"。尽量在乡（镇）政府所在地的基础上发展"小城镇"，提升原有的乡（镇）职能，激发其内生发展动力，活用内部资源。

2. 要坚持可持续发展理念。2021年9月27日，国家发展改革委、自然资源部、工业和信息部等十部委联合印发的《全国特色小镇规范健康发展导则》，明确了"小城镇"发展的方向和底线，可持续发展理念是"小城镇"发展的核心理念，坚持在发展中寻求长远发展和协同发展，防止因追求短期效益而出现人财物的过度损耗，造成不可逆的恶性循环。建设应秉持绿色、环保、低碳的可持续发展，突出地方历史文化、人文情怀和民族习惯，将经济、文化、政治、生态等众多功能融合在一起，创建一个完整的生活空间，以内生理念引领高质量发展。

（二）积极完善"小城镇"的教育体系，挖掘高质量发展资源

习近平总书记曾说扶贫必扶智，治贫先治愚。乡村振兴的重点领域是教育，优质教育资源是"小城镇"建设的必备条件。完善以"小城镇"为中心的乡村教育体系要注意以下几点：

1. 积极推动优质普惠学前教育。学前教育事关儿童的身心健康和智力发育，对儿童早期成长的积极干涉能够帮助乡村儿童获得学业上的成功。因此，应做好幼儿园保育工作，加强幼儿园师资队伍专业化建设，强化乡村幼儿园帮扶指导，规范乡村幼儿园的管理和督导。

2. 在乡（镇）中学原有的基础上改建一所高质量的九年一贯制学校。2021年6月23日，教育部、国家发展改革委、财政部发布的《关于深入推进义务教育薄弱环节改善与能力提升工作的意见》指出，鼓励各地建设九年一贯制学校。"小城镇"的九年一贯制学校软硬件配备标准须超越县域内中上水平义务教育学校，软硬件是学校发展的关键，是乡村教育振兴的基础。

3. 深化学校体制机制改革，完善体制机制保障，优化教师队伍，全面实施县管校聘，做到整体育人、系统改建、优化管理、资源共享、效率提高、质量提升和公平推进等，为全面推进义务教育优质均衡发展打好基础。

4. 挖掘"小城镇"的高质量发展资源。加大对先天性教育资源短缺地区的投资力度就是推动教育公平[1]，要加大对"小城镇"的教育投资，以高投资开发"小城镇"的教育沃土。

（三）努力提升"小城镇"的人文服务，优化全方位发展结构

为不断满足"小城镇"居民的物质追求和精神追求，美化乡村环境，实现生态宜居，须努力提升"小城镇"的人文服务，优化人居环境，为西部乡村教育振兴主体做好物质和精神服务保障。提升"小城镇"的人文服务，具体来讲要做好以下三方面的工作：

1. 做好软硬件准备，其硬件主要内容包括水电、道路、住房、绿化等基础设施，软件主要内容包括管理、医疗、文娱和社区服务，要使人民群众感受到生态宜居。

2. 优化乡（镇）政府的发展结构，创建服务型政府，以乡村振兴的主体积极奋战在乡村振兴一线，把增强农民幸福感作为乡（镇）政府职能转变的目标导向，构建以服务为导向的体制机制，推进机构改革，为乡村振兴与发展提供全方位、立体化的服务，让乡村成为令人向往的地方。

3. 优化"小城镇"全方位发展结构，加快产业生态化改造和生态产业化发展，以产业带动就业，以就业吸引人力，以人力推动发展，以发展推动振兴，完善生态优势转化机制，优化发展的治理生态，促进产业转型升级。

（四）加快构建"小城镇"的经济实体，创新人才引培用机制

"海绵体"经济实体概念源于海绵城市建设，海绵城市是一种城市建设和管理理念，属于城市公共基础设施建设，概念引用到"小城镇"的经济实体中，有其丰富的内涵和现实意义。

1. 创办以"小城镇"为中心的"海绵体"经济实体作为乡村教育振兴的外围经济基础

（1）"海绵体"经济实体具有良好的弹性，在我国遭受全球金融危机和社会危机时有积极的抗性，在经济衰退时又能够快速恢复。既具有"船小好掉头"的优势，又具有企业集团规模化的竞争力。不但不会损害农民的农副业，而且能为国家财政收入做一定贡献。同时，主动承担起支农、补农和养农的责任，形成我国工业化新道路。

（2）创建"海绵体"经济实体是服务农业和促进乡村现代化的战略要求，有助于乡村人口的就业和转业，尤其是土地流转后农民的再就业，其目的是维持工作机会，解决乡

---

[1] 褚宏启：《新时代需要什么样的教育公平：研究问题域与政策工具箱》，《教育研究》2020年第2期，第4—16页。

村剩余劳动力，拓展农民的发展空间，成为破解"三农"问题的重要途径。[①]

（3）创建"海绵体"经济实体有助于人才引进和乡村主体回流。人才引进不光要有良好的居住环境，还要有经济吸引力，乡村经济实体将为人才提供就业机会。

2. 构建以"小城镇"为中心的人才引培用机制

（1）要承认人才引培用价值，创新人才引培用理论框架。清醒且客观地认识到人才在乡村振兴和乡村教育振兴中的价值和作用。

（2）要明确人才引培用格局，完善人才引培用政策体系。乡村振兴是社会责任，更是国家担当，人才问题是社会问题，更是世界难题。在人才引培用的过程中不仅要突出政府主导，积极构建乡村振兴人才引培用大棋局，还要用发展、辩证的眼光看待乡村人才引进，构建科学的引人机制，增强乡村对人才的吸引力，持续为乡村振兴输送新鲜血液。

（3）要完善人才引培用机制，优化人才引培用实践模式。发掘人才力量，要走人才引进和培养相结合的实践模式，特别是要注重本土人才的培养和使用，走科学育人的实践道路。本土人才既具有浓厚的乡土情结，又熟悉地域环境，在推动乡村振兴中往往具有得天独厚的地缘优势和服务家乡的厚重使命感，这成为乡村振兴体系构建的动力源泉。

五、结语

"小城镇"的发展不仅能容纳非农业的居民，而且能将一部分农民变成工业化人口，既解决了乡村的剩余劳动力，又能使人口集中到"小城镇"起到人口蓄水池的作用。发展"小城镇"有助于优化乡村产业结构，发展乡村经济。"小城镇"从乡村教育振兴的根本问题出发，用自己的语言和方式解读和诠释乡村教育振兴实践，加深人们对乡村教育振兴的认识和理解，引导和推动乡村教育振兴实践创新。如天下第一村的华西村已经用实践证明了"小城镇"的成功。孟德拉斯在《农民的终结》中说："1975 年后，一切似乎都改变了：村庄现代化了，人又多了起来。在某些季节，城市人大量涌到乡下来，如果城市离得相当近的话，他们有时甚至会在乡下定居。退休的人又返回来了……乡村重新变成一个生活的场所，就像它同样是一个农业生产的场所。"[②]

[①] 郑有贵：《城乡"两条腿"工业化中的农村工业和乡镇企业发展——中国共产党基于国家现代化在农村发展工业的构想及实践》，《中南财经政法大学学报》2021 年第 4 期，第 14—25 页。

[②] [法] H·孟德拉斯著，李培林译：《农民的终结》，中国社会科学出版社，1991 年，第 304 页。

扎实推进县域义务教育优质均衡发展 ①

优质均衡发展是现阶段我国义务教育发展的基本方向。2023 年 6 月，中共中央办公厅、国务院办公厅印发的《关于构建优质均衡的基本公共教育服务体系的意见》提出："到 2035 年，义务教育学校办学条件、师资队伍、经费投入、治理体系适应教育强国需要，市（地、州、盟）域义务教育均衡发展水平显著提升，绝大多数县（市、区、旗）域义务教育实现优质均衡。"这意味着党中央已为义务教育优质发展擘画了路线图，设置了日程表。

一、全国义务教育优质均衡发展先行创建县工作成效初显

自 2017 年我国初步实现义务教育基本均衡发展目标以来，为促进义务教育实现更高水平的公平和高质量发展，国家又相继提出了推进义务教育优质均衡发展的战略目标。所谓优质均衡，即在实现了县域内城乡之间、校际义务教育办学条件和硬件设施基本均衡的基础上，进一步推动义务教育学校在办学水平和教育教学质量等内涵上实现实质性均衡，以从根本上解决"择校热"和"城挤乡空"的现象。为此，2017 年教育部印发了《县域义务教育优质均衡发展督导评估办法》，2021 年教育部又印发了《关于开展县域义务教育优质均衡创建工作的通知》。自此以后，义务教育优质均衡发展先行创建县（市、区）在各地如火如荼地展开。如成都高新区以"创新"促"先行"，走出了高质量创建义务教育优质均衡发展先行区的路子；无锡市新吴区以"至新教育"为理念，打造"基地校、集团校、联盟校"复合集团化办学模式；哈尔滨平房区构建"4+N"全链条协同育人体系，成功"托举百姓稳稳的幸福"；渭南市合阳县积极打造"1239"模式，举全县之力推动义务教育优质均衡发展。资料显示，2022 年 4 月，教育部公布了全国义务教育优质均衡发展先行创建县（市、区、旗）名单，135 个县（市、区、旗）成功上榜。以上义务教育优质均衡发展县的创建工作，为全国大面积推进义务教育优质均衡发展提供了有益经验。

---

① 原载《陕西教育》2023 年第 10 期。

二、义务教育优质均衡发展创建中面临的困难与问题

根据笔者的调研和学术界的相关研究，不难发现各地义务教育优质均衡发展创建工作在取得良好成效的同时，也面临着不少困难与障碍。

（一）资源配置难以完全达标

在资源配置问题上可从两个视角来分析，一方面从中心城区的视角来看，不少大城市和特大城市中心城区教育事业的发展速度明显跟不上人口的增长速度，因而突出存在着学校的教学用房、教辅用房、运动场地以及音体美教室等硬件指标明显不达标问题，继而成为影响区域优质均衡发展创建的"差学校"；另一方面从涉农县（市、区）的视角来看，其在生均占地面积、校舍面积、仪器设备等方面虽明显达标，但在教师的专业化水平、学科教师的结构（体育、艺术和信息技术教师明显匮乏）、学校信息化建设和运用水平、学校治理结构与治理能力方面则明显难以达标，并成为其优质均衡发展创建中的重点难点问题。

（二）优质教师资源难以合理分布

从已有调研情况来看，义务教育之所以发展不均衡，其中一个重要的原因在于省会城市对地市级城市的优质师资资源产生虹吸效应，而地市级城市又对县城优质师资资源产生着虹吸效应。当县城的高水平师资和拔尖学生被"挖空"的时候，实行县域内义务教育优质均衡发展就只能在低层次一直徘徊，区域内的教师和校长交流轮岗也只能在低层次一直循环。从各地师资发展结果看，虽然名优教师比例在逐年提高，但优秀教师集中于区内少数名优学校的现象依然较为严重。

（三）留守儿童教育问题突出

伴随着新型城镇化的持续推进，农民工数量不断增加，农村留守儿童的教育问题进一步加剧。国家统计局官网数据显示，2000—2020年，全国乡村青壮年（20~44岁）人口数量减少了17198万人，约占乡村人口减少总数的62.8%。与之相伴的是，农村留守儿童规模则长期处于千万人以上的高位状态。截至2020年底，普通小学和初中在校学生中的农村留守儿童数量达到1289.67万人，占比达8.2%。留守儿童与父母长期分离，很容易因亲情缺失和家庭教育不健全而出现种种心理问题，这给农村地区义务教育优质均衡发展创建工作带来巨大压力。

三、多措并举合力推进义务教育优质均衡发展创建工作

推动义务教育优质均衡发展是一项复杂且艰巨的任务，实施中遇到困难和问题在所难免。未来在优质均衡发展创建中，笔者认为应注意把握以下几点：

（一）分区规划、分步实施、实事求是地推进不同地区义务教育的优质均衡发展

具体说来，针对中心城区，要进一步强化标准化学校建设，将城市建设规划与义务教育学校配置挂钩，出台以常住人口为基数的城镇义务教育学位配置标准和教育用地保障措施，建立健全义务教育学校规划布局长效机制和保障机制。对于涉农县（市、区），则要聚焦学校育人目标、办学理念、课程体系和学校文化建设，积极探索与发达地区的高水平学校建立"结对子""一对一"的帮扶机制，不遗余力地提高学校内涵式发展水平，办好"老百姓家门口的学校"。

（二）聚焦师资队伍建设，破解优质均衡发展创建中的关键难题

一方面，应深化"县管校聘"管理改革，实施县域内教师定期统筹调配，持续推进校长、教师交流轮岗制度化、常态化。强化公办中小学教师作为国家公职人员的特殊法律地位，彰显其国家责任与义务，确保政府能以行政调配的方式促进教师在城乡、校际间进行合理的配置和流动。另一方面，针对乡村教师"下不去""留不住"等问题，建议国家和各省大力提高乡村教师特别是边远艰苦地区从教人员的津（补）贴标准，在职称晋升、绩效考核、评比表彰等方面向乡村教师出台硬性倾斜政策，减轻其额外工作负担，并认真解决教师在从教过程中所遇到的种种实际问题和困难，如乡村学校周转房或教职工宿舍的建设、办公条件的改善、交通工具的配备或费用补贴等。只有较大幅度地改善乡村教师的待遇，才能从根本上吸引优秀人才到乡村安心从教。

（三）对留守儿童加强关爱和帮助，做好寄宿制学校学生的管理与服务工作

对于留守儿童，教师一方面应投入更多的时间和精力，以帮助他们解决学习和生活上的具体困难；另一方面应利用微信、钉钉等平台，保持与家长的密切联系，共同协调好对学生的教育和培养。对于寄宿制学生，要做好他们的日常管理和服务工作。如可开展多样化的文体性、娱乐性活动，丰富寄宿生的课余闲暇生活；加强学校的伙食、卫生和安全管理，防止校园欺凌行为，确保学生健康成长。此外，还应建立健全适合寄宿生特点的家校合作机制，构建家校共育的良好教育生态。

西部农村义务教育均衡发展现状与策略研究 [①]

由于种种客观和主观的、历史和现实的原因，我国义务教育事业发展一直存在严重的城乡差别、区域差别和校际差别。在上述三种差别中，东、中、西三大经济带之间的义务教育水平落差是一种带有全局性和战略性的整体失衡，尤其是西部地区 [②] 12 个省（自治区、直辖市）的农村义务教育发展异常滞后，一直枕压着我国教育事业发展水平的底线，成为制约义务教育均衡发展的短板。也正因为如此，在呼求"教育公平"的声浪一浪高过一浪的当代中国，对西部农村义务教育的关注便成为万众瞩目的焦点，同时成为我国当代社会在实现教育均衡发展道路上的攻坚点。基于对现实的考量，笔者力图对当代中国这一重大的教育现实问题做出理论上的积极回应，拟通过系统的调研、深入的分析和翔实的求证，对当前西部 12 个省（自治区、直辖市）的农村义务教育发展形势做出客观的评估，对其存在的问题和差距做出准确的诊断，对其加快发展的基本策略与具体措施提出可资借鉴和采纳的适切性建议。

一、西部农村义务教育距离均衡发展目标的差距和问题

从纵向看，西部农村义务教育的确获得了长足的发展，实现了义务教育全面普及的目标，这对于西部乃至整个中国的教育事业而言皆具有里程碑式的历史意义。但是从横向看，西部农村义务教育由于基础差、底子薄、历史欠账多，导致它与全国的平均水平尤其与东部发达地区相比，仍存在巨大的差距。

（一）经费投入方面存在的差距和问题

教育经费投入不足是长期以来制约西部农村义务教育均衡发展的瓶颈。从整体上看，西部农村义务教育经费保障的水平与力度根本无法与东部城市及西部大中城市相比，目前西部农村义务教育经费的供给水平难以满足其实现与全国平均水平均衡发展的目标。

---

① 原载于《中国教育科学》2013 年第 4 期，与杨令平合作。
② 西部地区特指地处我国西部的陕西、甘肃、宁夏、青海、新疆、四川、重庆、云南、贵州、西藏、广西、内蒙古 12 个省、自治区和直辖市。其国土面积占全国的 71.4%，人口占全国的 28.6%。截至 2009 年，西部地区的城市化率为 38.3%。农村，是对应于城市的称谓，指农业区，有集镇、村落，以农业产业（自然经济和第一产业）为主，包括各种农场（含畜牧和水产养殖场）、林场（林业生产区）、园艺和蔬菜生产等。本文所界定的西部农村是指西部 12 个省、自治区、直辖市的农业区，包括县（区）、乡（镇）、村。

1. 经费投入水平偏低

随着经济总量的迅速扩大和各级财政收入的增长，我国财政性教育经费[①]呈现逐年增长态势。目前西部省份的经费投入水平尚可确保农村义务教育的正常运行，但西部农村义务教育要实现与全国平均水平均衡发展的目标，其经费投入的力度还远远没有到位。"吃饭靠财政、运转靠收费、建设靠举债"，这种现象在西部不少地方依然存在，完善的经费保障机制在一些地区尚未真正建立起来。一言以蔽之，经费投入不足导致的资金匮乏，仍是制约西部农村义务教育实现均衡发展的最大障碍。

2. 生均公用经费少

从纵向上看，"新机制"实施以来，西部农村中小学生均公用经费虽然比以往有了历史性的提高，但从横向上与其他地区相比，仍沉在谷底，处于全国最低水平。生均公用经费差异悬殊，自然会导致发展不均衡的问题不断加剧。

3. 经费管理水平有待提升

西部农村义务教育不仅经费投入水平低，而且在经费管理水平上也存在诸多问题。

（1）预算编制工作不够规范。"新机制"实施以来，按照教育部、财政部的要求，各地均开展了农村中小学预算编制培训工作。但据我们调查了解，目前西部许多省份的县级培训比较简单，效果不佳。这导致许多农村中小学校长和财会人员缺乏相关知识，未能完全掌握预算编制的要求与方法，进而造成预算编制混乱。

（2）经费使用不够规范。我们通过实地调研发现，西部一些地方对于"公用经费开支"的原则虽有所把握，但鉴于种种原因及客观支出的需要，不少学校不得不将从"新机制"中获得的公用经费用于人员开支，包括支付班主任津贴、超课时津贴、清洁工工资等，有些地方甚至挪用部分公用经费来归还"普九"和信息化建设的欠债。

（3）经费拨付不够规范。目前义务教育经费保障机制普遍实行"校财局管校用"制度，即学校经费全部由县级核算中心按照学生人数分户设立账户，集中管理，集中报账。关于这一点，我们曾对案例县的 300 位校长进行了问卷调查。在回答"您认为理想的学校公用经费拨付方式"这一问题时，12% 的校长选择"按照实际的学生人数拨付"，45.6% 的校长选择"偏远的学校应该享受更高的拨付标准"，37.2% 的校长选择"基准定额＋生均拨款"，5.2% 的校长选择"无法回答"。调查还发现，88% 的校长对于现在的经费拨付方式不满意，82.8% 的校长认为应改变现在的拨付方式。在回答"您认为现在的学校经费拨付方式能否

[①] 财政性教育经费，包括各级财政对教育的拨款、城乡教育费附加、企业办中小学支出以及校办产业减免税等项，农业税改革以后农村教育费停止征收。

使经费按时到位"这一问题时，27.4% 的校长认为"很好，能按时到位"，47.6% 的校长选择"还可以，基本能按时到位"，12.3% 的校长选择"不好，环节太多且不能按时到位"，12.3% 的校长选择"说不清楚"。这说明在经费拨付过程中，一些地方还存在不能按时拨付、经费不能及时到位的情况。同时，部分案例县校长的反馈也印证了这一点。不少校长反映，一些地方教育公用经费一般在学期中期到位，个别地方教育公用经费甚至到学期末才能拨付下来，这使得学校刚开学的经费开支出现断档，难以维持各项工作的正常运转。

（二）教师资源方面存在的差距和问题

师资队伍素质是制约目前西部农村义务教育发展的又一核心问题。根据我们对案例县的调研分析，西部 12 个省（自治区、直辖市）农村中小学教师队伍的数量缺口已经不大，一些地方甚至处于饱和状态，但教师队伍的整体素质和水平比较落后，根本无法与东部发达地区及西部大中城市相比。

1. 学历水平偏低

如果单纯从国家规定的教师学历合格率来看，尽管缺口主要发生在西部和中部农村学校，但东西部之间的差距并不悬殊。然而如果以高于标准学历（小学教师要求专科以上，初中教师要求本科以上）的教师数量来统计，则东西部之间存在着明显的差距。在高中及其以下学历方面，西部农村教师的比例则明显高于东部农村。这意味着西部农村还有相当一部分教师学历不达标。这种学历上的落差，充分显示出东西部的教师队伍在整体素质和水平上存在的差距。

2. 职称水平偏低

从教师职称状况来看，目前西部农村中小学教师队伍的职称水平与东部发达地区及西部大中城市相比，仍有较大差距。西部农村中小学教师的专业技术职务水平明显偏低，这必然导致西部农村的教育教学质量与东部发达地区及西部大中城市之间存在差距。

3. 培训机会不均等

近年来，国家相继出台一系列促进教师培训的计划，有力促进了西部农村教师队伍素质的提升。但是从目前的整体情况看，在教师培训方面仍明显存在着西部农村地区与东部发达地区及西部大中城市相比机会不均等的状况。

4. 结构性缺编现象严重

目前，西部农村中小学教师队伍的结构性缺编矛盾十分突出，即有些科目的教师过剩，有些科目则教师奇缺。根据我们对新疆、陕西、宁夏等省（自治区）9 个县的实地调研发现，边远贫困地区的农村中小学最缺英语、体育、音乐、美术、信息技术等学科的教师，其次缺生物、化学、物理、数学等学科的教师。农村教师队伍的结构性缺编，导致许多西部农村中小学一些科目的教学难以开展或者出现科目教师的安排滥竽充数的现象，这在相当程度上制约了西部农村义务教育教学质量的提高，也阻碍了素质教育的全面贯彻和推进。

5. 非正常流动问题突出

一方面是城乡之间教师缺乏合理流动，另一方面是教师的不合理流动现象十分突出。西部地区教师流动的主要趋势是：边远农村的教师向乡镇流动，乡镇的教师向县城流动，县城的教师向城市流动，城市的教师向东南沿海地区流动。从调查数据来看，案例县的中小学特级教师全部在城区学校和教研单位工作；县区教学能手、教学新秀、优秀教师、优秀班主任、学科带头人、教改骨干有 78% 在城区工作；市级以上的各类先进和骨干教师有 92% 在城区学校和教研单位工作。在新疆调研时，一位农村初中校长向我们反映：他当校长 15 年来，学校总共有 30 多位骨干教师流向县城，使得他们学校的教育教学质量因缺少骨干教师而难以保证。他还讲到，有些骨干教师为了进县城工作，不惜放弃自己的专业，从事自己以前不熟悉的工作。如许多初中骨干教师到县城的小学任教，小学骨干教师到县城的幼儿园任教等，这既造成教师的不合理逆向流动，又造成教师资源的极大浪费。大批优秀骨干教师的流失导致西部农村义务教育进入一种恶性循环，即"强校更强，弱校更弱"，使区域之间、城乡之间、校际之间不均衡发展的程度进一步加剧。

6. 年龄老化现象普遍

我国大学生"供需见面，双向选择，自主择业"的就业政策实施以后，西部地区许多农村学校在相当长的一段时期内招聘不到正规本、专科学历的大学生，这导致农村中小学教师队伍出现年龄老化、中青年骨干教师断层的现象。

（三）办学条件方面存在的差距和问题

随着"普九"验收和"两基"攻坚任务的完成，西部农村中小学的校园校舍面貌虽然已发生了翻天覆地的变化，但在教学技术手段和实验设备等硬件方面，仍无法与东部地区及西部大中城市的学校相媲美。

1. 校舍存在缺口问题突出

客观地讲，近年来国家关于西部农村中小学校危房改造工程、寄宿制学校建设工程等重大工程的实施，以及西部各级地方政府的自觉努力，使西部农村中小学的生均校舍面积有了较大程度的提高，基本能够满足正常教学活动的需要。但东西部之间的差距依然明显存在。特别值得一提的是，目前西部农村寄宿制学校校舍存在的缺口问题最为突出，这主要体现在，教师临时性住房和集体宿舍严重不足，教师"办公住宿一间房"的现象比较普遍，还有相当一部分农村中小学教师连一间房都不能保证。近年来西部农村新聘任教师增多，异地交流任教教师、支教教师和特岗教师的人数也在不断增多，这种状况下，教师住宿用房的供求矛盾十分突出，在一定程度上也影响到西部教师工作的积极性和稳定性。

2. 师生食宿条件存在较大差异

在调研中我们还发现，目前西部城乡学校之间师生的食宿条件存在较大差异。以 P 县为例，县城学校以及经济发达乡镇的学校有专门的学生宿舍楼，教师和学生分别有专门的餐厅。而一些偏远乡镇学校师生的食宿条件极差。例如，县城某小学学生食堂宽敞明亮，分别为不同年级的学生各设一个售卖窗口，内有餐桌、椅、柜式空调，食堂卫生有专人负责打扫。与此形成鲜明对比的某乡村小学，该校师生仅有一所食堂，而且不足 23 平方米，师生露天就餐，下雨天要撑伞才能吃饭。[①]

3. 学生生活费补助标准较低

在学生食宿方面存在的另一个问题是，由于学生生活费补助标准较低，导致许多农村寄宿制学校学生伙食质量差，一些贫困边远地区的学生存在营养不良的问题。近年来，被媒体披露的广西部分农村小学生顿顿吃黄豆蒸饭、贵州小学生在"露天厨房"生火做饭、青海的部分学生餐餐土豆干馍、云南的部分学生土豆熬菜汤等现象引发了社会对西部农村儿童营养问题的广泛关注。我们在一些偏远农村学校看到，由于物价上涨，国家补贴的生活费难以保障学生的生活，学校不得不采取变相向学生收取伙食费的做法。如西部某省的县教育局规定，每位寄宿生每学期要向学校交 5 斤菜油、150 斤土豆作为伙食补贴，还有的县区要求学生上学自带干粮（米、面），甚至冬季取暖的煤炭也让学生从家里带。此等状况只能在贫困的西部农村地区看到，在东部发达地区及西部大中城市是很难看到的。另外，西部农村中小学校的人均图书资料拥有量和教学仪器设备的保有量也与其他地区相差甚大。

（四）信息化建设方面存在的差距和问题

1. 信息化经费投入不足

百名学生拥有的计算机数量少。我们在陕西省的一个案例县调研时了解到，农村小学的微机教室建设状况异常滞后。该县于 2003 年曾经依靠教师集资给每个乡镇的中心小学建起了微机教室，时至今日，其他农村小学仍然没有建微机教室，而原有中心小学的微机教室大部分也因为设备落后已很难满足信息技术教育的要求，教室设备亟待更新。同时，

---

① 之所以会出现这种状况，是因为国家虽然实行了农村寄宿学生困难补助，但只给了学生的生活补助费，并未给学校建造食堂和聘请炊事员的费用，这样一些西部农村学校便无钱修建学生餐厅，而只能露天就餐。

西部农村小学、初中建网学校所占比例极低。

西部农村中小学在信息化建设中遇到的另一个问题是资源的有效应用差。我们在陕西、甘肃、宁夏的调研中普遍听到教师们这样的反映："由于经济因素制约，学校在软件和硬件上的花费还不能满足使用上的需要""学校没有网络教室""学校多媒体教室有限""教师无法完成一些需要借助计算机或网络才能完成的课""学校中硬件使用不方便，每次使用前后，教师就成了搬运工""学校配备了多媒体教室，但每次都要提前预订，自己的教学安排常常被打乱"等等。以上状况充分反映出西部农村中小学信息化建设的状况还远远不能满足广大师生的需要。

2. 信息技术师资奇缺

截至目前，西部农村中小学普遍还没有设置独立的信息技术教师岗位，其编制和岗位均缺乏相应的文件规定，职称评审系列也不明确，这导致信息技术教师奇缺。我们在调研中可以看到，农村中小学专业信息技术教师寥寥无几，大部分学校都没有科班出身的人员。许多农村学校因为招不来"电教""计算机""信息管理"等专业人才，只好在现有的师资中选择一些有相应爱好或特长的教师并经过短期培训来代替，而且这些信息技术教师大部分是兼职的。还有的学校因为没有教师，就干脆将已经建好的微机教室大门紧锁。这种状况既影响了西部农村中小学信息技术教育教学质量的提高，也阻碍了信息技术在广大西部农村的应用和普及。

3. 信息技术培训落后

"重硬轻软，忽视培训"的现象普遍。许多农村学校年度预算中几乎没有教师信息技术培训的专用资金。信息技术培训的优质资源缺乏。虽然许多农村中小学教师有参加信息技术培训的强烈愿望，但真实有效的优质培训资源却极为匮乏，缺乏相应的培训机构和专业人员，许多培训都是一种流于形式的"瞎凑合"。这导致西部农村中小学教师的信息技术应用水平仍处于较低的层次，一些年龄较大的教师甚至无法掌握电脑的开机关机方法，更遑论网络技术的应用了。更多的教师则反映："一旦出现技术或操作问题无法快速解决，就会影响教学进度。"在培训内容方面存在重技术应用、轻技术与课程教学整合的倾向。在培训的内容上主要是讲授计算机的操作技能，而对于如何将信息技术手段应用或整合到课堂教学中的相关知识与技能培训则极为薄弱。

信息技术设备落后和相应配套培训软件的欠缺，导致广大西部农村中小学教师在信息技术的专业能力发展上与东部地区和西部大中城市的教师相比存在严重的不对称性，这种不对称性又进一步加剧了彼此之间专业素质和能力存在的差异，继而严重影响信息技术教育的质量。

（五）教育教学质量方面存在的差距和问题

目前东西部之间、城乡之间在义务教育均衡发展方面的症结并非表现在受教育机会均等的"外延"上，而主要体现在教育教学质量存在巨大差异的"内涵"上。从外延上看，义务教育阶段儿童受教育机会均等，已在东西部之间、城乡之间全面实现，无明显的差距。但从内涵上看，西部地区儿童所享受到的义务教育质量，与东部发达地区和西部大中城市相比，则存在极大的差异，即东部发达地区和西部大中城市儿童享受的是相对优质的教育，而西部农村儿童享受的教育质量则较差。这是当前东西部之间在义务教育均衡发展方面的根本差异。

有学者对我国小学语文、数学、科学、道德与法治等几门课程的教学质量进行了随机抽查，结果显示，东部地区学业成就达到"良好"和"优秀"水平的学生所占比例明显高于中西部地区，其中达到"优秀"水平的学生比中西部地区的学生高出约 10 个百分点，而东部地区"不合格"学生所占比例则低于中西部地区近 15 个百分点。该项调查结果还显示，城市学生的学业成就达到"良好"和"优秀"水平的比例均高于农村学生近 3 个百分点，"基本合格"和"不合格"水平的学生比例则均低于农村学生，特别是在"不合格"水平上，城市学生的比例低于农村学生近 4 个百分点。

以上情况意味着，消除教育质量上的差距是当前我国在促进区域之间、城乡之间义务教育均衡发展工作中的核心目标与主要任务。

（六）流动儿童和留守儿童教育问题突出

农民工随迁子女和农村留守儿童受教育问题是工业化和城镇化进程中所出现的时代性问题。[①] 县域农村类似的状况十分普遍，并且其数量呈进一步增长的趋势。这些留守儿童远离父母，缺乏正常的家庭监护和教育。如何做好他们的教育工作已成为西部地区义务教育均衡发展进程中所面临的重要课题。

义务教育阶段农民工随迁子女现象在西部地区十分普遍。数量巨大的流动儿童随父母漂泊，受教育权问题十分突出。针对这一实际，国家曾采取一系列的政策措施，但各地在实施过程中也普遍遇到一些困难。其一，在"两为主"原则下，流入地和流出地政府的责任如何对称的问题在法律上存在悖论，如《义务教育法》规定"户籍所在地政府负责义务教育"，而农民工到外地打工往往不迁户口，倘若迁移户口又会遇到种种障碍。其二，如果坚持"两为主"且坚持"就近入学"的原则，那么城市及城市重点中小学便会应接不暇、

---

① 司晓宏、杨令平：《当前我国西部地区农村义务教育形势分析》，《教育研究》2010 年第 8 期。

不堪重负，甚至会出现农民工为了子女就学而举家迁徙的现象。如何破解这一难题，是西北地区县域义务教育面临的又一时代性课题。

二、义务教育非均衡发展的原因分析

现阶段西部农村义务教育发展落后，是多种因素复杂交织而成的结果。概括起来，可以将其归结为西部自然环境和地理条件的制约、西部经济社会发展落后的阻碍、国家政策偏差与制度缺陷的影响以及西部地区主观努力不到位的限制等四个方面。其中，前两个因素是客观因素，短期内难以改变；后两个因素主观性成分较大，只要做出积极努力，是可以改善的。因此，我们来重点分析后两个因素对西部农村义务教育均衡发展的影响。

（一）国家政策偏差和制度缺陷的制约

西部农村义务教育发展落后，固然有其客观因素，但也与我们长期以来所秉持的一些理念偏差及制度缺陷密切相关。

1. 公平理念缺失，导致对西部农村义务教育发展缺乏足够的重视

造成东西部经济社会发展水平差异急剧增大的最根本原因是制度设计上公平理念的缺失。在相当长的一段时期内，我们信奉和强调"效率优先，兼顾公平"，这使得工具理性的社会思潮日益流行，而价值理性遭到屏蔽。工具性价值重在强调提高效率和如何提高效率，但却在价值取向上忽视了为谁提高效率和因效率提高而产生的社会财富由谁来拥有、由谁来共享的问题。换言之，"效率优先"忽视了"发展为了谁""发展依靠谁""发展成果由谁来共享"的价值理性问题。从理论上讲，公平是与公正、正义等道德判断范畴紧密联系的概念，应该成为一切进步社会尤其是我国社会主义社会所应恪守和追求的至高无上的目标，而绝不应被置于"兼顾"的位置。胡锦涛同志指出："讲求效率才能增添活力，注重公平才能促进和谐，坚持效率和公平有机结合才能更好体现社会主义的本质。"我们认为，这才是我们所应恪守的正确理念。正由于上述理念上的缺失与偏差，才导致了东西部经济社会发展严重不均衡状况的出现。西部地区经济社会发展的滞后，必然拖累和危及义务教育事业的发展，继而也会导致"东部学校像大宾馆，西部学校像大车店"的东西部教育事业发展严重不公平现象。值得欣喜的是，进入新世纪以来，党中央已经充分认识并逐步纠正了这一倾向，同时把推行"科学发展"和"构建和谐社会"作为基本的指导思想和主要奋斗目标。

2. 投资体制缺陷，导致西部农村义务教育经费投入严重不足

在经济学范畴中，义务教育被认为是一种优效性公共物品。这决定了其运行和发展所需的资源与经费理应由国家或政府来承担。然而，基于这一点，我国以往的体制存在严重

的缺陷和弊端。从历史上看，我国实行的"地方负责，分级管理"的义务教育管理体制，在当时特定的历史条件下对于强化地方政府的办学责任、调动基层办学积极性、促进基础教育事业发展产生了积极影响。但随着时间的推移、形势的变化，尤其是随着我国税收体制改革的推进，这一体制潜在的弊端及危害逐渐显现。其中最突出的弊端就在于把发展义务教育这一最大的社会公共事务和公益事业的责任几乎完全甩给了地方政府尤其是乡镇基层政府，未能有效地体现中央政府和省、市、县级地方政府合理分担、共尽义务的责任。这也导致了"义务教育人民办"，而不是"义务教育政府办"现象的客观存在。针对这种实际，2001 年国务院对这一体制进行了适当的调整，提出实行"基础教育地方负责、以县为主"的新体制。然而对于西部地区而言，县级财政力量仍然十分薄弱，因此这一体制改革并不能从根本上改变西部农村义务教育事业发展资源短缺、质量低下的落后面貌。正是上述制度设计上的缺陷以及由此所导致的投资体制的弊端，严重地阻碍了西部农村义务教育的发展，并使之与东部地区及西部城市的差距日益拉大。

3. 户籍制度障碍，导致西部义务教育发展存在显著的城乡二元特征

在户籍制度的制约和牵引下，我国社会逐渐形成了城市人口和农村人口两大利益群体，并且楚河汉界，营垒分明。这种状况极大促进了我国社会城乡二元结构的形成，使得城乡义务教育的发展出现了泾渭分明的趋势，形成了显著的差别，即城市学生享受的是更为正规、更为优质的教育，而农村学生则享受相对匮乏的资源和短缺的教育。越是落后的地方，城乡二元结构的特征越明显和突出。西部地区城乡二元结构的显著特征，很大程度上影响了西部农民子女平等接受义务教育的权利，使他们与城市居民之间在享受教育资源的数量和质量上均存在着巨大差异。户籍制度的束缚，使农村人口与城里人口之间的自由流动受到限制，即使产生流动，农村学生也会因为户籍制约而不能随意在城市就学。这种户籍制度的弊端，是进城务工人员子女在接受城市学校义务教育方面存在种种制约的根源。

（二）西部地方主观努力不足的制约

目前西部农村义务教育落后局面的形成，还与西部地区自身主观努力不足密切相关。主要表现在以下几个方面：

1. 文化传统封闭保守，导致西部人的整体开拓进取意识不强

从近代来看，随着我国政治中心和经济中心的东移，西部大多数省份基本上都处于文化边缘地带。正如有学者指出的，中国西部作为边际文化出现了另一种情况，即它们虽远

离中心文化，但并不能接触到其他的发达文化，因而处于一种不发达状态。① 换言之，我国的西部文化恰似美国人类学家奥斯卡·刘易斯（OscarLewis）所说的"贫困文化"（culture of poverty），即西部地区因为长期贫困而形成一种脱离社会主流文化的贫困亚文化，这种独特的文化观念和生活方式，通过"圈内"交往而得到加强，并且被制度化，进而维持着贫困的生活。上述边际文化的特征，使西部人民在文化观念上表现出以下不利的因素：

（1）商品意识差。由于地域偏远、封闭，加之长期受自然经济和农耕文化的影响，较之东部沿海地区，西部地区的商品经济极不发达，由此导致西部人的商品意识也极为淡漠。（2）竞争意识差。长期的农耕文化和小农经济使西部人养成了"日出而作，日落而息""春耕夏耘，秋收冬藏"的生活习惯，并且满足于"三十亩地一头牛，老婆孩子热炕头"的生活境况，因而他们竞争意识不足，进取精神不强。（3）依赖意识强。长期的贫困使西部人形成了较强的依赖意识，一方面依赖自然，靠天吃饭；另一方面依赖国家，等待救济。

上述文化积弊导致西部人缺乏应有的进取动力和开拓意识，内在的发展劲头不足。这种状况是造成包括教育在内的西部各项社会事业发展落后的一个重要的主观原因。

2. 地方政府作为不力，导致西部农村义务教育内在发展动力不足

从整体上看，西部各级地方政府对发展农村义务教育的作为力度明显不足，这也是导致西部农村义务教育发展滞后的另一个重要原因。具体表现为：省级政府的统筹责任落实不到位；市级政府的职责不够明晰；县级政府难以真正起主导作用；乡镇级政府责任挤出现象严重。导致以上问题的主要原因有表现为以下几个方面：

（1）对发展农村义务教育重要性的认识不到位，缺乏积极有为的态度和切实有效的策略。许多西部地方政府未能充分认识到发展义务教育事业的深远意义，没有将发展义务教育放在促进区域经济社会可持续发展的战略高度来看待，因而使义务教育"重中之重"和"优先发展"的战略地位没有得到充分凸显。这表现在对义务教育的重视只停留在口头上、文件里，而并未落实在行动上。地方政府在区域规划中没有优先考虑发展义务教育，在财政分配上没有优先安排义务教育经费，在精力投入上没有把义务教育发展当作头等大事来对待。我们在陕西省某县的调研中就听到校长和教师们有这样的反映："政府各级领导经常来我们镇视察经济建设、新农村建设、苹果业发展、社会治安综合治理、生猪养殖等方面的工作，召开各类现场会，但极少有县级主要领导来学校考察教育工作，这使得我们这些农村学校的校长和教师们都产生了一种被政府遗忘的感觉。"与此同时，西部许多地方政府面对农村义务教育发展存在的种种困境和问题，既缺乏积极主动解决问题的态度，

---

① 杨伟鲁：《论中国西部大开发过程中的文化障碍》,《生产研究》2006年第11期，第119—121页。

也缺乏切实有效的应对策略，普遍感到束手无策，因而对存在的问题听之任之，顺其自然。

根据利益相关者理论，一项工作若要获得充分的重视，必须使这项工作的参与者成为其重要的或核心的利益相关者。换言之，如果西部农村义务教育均衡发展工作与各级政府官员的利益息息相关，那么，政府执行这项工作的动力将会明显加强。然而调研发现，由于目前教育资源配置的不公，包括政府官员在内的社会优势阶层的子女，往往可以获取较为优质的教育资源，因此，他们对农村义务教育均衡发展工作的推进动力明显不足。在调研中，我们观察到这样一种现象：乡镇干部普遍把孩子送到县城名校读书，县城干部普遍把孩子送到地级城市名校读书，地市干部普遍把孩子送到省城名校读书，省城干部则纷纷把子女送往国外读书。这种状况自然会影响他们对农村义务教育发展的关注和投入力度。正如一些校长和老师们反映的："领导们都不把自己的孩子送到当地的学校，这说明他们对提高办学质量根本没有信心，领导们都没有信心，我们又怎么能有信心？！"

（2）地方政府在义务教育经费投入上一味依赖中央政府，自己则不舍得花本钱。在西部地区广泛流传这样一句口头禅："农村靠政府，政府靠中央。"这是对西部一些地方政府不作为状况的真实写照。"两基"攻坚实施以后，中央政府对西部农村义务教育的财政转移支付力度显著加大，在这种背景下，西部一些地方政府产生了明显的依赖意识，一味地等待中央和上级政府的财政支持，而在自己的财政"蛋糕"中则舍不得切出一块给教育。对此，曾有人形象地描述："中央转移支付，省市基本不付，县乡不堪重负。"即大量增加的中央财政投入并没有刺激和提高西部地方政府对教育投入的努力程度，相应的教育投入和配套资金非但没有到位，相反却产生了一种"挤出效应"。这种状况也严重妨碍了西部农村义务教育的健康发展。

（3）西部一些地方政府存在错误的政绩观。如同全国其他一些地方一样，西部不少地方政府只注重国民生产总值的提高，形成了只抓经济而不抓教育的错误政绩观。政府部门喜欢做一些"面子工程""形象工程"；由于干部任期的限制，政府领导往往喜欢在任期内做一些急功近利的"短平快"工程，而不愿意做"前人栽树，后人乘凉"的长效工程。这种政绩观必然导致一些地方官员对农村义务教育发展的忽视，自然也会抑制其对农村义务教育发展的资源投入和实际作为。众所周知，教育，尤其是义务教育，是一项周期长、见效慢的事业，所谓"十年树木，百年树人"讲的就是这个道理。因此以急功近利的做法来发展义务教育，显然不符合教育发展的规律。西方的公共选择理论认为，政治家的行为动机是追求个人利益的最大化，在他们的心目中，最迫切的公共利益达成并不是其所追求的核心目标。我们认为政府官员的这种心态，已在当今中国的一些官员身上表现得越发明显，对此必须引起高度警惕。

（4）教育督导制度存在一些弊端和偏差，这在一定程度上导致了政府作为不力。在督导理念方面，受重点学校制度的影响，长期实行城乡分标准的等级评估制度，即对于城乡学校实行不同的办学标准，而且城市学校的标准远远高于农村学校，农村中心小学的标准高于乡村普通小学，这就造成处于同一蓝天下的义务教育学校的学生却享受着不同质量的教育。这种制度进一步加剧了城乡、校际间义务教育的非均衡发展。在评估内容上，过于注重校舍、教学设施设备等硬件资源的评估，而忽视影响教育教学质量形成的教育理念、管理方式、学校文化等软件资源和因素的评估。在评估结果的处理上，注重锦上添花的"面子工程"，忽视雪中送炭的"扶弱工程"，这使得强校更强、弱校更弱。以上状况均在不同程度上制约了西部农村义务教育的优质均衡发展。

3. 学校自身努力欠佳，导致教育教学质量长期在低层次徘徊

长期以来，受西部"贫困文化"以及市场机制不健全的影响，西部农村中小学缺乏竞争意识，学校管理者因循守旧，安于现状，缺乏改进学校的积极性和迫切性。并且相当数量的中小学校长都处于被动管理的地位，缺乏对学校发展较为长远的规划和顶层设计。我们在走访调查中发现，有的学校从未做过学校发展规划，缺乏对学校事业发展的总体设想和愿景；有的学校做了规划，但往往流于形式，或是为了应付上级检查，以至于教师评价说："规划规划，纸上画画，墙上挂挂，到最后都成了鬼话。"还有一部分校长职业倦怠感严重，工作动力和干劲不足。实现西部农村义务教育均衡发展是一个长期的目标，这期间要经历艰苦曲折的过程。换言之，经费投入、硬件建设、教师资源配置等不可能一步到位。在这种状况下，作为管理主体的中小学校长们的奋斗精神极为重要。因此，西部农村中小学校长一定要正确理解教育均衡发展的思想，不要等到学校硬件都建设好了才来抓管理，不要过于强调客观条件的限制，要多从主观方面去努力。袁贵仁同志曾指出："漂亮的校园与好的教育质量没有必然联系。"硬件建设固然重要，但它不是提高教育质量的唯一因素。

毋庸讳言，比之东部发达地区和西部大中城市，西部农村中小学校长的整体管理水平仍处于较低层次。这主要体现在以下几方面：

（1）他们不善于总结经验和挖掘学校自身的办学特色，难以形成学校独有的办学理念、校风、校训和办学目标，校园文化建设异常滞后。

（2）他们对课堂教学缺少有效的指导，课程改革进展缓慢。由于受地理位置、交通条件、教育经费等因素限制，西部农村中小学校长及教师走出去学习的机会比较少，这使得他们的视野不够开阔，整体素质提升缓慢，缺乏对教学改革的深入理解，促进学校建设性发展

的见识与思路明显不足。

（3）学校管理过程不够精细，粗放式的管理比较普遍。不少农村中小学的管理工作只停留在表面上，或者局限于维持正常的教育教学秩序，整个管理工作的深入性、精细化程度及科学性不高。

我们在陕西、新疆、甘肃等地的案例县调研时还发现，西部不少农村中小学青年教师受经济利益的驱使，忙于参加公务员考试，或想方设法往城里调动。还有一部分农村中小学教师缺乏远大理想，事业心和责任感不强，工作热情和动力匮乏。他们懒得读书、懒得深造、懒得思考，仅满足于教完该教的课程，并且一直进行千篇一律的程式化教学。这种状况自然导致西部农村中小学的教育教学质量一直在较低的水平上徘徊。

三、西部农村义务教育均衡发展策略分析

如何才能促进西部农村义务教育实现跨越式发展，使之尽快与全国义务教育的发展水平达到整体上的均衡与和谐呢？我们在前面分析了造成西部农村义务教育发展滞后的原因，有国家政策的因素，有西部地方政府的因素，也有来自西部农村中小学自身的因素，那么对于西部农村义务教育落后面貌的改变，也就必须从以上三个方面协同应对，共同努力。

（一）面向中央政府的建议

加快西部农村义务教育发展，促进其与全国实现均衡发展，首先应强化中央政府的责任。从当前的实际出发，中央政府在加快西部农村义务教育发展方面应着重从以下几方面努力。

1. 牢固确立"促进公平"的理念，把西部农村义务教育摆在优先发展的位置

追求公平、促进均衡已成为我国当代教育的核心价值准则和价值取向。贯彻"促进公平"的方针，就必须对发展落后的西部农村义务教育倾注更多的关注、关心和关爱，以帮扶他们快速发展，弥补其与全国平均水平尤其是与东部发达地区之间存在的巨大差距。对西部农村实施"补偿教育"，我们认为关键应有以下四方面的基本举措：

（1）强化"全国一盘棋"的意识，补齐西部农村义务教育发展的短板。教育资源配置政策应向西部农村倾斜，尤其是中央财政教育资金的投放，应把西部农村义务教育作为重中之重。

（2）可针对西部地区出台一些特殊的发展政策，如可以尝试在偏远落后的西部农村设立义务教育发展特殊区；可以对西部农村义务教育在发展规划、人事管理、工资制度、师资队伍建设等方面出台特殊的扶持政策；也可以直接给予西部地方政府一定的经济政策

授权，通过促进地方经济发展带动教育进步。

（3）应提倡区进行域间义务教育横向援助，尤其是鼓励东部发达地区和西部大中城市在人力、物力、财力以及智力等方面对西部农村义务教育进行对口支援。具体来说，可以在中央政府的统一指挥和协调下，让东部发达地区和西部大中城市的学校有计划、有步骤、有重点地对口援建西部农村地区的中小学。支援的具体模式既可以是结对子的"捆绑式"，也可以是"托管式"的，还可以是直接捐助人、财、物等方式。在这一过程中，特别需要注意的是，援建不仅体现在资金投入和硬件设施建设方面，更应该体现在智力支持、理念输入、制度移植以及办学软实力提升等方面。换言之，通过对口援建不仅应给予西部农村中小学人、财、物等实际资源的支持，更应该帮助他们转变观念、提升素质、健全机制、改善管理，增强自主造血功能，使西部农村义务教育发展真正进入自我良性循环的轨道。

（4）创新工作机制，积极吸纳非财政资金支持西部农村义务教育发展。在义务教育投入机制上，政府毫无疑问应承担起主要责任，但这并不意味着就排斥非财政资金的投入。政府应鼓励社会资本及私人资本投资西部农村义务教育，拓宽吸纳非财政资金投入的渠道，提高非财政资金投入的整体规模及在教育经费总投入中所占的比重。同时，可以针对西部农村义务教育出台特殊的税收政策、尝试发行定向的"义务教育均衡"债券。[1]另外，还可以积极探索农村社会闲散资金投入义务教育的体制机制，增强民间资金投入义务教育的热情和信心等。

2. 继续加大中央财政转移支付力度，弥补西部农村义务教育经费投入不足

在目前条件下只有继续加大中央财政对西部农村义务教育的转移支付力度，才能确保西部农村义务教育获得充足的发展经费，继而才能加快其发展的步伐。可以说在所有加快西部农村义务教育发展的举措中，这是最为重要、最为根本的一点。在完善中央财政对西部农村义务教育的财政转移支付制度方面：

（1）转移支付的力度应进一步加大，转移资金数额及比例应进一步提升。通过中央财政的转移支付，切实消除西部地区与东部地区在办学经费投入尤其是在生均公用经费上的巨大差距。

（2）中央应针对西部地区建立相对独立的教育财政转移支付制度，并使之形成一套相对独立的测算与补助体系。构建这一体系的核心是要确立合理的支付模型。结合对国内

---

① 栗玉香：《教育均衡指数化监测与财政投入机制改革——以北京市义务教育为例》，经济科学出版社，2010年，第129—131页。

外转移支付模型的分析，特别是借鉴国内学者王善迈、袁连生同志的建议[①]，我们认为宜以县作为测算和落实单位，采用公式化的均等转移支付模式。之所以选择以县为单位，主要考虑到我国属于 M 型层级制[②]以及目前实行的是"以县为主"的义务教育管理体制，这样可以显著增强转移支付的目的性和针对性，提高资金使用效率。

（3）要逐步形成以一般教育转移支付为主，以专项教育转移支付为辅的教育财政转移支付制度。一方面要加大对西部省份一般性教育转移支付的力度，使之形成规范、稳定的制度体系，这样可以从资源配置总量及整体性上扶持西部地区教育事业的发展；另一方面又要加大专项转移支付的力度，这样可以从具体项目上支持西部落后地区和贫困地区，解决其在农村义务教育事业发展上的突出问题和燃眉之急。只有两者并举，综合应用，才能有效地促进和保障教育公平。例如，根据目前西部农村中小学存在的食宿条件差和贫困学生营养状况堪忧的现状，建议国家在"两免一补"政策的基础上，设立"西部农村学生营养餐专项基金"项目，推行全免费午餐，以彻底改善寄宿学生的食宿条件和营养状况。

（4）建立一种"经济发展水平＋绩效＋弹性指数"的义务教育公用经费标准核定方式。首先，生均公用经费标准的核定应随着社会经济发展水平的提高及教育事业发展需求的不断变化而逐步提高，不应长时间地维持标准不变；其次，应通过绩效监测实现生均公用经费使用效率的提高，做到"开源"与"节流"并重；再次，应建立义务教育公用经费标准弹性指数，以应对物价水平上涨或变动的实际。

3. 建立义务教育质量标准和监测制度

（1）义务教育的质量标准应以素质教育为核心，充分体现育人为本、能力为重、全面发展的基本要求，并据此为义务教育各年级阶段制定出能够测量或检测的知识和能力标准。

（2）质量监测应该与课程改革的实施与推进结合起来，充分体现新课程标准的三维目标，注重基于新课程标准的学业水平测试，并关注测试工作与现行教学的适应性。同时在对待监测结果上，应引导学校和教师认真关注每一个学生是否达到课程标准规定的具体要求。

（3）质量检测不仅要客观地测量教育工作的质量本身，而且要关注造成不同质量状况的影响因素和主客观原因。

（4）形成国家、省、地市、县四级基础教育监控网络，逐步建立起覆盖全国的教育质

---

①王善迈、袁连生：《建立规范的义务教育财政转移支付制度》，《教育研究》2002年第6期，第3—8页。

②M型层级制是指以区域"块块"原则为基础的多层次、多地区的形式。此形式的优点在于地方有较大自主权，利于资源配置、提高资金使用效率。

量监测系统。同时，可以借鉴经济学和社会学等学科的相关研究方法，建立一整套区域义务教育发展水平差异分析的测量指标体系，为义务教育均衡化发展提供标准导向和评价工具。

4.完善教师人事制度设计，切实加强和改进西部农村教师队伍建设

西部地区自然地理和生态条件恶劣，经济社会发展水平落后，这种状况导致西部广大农村教师的工作环境和生活条件异常艰苦，很难吸引和留住优秀人才。在这种背景下，如何从国家层面积极推进教师工资制度创新，尤其是面向西部贫困边远地区出台特殊的优惠政策，就显得极为迫切和必要。我们强烈呼吁和建议，国家应在西部农村地区实行教师特殊津贴制度，即在现有国家工资的基础上，对西部边远贫困地区的从教人员再增加一部分额外经济收入，并且其收入增加的幅度要具有足够的吸引力，借此达到真正提高西部农村教师工资待遇、吸引优秀人才到西部农村从教的目的。在西部农村教师特殊津贴的实施办法上，我们认为其所需资金应主要从中央财政中支出，并以专款专用形式下拨到西部各省份，由省级人民政府根据不同地区的自然地理条件和经济社会发展水平进行科学核算、合理发放。

除了引入更多优质教师外，加强对现有教师的培训也是加强教师队伍建设的一项重要工作。首先，中央财政应继续加大针对西部农村中小学教师的专项培训投入，并进一步扩大各种国家级培养计划的规模；其次，应在"优秀骨干教师示范性培训""中西部农村教师培训""紧缺薄弱学科教师培训""班主任教师培训"等培训项目中，进一步提高西部农村中小学教师的比例，为更多的西部农村教师创造广泛的受训机会；再次，应注意通过优质"国培计划"的实施，为西部农村中小学教师培训产生示范作用，并为西部农村义务教育发展输送一批具有辐射带动作用的"种子"教师。

（二）面向西部地方政府的建议

尽管西部地区存在经济社会发展落后的特殊性，中央政府承担了较大的责任和义务，但西部各级地方政府对推动义务教育发展应尽的责任不容推卸。因此，面对目前西部农村义务教育发展落后的局面，西部各级地方政府应有危机意识和紧迫感，应在解放思想、锐意进取的基础上，自强不息，奋起直追，努力促进西部农村义务教育的均衡发展。

1.建立省、市、县级政府的合理分担机制，明确农村义务教育发展的责权关系

我国现行义务教育实行的是"国务院领导下的地方负责，分级管理，以县为主"的管理体制，这意味着地方政府在义务教育发展中负有主要责任，是推动我国义务教育发展的基础性力量。应通过机制体制创新，来确保国家规定的义务教育责任落在实处。当务之急是要建立健全义务教育均衡发展的问责机制，对各级政府及教育行政部门在促进教育均衡

发展上的缺位和失误要敢于问责，尤其是面对目前突出存在的农村中小学经费投入不到位，随意克扣挪用教育经费，巧立名目乱收费，学校布局调整缺乏科学性以及在教师引进机制上的不公正、不规范等种种行为和问题，应敢于严格问责，敢于严肃查处，敢于认真纠正。西部各级地方政府应该不断创新工作思路，丰富和完善问责机制的内容和方法，使教育问责真正大有可为。在这一方面，山东省的素质教育问责制实施得很好，值得西部各省（自治区、直辖市）学习和借鉴。

2. 坚持城乡教育一体化原则，统筹区域内城乡义务教育均衡发展

城乡教育一体化是实现均衡发展的必然要求。在当前最根本的是要转变观念，端正认识，破除对农村教育的种种认识偏差。在推进城乡教育一体化的历程中，我们认为西部地区各级政府应重点建立城乡一体化的教育发展机制。

（1）深入推进义务教育规划城乡一体化。要按照"小学就近、初中进镇"的原则，优化城乡教育布局结构。在学校布局上，既要做到有利于办学规模效益和教育教学质量的提高，又要以学生为本，方便农村儿童就近入学。

（2）深入推进办学条件城乡一体化。按照统一标准配备城乡学校的教学设施和技术装备，尤其要注重大幅度改善偏远地区、贫困地区和少数民族地区学校的办学条件。加快农村寄宿制学校建设，借此解决农村儿童"上学远、上学难"的问题。重视和关心农村留守儿童受教育问题，建立健全政府主导、社会参与的农村留守儿童关爱服务体系和动态监测机制。

（3）深入推进教育经费投入城乡一体化。依法确保教育经费的"三个增长"，不断加大对农村教育转移支付的力度，逐年提高城乡学校公用经费。

（4）深入推进教育质量城乡一体化。深化课程与教学方法改革，逐步推行小班教学。加强普通话和规范语言教学，切实提高学生语言文字应用能力。改进学生综合素质评价办法和中考招生制度，建立和完善教育质量评价和监测机制。将示范高中和标准高中的名额公平分配到城乡初中，以此引导城乡义务教育均衡发展。

（5）深入推进教育评估标准城乡一体化。逐年开展区域之间和校际之间义务教育均衡发展监测，制定城乡统一的义务教育现代化指标体系和评估办法，全面提升城乡义务教育一体化水平。

3. 大胆进行区域内制度创新，努力解决农村中小学师资水平落后的问题

（1）多渠道完善教师补充机制。一方面，应按照"国标、省考、县聘、校用"的模式，严格执行中小学教师的准入制度，确保把真正的优秀人才吸纳到教师队伍之中，杜绝滥竽

充数者混入教师队伍。另一方面，积极引进素质优秀的免费师范生到本省落户，并借此大力更新和优化农村教师队伍结构，为农村中小学输送新鲜血液。

（2）建立教师交流机制。构建完善的教师流动政策和制度，设立教师流动特殊岗位，深化区域内教师人事制度改革。应由县（区）教育行政部门统一聘任、管理和配置师资并实行全员合同聘任和"无校籍管理"的制度，这样可以使教师由"单位人"变为"系统人"，有利于在县域内对教师队伍进行优化整合、合理配置。与此同时，还应建立中小学校长定期轮岗交流制度，促进校长在城乡之间、区域之间和校际之间合理流动，带动城乡学校管理水平交叉提升，和谐并进。

（3）开拓教师退出机制。多种方式解决"民转公"教师的退出问题，妥善解决代课教师问题。

（4）健全教师培训机制。省级政府应加强针对农村教师的培训力度，加强县（区）级师资培训机构建设，充分发挥区县教师培训机构的服务与支撑作用。首先，要进一步加强县级教师培训机构建设，并促进其与县域内相关机构整合或合并，将县级教师培训机构建成上联高校、下联中小学的区域性教师学习与资源中心；其次，要切实加强县级教师培训机构的师资队伍建设，提升其整体能力和水平，使其能够真正发挥对中小学教师的培训职能和功效；最后，应进一步强化县级教师培训机构在对农村中小学教师进行集中培训、远程培训及校本研修中的组织协调和服务支持等功能。[①]

4. 加快农村地区教育信息基础设施建设，缩小城乡之间的数字化鸿沟

（1）推进农村中小学数字化校园建设。中央政府和西部地方政府应超前部署网络，完善技术服务支撑体系。尤其要加快改造和完善教育信息化基础设施，优化升级远程教育传输网络，提升网络设施性能。应建立适合不同地区的地方教育信息系统，搭建教育教学公共服务平台。要提高终端设施普及水平，推进西部农村中小学数字化校园建设，并把信息化建设与西部农村学校布局调整、薄弱学校改造等工作紧密结合、统筹安排。

（2）建立健全城乡优质教育资源共享机制。组织优秀人才开发更多适合于农村中小学实际的优质网络教育资源。增强西部农村中小学自身教育信息资源开发的造血功能，提升其自主开发优质网络教育资源的能力和水平。引进国内外优质数字化教学资源，开发网络学习课程，建立数字图书馆和虚拟实验室，构建开放灵活的教育资源公共服务平台。建设基础教育优质课程资源库与资源共建共享服务体系，促进区域、学校之间优质教育资源

---

① 赵世超、司晓宏：《关于在西部地区建立教师特殊津贴制度的思考与建议》，《教育研究》2002 年第 5 期。

的开放共享，推动义务教育均衡发展。

（3）提高西部农村师生的信息技术运用能力。既要加强对学校信息技术管理人员的培训工作，又要加强各学科教师的培训。西部农村中小学要保证信息技术课开足开齐，保证西部农村中小学学生获得平等的信息技术教育。西部农村中小学教师要教给学生收集、处理、应用和创新信息的技能，使学生在学习中能够利用计算机、网络等信息技术手段进行自主学习、探究学习、终身学习。

5. 积极实施人文关怀，切实解决流动儿童和留守儿童的受教育问题

（1）关于流动儿童教育工作

一是流入地政府应该加强学区内的学校统筹，挖掘当地学校的潜力，坚决遵循"两为主"原则，落实流动儿童享有平等的入学权利的政策。同时，要进一步强化流入地政府确保进城务工人员子女平等接受义务教育的责任，流入地政府还要制定进城务工人员子女义务教育后在当地参加升学考试的办法；二是在城市文化建设中，应教育和引导市民转变观念，以平等、包容、仁爱的心态积极接纳进城务工人员及其子女。西部各城市应该认真研究制定进城务工人员子女在输入地接受义务教育后升学的相关政策，更好地保障进城务工人员随迁子女继续接受教育的权利；三是应加强对进城务工人员的宣传教育和管理疏导，使其不盲从，理性务工，理性就学。

（2）关于留守儿童教育工作

一是建立健全政府主导、社会参与的农村留守儿童关爱服务体系；二是建立农村留守儿童安全保护预警与应急机制；三是创新留守儿童教育机制，加强对留守儿童的教育和引导。

（三）面向西部农村中小学的建议

天助自助者，人尊自尊者。西部农村义务教育要摆脱尴尬落后的局面，不仅要依靠中央政府的大力支持和西部地方政府的精心谋划与运筹，更需要西部广大农村教育工作者的努力进取和奋勇拼搏。一切解放的力量皆源于自身的觉醒与努力。因此，要改变西部农村义务教育落后、窘迫的面貌，西部教育人还需付出加倍的努力。

1. 自立自强，奋力实现自身的跨越式发展

（1）要加快西部农村义务教育发展，作为西部农村义务教育主力军的广大教育工作者就必须首先解决思想观念问题，并通过思想的解放、观念的更新来增强西部农村义务教育发展的内在动力。西部教育工作者一定要善于学习发达地区在促进教育事业发展上的先进理念和经验，拓宽自己的发展思路、增强自身的发展动力。与此同时，要充分利用好国家目前关于加强西部农村义务教育发展的一系列优惠政策，开动脑筋、用足政策、盘活资源，

促进农村义务教育又快又好发展。

（2）要树立信心，激励拼搏斗志。广大西部农村教育工作者一定要增强信心、坚定决心，并在坚强的信心和决心支撑下，砥砺斗志，振奋精神，奋勇拼搏。

（3）埋头苦干，用实际行动推进发展。要像抓"两基"攻坚那样抓好农村义务教育的均衡发展工作。在这一过程中，至关重要的是克服畏难情绪以及等、靠、要的思想，要以坚忍不拔的意志和脚踏实地的作风，埋头苦干，顽强拼搏，用实际行动扎扎实实地推动西部农村义务教育向前发展。

2. 深化教学改革，努力提高教育质量

西部农村中小学教育工作者必须牢固树立以教学工作为中心的意识，下大力气深化教学改革，提高教学质量。

（1）要把推进课程改革摆在首要位置。严格按照国家教学计划的要求开足开好规定的课程；改革课程内容，减少必修课，增加选修课，同时适当降低难度，让所有的学生都能学懂学会；加强校本课程建设，因地制宜地设计一些体现学校特色、地方特点和符合学生发展实际的校本课程，尤其要适当补充一些必要的乡土教材和农村实用知识。

（2）要深化教学方法改革，增强课堂教学效果。要树立正确的教育观、人才观和学生观；积极推行小班化教学，为学生个性化的自主学习提供适合的课堂环境；不断改进教学方法，培养学生的自主学习能力。

（3）深化教学评价改革，以科学评估促进教学质量提升。初中应以入学率、巩固率、合格率、升学率和学生综合素质作为主要衡量指标来进行综合评价，防止单纯以中考成绩来评价学校或学生的质量；小学应重点突出对学生做人基本素养、学习能力和健全人格养成等方面的评价，防止单纯以学习成绩进行评价。

（4）全面推进素质教育，促进学生全面发展。

3. 强化竞争激励机制，增进教师专业发展的内在动力

教师激励工作的本质是通过满足教师的合理需要来强化教师的工作动机和动力。从目前西部农村的实际出发，西部农村中小学在对教师的激励工作中应特别注意以下几点：

（1）运用科学方法激励教师的行为动机。在这一过程中，核心是要处理好物质激励与精神激励、公平与效率的关系问题。

（2）深入推进中小学教师聘任制。[①] 要打破"围墙里闹革命"的思想，逐步变封闭式聘任为开放式聘任，并以此来激发教师队伍建设的活力和促进教师专业能力发展的动力。

[①] 杨令平、司晓宏：《西部县域义务教育均衡发展现状调研报告》，《教育研究》2012年第4期。

（3）深化校内分配制度改革。打破绩效工资发放中的平均主义思想，坚持在科学考核的基础上把绩效工资发放与教师的工作业绩密切挂钩，拉开收入差距，以真正发挥绩效工资的杠杆调节作用，达到增强农村教师队伍建设的内在动力和活力的目的。

4. 提高校长领导素质，不断提升学校管理水平

从提高西部农村义务教育的实际出发，西部农村中小学校长一是要更新教育观念，检视现行的教育观念，牢固确立科学的教育发展观，尤其是要树立素质教育理念、开放办学理念、现代的教师观和学生观；二是要增强综合能力，提高工作艺术。西部农村中小学校长要努力提高决策、组织协调和精神感召等各方面的能力，增强自己在教职员工中的威信，并通过以身示范的带动作用和人格魅力来凝聚和感召广大的师生员工，率领和团结他们共同前进。

后疫情时代义务教育均衡发展监测制度的优化

——基于整体性治理理论的探析 ①

　　党的十八届三中全会把大力促进教育公平、推动义务教育均衡发展作为深化教育领域综合改革的重要内容。党的十九大再次强调必须把教育事业放在优先位置,办好人民满意的教育。党和国家持续高度关注义务教育发展,既充分彰显了义务教育基础性、关键性的战略地位,也体现了国家推动义务教育均衡发展的坚强决心和铁腕手段。义务教育均衡发展监测制度的优化是推动义务教育均衡发展的重要路径和制度保障,是推进教育治理体系和教育治理能力现代化的必然选择。综合来看,当前义务教育均衡发展监测制度还存在诸多问题,如监测目标碎片化、监测主体碎片化、监测制度运行机制的碎片化以及信息资源碎片化等等。这些问题严重影响了监测制度作用和功能的发挥,亟待进一步优化。

一、理论阐释:整体性治理与义务教育均衡发展监测制度优化的契合

　　义务教育均衡发展监测关涉义务教育均衡发展目标的实现,是提升全民素质和构建和谐社会的现实需求。义务教育均衡发展监测一直备受党和国家的高度重视,教育部分别于2012年、2017年颁布了《县域义务教育均衡发展督导评估暂行办法》和《县域义务教育优质均衡发展督导评估办法》,这两份文件的颁布标志着我国义务教育均衡发展监测制度已经初步形成。义务教育具有公共产品的属性,属于公益性事业,因而义务教育均衡发展监测制度属于公共政策范畴,具有一般公共政策的特征。公共政策是公共权力机关经由政治过程选择和制定的为解决公共问题、达成公共目标、实现公共利益的方案,其作用是规范和指导有关机构、团体或个人的行为。义务教育均衡发展监测是一项庞大、复杂的系统工程,涉及监测指标体系的构建、大量样本的采集以及对监测结果的分析和诊断,往往需要各级各类行政部门共同协作、相互支持,需要学校、家庭、社会互通信息、密切配合。基于义务教育均衡发展监测的复杂性,并结合新中国建立七十多年来教育改革发展的成功经验,必须始终坚持和完善中国共产党的领导,充分发挥党总揽全局、协调各方的领导核心作用,积极推动整体性政府治理模式与义务教育监测制度优化有效契合。

---

　　① 原载《中国教育政策评论》2020年,与王桐合作。

整体性治理是 20 世纪末期发展起来的一种新兴理论，其产生是对广泛存在于公共管理领域的碎片化现象的战略性回应。经过理论的不断完善和实践的反复检验，这一理论的价值和作用受到越来越多的认可和赞誉，一些学者甚至将其视为"第三种行政管理范式"。英国著名行政学学者佩里希克斯(PerryHicks)在《迈向整体性治理: 新的改革议程》(*Towards Holistic Governance*：*The Newre form Agenda*) 一书中首次系统地提出和论述了整体性治理理论。随后，希克斯更为深入地研究了这一理论，并出版了著作《圆桌中的治理：整体性政府的策略》和《迈向整体性治理：新的改革议程》。他认为整体性治理理论应该聚焦人民生活问题的解决，注重政府各部门之间的整合与协作，强化整体目标和实现路径的有机融合，构建一种相互信任、共同负责的制度文化氛围，并提倡以信息技术为依托解决公共服务的碎片化问题，提升政府治理的质量和效率。[①] 整体性治理结构中包含制度层面（制度构建、制度运行、制度评价和制度调整）、规章层面、服务提供和监督层面。这四个层面的运行需要通过三大维度的相互联通和有机整合予以保障，即治理层级之间的整合、治理功能的整合以及公私部门间的整合（见图 1 ）。在公共管理领域，这种强大的整合作用，能够更快、更好、成本更低地为公众提供满足其需要的无缝隙的公共产品和服务，有助于提升民众公共生活体验的满意度和幸福感。[②]

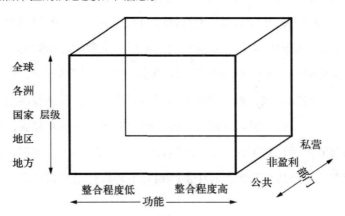

图 1　整体性治理的维度

疫情的爆发，对国家经济和人民生活造成重大干扰。为了最大程度地减轻疫情造成的影响，中国政府迅速行动，开展了一场世之罕见的、自上而下的大规模疫情防控工作，其高效的抗疫成果有力地彰显了社会主义制度强大的动员能力、协调能力和组织能力。

---

①Hicks，Perry .*Toward Holistic Governance*：*The Newreform Agenda*.Palgrave，2002：12，29.

②胡象明、唐波勇：《整体性治理：公共管理的新范式》，《华中师范大学学报》（人文社科版）2010 年第 1 期，第 11—15 页。

结合抗疫的成功经验以及整体性治理理论的思想意蕴，反思义务教育均衡发展监测制度运行的现实困境，如对监测指标体系的认同感不高、监测组织泛行政化、监测制度保障系统不完善、监测数据共享度较低等问题，引入整体性治理理论，有助于将义务教育均衡发展监测活动从碎片化困境的泥淖中解放出来，化"危"为"机"，推动监测活动的高质量运行。总而言之，整体性治理与义务教育均衡发展监测制度优化达到了高度契合。

二、问题剖析：义务教育均衡发展监测制度的碎片化表征

"碎片化"本意为完整的东西破成诸多零块，影响本体整体性效用的实现。在国家治理领域，"碎片化"主要指政府部门与其他组织的各类业务割裂，缺乏信息的沟通和交流，造成"各自为政""信息孤岛"等现状，进而导致"高投入，低成效"问题。义务教育均衡发展监测制度的优化是一项系统而又复杂的工作，同样需要对所呈现的碎片化现象进行梳理和思考，以厘清这一问题产生的深刻原因。

（一）监测目标碎片化

目标是组织及其成员行为的导向坐标，是组织凝聚力的源泉所系。它能够增强组织的协调能力和整合能力，激发组织成员的工作热情和合作意识。组织目标功能的实现离不开个体对目标的认同和承诺，个体参与监测活动的自觉意识和自我效能感与目标的达成存在显著正相关。[1] 制度目标碎片化是组织目标功能实现的主要问题和障碍。抗疫进程中，西方某些国家拒绝国际合作，奉行单边主义，既造成国内疫情居高不下，也严重影响全球的稳定和发展。处于后疫情时代，本土化的价值观会有所强化，区域发展进一步加强，国际竞争也会更加激烈。[2] 因此，国家应该进一步关注和加强国内教育发展，特别是基础教育的发展。义务教育监测活动对于保障义务教育发展具有重要作用。当前，义务教育均衡发展监测制度还存在诸多碎片化问题，其中监测目标的碎片化是其表现之一，主要涉及以下三个方面：

1. 监测目标裂化和重复。2012 年颁发的《县域义务教育均衡发展督导评估暂行办法》重点评估县级政府均衡配置教育资源情况。2015 年颁发的《国家义务教育质量监测方案》重点监测学生学业质量、身心健康及变化情况。2017 年颁发的《县域义务教育优质均衡发展督导评估办法》重点评估资源配置、政府保障程度、教育质量、社会认可度四个方面内容。

---

① Grigorios Kyriakopoulos. "Halfa century of management by objectives（MBO）：Areview"［J］. *African Journal of Business Management*，2012（5）：1772-1786.

② 顾明远、滕珺：《后疫情时代教育国际交流与合作的新挑战与新机遇》，《比较教育研究》2020 年第 9 期，第 3—7 页。

从均衡合格评估到均衡优质评估，测评的内容未能体现出监测活动的连续性，同时义务教育质量监测与均衡发展监测也存在内容上的重合，可能导致资源的浪费和监测价值的减损。

2. 监测目标的模糊性和隐晦性。2017 年颁发的《县域义务教育优质均衡发展督导评估办法》中规定的具体评估指标包括县域内义务教育学校规划布局合理，教师能熟练运用信息化手段组织教学，设施设备利用率达到较高水平，学生无过重课业负担，等等。这些指标并未给出具体的标准数值，存在一定的主观性，容易导致决策者和当事人难以达成目标上的一致性。

3. 监测目标的偏离和异化。教育部设置监测活动的目的是为了了解义务教育发展的现状及其存在的问题，地方部门则出于"部门主义"的立场，将监测活动视为上级对地方教育的一次考核，便"拆东墙补西墙"，全力保障本部门通过上级部门的检查验收。

（二）监测主体碎片化

监测主体是指依法享有监督和指导义务教育均衡发展资格，并承担相应监测职责和权力的人员，既包括政府人员，也包括相关利益群体。[①] 从利益攸关性来分析，义务教育监测主体应主要包括政府机构、第三方专业监测机构和社会公众等。[②] 后疫情时代的教育治理应该回归到治理主体的遴选和优化。我国教育监测主体存在的问题突出表现为：

1. 监测主体知识储备的碎片化。首先，专职监测人员隶属教育行政组织体系，往往缺乏对于义务教育现状的敏感性，行政思维固化，专业知识欠佳，对监测指标体系理解欠佳，对监测工具的应用也存在诸多问题；其次，兼职督学吸纳了科研人员、学校管理人员以及其他相关利益群体代表，由于各方文化背景差异，对监测活动的理解存在一定偏差，往往造成专家间对监测活动产生不同程度的认知分歧；最后，由于第三方评估机构在我国刚刚起步，发展还不是很成熟，其独立性和专业性仍需进一步提升。

2. 监测执行主体的机构裂化。同一教育行政机构可能扮演两种明显不同甚至相互矛盾的行为角色。[③] 为了保障监测目标的达成，中间政府行使自己激励分配的控制权，给下级组织"层层加码"，促使其能够与教育部的目标相吻合。同时，为了共同应对教育部的监测，中间政府往往会默许下级政府的短期应急行为和已经存在的现实问题，甚至会与下级部门

---

① 李桂荣等：《县域义务教育均衡发展监测机制研究》，科学出版社，2016 年，第 40 页。

② 杨令平、司晓宏、魏平西：《浅议义务教育监测制度的发育》，《教育研究》2018 年第 12 期，第 87—93 页。

③ 周雪光：《中国国家治理的制度逻辑：一个组织学的研究》，生活·读书·新知三联书店，2017 年，第 101 页。

产生"共谋行为"。

3. 职能部门间职能的重叠。为了强化教育监测功能，各级教育行政机构均设置了教育督导室。但义务教育监测活动实际上并不只是教育督导室的工作内容，教育行政机构组织中的基础教育处在自身职责的基础上，同样负责教育督导的大部分内容，大有"一套班子，身兼数职"之现象。在以县为主的教育管理体制下，上级教育行政组织机构对于县级教育督导工作依然保持着强大的控制权和影响力，县级教育行政部门的职权责存在不匹配、不对等的问题。

（三）监测制度运行机制碎片化

机制作为一种制度工作系统实际上具有制度运行监控的功能，它解决人们运行制度的积极性、规范性和公正性问题。[①] 疫情之所以能够在我国得到快速控制，整体性疫情防控机制发挥着极其关键的作用。同样，义务教育均衡发展监测制度的高效运行也有赖于一整套完备的运行机制，但目前我国教育监测制度的运行机制仍存在制度缺失、碎片化等问题，严重掣肘了教育监测功能的发挥。监测制度的运行机制碎片化问题主要表现在决策机制、协调机制、激励机制和评价机制上。

1. 决策机制的碎片化表现为监测方案和监测工具的制定主体单一化。义务教育均衡发展涉及学校、家庭、社会、政府等多方利益者，特别关乎农村地区、薄弱学校、弱势群体的教育改善，当前，教育监测制度的构建未能广泛征询各方建议和认真听取社会声音。

2. 协调机制的碎片化主要表现为两方面，一方面是各级政府间缺乏有效沟通，通常表现为下级政府只是教育政策的被动执行者，并表现为一种运动式治理模式；另一方面则表现为政府部门与学校以及第三方教育评估机构沟通欠佳，学校缺乏独立的人权、事权和财权，整个监测活动表现得极为被动，常常被迫终止正常的教育教学活动来迎接上级部门的检查。同时，第三方教育评估机构也因有赖于接受政府项目而发展，所以其独立性表现欠佳。

3. 激励机制的困境主要表现为难以打破已有的"统计思维"。对于监测人员发现的问题，往往采取"大事化小，小事化无"的办法。被监测学校常常一味地粉饰学校的实际状况，竭力避免被发现不利于自身的调查统计，致使数据失真，不利于国家对义务教育发展真实情况的掌握。

4. 监测活动元评价缺失。义务教育监测活动是否达到预期的监测目的，监测制度运行中还存在哪些不足，下一步应该如何去改进，这些问题并未受到重视。

---

① 陈朝宗：《制度学理论与我国制度创新实践》，中共中央党校出版社，2008年，第112页。

（四）信息资源碎片化

新公共管理式微和信息技术的兴起是整体性治理理论走向公共管理领域的重要契机和时代背景。[1] 一小片合适的信息，可以促进创新迈进一大步。一组数据，也可能会产生意想不到的效能。[2] 后疫情时代，线上教育和传统课堂将会走向深度融合，义务教育的发展也将转向新的态势，这种转变对于教育的发展既是一种机遇，也是一种挑战。因而，做好教育信息资源的监测就显得十分迫切和重要了。当前，义务教育均衡发展监测活动中呈现的信息资源的碎片化，主要表现为：

1. 信息公开的零散性和随意性。从国家每年发布的义务教育均衡发展报告来看，主要按照《县域义务教育均衡发展督导评估暂行办法》的标准要求，国家组织对申报材料进行审核，同时对往年通过认定的县进行复检，然后确定本年度义务教育均衡县的认定，最终向社会公开评定结果。这种结果的发布只是从宏观的视角揭示教育发展的现状，对目前存在差距的程度、造成差距的原因却一笔带过。从地方上来看，监测指标的拟定、监测程序的流程以及监测结果的发布都存在一定的零散性。谁参与指标的拟定，监测程序怎么进行，监测结果以何种途径、何时公布往往引发社会的连环发问。

2. 数据标准参差不齐。义务教育均衡发展监测的国家指标体系与地方的教育监测指标体系存在差异，不同地区间的教育监测指标体系往往也略有不同，不同教育统计活动的指标体系往往也存在标准不统一。这就造成各级数据难以共享，测评结果不能相互印证，也造成了工作内容的重复和资源的浪费。

3. 监测结果的数据挖掘不够。很多省份仅仅对收集的教育统计数据做简单的分类统计，对问题背后深层次的原因剖析明显不够。学界提出的新统计分析方法，并没有被应用到数据挖掘之中。这些耗费巨大财力和人力得出来的数据，只有一部分数据面向社会开放，未能令其发挥最大的作用和价值。

三、政策建议：义务教育均衡发展监测制度优化的路径选择

后疫情时代对义务教育均衡发展监测活动提出了新挑战、新课题。疫情期间我国的在线教育规模堪称世界之最、历史之最，很多师生深切地认识到在线教育的便捷性、高效性和个性化，成为在线教育忠实的使用者和拥护者，在线教育俨然已经成为教育生态中的一种新常态。在未来，在线教育将成为促进义务教育均衡发展的强大助推器，必将不断缩小

---

① 竺乾威：《新公共管理到整体性治理》，《中国行政管理》2008 年第 10 期，第 52—58 页。
② 涂子沛：《大数据》，广西师范大学出版社，2012 年，第 209 页。

区域之间、城乡之间、学校之间的教育差距。义务教育均衡发展监测活动作为教育发展的听诊器和风向标，面对教育百年未有之变局，更应该站位高远，化分散为集中，从部分走向整体，由碎片化迈向整体性。

（一）协调各级政府间的监测目标

善治是教育治理要达到的终极目标，即通过治理活动和治理过程，实现教育领域公共利益的最大化。后疫情时代，国家之间的分化和竞争将进一步加剧，重视基础教育和科技研发将成为推动社会经济持续发展的重要基石。因而，构建义务教育均衡发展监测制度应着眼于掌握教育均衡发展的实际状况，为教育政策的制定提供路径指引和现实参照，保障教育的公共性和公益性，构建高效、公平、自由、有序的新教育格局。[①]

审视监测目标的碎片化现状，针对这一问题的消解主要从以下几个方面：

1. 有赖于各级政府科学认知监测活动的价值和功能。只有充分认识到义务教育均衡发展监测活动的重要性和关键性，各级政府才能形成共识，进而产生高效的制度行动。各级政府的行政领导要牢固树立和坚持"百年大计，教育为本"的发展理念，重视并牵头教育监测方案的实施；同时，要加强对监测主体和监测客体的正确引导，确保数据源的可靠和真实，保质保量地完成教育监测活动。

2. 强化不同教育监测活动方案间的整合。对国家层面的教育监测活动，如义务教育均衡发展监测、义务教育质量监测、学生体质监测等，进行整体设计，将各类监测目的进行归并，构建一体化的监测指标体系。对于地方层面，在完成国家教育监测活动之外，还应该尽量避免开展本地区的教育监测活动，如教育现代化发展水平监测、教育国际化发展水平监测等活动，若确有必要，可以在开展国家统一监测活动的同时，增设相应监测指标，合二为一，同步进行本地区教育监测活动。

3. 削减教育监测活动中的政府层级。适度减少政府层级，有助于监测活动信息的"上情下达"和"下情上达"。在以县为主的义务教育管理体制下，县级政府对县域教育便于作出统筹谋划，也能够准确且比较微观地掌握县域教育的实际情况。相比而言，市级政府掌握市域教育情况就比较宏观。因此，原本监测活动涉及的国家—省—市—县的四级行政组织，可以在监测活动中精简为国家—省—县三级行政组织负责制，以推动教育监测活动的高质量、高效率运行。

---

① 褚宏启：《教育治理：以共治求善治》，《教育研究》2014 年第 10 期，第 4—11 页。

（二）构建多元监测主体合作治理网络

此次疫情防控再一次向全世界展现了社会主义制度的优越性。面对突如其来的新冠肺炎疫情，党中央把人民生命安全和身体健康摆在首位，快速响应、精准施策，通过广泛动员全社会力量，共享信息，各方联动，取得了显著的抗疫成效。这些宝贵的经验启示我们，在后疫情时代，要积极倡导多主体参与的合作管理、共同管理，参与管理的主体不再限于政府部门，而应该包括各种非政府组织、各种社会团体、私人部门、公民个人在内的多元主体。正如治理理论所阐述的，治理不是作为单一主体的政府的统治和管理，而是多元主体参与的民主化管理。①

1. 对于当前我国义务教育监测主体碎片化现状，结合新中国建立七十多年来城乡义务教育一体化取得的发展成就以及"运动式推进"的治理逻辑②，义务教育监测活动要继续坚持党的统一领导，这是监测活动高效、有序开展的基本保障。中国共产党是我国义务教育均衡发展监测活动的关键主体，具有人、财、物的调配权和使用权。在监测活动组织上，要尽可能选用专业能力强、思想觉悟高的人员担任监测活动的执行者，同时要全力保障监测经费和配套设施的充足。

2. 构建多元主体合作的相关制度。制度是最重要的战略资源，制度的进步是教育治理体系和治理能力现代化的重要表征。③就政府、学校、家庭以及社会组织的关系来说，主要是"对话、交流、合作、共建"。要提高教育监测多元主体的供给能力，推动多元主体能够胜任监测活动，并通过完善监测活动相关法律法规，确立不同主体参与教育监测的主体地位，明晰相应主体的责任与权利，以促进合作高效、有序开展。

3. 大力培育第三方教育监测机构。鉴于当前由社会主导的第三方监测机构尚不成熟，未能形成一定规模，其监测的科学性、专业性、权威性仍受到一定质疑，故不能盲目地将监测主体直接交给第三方监测机构。高校教育学院或相关教育智库对于义务教育有着深入的研究，并且具有相对的独立性，在现阶段能够较好地担负监测主体这一职责。随着社会第三方监测机构的逐步成熟，后期再推动监测活动面向社会的公开招标。这就要求国家积极鼓励、大力支持第三方监测机构的发展，为其能够快速发展创造良好的生长土壤，使其利用市场化的力量，形成专业、高效的第三方监测机构，从而使第三方监测机构为我国义

---

① 滕世华：《公共治理理论及其引发的变革》，《国家行政学院学报》2003 年第 1 期，第 44—45 页。

② 王桐、司晓宏：《七十年来我国义务教育政策的演变与发展》，《现代教育管理》2020 年第 6 期，第 34—40 页。

③ 陈金芳、万作芳：《教育治理体系与治理能力现代化的几点思考》，《教育研究》2016 年第 10 期，第 25—31 页。

务教育的长远发展发挥重要的助推作用。

（三）增强监测运行机制的整体性设计

疫情防控阶段，我国各地时有零星散发的新冠肺炎疫情，同时不断有境外疫情输入，面对此种状况，我国构建了系统、高效的应对机制，有效地避免了新一轮疫情的卷土重来。同样，监测机制的完善和优化对于实现高质量的教育监测活动也至关重要。教育监测机制强调教育监测各部分之间的相互关系及其运行方式。[①] 优化教育监测机制的主体格局、制度规定和程序流程，有利于释放教育制度内在的巨大活力和能量，进而有效地解决教育发展中遇到的各种矛盾和问题。教育监测运行机制的优化主要包括协调机制、激励机制以及评估与修正机制。这三类机制的优化是整体性治理的基本内容，也是整体性治理的价值指向，三者既表现出相对的独立性，又具有内在的相互联系（见图2）。

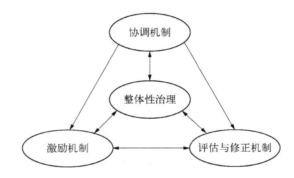

图2　监测运行机制优化的整体性设计

协调机制的优化有利于降低监测活动的运行成本，增强监测主体的凝聚力，其目的在于"化异求同"。一是各监测主体间要信息共享，确保信息沟通的便利和顺畅。各监测主体在开展监测活动之前，可以适时地进行经验交流和问题讨论，促使各主体间达成监测共识，避免活动中的缺位、异化问题。二是要优化利益协调机制。摒弃强制性的活动摊派或经济利益的显著刺激，大力消除有可能诱发监测活动偏离的隐形因素，促成不同监测主体间的有机整合。三是构建约束机制。避免监测主体权利因地位特殊而产生的权利滥用，要通过约束机制的优化，将不同监测主体的行为限定在法定界限之内。

激励机制优化旨在强化监测主体和监测客体对监测活动的积极性和责任感。义务教育均衡发展监测活动并不是为监测而监测，其核心价值在于改善教育现状，促进义务教育优质均衡发展。一方面，在构建监测指标体系中要重视发展性指标的设置，通过监测活动中

---

① 孙绵涛、康翠萍：《教育机制理论的新诠释》，《教育研究》2006年第12期，第22—28页。

的指标设置引导地方政府和中小学校长关注、支持教育的发展；另一方面，要注意营造风清气正的监测环境，强化在监测活动中的实事求是的精神，监测主体如实记录，监测客体照实反映，坚决摒弃数据造假、故意夸大、层层瞒报等不良风气，并严格执行相应奖惩机制。

评估与修正机制的优化有助于不断提升监测活动的质量。对于监测活动的运行要建立科学的评估制度，即开展对监测活动的元评估。元评估涉及两个维度：一是关于监测活动研究的评估，内容主要包括监测的理论根基、监测的理论构架、监测的方法与机制、监测的功能与结构；二是关于具体监测活动的评估，包括监测数据的真实性和准确性、监测工具的适切性和合理性、监测方案的科学性和高效性。通过元评估，研判出监测活动在理论和实践中存在的问题与不足，汲取经验教训，并形成书面报告。在下一轮监测活动开展前，进行充分学习和研讨，进而不断提升教育监测的精准度和高效性。

（四）优化监测数据共享平台

新冠肺炎疫情防控时期，疫情监测数据平台的搭建，让疫情的真实现状和发展趋向能够为不同组织和个体所了解，进而便于精准施策、高效防控，为遏制疫情的快速传播做出了重大贡献。同样，教育监测数据平台的完善对于促进义务教育均衡发展同样意义重大。整体性治理理论背景下的教育监测数据具有巨大的应用价值，能够为教育事业的发展提供重要的基础性支撑。为此，应从以下三个方面加强：

1. 优化国家级义务教育监测数据平台。数据平台的搭建能够消除地方信息孤岛的困境，能够从纵向和横向上实现数据的无缝融合。2012年国家开始启动"三通两平台"建设，其中教育管理公共服务平台旨在为教育管理公共服务提供准确的数据支持，但从实际运行现状来看，其在教育管理中的作用并没有凸显，仍需进一步建设和优化。可以将义务教育监测数据平台作为教育管理公共服务平台的子系统，同时共享相关基础数据，归并同类系统功能。平台的设计应该关注教育管理的现实需求，增强数据平台的实用性和规范性，以能够打造成数据丰富、操作简单，便于用户直接获取相关教育监测数据信息的平台。

2. 注重数据平台的技术研发。数据信息采集是官方统计机构数据库、管理部门日常应用数据库以及实地调查数据库三者的有机结合。数据平台能够清晰、准确地追溯每一个监测指标的发展轨迹。[1]数据平台的建立需要引入最新的信息技术，包括云数据技术、大数据技术、数据挖掘技术等。借助信息技术的优势，可以不断地优化数据粒采集的途径，同时也能够不断提升监测数据的分析质量和应用水平。

---

① 路德维珂·科拉罗、胡咏梅、梁文艳：《国际组织教育政策监测与评价体系的架构及其对中国的启示》，《比较教育研究》2011年第2期，第70—75页。

3. 增强平台数据信息的及时性和安全性。数据是数据平台最核心的内容。一方面，要构建相应数据监管制度，规范数据的上报内容和时限，确保相关数据能够全面、准确、及时地录入系统；另一方面，要保障监测数据的安全性。数据管理人员要增强保密意识，严禁私自传播监测数据，数据的下载要保证能够追溯到相关的具体用户，以防止教育监测信息的滥用。同时，教育管理部门也要加强数据库安全技术的引入，装备先进的"防火墙"技术，谨防社会上的不法分子对数据库的恶意攻击。

我国西北地区义务教育均衡发展的现实困境与政策选择

——基于国家教育督导《反馈意见》的研究[①]

义务教育均衡发展是我国在已全面普及义务教育基础上做出的重大战略部署，是切实保障公民接受义务教育过程平等权的国家意志。为确保区域内义务教育均衡发展能够如期实现，教育部 2011 年、2012 年分别与全国 31 个省（自治区、直辖市）和新疆生产建设兵团签署了义务教育均衡发展备忘录，部分省份还采取省、市、县三级政府层层签订责任书的形式，将均衡发展的目标、任务和责任逐级分解、落实。与此同时，国家教育督导检查组对全国义务教育均衡发展情况依法定职权和程序开展督导检查，并形成《义务教育均衡发展督导检查反馈意见》（以下简称《反馈意见》）。就我国目前义务教育均衡发展的现实情况来看，西北地区义务教育的发展状况是全国义务教育均衡发展的短板和重要突破口。截至 2016 年，上海、北京、天津、江苏、浙江、广东、福建等七个省（直辖市）的所有县级单位全部通过国家督导评估认定，湖北、安徽、山东、吉林四省通过认定县的比例均超过 80%，而西部地区尚未认定的县的比例则高达 54.51%。毋庸置疑，我国义务教育均衡发展的重点与难点在西北地区，只有西北地区的义务教育实现了均衡发展，我们才能向全世界郑重地宣告我国义务教育发展实现了均衡，公民受教育权的起点公平与过程公平才算真正地得以落实。

一、西北地区义务教育均衡发展的现实困境

国家教育督导检查组的《反馈意见》由主要指标达标情况与检查结论、主要做法和经验、存在的主要问题、督导意见四部分构成。基于对《反馈意见》文本的梳理与提炼，可以看出我国西北地区义务教育均衡发展主要存在着学校办学条件薄弱、教师队伍建设滞后、资源配置不公、保障机制政策落实不到位等方面的问题。

（一）义务教育学校办学条件依然比较薄弱

学校的办学条件是学校教育教学与教育管理顺利开展的基本物质保障，是学校办学的基础性要求。依据教育部《县域义务教育均衡发展督导评估暂行办法》第四条的规定，义务教育均衡发展评估主要包括生均教学及辅助用房面积、生均体育运动场馆面积、生均教

---

① 原载《中国教育学刊》2017 年第 10 期，与祁占勇、王君妍合作。

学仪器设备值、每百名学生拥有计算机台数、生均图书册数、师生比、生均高于规定学历教师数、生均中级及以上专业技术职务教师数等方面。在《反馈意见》中，西北地区义务教育学校办学条件不达标，集中表现在生均体育运动场馆面积不达标、生均教学及辅助用房面积不达标、生均校舍建筑面积不达标、教学仪器配备不足等方面。其中五省生均体育运动场馆面积不达标问题较为普遍，校际差异系数不达标区域占各省申报检查县（市、区）总数的 1/3 以上，青海 15 个申请检查县（市、区）中有 6 个未达标，宁夏 8 个申请检查县（市、区）中有 5 个未达标，甘肃 29 个申请检查县（市、区）中有 15 个未达标，新疆 17 个申请检查县（市、区）中有 6 个未达标，陕西 50 个申请检查县（市、区）中有 20 个未达标。在生均教学及辅助用房面积方面，甘肃不达标情况最为严重，29 个申请检查县（市、区）中有 24 个未达标。在生均校舍建筑面积方面，宁夏回族自治区获得检查认定资格的 8 个县（市、区）全部存在不达标学校，且均为小学。教学建筑、活动场地、校舍建筑等是教育教学活动得以开展的基本设施，中小学的学生相对低龄，处于生理和心理生长发育的关键期，缺乏安全意识及自我保护意识，极易发生校园安全事故，各类活动场所的高质量建设、定期检修、折损处理是学校应有的基本安全保障措施。中小学发生的诸如踩踏、运动器材断裂致伤事故等校园安全事件，与学校的硬件设施落后或质量问题等因素不无关系，学校除了要提升学生的自我安全保护意识，也有责任与义务为他们提供最基本的安全活动场所。

（二）义务教育学校教师队伍建设严重滞后

"教师是立教之本、兴教之源"，造就"师德高尚、业务精湛、结构合理、充满活力的高素质专业化教师队伍"是义务教育均衡发展的根本保证。当前，我国义务教育学校的教师队伍建设在教师配备、教师培训和教师交流等方面存在重大不足与缺失。

1. 教师配备不足

教师配备不足主要包括学科教师配备不合理、师生比不达标、高于规定学历教师缺乏、中级以上专业职称教师以及骨干教师数量不足等。从《反馈意见》来看，西北地区存在严重的学科教师配备不合理的问题。各省工作得分表的"义务教育学校学科教师配备合理"相关条目中，青海 15 个申请检查县（市、区）中有 14 个未达标，宁夏 8 个申请检查县（市、区）中有 7 个未达标，甘肃 29 个申请检查县（市、区）中有 21 个未达标，新疆 17 个申请检查县（市、区）中有 7 个未达标，陕西 50 个申请检查县（市、区）中有 42 个未达标，其中青海该条目的标准分值为 10 分，未达标的 14 个县（市、区）有 13 个分值仅为 5 分，1 个为 7.5 分。由上可见学科教师配备不足已经成为我国义务教育学校的常态。此外，部分县域教师结构的设置也有缺陷，高学历、高职称、经验丰富、专业能力强的教师配置不均，区域内校际差异大，直接导致了区域内教育水平的极端化、差距明显、资源分配不合理等问题，导致义务教育发展不均衡的恶性循环。

2. 教师培训缺失

教师培训缺失主要指未有效贯彻县域内义务教育学校校长和教师的定期交流制度并形成教师职业培养培训机制。《反馈意见》呈现"教师培训经费占学校公用经费的 5%"在多地未达标，甘肃省某县在该项 6 分的总分中甚至只得了 3.5 分，经费缺失直接影响到教师培训权的实现，造成教师队伍建设缓慢，师资力量严重不足。

3. 教师交流制度没有彻底实施

《反馈意见》在总结五省教师队伍建设薄弱问题时指明各省皆存在"教师交流比例低，交流数量少"的现象，尤其宁夏 8 个县（市、区）中存在 7 个未达标区域。交流轮岗是促进教师资源均衡配置的有效举措，其流动方式有"城市—城市""乡村—乡村""城市—乡村""乡村—城市"四种。[①]但是在实际操作中，城乡间的教师流动机制还存在制度不健全、教师自主权缺乏、流动效果不佳等诸多问题。因此，促进城乡教师资源公平的突破口就是要破除上述教师队伍建设中的诸多阻碍。

（三）义务教育阶段校际教育资源配置存在显著差异

教育资源配置不公是制约义务教育均衡发展的体制机制问题，是由政策因素和制度安排导致的，由此而引发的择校、重点校（班）、大班额问题显著存在。虽然我国明文禁止择校、重点分级等行为，但从《反馈意见》来看，我国义务教育发展过程中均存在不同程度的"重点校和重点班""公办义务教育择校"现象，其中甘肃和新疆申报检查的县（市、区）半数以上在该问题未达到标准分数。青海、甘肃两省中小学大班额现象较为突出，青海 15 个县（市、区）中有 8 个不达标，甘肃 29 个县（市、区）中有 16 个不达标。教育部关于贯彻《国务院办公厅转发中央编办、教育部、财政部关于制定中小学教职工编制标准意见的通知》的实施意见中规定：原则上普通中学每班学生 45~50 人，城市小学 40~45 人，农村小学酌减，具体标准由各省（市、区）根据实际情况确定。现实情况却是城镇学校拥挤不堪，中小学每班 60~70 人成为普遍现象，农村学校学生稀少，形成了"空壳学校"与"巨型学校"的显著对比。大班额是优质教育资源集中化的极端产物，危害重重，不仅容易滋生师生烦躁不安等负面情绪，而且不利于教学活动过程中的师生互动，特别是学生长期处

---

① 李喜燕：《义务教育教师交流的问题、困境及制度路径》，《教育学术月刊》2011 年第 1 期，第 84—87 页。

于拥挤、紧张、嘈杂的学习环境中，学习的有效性会大幅降低甚至完全消失。[①]

美国自 20 世纪 70 年代起为解决一些学生尤其是贫困家庭学生在学校活动中的消极反馈及厌学情绪开始关注班额对教育的影响，开展缩小班级规模计划（TheClassSizeReductionProgram，CSR）的实验研究，结果表明：缩小班级规模后，学生成绩有所提升，对于家庭经济差的学生和少数民族的学生而言，小班教育有利于其学业成绩的较大提高，教师关注度及教学质量相较之前更高，教师与学生的情感状态也更积极。[②]可见，从长远的教育效益考虑，缩小班额有助于弱化由教育不公、资源配置不均所产生的负面影响，是从根本上改革教育模式、提升教育质量的必然趋势。

（四）义务教育保障机制政策落实不到位

义务教育保障机制政策是国家推进义务教育均衡发展的基本抓手，有效执行义务教育保障机制政策是确保义务教育均衡发展的根本保证。然而，我国义务教育保障机制未落实的现象却普遍存在。

1. 教育经费"三个增长"落实不到位

教育经费"三个增长"是《中华人民共和国义务教育法》做出的法定性规定。《义务教育法》第 42 条明确指出："国务院和地方各级人民政府用于实施义务教育财政拨款的增长比例应当高于财政经常性收入的增长比例，保证按照在校学生人数平均的义务教育费用逐步增长，保证教职工工资和学生人均公用经费逐步增长。"就《反馈意见》而言，五省均存在较严重的"三个增长"未落实情况，单项评分低，不达标县（市、区）数量多。青海 15 个申请检查县（市、区）中有 10 个未达标，宁夏 8 个申请检查县（市、区）全部未达标，甘肃 29 个申请检查县（市、区）中有 23 个未达标，新疆 12 个申请检查县（市、区）中有 7 个未达标，陕西 50 个申请检查县（市、区）中有 11 个未达标。

2. 农村薄弱校改造计划及学校标准化建设落实出现偏差

《国家中长期教育改革和发展规划纲要（2010—2020 年）》明确指出，对农村义务教育改革实行地方财政为主、中央奖补的方式，其目的在于缩小城乡差距，改善农村义务教育办学条件，全面推进义务教育均衡发展。我国特别是西北地区城镇化程度不高，整体教育水平偏低，农村是义务教育均衡化的关键阵地。虽然薄弱校改造计划使各省农村学校

---

①Michael Owak. "Primary Education Quality in Francophone Sub-Saharan Africa：Determinants of learning Achievement and Efficiency Considerations"，*World Development* 29，no.10（2001）：1699-1716.

②钱丽霞、顾瑾玉：《关于国外班级规模缩减问题的研究》，《教育科学研究》2000 年第 6 期，第 75—80 页。

硬件配置有了大幅提高，却并未给农村教育带来生机，反而产生了新问题。例如，农村学校空壳化问题，宁夏某地级市全市学生人数在 10 人以下的学校有 120 多所，占全市农村小学总数的 15% 以上。位于甘肃省定西市安定区的称钩驿学校，2009 年撤销初中部后，逐步过渡为六年制完全小学，学生数量从 2012 年的 18 人减少到 2015 年的 11 人。甘肃全省 1 人学校有 219 所，5 人以下学校有 1800 所左右，10 人以下学校 3700 余所，而百人以下学校有 7892 所。诸多学校拥有优质校舍，足量的教师，但学生人数寥寥。空壳化问题不是农村薄弱校改造计划的本意产物，政府需要在政策落实时结合实际情况，科学规划，加强指导，不能盲目地为落实政策而落实政策。

二、西北地区义务教育均衡发展的影响因素分析

教育活动是人类社会特有的活动，其形成和发展是多种因素共同作用的结果。我国义务教育的现状是政治、经济、文化、社会等多种因素互相作用引发的结果。

（一）西北地区自然环境恶劣和经济基础薄弱

教育生态学认为，教育的产生、存在和发展受多元环境体系的制约和调控，主要包括自然环境、社会环境和规范环境。其中，自然环境是教育落地生根的客观基础。西北地区地域广阔，气候、地形条件复杂，恶劣的自然环境导致人口群聚与分散并存，教育发展受到客观条件的极大制约，交通建设难度大，对外贸易不便，社会经济增长缓慢，经济一直处于较落后状态，医疗、卫生、就业等一系列民生问题亟需财政支持，投入高、见效慢的教育事业很难受到政府的长期青睐，财政投入能保持稳定已属不易，更何况要达到"三个增长"。教育经费投入保障程度不一，造成我国教育基础设施建设落后，尤其农村地区，危房现象严重，校舍无法满足学生需求，偏远地区学生上学路途遥远，环境恶劣，存在诸多安全隐患。新疆喀什地区皮里村孩子上学路上需要溜索道、攀悬崖的新闻曾引起社会广泛关注，虽然该问题后续得到了解决，但类似于皮里村这样条件艰苦的地方在西北地区比比皆是，依然有大量未被大众所知的盲区。如何最大程度利用有限的教育经费来改善西北地区自然环境恶劣、经济基础薄弱的现状，成为我国义务教育均衡发展的关键问题所在。

（二）义务教育政策的历史惯性长期存在

重点校（班）政策是我国特定历史时期的产物，虽然我国教育法律法规已明令禁止设立重点学校、重点班级，但是历史惯性导致政策产生"路径依赖"，办学模式与管理模式固化，政策的取消并不意味着重点校长期积累的优势资源会随之消失。教育可以给学生和家庭带来经济和非经济的预期收益，教育的预期收益与受教育者所受教育的质量直接相关，

家长和学生有权选择教育质量高的学校，而"重点"意味着人力、物力、财力资源的充足支持。[1]我国特别是西北地区教育资源缺乏，教育不公倾向明显，社会待优质资源趋之若鹜，重点班观念一时无法转变，非重点学校的教育质量短时间内难有提升，资源薄弱的城市学校与农村学校生源不断萎缩，在整体学校布局没有改变或者扩张的情况下，形成大班额的现象在所难免。加之农村地区盲目撤点并校，导致学生被迫集中于城镇学校，我国正处于城镇化进程高速发展期，农村流动人口大量涌入，学生人数大大增加，学校增长的数量远不及学生增长的数量，班额超编成为无奈之举。

（三）义务教育政策有效执行的监督与激励机制不健全

义务教育的责任主体是地方政府，从概念上讲，政府是公共服务机构，是公益性质的、无私化的。但事实上，作为政府行为的个体代表，官员有其自身的利益追求，在现行的激励机制下，地方政府奉行"向上负责"原则，当教育不在政绩考核之列，地方政府尤其是县级政府会不自觉地降低对教育投入的积极性，更加关注能够在短期内凸显效益的其他方面。从投入与产出的收益角度讲，一个地方的教育投入所产生的人才效益并不为当地所独有，而是贡献给社会整体的共享效益，"即使地方具有提供义务教育的全部财政能力，从利益最大化的假设来看，地方政府也不会拥有较强的意愿来提高义务教育的供给水平"[2]。在激励动机不足的情况下，地方政府对于教育发展的努力程度会相对减少。而政府作为自我行为的监管者，逾越规则与否皆由自己判断。没有足够的信息公开与监督机制，无法保证政策执行过程的合理合法，也无法达到中央政策制定初期的预期效果。我国长期存在的行政效力低下、监管不严等问题，再加上激励机制的缺乏，导致义务教育均衡发展疲软、缺乏活力、进程缓慢，要想改变这些状况，唯有健全监督与激励机制。

（四）义务教育治理体系与治理能力现代化水平不高

义务教育治理体系与治理能力现代化是全面深化教育领域内综合改革目标在义务教育领域中的集中体现。我国义务教育治理体系与治理能力现代化水平不高，突出表现在以下两方面：

1. 政府管理缺乏科学性与系统性，存在地方政府对中央政策直接复制、理解偏差或者断章取义等现象。如调整学校布局政策，《国务院关于基础教育改革与发展的决定》在明

---

[1] 王善迈：《基础教育"重点校"政策分析》，《教育研究》2008年第3期，第64—66页。

[2] 吴宏超：《义务教育均衡发展的现状与政府效能改进——基于湖北省的数据分析》，《教育发展研究》2007年第23期，第44—48页。

确要因地制宜调整农村中小学布局的同时，也提出交通不便的地区仍需保留教学点，防止因布局调整造成学生辍学。然而，地方政府在操作过程中往往对政策理解简单粗暴，曲解布局调整的内涵，盲目撤点并校，造成县城学校规模被迫扩大，导致一些偏远分散的学生上学路愈加困难。另外，政府管理缺乏系统性，责任不清，主体不明，部门间相互推诿。各级政府在义务教育的责任承担上总是倾向于向低级政府"推卸"，导致县、乡、村处于最底层、最无奈的境地。[①]

2. 学校缺乏专业管理理念，学校有资源配置却无资源激活之策。有些学校依托政策支持，并不缺乏教育资源，而是缺少合理的资源利用，只看到了资源配置，却没有资源激活。[②]如针对西部乡村教师队伍建设问题，国家实施了西部地区"两基"攻坚计划、深化农村义务教育经费保障机制改革、农村教师特岗计划、对口支援、定向招生等重大举措，竭力为农村学校提供教师资源，然而受惠地学校却无法留住教师资源。管理者不具备专业管理背景与意识，教育教学水平质量低下，自然无法吸引优秀教师与生源，造成资源浪费与人才流失，严重阻碍义务教育现代化发展。

三、我国西北地区义务教育均衡发展的政策选择

义务教育是政府基本公共服务均衡化的基本领域，政府既是义务教育的责任承担者，又是义务教育的具体实施者，还是义务教育发展方向的基本引导者。政府与义务教育之间"从一而终"的关系决定了必须要从政府层面来全面统筹考虑我国义务教育均衡发展的实现路径。

（一）加快义务教育经费保障制度改革是推进义务教育均衡发展的根本保证

教育经费是保障义务教育公益性的根本，在现有行政体制和财政制度下，应从以下方面促进义务教育经费保障制度的改革。

1. 拓展经费来源，避免依赖"政府财政包办"。一是应当积极吸引校友捐赠，建立相应的校友投资机制。二是吸纳社会资金投入，适度放宽义务教育资金投入的限制条件，吸纳一部分社会资金，促进义务教育发展。三是应当支持学校以合理方式在不影响学校教育的前提下适当发展校办产业，校办产业不仅是增加资金的路径，同时也能够高效利用学校资源为学生提供实践机会，可谓一举三得。

---

① 曲正伟：《我国义务教育发展中的政府责任视角》，《湖南师范大学教育科学学报》2004 年第 4 期，第 30—35 页。

② 曹能秀、苟琳：《西部地区义务教育均衡发展：历程、特色与趋势》，《学术探索》2015 年第 1 期，第 147—151 页。

2. 落实优先发展义务教育的战略，不断调整和优化义务教育财政支出结构。一是明确教育在财政支出中的优先地位，财政预算与决算应当保证教育经费的基本占比，确保义务教育经费不被其他经费挤压占用。二是集中财力，专款专用。

3. 完善财政转移支付制度，加强省级财政统筹。义务教育财政投入的突出矛盾在于责任等级与财政能力不对称问题，解决这一问题，一是要遵循筹集和分配资源的三个准则：充足、公平和效率。[1] 二是建立县级义务教育财政转移支付模型，确定转移支付需求，[2] 使县级教育财政单独预算，以保障教育经费。三是可以借鉴广东省的"兜底"原则，新增项目重点向农村学校和城镇薄弱学校倾斜，着力改善农村中小学的办学条件，促进城乡义务教育资源均衡配置。

（二）合理配置义务教育资源是深化义务教育均衡发展的底线要求

资源短缺是我国义务教育发展的最大障碍之一，多年来中央政府出台"国家贫困地区义务教育工程""农村中小学危房改造工程""食暖工程""改厕工程"等政策来缓解西北地区资源紧缺的状况，但是资源供给增加只是缓解资源紧缺的方式之一，如何将有限资源的利用率最大化、合理分配现有资源，才是解决资源紧缺的根本途径。

1. 强化资金资源的配置。一是保证基础建设资金，优先薄弱校及危房改造计划的施行。二是要重点保障教师工资和各项福利待遇，落实《义务教育法》中关于"教师的平均工资水平应当不低于当地公务员的平均工资水平"以及"民族地区和边远贫困地区工作的教师享有艰苦贫困地区补助津贴"的要求，使义务教育既能够吸引人才，又能够留住人才。[3] 三是资金投入到学校设备改善、场馆建设、教师交流、信息技术建设等方面有助于提升教学质量的"软件"设施。

2. 加强教师资源的配置。一是推动城乡教师交流制度。学校间、地区间形成缔结关系，一对一或一对多进行教师资源双向流动，支持教师深造培训，并给予相应补贴，加强教师协议式培训监管，促进人才回流。二是合理利用免费师范生、西部人才引进、特岗教师等计划吸引人才返乡，加强省级高校毕业生的人才引进。三是增强区域内教师资源均衡配置能力，防止差异过大。从整体布局来讲，我国可以将相近市县的优势教师资源对接，建立网络共享

---

① 曾满超、丁延庆：《中国义务教育财政面临的挑战与教育转移支付》，《北京大学教育评论》2003 年第 1 期，第 84—94 页。

② 袁连生：《建立规范的义务教育财政转移支付制度》，《国家高级教育行政学院学报》2001 年第 1 期，第 28—34 页。

③ 姚永强、范先佐：《论义务教育均衡发展方式的转变》，《教育研究》2013 年第 2 期，第 70—76 页。

平台，以互联网实现资源分享，以推动校际均衡，为西北贫困地区提供相关参照经验，把"教师的法律地位定位为国家公务员，使义务教育教师均衡配置依法有序推进"[①]。

（三）健全义务教育监督管理体制是促进义务教育均衡发展的长效机制

监督机制能够起到承接执行与奖惩的作用，从我国现行的义务教育机制来看，应该从以下方面着手建设义务教育监督管理体制。

1. 完善义务教育均衡发展监测制度，尽快实施能保障"普及、质量、均衡三者协调发展"的义务教育均衡发展标准[②]，切实完善县域义务教育均衡发展监测机制，监测过程注重及时性与长期性，建立跟踪监测机制，形成动态监测，提供具备时效性的监测报告。

2. 加强督导机制。督导是敦促行政执行力的有效措施，将义务教育均衡发展纳入政府评估标准对地方政府的责任履行有重要的促进作用。同时，依据自身情况，除了进行义务教育均衡发展工作评分，还要将义务教育相关发展因素纳入整体政绩考核，形成责任网络，督促多部门联合监管，建立问责与激励机制。

3. 明确权责划分，提升行政效率。省、市、县三级明晰权责，分解落实各级各部门责任，细化中央政策文件的执行，形成政策文件切实传达，加强各单位协同发展，注意各单位的信息沟通，突出县级主管地位，省市做好政策扶持与财政补贴工作，加强部门联动，打通纵、横向合作通道。同时做好部门工作交接与衔接，提高行政效率，督促政策的贯彻实施。[③]

（四）积极借鉴国外先进经验是落实义务教育均衡发展的快捷便车

我国特别是西北地区由于经济相对落后，存在信息相对闭塞、发展观念陈旧等现实问题。因此，国外经验的学习可以有效节省时间、精力，快速直接地获得最优方案。

1. 依据地方实际，分门别类制定义务教育学生资助政策。澳大利亚针对低收入家庭制定了"中学生离家上学补贴"政策[④]，在"基本寄宿补贴"中，以家庭与学校的距离为资

---

① 陈鹏：《义务教育教师均衡配置的法理探源与法律重构》，《陕西师范大学学报》（哲学社会科学版）2010 年第 1 期，第 160—164 页。

② 中央教育科学研究所教育政策分析中心：《义务教育均衡发展是实现教育公平的基石》，《教育研究》2007 年第 2 期，第 3—11 页。

③ 赵永辉：《各级政府在义务教育均衡发展中的责任及履责成效》，《教育学术月刊》2015 年第 7 期，第 48—55 页。

④ 卢海弘、史春梦：《农村寄宿学生补贴政策比较研究——以澳大利亚等国为例》，《教育发展研究》2008 年第 19 期，第 46—50 页。

助条件。[①] 贷款和奖助学金能够有效缓解贫困学生的就学困难，依据不同家庭情况以及当地财政情况分类制定奖助贷政策，可以使资金最大化利用，以提升财政投入价值。

2. 行政过程坚持程序正义及政策配套。美日两国的财政支付转移制度都恪守公式化、规范化原则，美国的基本补助、保证税基和日本地方交付税的拨款公式设计中均包含地方政府无法控制的标准支出和标准收入，而且在确保标准收入和标准支出测量准确的基础上，还考虑了影响两个变量的其他客观因素[②]，并且将转移支付纳入法制轨道，各层级均有法律监督。政府在政策制定时要充分考虑到政策执行的合理合法性，始终贯彻依法治教的精神，并及时出台相关实施细则、操作规范等配套规章。

3. 对农村地区实施"补偿性"政策，弥补城乡不均衡。[③] 美国曾经签署农村教育成就项目（RuralEducationAchievementProgram，REAP）政策，重点帮助小型农村学校和农村低收入学校增加经费，提供教师发展专项经费，大大改善了农村教育水平，在较短时间内缩小了城乡差距。

总之，义务教育均衡发展是一项关系国家安全、民族繁荣、社会发展、人权保障的伟大事业。我国义务教育均衡发展要有效利用国家优势资源与政策扶持，创新体制机制，倾尽全力落实义务教育均衡化发展，从而促成国家义务教育事业整体的大跨越。

---

① 金东海、秦浩、陈昊：《国外义务教育阶段学生就学资助政策对我国的启示》，《外国教育研究》2009 年第 8 期，第 11—16 页。

② 李祥云：《义务教育财政转移支付制度：日本与美国模式》，《教育与经济》2004 年第 2 期，第 54—57 页。

③ 陈祥东：《国外促进义务教育城乡均衡的经验及对我国启示》，《求索》2013 年第 4 期，第 218—220 页。

义务教育均衡发展进程中"政府悖论"现象透视 ①

"政府悖论"也称国家悖论，是美国著名经济学家道格拉斯·诺斯首先提出来的。他在论述国家在市场经济中的作用时指出："国家的存在是经济增长的关键，然而国家又是人为经济衰退的根源。"② 人们选择政府的初衷是为了追求经济利益最大化，而现实中政府行为的结果却最终偏离了预期方向，从而成为导致限制自身利益和社会利益发展的根源所在。③ 诺斯进一步指出："没有政府办不成的事，有了政府又有很多麻烦。"在现实生活中，诺斯的"政府悖论"广泛存在于政府作用的领域。用诺斯的理论来回顾和反思近年来我国政府在推进义务教育均衡发展中的种种行为，同样可以筛查出一些"政府悖论"现象，而这种现象在一定程度上阻碍和延缓了我国义务教育均衡发展的进程。

一、"政府悖论"的内涵及其表象

根据诺斯的主张，义务教育均衡发展进程中的"政府悖论"现象主要是指：政府既是义务教育均衡发展制度的供给者和资源配置的主导者，同时又是义务教育均衡发展问题和障碍的制造者。换言之，政府的正当行为既促进了义务教育的均衡发展，同时政府的不当行为又在某种程度上制约其目标的实现。这种"政府悖论"主要体现在政府所制定和实施的种种政策之中。近年来，我国政府在促进义务教育均衡发展的诸多政策中，我们认为突出存在以下"悖论"现象。

（一）学校布局调整政策中的"政府悖论"

学校布局调整是进入 21 世纪以来各地推进义务教育均衡发展的一项重要举措。这一举措的依据来源于 2001 年国务院颁布的《关于基础教育改革与发展的决定》。其中第 13 条要求"因地制宜调整农村义务教育学校布局"，"按照小学就近入学、初中相对集中、优化教育资源配置的原则，合理规划和调整学校布局"。这是新中国建立以来第四次关于学校布局调整政策（自新中国建立以来，我国各级地方政府从未停止过中小学布局调整的

---

① 载于《陕西师范大学学报》（哲学社会科学版）2015 年第 4 期，与杨令平合作。

② ［美］道格拉斯·C·诺斯著，陈郁、罗华平等译：《经济史中的结构与变迁》，生活·读书·新知三联书店，1991 年。

③ 张孝德、钱书法：《中国城市化过程中的"政府悖论"》，《国家行政学院学报》2002 年第 5 期，第 37—41 页。

步伐，这种调整既有适应特定时期教育事业发展需求的积极的一面，也有因为决策缺乏科学性而瞎折腾的一面）。据统计，经过这次调整，自 2000 年到 2013 年，全国义务教育阶段学校从 57.54 万所减少到 26.63 万所，减少量为 30.91 万所，减幅达 53.72%。与前三次布局调整中"学校下移"不同的是，本次布局调整的最大特点是大量农村学校被撤并，这种现象被学界称为"学校上移"或学校向城镇漂流。

从政策主体的视角来反思，撤点并校政策是在政府的强力推动与干预下施行的。其政策动机主要基于以下两个基本假设：一是学校撤并能够最大限度地降低教育成本，提高办学效益，即通过撤并，可以有效集中资源，形成规模化办学；可以提高土地、校舍、设备的利用率，产生规模效益；可以提高学校的生师比、生员比，降低生均教育成本。二是通过学校撤并可以整合教师资源，做到资源共享，优势互补，同时也可以健全和完善校园文化，使教师队伍产生合理的群体交往与集体文化，使学生和班级之间能够生成竞争机制，形成平衡性影响，进而提高教育质量。

从政策的实施效果来分析，就第一个假设而言，学校撤并后的确达到了既定目的，即提高了校舍单位面积的利用率和办学资金的使用率，降低了政府的办学成本，但同时却导致学生用于交通和食宿的费用明显增加，家庭经济负担加重。从这一角度来看，学校撤并并没有真正地达到节约经济成本的目的，而是把部分经济成本转嫁给了学生和家长，同时违背了就近入学的原则，增加了学生上学的时间成本和上学途中的安全风险。从第二个假设来看，学校撤并后确实整合了教师资源，使教师分科教学成为可能，同时随着班级数量的增多和学校规模的扩大，学校群体文化生态日臻形成和完善，但与此同时却造成了另外两种极为不利的后果，一是农村流动儿童的数量急剧增加，二是乡村文化日趋式微和衰败。从文化学的视角来考量，农村中小学不仅是基础教育事业的重要基地，而且也是乡村文化的高地，承载着带动乡村文化建设和传承乡风文明的重任，是偏远乡村文化的中心。然而，随着大量乡村学校的撤并，朗朗的读书声逐渐从村落消失。最基层的文化单位开始从村落撤出，农村的文化气氛渐渐凋敝。然而，这种政策效应又与国家所倡导的新农村建设目标相悖。

（二）城乡学校捆绑式发展中的"政府悖论"

近年来，不少地方政府通过推行"捆绑式发展""学区化运行""托管"等管理模式和政策手段来推进义务教育均衡发展。纵览以上做法，其共同特点是政府利用"看得见的手"，将城乡学校"捆绑"在一起，实行统一管理、一体化运行。从政府出台政策的动机和出发点来考量，"捆绑"发展既有合理性，又具有可行性。但从实施效果来看，这一政策远没有达到政策制定的初衷，在一些地方还出现了一些消极对抗的状况。尤其是随着时间的推进，这种政策的负面效应日益明显，其主要问题在于只注重以办学硬件条件为主的外延的均衡，忽视了以教育理念、教育质量为核心的内涵的均衡。究其原因，政府往往通过硬性"拉郎配"方式进行捆绑发展，较少顾及受援学校的个性化需求，从而导致了城乡学校之间出现了"貌合神离""步调不一"、为"捆绑"而"捆绑"的现象。同时由于这种"捆绑"政策未能充分考虑到城乡校际间的经济状况、人员观念以及文化传统等方面的实际差异，缺乏相应前瞻性的预判，因而当出现以上阻滞时又缺乏动态调适的预案，应对不够积极，"政府悖论"现象便由此而生。

（三）交流轮岗政策中的"政府悖论"

各地政府明确认识到，实现义务教育均衡发展最难的是师资，没有师资力量的均衡，义务教育均衡发展就是一句空话。为改变农村教师队伍落后的状况，校长、教师交流轮岗就成为政府一项重要的师资均衡政策。从政策源头上来看，这一政策主要来源于日本和韩国的成功经验，是在借鉴这两个国家在加强农村教师队伍，特别是边远落后地区校长、教师交流轮岗经验的基础上，结合我国部分地区的试点经验而提出来的。

这一政策实施以来，受到广泛关注，也受到大部分落后地区学校的欢迎。然而这一政策的出台未能充分考虑到我国义务教育不均衡甚至严重失衡的极为突出的情况，政府对这一政策实施过程中的阻滞也没有进行充分估计，尤其是与之相应的轮岗者的福利待遇问题、职称评聘问题、教师归属感等问题，缺乏相关的配套措施予以保障，导致教育生态环境进一步恶化。于是乎就出现了"上有政策""下有对策"的状况。笔者进行了粗略的统计，自 2001 年至今的 15 年间，国家有关校长、教师交流轮岗的政策出台了 12 项之多，这一方面足以说明政府对此也是想尽了办法，另一方面侧面说明了政策执行的效果并不理想，存在着"政府悖论"现象。

二、"政府悖论"的成因剖析

义务教育均衡发展进程中的"政府悖论"现象是多层面、多因素相互交织的结果。从新制度经济学政府行为的视角来分析，主要包括以下几个方面。

（一）政府决策中"路径依赖"的影响

"路径依赖"是从物理学的"惯性"概念引申而来的，这里的特定含义是指：一项政策运行一旦进入一条路径（无论是"好"的还是"坏"的），就可能对其产生依赖，并在以后的发展中得到自我强化，即政府今天的政策选择受过去行为习惯的影响，或多或少地打上过去的烙印。

长期以来，在计划经济制度模式的影响下，义务教育发展依靠的是政府的强力推动；改革开放以来遵循"市场逻辑"的市场经济模式，虽然这种模式已经初具模型，但计划经济模式的惯性仍在发挥着作用，这种"路径依赖"便导致"政府悖论"现象的产生。以户籍制度为例，我国1958年公布并实施的《中华人民共和国户口登记条例》，其初衷是为了限制农民向城市的盲目流动，后来的政策决策一直因循并依赖着这一路径，于是户籍的职能被逐步扩张，除了原有的人口统计职能外，还被赋予了更多的社会功能和意蕴，城乡二元结构逐渐形成并被固化。在此政策影响下，义务教育的发展也逐渐形成了城乡二元发展的格局，城乡义务教育之间的差距和鸿沟进一步拉大。近年来，各级政府虽通过创新城乡一体化的义务教育发展机制，想努力改变城乡义务教育差距过大的状况，实现城乡义务教育的均衡发展，但由于"路径依赖"的影响，制度创新步履维艰。

（二）政府决策中"有限理性"的影响

理性是人类最高智慧，是人类判断是非、善恶的根本标准和解决问题的根本思维方式。[1]西蒙指出，受知识、能力、心理及信息等方面的影响，人类行为是有限的，不可能也没有办法达到完全理性决策模型的要求。政府是由人组成的，政府的决策行为是有限的，正如西蒙指出的，我们不能指望政府如同神明一样具有解决一切问题的能力。[2]由于我国教育行政部门官员的专业化至今没有得到应有的重视，个别地区存在教育行政部门"外行领导内行"，笔者所走访的西部20余县，真正从教育系统提拔到教育局长岗位上的只有3人。这种"外行"领导在处理协调教育外部关系时，往往其行政协调能力强的优势能够得以充分体现，但其决策的专业化程度却十分有限，也一定程度上导致了"政府悖论"发生。

（三）"经济人"动机的影响

现代经济理论认为，政府具有"经济人"特征，政府在追求义务教育办学政绩最大化的过程中，便产生了"政府悖论"现象。

1985年，我国提出了普及义务教育目标，各级政府将其作为衡量政府治理义务教育政绩的重要指标，同时这一指标也成为评估各级政府政绩的重要元素。这种评价机制一方面有利于强化政府发展义务教育的行为，另一方面也成为刺激政府不计成本地推动义务教育

---

① 郝文武：《价值理性、工具理性视角观照下的农村教育问题》，《陕西师范大学学报》（哲学社会科学版）2005年第4期。

② ［美］赫伯特·西蒙著，詹正茂译：《管理行为——管理组织决策过程中的研究》，机械出版社，2014年。

发展工作的主要诱因。因此，学校楼房化、办学条件标准化、教育教学设施设备现代化等这些显而易见、便于考量与操作的项目，顺理成章地成为考核政府义务教育政绩的重要指标，也自然地成为政府官员晋级升迁的重要资本和筹码。同时，政府官员升迁由上级党委和政府说了算的干部任用机制，从制度层面更进一步强化了官员行为中的短期效应和机会主义倾向。于是乎，为了让上级领导看到本级政府治理义务教育的突出政绩，官员们常常就会不惜代价地搞"面子工程""政绩工程"，追求义务教育发展的"短平快"，而忽视了教育是一项慢的艺术，需要长期的积累。在追求政绩最大化的错误理念驱动下，大规模地撤并学校、投巨资超标准修建学校、变相集中财力办重点学校就成了许多地方政府的主导行为，在看似公平均衡的表象下，实际上愈加拉大了校际、区域、城乡间义务教育发展的差距。

（四）"政府失败"的影响

"政府失败"是公共选择理论的核心，是由著名经济学家布坎南提出的，主要是指政府的活动达不到预期目的的情况。[①] 导致"政府失败"的主要原因是政府的"越位"和"缺位"。正如发展经济学家 W·阿瑟·刘易斯所说："政府的失败既可能是由于它们做得太少，也可能由于它们做得太多。"[②]

义务教育均衡发展不仅仅是政府的责任和义务，还应该是广大人民群众与其他利益相关者的事。但在现实中，义务教育均衡发展政策的制定和执行多数采用的是"自上而下"的运行模式，与之有着密切利益关系的学校校长、教师、学生及家长等，均处于被动接受与服从的状态，其作为利益相关者应该享有的知情权和参与权被剥夺或者部分被剥夺。如布局调整政策，国家曾三令五申地要求学校撤并要充分听取人民群众的意见，避免因布局调整不合理引发新的矛盾。但很多地方对于这一规定的执行成了"作秀"，撤不撤学校往往只是提前告知群众，根本不会听取人民群众的意见。在一些地方甚至出现了部分家长为"护校"集体上访、学生因上学远而辍学等现象。

政府在"越位"的同时，还存在着"缺位"的现象，即应该由政府承担的监督、管理和服务方面的责任，而未认真履行，从而形成了管理盲区和管理漏洞。如在治理学生辍学方面，现行的制度安排将保障义务教育入学责任推给了乡镇政府。事实上，辍学问题是一个复杂的社会问题，单靠乡镇政府官员的行政手段而忽略其他相关责任部门的做法，显然是难以有效解决问题的。相关部门的缺位或不作为成为辍学顽疾难以彻底根治的重要原因。

---

① 李鹏：《公共选择、政府失败及其治理》，《学习论坛》2005 年第 9 期，第 44—45 页。

② ［美］W·阿瑟·刘易斯著，梁小民译：《经济增长理论》，生活·读书·新知三联书店，1994 年。

再比如，在义务教育资源的均等化配置方面，对无论处于何地的学校，都要确保其基本均等的办学资源，这是政府应尽的责任与义务。但现实状况是，教育资源配置失衡的状况仍然较为突出。如在经费投入方面，目前只是做到了城乡生均教育经费投入的一体化，但由于农村学校底子薄、起点低、学生数量少，所获得的经费总额小，仍然还是挣扎在"生存线"上。再如，在城乡师资队伍配置方面，一些地方政府未能严格执行国家相关规定，进行刚性的资源配置。反而有的领导却任意动用手中特权，恣意调动教师，造成教师逆向流动、配置失衡现象久拖不解。

三、破解"政府悖论"现象的思路与对策

"政府悖论"现象的存在制约和影响着义务教育均衡发展目标的实现，损害了政府形象，必须引起高度关注。为了改善上述不良影响，可以从以下方面做出努力。

（一）健全政府责任分担机制

政府无疑是义务教育均衡发展的推动者、决策者和主导力量。但不同层级的政府对义务教育均衡发展所承担的责任是不同的。《中华人民共和国义务教育法》第六条规定："国务院和县级以上地方人民政府应当合理配置教育资源，促进义务教育均衡发展，改善薄弱学校的办学条件，并采取措施，保障农村地区、民族地区实施义务教育，保障家庭经济困难的和残疾的适龄儿童、少年接受义务教育。"第七条规定："义务教育实行国务院领导，省、自治区、直辖市人民政府统筹规划实施，县级人民政府为主管理的体制。县级以上人民政府教育行政部门具体负责义务教育实施工作；县级以上人民政府其他有关部门在各自的职责范围内负责义务教育实施工作。"通过以上对政府责任的相关规定中不难看出，义务教育均衡发展宏观层面的责任已经明确，但在具体操作层面上还存在着权力边界不够清晰的问题。因此，破解"政府悖论"的首要任务是要明确政府义务教育均衡发展的权力边界。这是克服政府行为问题、提高政府效率的有效途径。

政府要完善义务教育均衡发展的顶层设计，重新定位政府角色、政府职能、政府行为范畴，确保政府行为向有限且有效的方向发展。[①] 借鉴西方政府治理理念，顺应"新公共管理"发展趋向，以"服务型政府""责任政府""法治政府"为目标，将建立有限政府、有为政府和有效政府结合起来，既要做到有所不为，又要积极有为。通过一系列的制度安排，充分发挥政府在公共教育资源配置中的基本作用，积极为义务教育均衡发展创造

---

① 景春梅：《城市化、动力机制及其制度创新——基于政府行为的视角》，社会科学文献出版社，2010年。

条件，为全社会提供公平均衡优质的教育。政府应少些"锦上添花"，多些"雪中送炭"，尤其是应持续加快公共教育财政体制的改革和创新，加大教育投入力度。政府应加快农村学校标准化建设步伐，破解一体化发展难题，重点扶持和帮助薄弱学校和农村学校，切实保障城乡义务教育的均衡优质发展。

（二）构建多元参与的政策决策机制

政府在研制义务教育均衡发展的政策时，要以克服政府"有限理性"为前提，有效避免出现错误的政绩导向或劳民伤财的政府行为发生。这就需要决策主体多元化和决策渠道的多样化。根据利益相关者理论，义务教育均衡发展是由政府、社会、校长、教师、学生、家长等多个利益相关者组成的，这就需要建立有利于各种不同利益相关者民主参与、能够充分发表意见的决策机制。以前那种"自上而下"的政策决策和执行模式显然不能够关涉到每一个相关者的利益。要进行改变，就需要采取"自下而上"与"自上而下"相结合的政策决策模式，使政策的制定和执行能够充分发扬民主、体现人民意愿和诉求。同时，在政府社会治理中，业已建立的信息披露、审议会、听证会、监督员、行政首长定期接待民众来访等方面形成的制度和经验，值得政府在义务教育均衡发展决策时借鉴。应通过机制创新，建立充分务实而非走形式的公众参与机制，提高政府决策的理性。

（三）优化政府执行机制

"赢在执行""没有执行一切等于零"已成为当今各行各业的一句口号，对政府推进义务教育均衡发展来讲，这些口号同样适用。当前，各级政府推进义务教育均衡发展的政策体系已经基本完善，已进入了全面落实的新常态。如何将政策落地生根、产生实际效果是当前政府面临的重要任务。纵观"政府悖论"的现象，许多都是因为政府执行不力或执行不到位造成的。根据建设我国政府改革的新目标和建设服务型政府的新要求，在促进义务教育均衡发展的进程中，政府应加强执行机制的优化。

1. 促进执行机制创新。要认真地分析和研究政府在执行方面存在的执行阻滞、执行变形、执行失误、执行中断等问题，找准机制原因，用猛药去疴、刮骨疗毒的决心，重新建立政府执行机制。如推动义务教育服务多样化，满足人民群众接受优质化高质量义务教育的需求，可以允许在确保群众基本受教育权益不受损害的前提下，适当引入民办教育。

2. 培育和打造执行力文化。执行是义务教育均衡发展治理的重要环节，文化管理是义务教育均衡发展治理的最高境界。因此，必须将执行力文化建设作为优化政府义务教育均衡发展执行机制的重要一环。各级政府应从执行主体责任的明确化、执行过程的责任化出发，向创设有法必依的法治化的执行文化等方面努力。

（四）完善监测机制

孟德斯鸠曾言："一切有权力的人都容易滥用权力，这是万古不易的一条经验。有权力的人们使用权力一直到遇有界限的地方才休止。"[①] 监测机制是政府行为的"指挥棒"。近年来，我国虽然已经初步建立了义务教育均衡发展监测制度，对县域义务教育均衡发展工作也已开展了大量的监测工作，认定了一批义务教育基本均衡县。但这种监测的信度和效度有待进一步提升，尤其是对于发现的政府悖论问题，缺乏有效的反馈机制和惩戒措施，使得义务教育均衡发展的满意度大打折扣。完善义务教育均衡发展监测制度，一是加强科学监测工具的研制，实现监测手段的现代化，监测主体的多元化，数据来源的科学化，结果分析的定量化，以获得更加真实的监测数据。二是规范监测中的政府行为。要改变政府集监测制度的制定、监测主体、监测客体于一身的状况，做到主客体分离，适当引入并培育第三方监测，确保政府行为处于监督之下，让权力在阳光下运行。三是加强对监测结果的使用。对于监测中发现的政府行为问题，应强化问责机制，尤其是对于政府在义务教育均衡发展中的违法行为，要依照相关规定严格问责，确保义务教育均衡发展监测制度的权威性。[②]

---

① ［法］孟德斯鸠著，张雁深译：《论法的精神》，商务印书馆，1963 年。
② 杨令平：《西北地区县域义务教育均衡发展进程中的政府行为研究》，陕西师范大学博士学位论文，2012 年。

新型城镇化背景下乡村教育振兴的样态与路径 ①

一、问题的提出

振兴乡村教育是新发展阶段促进义务教育优质均衡发展、实现教育公平的关键所在，也是弥补我国基础教育体系短板的攻坚领域。乡村教育振兴作为一项复杂艰巨的系统工程，受到众多社会因素和宏观政策的制约。就现阶段来看，在推进乡村教育振兴的具体实践中，首先必须充分认清、综合考量其所面临的两大时代背景：一是新型城镇化建设的持续推进；二是乡村振兴战略的大力实施。从乡村教育振兴与乡村振兴战略的关系来看，二者存在方向上、内容上的一致性，发展农村教育、振兴乡村学校，既是乡村振兴战略的应有之义和有机内涵，又是助推乡村振兴战略实施的重要举措与路径。从乡村教育振兴与新型城镇化建设的关系来看，二者之间存在着较为复杂的关联性，一方面新型城镇化建设强调以人为核心，坚持"四化"同步，主张以工补农、以城带乡、城乡统筹，这无疑给乡村教育振兴带来了巨大的动力和机遇；另一方面新型城镇化建设又将进一步加速农业转移人口市民化，持续推动农村人口包括青少年儿童不断向城市迁徙，同时又给乡村教育振兴带来了严峻的压力和挑战。因此，如何正确认识新型城镇化建设与乡村教育振兴的内在关系，继而科学地厘定乡村教育振兴的路径与策略，便成了亟待破解的问题。

（一）集中在城镇化进程对乡村教育发展带来的客观影响

不少学者认为，城镇化加速使得农村在校学生人数迅速减少，造成了农村学校规模效益的降低和办学质量下滑；② 城镇化进程使农村教育面临着激烈的城乡文化冲突，农村教育的文化根基不断被削弱并日趋衰落和边缘化；③ 城镇化产生了大量农村留守儿童，其面临着学习滞后、心理失衡、行为失范等严重的教育问题。④ 此类研究更多聚焦于城镇化对乡村教育带来的负面影响与冲击，并据此提出了应对策略，但其缺乏城镇化尤其是新型城

---

① 原载《人文杂志》2023 年第 12 期，与魏平西合作。

② 虞小强、陈宗兴、霍学喜：《城镇化进程中农村教育的困境与选择》，《现代教育管理》2011 年第 6 期，第 22—24 页。

③ 陈飞、徐汀潇、徐哲亮：《文化整合视域下农村教育的文化冲突与调适》，《教育理论与实践》2017 年第 25 期，第 27—31 页。

④ 辜胜阻、易善策、李华：《城镇化进程中农村留守儿童问题及对策》，《教育研究》2011 年第 9 期，第 29—33 页。

镇化进程对乡村教育振兴的积极影响的认知与探讨。

（二）集中在对城镇化背景下农村教育振兴样态的争论

面对汹涌的城镇化浪潮，一种观点认为农村教育应顺应土地、劳动力、家庭等城市化的客观趋势顺势而为地实现城镇化，主张农村教育的希望不在乡下而在城镇；[①] 另一种观点则主张农村教育不能一味城镇化或过度城镇化，而应充分利用乡村的自然、社会、产业和文化等特色资源优势，探索符合乡村儿童经验特点的在地化发展模式。[②] 此类研究从城镇和乡村的各自立场出发提出了城镇化趋势下乡村教育振兴的样态与愿景，但其缺乏从城市与乡村双向发力、融合统一的维度去展望乡村教育的振兴的视角。

（三）集中在对城镇化背景下农村教育发展路径的探讨

有学者认为我国农村教育在城镇化背景下呈现出三种较为典型的发展路径，即以城带乡之路、特色化发展之路和直接进城之路，并在综合考量其各自优势和局限性的基础上，指出应大力发展小城镇教育；[③] 也有学者认为未来乡村教育既要在城镇化建设背景下"顺势而为"，又应把握"乡村振兴"的契机回归"乡土本位"，实现城乡教育现代化一体化发展；[④] 还有学者主张未来农村教育要摒弃单纯的"城本主义"抑或"农本主义"取向，而应在乡村社会人文重建的基础上，走与现代城市文明有机结合的道路。[⑤]

纵览以上研究，学者们从多维度、多层面对城镇化进程与乡村教育振兴的关系以及城镇化背景下乡村教育发展面临的现状、困境、路径进行了大量的阐释和探讨，并取得了丰硕的成果，但其更多的是立足于传统城镇化视域下对乡村教育发展所做的思考与探索，而对于步入新发展阶段以来，国家在出台了推进新型城镇化政策后其给乡村教育发展带来的积极因素与实际挑战是什么，在新型城镇化背景下乡村教育未来发展的客观走势和基本样态是什么，以及如何精准地选择乡村教育振兴的路径，等等，尚缺乏深入、系统的回答，也未形成较为普遍的共识，这正是本文所要探讨的核心问题。

---

① 胡俊生：《农村教育城镇化：动因、目标及策略探讨》，《教育研究》2010 年第 2 期，第 89—94 页。
② 邬志辉：《乡村教育现代化三问》，《教育发展研究》2015 年第 1 期，第 53—56 页。
③ 刘秀峰：《城镇化背景下农村教育发展的路径选择》，《现代教育管理》2016 年第 5 期，第 39—42 页。
④ 徐金海：《从历史走向未来：城镇化进程中的乡村教育发展》，《教育研究》2021 年第 10 期，第 24—34 页。
⑤ 苏刚、曲铁华：《现代化进程中我国农村教育价值取向的嬗变及重构》，《教育发展研究》2014 年第 1 期，第 12—16 页。

二、新型城镇化对乡村教育振兴带来的机遇和挑战

城镇化是现代化的必由之路，也是推动现代化建设的强大动力。纵观世界发达的现代化国家，无一不经历了城镇化的历程。资料显示，美、英、法、德、日、澳等国的城镇化率分别为82%、84%、81%、78%、92%、86%。[①] 也正是基于这一逻辑，伴随着我国现代化进程的推进，2000年党中央在《关于制定国民经济和社会发展第十个五年计划的建议》中首次提出"要不失时机地实施城镇化战略"。党的十六大报告提出："全面繁荣农村经济，加快城镇化进程。"党的十七大报告提出："按照统筹城乡、布局合理、节约土地、功能完善、以大带小的原则，促进大中小城市和小城镇协调发展。"步入新时代以来，党的十八大报告则鲜明地提出"坚持走中国特色新型城镇化道路"，并于2013年召开了专门的中央城镇化工作会议。2014年，党中央、国务院印发了《国家新型城镇化规划（2014—2020）年》。经过六年多的不懈努力，"到2020年，常住人口城镇化率达到60%左右，户籍人口城镇化率达到45%左右"[②] 的预期目标顺利实现。[③] 为进一步推进新型城镇化建设，2022年1月，中共中央、国务院又印发了《国家新型城镇化规划（2021—2035）年》，明确提出：到2025年全国常住人口城镇化率达到67%，户籍人口城镇化率明显提高，户籍人口城镇化率与常住人口城镇化率差距明显缩小，到2035年新型城镇化基本实现。为贯彻落实这一规划，2022年5月，中共中央办公厅、国务院办公厅印发了《关于推进以县城为重要载体的城镇化建设的意见》，同时国家发改委印发了《"十四五"新型城镇化实施方案》。由此可见，推进新型城镇化建设已成为党和国家坚定不移的既定方针。仔细研读党和政府关于新型城镇化建设的政策文本，可以深切地感受到其既给乡村教育振兴带来巨大的动力和机遇，同时也带来严峻的压力和挑战。

（一）新型城镇化给乡村教育振兴带来的动力与机遇

新型城镇化建设坚持"以人为本、四化同步、优化布局、生态文明、文化传承"[④] 的基本宗旨，强调以工补农、以城带乡、城乡统筹、协调发展的总体要求，这为乡村教育振兴带来了巨大的动力和机遇。

---

①United Nations Deparment of Economic and Social Affairs，World Urbanization Prospects：The 2018 Revision，New York：United Nations，2018，pp.37-38.

②人民出版社编：《国家新型城镇化规划（2014—2020年）》，人民出版社，2014年，第18页。

③到2020年末，全国常住人口城镇化率达到63.89%，户籍人口城镇化率提高到45.4%。数据来源于国家发展和改革委员会官方网站。

④《国家发展改革委关于印发"十四五"新型城镇化实施方案的通知》，国家发展和改革委员会：https：//www.ndrc.gov.cn/xxgk/zcfb/tz/202207/t20220712_1330363.html？state=123.（2025年1月3日查询）

1. 新型城镇化建设将加速推进农业和农村现代化的步伐，从根本上改善乡村教育振兴的社会基础和整体环境

相对于传统城镇化单向度地关注城市发展、片面追求农业转移人口市民化，新型城镇化则更加注重城乡统筹发展、融合发展，努力实现城乡一体化；坚持"新型工业化、信息化、城镇化、农业现代化"同步实施，推动新型城镇化建设与乡村振兴战略双向互动、协调并进。这种政策取向无疑将大力地提升我国农业和农村现代化的整体水平，极大地改善了乡村社会的整体面貌，为乡村教育振兴奠定了雄厚的社会基础。从教育与社会经济、政治、文化相互制约的基本规律出发，乡村教育作为镶嵌于浩瀚乡村社会中的子系统，其不可能脱离乡村社会整体环境的制约而孤立地振兴。从历史的维度看，我国乡村教育之所以落后，正是长期以来的城乡二元结构政策导致的农村社会与城市社会在经济建设、政治建设、文化建设、社会建设、生态文明建设等诸多方面存在的巨大落差所致。因此，新型城镇化建设的推进，必将打破城乡壁垒，消弭城乡鸿沟，使我国乡村社会的现代化水平和整体面貌获得极大的提升与改善，为乡村教育振兴在整体环境建设上注入了强大动力，带来了难得机遇。

2. 新型城镇化强调以工补农、以城带乡，促进各类优质教育资源不断向农村聚集

相较于传统城镇化更注重劳动力、资本、技术、信息等要素向城市聚集的倾向，新型城镇化鲜明地主张各类公共资源配置应逐步向农村倾斜和辐射，坚持以工补农、以城带乡，补齐乡村社会短板，努力实现城乡公共服务水平均等化。这预示着国家将进一步加大工业对农业的反哺力度、城市对农村的带动作用，特别是在医疗、教育、社保、养老以及交通、水电、数字化建设等公共服务水平和基础设施建设方面将加大对农村的投入，提升城乡之间的均等化水平。毋庸置疑，伴随着这一进程，各种优质教育资源和要素必将逐步地向乡村学校流入和聚集，以实现真正意义上的义务教育优质均衡发展。同时，以县域为基本单元的城乡融合发展、统筹发展，必将带动县域经济的快速提升，增强县域经济的造血功能，这将为县域内乡村教育振兴提供坚实的地方财力支持。

3. 新型城镇化强调以县城为重要载体，极大地促进了县城教育的兴旺并由此辐射和带动县域内乡村教育的振兴

相对于传统城镇化过度关注大中城市发展、盲目追求"摊大饼"式的城市扩张，新型城镇化主张推动城市发展方式由规模扩张向内涵提升转变，同时强调推进以县城为重要载体的城镇化建设。《关于推进以县城为重要载体的城镇化建设的意见》明确提出"县城是我国城镇体系的重要组成部分，是城乡融合发展的关键支撑，对促进新型城镇化建设、构

建新型工农关系具有重要意义"①，并强调要促进县城公共服务设施提标扩面、环境基础设施提级扩能、市政公用设施提档升级、产业配套设施提质增效。这预示着在新型城镇化建设的进程中，国家将大力提升县城的城市化功能和现代化水平，增强县城对产业和人口的综合承载力、凝聚力，从而促进大量的农业转移人口实现就近城镇化。② 县城是县域内政治、经济、文化的中心，也是联结城市和乡村的桥梁与纽带。因此，县城教育在带动县域内乡村教育振兴当中发挥着龙头作用。很难想象一个连县城教育都不景气的县，其所辖的区域内会有优质的乡村教育。反观现实，一个严峻的事实是，在传统城镇化的影响下许多县城的优质师资和拔尖学生被大中城市更好的学校所吸纳，这既造成了县城教育的严重"塌陷"，也导致县域内的义务教育均衡发展只能在低层次徘徊。因此，以县城为重要载体的新型城镇化建设，必将促进县城的繁荣发展，县城繁荣发展必将带动县城教育的蓬勃兴旺，而县城教育的蓬勃兴旺一方面能够扩充县域内优质教育资源的总量，另一方面将辐射和带动县域内乡村教育的发展与振兴。正如增长极理论（GrowthPoleTheory）所揭示的，一个区域内资源聚集高地和增长极形成之后的扩散效应会带动区域的整体发展。③

4. 新型城镇化强调以人为核心，有益于改善乡村教育振兴的社会生态环境

相比于传统城镇化注重"物态城镇化""土地城镇化""人口规模城镇化"，新型城镇化在理念上强调以人为本、以人为核心，重视在推进城镇化过程中提升城乡人口的生活质量、改善生活方式，增强人的获得感、幸福感、安全感，尤其是主张关爱社会弱势群体和处境不利人群，"增加乡村教育、医疗、养老等服务供给。加强对农村留守儿童、妇女、老年人及困境儿童的关爱服务"④。这意味着对人的生存权、发展权的尊重与保护，对人民群众幸福指数的提升大有裨益，促进全体人民实现共同富裕成为新型城镇化建设的核心价值取向。教育是一项关乎人的事业，尤其义务教育是涉及每个公民发展权益的最为重要、最为基本的公益性事业和公共产品。新型城镇化建设的推进，必将有益于为乡村教育振兴营造良好的价值导向和舆论氛围。

---

①《中共中央办公厅 国务院办公厅印发〈关于推进以县城为重要载体的城镇化建设的意见〉》，中国政府网：https：//www.gov.cn/zhengce/2022-05/06/content_5688895.htm.（2025 年 1 月 3 日查询）

② 就近城镇化在概念上对应的是异地城镇化，即让农民在不远离家乡的情况下实现城镇化。

③Francois Perroux. "Economic Space：Theory and Applications，" *The Quarterly Journal of Economics* 64，no.1（1950）：98.

④《国家发展改革委关于印发"十四五"新型城镇化实施方案的通知》，国家发展和改革委员会：https：//www.ndrc.gov.cn/xxgk/zcfb/tz/202207/t20220712_1330363.html？state=123.（2025 年 1 月 3 日查询）

（二）新型城镇化对乡村教育振兴带来的压力与挑战

1.伴随着新型城镇化进程中农业转移人口的不断市民化以及近年来我国人口出生率的下降趋势，乡村学校的学生数量将进一步萎缩，促进人口向城镇流动是城镇化的基本特征。据统计，伴随着21世纪初我国城镇化政策的出台，2010—2020年，全国乡村人口数量由67415万人减少至50979万人，年均减幅达2.76个百分点，城乡人口比例从1.01：1增长到1.77：1。[①] 与之相伴随的是农村中小学在校生数量也持续减少。2010年我国乡村小学和初中的在校生规模分别为5350万人和1787万人，占比分别达53.8%和33.8%。而到了2020年，这一数量分别降至2450万人和638万人，占比仅为22.8%和13.0%，在校生规模净减少2900万人和1149万人。[②] 尽管伴随着义务教育均衡发展的强力推进，尤其是2012年国家对乡村学校"撤点并校"的刹车和降温，农村中小学校衰减的态势有所放缓，但学生数量持续下降的趋势并未从根本上改变，如2012—2020年年均减幅仍高达4.8个百分点。[③] 与此同时，近年来我国的人口出生率呈现出明显的下降趋势。资料显示，2016年我国实施二孩政策后曾出现了一个人口出生率小高峰，但之后则逐年下降，到2022年首次出现了人口负增长，2016年、2017年、2018年、2019年、2020年、2021年、2022年我国新生婴儿出生人数分别为1786万人、1723万人、1523万人、1465万人、1200万人、1062万人、956万人。[④] 因此可以预见，伴随着以上两种因素的叠加影响，未来农村中小学数量以及在校生规模萎缩的态势将会继续存在，乡村学校小规模化或空心化的现象不仅难以遏止，而且会进一步加剧，这将在生源上给乡村教育振兴带来严峻挑战。

2.伴随着乡村人口逐渐减少和村落的日益空心化，乡村教育振兴的文化活力将被严重削弱。文化是影响人成长和发展所面临的最主要的社会环境因素，良好的乡村文化氛围是振兴乡村教育必备的土壤与气候。人类学家鲍亚士（F.Boss）指出："决定人类行为习惯的不是遗传因素，而是文化因素。人的行为和信仰所反映的不是他与生俱来的智慧，而是他所生活的文化系统。"随着新型城镇化进程中乡村人口尤其是青壮年群体的进一步向城镇迁徙，乡村社会尤其是村落的老龄化、少子化、空壳化现象将进一步加剧，留守老人、妇女、儿童等弱势群体日趋成为乡村社会的主要群体，这种状况将使得乡村社会面临文化衰弱和活力丧失的危机，而这将给乡村教育振兴带来严重的文化生态影响。

---

① 根据国家第六次和第七次人口普查公报数据统计所得，数据来源于国家统计局官方网站。
② 根据2010年和2020年全国教育统计数据计算所得，数据来源于教育部官方网站。
③ 根据2012—2020年全国教育统计数据计算所得，数据来源于教育部官方网站。
④ 数据来源于国家统计局官方网站。

3. 在新型城镇化过程中农民工的数量会不断增加，这将导致留守儿童的教育问题进一步突出。城镇化是一个长期的、渐进的过程，在这一过程中，农村青壮年劳动力将率先向城市流动，他们一般会经历群居工棚打工、租赁简易房屋打工、购买房产或长期租房定居谋业等基本过程。这就决定了大多数农民工在最初进城打工的阶段，还不具备将子女送进城里上学的条件，而只能将孩子交由其爷爷、奶奶或亲戚托管养育，这就会产生大量的农村留守儿童。资料显示，2000—2020年，全国乡村青壮年（20~44岁）人口数量减少了17198万人，约占乡村人口减少总数的62.8%。[①] 与之相伴的是，农村留守儿童规模则长期处于千万人以上的高位状态。截至2020年底，普通小学和初中在校学生中的农村留守儿童数量达到1289.67万人，占比达8.2%。[②] 留守儿童与父母长期分离，很容易因亲情缺失和家庭教育不健全而出现种种心理问题，这将给乡村教育的正常运行、健康发展带来巨大的压力和挑战。

三、新型城镇化背景下乡村教育振兴的基本样态

在分析辨识了新型城镇化给乡村教育振兴带来的机遇和挑战之后，就必须审时度势、因势利导、科学理性地设计和拟定乡村教育振兴的目标愿景。从新型城镇化建设给乡村教育发展带来的客观影响和基本趋势出发，我们对未来乡村教育振兴的走势和样态做出如下展望。

（一）"量少质优""城密乡疏"将成为未来乡村教育的基本格局

可以预见，伴随着新型城镇化建设的推进，乡村学校的数量将会进一步减少，而质量水平则会显著提升，县域义务教育优质均衡发展的目标将逐步实现。换言之，未来乡村教育的振兴，将不再表现为外延的扩张和数量的增加，而主要表现为内涵的充实和质量的提升。根据《国家新型城镇化规划（2021—2035年）》，到2025年我国常住人口城镇化率将达到67%，2035年新型城镇化将基本实现。伴随着这一进程，乡村人口及学生数量必然会进一步下降，并由此导致乡村中小学数量将持续递减，这是不以人的意志为转移的时代潮流和历史趋势。在学校数量减少的情况下，与之相伴的则是乡村学校的办学水平和教育质量的提高。因为，一方面，随着新型城镇化进程中城乡基本公共服务均等化政策的实施和义务教育优质均衡发展的强力推进，更多的优质教育资源将进一步向乡村学校流入和聚拢；另一方面，在学校数量精减的情况下，地方政府可以集中现有的人力、物力、财力等，

---

① 根据国家第五次人口普查数据和第七次人口普查数据统计所得，数据来源于国家统计局官方网站。
② 根据2021年《中国统计年鉴》统计所得，数据来源于国家统计局官方网站。

全力以赴办精办强办好既有的农村中小学，并使教育资源的集约化程度和规模效益显著提升。在这一进程中，每个单体乡村中小学的办学条件必将进一步改善，师资力量显著加强，管理能力和治理水平明显提高，教育教学质量大幅度跃升。因此，由多变少、由弱变强、由虚变精，数量少而质地优，将是未来乡村教育发展、乡村学校振兴的基本格局和样态。

（二）县城和建制镇将成为农村中小学的主要承载地

如前所述，新型城镇化的一个重要特点是坚持"以县城为重要载体"，并注重小城镇特色发展。这意味着国家将把城市化功能向县城和建制镇延伸，使其能够更多地承接、吸纳县域内的农业转移人口和生态脆弱区域的超载人口，让广大农民在不远离家乡的情况下就能实现就近或就地城镇化。这种人口流动趋势必将促使乡村学校的布局结构发生重大变化，即县城和建制镇将成为农村中小学的主要承载地，而村落中的学校将不可逆转地日益稀疏和减少。需要特别说明的是，无论我们在主观上、情感上对乡村教育拥有多么深厚的怀念与眷恋，乡村教育都不可能再回归到我们曾经记忆的样态，也不能将乡村教育振兴的希望寄托于"乡乡有中学、村村有小学"。

（三）数字化赋能教育教学将成为乡村中小学的新常态

推进基于信息技术发展的数字化建设和转型，是当代社会的一个显著特征。从新"四化"的内容来看，信息化是其重要的组成部分，并要求与工业化、城镇化和农业现代化同步实施、协调推进。从新型城镇化的内涵来看，加强信息化建设、提高数字化水平，既是其有机内容，也是其重要标志。《关于推进以县城为重要载体的城镇化建设的意见》明确提出："推进数字化改造。建设新型基础设施，发展智慧县城。……推行公共服务一网通享，促进学校、医院、图书馆等资源数字化。"由此可见，伴随着新型城镇化建设的推进以及乡村振兴战略的同步实施，我国农村社会的数字化水平将获得大幅提升，这便为数字技术赋能乡村学校的教育教学提供了十分便利的条件。具体来讲，乡村中小学将实现与信息技术迭代升级相同步的高性能互联网的全覆盖，计算机和智能手机的应用将与城市学校毫无差别；乡村学校的智慧校园、数字校园建设获得大力发展，数字化教学、数字化管理、数字化服务得到广泛应用，教育教学过程中的互动视频、虚拟仿真、全息投影、数字孪生及 5G 技术等得以广泛运用；乡村教师与学生运用现代信息技术的意识和能力大幅提升，教师开展线上教学和通过网络共享优质教育资源的素质显著提高，线上线下融合的 OMO（Online-Merge-Offline）教学模式得以灵活应用，学生通过网络获取知识、信息的手段与途径更为灵活、便捷。总之，城乡学校之间传统的信息化、数字化鸿沟明显弥合。

（四）质量提升、内涵扩充将成为乡村教育振兴的主要标志

提高教育质量是各级各类学校永恒的主题，但不同类型学校在不同发展阶段的着力点是有区别的。就农村义务教育而言，21 世纪初提高教育质量的重点任务和主要途径是通过促进基本均衡发展来改善办学条件，缩小乡村学校与城市学校在基础设施建设和办学硬件条件上的差距，这集中表现为在生均经费、校舍建筑、仪器设备、图书资料以及师资配置等方面实现与城镇学校基本均衡。进入新发展阶段后，我国义务教育基本均衡发展的目标已经实现，截至 2021 年底，全国已有 2895 个县级行政单位均通过了国家基本均衡县督导评估验收，并且 31 个省（区、市）和新疆生产建设兵团全部通过了义务教育基本均衡发展整体验收。① 在基本均衡目标实现的条件下，为促进农村义务教育高质量发展，国家又进一步提出了促进优质均衡发展的目标，并于 2019 年启动了县域内义务教育优质均衡发展的评估验收工作。截至 2022 年 4 月，教育部已公布了 135 个义务教育优质均衡先行创建县。② 在这种背景下，未来乡村教育发展的重点自然就转移到了以加强内涵建设、全面提高教育质量为主要目标的优质均衡发展上。换言之，大力深化教育教学改革，扎实提高办学水平和教育质量，并由此保障乡村儿童能够享受到与城镇儿童同等质量内涵的义务教育，将成为未来乡村教育发展的主要任务和主攻方向，同时也将成为乡村教育全面振兴的根本标志。

四、新型城镇化背景下乡村教育振兴的实现路径

在展望了新型城镇化背景下乡村教育发展的客观走势和基本样态之后，应当完善顶层设计，加强战略谋划，科学厘定促进乡村教育振兴的路径与策略。在这一过程中，既要积极地适应和抢抓新型城镇化建设给乡村教育振兴带来的动力与机遇，又要有效应对和化解其给乡村教育带来的压力与挑战。

（一）坚持城乡一体化，促进义务教育优质均衡发展

1. 应坚持城乡教育一体化原则，构建优质均衡的基本公共教育服务体系。在这一过程中，关键是要打破城乡二元结构的束缚，努力推动公共教育资源向基层乡村学校延伸，坚决补齐乡村公共教育服务体系短板。同时按照城乡统筹的思路，坚持学校建设标准统一、教育教学质量要求统一、教师队伍数量质量配置规格统一，构建起城乡一致、相互融合、

---

① 《全国 2895 个县实现义务教育基本均衡发展》，《光明日报》2022 年 5 月 6 日第 1 版。
② 李帆、钱丽欣、邢星等：《2022 中国基础教育政策分析》，《人民教育》2023 年第 C1 期，第 13—41 页。

良性互动、动态均衡的教育体制和运行机制。

2. 应以强化监测评估为抓手，促进优质均衡发展。从前些年我国推进县域义务教育基本均衡发展的有效做法与成功经验来看，开展监测与评估工作能够起到"指挥棒"和"体验仪"的重要作用。因此，在推进优质均衡发展的过程中应进一步强化监测评估的牵引作用。需要改进的是应坚持监测评估主体的多元化构成，即在"谁来评"的问题上更多地赋予乡村校长、教师、学生、家长以及社会第三方话语权，确保乡村弱势群体以及民间力量具有充分的表达渠道；应完善监测评估的指标体系，即在"评什么"的问题上要凸显对农村中小学质量指标要素的考核，尤其要以提升乡村师资队伍建设作为重点；应优化监测评估的手段方法，即在"怎么评"的问题上应树立数据驱动理念，借助人工智能等信息化手段建立常态化数据采集机制，特别是要重视对反映质量内涵数据的采集；应强化监测评估结果的使用方式，即在"怎么用"的问题上应充分发挥评估结果"以评促改"的功能，并据此强化问责机制和反馈整改力度。[①]

3. 应按照"弱势补偿"的公平理念，进一步加强对农村中小学的资源补偿。中央财政应一如既往地加强对中西部省份农村教育的扶持，接续强化均衡性转移支付力度，以缓解这些省份地方财政匮乏的问题；省级政府要加强对省域内尤其是经济薄弱县教育经费的统筹力度，确保教育资源向边、老、少、穷地方倾斜；市级和县级政府应统筹调配和应用好各类教育资源，确保优质教育资源由城镇向乡村倾斜、由优质学校向薄弱学校倾斜。

（二）完善顶层设计，优化农村中小学校布局结构

如前所述，伴随着新型城镇化的推进，未来我国乡村教育发展的基本趋势是"量少质优""城密乡疏"，并且县城和建制镇将成为农村中小学的主要承载地。循此出发，必须对农村中小学校的布局结构和规模做出科学合理的规划。在农村中小学布局结构调整上应坚持以下基本思路：县域内的普通高中、职业中学和一些中心初中、中心小学应主要布点在县城及一些经济文化发达、人口密集的重点镇附近；镇域内的初级中学和中心小学应主要布点在镇中心附近；对于广袤的乡村区域而言，在人口较为密集的村落，可以布点一些小型规模的学校，在人口稀疏的山区、边疆、草原等地带，可以布点一定数量的复式教学点。为此可以从以下方面做努力：

1. 应加大对县城普通高中、职业中学和中心初中、中心小学的建设力度，即根据新型城镇化以县城为重要载体的人口流动趋势和学龄人口的分布状况，适时地扩建、新建县城

---

① 樊莲花、司晓宏：《义务教育优质均衡发展督导评估审视与展望》，《教育研究》2021年第10期，第104—111页。

内或县城周边的普通高中、职业学校和中心初中、中心小学，较大幅度地增容学位数量，以保障入城儿童能够及时入学。

2. 应加强建制镇初级中学和中心小学的布点数量和建设力度，扩大单体学校的规模，特别是应完善有关寄宿制的学生宿舍、食堂、厕所、浴室等基础设施建设，以适应农业人口向镇中心聚集的需要。

3. 应按照就近入学的原则办好村落间的小规模学校，在人口密集的村庄附近可以创办完全小学，在人口分散的偏远村落，应在适合学生走读的服务半径范围内保留一部分微型小学或复式教学点。

（三）健全教师流动机制，提升乡村教师队伍水平

教师是决定教育质量的主导性和关键性因素。在义务教育基本均衡目标实现的前提下，能否促进乡村教育全面振兴、实现优质均衡发展，关键取决于乡村教师队伍建设的水平。加强乡村教师队伍建设涉及诸多因素，目前关键是要通过强化政策供给、健全体制机制，促进和保障教师的正向流动，遏制其逆向流动。

1. 应强化公办中小学教师作为国家公职人员的特殊法律地位。只有明确了教师的这一身份，才能强化公办中小学教师的国家责任和社会义务，继而才能以行政调配的方式促进教师在城乡之间、校际之间进行合理的配置和流动。2021年11月，教育部发布了《中华人民共和国教师法（修订草案）（征求意见稿）》，其中第十三条将过去"教师是履行教育教学职责的专业人员"明确地改为"公办中小学教师是国家公职人员"。此项改革十分重要，应予以坚定施行。

2. 对于各地在促进义务教育基本均衡发展过程中创立的一些促进教师轮岗交流的有效做法应予以积极推广。如北京、成都的教育联盟模式，山东的校际支援模式，杭州、西安的集团化办学模式等，这些做法和经验对于建立城乡学校共同体，促进城乡之间教师、校长的合理流通大有裨益，应该予以大力倡导和普遍推广。需要注意的是，应切实加大对骨干教师、优秀教师的轮岗交流力度，否则无法起到对乡村学校或薄弱学校质量提升的带动作用；应完善相应的激励机制，如在职称评审、提职晋级、评优选先、教育培训以及绩效工资核定等方面对轮岗教师出台硬性的倾斜政策；应认真解决教师在交流轮岗过程中所遇到的种种实际问题和困难，如乡村学校周转房或教职工宿舍的建设、办公条件的配备、交通工具的解决或费用补贴等。

3. 应大力提高乡村教师特别是边远艰苦地区从教人员的津（补）贴标准。在市场经济背景下，促进教师等各类教育资源的合理流通，既要发挥行政调配、思想教育、精神鼓励

等方法手段的作用，更要发挥市场的决定性调节作用。换言之，只有较大幅度地提高乡村教师的经济待遇，才能从根本上吸引优秀人才到乡村从教。关于这一点，笔者曾在二十多年前就提出过明确的主张，认为这是改变乡村教育落后面貌的最为根本的举措。[①]可喜的是，现在全国各省均出台了相关政策[②]，部分省份还明确了具体的津贴补助标准额度（见表1）。但遗憾的是，绝大部分省份的津（补）贴标准普遍偏低，很难起到应有的激励和导向作用。因此，较大幅度地提高乡村教师尤其是边远艰苦地区从教人员的津贴标准势在必行。我们认为只要将这一点切实做好、做到位了，仅此一招就可以从根本上实现乡村教育振兴。

表1　不同地区乡村教师津（补）贴标准

地区	乡村教师津（补）贴标准
北京	依据不同乡村学校情况、教师不同岗位和任教年限实行差别化补助标准，人均工资不低于800元
福建	生活补助平均不低300元，依据学校艰苦边远程度实行差别化补助标准
海南	在已有乡镇和偏远贫困地区教师工作补贴基础上，人均增加100元，按乡村学校距离县城、乡镇中心区域边远和艰苦程度差异发放
吉林	根据累计工作年限分别给予180~360元的补贴。集中连片特困区乡镇教师补助300元，村小及教学点500元
甘肃	乡村教师补贴200~600元，集中连片特困地区教师不低于300元，提高班主任待遇
四川	乡村教师补助标准不低于400元，经费由省、市和县三级财政共同承担，省财政按每人220元给予定额补助
宁夏	人均工资山区500元、川区300元
西藏	人均补助标准达到二类区500元、三类区1000元、四类区1500元的基础上，适当提高三类和四类区补助标准
广西	对集中连片特困地区乡、村学校及其他地区教学点教师，自治区统筹资金按每人每月不低于200元的标准予以奖补

数据来源：各省（区、市）颁布的乡村教师支持计划政策文件。

除上述外，还应继续强化乡村教师支持计划、公费师范生计划、优师专项计划、支教计划、"银龄计划"以及"国培""省培"等计划的推进与实施。

（四）深化教育教学改革，全面提高乡村教育质量

1. 应牢固树立立德树人的素质教育观，促进学生德智体美劳全面发展。在办学理念上要坚决摒弃唯分数、唯升学、智育至上的应试教育观，坚持德育为先、智育为重、五育并举、

---

① 赵世超、司晓宏：《关于在西部地区建立教师特殊津贴制度的思考与建议》，《教育研究》2002年第5期，第17—20页。

② 据查询和调研，全国31个省（区、市）均出台了贯彻落实《乡村教师支持计划（2015—2020年）》的通知或实施方案，明确表示要落实好乡村教师生活补助政策，并依据学校艰苦边远程度实行差别化补助标准。

全面发展；要努力改进和提升德育课程质量，增强针对性、实效性，使讲授内容真正能让学生入耳、入脑、入心；要认真贯彻新时代党中央关于加强和改进体育、美育和劳动教育的相关要求，开齐开足开好相关课程，确保学生德智体美劳全面发展；要强化教书育人、管理育人、服务育人、环境育人，增强学生的革命理想教育和社会责任感教育，厚植热爱家乡、造福桑梓、报效祖国的家国情怀，使学生成为坚定的社会主义建设者和接班人。

2. 应深化教学改革，努力提高教学效能。乡村中小学要认真贯彻教育部新颁布的《义务教育课程方案和课程标准（2022 年版）》，组织教师精准吃透新课标，深入浅出地讲懂讲透新教材。应创新教学组织形式和方法，倡导启发式，废除注入式，强化教学过程中的师生互动和学生动手实践；应严格落实各项"减负"任务，提高课堂教学效率，防止"课内损失课外补"；应强化运用信息技术、数字技术赋能教育教学的意识和能力，努力实现跨区域、跨学校的优质教育资源共享。

3. 要加强对留守儿童的关爱和帮助，做好寄宿制学生的管理与服务工作。对于留守儿童，乡村学校和教师一方面应投入更多的时间和精力，以帮助他们解决学习和生活上的具体困难；另一方面应利用微信、钉钉等信息技术手段，保持与家长的密切联系，共同协调好对留守儿童的教育和培养。随着新型城镇化进程中农村中小学布局布点逐渐向县城和镇中心的聚集，寄宿制学生会日益增多，做好他们的日常管理和服务工作变得尤为重要。应开展多样化的文体性、娱乐性活动，丰富寄宿生的课余闲暇生活；应加强学校的伙食、卫生和安全管理，防止校园欺凌行为，确保学生健康成长；应建立健全适合寄宿生特点的家校合作机制，构建家校共育的良好教育生态。

义务教育迈向以质图强新征程 ①

新中国建立 70 年以来，我国义务教育不仅在约占全世界 1/5 的人口中实现了全面普及，而且在 960 万平方千米的广袤大地上促进了区域、城乡、学校之间的均衡发展，踏上了从"有学上"到"上好学"的征途。

新中国建立 70 年以来，我国义务教育基本形成了适应义务教育发展需求的、具有中国特色的现代治理体系。义务教育法规体系日益建立健全，管理体制逐渐完善，办学体制日臻成熟，学校内部治理结构和治理体系日益健全。经过 70 年的发展，我国义务教育在内涵发展和质量提升中不断创新突破，迈上了以质图强、奋力实现教育现代化的新征程，树立了高质量发展新理念，软硬兼顾，加快了义务教育现代化建设步伐。

70 年义务教育的发展创造了世界教育史上的奇迹，同时也从一个侧面再一次昭示了中国特色社会主义的优越性，彰显了中国道路、中国模式的制度红利。让所有公民机会均等地接受义务教育，被举世公认为是一种基本人权，同时也被视作一个国家最为重要的社会建设和民生工程。中国的义务教育从概念滥觞到制度初创，虽肇始于清末民初，但由于当时整个国家一直处于列强入侵、军阀混战、民不聊生的动荡年代，因此根本未能得到有效实施。作为一项关涉民权、惠及民生、造福民族的伟大事业，义务教育的真正发展和普及是中华人民共和国成立以后的事情。回顾和总结新中国建立 70 年以来义务教育所走过的非凡历程、取得的辉煌成就，不仅可以增强我们对中国特色社会主义的道路自信、理论自信、制度自信和文化自信，而且可以促使我们在重大历史节点上鉴往知来、铭记初心，更加意志坚定、信心满怀地阔步迈向新时代。

一、学有所教：义务教育实现全面普及

义务教育是由国家依法统一实施的所有适龄儿童必须接受的教育，具有强制性、普及性和免费性特征。1763 年，普鲁士公国颁布世界第一部强迫教育法令，到 19 世纪末 20 世纪初，法、英、美、德、意、俄、日等发达国家已全面普及了六至九年义务教育，并且基本消除了青壮年文盲。新中国建立时，全国 80% 以上的人口是文盲，学龄儿童入学率仅 20%，15 岁以上人口平均受教育年限为 1.6 年，相当于日本明治维新前夕的水平，甚至低于英美 1820 年时的平均水平。资料显示，以彼时财力和速度，仅完成全国危险校舍的改

---

① 原载《中国教育报》2019 年 12 月 12 日。

造就需要 100 年。

一百年太久，只争朝夕。以毛泽东同志为首的中国共产党人，急迫地发出了号召，指出教育要"面向工农"，坚持"科学的、民主的和大众的文化教育"，"让学龄儿童入学"。1949 年 9 月《中国人民政治协商会议共同纲领》提出要"有计划有步骤地实行普及教育"。1954 年《中华人民共和国宪法》第 94 条规定："中华人民共和国公民有受教育的权利。"

改革开放伊始，邓小平主持召开科学和教育工作座谈会，指出我们国家要赶上世界发达国家水平，必须从科学和教育着手，并提出要亲自抓科技和教育。1985 年，改革开放后第一次全国教育工作会议召开，邓小平强调："中央提出要以极大的努力抓教育，并且从中小学抓起，这是有战略眼光的一着。如果现在不向全党提出这样的任务，就会误大事，就要负历史的责任。"会上通过了《关于教育体制改革的决定》，明确提出"实行九年制义务教育"，并根据当时的国情，擘画了分期分批实施义务教育的策略。1986 年《中华人民共和国义务教育法》正式颁布，使实施九年制义务教育获得了立法保障。1988 年国务院《扫除文盲工作条例》出台，在明确基本普及九年义务教育、遏止增量文盲的同时，又厘定了基本扫除青壮年文盲、消除存量文盲的任务（简称"两基"目标）。到 2000 年，我国 85% 以上的地区完成了"普九"任务和"扫盲"工作。针对当时全国还有 15% 的县（410 个）未实现"两基"目标以及这些县主要分布在西部地区（251 个贫困县，309 个少数民族县，51 个边境县）的现实，2004 年又出台了《国家西部地区"两基"攻坚计划（2004—2007 年）》。到 2010 年底，伴随着西部省份最后 13 个县"两基"攻坚任务的完成，全国 3069 个县彻底实现了"普九"目标，人口覆盖率达到 100%。如果从新中国建立时算起，我国普及九年义务教育用了 61 年；如果从《中华人民共和国义务教育法》颁布算起，仅用了 25 年，并成为 9 个发展中人口大国里唯一全面实现普及九年义务教育的国家。日本普及九年义务教育用了 78 年，英国普及十一年义务教育、美国和德国普及十二年义务教育用了 100 多年。

二、城乡一体：均衡发展取得显著成效

公平正义是一切进步社会所追求的至高无上的理想，教育公平则是促进和实现社会公平的"阶梯与桥梁"。如果说"普九"意味着是受教育权利的"起点公平"，那么均衡发展则意味着所受教育质与量的过程和结果的公平。全面"普九"完成后，伴随着我国各地经济社会发展速度、发展水平的差异性和不均衡问题的客观存在，区域、城乡、学校之间义务教育发展水平不均衡、不协调的矛盾又日益凸显，"促进均衡发展，实现教育公平"被历史性地提上了议事日程。

2010 年 1 月，教育部颁布《关于贯彻落实科学发展观进一步推进义务教育均衡发展的

意见》，提出了实现义务教育均衡发展的具体目标和路线图。同年 7 月，在改革开放后第四次全国教育工作会议上，中共中央、国务院颁布了《国家中长期教育改革和发展规划纲要（2010—2020 年）》，明确提出到 2020 年要"基本实现区域内均衡发展"。2012 年教育部出台《县域义务教育均衡发展督导评估暂行办法》，并于次年正式启动对义务教育基本均衡县（市、区）的验收工作。2017 年 4 月，教育部印发《县域义务教育优质均衡发展督导评估办法》。2017 年底，我国 81% 的县（市、区）通过了督导评估认定，县域内义务教育学校办学条件达到基本标准、校际实现基本均衡。截至 2018 年底，全国共有 2717 个县通过了义务教育基本均衡验收，占全国总县数的 92.7%，16 个省（区、市）整体通过认定。

截至 2018 年，全国共有义务教育阶段学校 21.38 万所，专任教师 973.09 万人，在校生 1.5 亿人，其规模居世界之首。小学学龄儿童净入学率达到 99.95%，初中阶段毛入学率达到 100.9%，九年义务教育巩固率达到 94.2%。这种高水平的普及程度，超过了高收入国家的平均水平。

在办学条件上，全国普通中小学校舍建筑面积达到 14.3 亿平方米，小学体育器械、音乐器材、美术器材、数学自然实验仪器达标校数分别达到了 94.23%、93.89%、93.70%、93.72%，普通初中前三项分别达到 95.91%、95.45%、95.21%，理科实验仪器达标校数达 95.64%。广大农村和边远地区的办学条件得到了显著改善。

在师资队伍方面，2018 年全国专任教师，小学为 609.19 万人，初中为 363.9 万人；专任教师合格率小学达到 99.97%，初中达到 99.86%；生师比小学为 16.97 ∶ 1，初中为 12.79 ∶ 1，均优于国家标准。小学国家标准为 19 ∶ 1，初中国家标准为 13.5 ∶ 1。

在中小学教师队伍数量获得充分保证、质量不断提升的同时，工资待遇和职业声望也日益得到提升。据统计，2017 年我国教育行业城镇单位就业人员年平均工资为 83412 元，高于全国行业平均工资 12.24 个百分点，在 19 大社会行业中排名第 7 位。这意味着昔日的"孩子王"，如今已成为令人向往的职业。

三、多元共治：义务教育治理体系日趋完善

新中国建立 70 年以来，我国义务教育的治理体系经历了一个逐步发展完善的过程，基本形成了适应义务教育发展需求的、具有中国特色的现代治理体系。

（一）义务教育法规体系日益建立健全

从 1949 年《中国人民政治协商会议共同纲领》提出要"有计划有步骤地实行普及教育"，到 1982 年《中华人民共和国宪法》明确规定"国家举办各种学校，普及初等义务

教育"，再到《中华人民共和国义务教育法》于 1986 年正式颁布，并经历 2006 年、2015 年和 2018 年三次修订，义务教育法律体系日益完善。与此同时，至本世纪初，党中央和国务院相继颁布了近 40 部有关义务教育的政策性文件，从制度供给上为促进和规范义务教育健康发展提供了坚强有力的保障。

（二）义务教育管理体制逐渐完善

新中国建立初期，以计划经济的方式管理基础教育，形成了由政府高度集中统一的教育管理体制。改革开放后，伴随着社会主义市场经济体制的发展和"人民教育人民办"的思想引导，形成了"地方负责、分级管理"的基础教育管理体制。进入新世纪以来，在坚持教育公益性原则、办好人民满意教育和依法治教理念的指引下，形成了在国务院领导下实行的地方负责、分级管理、以县为主的基础教育管理体制，并建立了责权明确的义务教育经费保障机制。2010 年改革开放以来第四次全国教育大会之后，按照"推进政校分开、管办评分离"的思路，积极探索和推进"依法办学、自主管理、民主监督、社会参与"的现代学校制度。

（三）义务教育办学体制日臻成熟

从新中国建立初期的一元化办学体制（政府集教育投资者、举办者、管理者于一体），到改革开放后形成的政府办学为主、社会各界共同参与的体制，义务教育办学主体和办学形式呈现多元化格局。步入新世纪以来，社会办学力量逐步壮大，《中华人民共和国民办教育促进法》《中华人民共和国民办教育促进法实施条例》相继出台并不断进行修订，民办教育的合法地位得到肯定，办学行为得到规范。在推进办学主体多元化的同时，国家对义务教育阶段公益性原则也进行了进一步强化和凸显，逐步形成了"政府主导、社会参与、办学主体多元、办学形式多样、充满生机活力"的义务教育办学体制。

（四）义务教育学校内部治理结构和治理体系日益健全

新中国建立后，中小学领导体制几经更迭，历经了 1954 年校长负责制、1957 年党支部领导下的校长负责制、1961 年校长负责制、1978 年党支部领导下的校长分工负责制等反复过程，直到 1985 年校长负责制才被较为稳定地确定下来并延续至今。如今，中小学党支部发挥政治核心和保障监督、校长全面负责、教职工民主管理、家长和社会积极参与的学校内部治理体系日益建立健全。

四、以质图强：义务教育迈上高质量发展阶段

经过 70 年的发展，我国义务教育不仅在规模扩张和全面普及的历史任务中取得了辉煌成绩，而且在内涵发展和质量提升中也不断创新突破，迈上了以质图强、奋力实现教育现代化的新征程。

（一）树立了高质量发展新理念

义务教育高质量发展理念集中体现为在实现基本均衡的基础上促进优质均衡发展，即以公平为基、以内涵为重、以质量为本，让每一个儿童都能够接受适合自身个性发展的特色义务教育，使儿童的社会化教育和个性化教育有机结合，有教无类和因材施教有机结合，德智体美劳有机结合，进而实现一种更理想、更高效、更优质的教育状态。

（二）软硬兼顾，加快义务教育现代化建设步伐

在硬件方面，党和国家倾注了巨大的人力、物力、财力以推动义务教育基础设施的现代化建设。为保障义务教育经费的投入，1993 年，中共中央、国务院颁布的《中国教育改革和发展纲要》明确提出"提高财政性教育经费支出占国民生产总值的比例，本世纪末达到 4%"的目标。2012 年，国家财政性教育经费占 GDP 比例达到 4.28%，此后一直维持在 4% 以上。据统计，1950 年时，国家财政性教育事业费支出仅为 3.76 亿元（当年全国总财政支出为 60.08 亿元），义务教育财政性经费占义务教育总经费的比重从 1997 年的 75.71% 增长到 2018 年的 94.29%。为保证城乡办学条件一体化，国家全面启动了中小学标准化建设，积极实施办学条件标准化、教育投入标准化、教育信息标准化等，并以信息化带动现代化。

在软件方面，党和政府把实施素质教育、坚持立德树人作为根本任务，大力推进"应试教育"向"素质教育"转变，使学生德智体美劳全面发展。同时，在全社会范围内强调政府、学校、家庭、社区和社会整体环境要形成协调一致、密切协作的育人机制，为孩子健康成长创造良好的社会生态环境。在学校范围内则大力推进教书育人、管理育人、服务育人、环境育人，形成良好的校园育人文化氛围。为保障义务教育高质量发展，国家还建立了义务教育均衡发展监测体系，制定了不同学科的学业质量标准。2019 年 6 月，中共中央国务院印发《关于深化教育教学改革　全面提高义务教育质量的意见》，为进一步深化改革、促进义务教育发展指明了前进方向。

潮起海天阔，扬帆正当时。展望新时代我国义务教育发展，将把坚持立德树人、践行素质教育、推进优质均衡、全面提高质量、实现教育现代化作为奋斗目标和主攻任务，并将接续谱写出更为壮美的华章。

习近平教育公平观的生成逻辑、核心内涵及时代价值 ①

党的十八大以来，我国教育事业取得了历史性成就，总体发展水平已进入世界中上行列。站在新的历史阶段，我国社会主要矛盾已经发生转化，具体到教育领域主要表现为人民日益增长的更公平更高质量的教育需求和教育发展不平衡不充分之间的矛盾，教育公平问题更加凸显。社会上不同阶层的个体对教育公平的诉求不同、标准各异。个性化的教育公平认知容易引发不同阶层或群体之间的隔阂甚至冲突，直接影响人民群众对教育的公平感和获得感。教育公平是社会公平的重要基础。习近平始终高度重视教育公平问题，着眼于教育改革发展全局，心系于人民对公平教育的期盼，提出了一系列关于教育公平的重要论述，阐释了我国教育公平的社会主义本质和人民立场，具有丰富的理论内涵和价值意蕴。习近平教育公平观是习近平总书记关于教育的重要论述的重要组成部分，是新形势下教育工作的行动指南和根本遵循。在教育工作实践中，只有深入学习习近平教育公平观，深刻领会其核心内涵和精神实质，才能将"让每个孩子都能享有公平而有质量的教育，都有人生出彩的机会"②的美好目标变为现实。这对于人民群众理性看待现阶段的教育公平问题，凝心聚力推进惠及全民的公平优质的教育改革，实现教育强国建设目标具有重要的理论和实践意义。

一、习近平教育公平观的生成逻辑

习近平教育公平观的形成发展有着深刻的内在逻辑，它立足全面深化教育改革过程中存在的公平公正的实际问题，继承发展马克思主义公平公正理论，并以实现人的全面自由发展为价值目标，实现了在理论与实践结合过程中不断深化和丰富发展。在教育强国建设的背景下，把公平作为引领教育事业发展的主导价值秩序是以习近平同志为核心的党中央对我国教育的社会主义内在规定性的准确把握，是对人民期盼"更好的教育"的温暖回应，也是对教育公平需要构建时代新内涵的现实考量。

（一）本体维度：教育公平是中国特色社会主义的本质要求

公平，是人类文明进程中孜孜以求的社会理想。对马克思主义而言，公平是不同实践主体在处理相互关系时形成的双方或多方都能接受的规则和观念。社会公平的实现程度总

---

① 原载《广西社会科学》2019 年第 9 期，与黄娟合作。
② 党建读物出版社编：《党的十九大文件汇编》，党建读物出版社，2017 年，第 31 页。

是同一定的社会制度相联系的，是一个历史性的过程。可见，公平是反映社会政治、经济、文化结构的观念化产物，其自身是社会核心价值观的样态和缩影。习近平就明确指出：公平公正是中国特色社会主义的内在要求。[①]教育公平是社会公平在教育领域的延伸和体现。我国的教育公平本质上是社会主义教育公平，蕴含着中国特色社会主义的内在规定性，体现着社会主义制度的优越性。2002 年全国教育事业发展"十五"规划中，我国首次提出了教育发展要"坚持社会主义教育公平与公正性原则"[②]。

从历史进程来看，社会主义教育公平是中国共产党始终不懈的追求。1949 年 12 月，毛泽东在第一次全国教育工作会议上就提出"我们的教育也应该以工农为主体"[③]。邓小平根据改革开放初期的教育状况，提出"两条腿走路"，注重教育质量提高的同时大力普及义务教育。江泽民提出普及九年制义务教育，全面实施素质教育，重视解决欠发达地区和人群的教育问题。胡锦涛坚持中国教育的公益性质，提出"健全国家资助政策体系"，并实施了"希望工程""春蕾计划"等一系列教育民生工程。习近平在考察北京市八一学校时，明确提出了"以教育公平促进社会公平正义"[④]的重要论断，把社会主义教育公平摆在了教育改革发展的突出位置，为教育强国建设提供价值导引和精神动力。习近平教育公平观是对中国化马克思主义教育公平思想的继承与发展，是对社会主义教育公平时代内涵的丰富和创新。

（二）价值向度：回应人民对更好更公平教育的热切期盼

党的十八大以来，以习近平同志为核心的党中央提出"以人民为中心"的发展理念，把实现好、维护好、发展好最广大人民根本利益作为最高标准。

"以人民为中心"体现在关注和回应人民最关心最直接最现实的利益诉求上。在十八届中央政治局常委同中外记者首次见面时，习近平就作了题为"人民对美好生活的向往，就是我们的奋斗目标"的讲话，用"十个更"总结了人民对美好生活的期盼，其中"更好的教育"被列在了首位。2018 年 9 月 10 日，习近平在全国教育大会上强调，要"坚持改革创新，坚持教育公平"，"不断使教育同党和国家事业发展要求相适应、同人民群众期

---

① 中共中央宣传部编：《习近平新时代中国特色社会主义思想三十讲》，学习出版社，2018 年，第 90、109、231 页。
② 石中英、霍少波：《教育公平话语中的教育假设及其反思》，《国家教育行政学院学报》2018 年第 6 期，第 10—15 页。
③ 人民教育出版社编：《毛泽东论教育》，人民教育出版社，2008 年，第 5 页。
④ 习近平：《在北京八一学校考察时的讲话》，《人民日报》2016 年 9 月 11 日。

待相契合、同我国综合国力和国际地位相匹配"①。教育作为个体获取社会资源、实现人生发展的重要手段和必要手段，是一项关乎社会主义民生的重大事业。当前在教育资源有限尤其是优质教育资源不充分的情况下，教育的公平状况牵动着每一个社会成员的切实利益，进而也关系到社会的和谐稳定。实施优先发展教育战略，全面深化教育改革，统筹教育资源配置，既尽力而为，又量力而行，持续向社会主义教育公平的价值目标趋近，努力营造公平的教育环境，使人民共享教育的发展成果，共享人生出彩的机会，增进人民对教育的公平感和获得感。习近平教育公平观不仅体现了中国共产党人把人民的利益放在最高位置的政治立场，也彰显了办好人民满意的教育、创造美好教育生活的价值追求。

（三）实践基点：聚力解决教育公平问题的现实考量

教育公平是我国社会主义教育事业坚定不移的价值追求，但其价值内涵必须依据时代发展的需要而进行持续的更新和构建。正如习近平所指出的："在不同发展水平上，在不同历史时期，不同思想认识的人，不同阶层的人，对社会公平的认识和诉求也会不同。"②在新的历史方位上，教育公平绝不仅仅停留在政策口号或道德伦理层面，更需要着眼于面临的新问题，根植于人民的新期待，立足于当下的新实践。

党的十八大以来，我国教育事业取得了开创性成就。从总体上看，中国教育发展面临的主要矛盾已经发生了重要变化，人民日益增长的更高水平、更高质量和更加多样的教育需求与不平衡不充分的教育发展之间的矛盾，已经成为教育发展面临的主要矛盾。人民对教育的诉求从"有学上"转变为"上好学"，从而教育公平问题成为全社会普遍关注的焦点。现代社会表现出鲜明的文化多样性、个体差异性特征，对于人人都能感知并加以评价的"公平"的理解，期望达到一种集体共识已经是艰难的事情了。更有甚者，对于稀缺教育资源的激烈竞争，使得不同群体之间的非理性偏见、对立和冲突越来越多地表现了出来。近年来，"寒门难出贵子"的观点持续以各种方式论证并由此引发了贫困学生对"公平"的被剥夺感。问题的实质在于依据当前我国教育资源，尤其是优质教育资源分配不平衡不充分的现状而衍变为对教育公平的质疑。显然，诸如此类的观点是从客观前提出发却推导出了主观且有违实际的结论。因而，新时代推进教育公平需要关注教育的时代命题，以社会主义核心价值观为认同基础，构建教育公平的新内涵。新时代教育公平明晰"谁之

---

① 习近平：《习近平在全国教育大会上强调坚持中国特色社会主义教育发展道路培养德智体美劳全面发展的社会主义建设者和接班人》，《人民日报》2018 年 9 月 11 日第 1 版。

② 习近平：《切实把思想统一到党的十八届三中全会精神上来》，《人民日报》2014 年 1 月 1 日第 2 版。

公平"的价值立场，确立"努力让每个人都有人生出彩的机会"的基本理念；关注教育现代化的薄弱环节，强调教育资源向边远贫困地区倾斜，努力推进教育信息化建设，实实在在地促进教育公平；发掘推进教育公平的持续动力，以新发展理念引领和深化教育改革。由此可见，习近平教育公平观是对教育领域公平问题的现实关怀，也是推进新时代教育公平内涵建设的实践需要。

二、习近平教育公平观的核心内涵

习近平教育公平观立足新时代的历史方位，统筹教育改革方向，围绕"让每个人都有人生出彩的机会"的基本理念，确定新时代推进教育公平的关键环节和核心内涵。在促进人的全面发展、阻断贫困代际传递、深化教育改革等三个总体方面充分体现了习近平教育公平观所具有的科学理性、求真务实的理论特征。

（一）人本内涵：努力让每个人都有人生出彩的机会

促进教育公平，保障"每个人"平等发展的权利，享有人生出彩的机会。对马克思主义而言，每个人的自由发展是一切人类自由发展的条件。从人的价值的共同性出发，新时代教育公平把"人"作为核心价值评估域，并强调是"每个人"而不是"少数人""一部分人"，奠定了推进教育公平的坚实基础。人与人之间具有人际相异性，但是不能就此否定人在尊严、权利、人格上具有的平等性。而更为重要的是，只有坚持"教育机会均等，社会弱势群体才有可能和社会其他阶层在同一起跑线上起跑，社会各个阶层、群体之间才能流动于分化"[1]。习近平强调促进教育公平是要"努力让每个孩子享有受教育的机会，努力让13亿人民享有更好更公平的教育，获得发展自身、奉献社会、造福人民的能力"[2]。因此，秉持人人平等的信念，保障"每个人"追求自身发展的平等机会，是新时代教育公平坚守的价值底线。

促进教育公平，发展更好更公平的教育，增强人民群众的获得感。"更好、更公平"是对教育发展应然状态的描述。但是衡量"更好、更公平"的教育是以什么为标准？习近平深刻指出："时代是出卷人，我们是答卷人，人民是阅卷人。"[3]因而，"更好、更公平"的教育一定是让人民群众满意的教育。当前，优质教育资源短缺且发展不均衡既是教育领域的主要矛盾，也是人民群众最关心的问题。更好的教育，应当是资源充足且配置均衡的

---

① 周洪宇：《教育公平：维系社会公平正义的基石》，中国人民大学出版社，2014年，第8页。
② 习近平：《习近平谈治国理政》，外文出版社，2014年，第191页。
③ 中共中央宣传部编：《习近平新时代中国特色社会主义思想三十讲》，学习出版社，2018年，第90、109、231页。

教育。当然，教育资源充足、配置均衡并不是简单地等同于数量平等，更取决于满足学生个体的多样化教育需要，解决"选学上"的问题。教育资源能够满足所有学生公平地获得为达到特定水平与技能所需的教育机会，这就体现了教育公平的实质。从这个意义上来说，更好的教育应当是高质量的教育。没有质量的教育公平，或者低质量的教育公平，都不是真正意义上的教育公平，更有悖于社会主义教育的基本要求。更好的教育应当是公平享有受教育机会的教育，应当是全过程受到公平对待的教育，应当是获得公平结果的教育。新时代教育公平突出"人"的价值域，让每个人都能够真切感受到平等和尊重。

（二）功能内涵：公平有质量的教育阻断贫困代际传递

当前，我国正处于基本实现教育现代化的全面攻坚时期，短板在乡村，在中西部边远贫困地区。因而，大力发展乡村教育，让贫困地区的每一个孩子都能接受公平、有质量的教育，获得战胜贫困的信心和发展自我的能力，享有人生出彩的机会是新时代推进教育公平的关键环节。

习近平明确指出："要推进教育精准扶贫，重点帮助贫困人口子女接受教育。阻断贫困代际传递，让每一个孩子都对自己有信心、对未来有希望。"[1] 教育扶贫作为"十三五"期间精准脱贫攻坚战略的重要举措，成为阻断贫困现象代际传递的治本之策，其根本原因在于通过教育能够提高贫困人口的生存能力和发展能力，并能使之有勇气冲破代际贫困的思想束缚，逐步积淀起摆脱贫困的深厚基础。2012 年，习近平在阜平考察时说："要把下一代的教育工作做好，特别是要注重山区贫困地区下一代的成长。下一代要过上好生活，首先要有文化，这样将来他们的发展就完全不同。"[2] 可见，教育扶贫的效果不是局限于眼下帮助了多少贫困人口脱贫，而是体现在从根本上切断"贫困遗传"的长远价值。对于教育与贫困的关系，习近平指出："越穷的地方越难办教育，但越穷的地方越需要办教育，越不办教育就越穷。"[3] 2015 年《中共中央国务院关于打赢脱贫攻坚战的决定》明确要求："加快实施教育扶贫工程，让贫困家庭的子女都能接受公平有质量的教育，阻断贫困代际传递。"教育扶贫把维护每一个贫困家庭孩子平等接受教育的权利作为首要任务，让他们对自己有信心、对未来有希望，充分体现了社会主义教育公平的内在要求，凸显了

---

① 习近平：《习近平论扶贫工作——十八大以来重要论述摘编》，《党建》2015 年第 12 期，第 5—7、13 页。

② 习近平：《习近平论扶贫工作——十八大以来重要论述摘编》，《党建》2015 年第 12 期，第 5—7、13 页。

③ 习近平：《摆脱贫困》，福建人民出版社，2014 年，第 128、129 页。

新时代促进教育公平的人文价值。

（三）动力内涵：深化建设惠及全民的公平优质的教育改革

新发展理念是党对我国发展规律的新认识，是发展方向、思路和路径的新体现。《国家教育事业发展"十三五"规划》指出"以创新、协调、绿色、开放、共享的发展理念统领教育改革发展"。新发展理念的价值旨归可以概括为"发展为了人民、发展依靠人民、发展成果由人民共享"[①]。习近平在第十二届全国人大一次会议上讲到："生活在我们伟大祖国和伟大时代的中国人民，共同享有人生出彩的机会，共同享有梦想成真的机会，共同享有同祖国和时代一起成长与进步的机会。"[②] 发展公平、优质的教育无疑是实现"三个共同"的重要基石。现阶段教育领域的主要矛盾决定了把教育发展成果更多更公平地惠及全体人民是当前教育民生建设的主要任务。深化建设惠及全民的公平优质的教育改革要符合人民对教育利益分配的合理期待，保障人民在参与教育活动中的机会公平、规则公平和结果公平。新发展理念为破解教育发展非均衡化问题和维护社会公平正义指明了方向和路径。

在教育政策方面，《国家中长期教育改革和发展规划纲要（2010—2020年）》提出，教育的工作方针之一是"把促进公平作为国家基本教育政策"。中共中央办公厅、国务院办公厅印发《关于深化教育体制机制改革的意见》提出，深化教育体制机制改革的基本原则之一就是"坚持以人民为中心，着眼促进教育公平、提高教育质量，针对人民群众反映强烈的突出问题，集中攻坚、综合改革、重点突破、扩大改革受益面，增强人民群众获得感"。解决教育公平和农村教育问题，关键在教师。对此，《乡村教师支持计划（2015—2020年）》明确提出要"努力造就一支素质优良、甘于奉献、扎根乡村的教师队伍"[③]。由此可见，促进教育公平已经成为我国教育政策的首要价值和重大主题。在教育资源方面，优化教育资源均衡配置，重点保障义务教育均衡发展。习近平强调："让贫困地区每一个孩子都能接受良好教育，让他们同其他孩子站在同一条起跑线上，向着美好生活奋力奔跑。"[④] 2018年，国务院办公厅印发《关于进一步调整优化结构提高教育经费使用效益的

---

① 中共中央宣传部编：《习近平新时代中国特色社会主义思想三十讲》，学习出版社，2018年，第90、109、231页。

② 习近平：《在第十二届全国人民代表大会第一次会议上的讲话》，《光明日报》2013年3月18日第3版。

③ 教育部课题组：《深入学习习近平关于教育的重要论述》，人民出版社，2019年，第139页。

④ 习近平：《携手消除贫困 促进共同发展——在2015减贫与发展高层论坛的主旨演讲》，《人民日报》2015年10月7日第1版。

意见》指出，坚持"保基本、补短板、促公平、提质量"，经费使用进一步向困难地区和薄弱环节倾斜，着力解决教育发展不平衡不充分问题，促进公平而有质量的教育发展。在教育机会方面，促进育人方式转型，深化招生制度改革。完善公平、优质、多样的教育体系，因材施教，为每一个学生提供适合的教育，使他们共享自我发展和人生出彩的机会。支持教育信息化平台和资源建设，推进信息技术与教育教学深度融合，扩大优质教育资源覆盖面，让亿万孩子同在蓝天下共享优质教育，通过知识改变命运。深化考试招生制度改革，形成分类考试、综合评价、多元录取的考试招生模式，促进公平、科学选才，构建衔接沟通各级各类教育的终身学习"立交桥"。

三、习近平教育公平观的时代价值

在中国特色社会主义进入新时代、教育现代化开启新征程的历史时期，习近平关于新时代教育公平的重要论述具有深刻而重大的时代价值。

（一）把人的发展作为教育公平的目标，实现教育价值的回归

新时代推进教育公平，从理念上倡导"人直接关照的复归"，从教育起点、过程到结果的实践中保障每个人的发展权利、受到公平公正对待的尊严，充分彰显教育本质问题上的价值回归，成为"立德树人"教育根本任务的有力支撑。"育人是教育的首要目的，尽管人的差异性不可回避，但在以人为本的理念下，是人人平等的信念，而不是'兼顾平等'，才是教育公平应当坚守的底线。"[①] 新时代推进教育公平，旨在保障每个人公平享有适切的教育机会，能够实现顺应自身本性的发展，从而达到身、心、意的和谐境界；旨在实现人与社会的良性互动，使个体在包容差异、尊重多元的社会环境中激发自身潜能，从而实现全面自由发展。

教育公平是社会公正的一部分，同时也是追求社会公正的基石。新时代推进教育公平是一项将宏观政策与微观治理有机结合的系统工程。《2018 年全国教育事业发展统计公报》显示，学前教育入学率达到 81.7%，九年义务教育巩固率达到 94.2%，高中阶段毛入学率达到 88.8%。这些数据充分说明我国基本实现了在教育起点上的机会公平。当前推进教育机会分配的公平性改革，需要改变传统的教育机会公平内涵和范畴，将其从入学机会公平扩展至条件性投入资源的分配公平、学校教师及家长对学生的对待公平、就业前景的公平等。这既符合我国教育整体发展的新要求，也契合新时代教育公平注重过程和结果公平的

---

① 程天君：《新教育公平引论——基于我国教育公平模式变迁的思考》，《教育发展研究》2017 年第 2 期，第 7 页。

新特点。教育起点公平保障了受教育的权利，但是，每一个社会个体能否通过教育实现自身发展，更大程度上与在受教育过程中能否得到公平对待相关。因此，新时代教育本质回归于人的发展，需要我们重构教育公平的核心内涵，坚持立德树人的根本任务，平等对待每一个具有差异的多样化个体，共同致力于维护社会的公平正义，这才是社会进步的应然样态，才能真正发挥教育功能，着力推动实现人的全面发展。

（二）追求更加公平、更高质量的教育，加快推进教育现代化建设

习近平在党的十九大报告中作出了"建设教育强国是中华民族伟大复兴的基础工程"[①]的重要论断，而加快教育现代化是建设教育强国的关键。教育现代化意味着全面实现公平而有质量的教育，充分发挥教育推动国家发展、民族振兴的本质功能；意味着围绕人的全面发展，真正把人民共享教育发展成果落到实处，充分发挥教育对促进每个人自由、全面发展的根本价值。可见，公平是教育现代化建设不可或缺的底色，更高公平水准的中国教育才能为教育现代化建设提供重要支撑。

教育现代化要实现由"教育大国"向"教育强国"的跨越，关键在于强化教育质量，夯实人才培养之基。习近平指出："当今世界的综合国力竞争，说到底是人才竞争，人才越来越成为推动经济社会发展的战略性资源，教育的基础性、先导性、全局性地位和作用更加突显。"[②] 而人才的培养要从"基本供给公平"出发，营造优质、均衡的教育环境，使每个人都享有平等的教育权利，拥有符合自我发展需求的教育机会、优质的教育资源和多样化的发展选择。只有教育公平才能推动人才涌现、活力迸发。教育公平使具有鲜明中国特色的教育现代化理念拥有与世界对话的基础。习近平在联合国教科文组织总部发表演讲时说："人们希望通过文明交流、平等教育、普及科学，消除隔阂、偏见、仇视，播撒和平理念的种子。"[③] 国家之间的互动关键在于对彼此价值观的了解和认同，教育公平是我国社会主义核心价值观的具体化样态，体现了我国教育强国建设倡导建立以公平正义为准则的国际教育新秩序，从而实现与世界文明的平等交流、合作共赢。

[①] 党建读物出版社编：《党的十九大文件汇编》，党建读物出版社，2017 年，第 31 页。
[②]《习近平同北京师范大学师生代表座谈时的讲话》，人民网：https://politics.people.cn.cn/n/2014/0910/c70731-25629093.html.（2025 年 1 月 8 日查询）
[③]《习近平在联合国教科文组织总部的演讲》，新华网：https://www.xinhuanet.com//politics/2014-03-28/c_119982831.htm.（2025 年 1 月 8 日查询）

（三）坚定中国特色社会主义教育自信，激活内生动力

"文化自信，是更基础、更广泛、更深厚的自信。"[1] 教育自信是文化自信的一部分，在教育领域具有与文化自信相一致的价值特征。从这个意义上讲，只有坚定教育自信，才能为教育强国建设凝聚强大的精神力量。中国特色社会主义教育自信，是基于对中国特色社会主义道路、理论、制度、文化的坚定信仰，对改革开放 40 年来社会主义教育事业巨大成就的理性认识。新时代推进教育公平，旨在使每个人都有人生出彩的机会，契合人民对更好教育的新期待，体现了社会主义制度的优越性，彰显了中国特色、中国气质和中国精神，从理论依据和实践基础上为教育自信提供了有力支撑。可以说，新时代教育公平是中国特色社会主义教育自信的底气所在。

党的十八大以来，以习近平同志为核心的党中央坚持以人民为中心的发展思想，贯彻创新、协调、绿色、开放、共享的发展理念，克服"穷国办大教育"的现实难题，用历史性、开创性的教育成果绘就了一幅辉煌的教育画卷。"党是我们各项事业的领导核心"，这种由国情决定的制度优势，保障了全面深化教育改革的独特性和持续性。中国共产党始终把人民对美好生活的向往作为奋斗目标，围绕人民对"更好的教育"的新期盼，持续推进一系列教育公平化改革，让发展成果更多更公平惠及全体人民。党的十九大对社会主要矛盾的新概括，既是对改革开放 40 年来发展成果的客观反映，也是对发展变化的准确把握。在教育领域，公平、优质、多样的教育成为人民对"更好的教育"的现代注解，而发展不平衡不充分却是制约其实现的主要根源。基于这样的认识，统筹推进城乡义务教育一体化，实施教育扶贫工程，大力发展乡村教育，努力实现教育均衡化发展。习近平教育公平观蕴含科学的理论内涵、深切的人文关怀，有利于牢筑教育自信的坚定信念，为 2020 年基本实现教育现代化凝聚了强大的内生动力。

（四）在实践中持续推进教育公平，彰显社会公平正义

随着我国改革开放和社会转型深度推进，教育发展非均衡化问题愈发凸显。由此，人们对教育公平的关注正在发生"异乎寻常"的深刻变化。一方面，在优质教育资源相对短缺且分配不均衡的情况下，教育公平作为一种调整教育利益分配的价值秩序，被人们寄予维护自身获取公平"红利"的希望而备受推崇；另一方面，个体持有的理想化公平标准遭遇现实冲击后开始生发了对公平价值的质疑。有人对比自然界的生存法则，讥讽教育公平纯属人类社会"想象的秩序"和"乌托邦情结"，更有甚者宣扬推进教育公平只是"政策

---

[1] 习近平：《在庆祝中国共产党成立 95 周年大会上的讲话》，《人民日报》2016 年 7 月 2 日。

口号""追求姿态"。如何正确认识和理解教育公平成为教育现代化发展进程中的"必答题"。

习近平教育公平观引领和指导我们做好这道"必答题"。首先，应从公平的本质出发，澄明公平是人类对善的不懈追求和社会文明发展的必然结果。习近平强调："公平正义，是中国特色社会主义的内在要求。"公平是引导人性追求良善的德性价值观，符合人类社会文明发展对公平正义的需要。中国共产党为了"让每个人都有人生出彩的机会"，坚持不懈地促进教育公平，努力把"想象的秩序"变为现实的秩序。其次，应从公平的规律出发，阐明教育公平不能脱离社会经济发展的时代背景。1990 年，习近平在福建宁德工作期间就曾指出："我们应该建立新的教育观，不能仅仅就教育论教育，而是把教育同地区经济、社会发展联系起来。"[1] 教育公平从来都不是仅仅依靠教育自身就能协调好、解决好的问题。因而，客观、理性地看待教育公平问题，既要认识到教育公平具有相对性，不能单凭主观臆断而抱有脱离实际的过高期望，又要把教育公平问题看作社会发展中的阶段性问题，必将随着社会经济的发展而得到持续的向前推进。

---

① 习近平：《摆脱贫困》，福建人民出版社，2014 年，第 128、129 页。

高等教育篇

关于推进现阶段我国大学章程建设的思考 [①]

一、加强大学章程建设是完善中国特色现代大学制度的必由之路

大学章程是大学作为一个独立社会组织或法人实体在办学、管理及各项实际工作过程中所必须遵循的行为规范和准则。大学章程在大学中具有"宪章"的地位和功能，是确保一所大学成为自主、自治、自律主体的关键所在。

（一）章程制定有利于理顺大学与政府的关系

改革开放以来，尤其伴随着 1998 年《中华人民共和国高等教育法》的颁布，国家在扩大高校办学自主权方面做出了许多积极努力。从大学与政府、社会的相互依存和制约关系来看，大学的自治权无法自我赋予，而必须从国家和政府那里去获得，并且这种获得既需要以一定的国家法律为依据，又需要大学通过自身法规文本的形式来加以固化和昭示。大学章程的制定和颁布正是契合了这一需要。通过章程的制定，大学可以在国家法律赋予的范围内清晰地厘定自己与政府、社会以及其他外界法人和自然人在权力、责任、义务等诸多方面的关系，划定相关界线，这样就可以确保大学既能够按照国家法律和政府法规的框架运行，又能够建立起一个自主办学、自主管理、自主运营的独立法人实体，而这一切正是现代大学制度的核心内容。[②] 由是观之，推进现阶段我国大学章程建设势在必行。

（二）章程制定有助于完善大学内部的治理结构

任何组织的成立都是以制定科学合理的组织章程为先决条件的，而组织的有序运行也往往是按照特定规章进行自主规范管理的结果。[③] 大学自主权的获得是大学进行自主管理的前提，而大学自主管理的真正实现还需要建立一个自我约束的内部治理结构。"不以规矩，无以成方圆。"大学章程正是大学规矩的体现，是大学系统内部机构和成员所必须遵循与恪守的"游戏规则"。在缺乏章程的情况下，大学往往通过各种临时性的规定或决策来运行，而这种临时性的规定或决策很容易受到大学领导者个人意志所左右，也容易受到大学

---

① 原载《教育研究》2014 年第 11 期。

② 钟秉林等：《中国特色现代大学制度建设——目标、特征、内容及推进策略》，《北京师范大学学报》（社会科学版）2011 年第 4 期。

③ 陈学敏：《关于大学章程的法律分析》，《武汉大学学报》（哲学社会科学版）2008 年第 2 期。

内外部各种偶发因素的干扰，从而使得大学的管理既缺乏稳定性、科学性，也缺乏规范性、法治性。

在当代高等教育走向开放性和法治化的背景下，我国高等教育发展的客观形势要求大学必须加强章程建设，并通过章程的制定和颁布来理顺大学内部的治理结构，梳理现代大学制度的基本特征和要素，从而使其成为一个权力结构合理、约束机制健全、运行规则有序的法人实体。

二、推进我国大学章程建设的思路与建议

要顺利推进大学章程建设，就必须从宏观制度改进、内在动力强化、相关能力建设和程序机制健全等多方面入手。

（一）做好顶层设计，破解制约大学章程建设的宏观制度瓶颈

大学章程建设与国家宏观教育体制改革紧密相联，因而促进大学章程建设的首要之计在于必须通过科学的顶层设计来全面深化教育领域里的综合改革。通过综合改革既要明确政府与大学之间的责权关系，又要勾勒出大学作为独立法人如何进行自主管理、自主运行的基本规则。只有在宏观教育管理体制理顺的背景下，大学章程建设的推进才能顺理成章。2010 年颁布的《国家中长期教育改革和发展规划纲要（2010—2020 年）》用整整一章的内容明确论述了"建设现代学校制度"的要求，其内涵包括"推进政校分开、管办分离"；"建设依法办学、自主管理、民主监督、社会参与的学校制度，构建政府、学校、社会之间的新型关系"；"落实和扩大学校办学自主权"，"依法保障学校充分行使办学自主权和承担相应责任"；"完善治理结构""加强章程建设""扩大社会合作""推进专业评价"；等等。[1] 笔者认为，以上论述已在总体上勾勒出了中国特色现代大学制度的基本特征，也描绘了我国高等教育宏观管理体制的总体架构。当前重要的是教育行政部门要通过制定实施性的操作文件来对之加以逐条细化和落实。

（二）规范制定程序，充分体现广泛的多元参与

章程建设要从大学法人构成要素和内部治理结构的各方利益出发，体现多元的和广泛的参与。章程制定本身就是一所大学重新建立利益表达和权力分享机制的契机。如果在大学章程制定的程序中未能体现多元参与，那么其所形成的章程不仅缺乏合法性、权威性，

---

[1]《教育规划纲要》工作小组办公室编：《教育规划纲要辅导读本》，教育科学出版社，2010 年，第 37 页。

也将缺乏有效的执行力。

1. 要重视大学内部各个群体尤其是教职工的广泛参与

大学章程作为一种新型的制度设计，自然要重新规范和调整大学组织内部的权力格局、运行规则、传统秩序以及利益分配模式，这自然就会对大学各方面人员带来一定的震动和影响。因此，为了使大学章程能够合理地反映各方利益相关者的诉求，也为了使大学章程能够在民主集中制的基础上制定得更科学、更合理、更公正，就必须鼓励和动员大学内部的各方面人员尤其是广大教职工积极参与。这其中不仅应包括学校领导、职能部门代表、相关专家，还应包括教师代表、干部代表和学生代表等。笔者认为，目前大学章程制定比较可行的程序包括：职能部门和相关专家调研起草、书记校长修改审阅、校内各类群体的座谈会征求意见、党委常委会讨论审定、教职工代表大会讨论审议、上级主管部门核准备案、校内外公开发布等。以上程序既是总体上的逻辑路线，也是不可或缺的基本环节。这其中的每个环节可能又涉及多重步骤，并要经历数次的反复。从目前的实际来看，笔者要特别强调的是，章程制定一定要经过学校教职工代表大会的讨论和审议，这是体现章程制定的民主性、科学性和正义性的最重要的程序和制度保障。针对目前大学内部广大教职工对章程制定参与性不高的实际情况，大学管理者一方面应进行广泛的宣传、动员和引导，另一方面应通过增强章程的改革性和创新性来吸引各方利益主体的积极关注和参与。

2. 要重视政府和社会的参与

大学章程既要体现作为抽象的和永恒的大学法人的整体利益与长远利益（这实际上是大学的根本利益，因为一般来讲任何一所大学都具有很长的生命周期，这种利益关心的是大学未来的成长和长远的发展），还要体现作为具象的和现时的大学法人的现实利益与当下利益（这种利益是特定时期构成大学组织诸要素的教师、学生、管理干部、普通员工等当下的利益），同时还应充分体现其举办者和投资者——国家与政府的利益（对公办学校而言），以及其服务对象——社会与民众的利益。因此，大学章程的制定和颁行必须有政府核准、民众听证和社会监督。在政府核准方面，目前比较可行的办法是教育部和各省级教育行政管理部门应聘请相关专家对其所辖大学的章程进行评价、审议和核准。在社会参与方面，各个高校应在章程初定后举办听证会和发布会，吸纳社会各方面人士（包括所在地政府、社区、学生家长代表、校友代表、兄弟院校、社会媒体等）的意见和建议，并接受其监督。总之，大学章程的制定只有在多元参与的背景下才会更科学、更有效。

（三）突出独立个性，努力彰显自身的办学传统和特色

大学章程作为大学组织的纲领性文本，不仅应在一般意义上体现大学的基本属性、功能、目标、规律、体制等，还应在特定意义上反映本所大学所肩负的特殊使命、所恪守的独立传统和所要实现的具体愿景。换而言之，大学章程应是一所大学在办学过程中共性和个性的和谐展现。共性体现了一所大学之所以称其为大学的普遍本质，个性则体现了一所大学独立于大学之林的具体形象和特殊风采。特色是大学的生命力所在，而任何一所大学特色和专长的形成都需要历经一个逐渐生成、日积月累、不断建构的过程。大学章程建设正是大学进行重新自我认知、科学凝练特色、理性梳理和标榜专长的过程。

1. 各高校应以章程建设为契机，科学认清和厘定自身的发展定位、培养目标和办学方向。在确定其发展定位时，既要考虑到经济社会发展的需要和高等教育的趋势，又要考虑到本校的区位特征、专业特点和综合实力。目前要特别注意防止盲目地"向上漂移"，即教学型追求教学科研型，教学科研型追求研究型，而应该根据本校的发展历史、现实状况和市场需求做出恰当、合理的定位。

2. 应在学科建设和专业发展上坚持"有所为，有所不为"。大学的特色主要来自于学科或专业的特色，同时学科或专业上的优势与特长也是大学核心竞争力的体现。由于资源的有限性，一所高校不可能把所有的学科或专业都做大做强，因此必须在章程制定中对本校的学科和专业进行科学规划，明确建设主次和发展顺序，目前尤其要注意防止贪大求洋，一味追求"大而全"。

3. 各高校在进行章程建设的过程中，要重温学校的历史和文化，提炼、固化具有鲜明特色和历史厚重感的校训、校歌、校风等文化标识，并借此弘扬本校的办学传统，增强学校的文化底蕴和凝聚力。

4. 政府也应注意通过一定的政策鼓励和引导大学在章程建设中体现风格迥异的理念、个性和特色，防止和避免大学章程演化为"制式化"产品。

（四）强化创新意识，着力凸显章程的改革精神

现阶段我国启动大学章程建设，其本身既是高等教育改革的必然产物，也是进一步深化高等教育改革的客观需要，因此大学章程的建设一定要凸显其改革精神。如前所述，目前国家推动大学章程建设的意图与目的绝不是为了进行一种简单的历史补课，而是重在借此理顺大学与政府的关系、完善大学内部的治理结构、解决高等教育发展中的深层次问题、建构具有中国特色的现代大学制度。因此，各高校在起草和制定章程时，一定要树立创新

意识，强化改革精神，尤其是要敢于直面和破解那些在实际办学过程中所遇到的突出矛盾和敏感问题，力争通过章程建设来对其做出认真的梳理、清晰的解答和明确的规范，并使之固化于章程文本之中。

（五）大学章程制定要具有可操作性

可操作性是大学章程在实际运行和发展的过程中获得有效遵循与执行的关键。

1. 大学章程的文本表述要力求确切性

章程在对涉及学校办学定位、管理体制、运行机制以及一些重要性实体工作的表述时，一定要做到概念清晰、界定准确，防止因表述模糊或笼统而导致在具体执行时无所适从或模棱两可的状况出现。如在阐述党委常委会（一些小的学校为党委会）和校长办公会（一些学校为校务会）的职责时，应明确界定哪些议题、哪一层次的问题应分别放在什么会议上研究。又譬如在论述学术委员会和学位委员会的职责时，不仅要说明其具体的权力和责任，还应明确界定其构成人员的身份要求以及各类人员应占的比例。从章程的文本范式和语言表现形式来看，要尽可能做到质性表述和量化表述相结合、概念性表述和程序性表述相结合、原则性取向与操作性规程相结合。综观西方大学的实际做法，为了使章程文本既全面细致（力求涵盖学校工作的方方面面）而又不至于臃肿和累赘，可以采取章程正本和附则相结合的形式，即正本是提纲挈领式的，附则则是正本中一些重要条款的实施细则或具体说明。

2. 章程的内容要体现可公开性和可监督性

大学章程既是大学内部自我激励、自我约束的行动纲领，同时也是大学向外界的一种自我表达和宣言，是大学对自己所要承担的社会责任、历史使命的宣誓与承诺。这就要求大学章程一定要具有公开透明的特性，要便于利益相关者和社会各界进行广泛的评价、监督和问责。

3. 章程的制定要兼顾稳定性和灵活性

章程保持稳定是西方大学的普遍特征，而且正是这种稳定性确保了大学章程的权威性。但是从历史的视野来考察，西方大学章程并非一成不变，其会根据学校的发展壮大和外界环境的变化进行适时调整、修葺和完善，并且二战以后这种变动的频次呈增加趋势，这又反映了大学章程与时俱进的灵活性。大学章程稳定性和灵活性的统一关系，反映了大学章程内部权威性和外部适应性的均衡。

因此，各高校在制定章程时，一方面要对那些政府有明确规定的领域以及大学自身具有长期传统的领域保持相对的稳定，譬如教育方针和办学宗旨、学校发展定位、学科特色和专业品牌、办学传统和校风校训等；另一方面，要对那些容易受社会外在环境变化影响的领域保持相对的伸缩回旋的余地，留有变革适应的空间，如人才培养模式和规格、专业布局与结构、教学方法与途径、学校社会服务功能形式等。需要说明的是，章程文本的变革与修改，一定要历经法定的程序，绝不能随意变动，更不能朝令夕改。

虽然现阶段我国大学章程建设面临诸多困境和挑战，但我们必须清醒地看到，其启动本身便是一个良好的开端和兆头，这预示着中国的大学正在坚定不移地朝着现代大学制度的轨道迈进。

斯坦福大学章程的特征及其启示①

《高等学校章程制定暂行办法》（以下简称《办法》）已于 2011 年 7 月 12 日教育部第 21 次部长办公会议审议通过，并于 2012 年 1 月 1 日起施行。为推动《办法》的有效贯彻实施，教育部办公厅下发通知要求所有高等学校全面启动大学章程的建设工作，并给部属高校提出了大学章程建设的日程表。这意味着加快和加强大学章程建设已成为现阶段我国高等教育所面临的一项重要而迫切的任务。大学章程同现代大学制度一样，都是西方发达国家的产物，深入研究和分析西方著名大学章程的内容和特点，无疑会对促进和完善我国大学章程的建设起到借鉴和启迪作用。基于这一考量，本文特以斯坦福大学章程为例做一深入剖析。

一、斯坦福大学章程的基本内容

斯坦福大学全称小利兰·斯坦福大学（Leland Standford Junior University）。在多个世界大学排名体系中，斯坦福大学均位居全球十强之列。在 QS 世界大学排名②（2013—2014）中，该校名列世界第 7，全美第 3；③ 在《泰晤士高等教育》④ 世界大学排名（2013）中，该校名列世界第 4，全美第 3；⑤ 在世界大学学术排名⑥（2013）中，该校名列世界第 2，全美第 2。⑦ 由是观之，斯坦福大学是一所名副其实的世界著名高等学府。

19 世纪 80 年代，当时的加州铁路大王、曾担任加州州长的利兰·斯坦福为纪念其子，

---

① 原载《高等教育研究》2014 年第 02 期。与侯佳合作。

② QS 世界大学排名（QS World University Rankings）是由教育组织 Quacquarelli Symonds（QS）所发表的年度世界大学排名，排名包括主要的世界大学综合排名及学科排名。另外，QS 还推出了两个独立的地区性排名，即 QS 亚洲大学排名和 QS 拉丁美洲大学排名，而这两个地区排名的准则在某些方面都与原本主要的世界大学排名有所不同。现在，QS 世界大学排名与《泰晤士高等教育》世界大学排名及世界大学学术排名（ARWU）被公认为世界三大最具影响力的全球性大学排名。

③《2013—2014 年 QS 世界大学排行榜公布（TOP50）》，新东方在线：http：//liuxue.koolearm.com/20140326/765511.html.（2025 年 1 月 11 日查询）

④《泰晤士高等教育》（Times Higher Education，THE）原名《泰晤士高等教育增刊》（The Times Higher Education Supplement 或 THES），是一份英国出版的高等教育报刊。

⑤《〈泰晤士高等教育〉2013—2014 年世界大学排名》：中国周刊：http：//news.the chinese weekly.com/article/12422.（2025 年 1 月 11 日查询）

⑥ 刊物 1971 年以前属于英国《泰晤士报》的一部分，2005 年 10 月，《泰晤士报》老板鲁伯特·默多克将 THE（包括本增刊）以 2.35 亿英镑的价格出售给一家私募基金公司。

⑦《2013 年软科世界大学学术排名（ARWU）》，IDP 留学：http：//schools.idp.cn/rank/2013-arwu.（2025 年 1 月 11 日查询）

决定用建立"创始基金"的方式创办一所大学。1885 年 3 月，利兰·斯坦福的授权法案获得加州立法机关的批准，并准予其通过基金捐赠正式创建小利兰·斯坦福大学。斯坦福大学的建校宪章——"创始基金"文件（The Founding Grant）① 即为斯坦福大学章程的最早雏形。之后，该章程不断发展完善。现在，斯坦福大学章程主要由三个文件组成：

1.《创始基金及修订、立法和法令》（*The Founding Grant with Amendments*，*Legislation*，*and Court Decrees*），此文件规定了创始基金数额，确定了大学的范围、责任和组织，并授权董事会托管大学捐赠和所有资产，指导学校的建立，以及规划大学的目标和管理。其内容主要包括：机构的名称、性质、宗旨和目的；董事的法定人数；董事继任者的委派方式；董事及董事会的职责；校长的权利和职责；教员、董事进行报告的方式和对象；对未成年人的监护；奖学金及与之相关的其他事项；附则；等等。《创始基金及修订、立法和法令》现为《董事会章程》（*By-laws of the Board of Trustees*）② 所取代。

2. 以《评议会宪章》（*Charter of the Senate of the Academic Council*）为核心的《学术委员会的评议会和专门委员会手册》（*Senate and Committee Handbook of the Academic Council*），该手册是斯坦福大学进行学术治理所依据的各种关系及政策规定。其内容主要包括：全校的学术政策、学科建设和发展规划，教师的聘用、考核和晋升，本科生和研究生的教学、课程设置、学位事项，对外学术交流活动等。

3. 以《行政管理指南》（*Administrative Guidance*）为引领的全校性政策文件，它是斯坦福大学各职能部门在日常管理中所依据的行动准则。③ 该指南由人力资源部门负责形成，各具体章节由分管该领域的行政官员批准，并根据办学的内外部环境和条件变化与时俱进，不定期进行更新。2010 年版本的《行政管理指南》，共有 8 章 50 多项，斯坦福大学官网公布的章节包括：组织结构、人事、财务、馈赠、采购、计算机系统及服务设施④。其主要内容大多是管理细则，比较具体明确。例如，在"人事"章里，有一部分是关于校园就业的内容，其中包括本科生的工资级别、研究生助教职位、研究生奖学金、博士后研究等；在"馈赠"章里，涉及大学所收馈赠、接收和处理馈赠、发展政策、筹款审批及优先次序、

---

① "The Founding Grant"一词，周少男在《斯坦福大学》一书中将其译为"建校捐赠证书"，王英杰教授在《在创新与传统之间——斯坦福大学的发展道路》一文中将其译作"建校拨款文件"，张国有在《大学章程》一书中将其译为"创始基金"文件。本文这里借用"创始基金"文件的翻译。

② 斯坦福大学官网并未公布该校《董事会章程》，本文所讨论的斯坦福大学章程不包括其《董事会章程》。

③ 张国有主编：《大学章程》，北京大学出版社，2012 年，第 1 页。

④ Stanford University.Founding Grant［EB/OL］.（2010-05-24）.http：//wasc.stanford.edu/files/Founding Grant.pdf.

赞助新项目等。这些细则为斯坦福大学的日常运行提供了基本依据，使各项活动都有章可循，能够有条不紊地进行。

上述一系列法令、宪章、指南、政策文件等，共同构成了斯坦福大学的章程体系，确立了学校调节各种关系的准则和依据。这种长期积累、不断完善并逐渐适应大学成长要求的章程体系，使得促进斯坦福大学健康发展的治理结构和运行机制最终得以形成，同时，也充分彰显了其与众不同的办学理念与风格。

二、斯坦福大学章程的突出特征

斯坦福大学之所以能够成为一所世界著名学府，其完备的章程体系发挥了至关重要的作用。深入分析斯坦福大学章程，可以归纳为以下几个特点。

（一）章程依法颁布，修订与时俱进

纵观西方大学的发展，往往是先有章程后有大学，之后随着大学的发展以及外部形势的变化，不断地对章程进行修订和完善。在这一方面，斯坦福大学的章程建设表现得尤为突出。1885 年 11 月，"创始基金"文件生效后，加州立法机关才准予斯坦福先生通过基金捐赠的方式正式创建小利兰·斯坦福大学，直至 1891 年 10 月，学校方始建成，第一批学生才得以入学上课，这其中包括后来成为美国总统的胡佛（Hoover）。1984 年 3 月，在百年校庆前夕，斯坦福大学对"创始基金"文件进行了修订和完善并结集出版《创始基金及修订、立法和法令》。[①] 这个历史文献规定了创始基金数额，并授权董事会享有托管大学及其捐赠和资产的最终职责，现已发展演变为《董事会章程》。

伴随着学校办学环境的变化和发展，1904 年 3 月，斯坦福大学制定并通过了《教师组织规程》。该文件所确立的治理结构适应了大学学术发展和行政运作的一般规律，其基本原则从 20 世纪初期一直使用到 20 世纪 60 年代。随着斯坦福大学教师数量大幅增长，学校学术委员会成员接近千人，这种规模和态势给便捷而有效地处理大学事务带来了很大困难。针对这种情况，教授们要求对学校学术委员会的缺陷进行审查，并建议在学术委员会的基础上建立一个学术委员会授权的代议制评议会（A Representative Senate of the Academic Council）来履行教师组织的一些重要职能。于是，1968 年 4 月经学术委员会审议通过，并于 5 月经董事会批准，《评议会宪章》正式发布，取代了之前的《教师组织规程》。由以上可以看出，斯坦福大学的章程建设经历了一个不断积累、与时俱进、修订完善的过程。

①Stanford University［EB/OL］.（2010-03-21）.http：//web.stanford.edu/groud/wasc/files/Founding Grant.pdf.

（二）政府宏观指导，大学自主管理

美国联邦政府和州政府规定，大学与政府均不能单方面修改或撤销章程，这在一定程度上体现了大学与政府之间的契约关系。从法律层面上讲，大学章程是界定大学与政府间权利与义务关系的法律性文件。在这一方面，斯坦福大学章程界定得十分清晰、规范，并由此确保了学校与联邦政府和州政府一直保持着良好的关系。

1. 斯坦福大学章程明确界定了州政府对大学内部管理的参与和管理权。一是章程对董事会的成员结构中应包含多少政府官员及其职权有明确规定；二是章程规定学校由一名副校长负责对外事务，确保与政府进行的联系和沟通；三是在学校决策方面，章程规定州政府官员包括州长可以担任学校董事会董事，参与学校的管理，同时还规定州政府对学校的财务状况有知情权和监督权。通过上述规定，政府能够通过正当途径合理合法地对学校的宏观管理施加干预和影响，避免了因政府无法干预大学管理或干预过多所引发的矛盾。

2. 斯坦福大学章程为其实现自治提供了充分的保障。通过章程的制定以及章程中有关条款的规定，斯坦福大学获得了独立于出资人和举办人的独立法人地位，享有学术自由和独立的财产权，并拥有独立于股东或发起人的永久存续权，这为学校以后的自主管理和自主发展奠定了坚实基础。[①] 从法律上讲，斯坦福大学是一个受托基金机构，具有在加州法律下的法人权利。依据"创始基金"文件所授予的自主权，斯坦福大学的自治、自主性主要体现为以下几个方面：

（1）董事会是大学的最高权力机构，其主要职责是托管大学的捐赠及所有财产，确立大学的目标与基本方针，任命校长，赋予校长和教师权利，准予校长和教师在授权范围内履行职责；同时，董事会是大学的最高决策机构，大学治理结构的各个部分均在董事会的授权下运作。

（2）在董事会的授权下，以校长为代表的行政管理体系和以评议会为代表的学术管理体系依据各自的权责和章程进行自主管理。在行政管理体系中，校长拥有在董事会授权范围内的行政事务决策权，主要表现为任免行政官员、制定行政规章制度、组建各类委员会或行政工作组等；在学术管理体系中，学术委员会或评议会拥有在董事会的授权范围内的学术事务决策权，主要包括教师的任命、晋升和解雇，制定学术政策与学术规范，成立或解散系科，厘定本科生、研究生的课程与培养等。

（3）大学内阁（The university cabinet）和专门委员会是大学的咨询建议机构。大学

---

① 马陆亭：《高校章程制定工作全面启动后的思考》，《中国高教研究》2012年第3期，第1—7页。

内阁的主要职能是建议和审查大学的方针、政策和规则，为校长和教务长提供有关大学发展方向、政策和规划的意见与建议；专门委员会是供校长顾问的重要咨询机构，其主要职能是处理或支撑学校的教学与研究工作，并负责制定相关政策。

（4）以教师为基础形成了大学学术权力机构及各种自治组织，其主要职能包括：接受并审议由学院院长和教务长批准的院系教授聘任名单；就教师任命、晋升和解雇以及系的建立和解散等事宜向校长提出建议。

（5）斯坦福大学学生联合会作为学生自治组织，其主要职能是确定该联合会的预算、财务、投资、业务及营运政策，并在与学生生活相关的问题上采取行动。

综上所述，斯坦福大学章程合理地划定了政府与学校之间的权责边界，既确保了大学与政府积极而有效的合作，又保障了大学独立自主的办学地位。

（三）条款详尽细致，操作有章可循

斯坦福大学章程体大思精、十分全面，其条款内容几乎涵盖了学校工作的方方面面，这为其在实践过程中的有效操作和贯彻执行提供了充分保障。以斯坦福大学评议会为例，评议会之所以能够在大学治理中发挥巨大的作用，与《评议会宪章》在内容上的细致性有密切关系。《评议会宪章》对评议会的人员组成、权利和义务、基本职责、组织结构以及下属各分支机构的职责、人员、运行方式等均作出了操作性极强的规定，内容长达 18 页，共 235 条，另有 7 个说明附录。[1] 这极大地避免了在实践过程中可能出现的权限模糊、边界不清以及自由裁量和处理空间过大等弊端。又如，《行政管理指南》的内容涵盖了大学办学的各个领域，在大学使命、发展目标、内部管理体制、教育经费来源、财务制度、教学人员的聘任制度、章程修订程序等方面均有细致的规定，甚至具体到对校内交通规则和车辆停放的表述，可谓面面俱到、事无巨细。这些章程条款为斯坦福大学的宏观治理和微观管理提供了有力的制度保障。

仔细阅读《行政管理指南》，不难发现，它是一个将宗旨、理念、基本规定、具体细则合为一体的大学行政管理规章，包括组织结构、人事、财务、馈赠、采购、计算机、大学服务设施等 8 章内容，共计 410 页，40 余万字。每一章又分若干节，每一节又分若干条，每一条前面都列有该条的授权批准人、使用对象和理念概述，随后是该条的规定和细则。例如，第二章"人事"部分共有 28 节内容，其中第 23 节是"一般人事政策"，这一节又分为 11 条，

---

①Stanford University［EB/OL］.（2010-05-24）.http：//web.stanford.edu/groud/wasc/files/Founding Grant.

其中第 2 条是"性骚扰和双方意愿下的性关系或恋爱关系"，原文如下所示[①]：

授权：本指南备忘录由斯坦福大学批准。

适用：本政策适用于斯坦福大学学生、教职人员及参与各类项目和活动的其他人员。

概述：斯坦福大学致力于提供一个没有性骚扰、胁迫和剥削的工作与学习场所。一旦发生性骚扰事件，大学将予以制止，防止其再次发生，并对事件责任人给予惩罚或采取其他相关措施。

另见性骚扰政策办公室网（http：//harass.stanford.edu）。以下各条标题为：

1. 总则

2. 何谓性骚扰

3. 遇到性骚扰该怎么办

4. 程序事项

5. 处理性骚扰的有关资料

6. 双方意愿下的性关系或恋爱关系

7. 政策审核和评定

这 7 项内容约 6000 字，理念、政策、规定、方法、途径、注意事项、后果等都规定得清清楚楚，一旦出现类似问题，学校相关部门可以直接遵循该指南使相关问题迅速得到处理。

（四）办学特色鲜明，彰显独特理念

将大学理念、办学宗旨与章程融为一体是斯坦福大学的一个显著特点。斯坦福先生将建校理念和办学宗旨写入其口述的"创始基金"文件中："使学生为个人的成功和生活的实际工作做好准备；促进公共福利，为了人性和文明而施加影响，促进法令所赋予的自由福祉，灌输对政府伟大原则的热爱和尊重，这些原则来源自生命、自由及追求幸福的不可剥夺的人权"，进而将"实用""人性""公民"作为斯坦福大学办学思想的基石。[②]

斯坦福大学的办学特色在以《行政管理指南》为引领的全校性政策文件中也有明确体现。如 1944 年，在《行政管理指南》的指导下，斯坦福大学制定了未来 20 年的发展规划，将建立斯坦福大学研究园区（Standford Research Park），以"学术研究、产业促进、大学发展"的良性互动机制作为未来 20 年的主要发展方向。其内容主要包括：一是结合斯坦福大学的尖端学科，努力使学校成为工业研究和开发的中心，使大学和工业联合起来，为高科技发展和地区经济增长做出贡献，同时为毕业生提供优越的就业机会；二是把大学的财力、物力集

---

① 张国有主编：《大学章程》（第三卷），北京大学出版社，2012 年，第 113 页。
② 张国有主编：《大学章程》（第三卷），北京大学出版社，2012 年，第 2 页。

中起来，用以吸引第一流的教师和研究人员，组建各种前沿性的研究所、实验室等，培育在某些方面引领世界的人才；三是在人才培养战略上，把推行通识教育当作大学未来教育教学改革的重点；四是为了增加教师与工业界的联系和兴趣，制定一套鼓励这种积极性的报酬制度，并且优先考虑可能对大学学术目标做出贡献的企业，将其与大学相关系科结合起来。①

历经 20 多年的实践与发展，这种"学术研究、产业促进、大学发展"相结合的办学模式已演化为斯坦福大学最突出的办学特色，而这也正是当初斯坦福先生在"创始基金"文件中所倡导的"实用教育"（Practical Eucation）理念的充分体现。正是在这一理念的引领下，斯坦福大学独树一帜，不断壮大，不仅成就了一所举世瞩目的顶尖大学，而且也成就了为美国经济社会发展乃至全人类的科技进步做出巨大贡献的硅谷（Silicon Valey）高科技产业园，使之成为世界最知名的电子工业集中地。

三、借鉴与思考

斯坦福大学章程虽然存在于美国的文化背景下，所反映的是美国社会的性质和特征，但其中一些蕴含高等教育本质特点和基本规律的做法，是深值我们借鉴的。

（一）提高对大学章程重要性的认识

追溯斯坦福大学章程的发展历程，可以看出，它对斯坦福大学的建设和发展发挥了巨大的推动作用。章程从开始作为学校的"立校之基"到后来成为学校的"建校之法"，始终统领着斯坦福大学的发展和运行，不仅有力地协调了学校与政府和社会的关系，而且充分保障了学校的自治性及基本利益不受侵害，使大学的巨轮乘风破浪，稳健地按照既定的航线前进。目前，我国政府正在全国范围内大力推进大学章程的建设工作，但在大学层面却不同程度存在"顶层热，基层冷"的现象，有些学校对章程建设持观望态度，有些学校的章程建设流于形式，还有一些学校则将制定出的章程束之高阁。这些均反映了大学内部对章程制定的价值、意义和功能的认识存在不足。

大学没有章程，依法治校将成为空洞的口号，"按照章程自主管理""按章程依法自主办学"的权力也就无从谈起。因此，当务之急是我们必须充分增强对章程及其建设重要性的认识：一是鉴于教育部已经为部属高校列出章程制定日程表，目前亟需增强地方教育行政部门对大学章程制定工作重要性的认识，以促使其加强对地方院校章程建设的推进力度。各地应及时出台大学章程制定工作计划和报送审批制度，还可根据地方院校的类别和办学标准提供一些章程样稿和资料供学校参考；二是通过舆论宣传、政策牵引和行政督促

---

① 张国有编著：《大学章程》（第三卷），北京大学出版社，2012 年，第 14—15 页。

等手段促进章程制定主体即各级各类大学提高对章程建设工作重要性的认识，尤其是要强化党委书记、校长等关键人物的理念、信心和动力，只有这样，才能从根本上推进我国大学章程建设工作；三是学术界应加强对国内外大学章程的研究，为推进我国大学章程建设工作提供更多更好的理论参考和学术指导。

（二）通过章程制定依法落实大学办学自主权

如前所述，斯坦福大学非常重视学校与州政府之间的关系，并通过大学章程规范和推动这种关系的建立与发展，继而形成了一种"州政府宏观指导，大学自主管理"的合作关系。反观现阶段我国大学与政府之间的关系，可谓"政校难分"，边界模糊，权责不清，这其中的原因固然是多方面的，但与大学章程的缺失密切相关。因为大学章程的一个重要职能就是明确大学与政府之间的权责边界及其关系，并在这一前提下将大学建设成面向社会、依法自主办学的独立法人实体。[①] 目前，我国《中华人民共和国教育法》和《中华人民共和国高等教育法》虽然在法律层面明确了大学的独立法人地位，赋予大学自主办学的基本权力，但是其条款规定得比较抽象、笼统，具体到不同地区、不同行业的大学应该如何实施与操作，尚缺乏相应的实施细则。正是由于这种原因，导致"政校不分"、政府对大学内部事务干预过多的现象难以从根本上得到遏止，同时也导致大学内部的行政权力与学术权力、组织权力与教职工民主权利出现错位，大学内部治理结构紊乱，运转效率低下，管理的"行政化"味道浓厚。通过大学章程的厘定与确立，便可以有效地规避上述问题。

从某种意义上讲，大学章程通过学校自主制定并经教育行政主管部门审核批准之后，相当于大学与政府订立了契约，契约中对政府与大学彼此间的权力、责任和义务必然有明晰的规定。因此，章程一经颁布，自然会对双方的行为起到约束和规范作用，从而使"政府宏观指导，学校面向社会依法自主办学的体制"[②] 真正落到实处。需要说明的是：大学在通过制定章程捍卫和落实办学自主权的同时，也要考虑到对自主权的界定必须符合国家既有法律条款及政府政策法规的规定，不能超越权力界限，不能含有与国家上位法相忤相悖的成分。总之，要通过大学章程的制定，合理地划分政府与大学的权力边界，从而确保大学的办学自主权能够落到实处。

（三）大学章程应具有可操作性

大学章程的可操作性是确保其有效实施的重要条件。斯坦福大学章程之所以在实行中

---

① 张应强：《新中国大学制度建设的艰难选择》，《清华大学教育研究》2012 年第 6 期，第 25—35 页。

② 司晓宏：《教育管理学论纲》，高等教育出版社，2009 年，第 489 页。

能够得到有效的贯彻，并对学校整体运行和发展起到统领作用，其中重要的一点就是章程具有很强的操作性，不仅有《董事会章程》《评议会宪章》《行政管理指南》三个总文件，而且每一个总文件下均附有多种详尽细致的实施细则。反观目前我国已出台的一些大学章程，条文内容的表述过于笼统抽象，"该明处不明，该细处不细"，同时缺乏对章程总体文本的附则说明和实施细则，这自然容易导致章程在执行过程中因缺乏可操作性而难以得到有效的遵循和贯彻，同时削弱了章程的权威性和有效性。大学是一个复杂的社会组织，人员众多，规模宏大，结构复杂，目标多样，任务繁重，这就要求我们在制定大学章程的过程中，应当尽可能规范、细致，既要明确概念性导向，也要明确操作性程序。[1]为增强大学章程的可操作性，大学在总体章程文本通过后，应根据总文本的条款规定和基本精神制定并完善各种具体的实施细则。如章程中确立了"党委会""校（院）长办公会议"的职责，那么就应该以"附则"的形式出台相关的实施细则；又如章程中规定了"学术委员会""学位委员会"的职责，那么就应该出台相应的"组织程序和议事规则"；再如章程中规定了"教师的权利和义务""学生的权利和义务"等，那么也就应出台相关的实施细则等。

（四）章程内容要体现办学特色

综观斯坦福大学章程，令人印象最为深刻的就是其中对学校办学特色的明确记载："学校以'学术研究、产业促进、大学发展'之间的互动机制为主要特色。"同时，将"实用"作为其重要的办学理念，这就启发我国大学在制定章程时要注意将本校办学特色和办学理念作为章程内容的重点而予以突出。目前，我国出台的一些大学章程多数是对国家现有法律、法规与学校相关制度的机械组合，呈现严重的同质化现象。大学章程的文本内容非常相似，彼此模仿的现象严重，个性特色鲜见，这可以被看作是章程的一种"劣性传递"。还有一些大学只是为了应付上级要求，对章程建设的真实意义和内涵质量重视不够，因而存在敷衍塞责的现象。以上状况必须引起警惕并纠正，否则将会使大学章程的建设工作失去本该有的实际意义。

大学章程建设工作既是对政府和大学权责边界的划定，对大学内部治理和管理的规范，更是大学面对新的形势进行愿景规划和自我重新认识的过程。因此，大学应以章程制定为契机，科学认识学校的发展定位、培养目标和办学方向。同时，大学应通过章程建设工作来重温和总结学校的历史发展轨迹，凝炼学校的传统文化，提炼学校的办学特色，重塑学校的社会形象，并在此基础上进一步增强学校的凝聚力和发展动力。

---

① 刘献君：《论高等学校制度建设》，《高等教育研究》2010 年第 3 期，第 32—39 页。

民国时期大学章程文本的要素分析及其启示 ①

民国时期是中国高等教育发展的重要阶段，尤其是 1912 年至 1929 年间，是文化思想界的"自由假期"。正是在这样的背景下成就了大学"思想自由，兼容并包""教授治校"的办学理念，成就了一批不可复得的学术大师，也只有在这样的一个特殊历史时期，中国的大学才有可能去寻找"学术自由之精神""大学自治之权力"。在这一时期，大学取得了非凡的教育成果，孕育了历史上最优秀的教授群体，培养了以获得诺贝尔奖为代表的一批优秀学生，这不禁会使我们想到"钱学森之问"，使我们迫切地去探究那段属于中国高等教育的传奇历史。

一、民国时期大学章程文本的要素构成

章程的要素内容是构成章程文本的灵魂所在，是章程制定之时首先需要考虑的关键问题。我国《高等教育法》第二十八条规定了高等学校的章程应当规定的事项有：（1）学校的名称、校址；（2）办学宗旨；（3）办学规模；（4）学科门类的设置；（5）教育形式；（6）内部管理体制；（7）经费来源、财产和财务制度；（8）举办者与学校之间的权利、义务；（9）章程的修改程序；（10）其他必须由章程规定的事项等。上述法规中所明确规定的事项都是大学章程中最根本、最重要的要素内容，因此，各校在制定章程之时必须予以高度重视，更要"以史为鉴"。继承与弘扬我国民国时期优秀大学的成功经验，可以促使我们今天更好地完善大学章程建设，确保大学章程在大学治理和管理的实践中发挥应有的积极作用。

综观民国时期大学章程，可谓是"百花齐放""百家争鸣"，其中最具特色的要数《国立北京大学现行章程》《清华学校组织大纲》和《国立东南大学大纲》。笔者选取这 3 所最具代表性大学的章程做样本，分别对其主要构成要素进行分类比较。如表 1 所示，学校将学制校长评议会、教授会、教务会置于前面。首先，通过仔细分析，它们都是构成民国时期大学章程的必备要素，也是最为重要的要素，支撑着整个大学的运行和发展，固然居于首要地位。这些章程文本着重介绍学校的学制、组织机构以及各职能部门的管理权限，如由"评议会、教务会议和行政会议"共同构成学校管理的基本框架，这对平衡学校的"学术权力和行政权力"发挥了积极作用，值得我们今天在大学章程制定过程中予以借鉴。其

---

① 原载《清华大学教育研究》2015 第 2 期，与侯佳合作。

次，在《国立东南大学大纲》中以"独立成章"的方式首次出现"定名""校址""目的"的相关章节，类似于当代大学章程中的"序言""总则"部分，可见民国时期大学章程的完整性及规范性。又如，在《清华学校组织大纲》中，将"学系及学系主任"作为重点章节单独列出，可见在民国时期已经出现了"学校—学系"的两级管理模式，这也为后来"学院制"管理模式的引入奠定了坚实的基础。此外，最值得我们关注的是在《国立东南大学大纲》第六章"经费"中记载"本大学经费以国款、学费暨其他捐款充之"[1]，虽只有短短一句话，但仍作为章程条款单独列出，足以证明民国时期大学章程文本要素的广泛性与规范性。综上所言，民国时期大学章程是一份弥足珍贵的精神财富，深值我们今天对其进行学习与探究，毋庸置疑，这将对我国当代大学章程建设带来有益的借鉴与启示。

表 1　民国时期 3 所国立大学章程文本的要素构成表[2]

章程章节	国立北京大学现行章程 （1920 年 10 月 5 日）	清华学校组织大纲 （1926 年 4 月 15 日）	国立东南大学大纲 （1921 年 3 月 16 日）
第一章	学制	学制总则	定名
第二章	校长	校长	校址
第三章	评议会	评议会	目的
第四章	教务会议	教授会	学制
第五章	行政会议	教务长	组织
第六章	教务处	学系及学系主任	经费
第七章	事务	行政部	附则
第八章	呈	附则	——

二、民国时期大学章程文本的特征分析

民国时期大学之所以能够得到迅速地发展，其完备的大学章程发挥了至关重要的作用。深入分析民国时期的大学章程文本，可归纳为以下几个特点。

（一）章程中初现"学院制"的管理模式

仔细研读民国时期的大学章程，可在各校章程见到对"学院制"的最初记载，其将大学分为"文、理、法、教育、农、工、商、医各学院，凡具备三个学院以上者，始得称为

---

[1] 张国有：《大学章程》（第一卷），北京大学出版社，2011 年，第 69 页。

[2] 此表内容来源于笔者对张国有主编的《大学章程》（第一卷）中有关内容的归纳，其中"——"代表该校章程中没有直接与所列要素相关的章节名称。

大学"①。由此观之，民国时期我国已将西方大学的"学院制"管理模式引入国内大学中，同时将其首次载入各校的章程之中，可见其受重视程度之高。此外，各校章程将学校内部各职能部门间"职、责、权"的范围给予清晰的界定。在《国立清华大学规程》（1929）第三章关于"校内组织"明确规定："国立清华大学置校长一人，综理校务，由教育部部长提请国民政府任命之；国立清华大学置教务长一人，商承校长管理关系大学全部之教务，并监督图书馆、注册部、军事训练部、体育馆等机关，由校长聘任之；文理法三学院各置院长一人，主持各院之教育实施计划及其他仅涉各院内部之教务，由校长就教授中聘任之；各学系各置系主任一人，商承院长、教务长主持各该系教务，由校长就教授中聘任之；各学系置教授、副教授、讲师若干人，由校长得聘任委员会之同意后聘任之，置助教若干人，由各系主任商承校长、教务长同意后聘任之。"② 由上观之，《国立清华大学规程》将学校内部各组织机构间的权力范围予以明确、清晰的界定，使得各职能部门之间分工明确、相辅相成，在学校日常管理中做到"有章可循"。这也为当时国立清华大学的"学院制"改革提供了制度保障，同时也为其他高校所进行的"学院制"改革提供了借鉴。从此，国立清华大学建立了"学校—学院—学系"的三级管理模式。其中，学院作为管理模式的"中间环节"，如同桥梁纽带一般连接着"学校"和"学系"，学院不但是大学成立的必备条件，而且是整个大学运行的"中枢神经"。

（二）章程体现了"教授治校"的办学理念

民国时期大学章程的主要特征之一就是遵从"教授治校"的办学理念。1926年，经过全校教师群策群力，清华大学颁布了《清华学校组织大纲》（以下简称《组织大纲》），"系适应民治教育之潮流，依据教授治校之原则，同时不得不顾及本校特殊之实况，兼谋补救已往之阙失"③ 而制订。清华大学至此成立了教授会、评议会等教授群体组织，并对校长、教务长、学系以及其他相关组织也在其"组织大纲"中做了明确规定。组织大纲同时规定了评议会的职责权限，即"规定全校教育方针，议决各学系、机关设立废止及变更，制定校内规则，审定预决算，学位授予，教职工聘任等各项大权"，还规定了教授会的职责权限，即"选举评议员及教务长、审定课程、议决向评议会建议事件等权力"。④ 如此一来，

① 唐克军：《论我国大学学院制的发展》，《大学教育科学》2004年第1期，第76—79页。
② 张国有：《大学章程》（第一卷），北京大学出版社，2011年，第61—62页。
③ 清华大学校史研究室编：《清华大学史料选编》（第二卷上、下），清华大学出版社，1991年，第91页。
④ 苏云峰：《从清华学堂到清华大学 1911~1929》，生活·读书·新知三联书店，1996年，第42页。

评议会与教授会之间形成了相互制衡的机制，而以评议会的权力居高，但是需受教授会的约束。此时，大学内部以评议会、教授会为制度基础的"教授治校"理念逐渐形成。

随后，1929 年新颁布的《国立清华大学规程》规定设置评议会、教授会、校务会议及教务长、秘书长、留美学生监督处等组织机构，将评议会与教授会的权力明显加大，评议会中的教授代表人数，由原来的 4 人增设到 7 人。① 不仅如此，教授会还极大地影响了校务会议的组织机构与议事程序。《国立清华大学规程》更加注重清华教授群体的权力保障，在有关重大事项决定方面赋予其相应的权力。如文理法三学院，院长任命由原来的"校长就教授中聘任之"改为"教授会推荐，校长复选"的方式，可见学校更加注重保障教授们的权力。② 由此观之，校长的权力在一定程度上遭到削减，而教授的权力却进一步得到增强，学校内部管理开始以教授群体的权力、决策为核心。

（三）章程凸显对"办学目标"的准确定位

民国时期的大学章程共同凸显了对学校"办学目标"的准确定位，这源于其对各自学校"办学特色"的认真归纳与总结。这一时期，最为典型的代表就是《国立北京大学组织大纲》（1932）和《国立清华大学规程》（1929）。虽然北京大学和清华大学都是国立大学，但由于各自的办学特色不同，其学校的办学目标也有很大差异。众所周知，蔡元培先生担任校长期间提出了"思想自由""兼容并包"的办学方针，之后，这也成为北京大学最主要的办学特色。《国立北京大学组织大纲》对其办学目标界定为："以研究高深学术，养成专门人才，陶融健全品格为职志。"③ 这表明北京大学将其办学目标确定在"学术研究、人才培养、陶融品格"的范畴中，这是对其办学特色的极佳总结。而《国立清华大学规程》将其办学目标界定为："以求中华民族在学术之独立发展，而完成建设新中国之使命为宗旨。"④ 这表明清华大学将"追求学术独立发展，担负建设新中国使命"作为本校的办学目标。以上两所学校在总结自身特色的基础上归纳出各自的办学目标，并分别在各自章程文本的第一章予以明确记载，有益于学校今后有目标、有特色地按照章程办学。

《国立东南大学大纲》（1921）更是以"独立成章"的方式将本校的"办学目标"予以准确定位。在其第三章"目的"中写道："本大学以研究高深学术、培养专门人才为目

---

① 清华大学校史研究室编：《清华大学史料选编》（第二卷上、下），清华大学出版社，1991 年，第 138—142 页。
② 卢英宏：《"教授治校"的理论解读》，《湖南民族职业学院学报》2008 年第 12 期，第 76—81 页。
③ 张国有主编：《大学章程》（第一卷），北京大学出版社，2011 年，第 36 页。
④ 张国有主编：《大学章程》（第一卷），北京大学出版社，2011 年，第 61 页。

的。"① 由此可见，国立东南大学将研究高深学术和培养专门人才定位成本校的办学目标，充分体现出该校既注重学术研究又重视人才培养的发展特色。此"办学目标"在其章程中予以明确确立，为民国时期国立东南大学的发展壮大做出了巨大的贡献。

三、民国时期大学章程对当代大学章程建设的启示

民国时期大学章程，虽然存在于民国时期特定的文化背景之下，反映着民国时期社会的性质和特征，但其中蕴含的高等教育的本质特点和基本规律是值得我们学习借鉴的。民国时期大学章程对我国当代大学章程建设的启示概括来讲有以下几个方面。

（一）章程应界定学院"职、责、权"的范围

民国时期，一批有丰富教学和大学管理经验的留学归国人员将欧美大学学院制体系引入中国的大学，各校借鉴西方大学的教育制度，改变原有的体制，使大学从原来的按科、门分类原则逐步发展成以学院、学系的分类原则。然而，学院制的运行又依托于各个大学的相关规章，因此，深入分析民国时期的大学章程文本有助于我们今天更好地完成章程中关于学院"职、责、权"的范围界定。回顾《国立清华大学规程》，其中关于"学校—学院"的记载："国立清华大学置校长一人，综理校务；文理法三学院各置院长一人，主持各该院之教育实施计划及其他仅涉各院内部之教务。"② 从此规定来看，校长负责学校宏观层面上的事务，各学院具体的教育发展计划及其内部教学事务则由各院院长负责，校长不做过多干预。通过对"校长—院长"的明确分工，可以反映出"学校—学院"之间的权力划分，使其能够做到各司其职、各尽其责。反观我国当代大学章程，对于"学校—学院"之间的关系界定仍显模糊，尚未厘清，这就需要我们在制定大学章程之时应对学院"职、责、权"的范围予以明确界定，充分保障学院应当享有的各项权力。

目前，在我国当代大学中，学校一级的管理权限显得过于集中，应使学校的管理"重心"下移，应适当放权给学院。学校应由直接管理转变为间接管理，起到"指挥"而非"战斗"的作用。学校应该重新定位自己的管理角色，发挥学院的管理作用。③ 换言之，在章程文本中应将学校权限范围确定在关注高等教育发展和管理学校宏观层面、决策重大事项、协调各部门之间关系和监督各职能部门工作等方面。如制定学校未来发展规划、调配学校资金项目、筹备重点实验室和科研中心的建设与管理等。就学院方面而言，应将学校下放

---

① 张国有主编：《大学章程》（第一卷），北京大学出版社，2011年，第65页。
② 张国有主编：《大学章程》（第一卷），北京大学出版社，2011年，第61—62页。
③ 司晓宏：《教育管理学论纲》，高等教育出版社，2009年，第293页。

的某些权力在章程文本中予以明确记载，如学院应享有学校赋予在人事、财务、教学、科研、学生培养、学科建设等方面独立行使的权力，从而实现学院的自主管理和独立发展。唯有将学校下放给学院的权力在大学章程文本中予以明确具体的记载，才能真正保障学院应当享有的各项权力得以实现。

（二）章程应彰显"教授治学"的大学理念

回溯民国时期大学章程，其中最值得称道的就是"教授治校"的办学理念，它既能体现出我国高等教育向西方学习的一面，又彰显了中国大学发展历史的独特魅力。当"教授治校"的办学理念载入各校章程时，大学学术自由在一定程度上便得到了相应保障，教授群体所拥有的学术权力才能够得以充分发挥。同时，将教授会、评议会等组织机构的相关规章制度在大学章程中予以明确，为教授参与学校管理提供了制度上的保障。只有这样，大学教授群体才能够在确定"教育方针、课程设置、学位授予以及行政人员的任免"等方面拥有决策权，才能充分彰显将"教授治校"的办学理念载入各校章程中的重要性及必要性，这对当前我国大学章程的建设有着极其重要的借鉴意义。

如果将其放在今天的现实背景下进行观照，应将民国时期"教授治校"的办学理念转变为"教授治学"的大学理念。我们应当鼓励各个大学在制定本校章程之时，充分发挥本校教授群体的积极作用，将"教授治学"的大学理念作为重点部分在大学章程文本中予以体现。首先，"教授治学"要和党委领导、校长负责、依法治校、行政执行、民主管理、学生自治、群众监督相结合，构建基于多元利益主体诉求的大学内部治理结构模式。要以此模式为理论依据，在实践层面实行宏观引导、权力下移、以人为本、学术至上，通过章程制定保证大学内部体制机制的有效运转。[1] 其次，"教授治学"应强调教授集体作用的有序发挥，通过教授会议等约定组织，商讨制定学校基本规章制度，规划学科发展重点。再次，"教授治学"应保障教授在学校学术组织机构中的主导地位，保证教师队伍履行教书育人的基本责任，满足学生愿望，承担社会责任。最后，"教授治学"应坚持大学自主发展，灵活应对社会多方面的需求，这对落实大学办学自主权，倡导政府机构（董事会等）简政放权、管办分离，有着重要的推动作用。

（三）章程应根据学校特色确定"办学目标"

将学校的办学目标在章程文本中予以载明是极其必要的，有利于学校今后按照目标办

---

[1] 康翠萍、刘振旭：《大学章程制定需要理清几对矛盾关系》，《教育研究》2013年第9期，第54—56页。

学，依据章程行事。一所大学如果缺乏明确、适当的定位，在办学目标上模糊不清或者摇摆不定，目光短浅或者好高骛远，都不利于学校办学水平的提高和持续不断的发展。① 而学校的办学特色是定位办学目标最为关键的一点，各校办学目标定位的差异性主要是依靠办学特色予以体现。民国时期大学章程关于学校办学目标的内容，主要表现在三个方面：（1）学校的学术科研领域是独立发展的，其目的是为国家和社会服务；（2）学校培养人才的目标是"陶融品格"，并在此基础上强调了"担负建设国家的使命"；（3）学校在学术研究、人才培养的基础上"阐扬世界文化"。仔细分析以上三个方面的内容，除了年代不同，其他与我国在1998年颁布的《中华人民共和国高等教育法》第二十八条大学章程要素中关于"办学宗旨"的内涵是一致的。从本质上而言，民国时期大学章程重点强调的"办学目标"即对大学基本功能（教学、科研和服务社会）的思考，以及对大学办学特色的个性化探索。

反观我国当代大学章程，各校对其办学目标的定位十分相似，没有突出各自的办学特色。究其原因，主要是学校没有对自身发展进行准确定位，没有在"位格"中形成特色、强化特色。特色是一种比较优势，人无我有是特色，人有我强是特色，人强我新也是特色。② 只有对学校准确定位，才能发掘办学特色，从而确定适合本校发展的办学目标。这就要求各校应以大学章程制定为契机，准确认识学校的发展定位，根据学校的办学特色确定"办学目标"。一方面，可以对自己学校优秀的办学传统和经验进行继承与弘扬；另一方面，也可以在高等教育国际化的背景下，抓住机遇，大胆创新，寻求新的适合学校自身发展的办学特色。③ 总之，学校在制定大学章程之时，应明确本校的办学特色，确立办学目标，并在章程中予以重点说明，确保学校今后能够根据章程的规定来寻求自身的长远发展。

综上所述，民国时期的大学章程，无论是从文本的内容要素上还是文本的结构编排上，较之以前的大学章程完善了许多。概言之，民国时期大学章程为当时的大学自治提供了强有力的制度保障，深值我们今天在制定大学章程之时予以借鉴。

总之，作为当前中国高校发展的普遍现象，院系数量扩张虽然可以避免，或者缓解相应的矛盾冲突、维持学校稳定，但是数量过多也会带来一定的负面影响，不仅会对人才培养和科学研究造成院系壁垒，不利于资源有效配置，还会造成管理效率低下、管理成本过高。

---

① 杨德广主编：《高等教育管理学》，上海教育出版社，2006年，第327页。
② 张应强：《谈强化高校办学特色的几个问题》，《中国高等教育》2002年第19期，第14—15页。
③ 侯佳、司晓宏：《斯坦福大学章程的特征及其启示》，《高等教育研究》2014年第2期，第84—89页。

因此，探析高校院系组织数量扩张的原因对于调整和优化院系组织结构具有重要的现实意义。究其原因，既有历史因素的影响，又有现实条件的作用；既有外在的制约控制，又有内部的发展逻辑。从国家方面来说，所形成的按专业设置院系的制度和某一时期制度的特殊政策以及几千年来所形成的"官本位文化"对院系数量的扩张都具有很大影响。就学校层面来看，战略是学校发展的风向标，管理是学校有效运行的保障，二者对院系数量的增减有着重要作用。就院系组织自身方面来说，组织本身及利益相关者权力和利益的追逐会促进新院系的建立。但这三个方面并非独立发挥作用，而是相互影响、纵横交织的。

国际化背景下高等教育质量保障发展趋势及中国选择 ①

20 世纪 80 年代以来，国际化和质量保障逐渐成为高等教育领域的两大主题。作为高等教育国际化主要特征的跨境教育及其质量保障成为人们关注的焦点，也成为高等教育质量保障面临的最大挑战。为了增强跨境教育质量保障能力，高等教育质量保障的国际合作日益频繁。2015 年 5 月，在我国召开的跨境教育质量保障国际研讨会通过了《关于加强中外跨境教育质量保障合作的共识》，表达了各国鼓励开展跨境教育、重视质量建设、参与多边质量保障合作的意愿，提出了进一步加强合作和交流的倡议。与会代表一致认为，应加强各国质量保障机构在跨境教育领域的交流与合作，通过分享信息和数据、组织联合质量保障活动、联合研究和研讨活动等方式，加强质量保障机构的能力建设，提高跨境教育质量保障的效率。②

当前我国已成为世界最大的留学生输出国和第三大留学生目的地国。2014 年，中国出国留学生达 45.98 万人次，在华接受教育的留学生近 36 万人次，涉及 80 多个国家和地区；已有中外合作办学机构和项目 2056 个，其中涉及近 600 所中国高校以及 33 个国家和地区的 400 多所高校，涉及在校的中国学生近 55 万人次。③ 但是，我国跨境教育质量保障能力的建设与跨境教育规模并不匹配，导致劣质跨境教育流入国内，花钱买文凭、集中开办"中国班"、低质量重复办学等现象时有发生。跨境教育的质量风险不但损害了公民利益，而且影响了中国声誉。作为跨境教育最大资源国和高等教育质量保障的后发外生型国家，建立符合国际发展趋势且具有中国特色的质量保障体系成为我国高等教育国际化进程中必须关注的问题。

一、国际化背景下跨境教育给质量保障带来的新挑战

在高等教育国际化进程中，公众最初关注的焦点是跨境教育的繁荣景象以及国际学生流动的数量和方向。随着跨境教育质量问题的出现，跨境教育质量保障逐渐成为人们关注的重点。④ 正如奈特所言："如果国际化没有对目标和配套政策和计划的监测及评估系统，

① 原载《高等教育研究》2015 年第 6 期，与赵立莹合作。
② 焦新：《"跨境教育质量保障国际研讨会"在云南昆明召开》，《中国教育报》2015 年 5 月 4 日第 3 版。
③ 张文凌：《我国已成世界最大跨境教育资源国家》，《中国青年报》2015 年 5 月 9 日第 2 版。
④ ［美］菲利普·阿特巴赫、莉斯·瑞丝伯格、劳拉·郎布利著，姜有国等译：《全球高等教育趋势——追踪学术革命轨迹》，上海交通大学出版社，2010 年，第 1 页。

它将是对各种国际性机会的碎片式、临时性简单回应。"[①] 主动适应环境变迁是高等教育质量保障目标实现的必要条件。目前，全球的国际留学生意味着 450 亿美元的产业，跨境教育发展的价值取向也从发达国家对发展中国家进行的援助转变为一种教育贸易。国际学生流入发达国家是因为对其教育质量国际竞争力的理想期待，而发达国家推动教育国际化的主要目的则是从中获得经济利益。[②] 赞姆斯基指出："美国在海外建立分校的主要动机是将从海外分校挣来的钱用于解决校本部经费不足的问题。"[③] 跨境教育提供方和接受方的不同利益立场引发了公众对跨境教育质量的质疑，而这种质疑并非空穴来风，因为市场利益驱动的高等教育国际化表现出了明显的质量差异："高等教育商业化""外国学位工厂"已经成为高等教育国际化的主要风险，尤其是对跨国教育显示出一种特别的威胁，低质量和欺骗性的教育提供者越来越多。[④] 例如，美国狄金森州立大学自 2003 年以来给 400 名外国学生颁发了假文凭，每年美国的假文凭市场交易额更是达 5 亿美元之巨。[⑤] 跨境教育质量参差不齐，使其通过增强质量保障能力来保护消费者的权益就显得非常必要，但目前许多国家的质量保障体系无法满足这一要求。

高等教育国际化以不可逆转的速度挑战着传统质量保障机构的能力极限。跨境教育质量保障超出许多国家高等教育质量保障体系的能力和范围。有的国家虽然建立了高等教育质量监控机制，却无法控制大学在境外所开展的项目及其质量。各国高等教育质量保障发展水平的差异也制约了质量保障方面的国际合作。跨境教育质量保障的低效使得高等教育质量保障的规范发展和能力提升问题受到学界的广泛关注。张应强等学者在对高等教育质量保障进行了批判和反思后指出：对于质量保障技术手段的迷思，使技术超越自身的边界而具有权力，成为外界控制高等教育的主要手段，影响了大学自治，因此应该从质量保障走向质量文化。[⑥] 马健生在对国际高等教育质量保障进行比较分析后指出，我国应加强高

①Knight J.*Internationalization of Higher Education：New Directions，New Challenges*［M］. Paris：International Association of Universities，2006：16-20.

②Barrow C.*Globalization，Trade Liberation，and the Transnationalization of Higher Education*［M］. Boston College，Chestnut Hill，Mass，2008：5.

③Zemsky R.*The"Times"MakesIt Official U.S.Higher Ed.Goes Global*［J］.*The Chronicle of Higher Education*，2008：2.

④Knight J.Internationalization Remodeled：Definition，Approaches，and Rationales［J］.*Journal of Studiesin International Education*.2004，8（1）：5-28.

⑤ 侯定凯：《跨境高等教育须祛魅》，《中国科学报》2012 年 3 月 7 日第 6 版。

⑥ 张应强、苏永建：《高等教育质量保障：反思、批判与变革》，《教育研究》2014 年第 5 期，第 19—27 页。

校办学自主权、完善自评机制、建立中介机构、建设质量标准、完善法律保证体系。[1] 郭丽君则认为，我国应该通过推进国际参与和合作提高跨境教育质量保障的能力。[2] 由此看来，分析国际化背景下高等教育质量保障面临的挑战和国际高等教育质量保障的发展趋势，在批判反思的基础上学习国际经验，是提升我国高等教育质量保障能力的现实选择。

二、国际化背景下高等教育质量保障的发展趋势

（一）跨境教育发展推动高等教育质量保障国际化

在跨境高等教育市场化趋势日益明显的情况下，为有效保障跨境教育的质量，联合国教科文组织高等教育处于 2005 年发布了《保障跨国界高等教育办学质量的指导方针》，旨在总结成功经验，提供跨境高等教育质量保障的方法和手段，帮助会员国评估跨境教育的质量与实效，保护高等教育利益相关者免受劣质教育的侵害，促进跨境教育提供者和接受者之间的信任与合作。[3] 跨境教育在挑战各国高等教育质量保障体系能力极限的同时，也推动了高等教育质量保障的国际合作。规范和促进跨境高等教育的发展则成为高等教育质量保障国际合作的主要使命，这一使命又促成了国际高等教育质量保障专业组织的生成和发展。如 1991 年成立的国际质量保障协会（International Network for Quality Assurance Agencies in Higher Education，INQAAHE）是全球性高等教育质量保障机构联盟，其主要职责是在全球范围内传播高等教育质量保障的理论和实践经验，分享研究成果，同时在高等教育评估方面建立国际公认的统一标准和评估机构行为规范框架，促进世界各地高等教育评估机构的交流和合作，推动高等教育评估的国际化。[4] 2000 年成立的欧洲高等教育质量保障协会（European Network for Quality Assurance in Higher Education，ENQA），其主要目的是推动欧盟各成员国在高等教育质量保障方面的合作，实现人员和信息共享，以形成具有欧洲特色的质量保障体系。[5] 国际质量保障组织的成立和发展为高等教育质量保障的国际合作提供了组织保障，使高等教育质量保障在经验分享和国际认证等方面成为可能，

---

① 马健生等：《高等教育质量保证体系的国际比较研究》，北京师范大学出版社，2014 年，第 499—501 页。

② 郭丽君：《中国跨境高等教育质量保障体系研究》，社会科学文献出版社，2014 年，第 166—167 页。

③UNESCO.Guidelines for Quality Provisionin Cross-border Higher Education［EB/OL］.［2015-03-02］.http：//www.unesco.org/new/en/unesco/resources/publications.

④ 李利群：《高等教育评估的"全球化进程"及对中国的启示》，《中国大学教学》2007 年第 12 期，第 85—87 页。

⑤About ENQA［EB/OL］.［2015-03-02］.http：//www.enqa.eu/index.php/aboutenqa.

也推动了高等教育质量保障的国际化进程。

（二）国际化推动全球高等教育质量保障专业化发展

高等教育质量保障组织在推动国际合作方面主要开展了以下工作：分享质量保障的国际经验、组织质量保障方面的国际学术会议、在全球范围内培养质量保障专业人才、消除质量保障的国际壁垒、促进质量保障的专业化发展。其中，专业化的标志是专业组织、学术共同体、专业学术期刊的形成。INQAAHE、ENQA、亚太地区质量保障组织等通过开展质量保障专业培训、设立质量保障研究生专业项目等措施培育学术共同体，以促进质量保障的专业化发展。从 2005 年开始，世界银行与联合国教科文组织合作启动了全球教育质量保障能力建设计划（GIQAC），为发展中国家高等教育质量保障能力建设和跨境教育质量保障提供支持。在 GIQAC 项目的支持下，为促进全球质量保障人员的专业发展，INQAAHE 与 ENQA 共同举办了"质量保障与国际化"工作坊，开发了综合培训项目，并在网站分享由全球杰出的质量保障专家共同讨论形成的学习材料。[1] 此外，INQAAHE 将"质量保障专业化"确定为 2011 年年会的四个分主题之一，集中讨论了各国质量保障专业化发展的案例以及促进质量保障专业化发展的行动计划。在 2013—2017 年发展规划中，INQAAHE 着重强调了未来将致力于在全球建设有关质量保障的学术共同体，共同促进质量保障效力的提升。[2] 国际质量保障组织通过采取各种措施促进了各国质量保障专业化水平的共同提升。

（三）专业化推动质量保障实践活动规范化发展

全球高等教育质量保障的专业化发展对质量保障实践活动的规范化发展和绩效目标提出了明确的要求。因而作为高等教育质量的守护者，质量保障机构在评估各院校的质量时不仅要做到自律、客观、透明[3]，还要向利益相关者证明其所开展的活动是严肃认真的，并且对高等教育质量保障具有积极作用。这使得质量保障机构通过接受国家层面或国际层面的评估以证明自身的质量成为其现实需要。而指导和评估各国的质量保障机构是国际质量保障组织的主要职责。通过发布质量保障指南，国际质量保障组织为各个国家和地区的

---

①INQAAHE［EB/OL］.［2014-08-02］.http：//www.inqaahe.org/main/about-inqaahe/what-can-inqaahe-do-for-you.

②Straegic Plan 2023-2027 INQAAHE［EB/OL］.［2015-03-26］.http：//www.inqaahe.org/wp-content/uploads/2024/05/INQAAHE-Strategic-plan-2023-2017-1.

③COSTESN，etal.First External Evaluations of Quality Assurance Agencies-lessons Learned［EB/OL］.［2015-03-26］.http：//files.eric.ed.gov/fulltext/ED512349.

质量保障机构的发展提供了参照标准，通过对质量保障机构定期进行评估，规范了国家和地区的质量保障实践活动，达到了促进高等教育质量持续提升的目的。

为促进质量保障实践活动的规范化发展，INQAAHE 发布了《质量保障最佳实践指南》，该指南主要为新成立的质量保障机构提供理论框架和实践依据，并为质量保障机构开展自评和外部评估制定标准，以促进质量保障机构及其人员的专业发展，并推动质量保障机构接受社会问责。该指南强调，外部质量保障机构应该"对自身活动有持续的质量保障，以适应高等教育变化，保证质量保障的有效性及其绩效目标的实现"①。这成为质量保障机构评价自身质量保障实践活动的参考依据。ENQA 在 2011 年发布的《EHEA 质量保障机构的外部评估指南》中规定了质量保障机构在进行评估时应坚持的标准：评估过程的管理必须完全独立于评审机构；评估管理过程应该公开透明，接受 ENQA 的检查；评估报告应该详尽、公开，并证明质量保障过程的可靠性。同时该指南要求质量保障机构必须提供足够的信息证明自己已经达到标准。② INQAAHE 和 ENQA 发布的指南为质量保障机构及其实践活动的规范化发展提供了参考依据，也推动了质量保障机构开展自评和接受外部评估。

质量保障实践活动的规范化发展要求质量保障机构在开展自评和接受外部评估的基础上回应社会问责。随着公众对高等教育质量保障活动效果的关注，"证明质量保障机构的质量"成为质量保障机构面临的主要问题。对于质量保障机构而言，其自身的质量保障包括外部质量保障和内部质量保障。所谓外部质量保障，是指由外部质量保障机构对质量保障机构进行的评估和审核；所谓内部质量保障，是指质量保障机构按照相关标准采取的自我审核和评估。根据 ENQA 对 34 个欧洲质量保障机构自评报告的分析发现，只有 65% 的质量保障机构达到了规定的标准，这表明质量保障机构的内部质量保障机制还有待完善，质量保障机构对自身劣势和优势的认识还不足。

为提高质量保障活动的信度和效度，反思并改进质量保障实践中存在的问题，使质量保障活动在提升高等教育质量中发挥更大的作用，各个国家和地区的质量保障机构建立了不同的质量保障模式（见表1）。一些质量保障机构加入国际或地区质量保障协作组织，遵循质量保障的实践原则，定期邀请国际质量保障组织对其实践活动、质量报告等进行评估和检查，并以"质量保障机构质量报告"的形式向社会表明该机构在质量保障实践活动

①Guidelines of Good Practicein Quality Assurance 2007［EB/OL］.［2015-03-26］.http：//www.inqaahe.org/main/professional-development/guidelines-of-good-practice-51.

②ENQA.Guidelines for External Reviews of Quality Assurance Agencies in the European Higher Education Area［EB/OL］.［2015-04-06］.http：//www.enqa.eu/index.php/publications/papers-reports/occasional-papers.

中的绩效和存在的问题。比如，美国大学协会建立的地区认证机构首先要接受美国教育部的认证，具体认证工作由高等教育认证委员会执行。认证机构一般 6 年需要接受一次认证，只有定期接受认证的质量保障机构才有资格对学术机构或其他认证机构进行认证。

表 1 对质量保障机构进行质量保障的模式比较①

项目／类型	准入审核	伞型模式	周期性评价	注册	遵循国际准则
认证机构	政府	国家级的认证机构	质量保障机构	国际质量保障组织	国际质量保障组织
层次性质	国家层面	独立	院校层面	地区层面	国际层面
程序	提交计划及年度报告	外部	元评估	外部评估	自我改进
方法	外部评估	内部和外部	内部评估	外部评估和内部评估	内部评估
特征	回应社会问责	质量保障	质量改进	质量保障	质量改进
案例	马来西亚质量保障机构（MQA）	美国、德国国家认证	澳大利亚、台湾认证	欧洲质量保障组织成员国	INQAAHE，NQA 和 APQN 成员国

虽然各个国家和地区对质量保障机构进行质量保障采取的模式不同，方法各异，但是质量保障机构在自评的基础上接受外部评估以提高质量保障质量、回应社会问责却成为其寻求规范化发展的自觉意识。

三、国际化背景下我国高等教育质量保障的选择

我国高等教育质量保障体系经过 30 年的建设已逐步健全，但目前政府驱动的外部评估仍是我国高等教育质量保障的主要形式，高校缺乏自我评估和改进的内在动力，外部评估和内部评估还没有形成合力。当前，我国在高等教育质量保障的国际合作中参与的深度和广度不够、高等教育质量保障专业化程度低、高校内部质量保障体系尚未完善、元评估和对质量保障机构的周期性评估在我国还没有普及、高等教育质量保障的社会公信力有待提高，这些问题制约了我国高等教育质量的提升。许多高校由于担心问题被发现而过度焦虑，在接受外部评估中产生"表面迎合，内心抗拒"的消极心理，在自评报告中则一味放大优势，回避问题，影响了高等教育质量保障改进功能的正常发挥。在高等教育国际化的背景下，我国如果不能主动应对国际高等教育质量保障的挑战和变化，将很难抵御跨境教育的质量风险。因此，主动适应高等教育质量保障国际化、专业化和规范化的发展趋势，成为国际化背景下我国高等教育质量保障能力提升的现实选择。

---

①Martin M，*Stella A.External Quality Assurance in Higher Education：Making Choices*［M］．Paris：UNESCO，2007：2-15.

（一）在全方位国际合作中提高我国高等教育质量保障国际化程度

作为高等教育大国，我国在高等教育国际舞台上具有重要的位置。虽然近十年来我国参与国际高等教育质量保障活动的频率不断增加，但是参与的广度和深度还不够，地方质量保障机构、高校还没有广泛地参与其中，国际先进的质量保障理念还没有在我国高校内部得到普及和实践。在高等教育质量保障国际化程度不断提高的情况下，作为全球跨境教育的最大资源国，加强质量保障的国际合作成为我国提高高等教育质量的现实选择。因此，我国应重视与国际质量保障组织开展实质性合作，同时拓宽合作的深度和广度。例如，参照国际质量保障组织的标准，对我国高等教育质量保障进行批判性反思，客观地分析我国高等教育质量保障的优势和劣势，同时针对问题，邀请国外专家和学者共同参与我国高等教育质量保障的实践活动和能力建设。此外，要更加主动地走出去和引进来，努力扩大我国在国际高等教育质量保障中的参与度、话语权和影响力。具体地说，就是通过学习国际质量保障指南，培养具有国际视野的评估专家，建立我国跨境教育质量保障的标准，提高我国高等教育质量保障的国际化程度。同时，不再被动地效法和学习国外的经验，而是建立质量保障效力分析框架，以此为分析工具，在对国外高等教育质量保障进行优劣分析和价值判断的基础上，有选择地学习值得借鉴的方法，以避免出现质量保障效力降低等问题。通过批判反思和自主改进，将国际经验本土化，使我国高等教育质量保障体系的效力在移植与创新的基础上逐步提高。

（二）通过建设和完善内部质量保障体系增加跨境教育质量保障能力

在高等教育国际化进程中，我国跨境教育质量保障体系的建设未能跟上跨境教育发展的速度，表现为：一是外部缺乏明确的跨境教育质量保障标准；二是高校内部缺乏严格的质量保障体系。这就导致了一些问题的产生，如我国跨境教育质量保障被动地接受境外质量标准；质量监管体系缺位，未能发挥有效的监控作用；政府引导不足，办学主体与社会中介组织缺乏社会责任感，质量保障社会公信力不高等。[1] 跨境教育质量保障的关键控制点在高校内部，但是我国目前跨境教育质量保障的重心还在政府主导的外部机构。例如，对于中外合作办学，我国主要通过审批、学位认证制度进行质量保障，并设立了教育涉外监管机构，监管工作表现为自上而下的问责模式。同时，我国跨境教育质量管理缺乏明晰的质量标准、严格的过程质量控制环节、有效的社会监控机制，导致超范围和低质量办学

---

[1] 刘尔思、车伟民、黄镇海：《我国跨境教育的现状与监管体系构建的路径选择》，《教育研究》2010 年第 9 期，第 95—99 页。

现象的发生。因此，建立具有中国特色并符合国际标准的跨境教育质量保障体系，加强高校内部质量保障体系建设成为我国在增强跨境教育质量保障能力时必须面对的问题。

金瑟等人指出，学术机构必须学会如何管理跨境分校，通过惩罚和监督等手段保证跨境教育机构完成使命，达成既定的目标。[①] 因此，在逐步完善国家层面的跨境教育质量保障体系的过程中，高校应成为质量保障的主体，对自己提供的跨境教育负责，并形成与合作方相互约束和监督的机制。只有当高校建立了完善的质量保障体系，并能够有效地保障跨境教育质量时，才有可能实现高等教育整体质量不断提升的目标。而国家层面跨境教育质量保障体系的使命则在于按照质量保障的标准要求以及跨境教育的特点，制定跨境教育质量保障指南，并按照指南的标准对高校进行评估和监督。高校只有在内部建立专业的质量保障组织，并通过全员参与对跨境教育质量进行持续性的监控和评价，才能提供合格的跨境教育，并以严格的质量标准和审核程序抵制境外低质量的教育，从而在通过提供高质量跨境教育以维护本国声誉的同时，保护各国跨境教育消费者的共同利益。

（三）以学术研究和人才培养促进学术共同体以推动质量保障专业化

高等教育质量保障是复杂的专业性活动，参与者不仅需要掌握专业的评估手段，而且需要遵循评估的伦理道德，更要促进质量保障结果的有效利用。对于这一极具专业性和挑战性的工作，没有经过专业训练的人是不可能胜任的。但事实上，我国质量保障机构的成员主要来源于学科领域的专家和学术机构的行政领导，其中大部分人并没有接受过有关质量保障的长期专业训练。没有接受足够专业培训的人员即使可以完成质量保障活动，也无法保证质量保障活动的有效开展。正因为如此，我国的高等教育质量保障活动并没有获得应有的社会公信力，甚至被许多学校视为"对学校正常活动的干扰"。究其原因，我国高等教育质量保障缺乏成熟理论和专业人才的支持。虽然我国至少有 50 所高校设立了教育学院，但几乎都没有设置质量保障专业或研究方向。

因此，为了提高质量保障的专业化水平，高校教育学院或相关院系应设置质量保障专业，建立质量保障专业人才培养体系，邀请质量保障方面的专家进行教学，建设质量保障的学术共同体。同时学习国际质量保障研究的最新成果，分析国际质量保障指南和范例，出版高等教育质量保障的教材，培养熟悉国际质量保障标准、流程和职业伦理的质量保障人员。在推动质量保障专业化的同时，用理论指导实践，分析我国高等教育质量保障面临的现实问题，追踪国际质量保障组织的发展动态，借鉴国外质量保障的成功案例，有选择

①Kinser K，Lane J E. "Managing the Oversight of International Branch Campuses in Higher Education" ［J］.*Higher Education Management and Policy*，2014，24（3）：161-176.

地学习国际经验，提高我国高等教育质量保障专业化的理论水平和实践能力。

（四）引导高校和质量保障机构定期、自愿接受外部评估以确保其规范发展

国际高等教育质量保障的发展趋势表明，质量保障的重心在高校内部，在于质量保障机构的内部自律，外部质量保障机构的责任是对高校内部质量保障进行规范和引领。外部质量保障过程要考虑到内部质量保障过程的有效性，制定并发布具有前瞻性的质量标准，以引导内部质量保障体系的规范发展。

因此，不仅高校应在自评的基础上主动申请接受外部评估，质量保障机构也应主动向更高层次的外部质量保障机构申请接受评估。外部质量保障机构通过对被评机构质量保障的标准、程序、实施效果进行评估和检查，既能向利益相关者证明质量保障机构的信度，也可以帮助质量保障机构找到存在的问题，以便及时改进。只有不断提高自身质量的质量保障机构才能适应高等教育的环境变迁，只有定期接受外部评估的质量保障机构才能向社会证明自身的公信力。在国际质量保障合作日益频繁的时代，接受国际质量保障组织的外部评估成为各国质量保障规范发展以及与国际接轨的必要条件。我国高等教育评估中心在按照国际质量保障标准进行自评的同时，应定期申请接受国际质量保障组织的评估，保证高等教育质量保障的效力。同时在国际质量保障组织的指导下，基于我国高等教育和质量保障发展的现实水平，建立质量保障的评估分析框架和标准；省级质量保障机构则应定期申请接受国家质量保障机构的评估，在其指导下制定对高校内部质量保障机构的评估标准。高校应按照评估标准建立内部质量保障体系，形成自觉的质量文化意识。通过分层管理和内部自律，以促进我国高等教育质量保障的效力提升和规范发展。

四、结语

在高等教育国际化背景下，跨境教育挑战了传统质量保障的能力极限。高等教育质量保障在应对这一挑战的过程出现国际化、专业化和规范化的发展趋势。作为跨境教育最大的资源国和跨境教育的后发外生型国家，中国高等教育质量保障只有在批判和反思中不断改进，在全方位的国际合作中提高国际化程度，建立有效的高校内部质量保障机构，在高校相关学院设立质量保障专业，按照质量保障指南定期接受外部评估以实现规范化发展，才能适应国际高等教育质量保障的发展趋势，增强跨境教育质量保障能力，使质量保障超越技术层面的管理和控制，进而实现高校内部自治与外部控制之间的动态平衡。

澳大利亚高等教育发展特征探析 ①

2011 年 10 月至 11 月，笔者参加了由教育部和国家外国专家局主办的大学校长赴澳大利亚海外培训班。在此期间，较为系统深入地考察了澳大利亚近 10 所大学和相关教育行政管理部门，对其高等教育的基本状况和运行过程有了较为直观的认识与了解。现将澳大利亚高等教育发展的特征和趋势述略如下。

一、澳大利亚高等教育概况

澳大利亚位于南太平洋和印度洋交界处，其面积 769.2 万平方千米，可谓幅员辽阔，物产丰富。全澳由六个州（昆士兰州、新南威尔士州、维多利亚州、南澳大利亚州、西澳大利亚州、塔斯马尼亚州）及两个地区（北领地和首都特区）组成，人口约为 2250 万（截至 2010 年 12 月 31 日）。其中，85% 的人口生活在沿东海岸的海岸线上。近十多年来，澳国的中国移民人数激增，华裔居民已逾 30 万，大部分聚居于悉尼（Sydney）、墨尔本（Melbourne）等大城市。澳大利亚人口来源多样化，政府奉行多元文化政策，不同的民族都能和平友好相处。澳大利亚属于西方发达国家之一，其 GDP 总额为 122 万亿美元，人均 GDP 排世界第 6 位，② 快速的经济增长使澳洲居民的生活非常舒适。

澳大利亚高等教育体系主要沿袭英国模式和脉系。二战前，澳洲高等教育总体水平并不高，国际影响很小。二战后，伴随 20 世纪七八十年代知识经济的兴起，澳大利亚高等教育获得了长足发展。目前，澳大利亚不仅是高等教育大国，也是高等教育强国。全澳共有 37 所公立大学，2 所拥有自我认证资格的私立大学，4 所拥有自我认证资格的其他高等教育机构和 100 多所非自我认证类高等教育机构及一所外国大学的校区。2011 年在校大学生总数为 114.271 万人，其国外留学生约 25 万人。③ 目前，澳大利亚的大学规模和数量虽然不是世界前几位，但是相对其 2000 多万的人口总量，其高等教育规模已相当巨大，国

---

① 原载《高等教育研究》2012 年第 3 期，获 2013 年度陕西高校人文社会科学研究优秀成果奖二等奖，与侯佳合作。

②《2010 年世界各国 GDP 及人均 GDP 排名表（国际货币基金组织 IMF）》，新浪博客：http：//blog.sina.com.cn/s/blog416ba4c90100q3il.html.（2025 年 1 月 16 日查询）

③Australian Government Department of Education.Employment and Workplace Relations［EB/OL］.（2011-11-30）.http：//www.deewr.gov.au/Higher Education/Publications/HE Statistics/Publications/Pages/Staff.aspx.

民受过高等教育的人数已占总人口的 34%（仅次于美国的 36%，中国仅占 8.9%）。①

澳大利亚是一个自然资源相对丰富、人力资源相对短缺的国家，从而非常重视高等教育在人力资源开发中的作用，因此高等教育质量被摆在十分突出的位置。据英国 2011—2012 年《泰晤士报高等教育增刊》大学排行榜的报道，澳大利亚有 2 所大学跻身世界前 50 名，4 所大学位居世界前 100 名，7 所大学进入世界前 200 名。7 所大学分别是墨尔本大学（名列 37 位）、澳大利亚国立大学（名列 38 位）、悉尼大学（名列 58 位）、昆士兰大学（名列 74 位）、莫纳什大学（名列 117 位）、新南威尔士大学（名列 173 位）、西澳大学（名列 189 位）。② 近年来，澳大利亚政府瞄准了亚太地区庞大的教育市场，对高等教育进行了大刀阔斧的改革，相继出台了旨在增强大学自主权、提高大学国际竞争力和推动高等教育服务国际化、产业化的一揽子改革计划。以提高大学国际竞争力为例，自 2002 年以来，澳大利亚大学海外留学生数量急剧增长，此举既扩大了其国际影响力，也为学校带来了丰厚的办学收入。澳国总人口虽仅占全球的 0.3%，但其国际学生比例却占全球的 9%，占全澳学生的 24.2%，远高于英国的 11.3% 和美国的 3.5%。2011 年，澳大利亚海外留学生带来的学费收入高达 180 亿澳元。③ 如新南威尔士大学有 175 个国家的 0.9 万名留学生；卧龙岗大学学生总数为 2.1 万名，其海外学生达 0.5 万名（35% 来自中国）；麦考瑞大学全校学生为 3 万名，留学生占 28%；昆士兰大学全校 3.8 万名学生中 1/6 是海外学生。近年来，澳大利亚大学把招收留学生的重点越来越多地放在研究生特别是博士生的培养上，使留学生培养层次渐趋提高。澳大利亚副总理兼教育部长朱莉娅·吉拉德明确指出："需要研究进一步吸引更多攻读高学位学生和科研型学生来澳，这些学生对于推动澳大利亚科研发展、提高澳大利亚教育体系国际地位等具有重要意义，同时满足了澳大利亚因人口基数小而导致的基础科研后继乏人的现状。"④

---

① 丁丽军：《澳大利亚高等教育体制结构性改革新举措概述》，《中国成人教育》2010 年第 8 期，第 140—142 页。

② 据 2011—2012 年《泰晤士报高等教育增刊》大学排名前 200 强名单（网址：http://goabroad.xdf.cn/201110/921584.html.），澳大利亚大学在国际排行榜的位次最近几年有所下滑。如 2007 年 11 月《泰晤士报高等教育增刊》公布的世界大学排行榜中，澳大利亚有 8 所高校居世界百强之列。时隔 4 年，已有 4 所高校跌出百强之外。这种状况一方面与世界大学排行榜的指标体系变化有关，另一方面与澳大利亚大学近年来过分注重招生规模扩张而忽视教育教学质量提升等主观因素有关。

③ 数据来源于"高校领导海外培训项目第 43 期澳大利亚班"澳方提供的课程资料，文中其他未注明出处的数据均来源于此资料。

④ 来源于"高校领导海外培训项目第 43 期澳大利亚班"澳方提供的课程资料。

二、澳大利亚高等教育发展的特征

澳大利亚高等教育发展总体水平位居世界前列，教育现代化水平非常高。主要表现为以下几个最为突出的特征。

（一）把高等教育发展视为国家头等重要的产业

1. 视高等教育为第一国防，主张培养有技能的民族

在经济全球化和社会信息化背景下，澳大利亚政府清晰意识到国民素质的提升和高层次专门人才的培养之于国家发展和存亡的重要意义，因此从巩固国防、维护国家安全、提升国家综合实力的战略高度来认识和确立高等教育的重要地位。澳大利亚政府于 2002 年出台了旨在增强大学自主权、提高大学国际竞争力和推动高等教育服务国际化、产业化的一揽子改革计划，借此推动高等教育事业的发展。澳大利亚高等教育联合会主席托马斯·杰斐逊（Thomas Jefferson）明确提出"教育是国家的第一国防"，从目前国际竞争的格局和澳大利亚国力的实际现状出发，"澳大利亚必须通过高等教育培养有技能的民族"。

据国家高等教育改革一揽子计划，澳大利亚政府要求各高校必须面向新形势重新厘定自己的战略目标和发展规划。各高校从国家利益和自身发展出发纷纷响应，制订或修订未来的发展规划，重新考量学校发展定位和目标、路径和策略，力图以此明确未来学校发展的方针和行动指南。澳大利亚各高校都高度重视战略规划的制定，每所学校都有十分清晰的目标（purpose）、使命（mission）、愿景（vision）等，其定位准确、目标明确、路径清晰、特色鲜明。学校还通过上下互动和沟通机制，要求每个学院（系科）、教师和员工都要熟知熟记和认同学校规划，据此厘定自己的院系规划、部门规划和个人规划，形成了一个环环相扣、丝丝相衔的规划体系和目标链。在整个学校管理过程中，把美国管理学家戴明（Deming N.E）所提出的"PDCA"（管理过程应由 Plan/Do/Check/Action，即计划／实行／检查／执行四个基本环节构成）理论扎扎实实地运用于学校管理和运行的全环节。[①]

2. 坚持大学公立，主张政府主办高等教育事业

在办学体制上，澳大利亚沿袭英国传统，把高等教育看成准公共产品，全部由政府主办。澳大利亚 37 所公办高校中，除澳大利亚国立大学由联邦政府主办外，其余均由州政府主办，并坚持"谁主办、谁投资"的原则。澳大利亚高等教育的国家投资主要来自州一级政府。目前，澳大利亚公立大学的办学经费主要来源于四个方面：一是政府年度财政拨款；二是政府每年立项的科研经费；三是社会惠赠和赞助收入；四是学费收入。20 世纪 80 年代末以前，

---

① 司晓宏：《教育管理学论纲》，高等教育出版社，2009 年，第 273 页。

澳大利亚大学的经费来源几乎完全依赖政府拨款，之后政府拨款占办学经费总收入比例逐年减少，目前不足 50%。近年来，澳国财政投入在高等教育经费中所占比例虽有所下降（主要原因是留学生的学费收入比例逐年提高），但政府对高等教育投入总量仍呈上升趋势。如按联邦政府规划，到 2012 年政府对高等教育的拨款提升至 130 亿澳元。

澳洲大学联盟（Universities Australia）对联邦政府此高等教育预算方案表示支持，认为预算中的相关措施为高等教育提供了"稳定和保障"。澳大利亚政府还通过"持续卓越研究"（Sustainable Research Excellence）项目，解决了大学的科学研究经费，计划到 2015 年，政府为大学科研提供的拨款将从 2010 年的 8500 万元增加到约 3.54 亿元，增幅近 4 倍。

澳大利亚政府干预高等教育的重要手段就是依靠拨款。澳大利亚用经济手段实现国家大学举办者意志的典型例证是 1987 年联邦政府教育部提出的大学合并举措。该政策规定一所大学要招收到一定数量的学生才能拿到政府划拨的教学经费，招生达到一定数量才能拿到政府所划拨的科研经费和综合补贴。对许多规模较小的大学来说，达不到基本要求就意味着其无法继续生存。对于规模较大的学校来说，达不到联邦规定的招生规模，也会失去一大笔科研经费和综合补贴。澳大利亚政府此项干预举措收效显著。1988 年澳大利亚共有 29 所大学、46 所学院，截至 1994 年，在此政策牵引下，全国高校合并为公立大学 36 所、私立大学 2 所及具有特殊专业的学院，这 70 余所高校合并成为了今天的 39 所大学。

3. 坚持社会效益和经济效益并举，高等教育成为国家第二大支柱产业

在坚持大学发挥社会效益的前提下，澳大利亚将高等教育作为产业来办，并使其成为知识经济时代支撑国家经济社会发展的第二大支柱产业。最初，畜牧业为澳大利亚的第一支柱产业（主要为羊毛及奶制品的出口），之后采矿业迅速崛起（中国为其主要输出国）。21 世纪以来，高等教育产业和旅游产业迅速崛起，分别成为继采矿业后的第二和第三大支柱产业，大有超过采矿业之势。在高等教育产业战略中，澳大利亚主要是发展海外留学生。如 1971 年，澳大利亚海外留学生只占在校大学生总数的 1%，2001 年留学生比例达到了 20%（该年澳大利亚在校大学生共 90 万人，其中海外生为 18 万人）。近几年，澳大利亚海外留学生数量以每年平均 10% 的幅度递增。据调查，海外留学生普遍占总学生数的 15%~25%，个别学校高达 30%。如澳大利亚最古老的大学——悉尼大学，虽慎言招收海外生，认为这样办学会有风险，并认为大学办学国际化的更高意义在于增强和促进文化交流，但即便如此，其海外生仍占很大比例，全校 4.5 万名学生中，海外生有 0.8 万名，中国学生有 1790 名。

澳大利亚许多大学还与许多国家建立了跨境合作办学关系。如悉尼大学与我国大学签

订的合作协议达25项之多。据调查,堪培拉大学与我国9所大学签订了合作办学协议。此外,澳大利亚还大力发展以网络教学为主要手段的远程教育,并借此招收大量海外留学生。如以远程教育为鲜明办学特色的纽卡斯尔大学,其网上海外学生已占其学生总数的50%。

(二)高等教育发展呈现鲜明的国际化特征

1. 办学标准国际化,向世界一流大学看齐

澳大利亚大学奉行多元文化并存的价值准则,积极促进高等教育国际化。澳洲大学的国际化,一方面体现为大量招收海外留学生(近年来海外学生逐渐向硕士和博士层次延伸),另一方面体现为非常注重在教师和管理队伍层面积极吸纳国际元素,主张在开放背景下、多元文化交流和融合中促进大学朝国际化方向发展。

澳大利亚大学国际化特征更重要的体现在办学理念上,要求学生有世界眼光,要求教师员工做世界公民。遵循这一理念,澳洲各大学十分重视与世界各国大学尤其是一流大学建立合作伙伴关系,重视向教师和学生提供更多参与国际交流尤其是学术会议、论坛和访问的机会。学校战略规划文本中均明确阐明了办学目标的国际化定位,扩大学校在国际上的影响力和知名度,鼓励教师对外发表学术研究成果,鼓励教师到海外任教,鼓励员工和学生通过国际化手段获取更多信息和资源等。这种国际化的办学视野和方向使澳洲大学普遍具有很强的开放性、包容性、多元性和互补性,不仅增强了大学的发展动力,而且为其融入和跻身世界一流大学行列奠定了良好的文化视域和学术背景。

2. 人才引进国际化,在全球范围网罗优秀师资

澳大利亚大学从校长到教授都是在世界范围内招聘的。通过招聘顶尖学术领军人才和管理人才,使澳洲大学的学术水平和管理水平保持与世界同步,并置身于世界一流大学行列。目前,澳大利亚引进了数以万计的非本土人士在其大学工作。教职工队伍中,外籍人员约占25%,教学科研人员中的比例更高。在各学院(faculty)和各学系(school)的院长和系主任中,外籍人员占25%~30%;学校高层领导层面,外籍人员占15%~20%。

澳大利亚高等教育能在较短时间达到国际先进水平,多所大学能够进入世界百强,与其在全球范围内广延人才的策略有着密切联系。如悉尼大学成立类似"猎头公司"[①]的人力资源部门,其职责是在全球范围内搜集优秀人才的信息,一旦发现合适人选,便主动联络和接洽,设法引进和吸纳。澳大利亚高校着力发展自身的独特优势,包括强化与欧美国

---

① "猎头"英文词 Head Hunting,是国外流行的人才招聘方式,香港和台湾把它翻译为"猎头",意指"网罗高级人才"。高级人才委托招聘业务又被称为猎头服务或人才寻访服务。专门从事中高级人才寻访的中介公司往往被称为猎头公司。

家在学术研究和人才培养方面的传统联系，建立人才招聘和使用一体化的整体环境与体系；扩大在亚太地区重要国家的学术影响，建立广泛接触与联络，在这一过程中网罗和吸引亚太地区的优秀人才。澳大利亚是一个特殊的国家，文化上，它属于欧洲国家；地理上，它又处于亚太地区。这使得澳大利亚高校在高等教育国际化进程中左右逢源、纵横捭阖，在全方位的国际学术交流中具有人才资源开发的巨大便利和广阔空间。一方面，使自身的高层次人才通过保持与国际上先进高校的密切交往而始终居于国际学术前沿；另一方面，又使得国际学术界的高水平人才有更多机会进入澳大利亚的大学校园，这正是其留学生多和教师队伍中外籍人员比例高的原因所在。

3. 学术研究国际化，瞄准世界前沿

澳大利亚鼓励其政府职员、科研人员和商业人士之间开展多层次合作，有良好的鼓励科研合作开发政策。先后成立了许多科研机构和单位，统称合作研究中心（Cooperative Research Centers Program，简称 CRC）。目前全国有 67 个合作研究中心，几乎每个中心都是众多单位的结合体。参与单位有政府机构、大学、科研机构及企业等。每个合作研究中心每年有大约 200 万澳元的财政支持。此外，每个合作研究中心每年还可以从大学、研究所、企业得到大约 200 万澳元的科研经费支持。合作研究中心吸引了许多世界各国优秀人才为澳大利亚的科技发展服务，强化了科技与经济间的结合。合作中心既是人才的聚集地，又是科技成果孵化和生产基地，已成为澳大利亚技术创新的中坚力量。合作研究中心计划的实施，有力提升了澳大利亚的国家创新能力，加速了科技成果产业化进程，促进了国民经济的发展，是从世界各国吸引人才促进本国科技和经济发展的成功范例。

澳大利亚大学致力于提高科研水平，在摸清本校各学科科研水平在世界排名情况的基础上，积极选择攻坚方向和领域，招募领军人物和学术骨干。为吸引和激励科研人才攻坚克难、勇攀高峰，各大学均设立了特别的评价体系和薪酬、休假制度，使高层次科研人员集中精力、心无旁骛地从事研究；为加速年轻教师成长，各大学普遍为申请课题的年轻教师提供辅导和培训，对新进科研人员实行每次三周、每周三次、每次三小时的培训，还设立了科研合作奖、科研发展奖及种子基金，以促进年轻科学家脱颖而出；为加快和推广科技成果产业化，各高校允许高水平教授及专家利用成果办公司，产权收益归学校和课题组。

（三）人才培养模式凸显对学生创新精神的培养

1. 教育理念中把培养学生创新精神置于突出位置

澳大利亚大学在人才培养方面的显著特色是通过多种卓有成效的项目课程来培养学生的独立思考能力、创新思维能力、实践动手能力和团队协作精神。在学习过程中，强调对学生创新精神的激发和创造力的培养，即使常规的课堂教学，也是以探究性、研究性、创新性的自主学习为主。教师在课堂上更多讲授的是思路和方法，极少灌输具体的知识。教学过程的基本形态是学生自主作业、自主设计、自行探究、自我学习。课堂讨论、案例讲解和思考分析等是常见的教学组织形式。考试方面，一般采取闭卷考试与综合作业相结合的形式，通过综合的作业训练培养学生的实践能力。澳大利亚高校为学生设立了各类服务中心，但重点放在引导学生自主管理、自主服务、自主创新上，鼓励大学生参与学校的管理、科研和教学等活动，强化学生的参与意识和创新意识。

2. 人才培养模式彰显对学生个性发展培养

澳大利亚大学奉行的是"以学生为本"的理念，因此非常注重学生的个性化发展。课堂教学中尽量避免"教师滔滔讲，学生默默听"，更多采用的是课程学习、模块学习、小组讨论、课堂研讨、自主作业、自主活动等方式。这样能顾及每个学生的学习志向、兴趣、特长及个体差异的学习需要。教师从学习的主导者转变为学习的促进者和指导者，重在"授人以渔"。在日常校园文化活动中，鼓励学生彰显个性、展示风采、树立批判意识，自由而个性化地发展。澳大利亚大学绝少有专门的德育课程，但他们却明确主张德育应该像盐（Salt）浸于水一样，融化在学校工作和生活的各个方面，即寓德育于教学之中、管理之中、服务之中、环境之中。① 这正是一种"春风化雨，润物无声"的德育工作境界。在这样的人才培养模式下，学生的个性化程度和社会化程度均得到了较高水平的和谐发展。

3. 教学过程中强化教学实践环节

澳大利亚大学一方面注重常规教学过程中的实践环节，即以实物、案例、模拟教学、参观、见习、实验、实习等方法开展教学；另一方面学校十分重视与企业密切合作，安排各类学生暑假到企业进行工作或实习，使他们有机会接触实践，以实践为师。这样也使学生把学到的知识、方法带到了企业，既服务了企业发展，又促进了企业和学校之间的联系与合作。

4. 教学环境设计上重视非正式学习空间建设

非正式学习空间（Informal Learning Space）是一个与正式学习空间相对的概念。正式学习空间主要是指学校为学生正规学习而设立的教室、图书馆、实验室等。非正式学习空间是指在教学楼、图书馆、实验室、办公楼及校园的各个角落修建的便于学生自由学习、自由讨论、自由活动的学习设施与场所。约翰·布鲁贝克（John S.Brubacher）从认识论角度阐释了学习自由的内涵，他认为学习自由包括学生选择学什么（选择课程）的自由、决定

---

① 司晓宏：《面向现实的教育关怀》，安徽教育出版社，2008 年，第 26 页。

什么时间学和怎样学的自由，以及形成自己思想的自由。[①]澳大利亚大学恰恰给了学生这种学习空间上的自由。如悉尼大学在室内建筑中，都设有既供学生休闲又供学生自由学习的沙发和凳椅，小卖部、轻型餐厅、咖啡厅等随处可见。在非正式学习空间，学生既可以看书、上网、讨论等，也可以吃东西和聊天。这为学生提供了十分宽松、自由、便捷的学习条件。2009年悉尼大学有这样的座位1000个，2011年则达到了4000个，2014年计划达到6000个，使非正式学习座位数占学生总数的比例由5%上升到10%。非正式学习空间的开拓，为学生自主学习和自由活动的开展提供了极大的方便，具有良好的效果。此外，支持这种非正式学习空间的是遍布校园的无线网络和计算机终端。悉尼大学超过70%的课程建有课程学习网站，通过网站将正式学习与电子学习结合起来，还有5%的课程完全通过网络或远程学习。学生服务中心还开发了60多种语言的相互转换显示服务，使留学生可以在网络上用自己最熟悉的语言查阅资料与学习。同时，学校还加强有关实验技术的网络建设，使传统实验的空间大大拓展，极大提高了学生对传统设置之外的技术了解。

（四）大学办学模式多样化并呈现高度自治

澳大利亚的高等教育虽以政府举办为主，但其大学内部的管理体制和运作机制则呈现多样性特征，并具有高度的自治性。据调查，几乎所有澳州大学在办学理念、专业设置、教学模式、校风校训等方面都有独到之处，既百舸争流、独树一帜、各领风骚，又能体现高等教育的本质范式与基本规律。概括起来，澳国大学的办学模式具有以下鲜明特征。

1. 推崇企业模式，坚持特色发展

澳大利亚大学崇尚现代企业的运作方式，使高效管理理念深入人心。这种企业管理模式渗透在大学的方方面面。要求员工有时间观念、效率意识；有竞争意识，奋勇争先；参与学校和学院管理的基本过程，为学校多做贡献；认同大学的价值观并为之不懈奋斗。在教职工考核评估、职务晋升和奖酬薪级等方面，把企业管理绩效原则纳入其中，以职工的才干高下和贡献大小作为依据。

澳大利亚政府在大学管理上，始终坚持大学自主发展、自由发展和特色发展的原则，尊重大学的个性，不设统一模式，不对大学的发展目标、战略和定位等发表评论和干预。政府只督导大学负起责任，规范运行，努力提高办学水平和教育质量。政府只对大学的质量进行评估和监督，不干预大学运行的具体过程和内部事务。由澳大利亚政府设立的、主要靠政府经费运行的澳大利亚大学质量监督署的成立及其运作方式就是突出一例。

---

① ［美］约翰·S·布鲁贝克著，王承绪等译：《高等教育哲学》，浙江教育出版社，2001年，第115页。

2. 重在激发潜能，实行客观评估

澳大利亚大学实施注重激发员工潜能的人力资源开发战略，如悉尼大学对员工的评估引入了"相互问责"（Mutual Accountability）理念，即大学是一个学术社团，社团所有成员并非各自独立、各自为政、互不关心，而是一个为了实现大学宏伟愿景和战略目标结成的相互合作、相互问责、共同努力的有机整体。该理念的引入，改变了过去那种旨在发现员工缺点和问题的考核理念与评估方法，而侧重于在考核评估过程中鼓励领导与员工沟通对话，以识别和激发员工的潜在力量与天赋，为其设计发展规划、提供发展机会、搭建发展平台，建立健全与之相适宜的组织制度和工作环境保障。

3. 坚持大学自治，崇尚与时俱进

坚持大学自治是澳大利亚大学管理的显著特色。根据澳大利亚的教育法律，各大学普遍拥有四个方面的办学自主权：一是校长在法律范围内有管理学校的自主权；二是大学在办学目标和方向的厘定上拥有自主权；三是大学在课程设置上拥有自主权；四是大学在开展国际交流合作等方面拥有自主权。这种自治原则的确立使各大学在学科建设、专业设置、课程开设、教学内容、科研领域等方面均呈现极大的独立性、自主性和个体差异性等特征。

在坚持大学自治的同时，澳大利亚大学崇尚与时俱进的理念，注重根据变化的国际国内形势和经济社会发展状况，对大学的发展战略和步骤做出适时调整，以确保大学在人才培养、科学研究和社会服务等方面能紧跟时代步伐，引领社会发展。如 20 世纪 80 年代末至 90 年代初，澳大利亚政府采取大学合并政策，这一举措虽使多数大学办学规模扩大，社会影响力提升，但也出现了多校区带来的诸多管理问题。[①] 为应对这一变化，有的大学采取各校区高度自治的多校区联邦制管理模式或松散的网络化管理模式，一些大学则进行实质性整合，采取统一集中的管理模式。实践证明，这种灵活自主的政策，尊重了各大学的校情和实际，能够有效解决多校区办学带来的一系列实际问题。

（五）大学内部管理高度科学化和精细化

澳大利亚大学内部的管理不仅呈现高度的科学性和规范性，而且各项工作的管理都极为细腻和精致，呈现鲜明的精细化和集约化管理的特征。

1. 管理层级清晰，责任分工明确

澳大利亚大学内部管理层级十分清晰，分工异常明确。以悉尼大学的学生管理工作为例，该校无论从办学理念上还是教育教学实践上，都将学生事务管理视为对学生进行通识

---

①Jingna S.Overview on the Distance Higher Educationin Australia［J］.*Distance Education Journal*，2006，（5）：12-15.

教育的有机组成部分，并将其视为增强大学竞争力的重要方面。学校非常重视学生事务组织机构的建设，在人力、物力、财力等方面给予大力支持和投入，建立了层级清晰、机构健全、职能明确的组织架构和管理体系。从纵向看，该体系由分管副校长——学校机构——分属机构——服务项目经理组成，层次链条明晰，业务边界清楚。与我国大学不同的是，悉尼大学学生事务管理的职责和资源主要集中在学校层面，没有过多向学院层面分流，即学院一般没有管理学生事务的专职人员。学生中心、学生服务部、国际办公室、市场推广与招生部 4 个大学层面的学生事务部门及其分属的 20 多个三级机构，均面向全校学生开展工作。这种集中管理和运行的模式，有利于对学生事务进行明确分工，更利于各项学生管理事务专业化水平的提高和学生事务工作人员的专业技能发展，从而确保学生事务管理与服务的专业化、精细化和集约化。

2. 管理职能面宽，服务功能齐全

以悉尼大学学生管理工作为例，其学生事务组织机构的职能覆盖了学生在校学习、生活、娱乐的方方面面及可能涉及的所有事务。由于这些机构被细分的依据是具体事务，如残障学生支助、居住服务、国际学生心理咨询、公正公平咨询与法律服务、数学学习、学务指导、就业服务、注册服务、成绩管理、健康服务、宗教服务等，使得学生事务管理系统的功能非常全面和细致。同时，这种机构设置的状况也表明了学生具体事务在大学里备受关注，以"学生为本""服务为本"不仅体现在办学理念层面，更体现在无微不至的实际工作层面。[①]

3. 管理人员素养高，专业化程度强

澳大利亚大学中管理人员的素养很高。以学生事务管理工作为例，其涉及的许多领域，如心理咨询、职业辅导、司法服务、校园危机管理、残障人支助、健康服务等，均有严格的行业标准和从业人员准则，接受本行业和联邦政府、州政府有关评估部门的评估及广大学生的监督。在悉尼大学，学生事务管理机构中从业人员的职业素养普遍达到了专业化水准。新进人员一般应有研究生学历，并具有相应专业背景和工作经历。一些特殊的管理和服务领域，更有法定专业资格要求，如从事心理咨询的人员必须是注册心理咨询师，从事法律帮助的人员必须是注册律师，提供健康服务的必须是专业医师等。悉尼大学职业中心还聘用企业高管从事学生就业咨询和职业生涯规划指导工作。管理队伍的专业化和职业化确保了大学内部各项事务管理的科学化和规范化，也使得精细化、集约化管理的实施具备良好的基础。

---

① 刘献君：《高等学校个性化教育探索》，《高等教育研究》2011 年第 3 期，第 1—9 页。

三、借鉴与思考

"它山之石，可以攻玉。"澳大利亚高等教育的先进之处和成功经验，对我国当前推进高等教育改革与发展具有以下启示。

（一）进一步创新教育观念，完善发展战略

20 世纪 90 年代开始，澳大利亚政府为应对学习型社会的到来和经济全球化的发展，在国家战略中明确将高等教育置于优先发展地位，提出高等教育国际化、产业化，加快研究型大学发展，增强大学办学自主权，实行大学教育质量审计等一系列符合时代发展潮流的新理念和新举措。上述理念和举措使其高等教育事业获得突飞猛进的发展，大学办学水平和教育质量得到显著提升。比较而言，近 20 年来，我国高等教育虽有长足发展，如各项改革深入推进、办学规模迅速扩大、教育质量显著提升，但从国际角度来看，我国高等教育整体办学水平仍不高、核心竞争力还不强，尤其是先进教育理念还有待进一步生成和更新。因此，进一步解放思想、更新观念、深化改革仍是我国高等教育加快发展面临的时代课题。当前应以贯彻落实《国家中长期教育改革和发展规划纲要（2010—2020 年）》为契机，进一步突破制约高等教育发展的各种思想藩篱，使高等教育在先进理念的引领下、在深化改革的过程中获得健康快速发展。[①]

（二）扎扎实实推进"扩大高校办学自主权"

澳大利亚从法律上为大学提供了宽松的自主办学空间，学校在办学目标、招生规模、人员编制、经费筹措、教师聘用以及学科、专业和学位点设置等方面，均可独立确定，从而使大学保持了较大的发展弹性与张力。这一点亟需我们学习和效仿。《教育规划纲要》指出："推进政校分开，管办分离"，"建设依法办学、自主管理、民主监督、社会参与的现代学校制度，构建政府、学校、社会认同的新型关系"[②]。指出政府及其部门要树立服务意识，改进管理方式，完善监管机制，减少和规范对学校的行政审批事项，依法保障学校充分行使办学自主权和承担相应责任。我们认为，目前亟需抓好此项改革的推进与落实。当务之急，一是按照政校分开、管办分离的原则，进一步确立高等院校的独立法人地位，扎扎实实扩大办学自主权；二是各高校按照教育部新近颁发的《高等学校章程制定暂行办

---

① 人民出版社编：《国家中长期教育改革和发展规划纲要（2010—2020 年）》，人民出版社，2010 年。

② 人民出版社编：《国家中长期教育改革和发展规划纲要（2010—2020 年）》，人民出版社，2010 年。

法》（教育部第 31 号令）的精神，抓紧大学章程的制定和施行，以完善大学法人内部治理结构。

（三）继续扩大开放，推进高等教育发展国际化进程

推进国际化办学是进入新世纪以来澳大利亚高等教育改革的主要动向和趋势。此举既增强了澳国的文化软实力，又为高等教育赢得了广阔的发展空间，同时还带来丰厚的办学收入，可谓一举多得。借鉴这一经验，我们应大力加强高等教育国际化的发展步伐，既要让中国高等教育走出去，融入世界；又要让世界高等教育走进来，融入中国。目前，亟需从"被动国际化"走向"主动国际化"，从"低层次国际化"走向"高层次国际化"，从"局部国际化"走向"整体国际化"。① 具体来讲，首先，应鼓励高校更多参与和举办国际重要学术研讨会，推动与国际大学之间的学术交流和信息沟通，在这一过程中努力提升我国大学学术成果在世界的知名度和影响力；其次，应加强国际性课程建设，设置更多与国际前沿接轨的课程，更多选用外国英文原版教材和课程体系；再次，坚持教育和文化输出战略，采取措施大力扩招海外留学生来华学习或攻读学位，积极办好海外孔子学院；最后，打破师资聘任的封闭性模式，积极推进面向海内外的开放式聘任制度，在全球范围内吸引优秀人才来我国高校工作。

（四）深化人才培养模式改革，努力培养创新型人才

澳大利亚大学在人才培养模式上的突出特色，就是通过多种卓有成效的项目课程来培养学生的实践能力、独立思考能力、创新能力、实际研究能力以及团队协作能力等，即使在常规的课堂教学中，也以研究性和自主性学习为主，这种教学模式和方法值得我们学习与借鉴。我国高等教育深化人才培养模式改革，要重视启发式教学、研究性教学和学生的自主性学习，重视对学生创新精神的培养和创造潜能的开发，大力加强教学实践环节，培养学生动脑、动手解决问题的能力。②

（五）促进高校内部管理体制机制创新，激发办学活力

从澳大利亚大学的经验看，创新是一所大学的灵魂，也是一所大学走向兴旺发达的不竭动力。《教育规划纲要》明确提出了"优先发展，育人为本，改革创新，促进公平，提

---

① 张世专：《澳大利亚高等教育优质资源概述》，《中国大学教学》2006 年第 8 期，第 56—61 页。
② 马廷奇、张应强：《学习自由的实现及其制度建构——兼论创新人才的培养》，《教育研究》2011 年第 8 期，第 50—54 页。

高质量"的工作方针。[1] 我国高校应借此东风，不断强化创新意识，加大改革力度，让大学在与时俱进、持续不断的变革与创新中与世界保持同步，并赢得发展先机。为此，必须不断推进大学办学理念创新、体制机制创新、人才培养模式创新、考试和招生制度创新、管理方法创新、大学文化与精神创新等。目前，尤其要注意营造开放包容、进取创新、宽松和谐的大学制度环境和文化氛围。

（六）大力提高高等教育质量，切实办出一批世界一流大学

教育质量是高等教育的生命线。借鉴澳大利亚的经验，当前应确实像《教育规划纲要》所指出的那样，把提高办学质量作为高等教育发展的核心任务，力争到 2020 年，使高等教育的结构更加合理，特色更加鲜明，人才培养、科学研究、社会服务及文化传承与创新的整体水平全面提升，努力建成一批国际知名、有特色、高水平的高等学校，若干所大学达到或接近世界一流大学水平，高等教育国际竞争力显著增强。[2] 为此我们要做到以下几个方面：一是改进和完善政府对高等教育质量的监管和评估机制，同时强化社会对大学的问责与评估制度；二是引导高等教育把工作的重心切实放在扎扎实实地提高高等教育质量上，坚持以内涵发展为主，以质量提升制胜；三是在大学内部管理模式上引导形成社会介入和学生参与机制，使社会、家长和学生直接监督和参与高等院校的质量管理。

---

[1] 人民出版社编：《国家中长期教育改革和发展规划纲要（2010—2020 年）》，人民出版社，2010 年。

[2] 人民出版社编：《国家中长期教育改革和发展规划纲要（2010—2020 年）》，人民出版社，2010 年。

管窥美国公立大学的教师聘任制度

——以明尼苏达大学为例 [①]

2009 年 11 月 25 日至 12 月 22 日，笔者参加了教育部大学校长海外培训班，对美国高等教育的状况进行了实地考察，期间重点对明尼苏达大学进行了为期两周多的案例式访问和调研。本文对该校的教师聘任和管理制度进行简要推介，以期有所借鉴和启示。

一、明尼苏达大学的概况

明尼苏达大学（University of Minnesota，以下简称"明大"）始建于 1851 年，是美国最具代表性的公立综合性、研究型大学之一。学校共有 5 个校区，总面积约 40 平方千米，其中主校区为位于明尼阿波利斯市和圣保罗市中心的双城校区（Twincities），美利坚合众国的母亲河——密西西比河穿校园而过，使双城校区分为东、西两个部分，校园内建筑典雅，景色旖旎。明大共有各类学生近 6 万名，其中本科生 28500 名，其余为研究生；共有各类教职工 18000 名（含各类临时雇佣人员），其中专任教师（Faculty）3300 余名。明大有权授予 161 种学士学位、218 种硕士学位、114 种博士学位和 5 种专业学位。学校的年度财政预算在 30 亿美元左右，其中科研经费和合同收入约为 6 亿美元。

明大属于 1862 年《莫雷尔法案》颁布前的一所州赠地学院 [②]（stateland-grantuniversity），为全美排名前十位的公立性大学之一，其综合排名在美国为前六十位左右，在世界为前八十位左右。2009 年，我国上海交通大学公布的世界大学排名榜上，明大名列第 28 位。明大的毕业生和校友中已有 20 位诺贝尔奖获得者，1 位是前美国首席大法官，2 位是美国副总统。

明大实行的是校、院、系三级建制，三级管理。学校层面的领导体制为董事会领导下的校长负责制。董事会确定重大方针和决策，校长负责具体领导和指挥。这种关系可以形

---

① 原载《当代教师教育》2011 年第 3 期。
② 赠地学院：南北战争后，美国高等教育出现了一种讲求实用原则的趋势，即努力兴办工商业发展所需要的农业和工艺学院。1862 年，美国国会通过了《莫雷尔法案》，规定由联邦政府拨给土地来辅助各州兴办农业和工艺学院，培养工农业专门人才，这种学院通称赠地学院。赠地学院或大学对推动当时美国的工农业发展做出了很大贡献。许多赠地学院后来发展成为美国重要的教学和科研基地，成为美国公立大学中的一支主要力量。

象地比喻为："董事会铺设铁轨，校长驾驶火车。"明大的管理架构和组织体系可以概括如下：董事会（Board of Regents）—校长（President）—教务长（Provost，其角色实际类似于我国的常务副校长，教学、科研、学科建设、学生管理以及教授聘任的相关工作皆由其统管）和副校长（Vice President，明大设有分管后勤、财务、公共关系的三名副校长）—副教务长（Vice Provost）和助理副校长（又分为 Associated President 和 Assistant President 两种）—学院（College）和院长（Dean）—系（Department）和系主任（理科称为 Head，文科称为 Chair）。明大的教师聘任工作正是在这样的组织架构和体系下运行的，其中教师聘任和管理的基本职权主要在系和学院一级，学校层面主管教师聘任的领导为分管教师工作的教务长以及副教务长。

二、明大教师聘任和管理工作的基本程序和做法

明大对每一个全职专任教师（这主要是指助理教授、副教授和教授三类人员，不包括行政人员、其他专业技术人员及教辅工勤人员等）的聘任与管理一般包括以下几个步骤和环节：搜寻信息、公开招聘、试用期考察、终身教席晋升、对终身教席人员的定期考核评估等。

（一）搜寻人力资源信息

搜寻拟聘任的相关人力资源信息是开展教师聘任工作的第一个环节，通常包括以下三个方面的工作：

首先，各系主任要根据本系教师的编制规模和空缺情况向院长提出需聘任教师的数量和规格申请，包括教师的缺编、空编情况，需聘任教师的专业方向、基本条件和专业技术职务等级，拟招聘的基本理据和缘由等，并要向院长提交一份翔实的申请聘任教师的报告。在此基础上，院长要根据本院的 Vision（愿景）、Mission（使命）和 Value（价值准则）以及学院教师队伍的整体结构和要求等，对系主任的报告作出评判和审批。

其次，当系级关于聘任教师的申请被院长批准之后，系主任就要在本系范围内组成教师聘任委员会来具体负责这项工作。系教师聘任委员会由本系教授组成，通常有 7~8 位成员。为贯彻权力制衡原则，确保聘任工作的民主性和公正性，系主任一律不加入该委员会。教师聘任委员会组建后负责向全社会刊登招聘启示，并搜集相关的人力资源信息。在招聘启示和广告中尤其要注意对女性和处境不利人群的关注，鼓励他们中符合条件的人员积极申报。在应聘信息收回后，聘任委员会负责对所有应聘者进行资格审查，并从中甄别和遴选出合适人选。由于大学教授在美国属于高职业声望人群，加之明大的教授工资在全美高校

中又属于中上水平，因此应聘者往往络绎不绝，甚至蜂拥而至。一般情况下，若招聘 1 名教师，申请信通常会多达数十封甚至上百封。在雪片般飞来的应聘信件中，系教师聘任委员会要负责在众多应聘者的申请材料中按 1 ：3 或 1 ：5 的比例筛选出候选人，并将候选人名单报系主任审核。

再次，候选人被确定后就要通知他们来进行面试，面试费用由学校承担。面试主要由系聘任委员会主持进行。通过面试，系教师聘任委员会要从 3~5 位候选人之中最终确定 1 位报告系主任。系主任审查同意后，要根据聘任委员会的意见向院长写出拟聘任和雇佣该名教师的申请书。原则上院长在审查过程中都会尊重系一级的意见，特殊情况下可能会向系主任及系教师聘任委员会进行质询。院长审核同意，被聘者就可以获聘。总体上来讲，助理教授的选聘系一级就可以决定，院长只是履行程序，更不会上报到学校一级确定。

（二）实行公开招聘机制

初步确定应聘者后，系主任负责据有关合同与其进行洽谈与协商。洽谈的主要内容为薪资、办公条件、设施配备、科研启动费及参加学术会议的费用等。双方达成一致后，就可以签订一份协议或合同。明大教师的专业技术职务如同美国其他高校一样，分为助理教授（Assistant professor）、副教授（Associate professor）和教授（Professor）三级。教师的聘任工作，一般在这三个层面都可以进行。对于刚毕业的博士（博士学位是应聘专任教师的必备条件）而言，必须先从助理教授聘起，然后就走上了漫长的教授晋职生涯。获聘教师的职称及现有的业绩和水平不同，所享受的薪资、办公条件、设施配备及科研启动费等自然也就不同。需要说明的是：在美国不同层次大学教授们的工资相差很大，同一所学校各学科和专业之间也相差很大，同一专业内不同教授的工资差异也十分悬殊。助理教授、副教授、教授的工资等级主要由各高校自行确定，无州或全国的统一标准。在具体的聘任过程中，教师的工资水平主要由系主任提出意见，院长决定。明大规定，每年教师的工资平均上涨 4%，但每个教师具体涨多少，则主要由系主任根据各个教师在教学、科研、社会服务三方面的业绩做出决定，报院长审批。

（三）实行试用期考察办法

对于任何一位获聘的助理教授，明大规定都有一年的试用期。试用期满，系教师聘任委员会负责对该教师的教学、科研和社会服务工作进行严格的考察与考核，学生也要对该教师的教学情况进行满意度测评。试用期考核通过后，该教师才能获得正式的助理教授资格，若考核不合格就意味着被"炒了鱿鱼"。

（四）实行终身教席晋升制

美国对大学副教授以上的人员实行终身教席或教职制度（Tenure），获得终身教职就意味着教师如无重大过失学校则不能将其无故辞退。因此，从助理教授晋升到副教授，对每一个专任教师而言都是非常关键、非常艰难的一步。

如同美国其他高校一样，明大规定：教师试用期届满并获得了正式的助理教授资格之后，必须在 6 年之内晋升到副教授，否则就必须卷铺盖走人。这就意味着从助理教授到副教授这一级实行的是严格的"非升即走"制度。实施这一制度的目的，是为了确保教授队伍的高水平、高素质、高质量。对任何一位青年教师而言，如果在试用期届满后 6 年之内未晋升到副教授，就意味着他已经结束了自己作为大学专任教师的奋斗生涯，而必须改行另谋他业或成为学校中的 staff（如专职行政管理人员、图书实验等教辅人员及其他一般性雇员等，此类人员的工资水平比之专任教师有很大的差距）。在由助理教授向副教授晋升的 6 年期间，如果涉及教师有分娩、患病等因素，则最多可以再宽延 2 年期限缓聘。教师在担任助理教授期间，每年必须向系主任撰写和递交一份履职报告。在第 6 年助理教授任用期满之后，则必须对自己 6 年来的教学、科研以及服务系、院、校和社区的公务活动等做出全面系统的总结，并要对自己的专业发展情况作出认真评价，在此基础上完成严格的述职报告。与此同时，系级的教师聘任委员会要根据教师的自我评估和述职报告以及教师的实际表现，尤其是要结合学生的评价（明大每个学生都要对他们的授课教师进行打分并认真做出评估），对该助理教授是否能晋升到副教授做出客观的考量和评价，并写出是否同意晋职的报告呈系主任，系主任同意后要呈报院长，院长同意后要报送学校分管教师工作的副教务长审核。副教务长通常在每年的 2—4 月份要关起门来认真审读全校各学院上报的每份终身教职申请报告，并将有疑议的报告提交教务长裁定。在教务长同意了之后，所有申请终身教职的报告还要提交到学校董事会做最终决定。通常情况下，明大每年大约只有 60% 的助理教师能晋升到副教授而获得终身教席的资格，这就意味着其余人员会被淘汰和解雇。

近年来，美国各大学对终身教职的资格审定政策越来越严格，标准也越来越高。通常情况下，欲获得终身教席即副教授的人员，必须有显著的教学、科研和社会服务业绩，良好的品行记录，以及在学术同行中享有较高的学术声誉。

在美国，从副教授晋升到教授没有固定的年限要求。因此，这一步对教师们而言相对压力并不是很大。在明尼苏达大学，理工科的副教授一般需要历经 6~8 年以上才能晋升到教授，文科的副教授则一般需要历经 10~12 年以上。这期间成绩卓越者可以破格提拔，但比例极少，可谓凤毛麟角。关于教授的评选和晋升，明大不同的系和学院有着不同的标准与要求。但在本研究领域中学术水平领先、教学效果优良、服务于大学以及所从事的社会行业领域，则是其最为基本的条件和标准。

（五）实行终身教职考核制

自从 20 世纪初斯坦福大学的"罗斯事件"[①] 之后，美国大学开始实行教授终身教席制度。实施这一制度的目的是为了保护教授的学术自由和言论自由，以防止教师因为坚持学术自由和思想独立而被校方（尤其是私立学校）随意解雇。教师只要获得 Tenure 的资格，就可以从容不迫、无拘无束地从事自己的教学、科研和社会服务工作。这一制度的推行，一方面的确起到了保障教师学术自由和人格独立的积极作用，尤其使教授们可以专心致志、心无旁骛地从事那些"十年磨一剑"的重大科技攻关项目，而不至于为了应付各种考核搞"短平快"的科研行为。然而另一方面，这一制度存在一些弊端，即导致一部分责任心不强的教授缺乏压力，放任自流，不思进取。针对这一实际，明尼苏达大学经校董事会研究决定仍对终身教席人员实行考核制度，即所有的副教授和教授在任职一定年限之后，必须接受系和学院对其教学、科研和社会服务工作的评估与考核，对考核不合格者，系主任要对其出具限期（通常为一年）改进的建议书，一年后仍未改进者，系主任则可向院长提出对这位教授进行更为特别的考核与审查。如果考核还不通过，那么学院就可能会有降薪乃至解聘的举措。在实际考查中我们了解到，明大虽有这样的规定，但实际受到降薪处罚的教授鲜有，受到解职的教授目前尚无一例。这是因为，一方面，在这一制度下教授们本身都比较自觉，能够勤奋工作，不愿意遭受落伍的耻辱；另一方面，如果出现考核不称职的状况，这时候这些教授们一般都会比较体面地选择提前退休。需要说明的是，如同美国的其他大学一样，明大的教授没有退休年龄限制，但大多数人都会选择在 60~65 岁之间退休。如果坚持在岗不退休，那么就必须承担各项工作任务，并要接受系和学院的考核。

---

①20 世纪初，斯坦福大学教授爱德华·罗斯，反对私人控制铁路，主张收归国有。可巧，斯坦福大学正是靠铁路大亨莱兰德·斯坦福的钱办起来的，斯坦福的遗孀还是当时校董会的董事长。这场争端自然是罗斯落败，丢了饭碗。而这场纷争导致了 1915 年美国大学教授联合会的成立，宣布实行教授终身制，以保证学术免受强权干扰。教授终身制在美国研究型大学已经是比较成熟的一种教授任用制度，终身教席的岗位在教师中的总体比例并不高，但其存在却对美国高等教育影响不小，对它的评价也是毁誉参半。尽管如此，有一点却是肯定的，那就是在市场经济竞争如此激烈的国家，教授终身制能长期存在，这本身已经证明了其合理性。教授终身制便是在这样的背景下产生的。

三、思考与启示

透视明尼苏达大学教师聘任与管理工作的基本特征，以下几点颇值得我们思考和借鉴。

（一）教师聘任的开放性

明大的教师聘任实行的是面向全社会和海内外的开放式聘任，没有校界、州界乃至国界的域限，这使得该校可以在全美乃至全世界的范围内广延贤才、汇聚群英，从而确保了教师队伍素质和水平的卓越性，同时也做到了"流水不腐，户枢不蠹"，使教师队伍能够吐故纳新、新陈代谢、合理流通，继而从根本上增强教师队伍建设的活力与张力。相比较之下，目前我国高校的教师聘任工作尚围囿于围墙之内，属于典型的校内封闭聘任。这种聘任制虽然较之过去的调配制和终身制有了一定进步，但从总体上看还难以达到促进校内外人才合理流动的目的。循此，我们认为，今后我国高校教师聘任工作的改革方向应着力于推行和实施开放式聘任，即打破校际、省际乃至国际界限，实行面向全社会的公开招聘，这才是名副其实的真正意义上的聘任制。

（二）教师管理的低重心

通过对明大的案例分析可以看出，美国高校教师聘任与管理的主要权限在系和院一级，呈现出低重心的特征，并且在这一过程中非常重视教授、专家等学术权力和作用的发挥，这就使得教师的聘任与管理工作一方面能够紧密结合各院、系教育教学的需要和学科、专业发展的实际，另一方面也使得对大学教师这一高知识群体的管理更加凸显出专业性和科学化的特征。相映之下，我国高校教师管理的权限和责任主要在校一级，对于一些地方性高校而言甚至还在地方政府一级（如教师的调配及职称评定等都需要经过地方政府来操作和审批等），与此同时，在教师聘任和管理的过程中，行政权力发挥着主导作用，专家、学者和教授们的发言权极其有限。从高等教育的自身规律出发，我们认为美国的做法更符合高等教育的客观实际。因此，我们主张今后我国高校教师聘任与管理的改革应坚持重心下移的原则，充分发挥学院和系一级在这一过程中的办学责任和基本职能，同时应强化教授们学术性权力的比重和分量，使学术权力和行政权力在教师聘任工作中得到较好的结合与匹配。

（三）教职晋升的淘汰制

从明尼苏达大学教师聘任和管理的实际做法可以看出，美国高校教师的聘任与雇佣、晋职与考核十分严格、规范，尤其是终身教席的晋升，坚持的是"宁缺毋滥""非升即走"

的淘汰性原则。这种做法从制度设计上保证了大学教授的素质和质量，使竞争机制和激励机制贯穿于师资队伍建设的始终。在这种机制下，教师们不得不发奋进取，忘我工作，努力创新，从而克服尸位素餐、"当一天和尚撞一天钟"的惰性思想。"教育大计，教师为本。"正是由于这种竞争淘汰机制的存在，才使得美国的大学能够始终做到人才辈出，群贤毕至，大师云集，同时从根本上确保了大学的质量和水平遥遥领先于世界。以此为鉴，我国的高校应继续进一步强化竞争激励机制，彻底打破"三块铁"（铁工资、铁教授、铁饭碗）、"一口锅"（大锅饭），使竞争淘汰机制得到真正贯彻。对于目前国内一些高校正在滥觞和推行的教师"非升即转""非升即调"制度，我们认为应该坚定不移、大刀阔斧地推行。

《诗经》云："天生烝民，有物有则。"即万事万物皆有自身运行和发展的基本规律。中美两国虽然政治、经济、社会制度和文化背景不同，然对办现代大学而言，所遵循的高等教育自身发展的客观规律却是相通的。从这一点上讲，明尼苏达大学的教师聘任与管理制度对我们有着启示和借鉴意义，正所谓"他山之石，可以攻玉"。

民办高校发展面临的"高原现象"探析
——以陕西普通民办高校为例①

"高原现象"是心理学术语,指的是个体在学习或技能的形成过程中出现的发展停顿、迟滞或者下降的现象。种种迹象表明,我国民办高等教育在经历了改革开放以来30多年的发展之后,正步入一个新的阶段。关于这一阶段,有学者概括为"发展转型期"②,有学者称之为"稳定与提高的新阶段"③,更有不少学者认为"民办高校已经进入发展瓶颈期"④。笔者通过对陕西省现有的8所普通民办本科高校的实地调研发现,我国民办高校的发展正处于一种举步维艰的"高原期",其症状表现为:发展态势正在衰减,生存空间日趋局促,前途命运未卜难测。为此,笔者拟从这一现象出发,寻找这一现象产生的原因,并提出相应政策建议。

一、民办高校"高原现象"表征

陕西是我国民办高等教育发展的策源地之一。20世纪80年代中期,伴随着第一次全教会的召开和《中共中央关于教育体制改革的决定》的颁布,陕西省的民办高校如雨后春笋般迅速崛起。截至2010年,陕西省内大大小小的民办高校和民办高等教育机构已近40所,其中普通民办高校已发展至18所(不包含独立学院),在校生达171605人。⑤在陕西普通民办高校中,具有普通本科资质的高校达到8所,它们是在全国颇具影响的西安培华学院、西安翻译学院、西安外事学院、西京学院、西安欧亚学院、西安思源学院、陕西国际商贸学院和陕西服装工程学院。21世纪初,陕西民办高校发展已在全国处于领先地位,其学校数量、办学规模和社会影响力均位于各省前列。然而,近年来陕西民办高校迅猛发展的态势明显衰减,并出现种种式微的征兆。

---

① 原载《高等教育研究》2011年第11期,获陕西省第11次哲学社会科学优秀成果论文类三等奖,与王庆如合作。

② 沈剑光:《民办教育发展的战略转型与政策应对》,《教育研究》2009年第8期,第83—87页。

③ 温锐、刘世强、熊建平:《略论当前我国民办高校发展定位的转型》,《教育研究》2008年第11期,第65—68页。

④ 黄清云:《重视民办高校发展的瓶颈问题》,《文汇报》2008年7月10日第5版。

⑤《2010年陕西省教育事业发展统计公报》,陕西省教育厅:http://jyt.shannxi.gov.cn/news/gsgg/201106/28/308.html.(2025年1月16日查询)

（一）生源数量急剧萎缩

由于我国民办高校实行的是一种以学费作为办学经费基础的市场化运作机制，因此充足的生源是民办高校赖以生存和发展的根基所在。近年来，由于公办高校的扩招、独立学院的崛起，尤其是随着我国高考适龄人口在 2008 年达到顶点之后的迅速回落和下降，民办高校的绝对生源数量开始出现急剧萎缩。根据笔者调查，陕西 8 所普通民办本科高校在校生数量均呈现萎缩态势。2008 年以来，西安外事学院在校生人数从最多时的 34260 人降至 30091 人；西安欧亚学院在校生人数也从 28719 人降至 24267 人；就连号称要办"东方哈佛"的西安翻译学院的在校生人数也由 26061 人降至 22412 人[①]。需要说明的是，上述几所学校已创办了 20 多年，且均获得了国家普通高等教育授予本科学历资格，享有国家划拨的招生指标，且形成了一定的品牌影响。它们的生源数量暂且不保，那么那些起步晚、规模小的民办高校生源状况就可想而知了。从陕西省高考报名总人数来看，已由 2008 年的 41.4 万人降到 2011 年的 38.4 万人，减少了约 3 万人；并且高考后还有约 7.6 万上线考生没有填报志愿，同时 2011 年全国还有近 100 万高中应届毕业生放弃了参加高考，[②]这些因素都加剧了民办高校生源萎缩。

（二）学校财力日趋不足

经费问题一直是困扰民办高校向高水平大学发展的瓶颈。由于我国对民办高等教育尚未建立起政府资助、社会捐赠、学校基金会运作等经费筹措和运行机制，因此民办高校的经费来源基本是"以生养学"的模式。根据笔者对陕西 8 所普通民办本科高校的调查，其办学经费 90% 以上均来自学费。在这种机制下，生源的萎缩以及物价的上涨使得民办高校的运营经费处于十分拮据的状况。自 2005 年以来，陕西 8 所普通民办本科高校的学费收入皆有不同程度的减少和下滑。以西安某学院为例，2005 年其学费总收入约为 3.2 亿元，而 2010 年则下降为 2.8 亿元，减少了约 4000 万元，再加上物价上涨因素，其 2010 年的实际学费收入比 2005 年减少了近 1 亿元。与此同时，各项开支却不断加大。仍以此学院为例，2005 年其共有专兼职教职工 1200 人，平均年薪为 1.68 万元／人；而到了 2010 年专兼职教职工增加至 1707 人，平均年薪上涨为 2.5 万元／人，仅此一项支出 2010 年比 2005 年就增加了 2251.5 万元。面对学费收入减少、开支加大的现实，民办高校的举办者普遍慨叹日子越来越难过，学校的经营和运行也日趋困难。这种状况导致民办高校纷纷压缩各项公用

---

① 根据 2008—2010 年《陕西教育事业统计年鉴》测算。

② 李勇钢：《深度调查：陕西 7.6 万上线考生缘何放弃上大学？》，《华商报》2011 年 9 月 16 日第 A26 版。

经费和人员开支，而这又导致其教学条件和设施改善缓慢，人员素质下降，教育质量滑坡。

（三）教育质量迟滞不前

质量是高等教育的生命线。对于民办高校而言，若想在公办高校占据主体地位的情势下异军突起，获得持久性的发展，就必须以质量制胜，并通过提高质量促进民办高校由补充型教育向选择型教育转型。然而事与愿违，民办高校尤其是那些已形成规模效应的民办高校，并没有自觉地顺应这种转型，依然把规模扩充、外延扩张作为基本宗旨，这导致民办高校的教育质量和办学水平提升极为缓慢，其整体水平一直徘徊在中国高等教育的谷底。

1. 人才培养质量不高。人才培养是大学的核心功能，也是衡量一所大学办学水平的重要标尺。从对陕西 8 所普通民办本科高校的实地调研来看，其人才培养质量根本无法与陕西所在地的公办高校相比拟，暂不论在陕的"985"或"211"大学，就是与其地位相接近的省属地方性院校（二本）相比，在专业建设水平、课程建设水平、实验实习条件以及教学管理的规范性等方面两者皆存在明显的差距。以课程建设为例，陕西省属地方院校平均拥有 5 门省级精品课程，并不同程度地拥有省级重点学科和省级教学示范中心等，而 8 所普通民办本科高校中仅平均拥有 1.7 门省级精品课程，且均无省级重点学科，仅 1 所民办高校拥有省级教学示范中心。

2. 教师队伍水平落后。教师是决定教学质量的关键性因素。陕西民办高校在创建初期是"借鸡下蛋"，即利用陕西尤其是西安市区周围公办高校林立的优势，以高额课时费的方式聘请公办高校的教师为其代课。在完成了资本原始积累和办学基础设施建设之后，按道理民办高校应大力加强师资队伍建设，并借此带动教育质量和办学水平提升。然而事实并非如此，在经过 20 多年的发展之后，陕西民办高校的师资队伍建设仍停留在较低水平。其主要表现为：（1）自有教师少、兼职教师多。在陕西处于领先地位的 8 所普通民办本科高校中，自有教师所占比例普遍低于 30%，大部分教师仍属于兼职教师或临时代课教师。（2）教师队伍学历层次低。目前在陕的公办高校已普遍把具有博士学位作为教师准入的基本门槛，即使那些地域偏僻的地方院校也都把具有硕士学位作为引进教师的最低学历资格。然而截至 2009 年，陕西 8 所普通民办本科高校的教师队伍中，具有博士学位者寥寥无几，具有硕士学位者仅占 34.2%[①]。（3）教师专业技术职务层次偏低。陕西 8 所普通民办本科高校中具有教授、副教授等高级职称的教师仅占 30% 左右，且多为兼职教师（公办高校的离退休教师），讲师约占 23.8%，助教约占 37.4%[②]。（4）教师队伍的年龄结构极不合理。"老

---

① 根据 2008—2010 年《陕西教育事业统计年鉴》测算。
② 根据 2008—2010 年《陕西教育事业统计年鉴》测算。

的老、嫩的嫩"是民办高校教师队伍的突出特征。"老的"已普遍年过六旬，"嫩的"多为刚刚毕业的大学本科生，初出茅庐。35~55岁之间的骨干教师群体极为缺乏，呈明显的"塌腰"态势。民办高校教师队伍的上述状况，必然严重地制约其教育教学质量的提高。

3. 教学管理水平低下。近年来，随着办学规模的扩大，陕西民办高校虽然积极致力于学校管理水平的改进与提升，但其整体状况仍与公办高校存在较大差距，主要表现为：（1）质量管理意识不强，没有将教学质量管理与监控作为学校管理的中心任务和头等大事。（2）管理队伍的整体素质与现代大学的要求不相适应，"家族式管理""作坊式经营"的痕迹仍未彻底消除。（3）整个教学、科研、人事、财务、后勤等管理工作在科学化、规范化方面还有待进一步提高。

4. 毕业生就业质量不高。毕业生的就业质量是检验一所学校教育质量的输出性指标。目前陕西8所普通民办本科高校毕业生的就业率和就业质量都与公办高校存在着较大差距，而且其公布的数据存在水分，主要表现为：（1）实际就业率不高。一部分民办高校虽对外宣称就业率达到90%以上甚至100%，但实际就业率连80%都不到。（2）专业对口率偏低。2009年上述8所院校毕业生就业的专业对口率仅为52%，明显低于公办高校。（3）毕业生就业后的工资收入普遍不高。2009年上述8所院校毕业生就业半年后的平均月收入仅为1912元，明显低于公办高校。（4）就业单位主要以民营或个体等规模偏小的企业为主。如位于西安的某普通民办高校66%的毕业生就业于民营或个体企业，60%毕业生的就业单位规模在300人以下，其从事的岗位主要为行政秘书、行政助理、零售售货员、销售经理、旅馆服务台职员、建筑技术员等。

（四）社会声誉度提升缓慢

陕西民办高校在创建之初虽底子薄、基础差、办学水平落后，但创办者百折不挠、勇于开拓的精神，为社会各界人士所赞赏和折服；并且人们下意识地比照西方发达国家私立大学发展的道路与模式，对其寄予不同程度的希冀与厚望。人们憧憬着民办高校能够像民营企业那样在神州大地异军突起，人们更渴望民办高校的崛起能够为中国高等教育的发展注入一泓活水，带来一股清新的力量，从而在办学主体多元化和办学模式多样化的格局中促进中国高等教育朝着高水平的目标迈进。然而，在企盼多年之后，人们多少有些失望。民办高校的创办者在淘得了"第一桶金"之后，并未像人们所预想的那样将盈余资金和主要精力投放到以扩充内涵、提高质量为主要目标的轨道上来。相反地，扩大投资、聚积资本、不断扩张办学规模或抽逃资金举办其他产业成为他们的追求。民办高校从头到脚所显示出的"公司形象"和透露出的"商业气息"，既背离了教育的公益性，也与民众的期望和愿景形成了巨大反差，这导致它们的社会信誉度江河日下。笔者通过对一些西安市民和民办高校学生家长的访谈，明显感到民众对民办高校的口碑有降无升，并存有很大的歧视心理。一些家长明确表示："让孩子上民办高校是迫不得已的选择。"一些市民认为："民办高校好像不是在办学，而是在办教育工厂。"更有人直言不讳地把民办院校比喻为"垃圾学校"。据了解，在 2011 年的高考中，陕西省共有 7.6 万名上线考生放弃填报高考志愿，而弃报的主要对象是三本院校中的普通民办高校和高职院校。这种状况也是造成民办高校近年来生源萎缩的重要原因。

二、民办高校"高原现象"产生原因

毋庸置疑，我国民办高等教育在历经了一个阶段的快速发展之后，目前正进入发展滞缓、举步维艰的"高原期"。这种状况形成的原因，我们认为既有外在的客观因素，也有内在的主观因素。

（一）社会环境变迁

改革开放之初，我国民办教育之所以能够快速发展，与该时期特定的社会环境存在密切联系。一方面，当时社会发展产生大量人才需求，提出要大力发展教育事业；另一方面，因为国家综合实力较弱、财政投入有限，因此公办高校的招生规模和学位很难快速满足这种需求。在这种背景下，民办高校按照市场的供求关系，依靠民间资本投资迅速发展壮大。然而30多年过去了，民办高校今天所面临的社会背景与环境较之以前已发生了巨大的变化。

1. 国家综合实力的增强、财政收入的增加和相关政策的要求，我国开始实行高校扩招。1985 年，我国高等教育的毛入学率仅为 2.91%，而 2010 年我国公办高校的毛入学率已达到 26.5%。[1] 扩招后公办高校的招生规模和学位率明显增加，极大地满足了广大人民群众接受高等教育的愿望，也缓解了市场需求，这在客观上对民办高校的发展造成严重的挤兑和挤压，导致其生源数量骤降。

2. 独立学院的兴起对民办高校的发展产生严重冲击。20 世纪末，我国"独立学院"纷纷兴起，截至 2010 年，其总数已达 323 所[2]，陕西省境内的独立学院也达到 12 所，在校生规模达 79367 人[3]。独立学院是实施本科以上学历教育的普通高校与国家机构以外的社会组织或个人合作，利用国家非财政性经费举办的实施本科学历教育的高等学校。独立学

---

① 董洪亮、肖思圆：《我国高等教育毛入学率达 26.5%》，《人民日报》2011 年 3 月 29 日第 4 版。
② 教育部：《2010 年全国教育事业发展统计公报》，《中国教育报》2011 年 7 月 6 日第 2 版。
③《2010 年陕西省教育事业发展统计公报》，陕西省教育厅：https://jyt.shaanxi.gov.cn/news/gsgg/201106/28/308.html.（2025 年 1 月 16 日查询）

院在性质上虽为民办，但在创办过程中基本上是依托公办高校而建立的，因此具有得天独厚的优势。独立学院的异军突起，不仅使民办高校的固有生源遭遇瓜分，也使它们的社会关注度遭到遮蔽和削弱。

3. 转型时期市场机制的不健全造成了民办高校的可持续发展环境迟迟得不到改善。民办高校是市场机制引入高等教育的产物，因此自由发展、公平竞争的市场机制和环境是民办高校赖以生存与发展的根基。正如有学者所言："市场是民办高校的衣食父母。"改革开放以来，我国的市场经济体制虽有长足发展，但真正意义上的市场运行体制和机制仍未完全建立，行政主宰和计划调控的色彩依然十分浓厚，这使得民办高校只能在不完善的市场机制中寻求生存。例如，民办高校一方面按市场法则自主经营、自谋发展；另一方面其招生人数、学费价格、专业设置等受到政府的严格调控。又如，由于我国市场运行中的诚信体系和质量保障体系尚不健全，导致民办高校不同程度地存在非诚信办学和种种质量投机行为。这些都严重地影响和制约了民办高校的健康发展。

4. 民众对高等教育质量需求层次和品位的提高也使得民办高校遭到冷落。随着我国高等教育大众化的深入推进，高等教育入学机会供给不足的矛盾明显缓解。在这种背景下，民众对高等教育的需求开始由"机会需求"转向"质量需求"[1]，从渴望"上大学"转向了希望"上好大学"。而民办高校的质量和水平尚无法与公办高校相媲美，自然使得民办高校的受青睐度降低。

（二）制度设计缺陷

我国在促进民办教育发展方面的相关制度和法规虽日趋完善，相继出台了《社会力量办学条例》（1997）、《中华人民共和国民办教育促进法》（2003）、《陕西省民办教育促进条例》（2004）等，但总体上看，仍存在制度设计缺陷。

1. 高校法律地位的不平等导致民办高校无法与公办高校进行公平竞争。2003 年颁布的《中华人民共和国民办教育促进法》明确规定："民办学校与公办学校具有同等法律地位。"[2] 然而，这一抽象、笼统的法律条文缺乏可操作性的实施细则作为支撑，造成在实际运行中民办高校在办学属性、经费筹措、招生政策、土地使用、税收政策、资源吸纳与配置等方面，根本无法获得与公办高校平起平坐的法律地位，因而也就无法实现与公办高

---

① 张应强：《高等教育改革与我国民办高校的可持续发展》，《大学教育科学》2006 年第 6 期，第 17—21 页。

② 《中华人民共和国民办教育促进法》，中国政府网：http：//big5.www.gov.cn/test/2005-07/28/content_17946.htm.（2025 年 1 月 16 日查询）

校的公平竞争。例如，在办学属性上公办高校是公益性事业单位，而民办高校是民办非企业性质；在经费来源上公办高校享受政府财政拨款，而民办高校依赖学费收入；在招生政策上公办高校在第一、二录取批次，而民办高校排在较后批次；在土地使用上公办高校属于公益性事业用地，而民办高校需购置土地且有使用年限；在税收政策上公办高校享受免税待遇，而民办高校要缴纳企业所得税、车船使用税、房产税、土地使用税等；在办学贷款上公办高校由上级主管部门担保，而民办高校只能以学费代收权作为抵押贷款，并且风险自担；在办学资源配置上公办高校由政府配置，而民办高校由市场配置等。鉴于以上种种不平等的实际，陕西省人民政府曾于 1997 年率先出台全国第一部地方性民办教育法规——《陕西省社会力量办学条例》，试图从法规政策的角度提升民办高校的法律地位，并使之成为全国政策推动型的模范。然而 15 年过去了，此项政策的落实却很难到位 [1]。再如《陕西省民办教育促进条例》第十三条规定"民办学校教职工与公办学校教职工具有同等的法律地位"，但此项政策至今也仍未能落实。事实上，在社会各界眼中民办高校仍被看成是一种可有可无的补充力量或杂牌军 [2]。在上述制度设计和政策背景下，民办高校自然难以获得茁壮发展。

2. 未建立起营利性和非营利性民办高校的分类管理机制。建立营利性和非营利性的分类管理机制，是世界各国加强对私立高校监管、投资以及促进其规范发展的基本途径和经验之举。然而，迄今我国仍未建立起这样的分类管理机制。《中华人民共和国民办教育促进法》明确规定："民办教育事业属于公益性事业，是社会主义教育事业的组成部分。" [3]这就意味着在西方发达国家普遍存在的开放型、营利性的学历教育在我国尚属禁止状态。这种不加分类、笼统定性、统一管理的做法，一方面导致民办高校的法人属性和产权性质难以明确界定，从而抑制和挫伤了投资者创办民办高等教育的积极性；另一方面也导致国家无法对属于公益性质的民办高等教育进行财政投资和政策扶持。这种状况是制约我国民办高校健康发展的一个十分重要的因素。

3. 缺乏政府对民办高校的投资机制。尽管我国《中华人民共和国民办教育促进法》规定："县级以上各级人民政府可以设立专项资金，用于资助民办学校的发展，奖励和表彰有突出贡献的集体和个人。" [4]然而，从我们对陕西省的调研来看，民办高校获得的

---

[1] 资料来源于笔者 2011 年 7 月对陕西省教育厅民办教育处人员的访谈记录。

[2] 资料来源于笔者 2011 年 7 月对陕西某万人民办高校负责人的访谈记录。

[3]《中华人民共和国民办教育促进法》，中国人大网：http: //big5.www.gov.cn/test/2005-07/28/content_17946. htm.（2025 年 1 月 18 日查询）

[4]《中华人民共和国民办教育促进法》，中国人大网：http: //big5.www.gov.cn/test/2005-07/28/content_17946. htm.（2025 年 1 月 18 日查询）

政府财政支持极少。自 2003 年《中华人民共和国民办教育促进法》颁布以来，陕西省于 2009 年开始仅单列出 100 万元作为扶持民办高校发展的专项资金。这一支持数额对民办高等教育发展的作用是微乎其微的。从全国范围来看，各省对民办高等教育的投资机制也均未形成，现有的一些扶持政策主要体现在给予普通高校计划内招生指标、提高学费定价、减免部分税收等方面；直接的财政支持少得可怜，且主要体现在对民办高校贫困学生的学费和生活费的资助或教师科研项目的设立上。一方面规定民办教育是公益性事业，另一方面又不对民办高等教育进行任何公共投资，在这种状况下其发展自然举步维艰。

（三）办学动机和办学行为存在缺陷

面对民办高校目前所出现的困境与矛盾，民办高校自身也必须进行深刻的检讨与反思。事实上，民办高等教育办学困境的形成，与其自身办学动机不纯、办学理念错位和自觉努力不足密切相关。

1. 逐利性在民办高校的办学动机和理念中占据主导地位

由于我国民办高校实行的是自主经营、自负盈亏的市场运行模式，因此其在创办之初的逐利性心理既合乎逻辑，也能够为社会所接受和认可。然而，在民办高校的发展已形成规模并产生巨大的资本聚集之后，倘若依旧把"逐利"作为纯粹目的，这样的行为既有悖于教育的属性和规律，也很难在中国文化的背景下为社会所认可和接受。美国教育家赫钦斯曾言："当一所学校为谋取金钱时而决定采取一些行动，它必定会丧失其精神。"[1] 我国的民办高校之所以陷入今天这种尴尬的境地和出现种种发展、信誉危机，均与这一因素密切相关。考察陕西民办高校的办学实际发现，由于受逐利观念支配，民办高校在取得了一定的规模效益之后，并未将办学重心和工作重点转移到改善教学条件、加强师资队伍建设、提高教育质量上来，而是更多地把钱用来再征地、再投资，以追逐利益最大化。据悉，2010 年教育部对全国普通民办本科高校进行抽样评估，陕西省推荐了一所实力最强的民办院校接受评估，即便如此，这所学校也未能达到评估标准[2]。民办高校这种只认金钱、不顾质量的办学行为，严重损害了它们的社会形象。笔者在调研中听到这样一些声音："民办高校举办者腰缠万贯，为什么还要让政府给他们投资？"有的说："他们把赚来的钱不往教育教学上投，而去搞资本再扩张，却还呼吁政府给他们资助，这不合乎情理。"还有的说："民办高校是'金钱进来，质量出去'。"由上述舆情可以看出，民办高校今天的困境在一定程度上是自身造成的。

---

[1]［美］罗伯特·M·赫钦斯著，汪利兵译：《美国高等教育》，浙江教育出版社，2001 年，第 3 页。
[2] 资料来源于笔者 2011 年 7 月对陕西省教育厅民办教育处人员的访谈记录。

2. 民办高校的法人内部治理结构不完善

目前陕西民办高校普遍实行的是董事会(或理事会)领导下的校长负责制,并且建立了党委,明确了其应发挥的政治核心和监督作用。根据笔者调研,目前普通民办高校在内部治理结构上存在以下突出问题:

(1)董事会的决策、合议职能未能充分发挥。董事会虽名义上由出资者、办学者、社会贤达、合作单位等多方人士共同组成,但实际权力主要掌控在出资者手中,出资者一般既为董事长又兼任校长。在这种情况下,董事会的决策、议事职能实际上流于形式,大小事务均由董事长或校长说了算,董事会甚至沦为合法化其意志或行为的工具。①(2)学校党委的政治核心和监督保障作用未能有效发挥。为确保民办高校能够在办学过程中全面贯彻党的教育方针和国家的各项法规,陕西省教育工委于本世纪初在普通民办高校中普遍建立起党委,并由教育厅派出监督员兼任学校的党委书记。但在实际运行过程中,党委和监督员的保障监督职能发挥得极其有限。(3)学校中的学术委员会、学位委员会等组织建设极不健全,这导致学术权力十分不足,行政权力主宰一切。(4)学校中的工会、学生会等群众性组织建设及其维权职能异常薄弱和淡漠,这导致广大教职工和学生的利益诉求难以正常表达与维护。

民办高校在法人内部治理结构上的上述缺陷,不仅导致其科学化、民主化、规范化管理水平极其有限,还导致权力制衡机制和监督机制的严重缺失。近年来频频发生的民办院校董事长抽逃办学资金、转移办学资产等事件,就是与内部治理结构的缺陷以及政府的监管不力有关。

3. 民办高校管理者的素质和水平很难适应现代大学制度的要求

随着民办高校办学规模的扩大和管理要素的增多,尤其是伴随着普通民办高校由规模型发展向内涵式发展的过渡,对其管理者的素质提出了越来越高的要求。然而,民办高校的管理主体未能与时俱进地积极适应这一要求。这表现为:

(1)当初民办高校的创办者大多数今天依然执掌学校,他们董事长、校长一身兼,并非像企业组织那样实行出资人(董事)和经管人(经理)相分离,这种状况制约了民办高校整体的领导和管理水平的提高。(2)"家族式"管理的痕迹仍未消退。深入到民办高校内部不难发现,人、财、物等要害部门的管理权力均掌握在举办者的亲朋手里。在这种盘根错节的"裙带"组织中,很难奢望能够提高学校的管理水平。近年来,陕西的民办高校还出现了子承父业的"二代接班"现象。这些二代接班人年纪轻轻、初出茅庐,其素

---

① 郭建如:《民办高等教育的市场化与民办高校的组织管理特征——以陕西民办高等教育为例》,《高等教育研究》2003年第4期,第68—74页。

质、资历、经验、水平等实难符合现代大学掌舵人的要求，有的甚至连过硬的学历都没有，被世人所诟病。（3）中层和基层管理队伍水平差。如同不舍得花本钱聘用高水平教师一样，民办高校也同样存在舍不得花大价钱聘用高水平、高学历、高素质管理人员的现象。

三、民办高校走出"高原现象"策略与路径

我国民办高校要摆脱上述困境，根本出路在于必须面对新的形势作出历史性的战略调整和转型，集中表现为：（1）必须坚持由补充型教育向选择型教育转型；（2）必须坚持由规模数量型向质量效益型转型；（3）必须坚持由传统学校制度向现代大学制度转型。民办高校只有积极地进行这样的调整和转型，才能摆脱困境，走向光明。

（一）完善制度设计，营造良好社会环境

良好的生存环境是民办高校发展的先决条件。目前，我国民办高等教育正面临着深层次制度环境改善的问题。在这种背景下，政府必须进行科学的制度设计，为民办高校发展创设良好的制度保障和环境庇护。

1. 理顺民办高校与公办高校的法律地位，让两者公平竞争。渴望自由公平的竞争环境是民办高校长期以来的基本诉求，而公平竞争的前提是民办高校必须拥有与公办高校相平等的法律地位。虽然我国《民办教育促进法》明确规定"民办学校与公办学校具有同等的法律地位"[①]，但由于缺乏具有可操作性的实施细则，使这种"同等"或"平等"仅滞留在观念价值层面，而未落实在制度价值层面。客观的事实是，民办高校在办学、招生、土地使用、税收政策、教师待遇及学生就业等方面均遭受种种歧视。这种状况是造成我国民办教育发展举步维艰的关键因素。因此，欲促进民办高校健康发展，就必须进一步明确民办高校与公办高校的平等法律地位。这种平等的法律地位，一是应体现在办学资源配置、招生政策、土地使用、税收减免等方面；二是应体现在对教职工的职称评定、科研奖励以及参与各项社会活动的政治权利与待遇等方面；三是应体现在对民办高校学生的困难资助、奖学金、医疗保险、就业、伙食补贴等方面。只有进一步明确和理顺了民办高校的法律地位，才能为民办高校发展提供法律保障，继而给民办高校发展注入动力和活力，促进其出现大发展和大繁荣。

2. 实行营利性和非营利性民办高校分类管理机制。2010 年颁布的《国家中长期教育改革和发展规划纲要（2010—2020 年）》指出："积极探索营利性和非营利性民办学校

---

① 《中华人民共和国民办教育促进法》，中国政府网：http：//big5.www.gov.cn/test/2005-07/28/content_17946.htm.（2025 年 1 月 23 日查询）

分类管理。"各地应乘此东风，积极推进营利性和非营利性民办教育分类管理的试点工作。通过分类管理，可以使营利性民办高校完全按照企业法人的模式遵循市场法则运行，此类学校的性质可以明确界定为私人产品或营利行业，对于此类学校政府只依法监管和评估，而不进行投资扶持；对于非营利性的民办高校，则可将其界定为准公共产品或公益性事业，政府可对此类学校进行财政投资和各项政策扶持。只有实行分类管理机制，才能明晰各级各类民办高校的产权关系和所有制形式，继而促进民办高校按照各自的属性和轨道健康发展。

3. 健全市场机制，为民办高校发展创造良好的市场环境。民办高校的可持续发展有赖于市场经济体制的进一步完善。在改善市场环境方面，目前政府亟需做出以下努力：（1）要进一步规范民办高校的市场准入机制，对其应具备的基本办学资质和条件进行严格评估和审批；（2）要健全对民办高校的市场监管机制，确保其依法办学、诚信办学。（3）要强化竞争机制，促进民办高校与公办高校之间、民办高校彼此之间公平竞争。（4）要完善信息沟通与传递机制，促使民办高校办学信息公开，促进民办高校与企业和市场紧密联系，使之能够按照市场供求和社会需要来科学办学。

（二）加强财政资助，积极扶持发展

2009 年世界高等教育大会《联合公报》指出："高等教育是一种公共产品，应该由政府承担责任，并由政府提供经费资助。私立高等教育也应纳入公共政策范围，使其满足社会公益性要求。"[1] 我国民办高等教育虽为私人创办，具有一定的营利性质，但其客观作用和效果却具有经济学意义上的"溢出效益"[2]，即不仅是受教育者个人、家庭、办学者受益，而且特定的区域、民族、国家和社会也会受益。因此，我们一定要转变对民办教育的歧视态度，在分类管理的基础上积极将其纳入公共政策的框架之中，并按照分类性质给予其不同程度的公共财政支持。英、美等发达国家皆采取此等举措。美国私立大学的辉煌，始于《莫里尔法案》以及后续颁布的各种法规政策所遵循的同等待遇原则，而这种同等待遇着重体现在国家公共财政的支持方面。事实上，今天美国众多私立学校的办学经费，1/3 来自收取的学费，1/3 来自社会和民间的无偿捐赠，剩下的 1/3 则来自政府的财政资助。也正是在这种机制下，美国的私立大学才得以强劲发展，并成为世界名校。从我国民办高校

---

① UNESCO.2009 World Conferenceon Higher Education: The New Dynamics of Higher Education and Research for Societal Change and Development [R].Draft Final Communique, 2009: 1-2.

② 溢出效益（spillover effect）是指事物一个方面的发展带动了该事物其他方面的发展，在教育领域是指教育符合国家的整体利益，其培养出的人员在全国范围内流动，这样使国家和外区收益。

运行的实际状况以及对未来的前景展望来看，政府必须积极采取拯救行动，否则许多民办高校将被迫关门。若真的到那时，受害的不光是民办高校的创办者，国家和民族也将蒙受损失。这就要求我国政府应该适当承担起补助民办高校的责任，以提高民办高等教育的质量，进而提高高等教育的整体质量。[①] 政府对民办高校财政资助，可以采取直接和间接的方式。直接资助即政府直接给民办高校财政拨款、提供办学场地（产权国有）或部分教育教学设施设备等。间接资助是指政府通过提供优惠政策和待遇，如土地价格优惠、减免税收政策、购买教育服务、提供学生奖助学金、提供教师科研和专业发展经费等方式来支持民办高校发展。除此之外，政府还应进一步疏通民办高校的融资渠道，使其借助国内外资本市场获得健康发展。

（三）完善内部治理结构，提高科学管理水平

民办高校要想向正规化大学道路迈进，跻身于高水平大学之林，就必须按照现代大学制度的要求完善其内部治理结构，提升其科学管理水平。

1. 应制定大学章程，并通过大学章程的厘定来明确学校内部各级组织的职权责和各项工作的操作规程。目前，我国各级各类高校正在积极探索制定大学章程。我们认为在大学章程的创建和制定过程中，民办高校可以先行一步，因为民办高校的组织属性和运行机制更需要也更适合使用现代大学规章来加以规范和引导。

民办高校在大学章程制定中，需要注意以下三个方面:（1）明确董事会和校长之间的职、权、责、利关系，董事会的议事决策职能要得到充分保障，校长的管理指挥职能要得到有效发挥。确切地讲，应建立起"董事会铺铁轨，校长驾驶火车"的体制。董事会在人员构成上既应包括投资人和校长，还应包括懂教育的社会贤达和教职工代表。董事长和校长不要兼任，校长应由董事会聘请懂教育的专业人士来担当，并心无旁骛地专事学校的管理工作。（2）建立健全校学术委员会、学位委员会、教授委员会等学术组织，积极发挥学术权力在学校管理工作中的作用，确保学校各项管理工作向着专业化方向迈进。（3）建立健全学校党、政、工、团等各类组织，并加强其对学校的教学、科研、人事、学生管理、总务后勤等各项工作的参与和监督，确保学校各项工作能够按照现代大学制度的要求有条不紊地运行。

2. 着力提高管理人员的素质和水平。民办高校要改善公众形象，提高办学水平，就必须重视管理队伍建设：（1）应该痛下决心斩断"裙带"根系，切实做到面向社会广揽贤才，

---

① 潘懋元、罗丹:《多国高等教育大众化模式比较研究》,《高等教育研究》2007年第3期，第1—8页。

把真正优秀的人才充实到学校的管理干部队伍之中。（2）应加强管理干部队伍的培训、进修和提高，以全面提升其综合素质。（3）应积极推进各项管理工作的制度化和规范化建设，并利用自身机制灵活、自主性强等特点，大胆地进行制度创新，积极探索具有中国特色的民办高等教育的办学规模和发展道路。

（四）端正办学理念，强化公益意识，扩充内涵，赢得发展

弗里德曼指出："所有学校生产的教育服务都具有公共产品属性，私立教育也服务于公共利益，承担了社会责任，从这个角度来讲，所有学校其实都是公立学校。"[①]此番言论道出了公立教育与私立教育的共同本质——公益性。我国民办高校要走出当前的困境，获得蓬勃发展，必须对自己的办学动机、理念和行为做出痛彻的反思与矫正。

1. 淡化逐利色彩，强化公益属性。可以预见，如果民办高校抱着"唯利是图"的宗旨不放，如果从头到脚仍透着"赚钱谋利"的商人气息，那么其前景只能是死路一条。因此，民办高校尤其是那些已经具备规模效益的普通民办本科高校，必须在办学理念上做出严肃认真的反思与调整。调整的核心是淡化牟取回报或经济利益最大化的功利意识，强化学校的公益形象与属性。唯其如此，民办高校才能改善公众形象，提高社会信誉，继而获得政府、社会、民众的广泛理解与支持。

2. 确立质量立校意识，把提高教育教学质量作为立校之本。应做到以下几点：（1）应把整个工作的重心和中心放在重视人才培养、规范教学秩序、改进教学效能、加强教学管理上。（2）对教育教学一线应舍得投入、舍得花钱，切实改进教师、学生的教学、工作和学习条件。（3）要找准办学定位，突出办学特色，尤其是要积极寻求与所在区域公办高校的错位发展，避免同制或同质化倾向。"有所不为才能有所为"，民办高校只要能凸显办学特色，坚持质量立校，就一定能赢得发展壮大的广阔空间。

3. 不惜成本加强教师队伍建设。在企业领域，人力资本是第一资本，在教育领域人力资源同样是第一资源。正如清华大学校长梅贻琦所言："所谓大学者，非谓有大楼之谓也，有大师之谓也。"哈佛大学校长柯南特所言："大学的荣誉不在于它的校舍和人数，而在于它一代一代教师的质量。一个学校要站得住，教师就一定要出色。"因此，民办高校要想成为名副其实的大学，就必须拥有高水平、高素质、高学历的师资队伍，而要做到这一点，民办高校的主办者就必须舍得花大价钱、大砝码去聘请教师，加强师资队伍建设。唯其如此，民办高校才能摆脱颓势并走向强盛之路。

---

① ［美］米尔顿·弗里德曼著，张瑞玉译：《资本主义与自由》，商务印书馆，1999年，第87页。

对我国高校本科教学水平评估工作的评价与反思①

2004 年 8 月，教育部下发了《普通高等学校本科教学工作水平评估方案（试行）》，拉开了我国每 5 年一轮的高校本科教学水平评估工作的帷幕。截至 2009 年上半年，第一轮本科教学水平评估工作已经基本结束，接受评估的学校达 592 所。② 规模庞大、程序严格、声势浩荡的本科教学水平评估工作，既有力地促进了我国高等院校自身的建设和发展，加快了教育教学质量的提高，同时也招致来自社会各界以及教育界内部的种种评论和非议。那么，我国第一轮本科教学水平评估工作的成效究竟如何？其过程中存在着哪些遗憾和不足？今后应做怎样的改进与努力？对此，本文拟加以分析与探讨。

一、对我国高校开展本科教学水平评估的评价

伴随着 20 世纪末高等教育大众化步伐的推进，高等学校从传统精英式的教育方式和培养理念开始逐渐转型为大众式、规模化的发展样态。这一时期许多国家几乎都遇到了教育质量稳步提高与数量增加无法同向发展的难题，高等教育质量问题成为世界高等教育所共同关注的中心问题和焦点议题。教育质量是高等学校的生命线，那种无视质量、一味追求批量式和粗放式的大学发展模式必然会影响和冲击高等教育的质量，造成高等教育领域中"格雷欣法则"（Gresham'slaw）的出现，③ 即为大量平庸的学生支付经费，让其汇入高等教育的通货，最终只能导致高等教育的贬值，发生"劣币驱逐良币"的效应和现象。为了避免这种现象发生就必然要求建立起严格的、完备的高等教育质量保证体系，即通过定期化和标准化的教学质量评估、学术地位评比等来保证高等教育获得"量多质优"式的发展。

从国际上来看，1984 年美国"高质量高等教育研究小组"提出，美国高等教育的根本问题是教育质量问题；法国《高等教育法》强调，高等教育的核心是提高教育质量。1992年英国成立了新的质量审核组织——高等教育质量委员会，以加强对高等教育质量的监控；2003 年国际高等教育质量保障机构联合会（INQAAHE）的统计显示，至少有包括阿尔及

---

① 原载《陕西师范大学学报》2009 年第 1 期，与吴东方合作。

② 《教育部：本科教学评估对高等教育发展功不可没》，新华网：http：//news.soho.com/20080426/n256527858.shtml.（2025 年 1 月 23 日查询）

③ ［美］约翰·S·布鲁贝克著，王承绪等译：《高等教育哲学》，浙江教育出版社，1987 年，第 61 页。

利亚和越南在内的 47 个国家已建立了教育质量保障机构。[①]我国政府顺应时代发展的潮流和高等教育发展的趋势，也逐渐展开对高等教育质量的评价。1985 年中共中央颁布的《关于教育体制改革的决定》指出："教育管理部门还要组织教育界、知识界和用人部门定期对高等教育办学水平进行评估。"这是我国第一次对高等教育评估提出明确的要求。1990 年原国家教育委员会正式出台了《普通高等学校教育评估暂行规定》，由此开始了普通高校的教学评估试点工作。从 1994 年开始，教育部开始对 1976 年以来新建的、以本科教学为基本任务的普通高校开展了本科教学工作的合格评估；从 1996 年开始对办学历史较长、水平较高的重点大学开展了本科教学工作的评估；从 1999 年开始，对处于上述两类情况之间的高校，即办学历史较长、以本科教学为主要任务的高校开展了本科教学工作的随机性评估。2002 年 6 月，教育部将本科教学工作合格评估、优秀评估、随机评估合并为本科教学工作水平评估，2004 年 8 月印发了《普通高等学校本科教学工作水平评估方案（试行）》。我国《2003—2007 年教育振兴行动计划》提出，国家建立每 5 年一轮的高等学校教学评估制度，要求高校每 5 年必须接受一次教学评估。这使得我国高等学校教学评估工作开始走上了制度化、规范化之路。

在我国，高等教育自 20 世纪末开始进入了历史上最快的发展时期，高考入学率已达到了 18 岁同龄人口的 21％以上，在校大学生已达 2000 多万人。在这种背景之下，适时地开展高等院校本科教学工作水平的评估，其实质就是根据国家的方针、政策、法规和要求，对高等教育的教学水平及人才培养质量做出客观、准确的评价和判断，同时也对高等学校在满足社会政治、经济、文化发展和在促进学生社会化、个性化及多样性发展过程中的真实作用与价值做出客观、科学的评判和考量。其目的在于促使高等教育的质量能够不断获得提升，并真正达到"以评促建、以评促改、以评促管、评建结合、重在建设"的功效。这种评估工作的开展，无疑可以强化"扩招"背景下高等学校办学的质量意识和特色意识，使教学工作的中心地位不断得到加强和巩固，同时也会促进和带动高等学校办学的软硬件条件不断得到改善。

从近几年来高等院校教学评估的实施状况来看，我国第一轮高等院校本科教学水平评估工作已在一定程度上达到了既定目标，并取得了令人瞩目的成就。主要表现为：（1）高校本科教学水平评估工作的开展极大地提升了各级各类高校的办学水平和办学质量，并使其充分认识到本科教学水平业已成为高校生存发展的生命线，提升了高校办学的质量意识、责任

①［美］约翰·布伦南著，陆爱华等译：《高等教育质量管理——一个关于高等院校评估和改革的国际性观点》，华东师范大学出版社，2005 年。

意识。（2）通过本科教学水平评估极大地提升和改善了高校的物质基础和办学条件。一大批基础设施优良、校园环境优美的学校因评估活动的开展脱颖而出。教学评估对于基本办学条件的要求使得学生的生均图书、计算机、网络设备、体育器材、教室、宿舍等的拥有量较之以前有了明显的提升和改善，高校的财政状况也有所提高。（3）通过评估活动的开展提升了高校师资水平。由于本科教学水平评估对于师生比和教师队伍学历层次数量化、标准化的规定，促使高校不断引进优秀人才、调整师资队伍，这大大改善了高校教师队伍的数量和质量，优化了教师队伍的职称和学历结构。（4）通过高校本科教学水平评估活动的开展推动了高校教学管理工作的规范化，使得高校在教学管理、专业设置、课程安排、教学计划等方面有章可循，教学活动的无序性大为降低，这对于高校教学质量的提高大有裨益。

二、我国高等教育本科教学水平评估工作存在的主要问题

必须承认，我国高等院校本科教学水平评估工作的主流状况是好的，并且对我国目前高等教育的发展起到了巨大的推动作用。然而，本着以改进工作为主的宗旨，我们重点对评估过程中所存在的问题和弊端剖析如下。

（一）评估主体的一元化倾向遮蔽了独立自主的大学精神

我国高等教育是以国家主办、政府投资为主要形式运行的，这种投资和管理主体高度一元化的特征，使得现行的评估呈现明显的行政性、指令性和权威性倾向，即高等院校的教学评估工作主要是由各级人民政府的教育行政主管部门来组织实施和操作的。这导致我国高等教育评估行为自诞生之日起就具有极强的外部评价色彩和浓厚的政府干预特征，高等教育质量评估的话语权被牢牢地掌控在教育行政部门手中。尽管国家鼓励其他社会团体、学术机构和民间组织积极地参与高校评估，试图构建多元化的评价主体，但在实际运行的过程中，政府行为明显地占据主导地位，这在客观上抑制了其他评估力量的介入和多元性评估活动的开展。同时，由于其他评价机构对高等学校的评估依然要依靠政府机构和教育行政部门来牵线搭桥，并且有关评价的资料和信息还要通过政府部门来获取，这导致高校本科教学水平评估实际上成为政府和学校间的单向"游戏"。评估所坚持和体现的指导思想及原则主要反映的是政府的愿望和要求，而很少能够反映社会或民间对于高等教育的意见与诉求。美国学者德里克·博克在谈及政府对学校的干预时强调："新的干预和新的争论所构成的周期性威胁要求大学高层官员给予重视，从而使他们的注意力被分散，不能专注于学术工作职责。"①

---

① 苟振芳：《大学教学评价的制度干预与学术自由》，《清华大学教育研究》2005年第6期，第44—49页。

由于评估是在政府主导下进行的，因此，被评估的高校为了获得现实的行政利益尤其是经费支持，会自觉或不自觉地把自身的价值取向和目标定位与政府的要求高度地保持一致，片面迎合政府主管部门的需要或意志，这便导致大学作为独立办学实体和法人地位的自主意识及独特价值遭到遮蔽，大学与大学之间难以形成个性迥异、风格鲜明的办学特色。这种刻意的迎合与顺从，使得高等学校在发展过程中出现了千校一面的趋同化、常模化趋势。在高等学校办学自主权尚未充分实现的前提下，这种政府主导的教学评估客观上强化了政府对高等教育的控制，使得高校只能按照既定的评估标准来回应政府的质量要求而忽视了社会对于高等教育的其他诉求，导致高等教育的现实发展与社会对高等教育需求多样化之间的脱节。这种状况不利于独立自主的大学精神的养成，也与以追求真理为宗旨的大学品性相违逆。大学不单是培养人才的地方，更是研究高深学问的殿堂。

从西方教育发展史来看，高等教育机构自问世以来就作为一个独立的机构类型而存在，对教育质量的评估从来就被认为是高等教育机构自己的事情。在这种典型的内部评价机制中，高校自身掌控着质量评定的话语权。从古希腊最早的带有高等教育性质的机构——毕达格拉斯学派和柏拉图学院来看，他们拥有自己独立的活动圈子和话语论坛，对其教育质量不允许外人说三道四、妄加评论。近代问世的牛津大学和剑桥大学更是西方大学自治的重要代表[①]，其质量评价更是由自己来掌控的。并且，传统的高等教育存在精英主义的取向，一个预设前提是：进入大学的学生都是精英，他们必须具备一定的资格才能够进入学校；大学教师更应该是卓尔不群的人，他们必须具备一定的资格才能走上讲台。在这种精英教育的背景下，"一直以来，大学和其他高等教育机构都拥有自己的一套机制确保他们的工作质量。在这套机制中，人的品质和工作的质量直接产生联系"。换言之，在传统的高等教育质量评估中，注重的是同行评价与学术评价，即使在世俗政权开始对大学教育质量加以影响和干预的时候，这种评价的主导性地位也未曾被动摇过。例如，洪堡在创建柏林大学时虽极大地借助了国家政权的力量，但是他却依然主张学术与国家的政治分离，依然坚持高等教育质量评估的话语权应掌握在大学自己手中，这在客观上也确保了柏林大学的学术自由和大学自治。

就我国目前的状况而言，时下这种由政府单一力量所主导的周期化、程式化的评估模式，容易使学校的一切工作都围绕着评估的要求和目标展开。在现实性上，一方面使高等教育的质量从整体上得到控制，但另一方面也影响了独立、自由、自主的大学精神的形成，

---

① 李雪飞：《高等教育质量话语权变迁——从内部到外部的历史路径探析》，《清华大学教育研究》2006年第4期，第89—94页。

而且加剧了高等学校管理的科层化、官僚化程度。因此，在现时条件下如何确保高等学校固有的传播知识、追求真理、引领学术的独立自由精神的继续保有，如何避免大学因顺应和顺从于外部影响而出现世俗化、功利化、平庸化倾向进一步加剧，如何来捍卫大学作为人类精神家园的神圣净土而不遭"沙化"和污染，已成为目前我们在考量大学评估工作时所必须直面的问题。

（二）"求优分等"的思维方式导致大学评估工作目标移位

我国开展高校本科教学水平评估工作的本意和目的在于对高等学校教学工作的质量状况做出准确的价值判断，看其是否达到国家所规定的质量标准及其达标程度如何。通过评估所获得的数据信息，一方面可以为教育行政部门改进教育管理策略提供依据，另一方面可以帮助高等学校及时地发现、甄别自身在办学理念、人才培养模式和教育教学过程中所存在的问题与不足，进而敦促和鞭策其加以改进、提高。正是基于这一目的，评估工作的方针和原则被厘定为"以评促建，以评促改，以评促管，评建结合，重在建设"。[①]

然而，在实际运行的过程中，这种"以评促建、重在建设"的方针却并未得到充分的体现和落实。相反，评估工作更多呈现出的是较强的鉴定、选拔和分等划优的特征与功能，可以说是一种典型的总结性评价或终结性评价。大多数高校所关注和关心的也并不是如何建设的问题，而是评估的客观结果，即鉴定的评语和优秀、良好、合格、不合格的等次级别。换而言之，求优分等式的隐性思维模式一直主宰着我们的评估活动。

1. 从现行的高校本科教学水平评估方案来看，虽然在观念上已认识到了不同类型、不同层次高校的目标、定位、质量标准是不尽相同的，所采取的评价方案和手段也并非千篇一律，但是在思维定势和价值取向上，教育行政部门却总是自觉或不自觉地向着最优、最好的标准和方案看齐，评估方案中各项量标和指标的制定多是依据重点院校或名优高校的情况比照考量的。由此所导致的结果是，在评估过程中高等学校并未把工作重点放在如何改进教学工作、如何加快学校建设上，而是更多地关注和追求本校在评估活动中的排名次序，追求最终分等式的、区分高低优劣的终结性评语。

2. 求优分等式的评估操作模式，通过赋予高校所谓的优秀、良好、合格、不合格等评语，并将这种分等的结果直接与国家对高校的经费支持政策挂钩（尤其是作为能否获取政府重点扶持的基本参考依据），甚至还与高校年度招生资格及数额挂钩，这就使得本科教学水

---

①《教育部办公厅关于印发〈普通高等学校本科教学工作水平评估学校工作规范（试行）的通知〉》，教育部政府门户网站：http://www.moe.gov.cn/jyb_xxgk/gk_gbgg/moe_1443/moe_1846/tnull_28929.html.（2025 年 1 月 24 日查询）

平评估成为攸关学校发展和生死存亡的"高利害性评估"。① 面对这种"高利害性评估"，任何高校自然会将其作为学校各项工作的"重中之重"，乃至提出"一切为了评估""全力以赴迎接评估"的口号。与此同时，不少学校也必然会采取一些扬长避短、趋利避害式的反应措施，这就导致原有的评估目的和宗旨的偏移、错位。

3.高等学校本科教学水平评估的目的是通过对高校教学水平的现状进行分析和评判，以求发现或找出与国家现行高等教育发展目标和质量要求不相适应、不相匹配的问题及矛盾和差距，以此来促使教育主管部门改进管理工作，推动高等学校自身不断强化质量意识、提高办学水平。但是，在评估过程中实际出现的求优分等式的思维模式以及将评估结果作为办学投资依据的潜在追求目标，使得大多数高校会动用一切资源来确保顺利通过评估，在经费投入、人员调配、硬件建设等各个方面无一不围绕着本科教学评估指标体系来进行。这种不计成本、不惜工时、不吝人力、全力以赴迎接评估的方式，既干扰了正常的教学秩序，也造成现有办学资源的极大浪费，导致正常的教学投入经费和其他办公经费等无法得到保障。

（三）标准化、数量化、常模化的评估指标体系与所倡导的"特色化""多样化"的发展理念形成悖论

国务院关于《中国教育改革和发展纲要》的实施意见明确指出："不同类型不同层次的高等教育应有不同的发展目标和重点办出各自的特色。"但是在目前所进行的评估活动中，评估方案的制定、评估指标的拟定等均凸显高度统一的特征。教育部自 1997 年以来陆续制定和出台了一批有关综合、工业、农林、医药、政法、财经、外语、师范等不同类型高校的本科教学工作评价方案，但是从这些评估方案指标体系的构成来看，大多是以统一的指标体系和评价标准作为评估基础的。换言之，评估方案更多突出的是共性的标准和要求，而反映学校特色、差异和个性的指标体系并不十分完备。2002 年以后，教育部把合格评估、优秀评估、随机性水平评估这三种评估方式整合为一种评估——本科教学工作水平评估，相应地，三种评估方案也被整合为一种方案——《普通高校本科教学工作水平评估方案（试行）》。② 这便进一步加剧了评估工作常模化的趋势。现行的评估方案将所有高等学校的教育活动标准划分到一个单一的、普遍的尺度之上，在这个尺度上对所有高等

---

① 沈玉顺：《高校本科教学工作水平评估的反思与改进》，《教育发展研究》2006 年第 19 期，第 1—4 页。

② 刘凤泰：《高度重视不断完善建立中国特色的高校教学评估制度》，《中国高等教育》2004年第 19 期，第 19—21 页。

学校的教学工作进行评估，以决定其是否符合标准。这种把高校教育教学工作常模化，实施"标准化—常模化—审查及考核—层级化—奖励与惩治"的机制，使不同层次和类型的高等院校被定型到了一种固定化的指标体系内，在客观上抑制了多样化、特色型学校的发展。

从实践上看，这种共性化的、强制性的要求，很难做到对不同层次、不同类型的高校进行区别对待。在评估过程中，教育行政部门更多地注重对数量化指标数据的收集，而忽视对最能反映高校本真状态的办学特色、学校个性的把握。同样，学校也因过多地关注评估的数量化指标而放弃对特色、特点和个性化办学特征的坚持。

这种标准化评估造成许多负面影响。对教师而言，出现了所谓"趋技术化"的现象，教师的教学活动以至专业精神均被压抑为简单地遵从标准化的操作，教师不再需要构思工作，而只需刻板地照制度或操作标准执行。对学校而言，整体的学校工作被推向了"达标主义"，"争取宣传曝光"成为学校的一项重要任务；同时学校管理模式也表现出明显的"公关主义"色彩，甚至出现了以"仓袋"为主的伪装式的管理行为。[1]

我们如何把握真正影响本科教学质量的办学理念、办学定位、校园文化与精神等等这些难以量化的指标，如何把视野不仅仅局限在对影响本科教学质量可显性的教学硬件、基础设施等因素的关注上，而对最能本真地反映教学质量的学生实践教学、毕业论文设计、毕业生声誉度及社会评价等方面做出真实的评估，已成为提高本科教学水平评估效能的关键因素。

我国已进入高等教育大众化阶段，大众化阶段最突出的特征是通过多样化、多层次的培养方式和培养目标来满足公众对于高等教育的不同需求。从西方高等教育发展的历史过程来看，高等教育经历了从单一性走向多样化的发展路径。不同层次的高等学校应该有不同的教育质量观和教育质量标准，同一层次不同类型的高等学校也应该有不同的教育质量要求。我们的评估活动就是要确保不同类型、不同层次的学校具备公认的、应有的教育质量，而不是整齐划一的质量标准。高等教育的质量应该是"高等教育所具有的，满足个人、群体、社会显性或隐性需求能力的特性的总和。这些特性往往通过受教育者、教育者和社会发展所要求的目标、标准、成就水平等形式表现出来"。[2] 多样化的高等教育必然要求建立多层次的教育质量评价与控制体系，怎么能够仅仅只用一种评估方案及一种评估模式来对所

---

① 曾荣光：《从教育质量到质量教育的议论——香港特区的经验与教训》，《北京大学教育评论》2006 年第 1 期，第 129—144 页。

② 顾明远：《高等教育的多样化与质量的多样性》，《中国高等教育》2001 年第 9 期，第 17—18 页。

有的普通本科高等学校实施评价呢？

三、改善我国高校本科教学水平评估工作的思路与对策

（一）切实转变政府职能，构建中介性评估组织，实现评估主体多元化

我国高等学校本科教学水平评估工作的政府主导型和行政指令型的现状要求我们要切实转变政府和教育行政部门的职能，将教育行政部门的职能从对高等教育直接的、具体的管理和干预转变为以宏观指导和调控为主的管理。教育行政部门今后的主要任务应该是统筹规划高等教育发展、制定高等教育发展的方针政策和法规、厘定各类质量标准、监控高等教育质量的发展等，而不是具体地组织评估活动并参与或操纵评估工作的具体操作事宜。通过规范政府职能的发挥，促使政府对于高校教育质量的监控由传统的行政命令、指令监督等方式真正转变为以督导为主的方式。通过这些非指令性的管理途径和手段，政府在高等教育质量控制方面才能够实现作为一个有限政府和效能政府所应该具备的合理定位及管理的专业化层次与水平。

1. 应改变政府主导的高等教育评估制度，积极扶持和发展社会中介评估机构。应充分赋予社会中介性评估组织以合法的地位，加强它们的组织机构建设和软硬件设施建设。政府的主要职能是组织和协调各种评估机构，并制定有关教育评估的法律政策。对于高等教育中经常性的评估活动政府可以委托社会中介评估组织来具体操作和进行。在高等教育已经步入大众化发展的历史阶段，通过社会中介组织参与评估，既可以满足社会各阶层参与、监督、评价高等教育质量的需要，也可以通过这种专业化的社会评估或民间评估增强评估工作的科学性、客观性和公正性。同时，还可以相对弱化政府作为高等教育举办主体和管理主体在开展高校教育教学质量评估时的角色模糊和身份尴尬的局面，进而提高评估的信度和效度。例如，可以定期地由民间社会评估组织适时地对大学进行教学质量综合评定，发布大学办学水平、人才培养质量、科研实力等综合排行榜等。这样的评估工作和结果无疑也可以对大学的教育教学质量和办学水平起到警示、激励与促进的作用。

2. 加强高等教育评估的专家队伍建设。高等教育质量评估是一项在专业评估理论指导下的科学性、专业性非常强的评价工作。评估工作本身的理论性、专业性、科学性等特点，要求必须要有一支理论素养和实践经验与之相匹配的评估专家队伍。缺乏高素质的专家队伍，评估方案再完备、评估指标体系再科学，也难以达到有效评估的目的。为此，加强评估专家队伍建设与培训，提高专家队伍对于评估目标、标准、方法的认可、共识及熟悉程度，并切实增强其责任感和公正意识，是当前和今后的一项重要任务。

3. 在我国现行的高等教育评估模式中，应充分增强高等学校自身在评估工作中的话语权。在对高等院校的教育质量和办学水平评估的过程中，不能自始至终只充斥着一种声音，更不能只注重外部评价和监控，而轻视或忽略内部的评价与监控。对于来自于高等院校内部的声音和诉求，也必须予以充分尊重和倾听。尤其是伴随着高等院校办学自主权的不断扩大，高校应逐渐从被评估的客体转变为评估过程中不可缺少的主体。

（二）树立科学教育评估观念，从分等求优式的评估理念转变为改进工作、改善教学的发展性评估理念

我国现行的高等教育评估体系中评估目标的设定、评估指标的建立、评估方案的制定、评估工作的组织实施、评估结果及结论的解释与利用等，无不体现着传统精英型教育的价值取向。这种以追求排名和划分等级为主导的思维方式，导致许多高校在"迎评促建"的过程中出现了种种异化行为。突出地表现为：一是弄虚作假、虚报隐瞒成风；二是把轰轰烈烈的迎评当成了目的，而把扎扎实实的建设冷落一旁，出现了本末倒置的现象；三是为了能够取得好的评估结果，各个参评高校不得不以各种方式迎合评委，从而引发了种种道德问题。

我国已进入高等教育大众化阶段，我们既不能再以传统的追求学术精英型的高等教育作为所有高等学校发展的终极目标，也不能放宽大众化背景下对于高等教育质量的基本要求，尤其是要防止"劣币驱逐良币"的"格雷欣法则"的出现。因为在高等教育大众化阶段精英型的教育是依然存在的，如对于那些在国内和国际上享有较高学术声誉、办学水平和教育质量较高的大学，仍应采取精英型教育的质量标准和要求，即按照世界一流大学的水准来评估和监测它们的质量，使其人才培养质量、科研水平、学科建设水准及综合办学实力等进一步得到巩固和增强；而对于大多数一般院校而言，则可根据大众化教育阶段的特点，遵循一种以多样化为特征的发展性评估的质量观来对其进行评估，不应再继续按照一个严密统一的预设模式采取非优即劣的分等式评价。因为这类高校类型不同，其发展过程、办学特色、所处地域、财力状况、师资水平及生源质量等更是不尽相同，我们要求中西部地区的高校必须要达到北京、上海等发达地区高校办学水平的想法和愿望是不切合实际的，我们也不可能把众多成长过程不同、知识基础不一、兴趣爱好迥异的学生，培养成模式类同、整齐划一的人。事实上这类高校应进一步凸显特色立校的理念和意识。

总之，只要评估工作促进了各级各类高校的教育教学工作不断改进，人才培养质量不断提高，并能够满足社会公认的质量要求，就可以认为是有效的评估。当今教育评价理论所倡导的发展性评价所主张和弘扬的正是这一点。教育行政部门要弱化评估的总结性功能，

淡化评估结果的等级性，减少评估结果对高等学校的生存性威胁，避免高校因开展评估而要想法设法规避处罚的心理，促使高校能够以建设性的心态和开放性的意识来正常地对待评估及各项检查工作。同时评估工作的重心应放在诊断问题、寻找差距上面，以帮助高等院校获得清晰的自我意识并不断得到改进和完善。

（三）建立多样化的质量标准体系

高等教育大众化最主要的特征就是多样化。多样化既体现在办学的层次、类型和特色上，也体现在人才培养的目标、规格和模式上，更体现在评估标准的不同上。美国的高等教育评估制度较为完善，其对于高等学校的质量认可标准一般包括四个部分：一是学校有切实可行的培养目标；二是学校具备实现培养目标所需要的人力、财力、物力保证；三是学校任务的设计、表述和执行情况能够表明其正在实现着的培养目标；四是学校能提供足以证明它将继续实现其培养目标的理由。[①] 但美国高校各种专业的鉴定标准因专业的不同而存在很大的差异。不同类别的学校有不同的目标定位和办学特色，因而与之相应的评估标准也就迥然不同，存在显著的多样性特征。

我国高等教育理论研究专家潘懋元教授认为，中国的高等学校应该分为三大类：一是少量的综合性、研究型的大学，培养创新拔尖的科学家；二是大量的专业性、应用型的大学或学院，培养具有不同层次的工程师、经济师、临床医师、律师、教师和各级干部；三是更大量的职业性、技能型的高职院校，培养生产、管理、服务第一线的从事实际工作的技术人员。以上每类高校都可以有重点高校，都可以办出特色，成为国内知名、有国际影响力的高校。

对各类高校的评估不应是一套而应是多套评估标准。[②] 目前我国高等教育评估指标的建立，应该从强调高校的一致性和相似性转向提倡、鼓励高校的特色性、优势性和差异性上来，应强化对高校办学特色、办学优势、办学特长、学校声誉、学生满意度、社会满意度等方面指标体系的建立和完善。针对不同层次和类型的学校，应建立不同的质量标准和指标体系，增强指标体系对不同高校的适切性、层次性、地域性和发展性特点。每一所高校也都应根据自身的特点、特色和优势，在各自的定位和所属的层次中积极行动，争创一流。只要不同类型、不同层次的高校培养出来的人，才能够受到社会尤其是用人单位的欢迎，也就达到了较好的或应有的质量标准。当然，在标准多样化的基础上还要确保高等教

---

① 凌新华：《从美国高教评估制度反思我国高教评估的发展》，《三峡大学学报》（人文社会科学版）2006 年第 6 期，第 111—113 页。

② 康宏：《我国高等教育评估制度：回顾与展望》，《高教探索》2006 年第 4 期，第 20—22 页。

育最基本的或低线的质量要求，譬如学校的办学条件在物质层面、制度层面、文化层面应达到的基本标准；学校的人才培养质量除在专业技能、职业素养外，在创新精神、道德品质、终身学习能力等方面应达到的基本标准；等等。

最后，一个亟待重视的问题是：应切实加强高等教育评估的理论研究及相关政策法规的制定，应积极建立健全符合中国实际、具有中国特色社会主义现代化特征的高等教育质量评估理论体系及评估制度。

创客教育：信息时代催生创新的教育新形态 ①

一、引言

近两年来，创客行动（Maker Movement）和创客空间（Maker Space）如雨后春笋般兴起，创客教育（Maker Education）的理念也日益受到教育者的重视与认同。在知识经济和信息时代，创新的意义不言自明，而创客包含的"创造、发现、兴趣、设计、制造、开放、协作"等核心精神，很好地契合了国家、社会、个人等不同层面对创新的追求，并且表现出了强有力的创新催生作用。美国作为创客的发源地，在中小学和高校大力倡导推动创客教育，使其成为有效的创新载体。但在我国，创客与教育领域尚未有效结合。当前，我国经济转型升级进入关键期，教育领域综合改革也步入深水区，国家对创新的引导和支持前所未有，从"大众创业、万众创新"战略到"中国制造2025"，都把创新定位为未来发展的核心驱动要素。面对我国对创新人才培养的迫切需求，有必要在教育、社会、文化、创新的多维视野里（而不仅仅在技术层面）审视和讨论创客现象。长远来看，创客教育为重构和优化创新人才培养体系提供了可能性。加快创客教育实践，以教育创新拉动社会创新，营造宜于创新的文化氛围，这对突破我国创新教育理念、构建创新社会生态系统，尤有重要的现实意义。

二、创客、教育界的创客行动及启示

（一）创客的缘起及发展

"创客"源自英文单词 Maker，意指利用互联网和新技术（特别是3D打印技术、激光切割和各种开源硬件），把创意转化成现实，勇于创新的一群人。② 创客的缘起最早可追溯至21世纪初麻省理工学院和欧盟先后发起的"Living Lab"计划，旨在将传统的以科研人员为主体、以实验室为载体的科技创新活动，发展为以用户为中心、以社会实践为舞台、以共同创新和开放创新为特点的全民创新行动，欧盟将其视为互联网时代的创新2.0模式。③2005年，美国 Dale Dougherty 等人率先发起"创客行动"。2006年，他作为主要

---

① 原载《电化教育研究》，2016年，与赵晓声合作。

② 李凌、王颉：《"创客"：柔软地改变教育》，《中国教育报》2014年9月23日第5版。

③Living Lab［DB/OL］.（2015-08-25）［2015-10-18］.http://baike.baidu.com/view/2413854.htm.

发起者成立了全美最大的创客组织——Maker Faire，其宗旨是"鼓励有兴趣、有抱负的创造者更好地参与实践并学习新技术"，"让创造和创新平民化"。①

创客概念在全世界广为人知，则源于美国总统奥巴马的著名倡议："美国要将自身定位为创造者的国度（A Nation of Makers）。"这可视为美国官方首倡"创客"这一概念。在奥巴马的亲自推动下，2014 年 6 月 18 日美国举办了首届白宫创客大会（White House Maker Faire），并把每年 6 月 18 日确定为美国"国家创造日"。在这次大会上，奥巴马作了 Building A Nation of Makers 的主题演讲，指出"创造（Making）对于学校教育和终身学习至关重要，它提升学习的动力、热情和参与度，这对学习成就具有决定性作用"②，"创客理念有利于提升学生在 STEM（Science—Technology—Engineering—Mathematics）学科中的表现，培养学生团队协作和问题解决能力，帮助学生及早规划职业生涯，以投身制造业"③。这次大会后，美国白宫官方网站专门开通了创客专题"A Nationof Makers"④，展示全美各地创客活动进展。2015 年美国又举办了第二届白宫创客大会，并将每年 6 月 12 日至 18 日定为全美创客周（National Week of Making），持续推动创客行动深入开展。2014 年，Maker Faire 在美国举办全球创客大会，并在东京、罗马、奥斯陆和深圳等世界各地举办了 133 场不同规模的创客大会。有意思的是，很多人都带着孩子一起参加这些创客大会。⑤目前全球至少已有 1400 多个创客空间⑥，遍布于全球 20 多个国家⑦，而且这一数字还在持续增长中———创客正以席卷全球的趋势影响各国。

---

①Maker Faire.A Bit of History［EB/OL］.（2014-12-31）［2015-10-18］.http：//makerfaire.com/makerfaire history.

②The US White House.Presidential Proclamation—National Day of Making［EB/OL］.（2014-06-17）［2015-10-18］.http：//www.whitehouse.gov/the-press-office/2014/06/17/presidential-proclamation-national-day-making-2014.

③The US White House.Presidential Proclamation—National Day of Making［EB/OL］.（2014-06-17）［2015-10-18］.http：//www.whitehouse.gov/the-press-office/2014/06/17/presidential-proclamation-national-day-making-2014.

④The US White House.A Nation of Makers［EB/OL］.（2014-06-18）［2015-10-18］.http：//www.whitehouse.gov/nation-of-makers.

⑤Maker Faire.A Bit of History［EB/OL］.（2014-12-31）［2015-10-18］.http：//maker faire.com/maker faire history.

⑥祝智庭、孙妍妍：《创客教育：信息技术使能的创新教育实践场》，《中国电化教育》2015年第 1 期，第 14—21 页。

⑦Wikipedia.Makerspace［DB/OL］.（2014-10-08）［2015-10-18］.http：//en.wikipedia.org/wiki/Hackerspace.

我国官方提及"创客"，首见于李克强总理所作的《2015 年政府工作报告》中，提出实施"大众创业、万众创新"战略，激发民族的创业精神和创新基因，让人们在创造财富的过程中，更好地实现精神追求和自身价值。①

（二）教育界的创客行动及启示

2009 年，美国总统奥巴马参与"Educate to Innovate"运动，呼吁"每个学生都应成为创造者，而不仅仅是消费者"②。2014 年美国启动"创客教育计划"（Maker Education Initiative，MEI）③，白宫创客大会便是该计划的一部分。作为一种培养学生创造与创新能力的新型教育方式，创客教育在美国的中小学和高校受到高度重视④，成为落实"创造者的国度"的现实载体。"美国中小学创客教育旨在为所有中小学学生提供宜于创造的环境、资源与机会，尤其是借助技术工具与资源让学生将学习过程融于创造过程，实现基于创造的学习；在创造过程中提升学科学习质量，培养批判性思维、创新思维与问题解决能力"⑤，"美国高校积极响应全美创客行动，充分重视创客教育在高等教育中的价值，注重对学校开展创客教育的整体设计，着力打造优质的创客空间，灵活选择适切的创客教育实施方式"⑥。目前，美国高校知名的创客空间有华盛顿玛丽大学的 Think Lab 创客实验室、斯坦福大学的 Fab Lab 创客实验室、北卡罗来纳州立大学的开源硬件创客空间（Open Hardware Makerspace）等⑦。可见，美国创客教育已经形成了课程、教材、教师等多方面的制度化安排，"将学校内教育与学校外教育连接起来，构建无所不在的创客空间，为所有孩子发挥创意提供公平的机会和自由的环境"⑧，"让所有学习者都有机会参与创造，

---

① 《2015 年政府工作报告》，中国政府网：http://www.gov.cn/guowu yuan/2015-03/16/content_2835101. htm.（2025 年 1 月 26 日查询）

② Obama，B.（2009）.R emarks by the President on the "Education to Innovate" Campaign［EB/OL］.（2009-11-23）［2015-10-18］.https：//www.whitehouse.gov/the-press-office/remarks-president-education-innovate-campaign.

③ Maker Education Initiative（2014）.The Maker Education Initiative's Mission［EB/OL］.（2014-05-21）［2015-10-18］.http：//makered.org/about-us/mission.

④ 郑燕林：《美国高校实施创客教育的路径分析》，《开放教育研究》2015 年第 3 期，第 21—28 页。

⑤ 郑燕林、李卢一：《技术支持的基于创造的学习——美国中小学创客教育的内涵、特征与实施路径》，《开放教育研究》2014 年第 6 期，第 42—49 页。

⑥ 郑燕林：《美国高校实施创客教育的路径分析》，《开放教育研究》2015 年第 3 期，第 21—28 页。

⑦ Watters，A.The Case for A Campus Makerspace［ED/OL］.（2013-02-06）［2015-10-18］.http：//hack education.com/2013/02/06/the case-for-a-campus-makerspace.

⑧ 杨现民、李冀红：《创客教育的价值潜能及其争议路径分析》，《现代远程教育研究》2015 年第 2 期，第 23—34 页。

实现创造的民主化"①。

英国、加拿大、日本、荷兰等国家也高度重视创客教育。在中国，清华大学等高校最早启动了创客空间建设计划，为学生搭建开放、开源的硬件平台，主要面向学生创业能力培养，强调多学科间的交流互动。②中小学也有少数积极探索者。但总体而言，我国教育界的创客行动比较分散，绝大多数高校还没有相关规划，广大中小学校对创客的认识只停留于概念层面，甚至闻所未闻，尚不能称为创客教育。《国际教育信息化发展：2014 地平线报告》（图书馆版）预测了技术推动教育变革的趋势，认为未来 3~5 年"学生将从知识的消费者（Consumers of Things）转变为创造者（Makers of Things）"③。"创客教育将给教学与学习带来深刻变革，未来 2~3 年内，用于创客教育的创客空间将会在众多学校得到采用。"④ 人们有理由相信，美国的创客行动和创客教育实践促使《国际教育信息化发展：2014 地平线报告》（图书版）做出了上述论断，并进一步佐证了这样的预测。

美国的创客教育实践具有两方面的启示：1. 美国虽然是世界上最具创新活力的国家，但一直保持着强烈的创新意识和危机意识，这在本质上是对知识经济和信息社会挑战的敏锐洞察。2. 创客的核心理念可概括为两个层面的六个关键词：一是"创意、设计、实现（或制造）"，即由理念创新到现实创造；二是"开放、兴趣、团队"，创客不仅是个体，更是基于共同兴趣的开放团队，其宗旨是在"玩"中最大化地激发创意。可见，创客有两个本质特征：面向实现的创意和基于兴趣的创新或创造。创客是一种领先于互联网时代的理念和文化，其快速的兴起就在于它具有鲜明的创新追求和对信息技术发展趋势的良好适应性。如果说互联网时代是"无时不在"的话，创客则是"无时不创造"，创客教育就是"在学习中创造、在创造中学习"。

三、创客教育的内涵与核心理念

（一）何谓创客教育——一种新的教育形态或教育模式

祝智庭认为创客教育以信息技术的融合为基础，传承了体验教育、项目学习、创新教育、

---

①Halverson，E.R.& Sheridan，K.M.The Maker Movement in Education［J］.Harvard Educational Review，2014，84（4）：495~504.

② 杨现民、李冀红：《创客教育的价值潜能及其争议路径分析》，《现代远程教育研究》2015 年第 2 期，第 23—34 页。

③New Horizon Report：2014 Higher Education Edition［EB/OL］.（2014-10-08）［2015-10-18］. http：//cdn.nmc.org/media/2014-nmchorizon-report-he-EN-SC.pdf，2014-10-08.

④Johnson，L.，Adams Becker，S.，Estrada，V.，& Freeman，A.NMC Horizon Report：2015 Higher Education Edition［R］.Austin，Texas：The New Media Consortium.

DIY 理念等，是一种基于团队协作和学生深度参与的自主学习。[①] 郑燕林认为创客教育是基于创造的学习，具有整合、开放和专业化特征。[②] 杨现民认为创客教育包括旨在培养创客人才的"创客的教育"和旨在应用创客理念与方式改造教育的"创客式教育"。[③] 王旭卿认为创客教育是伴随着创客行动的兴起，在学校内外发展起来的创新教育热潮，它把数字技术同时作为教育的内容和手段，将重新定义中小学综合实践课程和信息技术课程。[④]当前研究的共识是：不应把创客教育仅仅看作是"教育中的创客行动"，应逐步将其发展为一种新的教育形态和教育模式。笔者认为，创客教育在本质上应是信息时代创新教育的新载体、新形态，为优化创新人才培养体系提供了可能的"操作系统"。

要成为一种教育形态或教育方式，必须具备几个基本要素：有明确的指导思想和理念、有明确的教育目标、能够贯通各级各类教育、具有明确的范围和边界等。按照此框架，尝试为创客教育进行定义：在指导思想和理念上，直接渊源于杜威的"做中学"，强调体验和实践，创新教育理论和建造主义思想是创客教育的理论基础；在目标上，创客教育旨在培养学生的创新意识、创新精神和创造能力，为创新人才成长打好基础、做好"孵化"；在贯通各级各类教育方面，创客教育不仅要实现基础教育、职业教育和高等教育的对接，还要实现家庭、学校和社会互动；在范围和边界上，创客教育不仅应打通传统的 STEM 学科，还应实现与文化和艺术类学科的融合，对 STEAM 和 STEM-X 学科进行重构和融合[⑤]。因此，创客教育以培养学生的创新意识、创新思维和创造能力为核心目标，以互联网、开源硬件、物联网等新兴信息技术为支撑环境，纵向贯通各级各类学校，横向融汇家庭和社会，面向全体学生的创新教育形态，具有综合性、复合性和跨学科等特点。美国对创客教育目标的定位十分明确：让每个学生都成为创造者，打造创造者的国度。美国十分注重创客教育对中小学和高校的全覆盖，以及对学科课程的重构和融合，美国学校的创客教育已成为一种常态化的创新教育形态或方式。反观我国，要实现创客教育实践常态化，还有

---

① 祝智庭、孙妍妍：《创客教育：信息技术使能的创新教育实践场》，《中国电化教育》2015年第 1 期，第 14—21 页。

② 郑燕林、李卢一：《技术支持的基于创造的学习——美国中小学创客教育的内涵、特征与实施路径》，《开放教育研究》2014 年第 6 期，第 42—49 页。

③ 杨现民、李冀红：《创客教育的价值潜能及其争议路径分析》，《现代远程教育研究》2015年第 2 期，第 23—34 页。

④ 王旭卿：《面向 STEM 教育的创客教育模式研究》，《中国电化教育》2015 年第 8 期，第36—41 页。

⑤ 王旭卿：《面向 STEM 教育的创客教育模式研究》，《中国电化教育》2015 年第 8 期，第36—41 页。

较长的路要走。

（二）创客教育的核心理念——基于兴趣的学习、创新和创造

创客的本质是面向产品实现的创意和基于兴趣的创新或创造，其核心理念是"创意、设计、实现"和"开放、兴趣、团队"，这与现代教育理念高度契合。创客重视创意的形成，更重视创意转化为现实。基于兴趣的创新极大地催生了众人心底的思维火花。兴趣是最好的老师，所有的创新发明都必然源于对兴趣的持续发展和追求，基于兴趣意味着没有外在压力，可以自由想象，在"玩"中激发创意，于是奇思妙想出现了。信息技术的发展让创意的实现成为可能，互联网上的众多创客共享各类开源硬件，构成了开放团队，这不仅形成了源源不断的强大协作能力，也不断地催生了更多创意———从创意到实现再到新的创意，形成了良性的创新动力机制。

让自己的创意变为现实，对任何人而言都是极大的自我成就，这对教育富有启示意义。我国基础教育重视知识学习和应试训练，把创新人才培养的重头戏推向高等教育，这显然是本末倒置的。在十五年乃至更长时段的基础教育中，只有极少孩子能准确认识并持续强化自己的兴趣，而大多数孩子则丢失了创新的"天命"。为何中小学创新教育的成效不显著？除了学业压力和应试导向等客观因素外，关键在于这是一种从上到下的外在的创新要求，没有关照学生的内生兴趣。失去了兴趣这个逻辑基点，创新便几乎成为伪命题。[①]

创新是一种能力。朱永新认为创新教育包括四方面内容：创新意识培养、创新思维培养、创新技能培养、创新情感和创新人格培养。[②] 创新意识是对创新的兴趣和追求。创新思维是发现一种新方式用以处理某种事物的思维过程。创新技能是创新主体行为技巧的动作能力，属于创新性活动的工作机制。创新情感和创新人格属于创新文化，群体的创新情感和创新人格构成了民族创新品质。按此框架，创新教育的内在逻辑是"兴趣—思维—技能—人格（文化）"。创客理念很好地体现了创新教育的基本特质：基于兴趣、重视思维水平、面向实现的设计开发、成为一种文化。概言之，创客教育的核心理念是基于兴趣的学习、创新、创造以及在创造中学习。基于兴趣、融通创造与学习的过程，可视为创客教育的最大优势。创新是创客教育的逻辑起点，也是终极目标。创客教育直接指向创新教育，具有明确的目的性和实施路径，二者之间具有内在的联动和融合关系。[③] 笔者认为，创客教育

---

① 郑也夫：《吾国教育病理》，中信出版社，2013 年。
② 朱永新、杨树兵：《创新教育论纲》，《教育研究》1999 年第 8 期，第 8—16 页。
③ 杨现民、李冀红：《创客教育的价值潜能及其争议路径分析》，《现代远程教育研究》2015年第 2 期，第 23—34 页。

不仅指向技术创新，也应指向文化创新。

四、创客教育的现实意义———以教育创新带动社会创新

进入 21 世纪以来，为应对全球科技革命和知识经济的挑战，培养创新型人才成为国际共识。党的十七大明确提出构建创新型社会。十八大首次提出实施创新驱动发展战略，意味着创新既是国家发展的战略目标，也是实现发展的驱动要素。2014 年 9 月，李克强总理在夏季达沃斯论坛上提出"大众创业、万众创新"的口号，进一步让创新深入人心。创新型社会的核心是创新型人才，关键在于创新型人才的培养机制。在这个机制中，教育、社会、文化是决定创新型人才培养和成长的三重交互因素（如图 1 所示），有必要对其进行深入考察和分析。

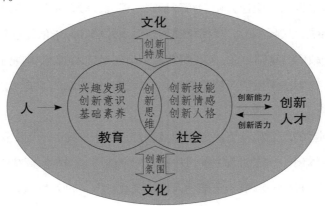

图 1 创新型人才培养机制———"教育—社会—文化"的交互视角

创新的种子源于教育对人的养成，也源于民族的文化性格和特质。教育的价值取向深受社会文化影响，表现为对文化的传承和改造。客观而言，中国传统文化中缺少创新的基因，一方面，两千多年来王朝更迭，君权本能地排斥创新，因为创新意味着打破现状或谋求改变，隐含对君权合法性的否定，必然受到思想上的禁锢；另一方面，对中国文化产生深刻影响的儒家思想重视德行修养而不重视发明创造，在社会结构中，掌握知识话语权的士大夫阶层是"民之首"，作为创造主体的工、商阶层地位低下，潜移默化形成了重文轻工的传统。而西方文艺复兴和宗教革命以来，君权和神权衰落，人性得以张扬，思想和文化的活力引发了一系列科学创新，直接催生了近代以来世界性的屡次技术革命。这种领先地位一直保持到今天，创新已成为西方文化的基本特质。因此，要培育创新型人才，首先要培育适合创新的土壤、氛围和文化。要破解我国创新困境，最迫切的是要建立良性的创新人才培养体系，关键在于要让每个人从认识社会和接受教育开始，如此就能在一种创新的文化或氛围中成长。高度抽象地来看，创新型人才培养的理想路径应该是：首先每个孩子在学校中

接受创新型教育，使其具备创新意识、创新思维和基础素养；然后由学校将他们推送到社会中，在鼓励创新的社会氛围中，让他们能够在合适的平台上进行创新实践，强化创新情感和创新人格，最终成为具备创新能力的人，即创新型人才。他们本身就是一个个具备创新活力的"场域"，在自身成长的同时又能给予社会文化以创新的正向激励，于是创新型社会便形成了。

人人都要接受教育。显然，教育创新和社会创新不可分割，教育创新是社会创新的必经阶段，更确切地说，教育创新是社会创新的第一个阶段。创新必须呈现出代际相传和规模化态势，才能内化为一个国家或民族的文化特质。教育创新推动社会创新，必先从一代人抓起，培育一个创新阶层或创新群体，推动一个时期的社会创新，进而在此基础上实现可持续创新，最终成为创新型社会和创新型国家。无疑，教育是创新型人才的孵化器和创新型社会的驱动系统，代际相传、规模化的创新型人才培养只能依靠创新型教育来完成。"创新深深扎根于教育的基础之上，无论是知识创新还是技术创新，均离不开教育的支撑。应从教育创新入手，突出学生创新精神培养，全面提高创新意识和能力，进而提高整个民族的创新水平。"[①]

如上所述，创客的理念和特质决定了创客教育是基于兴趣的学习、创新和创造，它使创造与学习实现一体化——在创造中学习并在学习中创造。创客教育在内在逻辑上与创新教育高度一致，即"兴趣—思维—技能—人格（文化）"。创客教育是"互联网＋"时代带来的历史机遇，其现实意义就在于，它是推动教育创新和社会创新的有效载体和重要途径，特别是在当前新兴信息技术快速发展、数字公民社会初现端倪的时代背景下，创客教育具有无与伦比的适应性和拓展性。创客教育的使命是首先推动教育创新，让学校成为有创新活力的场所，让创新成为教育文化，进而向校外辐射有利于创新的文化氛围，逐步推动社会创新，最终对社会文化乃至民族文化产生深刻影响，使创新成为民族文化的内在特质。而当务之急，是加快创客教育与学校的对接，加快创客教育与社会的融合，使其成为有效的新型教育形态、教育模式和创新载体。

五、加快推进我国创客教育的实践路径建设

创客理念日益普及并深入人心，创客教育前景广阔且大有可为。创客教育不能只停留在"教育界的创客行动"上，或者停留在"理念的启示"上，而应成为破解我国创新瓶颈的突破口和有效载体，努力重构和优化我国创新人才培养体系。我国创客教育发展应充分

---

① 朱永新、杨树兵：《创新教育论纲》，《教育研究》1999 年第 8 期，第 8—16 页。

借鉴美国经验，从国家规划、政府支持、学校参与、社会互动等各个层面统筹规划、同步推进，以系统性的制度化安排带动实践。要遵循创新教育内在逻辑，深切关照学生个性和兴趣，科学设置贯通各级各类学校的创客教育课程体系，培育创客教师队伍，强化家、校、企业、社会和教育系统、科技系统之间的协同互动，更重要的是着力营造宜于创新的文化氛围。当前我国社会的创客行动方兴未艾，但创客与教育领域的融合相对滞后，既需要理念上的深化，也需要实践上的普及，亟须厘清国家、社会、学校等各个层面的不同责任，形成我国创客教育的实施与行动方向。

（一）国家层面：加快出台创客教育规划，推动创客教育走向制度化，强化教育创新的政策保障

美国的创客教育之所以能在中小学和高校快速发展，主要是意识层面积极响应白宫提出的一系列倡议，规划层面高度重视整体设计，将创客教育纳入教育发展规划，加快创客教育推广。[①] 当前，我国企业与创业方面的创客行动十分迅猛，各级政府部门为之提供了良好的政策环境，而创客教育还尚未引起足够重视，国家应当尽早出台《创客教育发展规划》，并在创新人才战略相关制度设计中体现创客教育，在国家层面将创客教育纳入学校教育体系，引导各级政府和教育部门制定适合的行动计划，使创客教育在硬件环境、课程体系、教师队伍、评价标准、社会对接等方面形成制度化安排，使各级各类学校和全社会在理念上迅速达成共识。在我国新一轮的五年规划中，应将创客教育纳入教育领域的规划中，也应同步体现在科技领域、社会事业领域的"十三五"规划中，这对推动创客教育走进校园、提升全社会对创新的认知、形成宜于创新的文化氛围至关重要。

（二）学校层面：及时跟进顺势而动，推动创客教育成为学校常态，让教育充满创新活力

创客教育要发展成为新型的教育形态，必须要实现中小学校、职业学校和高等学校的贯通和对接。当前我国创客教育只是个别学校的自主动作和一些创客组织的校外探索，离全面进入学校教育还很远。对中小学校而言，当务之急是让创客理念和创客行动与教育教学有效结合，在技术类课程（如通用技术、信息技术）和科学课程中渗透创客教育理念，有针对性地设置教学计划，采取模块化、项目化、研究性学习、兴趣小组等形式开展创客教育实践。例如，西安交通大学附小就在机器人校本课程的基础上，开设了机器人创客、

---

① 郑燕林、李卢一：《美国高校实施创客教育的路径分析》，《开放教育研究》2015 年第 3 期，第 21—28 页。

工艺设计创客、传统文化创客、3D 打印等系列课程，打通信息技术课程、通用技术课程和科学课程学习进度，让每个孩子都能成为小小创客。应当指出的是，中小学创客教育重在激发创意，培养学生创新意识和思维，让创新成为习惯并初步内化为情感和人格，应当强化创客理念中"基于兴趣的创新"特质，淡化技术和产品导向。

对高等学校和职业学校而言，应加大创客空间（如 Arduino 开源硬件、3D 技术、适当规模的数控机床等）建设力度，打通不同的专业边界，面向创客教育开放工程类专业实验室，并在 STEM 相关课程中率先引入创客教育，加快产学研一体化，并逐步建设专门的创客课程甚至创客类专业。美国卡内基梅隆大学就以辅修学位的方式面向全体本科生开设系列化创客课程，涉及 8 个交叉学科、30 门新的创客教育课程；麻省理工学院也开设了商业、领导力、管理与创新类的辅修课程。[①] 这也体现了创客教育的多元价值，它不仅仅面向科技创新，也面向人文、艺术和文化创新。

同时，各级各类学校要积极鼓励和培育创客社团组织与创客文化活动，加强与企业合作，拓展创客实践平台。可以预见的一个显著优势是：创客教育的引入将有效地提升职业学校学生的顶岗实习能力，为学生就业创业赋予更多竞争力。而可以预见的困难是：短期内创客教师队伍将会紧缺，尤其是中小学校，可通过组建创客教师小组的方式解决这一困难，以信息技术和通用技术教师为主，引入其他学科教师和社会上的创客组织成员组建指导团队。例如西安交通大学附小就与西安市最大的创客组织"指尖新空间"建立合作关系，共同指导学校创客教育活动。

（三）社会层面：加快校内和校外、教育系统和科技系统协同，推动社会创新，培育创新文化

创新人才的培养需要家庭教育、社会教育与学校教育的无缝融合，尤其需要各种社会力量的参与。在社会层面，推进创客教育的关键词是"协同"，包括家校协同、校企协同、政府部门协同、创客组织与教育系统及科研机构协同等。家校协同旨在促使创新氛围在家庭教育和学校教育之间无缝对接，这也是培育全社会创新文化的首要环节。在创新的时代，孩子的创造力启蒙应成为家庭教育的重要目标，有条件的家庭甚至可以在家里打造小型的创客空间，为学校创客教育做好准备。[②]

[①] 郑燕林、李卢一：《美国高校实施创客教育的路径分析》，《开放教育研究》2015 年第 3 期，第 21—28 页。

[②] 杨现民、李冀红：《创客教育的价值潜能及其争议路径分析》，《现代远程教育研究》2015 年第 2 期，第 23—34 页。

政府部门之间的协同，主要是教育系统与科技系统之间的协同。这是影响我国创新人才培养效能的核心领域，教育系统重在学校教育阶段达成创新人才培养目标，科技系统重在社会实践层面达成创新人才培养目标。打通校内和校外界限，充分利用科技活动中心、青少年校外活动中心、少年宫、科技馆等载体，是创建校外创客教育基地的可行途径，同时也利于扩大全社会对创客理念和创新精神的认知度，营造良好的创新文化氛围。更重要的是，应在一些重大科技创新项目或推广项目中，适当向创客教育倾斜，形成集群辐射效应。

学校、企业、创客组织和科研机构之间的协同，旨在构建创客教育的良性互动机制，形成"兴趣激发—创意萌发—创造生发"的一站式学生创新孵化平台。笔者正在筹建陕西省青少年创客教育指导委员会和创客教育协会，联合省级教育部门、教研部门、教育信息化发展研究中心和电教馆等机构和陕西师范大学等高校以及一些创客公益组织，共同研发教材并举办"创客大赛""创客周""创客大篷车进校园"等活动，加快普及创客教育，培育创新氛围。

六、结语

作为信息技术发展的最新趋势和研究热点，创客及创客行动展现了催生创新的先天优势。美国创客教育发展给我们的启示是：创客教育不能只定位为"教育界的创客行动"或"理念上的启示"，而应成为信息时代的一种新型教育形态或教育模式。创客教育实现了创造与学习一体化，其内在逻辑与创新教育高度一致，为优化创新人才培养体系提供了可见、可行的"操作系统"。我国应该抓住这一"互联网＋"时代带来的新机遇，在国家、学校、社会各层面同步推进创客教育，以制度化安排促进创客教育与学校对接、与社会融合，使其成为贯通各级各类学校的新型教育形态、教育模式和有效的创新载体。创客教育的核心价值在于促进创新，而创新的关键在于形成"教育—社会—文化"的良性交互系统，其决定因素在文化层面。因此，创客教育影响创新人才培养的基本路径是：由教育创新到社会创新，再到文化创新，最终使创新内化为民族文化的显著特质。本质上，创客教育是指向文化创新的教育新形态、新模式。

新型高校教育智库助力高等教育综合改革研究 ①

智库（Think tank）俗称"思想库""脑库""智囊团"，是指由多学科相关领域的专家组成的研究型决策支持机构，旨在为相关决策部门和决策者（主要是政府及其相关部门）在处理经济、政治、社会、文化、教育、科技、军事、外交等方面的重大战略问题时出谋献策，提供理论、思路、策略、方法等方面的支持，是在决策中发挥参谋作用，影响政府和相关部门决策，推动社会发展的重要力量。② 智库最早可追溯到古代的谋士、幕僚之类，虽然他们在战争或国家治理中发挥了重要作用，但不能算是真正意义上的智库。

1927 年经合并形成的布鲁金斯学会是美国历史上第一个现代意义上的智库，也是被世界公认的最早现代智库。③ 智库的出现推动了社会公共事务决策的科学性及合理性。经过近九十年的发展，如今现代智库已成为以提供服务咨询和影响公共决策为主的社会重要组织机构，是推动社会改革进步的先锋。据宾夕法尼亚大学发布的《2014 年全球智库统计报告》显示，截至 2014 年，全球共有智库 6681 个，其中美国以 1828 个高居榜首，我国以 429 个排名次之。

党的十八大以后，面对社会综合改革任务的艰巨性、复杂性、挑战性，党和政府开始意识到智库的重要性，并提出推动中国特色新型智库的建设和发展。习近平总书记等党和国家领导人在会议上多次就关于加强中国特色新型智库建设做出重要批示。2015 年 1 月，中共中央办公厅、国务院办公厅印发《关于加强中国特色新型智库建设的意见》，该意见明确指出，中国特色新型智库是党和政府科学民主依法决策的重要支撑、中国治理体系和治理能力现代化的重要内容、国家软实力的重要组成部分。这使得我国现代智库建设迎来了发展的春天，同时作为我国现代智库体系重要内容的新型高校教育智库也应势而生。

一、新型高校教育智库助力高等教育综合改革的必要性

所谓"新型教育智库"，就是能够与时俱进，在全面深化教育改革的新时期，在经济社会发展的新常态下，把握新方向、新需求，确立新使命、新定位，拥有新思维、新机制，

---

① 原载《湖北社会科学》，2016 年第 7 期，第 166—171 页，与杨再峰、赵晓声、潘燕婷合作。
② 庞丽娟：《推动中国特色新型教育智库发展创新——我国新型教育智库重要问题的思考》，《教育研究》2015 年第 4 期。
③ 燕玉叶：《如何建设中国高校智库——美国加州大学 21 世纪中国研究中心光磊主任访谈与启示》，《高校教育管理》2015 年第 2 期，第 16—23 页。

体现新内容、新方法，具有新观点、新作为，反映新的时代要求的教育智库。新型高校教育智库是指依托高校人才丰富、专业学科齐全等优质资源，以研究教育战略、教育规划、教育法规等教育政策而设立起来的现代专业智库。新型高校教育智库作为新型教育智库类型之一，具有官方教育智库以及民营教育智库无法比拟的优势。它源自高校，对高等教育的本质、目标、功能、发展逻辑起点、发展规律等有着更为清晰的了解和认识。当前，我国高等教育综合改革已进入实质深化阶段，新型高校教育智库助力高等教育综合改革有其必要性。

（一）助力高等教育综合改革是新型高校教育智库应有之义

《国家中长期教育改革和发展规划纲要（2010—2020年）》中指出要提高政府决策的科学性和管理的有效性，规范决策程序，重大教育政策出台前要公开讨论，充分听取群众意见；成立教育咨询委员会，为教育改革和发展提供咨询论证，提高重大教育决策的科学性。2014年2月，教育部印发《中国特色新型高校智库建设推进计划》，计划要求高校智库应当发挥战略研究、政策建言、人才培养、舆论引导、公共外交的重要功能。结合这两个重要文件，新型高校教育智库不仅要研究教育与政治、经济、文化、社会、生态文明、外交和国际问题、党的建设等之间的关系，作为国之重器，新型高校教育智库更应利用其人才丰富、专业学科齐全等资源优势来为高等教育综合改革和发展服务，为高等教育综合改革相关决策部门或决策者资政献策，以实现新型高校教育智库建设的应有之义。

（二）高等教育综合改革的现实诉求

自高考恢复后，我国高等教育坚持走了22年的精英教育路线，为我国经济建设、社会发展培养出大批高质量人才，弥补了因各种原因导致的人才短缺。新世纪以来，我国高等教育由精英教育走向大众教育，这是我国高等教育发展范式的转变，各高校发展以追求效率为先。据教育发展统计公报显示，1998年，全国普通高等学校1022所，招收本、专科生108.36万人；到2014年，全国普通高等学校2529所，招收本、专科生721.40万人，高等教育毛入学率高达37.5%。短短16年，我国高校数量增长2.47倍，高等教育招生人数增长6.66倍，如此惊人的快速发展，使得我国高等教育质量下滑已是不争的事实。借用美国著名教育家约翰S布鲁贝克的话来形容就是，高等教育便是社会"大为不满"的冬天。[1]

为配合社会各领域全面深化综合改革，出台了《教育部关于2013年深化教育领域综合改革的意见》，指出随着我国教育改革进入深水区、攻坚期，涉及面更广、关联度更高，

---

[1] ［美］约翰·S·布鲁贝克著，王承绪等译：《高等教育哲学》，浙江教育出版社，2002年。

破解深层次矛盾和问题难度更大，许多问题的解决往往涉及多个部门职责，涉及多种政策配套，涉及多方利益调整，原来的单项改革办法或局部突破套路已难以奏效。高等教育处于教育领域体系金字塔顶端，高等教育综合改革成为教育领域综合改革的先锋，高等教育综合改革是教育领域综合改革的重中之重，高等教育综合改革现实的复杂性、艰巨性、挑战性呼唤新型高校教育智库智慧的支持。

（三）新型高校教育智库抓住高等教育综合改革这一契机，实现自身的建设和发展

在国家大力推行现代特色新型智库体系建设初期，许多高校充分利用自身资源加入新型智库建设行列，新型高校教育智库的建设如火如荼。各高校都意识到要紧抓当前国家及高等教育综合改革需求，欲在新型高校教育智库建设竞争中有所作为，努力实现自身的建设和发展。如北京师范大学高等教育研究所，其宗旨是关注重大高等教育政策问题，为政府决策提供有价值的高等教育政策咨询；华东师范大学高等教育研究所，以全国教师教育政策研究数据库建设等为研究核心，形成教育政策研究的综合创新能力；还有陕西师范大学高等教育研究和评估中心、华中师范大学高等教育研究所、东北师范大学高等教育研究所、西南大学高等教育研究所都致力服务于国家中长期教育改革和发展规划纲要的重要领域和政策。同时，还有北京大学高等教育科学研究所、清华大学高等教育研究所、厦门大学高等教育发展研究中心等众多新型高校教育智库都是在高等教育综合改革过程中创建的，希望能够在高等教育综合改革中有所作为。

二、新型高校教育智库助力高等教育综合改革的必然性

从上文分析可以看出，无论是从必要性，还是从可能性上看，新型高校教育智库都应当而且能够在高等教育领域综合改革中有所担当和作为。虽然高等教育综合改革是一个连续的过程，但在不同阶段其侧重点也会有所不同，新型高校教育智库的角色并不仅仅限于决策过程中的咨询者，更要在整个改革过程中都充分发挥自身的优势，确保高等教育综合改革的良性发展。

（一）新型高校教育智库要成为高等教育综合改革方向的瞭望者

任何工作的顺利开展，必须首先具备一个准确而恰当的目标，高等教育综合改革亦是如此，先要制定高等教育政策及方针。随着社会发展步伐的加快，社会各领域变革周期在缩短。如今，在数据科学与大数据技术背景下，对高等教育未来发展趋势会更难以把握、难以预测。高等教育处于教育领域体系金字塔顶端，已不仅仅是研究高深学问的场所，更

是科学技术与社会生产结合的纽带。高等教育发展必须具有前瞻性，才能为未来社会培养所需人才。高等教育综合改革必须走在教育领域其他改革之前，通过对以往高等教育政策的考究，我们发现高等教育发展的任务或目标一直在变化，体现了高等教育发展与时俱进的理念。如 1998 年 8 月颁布的《中华人民共和国高等教育法》指出，高等教育的任务是培养具有创新精神和实践能力的高级专门人才；2010 年颁布的《国家中长期教育改革和发展规划纲要》指出提高质量是高等教育发展的核心任务之重，是建设高等教育强国的基本要求；2015 年 12 月 27 日全国第十届人民代表大会常务委员会第十八次会议《关于修改〈中华人民共和国高等教育法〉的决定》修正中，将培养社会责任感也加入高等教育的任务中，并作为首要任务。在高等教育改革进程中，我们高校是否丧失了高等教育最核心的办学目标？德里克·柯蒂斯·博克在美国高等教育出现认识论及价值论危机之后，担任哈佛大学校长 20 年，在讨论当代高等教育改革时说到，按照大学教授们自己的说法，培养学生的批判性思维能力和解决问题的能力是本科教育最重要的目标。①

如今，我国高等教育发展处于大众化与普及化之间，面对大数据、科研体制改革、科技成果转化、创新创业、双一流、地方普通本科院校向应用型院校发展等众多现实问题，高等教育改革的步伐永不停止，高等教育综合改革将由宏观逐渐细化到微观。高等教育综合改革工作千头万绪，高等教育体系庞杂交错，如果没有一个清晰而合理的方向进行引领，高等教育综合改革必将陷入茫然无措或是南辕北辙的僵局，势必导致高等教育改革有始无终、效果不佳。如何避免这种不利局势的发生？具体由谁来决定、引导我国高等教育综合改革方向？如何通过改革使我国高等教育实现若干所大学和一批学科跻身于世界一流行业之中？如何做好高等教育综合改革方向近期目标与长远规划？高等教育综合改革的短期目标和长远战略方向的制定亟需一些权威机构，充分利用自身专业知识和智慧来把握及深层次地认识高等教育综合改革的本质问题。作为高等教育综合改革方向战略研究者、瞭望者，新型高校教育智库应敢于担当这一责任，使高等教育与社会、企业之间联系更加紧密，在推动人类进步中发挥更大作用。新型高校智库在高等教育政策制定的过程中，需要扮演好改革方向瞭望者这一角色，在纷繁复杂的改革局势中，捕捉到高等教育的问题，并抓住高等教育综合改革问题的本质，为高等教育综合改革指明前进的方向。新型高校教育智库更应协调联合起来从大视野范围研究分析世界未来高等教育的发展趋势，为我国高等教育综合改革撑舵，引导我国高等教育综合改革的方向，特别是我国地方院校的道路与发展，破

---

① 曲铭峰、龚放：《哈佛大学与当代高等教育——德里克·博克访谈录》，《高等教育研究》2011 年第 10 期，第 1—9 页。

解我国地方院校的发展所面临的困境和生存问题。

（二）新型高校教育智库要成为高等教育综合改革决策的参与者

国家公共事务决策科学化、民主化程度是衡量社会进步的重要标志。截至 2015 年 5 月，我国普通高等学校 2553 所，公办院校所占比率为 82.49%。高等教育作为公共事业，涉及千家万户，高等教育对国家、社会、家庭、个人的重要性不言而喻。高等教育办学事业应由社会各群体共同关注、共同出力，而不应由少部分人或小部分群体来决定高等教育的重大决策。随着我国治理体系与治理能力现代化推进，决策已不再是一种特权，而是公民的一种权力，人们参与国家公共事务管理变得更积极、更主动，教育改革重大决策更需要多方的参与。如 2010 年颁布的《国家中长期教育改革和发展规划纲要（2010—2020 年）》是经过一年零九个月的广泛实践调研、收集各方观点、听取各方意见、集体讨论之后才正式公布的。[①] 现阶段，为在编制我国教育事业的"十三五规划"过程中实现科学化、民主化，提高社会参与度，听民意、集民智、聚民心，准确反映民生诉求，教育部利用网络便利，举办以"我来参与共同编制"为主题的问计求策活动，希望社会上关心教育的人士共同出谋献策。这体现了我国教育事业发展决策民主化已成新常态。但高等教育作为庞大且重要的社会事业，其综合改革涉及利益之多、群体之杂，在高等教育综合改革决策民主化背景下，各方在出谋献策时都是从自身利益角度出发的。决策过程虽能体现百家争鸣，但众人所献的思想和建议难免多样化、片面化、碎片化。新型高校教育智库作为高等教育领域核心组织结构，其构成人员几乎都是高校各领域中的领军、杰出人物，身处高校运营之中，他们对高校的现实问题、矛盾、困境都较为了解，因此，更为清楚高等教育综合改革的需求。新型高校教育智库利用自身知识及智慧能够把各种协商主体对不同问题的不同见解加以专门化和专业化的梳理，使"坚持协商于决策之前和决策实施之中"的各方意见，趋于整体性、全面性，具有权威性和可行性，进而为相关部门在进行高等教育综合改革决策中提供必要的有价值的咨询服务。[②]

（三）新型高校教育智库要成为高等教育综合改革过程的监测者

科学决策的最终目的是实现预期的政策目标，而教育决策实际上只是完成了教育改革的第一步，美国学者艾利森就曾指出："在达到政策目标的过程中，（政策）方案确定的

---

① 顾明远、石中英主编：《国家中长期教育改革和发展规划纲要（2010—2020 年）解读》，北京师范大学出版社，2010 年。

② 顾海良：《中国特色新型智库建设的高校作用与责任》，《中国高等教育》2015 年第 7 期，第 6—10 页。

功能只占 10%，而其余的 90% 则取决于有效的执行。"[1] 在现实生活中，我们会发现教育领域改革难度不亚于其他任何领域。如 1997 年，国家教委印发《关于当前积极推进中小学实施素质教育的若干意见》，近二十年过去了，为片面追求升学率，素质教育一直是悬挂在上空的口号，成为一种理想追求；2004 年，新一轮课程改革轰轰烈烈地启动，而如今却逐渐在人们的实践中被淡化掉了。这些经验告诉我们，每次教育改革达不到预期效果或以失败而收尾，其最根本原因是改革决策制定及推出后，在改革实践过程中缺乏监控者，许多政策得不到落实。作为高等教育大国，我国在校学生人数高达 3000 多万，普通高校各类教职工多达 200 多万人，学校类型多种多样，各个学校的学生基础参差不齐，办学水平高低不一，教师年龄背景不同，等等，这些因素导致我国高等教育组织和管理的杂性。高等教育综合改革若是缺乏针对性，实行一刀切，那改革的最终目标将难以实现。如这些年来教育部等相关部门针对高校印发颁布的各类文件，《普通高等学校本科教学工作水平评估方案（试行）》（2004）、《中央级普通高校捐赠收入财政配比资金管理暂行办法》（2009）、《高等学校信息公开办法》（2010）、《高等教育专题规划》（2012）、《教育部关于全面提高高等教育质量的若干意见》（2012）、《教育部关于推进试点学院改革的指导意见》（2013）、《普通高等学校理事会规程（试行）》（2014）、《教育部办公厅关于召开深入高校创新创业教育改革座谈会的通知》（2015）等等，这些政策的出台都成为高等教育综合改革的切入点。高等教育综合改革过程能否自上而下地顺利推进，主要看高校领导在实践当中能否按照国家规划的蓝图一步步来改变与运行。

随着高等教育综合改革深入推进，高等教育领域中众多事物可能会发生范式转变，这些范式包括教学模式、教学理念、人才培养模式等，年轻教师和教育工作者是容易接受和转变的，如何使那些年长教师改变其使用已久的教学方式和观念可能会成为难题。新型高校教育智库具有舆论引导功能，不仅应充分发挥该项功能，更应该充当高等教育综合改革过程的监控者。新型高校教育智库以众人的智慧和专业知识，通过实践调研等形式收集高等教育综合改革一线信息，特别是有研究参考价值的信息，通过对不同信息进行筛选、对比，剖析出改革过程中的阻力及障碍因素，监督各高校领导班子，最主要的是一把手在高等教育综合改革过程中的支持程度和作为力度。作为监控者，新型高校教育智库要比其他机构、组织、社会人士对高等教育综合改革过程中存在的问题看得更深、看得更清，其把这些问题及时反馈给上级督导者或监管部门，使上级部门乃至国家层面及时对存在的问题进行解决，追究责任人不作为的行为责任等。只有严格监控好实践，将改革过程中的困难步步破解、

---

[1] 袁振国主编：《教育政策学》，江苏教育出版社，2001 年。

问题步步推进，高等教育综合改革的整个过程才有可能顺利推进。

（四）新型高校教育智库要成为高等教育综合改革结果的评估者

"教育政策的制定与评估之间存在内在的关系，一项教育政策在颁布之后，是否被实施以及效果如何，是否达到了预期目标等，都需要对政策的利弊得失以及政策实施的有效程度进行评估，以便及时发现问题并提出政策调整的方案或政策终结的建议。"[1] 当前，我国高校人才评价模式存在评价目的趋于功利、评价方式过于简单、评价指标侧重数量比较的问题，对学科、人才、成果和价值之间的差异不够重视，使教师的可持续发展、学术的创新和繁荣都受到不同程度的制约。[2] 坚持"管办评"分离原则是我国高等教育综合改革的重要内容，探索高等教育多元评价模式将是今后高校评价的追求目标。高等教育综合改革过程是复杂的，但社会各界更为关注高等教育综合改革的结果，特别是企业看重的是高等教育培养出的人才是否具有创造价值。高等教育综合改革结果是由阶段性目标和最终目标共同构成的。衡量高等教育综合改革结果主要看教育部颁布的高等教育综合改革通知、蓝图、规划等各项指标在现实中的完成情况，对这些指标进行监测、评估，分析这些指标达标程度。新型高校教育智库作为高校核心组织应成为高等教育综合改革结果的评估者、分析者，利用云端、大数据等现代技术对高等教育改革结果信息进行收集、分类处理；坚持独立性，从第三方角度客观、科学地评判现实高等教育改革结果中各项指标与理想标准之间的差距，分析哪些指标达到良好、合格或不及格；寻找某些地方高等教育综合改革不能实现、难以推进的原因，为如何突破这些瓶颈、困难找出方法或策略，以专业视角、专业知识撰写高等教育综合改革的阶段性报告及终结性报告，并将这些评估、监测报告上交给国家教育部，从政策上为今后高等教育综合改革寻找主攻点、着力点；协助教育部做好高等教育综合改革的全过程，使我国到 2020 年能够建立起若干所世界一流大学和若干个一流学科。

三、高等教育综合改革中新型高校教育智库建设路径的选择

应然期待并不代表实然状态，新型高校教育智库若想在高等教育领域综合改革中切实承担起方向的瞭望者、决策的参与者、过程的监督者、结果的评估者等职责，就不能继续停留在现有状态，而是需要进一步提升。2016 年 1 月，教育部副部长郝平同志指出，未来

---

① 王建梁、郭万婷：《我国教育智库建设：问题与对策》，《教育发展研究》2014 年第 9 期，第 1—6 页。

② 韩旭、李久学：《评价不能求全责备》，《中国高等教育》2016 年第 2 期，第 15—17 页。

5 年是彰显教育科研作用、做大做强教育智库的黄金时期。① 足见，当前我国新型高校教育智库群体尚未成气候，欲建成高端新型高校教育智库群，仍任重而道远。

（一）坚持创新，引领政策方向

新型高校教育智库凭借其扎实的基础理论研究和宏观的视野，为其能够准确理性预测高等教育改革政策发展提供方向，但若想让新型高校教育智库的研究成为高等教育改革决策的基础，以引领高等教育综合改革的未来方向，新型高等教育智库还必须结合我国实际情况，坚持创新研究是新型高校教育智库的价值所在。但就实际而言，"中国的绝大多数大学属于事业单位，为了便于高校的统一管理，附属于大学的高校智库并不是独立于大学而存在的，不具备法人地位上的独立性"②。凭借这一特殊身份，新型高校教育智库虽然更容易争取到研究课题和经费，避免了民间智库所面临的生存危机，却也削弱了其工作开展的创新性和独立性，使其在确定主题、承接项目方面受到诸多限制。长期研究既定的课题，不仅会限制新型高校教育智库的视野，同时还可能使其养成路径依赖，不愿再主动思考未来研究的应有走向，这些都不利于新型高校教育智库开展前瞻性研究、发挥政策方向的引领作用。为了进一步增强新型高校教育智库的独立性、提升研究的创新性，新型高校教育智库应当更为积极地主动作为，提高资政报告的质量，以引起相关决策部门的关注，争取更多新领域研究的机会。在当前高等教育领域综合改革的深化时期，"一些制约教育改革发展的体制性、制度性障碍开始'破冰'，一些人民群众关注的重大热点难点问题开始'破解'；一些重要领域改革创新的制度安排开始'破土'"③。新型高校教育智库建设讲究的是"特"和"新"，要坚持自主创新，要与中国国情相结合，走中国道路、形成中国模式、弘扬中国精神、形成中国风格、体现中国气派。

（二）加强协调，实现共建共享

组织形式与管理体制改革是新型高校教育智库建设的重要内容。教育部印发的《中国特色新型高校智库建设推进计划》要求建立形式多样、结构合理的高校智库组织形式。同时，2015 年 1 月，中共中央办公厅、国务院印发《关于加强中国特色新型智库建设的意见》，要求在现代智库管理体制中，有关部门和业务主管单位要按照谁主管、谁负责和属地管理、归口管理的原则，切实负起管理责任，建章立制，立好规矩，制定具体明晰的标准规范和

① 杨桂青：《全国教育科学研究院（所）长工作会议召开：未来 5 年做大做强教育智库》，《中国教育报》2016 年 1 月 15 日第 4 版。
② 王辉耀、苗绿：《大国智库》，人民出版社，2014 年。
③ 郝平：《加快新型教育智库建设推进教育事业科学发展》，《教育研究》2015 年第 1 期。

管理措施。2015 年 10 月，教育部、国家发展改革委及财政部联合印发《引导部分地方普通本科高校向应用型转变的指导意见》，推动我国高等教育办学类型改革，未来我国高等教育将是研究型、应用型、复合型、创新型大学等多种类型的共存局面。新型高校教育智库的建立和发展在组织形式上应顺应大学组织形式的变化，组织形式要与高等教育结构体系相匹配，防止千篇一律、结构模式单一化。各高校所创建的新型高校教育智库在实践过程中免不了存在竞争，要防止恶性竞争存在。在未来高等教育综合改革中，各高校的新型高校教育智库要扮演引领中国高等教育综合改革方向的瞭望者等重要角色，单独靠某个新型高校教育智库是不能实现的，新型高校教育智库群体必须在相关部门的指导下加强协调内部关系，发挥优势互补，实现资源共建共享，在合理竞争中寻求共同发展基点。

（三）注重绿色，转变研究范式

注重生态研究、绿色研究，坚持可持续发展不仅是我国社会综合改革的追求，更应成为高等教育综合改革发展的目标。考究现实，可以发现以往大多数高校智库研究更多关注学理性追求，所研究的成果几乎都是通过刊物发表出来的，在功利性价值导向下，多数研究产出成果指导性不强，被相关决策部门所采纳的建议不多。而智库其核心本质是提供思想服务和决策咨询，新型高校教育智库其资源和能力虽有限，但其研究领域必须专一，产出的成果要有实用性和针对性。避免一些机构对包括大学、研究机构、盈利性咨询公司等各类社会组织进行所谓的智库评比，混淆不同类型组织的社会功能，这种认识误区对于智库的发展有害无利，值得注意。[①] 各新型高校教育智库要发展成为国内，乃至国际上具有影响力的现代教育智库，在研究过程中要特别注重自身的研究领域，改变以往的研究误区，研究过程中要将短期任务和长期目标相结合，以高等教育综合改革实践需求为导向，要有一个长远的战略目标，使研究具有持续性与价值性，防止在研究过程中只追求眼前利益。同时，要多参与国际著名教育智库举办的各类大型活动，多与国际著名教育智库进行合作与交流，将研究视野置于国际舞台，及时了解和掌握国际著名教育智库的研究热点及前沿动态，争取在新领域、新知识、新理论中拥有更多的话语权。

---

① 薛澜：《智库热的冷思考：破解中国特色智库发展之道》，《中国行政管理》2014 年第 5 期，第 7 页。

学术女性职业发展的实践困境及矛盾分析 ①

随着学术女性在高等教育领域中的数量和比例不断攀升，女性在其中的作用和地位也在日益增强。但从全国范围来看，女性大多仍处于学术职称的中部和底部，担任学科带头人和博士生导师的比例较低，学科及学术职称中的性别隔离较为严重，遭遇了职称晋升中的玻璃天花板障碍和职业发展中的马太效应等困境。女教师在学术话语权、职业发展权和发展机会、学术声望和拥有的学术资源等方面都明显处于劣势，而且在精神与心理上也是明显处于劣势的生存状态。② 这些都严重阻碍了大学女教师学术职业的进一步发展。由于男女两性在学术职业发展中拥有资源、权力等方面的不均衡，导致大学男女教师在职业领域中的发展和表现产生了很大差距。男性处于学术发展的核心地位，女性总是徘徊在学术权力的"外圈"，始终无法进入"核心内圈"中，处于被忽略和依附的边缘位置，发展机会少、学术成就低。只是这种发展困境随着女性参与高等教育数量的增加以及女教师占大学教师总人数的比例增高，变得更加隐秘而不被公众所察觉。总之，女性在学术界仍然面临着多重的发展困境和障碍，要想达到与男性同样的学术成就，仍有相当长的路要走。③

一、学术女性职业发展的实践困境

（一）学科性别隔离严重，学术地位边缘化

在中国高等教育快速发展的今天，女性越来越成为学术劳动力市场中不可或缺的力量。建国初期我国普通高校专任女教师仅有 1900 人，占教师总人数比例的 11%；④2012 年教育部公布的最新数据中，我国专任女教师人数已达到 46.48 万人，占教师总人数比例的45.84%。⑤ 因此无论是女教师的绝对数量，还是相对比例，现如今都有了大幅提升。"但文化传统和生理心理等因素使高校男女教师在水平方向的学科分类与垂直方向的职业阶梯

---

① 原载《现代大学教育》2016 第 5 期与黄春梅合作。

② 禹旭才：《社会性别视角下的高校女教师发展研究》，湖南师范大学教育科学院博士学位论文，2009 年，第 142 页。

③ Forste，N.A Case Study of Women Academics' Viewson Equal Opportunities，Career Prospects and Work-family Conflicts in a UK University［J］.*Career Development International*，2001，6（1）：29.

④ 张建奇：《1949 年以来我国高校女教师队伍的历史演进》，《江苏高教》1997 年第 2 期，第 72 页。

⑤《2012 年高等教育学校（机构）教职工情况（普通高校）》，教育统计数据。中华人民共和国教育部：http://www.moe.edu.cn/publicfiles/business/htmlfiles/moe/s7567/201308/156583.html.（2025 年1 月 28 日查询）

上仍存在着性别隔离现象。"[①] 我国大学男女教师在不同学科的 IP 指数（IP 指数表示性别隔离程度，IP 数值表示为了使某一职业中的性别比例与总人数中的性别比例一致而需要变换职业的人数比例）大于全球大学的平均数值，说明学科性别隔离程度较大，性别隔离最为严重的是工科和理科。垂直方向即不同职称的 IP 指数也显示存在性别隔离，尤其是职称高低两端的性别隔离最为严重，教授职称的男性比例大，助教职称的女性比例大。研究发现，总体上男女教师在垂直方向的职称性别隔离程度大于水平方向的性别隔离程度。女性在由最初被排除在高等教育大门之外到能够与男性同样拥有接受高等教育机会的发展历程中，大多都是活跃在所谓的"女性友好学科"领域，诸如语言、文学、历史、教育等人文社会学科，而在理工专业中所占的比例远远低于其在高校教师总人数中的比例。而男性则占据了理工学科教师人数的相对优势，由此导致了男性学科和女性学科的分化。大量实证表明：我国高校文科女教师的数量多于男教师，理工科的女教师数量少于男教师。[②] 尤其在一些高新技术领域学科，女教授、女博导或是女性学科带头人的比例少之又少。以国内某著名 985 大学的教师人数作为样本，数据计算后发现理科、人文以及医学学科的性别隔离比例相对较高，而管理、工科、经济等学科中的性别隔离程度相对较低。[③] 世界其他国家学术人员的学科性别分布也大抵如此，女性在艺术、人文和其他社会科学中的人数比例，要大于在自然科学（生物除外）和工程技术等男性占优势的领域。[④] 虽然学科知识本身并无高低之分，只是通过社会建构和人为划分使其具有了不同的地位和影响力，并通过相关政策不断倾斜得以强化。但就学科价值取向而言，重理轻文的传统取向赋予了理工科以更重要的地位，各种资源、政策向其一边倒；而从事人文学科研究的女教师无论在科研项目经费、政策支持还是其他学术资源的竞争上都难以与之抗衡，人为地使得从事不同学科的人产生了隔离与等级化。

目前各大学对教师科研业绩的评价标准体系，大都参考国际文献检索的引用率、在国家级刊物上发表的论文数量、课题研究经费等一些量化指标，然而人文学科在这样的评价体系中并不占优势。因为无论从课题经费还是论文发表的难易程度来看，女教师占据数量

① 沈红、熊俊峰：《职业性别隔离与高校教师收入的性别差异》，《高等教育研究》2014 年第 3 期，第 26 页。

② 潘后杰：《女教师在高等教育中的地位和作用》，《四川师范大学学报》（社会科学版）1996 第 4 期，第 105—110 页。

③ 陆根书、彭正霞：《大学教师职业发展中的性别隔离现象分析》，《高等教育研究》2010 年第 8 期，第 76 页。

④ Chevaillier，T.The Changing Conditions of Higher Education Teaching Personnel［J］.IloWorking Papers，2000，35（22）：3673-3674.

优势的人文社会学科都无法与理工科相提并论。况且不同学科在成果表现方面具有不同特点，不能用同一个指标体系来考量。像在物理、计算机等学科领域的大学教师很可能在年轻时就显示出了他们卓越的学术才能，而那些在社会、人文科学领域的学者则需要更长时间的学术积淀，厚积薄发，潜心研究才能取得突破性的进展。学科的性别隔离使以女性人数见长的学科受到了不公正的待遇，游离在所谓的优势"核心"学科范围之外。女性占据优势的学科地位不高，加深了女教师的学术发展不利和边缘地位。即便是在那些女教师人数比例占优势的学科中，占据职业阶梯顶端及领导岗位的还是以男性居多。

因为男女两性在获取资源手段和学术发展方面拥有的条件存在着巨大差异，也促成了依附现象的产生。在学术群体的两性关系中，男性拥有绝大部分的学术权力，掌握着学术发展的主流方向，学术期刊稿件也主要依据男性的学术兴趣、方法论和科学标准来选用，而女性在研究方向、发表成果和获得学术认可等方面处于弱势地位。尽管男女两性都积极参与到高等教育中来，成为学术社会的有机组成部分，大学女教师也在边缘化的学术位置上发挥着一定的作用，但不可否认的是，占据学术职业发展顶端的少数男教授拥有更多的相关资源和学术自主权，并以此支持其独立的教学和科研。大多数女性在不平等的学术关系体系中常常处于底层，在学术职业发展中处于依附的边缘地位。

（二）多集中于教学领域，难以进入学术"核心圈"

学术女性因为性别原因多集中于教学而非科研领域，并且在教学科目以及课程等级方面都与男教师存在比较明显的性别差异。据我们调查，有接近58%的女教师认为自己工作的主要职责集中在教学领域，而且从主观上认为自我兴趣更倾向于教学的比例达到63%；而认为自我职责主要在教学领域的男教师比例仅占20%，主观上认为自己兴趣更倾向于教学的只有23%。大学女教师无论从客观还是主观层面上都更倾向于教学，尤其是在公共理论课和外语课的教学中，女教师比例更是远远超过教师总人数中的女性比例。还有研究者发现在全国范围内，女教师担任公共课（基础课）的比例也一直比男教师高，其中担任公共课的女教师占其总数的32.2%，而男教师只占其总数的26.3%。[1]英国在过去的七年中，相较于男性，学术女性签订的更多的是短期合同，而且大都集中在教学岗位。[2]

尽管高等院校习惯上都要求教师更重视教学，但其衡量学术的尺度却很少考虑教学，

---

① 张晓明：《妇女参与高等教育研究》，华中科技大学教育科学研究院博士学位论文，2003年，第47页。

②Halvorsen, E.Gender Analysis of the Higher Education Statistics Agency Data 1996/7［R］. Association of University Teachers Report, London, 1999: 112.

而是更重视研究与出版。[①] 在当今世界大学的质量评估中，科研经费、研究项目、发表论文的数量等都作为大学绩效的重要指标决定着大学的学术声誉和排名。于是大学将外部的评价压力转嫁到内部员工——大学教师的身上。对教师的业绩考核虽然从整体层面上兼顾了教学、科研和服务，实质上天平早已倾斜于可量化、易评价的科研指标。尽管科学研究是现代大学诞生以来不可推卸的天然责任，但因为种种原因显然对女教师不利。因为"男教师常常处于科学研究的中心位置，而女性大量地被排斥在科学研究之外，或是处于研究的边缘地带。"[②] 在英国，那些高资历学术女性往往被雇佣作为廉价的临时劳动力从事社会科学研究工作，而生成的研究成果往往与之无关，[③] 于是更是难以奠定女性在学术圈中的核心地位。女教师教学任务繁重，科研成果产出不丰厚，学术交流不频繁，与科学研究渐行渐远，自然就远离了学术核心圈。中国大学自创办初始，经世致用原则就取代了西方大学为学术而学术的研究理念，成为了左右大学发展的双刃剑。学术研究也成为了换取功名利禄的有效手段之一。学术职业不再是以学术为生、以学术为业的崇高精神理想追求的清净之地，而成为捞取物质财富和社会声望的有力工具之一，女性在其中无任何优势可言，发展步履越发艰难。

（三）职业发展中的马太效应：强者更强，弱者更弱

马太效应最早由美国科学社会学家默顿（R.K.Merton）提出并用于解释科学共同体中的"强者更强，弱者更弱"这一现象。即任何个体、群体或地区一旦在某一方面获得了成果和进步，就会产生累积优势，从而有更大机会获取更大的成就和进步，造成两极分化的现象，并根据《圣经·马太福音》中的"凡有的，还要加给他，叫他多余；而没有的，连他所有的也要夺过来"而命名为"马太效应"。[④] 高等教育领域中的马太效应表现为名师效应，有名气的学者和大学教师因为他们拥有的学术声誉和学术成就，使得他们的学术论文和著作更可能被顶级学术刊物和出版社接受，甚至是特别约稿，拥有更多的发表和出版的机会。有了研究成果，也就意味着有申请到重要课题和研究经费的更大可能，并由此产出更丰富

---

①［美］阿特巴赫（Altbach,P.G.）主编，别敦荣主译，《F.G.变革中的学术职业——比较的视角》，中国海洋大学出版社，2006年，第185页。

②Jackson，S.Transcending Boundaries.*Women，Research and Teaching in the Academy*［M］Howie，G. & Tauchert.A.（eds.）Gender，Teaching and Research in Higher Education：Challengers for the 21st Century.London：Ashgate publishing，2002：28.

③Stanley，L.Feminist Praxis（RLE Feminist Theory）.*Research，Theory and Epistemology in Feminist Sociology*［M］.NewYork：Routledge，2013：8.

④［美］默顿著，鲁旭东、林聚任译，《科学社会学：理论与经验研究》，商务印书馆，2003年，第614页。

的学术成果，从而进一步增强其学术声誉和学术成就。而相对没有名气或初入学术领域的大学教师，因为其学术影响力弱，即使学术研究成果的质量较高，也会因刊物编辑的不熟知而遭受冷遇或不被采纳，导致论文发表率低，项目申请中标难。

我们发现 30 岁至 40 岁低职称的人文社科女教师在科研课题申请、论文发表等方面存在较多问题，而这个阶段恰恰又是其学术职业发展考核的关键时期。申请课题难导致她们的研究成果少，而学术研究成果少又导致她们难以申请到重要的科研项目，由此形成的恶性循环，使得年轻女教师的学术职业发展雪上加霜，形成了女教师学术职业发展中的"马太效应"。在大学中经常可以看到的是，男女教师当年以同样的学历和条件进入高校，若干年后男教师早已成为学科带头人、教授、博士生导师乃至学术界的大腕，同年进校的女教师还只是一个副教授，在学术界默默无闻。在高等教育系统中，重大科研项目、科研经费以及科研奖励等作为稀缺资源，理应按照教师个人的科研业绩表现来予以分配，只有这样才能真正做到人尽其才，物尽其用，使有限的社会资源得到最大程度的利用和效益最大化，才能激励那些最有学术发展潜质和能力的教师产出最优秀的科研成果，从而提升高校的学科实力和整体声誉。对于教师自身来说，马太效应能够促进教师的专业发展和职业实力的提升，能够帮助教师迅速奠定在学术领域的地位和声誉，进一步推动其向前发展，获得更高的学术成就、地位、科研经费以及发展机会等，形成一系列的优势累积效应。

和普遍主义不同的是，马太效应倡导的是优胜劣汰的竞争机制，这一点也和现代大学管理中的效益优先等新管理主义不谋而合。可以看到的是现在各大高校都在想方设法吸引院士、长江学者等知名教授来校发展，想借用这些知名学者的特殊地位和影响力组成核心研究团队，从而形成优势累积的马太效应，以提高重大项目和科研经费的中标率，产出更多的科研成果，从而带动本学科、本校甚至是本地区学术的快速发展。但对于大学教师群体队伍中的弱势群体——女教师和青年教师来说，马太效应就使得有限的科研资源分配愈加倾斜和失衡，最终造成"富者更富，穷者更穷；强者更强，弱者更弱"的教师发展之间的巨大差距。一方面，女教师特别需要相应的研究课题和经费以启动自己的学术研究生涯，但往往得之无门；另一方面，已经拥有大量研究课题和科研经费的学术大腕们，更多的学术资源对他们来说只是锦上添花，失去了应有的激励和推动作用，没有使资源的利用达到最大化。同时大学女教师因为承担双重角色，双重压力的冲击使得她们在学术职业发展的起始阶段本就落后于男教师，发表成果少，研究课题缺乏以及学术研究成果质量不高阻碍着她们学术职称的进一步晋升，而学术职称的难以晋升又进一步影响着她们课题申报和研究经费的获得，又导致她们研究成果的不足，由此形成的恶性循环，遏制了女教师们学术职业向前发展的动力和学术创造力，挫伤了女教师发展的积极性和主动性，使其感觉学术前途渺茫，失去了从事学术研究的兴趣，从而甘于平庸或转而从事与学术无关的工作。

（四）"玻璃天花板"：学术职称晋升的无形障碍

"玻璃天花板效应"造成了学术女性专业职称的晋升困难。坎特（R.M.Kanter）发现在大型组织中女性与男性有着不同的职业发展经历，对女性的性别分化与性别隔离是一种现实存在，并首次提出"玻璃天花板"概念，[1]认为女性在以"男性同质社会性"为主的组织环境中因为社会关系和网络的缺乏而难以获得晋升和发展的机会。这种不利状况只能通过赋予女性充分的组织管理权力才能加以改善。莫里森（A.M.Morrison）等人将"玻璃天花板"定义为"一个透明的障碍，是女性在公司里无法升迁到某一水平之上……它适用于仅仅因为性别而不能进一步高升的女性群体"。[2]这种障碍是不可见的体制性障碍，更多地表现为组织结构和社会环境中的性别压迫传统，女性与男性相比在职业发展或晋升过程中面临的是成倍增长的这种障碍，尤其是在向高层领导岗位晋升的过程中。对于是否经历了玻璃天花板的发展障碍，怀特（E.O.Wright）和柏克斯特（J.Baxter）给出了判断标准：同男性相比，女性在其职业阶梯中某一层次的晋升率明显比其在较低层次上的晋升率低。[3]

按照这一判断标准，对应于我国大学教师学术职业的职业阶梯等级划分，从助教—讲师—副教授（硕士生导师）到教授（博士生导师），并参照某大学、某省以及国家教育部的关于大学教师职称性别分布数据，可以看出，大学女教师在其职业发展过程中遭遇了"玻璃天花板"的阻碍，尤其是在从副教授晋升到正教授的过程中，"玻璃天花板"效应的阻碍更为严重。在瑞典，女性占据30%的学术人员中，男性占据了90%的正教授，88%的院系领导，90%的系主任和80%的校长职位。[4]英国的情况也并不乐观，从首席讲师到系主任，女性的前景更加暗淡。95个系主任职位，女性担任的不超过6位。[5]因为"教授处于大学的核心地位，在过去的30年间，教授控制着课程和学位，并继续保留着他们的大

---

①Kanter，R.M.*Men and Women of the Corporation*［M］.New York：Basic Books，1977：245-266.

②Morrison，A.M.*Breaking the Glass Ceiling*［M］.New York：AddisonWesley，1987：13.

③Wright，E.O. & Baxter，J.The Glass Ceiling Hypothesis：A Reply to Critics［J］.*Gender and Society*，2000，14（6）.

④Askling，B.*The Academic Professionin Sweden：Diversity and Change in an Egalitarian System*［M］//J.Enders.Academic Staffin Europe，London：Greenwood Press，1999：277-300.

⑤Cann，J，Martin，G.J.$I.Behind the Rhetoric：Women Academic Staffin Colleges of Higher Education in England［J］.*Gender and Education*，1991，3（1）.

部分权力"[①]。虽然女教师的总体人数占据了大学教师队伍的半边天，但女教师总体职称处于中低级位置，教授职称比例低，学科带头人数少。在高校的学术委员会、学位评定委员会、职称工作领导小组等掌握着各种学术权力的机构中，女性如浩瀚星空中璀璨之星般寥寥几颗点缀着，充当着装饰门面的作用，其学术话语权微弱。同时高校管理层女性人数和比例过低，女性的行政话语权微弱，干预行政管理的权力有限，使女教师的学术职业发展在高校管理层面上没有引起足够的关注和重视，加剧了其学术发展的被动现状。

二、学术女性职业发展的矛盾分析

学术女性在职业发展中所遭遇的实践困境，归根结底来自于内外双重因素的制约。外部大学组织、行政科层管理的性别分层和学科的性别立场，内部传统观念和潜意识中的依附性使学术女性的职业发展过程充满矛盾和纠结。

（一）大学场域的性别分层

大学组织作为知识场域，有着与其他场域不同的特点，知识场域内部结构的等级层次非常明确，学者群体中存在着等级分化，这种分化是由学者们相互争夺学术场域中的资本和资源（主要是学术权力、科学权力与学术名望等）以及年龄等因素引发的。现代大学组织的科层化行政管理在工具主义、科层主义和新管理主义的思想影响下，通过自上而下的纵向科层式管理，由职能部门对院系实行科层管理，对大学教师实施行政影响以达到效率的最优化。尤其是在大学扩招以后，学术人员在管理结构中的直接权力受到新的专业科层人员的限制，后者在大学日常管理中掌握重要的权力。[②] 在这样行政管理的科层体系中，拥有行政权力的当权者理所当然地获得了大部分资源和社会关系，拥有了大量的社会资本。在大学场域中，拥有行政权力可以获得较丰厚的社会资本，同时对其学术资源的占有也颇为有利，但女性在这样的行政科层组织中的边缘位置必然会导致在资源竞争中屈于劣势地位。大多数女性处于高校行政权力和学术权力的外圈，即使能够进入内圈中，其实际作用也仅仅是"点缀"而已，其学术话语权依旧十分微弱。

学术权力性别结构的不平衡与晋升提级中的两性差异互相影响和制约，导致了学术职业中性别分层的进一步加剧。大学教师的行政身份、学术职称、资历以及获取经费的能力都成为获取权力和资源的有利条件，但女教师在这些方面并不具备优势。所以，以科层制

---

① ［美］阿特巴赫著，人民教育出版社教育室译：《比较高等教育：知识、大学与发展》，人民教育出版社，2001年，第5页。

② ［美］阿特巴赫主编，施晓光主译：《失落的精神家园：发展中与中等收入国家大学教授职业透视》，中国海洋大学出版社，2006年，第17页。

为主的大学组织看似平等，实际隐藏了更性别化的本质。女教师们在大学场域中处于边缘地带，不是女教师的自身态度、职业动机、信念及素质导致了她们的职业发展现状，而是她们在社会和大学场域中的位置直接导致了资源配置的不均衡，并决定了她们自身的选择和在相关问题上的立场。[①]

（二）学科和科学研究的性别立场

学术女性的科学发展之路从一开始就布满了荆棘。"新科学首次取得认受性之日，刚好是女性正式被排拒出科学之时。欧洲学院制度建立的同时，女性在科学中的位置的一般模式开始出现：某种科学活动的声望日隆，女性在其中的参与就越发减少。"[②]性别对科学家的整个学术级别的确有重大的独立影响。女性并不如那些毕业于同等级系的男性博士一样经常晋升到较高的职位，在较好的大学尤其如此。[③]在科学共同体中，女性似乎总是处于"边缘"地位，或属于"外圈"（the outer circle），对于她们来说，进入"内圈"不是件容易的事。"科学的性别分层与其说是把科学归于男性气质的原因，不如说是它的结果。"[④]"科学仍然是男性控制的领地，不仅表现在数量上，而且表现在权威、权力以及影响方面。"[⑤]科学知识和学术职业并非性别无涉，而是包含着明显的性别化倾向。女性在学术职业中的发展不利，不仅应由社会文化导致的性别偏见负责，还应由学术职业本身来负责。因此鼓励并创造有利条件吸引更多女性参与到学术职业中来，并不能从根本上解决学术职业与女性的传统分离所带来的问题，只能说在一定程度上缓解了这样的矛盾和危机。

（三）学术女性发展意识的被动性

虽然现阶段女教师们的主体发展意识和自我觉醒意识都高于其他女性群体，也比以前任一阶段都表现得更为强烈，但与男性相比较，还具有相当程度的被动性。女教师自身观念和潜意识当中的依附性思想还在发挥着作用和影响力，这是女教师主观方面难以摆脱性别迷思和发展困境的内在根源。大学中的女教师也是如此，习惯了在一些不重要的、辅助性的岗位上被照顾，难以在面对激烈的市场竞争机制时做出迅速而有效的反应；习惯了计

① 王俊：《遮蔽与再现：学术职业中的性别政治》，华中师范大学出版社，2011年，第88页。

② ［美］华勒斯坦（Wallerstein，I.）等著，刘建芝等编译：《学科·知识·权力》，生活·读书·新知三联书店，1999年，第18页。

③ ［美］乔纳森·科尔、斯蒂芬·科尔著，赵佳苓、顾昕、黄绍林译：《科学界的社会分层》，华夏出版社，1989年，第167页。

④ 吴小英：《科学、文化与性别——女性主义的诠释》，中国社会科学出版社，2000年，第56页。

⑤Zuckerman，H.The Outer Circle：Women in the Scientific Community［M］.New York：W.W. Norton & Company，1991：82.

划经济体制下的铁饭碗，在面对新管理主义下严格绩效考核时的巨大压力而倍感焦虑。

近年来，高校女教师的"读博热"看似是大学女教师应对其职业发展困境的主动策略，实则是在外部大学组织环境变化下的被动选择；貌似主动发展却是在特定条件下的危机意识和在激烈竞争中所激发出来的被动追求，缺乏发自主体需求的真正的主动性。面对学术职业发展的挑战和机遇，部分女教师选择逃避和放弃自我发展，并不是她们相比男教师在智力和水平方面有多大差距，而是潜意识中的进取意识不足，少了拼搏和开拓精神，难以在学术职业发展中取得突破性进展。

三、学术女性职业发展的建议

虽然边缘化并不意味着高等教育中的学术女性不能从事创造性的科学和智力活动，或在学术界永远置于从属地位，但确实影响了她们能够走向世界科学前沿和学术发展前列，不能共享在高等教育范围内的学术权力、资源和各种机会。女性从事学术活动的条件并不乐观，其工作条件和工资水平都不能满足要求，参与大学管理的程度也非常有限，在大学内部建立学术生活和学术计划的自主性经常受到约束。尽管大学试图在国际最高水平上开展科研与教学的做法是可理解的，也可能是必需的；但过分依赖外部标准，而没有实际补偿政策和激励制度同步跟进的话，则可能扭曲了学术发展，不利于女性的学术职业发展，甚至会误导人们对高等院校和学术职业产生不切实际的期待。

因此，制定合理的政策、制度以及创建和谐平等的发展环境和协助团队等措施可以有效地缓解学术女性的发展困境。大学作为学术职业者生存和发展的主要空间，对男女两性在其中的均衡协调发展有着不可推卸的责任和义务。通过制定并实施具体的相关政策和制度以保证女教师发展的公平组织环境，如设立女教师专属基金项目，在科研立项和职称晋升方面向女教师适度倾斜，增加管理层和学术委员会中的女性比例等；还可以充分利用学术共同体和学院的学术氛围，倡导以团队方式进行科学研究，给予女性更多的学术训练机会，共享学术共同体中的学术资源和网络，感染和激励女性的学术发展意识，提高其参与学术研究的积极性和主动性，帮助学术女性走出困境，实现其学术职业的顺利发展。澳大利亚在职务任命、职称晋升以及合理配置男女教师的教学工作量方面，采取支持学术女性平等就业的积极行动政策，杜绝系统性的性别偏见方面对于女性的学术就业和发展都非常有效。[1]若是缺乏积极的行动，那么实现女性在高等教育领域的"机会平等"则只是空谈而已。

---

①Probert，B. 'I just couldnt fit it in'：Gender and Unequal Outcomes in Academic Careers ［J］. *Gender，Work & Organization*，2005，12（1）：50-72.

我国高水平大学智库建设之研究 ①

智库是进行公共政策研究分析和参与决策的组织机构，它以政策为导向在国内外某些问题上进行研究、分析和建议，引导政策的制定者和公众做出明智的决策。② 近年来，党和国家政府频繁呼吁高校特别是大学要充分利用资源优势，为政府决策提供咨询服务，发挥思想库作用。笔者先后 3 次对西安、北京、南宁、武汉、长沙、上海、南京等 7 个城市的 98 家大学智库进行实地考察，探究现阶段我国大学智库建设现状及存在的问题，针对调研结果，提出一些建议以促进我国大学智库的后继建设。

一、我国大学智库建设的实然状态

从我国大学智库发展历史来看，大学智库产生所涌现的高峰总与时代社会背景密切相关，这说明社会发展为大学智库建设提供了外部机遇。

（一）区位分布及高校来源

我国大学智库区位分布广泛，基本覆盖了我国每个省市自治区，但大学智库区位分布具有明显的地理偏向，东部主要集中在北京、上海等城市，中部主要集中在武汉、长沙、西安等城市，西南主要集中在重庆、成都等城市，东北主要集中在长春、天津等城市，而西部地区，如广西、新疆、西藏等省市自治区得到官方认可的大学智库偏少。从我国"211工程"大学智库来看，东部地区聚集 22 个 211 大学智库，占 211 大学智库总数的 44%；中部地区聚集了 22 个 211 大学智库，占 211 大学智库总数的 44%；西部地区聚集了 6 个 211 大学智库，占 211 大学智库总数的 12%。除官方文件正式公布的大学智库外，有部分大学智库因影响力不强未能进入官方智库名单。在首批中国智库索引报告认定的 255 个高校智库中，有 98 个高校智库存在于 26 所 985 大学里，有 50 个高校智库存在于 29 所 211 大学里。总体来说，国内综合研究型大学是中国大学智库建设主力军，我国大学智库主要集中分布于高水平大学里，如清华大学拥有的大学智库最多，有 7 个；北京大学、复旦大学、厦门大学等顶尖大学紧随其后有 6 个，拥有 5 个大学智库的高校有吉林大学、南开大学、武汉大学、浙江大学、中南大学、湘潭大学、上海交通大学。另外，具有专业特色的，如湖南师范大学（4 个）、中南财经政法大学（4 个）、上海外国语大学（3 个）、国防科

---

① 原载《湖北社会科学》2018 年第 4 期，与杨再峰合作。
② Mcgann J G.2016 Global Go To Think Tank Index Report ［R］. 2017.

学技术大学（3个）等在大学智库建设中也有较为出色的表现。

（二）创建的组织形式

当下中国大学智库创建有三种组织形式：第一种是高校自行创建的大学智库，如江西发展研究院是由南昌大学独立建制的科研机构，这种智库是高校主动回应国家战略现实诉求，将原来某些科研机构功能升级和拓展转型向大学智库发展的结果，这种形式约占我国高校智库数量的30%；第二种是官校合作共建的大学智库，如中国基础教育质量监测协同创新中心是由多家师范院校和政府部门共同建立的，这种大学智库约占总数的66%；第三种是由国内大学与国际机构共同合作发起的大学智库，如联合国环境规划署与同济大学合作成立的可持续发展与新型城镇化智库，该类型的智库数量相对较少，约占总数的4%。

（三）主要涉及的研究领域

目前我国大学智库研究领域主要集中于人文社会科学方面，其中国际问题、经济、教育、财经、民族问题、区域问题、农村发展研究领域占多数（见图1）。这些领域对国家战略需求和民生现实诉求反应较为敏感，同时，在国家大力发展"一路一带"经济走廊、强力推行科技创新及中国"软实力"背景下，创新、科技、生态等研究领域大学智库也具有良好发展势头。大学智库主要通过三种途径发挥作用：聚焦国家重大现实问题，进行对策研究；承担纵横向课题，开展决策研究；自行选题，对国家政策决策介入研究。

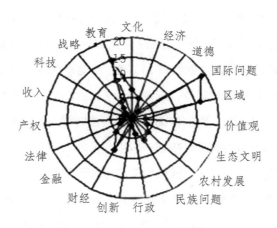

图1 中国大学智库研究领域分布

数据来源：https://www.sinoss.net/index.htm.

（四）研究成果概况

大学智库基于科学政策研究而产出研究成果，并将成果向外宣传推广，从而对政府决策部门、社会精英阶层及大众产生不同影响。我国许多大学智库成果的表现形式以专著、期刊论文、研究报告为主。据中国高校人文社会科学信息网统计，2009 年以来，全国各省市自治区高等学校人文社科领域共产出各类成果 2558601 项，其中专著 178558 部，期刊文章 2302305 篇，向各级部门提交的研究与咨询报告 77738 项，被采纳的报告 39316 项。应用成果占比 3.04%，被采纳的报告占比 1.54%。由此可见，我国大学智库成果以学术研究为主，其影响在学界最大，政府决策部门和企业精英阶层次之，对社会公众影响最小，这可能是由于大学智库工作者鲜有参与社会热点问题讨论的原因。

二、高水平大学智库建设面临的现实困境

不可否认，我国大学智库在理论研究方面产出了大量成果，然而其在建设发展过程中仍存在一些问题，影响了未来的发展空间。

（一）定位模糊，功能发挥有限

大学智库以开展政策研究、提供决策咨询、进行智库人才培养为主要功能。对大学智库属性的核心起决定作用的是其运行过程中的政策定位。[①] 欧美大学智库的发展均表现出了明确的功能定位。如美国 90% 的大学智库参与公共政策研究，71% 的大学智库提供公共服务，61% 的大学智库提供技术援助，52% 的大学智库提供方案评价。[②]《中国特色新型高校智库建设推进计划》（以下简称《计划》）对我国高校智库明确提出了五大功能目标。虽然官方数据显示当前我国高校智库共有 255 家，但笔者在研究中发现，仅有 20% 的大学智库能在实践中将智库功能落实到位，其余的大学智库功能定位模糊不清，导致其发展进入窘况。大学智库在政策研究、决策咨询、智库人才培养要求上不同于大学的学术职能，大学智库应以解决实际问题为落脚点和培养应用型人才为归属。目前，我国许多大学智库在人才培养、科研态度、研究方法、成果展现等方面体现的都是学术性而非政策建议性，这些无论是在官校共建或是学校自建的大学智库中都表现一致。通常，智库的外部需求以政府决策为主，以学校和其他社会组织为辅。大学智库在满足政府多样的决策需求、厘清政府公共决策属性和非公共政策属性的同时，也应积极参与面向社会公众提供决策咨询服

---

① 吴合文：《中国特色高校智库运行的政策定位》，《高教探索》2017 年第 7 期，第 12—18 页。

② Melnick R.University Policy Centersand Institutes: The Think Tank as Public Service Function［A］. Metro politan Universities：An International Forum［C］.1999.

务及政策解释。[1]

（二）独立性不足，依附性较强

智库高质量和影响力研究成果源自客观、公正，而客观、公正则建基于独立之上。大学智库要实现独立，至少要做到：建制独立，人事编制管理独立，自主选择研究选题，经费来源多渠道。从调研情况来看，我国大学智库由于多种因素导致其独立性不足。建制独立的智库约占总调研数的5%，如华中师范大学中国农村研究院、广西大学东盟研究院等，许多大学智库还是挂靠在二级学院。人事方面，调研发现大学智库有90%的研究人员是各个二级学院的教师。虽然大学智库与二级学院共有同一批人员非常普遍，但多数教师在智库从事政策研究时主要依赖于兴趣爱好，在大学智库从事资政研究工作多为临时、业余的，而非长久专职的。在研究方面，许多大学智库在研究选题上缺乏自主，据统计，95%的研究选题是通过各政府部门纵向或横向立项招标得到的。在经费方面，大学智库作为事业单位的内部组织机构，其经费受政府财政影响甚大。我国大学智库经费几乎全靠政府财政拨款，虽然这可使大学智库不用像民间智库一样担心生存危机，但也限制了大学智库的独立。笔者在对黄达远教授采访时其言："由于独立性受到制约，导致许多大学智库研究主要是做政策决策解释学，只能从正面角度做出解释，锦上添花，不能提出异议。大学智库应能够独立自主做出判断，提出建设性意见。大学智库自主性受到限制，不利于智库建设发展。"

（三）缺乏合作，单打独斗居多

在国家大力号召推进现代智库建设的背景下，不少大学都创建了政策研究机构，我国大学智库建设初显规模，但这些机构多处于零散状态，在研究上更各自为营、缺乏合作。大学智库建设协同主要包括学科协同、校际协同及大学智库和其他类型智库之间的协同。现阶段我国大学智库多以专业智库为主，大学智库建设学科形成较强壁垒，大学智库内部之间来往不多。从我们调查的情况来看，大学智库外部协同合作也不高，有5%的大学智库明确表示已和其他机构建立了协同合作关系；有10%表示正在与其他机构搭建协同合作的关系；约有82%的大学智库还没有合作对象或合作意愿。大学智库缺乏有效协同合作的根本原因是大学智库之间的竞争意识大于合作意识，各高校都希望在特色新型高校智库建设中做出突出成绩，以获得更多资源支持。

---

① 杨再峰、赵晓声、潘燕婷：《高校教育智库建设：服务教育的应然与实然》，《国家教育行政学院学报》2017年第2期，第51—56页。

（四）技术落后，研究方法与理念老旧

在研究方法上，我国大学智库研究人员多习惯使用定性分析，采用定量研究、实证研究的比较少。调查发现，大学智库研究人员频繁或经常进行实地调查和实证研究的比例分别为 8.5% 和 35.8%，而普遍缺乏实地调查和实证研究者高达 53%。现代数据库的建设是支撑政策研究的基础，当前，有 20% 的大学智库已建立现代数据库，15% 的大学智库现代数据库正在建设，约 65% 的大学智库表示没有自己的数据库或仍然在使用传统数据库。当今社会已进入信息化和数据化时代，各行各业的研究都是基于数据分析基础之上。利用大数据研究分析要求研究者精通统计学和定量分析等现代研究方法，而这却是许多大学智库研究人员的短板。在接受笔者采访时，黄达远教授表示："我国大学智库难以产出高质量研究成果的根本原因是研究者喜欢坐而论道，在书斋里做研究，成果主要是基于个人经验与直觉而得出，虽然从理论上来寻找问题也是有可能，但纸上得来终觉浅。"

（五）创新力不强，成果以诠释为主

智库竞争力着重体现在智库的创新力上，其创新力主要体现为思想创新、方法创新和方案的创新能力。[①] 全球高端智库都将创新力视为核心竞争力，招聘研究人员的首要条件是具备创新思维，这些高端智库将创新贯穿于一切活动之中，将创新思想融入发展理念和文化建设之中。全球创新力最强的前 35 名智库中，我国只有 1 家官方智库入围，且位列最末。这表明中国智库创新力亟待加强。影响制约我国大学智库创新力的因素是多方面的，如传统文化、制度、意识等。纵观全球创新能力强的高端智库，如作为全球创新力最强的智库，美国战略与国际研究中心汇聚了全球各行业的顶级专家，他们研究的领域涉及网络安全与技术、安全与防卫、经济、能源、全球健康、人权、国际发展等。整个团队人员构成在来源、研究领域等方面都相当多元化，这使得该智库拥有极强的创新力。反观我国大学智库，研究人员几乎都从事人文社会科学领域方面的研究，研究人员的来源渠道和学科背景的局限性阻碍了大学智库与外界的交流，影响了大学智库的创新力。

（六）转化率偏低，指导实践性不强

据中国高校人文社科信息网统计，2014 年全国高等学校人文、社会科学类学科发表学术论文 322274 篇，提交有关部门应用成果 10659 篇，其中被采纳 5138 篇，采纳率为 48.20%。2014 年的采纳率为 48.20%；2015 年全国高等学校人文、社会科学类学科发表

---

① "地方政府智库建设研究"课题组：《地方政府智库建设研究》，中国发展出版社，2015 年。

学术论文 349938 篇，提交有关部门应用成果 13596 篇，其中被采纳 6547 篇，采纳率为 48.20%；2016 年全国高等学校人文、社会科学类学科发表学术论文 349720 篇，提交有关部门应用成果 14810 篇，其中被采纳 6696 篇，采纳率是 45.21%。该数据的变化表明近年来高校发表的社科论文及向有关部门提交的应用成果数量呈上升趋势，但被有关部门采纳的比例却在下降，这折射出高校应用成果质量有待提升。本质上，大学智库与政府部门是"谋"和"断"的关系。善谋是加快决断的前提，只有真正有价值的新思想、新知识和有针对性的建议才能最终转换成政策举措。我国大学智库研究成果转化率偏低的主要原因是，我国政策市场机制不完善，大学智库应用成果时效性不强，政策信息数据的"采集—输入"滞后，研究成果的"发布—输出"迟缓。另外，因缺乏有效决策咨询制度及受现行考核机制的影响，大学智库的成果以期刊发表为主，虽然近来在提交应用成果方面略有增加，但从转化率来看，这些成果的认可度并不高，谋断难以实现对接。

（七）影响微弱，社会认可度不高

智库应对其目标追求和存在价值进行充分宣传，通过引导舆论和社会思潮实现影响政府政策的目的。[1] 大学智库的影响力主要依赖于智库社会地位和专家学者的声望，大学智库对社会的影响力主要表现为接受大众传播媒体的访谈或新闻报刊的采访。因而，智库人员影响力的体现方式有：在电视上发表看法、在报纸上发表文章；或者通过微信、微博等发表文章。在笔者的调查对象中，从未接受过媒体访谈或在报纸上发表时事评论的大学智库研究人员占总数的 60.1%，偶尔接受媒体访谈或在报纸上发表时事评论者占 30.8%，经常接受媒体访谈或进行时事评论者占 5.8%，频繁出现在媒体面前或发表时事评论观点人员不足 4%。可见，我国大学智库研究人员通过媒体在大众面前的曝光率偏低。这表明我国大学智库和大学智库研究人员的社会影响还比较微弱。

三、高水平大学智库建设的路径选择

（一）着力"特色"与"新型"，提升大学智库的内涵和品格

建设中国特色新型智库的要义在于"特色"和"新型"，这也是提升大学智库内涵和品格的基本要求。"特色"包含两方面要求：一是我国大学智库要凸显中国特色，从中国实际出发，坚持中国利益至上，做道路自信、理论自信、文化自信等国家"软实力"形象的代言人，始终服务于中国改革和发展的需求；二是各大学智库要坚持"精而专"的发展

---

① 王莉丽：《智力资本：中国智库核心竞争力》，中国人民大学出版社，2015 年。

理念，使智库的学术性与政策性相统一，确保智库研究的客观性、科学性、可行性和实用性。"新型"要求大学智库建设有新思维、新定位、新视野、新思想、新方法、新手段，能够利用新技术解决面临的新问题，产出新成果。在此基础上结合本国国情，放眼世界，准确把握国际未来整体走向，从而提高大学智库政策研究和决策服务的前瞻性和适应性。

（二）融合发展，促进大学智库协同合作

各大学智库应紧紧围绕经济、政治等重大问题，与实际工作部门联合建立研究团队，并加强与党政部门、社会、媒体等智库及大学智库之间开放式的协同合作机制，形成研究合力。大学智库之间的协同合作不应只停留在政策文件上，而应落实到大学智库建设发展实践当中。大学智库可以以教育部的"人文社会科学重点研究基地"及"211协同创新中心平台"为基础，加快组建我国高端大学智库的校际联盟、地域联盟。同时，利用一年一度的中国大学智库论坛学术交流推进我国大学智库的联盟发展。只有将理念贯彻落实到实践中，坚定地推进大学智库融合发展，才能使各大学智库发挥自身专长，形成优势互补。

（三）经费筹措机制多元化，确保大学智库运行相对独立

智库能够存在和发展的前提是资金的持续与稳定获取。当前我国大学智库正处于建设发展阶段，高水平大学智库建设离不开资金的支持，我们应建立多元投入的经费筹措机制来支持大学智库建设，以保证大学智库的相对独立性。

1. 国家应加大人文社会科学科研经费的投入。目前我国大学智库的资金来源主要是国家社会科学基金、全国教育科学规划、教育部其他各司专项教育研究项目、各省市自治区社会科学基金。虽然近年来我国对人文、社会科学研究与发展经费的投入与之前相比有较大提升，但与美国政府的投入相比，可谓杯水车薪。

2. 鼓励大学智库进行社会化筹资。资金紧张会严重阻碍大学智库的发展。以全球实力最强的大学智库——哈佛大学贝尔弗尔科学与国际事务中心为例，2001—2016年间，该中心共接受来自社会各界捐赠1272批次。因发展层次不同，我国各大学智库每年获得政府资金投入差异甚大，如2008年北京大学人文社科研究发展经费获得了14992.446万元的投入，与之相比其他学校就少得多了，甚至有少数院校智库未获得经费支持。大学智库建设单靠政府投入难以满足发展需求，我国大学智库应设法使资金来源渠道多样化。借鉴国外大学智库的经验，大学智库内部可设置专门的经费筹资部门，专门负责对外经费的筹集。

3. 建立大学智库成果采购制度。当前我国从中央到地方各级政府在采购方面都有相应的政策文件，如《政府采购品目分类表》《政府采购法实施条例》。这些规定更多关注的

是政府对基建设备、办公用品等的实物采购，而对决策咨询等服务类采购关注不足。然而，现代政府在采购过程，除了要满足对必需物的需求外，还应发挥其作为政府宏观调控工具的职能，尽快在决策咨询服务领域使用这一工具。[①] 值得欣慰的是，自《计划》发布后，为营造社会科学界的良好舆论氛围，教育部对大学智库产出高质量应用型成果给予了物质及精神奖励。这是我国政府向大学智库成果采购迈出的重要步伐，在此基础之上，我国应从标准要求、程序步骤、报酬多少等方面建立大学智库成果采购制度，这有利于促进我国大学智库产出高质量应用成果。

（四）创新大学智库人才管理机制，打造一流大学智库人才队伍

高素质、高水平的人才队伍是实现高端大学智库必备的核心资源和核心竞争力。因此，大学智库必须重视人才队伍的建设。

1. 建立大学智库人才遴选机制。我国高校聚集了 80% 以上的社科研究人员及近半数的两院院士，同时许多高校还培养了大批研究生，这为我国大学智库建设发展提供了丰富的人才资源保障。如何从中选拔出适合政策的研究人员十分重要。从国外高端智库经验来看，在研究人员招聘时应尤为看重个人思想平衡力和毅力，以才取人。遴选是大学智库人才队伍建设的第一步，应从学历、学科背景、研究领域、年龄结构、实践资历等方面建立大学智库人才的选拔机制，挑选出能力强、水平高的研究人员。此外，大学智库人才的遴选不应囿于大学，为使大学智库研究成果能够贴近现实需求，人才遴选需秉着开放理念，鼓励聘请政府官员、企业精英等校外组织的知名人士加入大学智库人才团队。

2. 完善大学智库人员交流机制。"旋转门"是美国智库人才队伍建设的一道独特风景，智库作为连接知识与权力之间的桥梁，"旋转门"使智库人才能够与政府官员在不同时期实现角色转换。完善大学智库人才交流机制应做到两点要求：一方面搭建大学智库、政府、企业之间人员来去自由的交流机制；另一方面，推进大学智库之间及大学智库与党政部门智库、媒体智库等人员之间互动交流，通过相互派遣访学、短期交流任职等方式，培养出高水平的智库研究人员。

3. 创新大学智库研究人员整合机制。大学智库应打破边界堡垒，将各学校各领域专家学者整合起来，承担我国经济、政治、文化等重大问题的政策研究。大学智库人员整合可通过不同途径实现，如借助国家重大课题的攻克，将不同学科、不同领域的专家整合到一起；在特定区域范围内，将不同大学智库人员整合到一起；发挥大学智库协同创新中心作

---

① 任晓：《第五种权力：论智库》，北京大学出版社，2015 年。

用，实现大学智库人员整合。

4.改进大学智库人员考核评价及激励机制。《计划》要求"改进科研评价，把解决国家重大需求的实际贡献作为核心指标"。当前高校现有的评价制度中，评价内容倾向于常规教学，对教师从事智库职能研究关注不足。这不利于大学智库人员从事资政方面的工作，对大学智库考核评价指标应包括产出研究报告、所提交的研究报告得到采纳的级别及数量、被媒体采访、服务社会频次等重要方面。智库的产品主要为知识思想，如何激励智库科研人员积极思考尤为重要。激励数量多少适宜是值得认真思考的问题。微薄的研究资金使得为政府承担政策研究的智库及学者很难完全覆盖其研究成本[①]，这就不足以激励大小智库或学者，而激励过大时则会使大学智库建设成本过高。

（五）充分利用先进技术，促进大学智库研究方法及手段更新

随着互联网、大数据、云端服务等信息技术的兴起，利用大数据服务政策研究必然成为一种发展趋势。为此，大学智库应在传统研究方法和研究手段上充分利用大数据等先进技术，改进研究方法，将定性研究、定量研究等多种方法相结合。为确保政策研究能得到数据支持和理论支撑，大学智库应积极联合学校、地方政府部门、社会企业等各方建立现代数据库，充分利用大数据，将原本碎片化的政策研究进行系统分析，通过历史规律变化，精准预测未来发展。在大学智库现代数据库创建过程中，政府应本着公正、公平原则，尽可能公开透明，以便提供更多信息，政府部门的支持有利于推进大学智库现代数据库的建设，这也是实现高端大学智库发展的必然要求。

（六）拓展成果转化渠道，增强大学智库成果转化能力

1.搭建合作与交流平台，加强大学智库成果宣传力度。针对我国决策咨询市场不健全问题，要进一步拓宽大学智库成果上报渠道，建立健全成果上报各级政府相关部门制度，使高质量、有价值的研究成果能够及时传达到决策者手中。此外，除了一年一度的大学智库论坛年会，大学智库应积极协同合作，增加更多的交流合作平台，如开办讲座、学术论坛、社会公益活动等，使社会公众能够及时了解和获取大学智库研究成果。

2.重视新媒体的宣传作用。过去，当智库做出新成果时，政策制定者就会自己找上门。而今天，传统的影响和政策研究的措施与以往相比较少，忙碌的政策制定者平均每天只有30分钟来阅读，并对移动设备的依赖更高，而以 PDF 格式发布那些长篇报告对现代公众越来越不具有吸引力。纵观美国等发达国家一流大学智库的成果传播过程，新媒体扮演着

---

① 崔树义、杨金卫主编：《新型智库建设理论与实践》，人民出版社，2015 年。

重要作用，极大地提高了成果传播的效率和广度。智库建设发展要有与时俱进的理念，主动适应不断发生变化的周围环境。高校智库在成果展现中除传统形式外要积极拓展新形式，如视频、音频等，这些新技术、新手段的使用可有效提高大学智库成果的推广力度，扩大传播范围。

"以人为本"教育价值观的真正确立

——对党的"十七大"报告从"改善民生"角度论述教育问题的解读 ①

党的"十七大"是在我国改革发展的关键阶段召开的一次十分重要的会议。"十七大"报告中有关教育问题的重要论述，不仅进一步重申了教育的重要地位与作用，指出"教育是民族振兴的基石，教育公平是社会公平的重要基础"，"优先发展教育，建设人力资源强国"等，更为重要的是，报告从"加快推进以改善民生为重点的社会建设"的角度对教育的价值与功能进行了全新的定位和阐述。从"改善民生"的视角和维度来论述教育的价值与功能，这在我党的历史上是首创。它蕴含和昭示着我国社会关于教育价值观、教育功能观的主流认识，正在由以往盛行的"社会本位论"向着"以人为本""以人为中心"的基本方向嬗变和演进，而这种嬗变和演进的精神实质与党的"十七大"报告所倡导的灵魂性指导思想——"科学发展观"是紧密联系、一脉相承的。

一、从"改善民生"的角度与立场来看待教育的价值和功能是我党历史上的首创

纵观建国后我党的历次代表大会，都有关于教育的重要论述。但仔细分析其大都是从促进社会政治经济文化发展或"治国安邦"的角度来认识和看待教育的价值与功能的。1956 年，党的"八大"报告在第三部分"社会主义建设"中论述了教育的地位和功能，指出"文化教育事业在整个社会主义建设事业中占有重要的地位"。1957 年，毛泽东在《关于正确处理人民内部矛盾的问题》一文中提出，"我们的教育方针，应该使受教育者在德育、智育、体育几方面都得到发展，成为有社会主义觉悟的有文化的劳动者"②。紧接着 1958 年，中共中央、国务院在《关于教育工作的指示》中根据毛泽东主席的最新指示明确提出：

---

① 原载《陕西师范大学学报》（哲学社会科学版）2009 年。

② 《关于正确处理人民内部矛盾的问题》，共产党员网：https://fuwv.12371.cn/2013/08/19/ARTL1376892293655966.shtml.（2025 年 1 月 28 日查询）

"教育必须为无产阶级政治服务，必须与生产劳动相结合。"①（历史上简称"两个必须"）自此以后，"两个必须"和培养"劳动者"就一直成为党的"九大""十大""十一大"关于教育方针及教育目的的基本表述，并在实践中予以认真贯彻。暂且不论"两个必须"方针的内容科学与否，从中至少我们可以清晰地看出，其对教育价值与功能的认识及表述完全是站在"社会本位"或"国家中心"的逻辑起点上来理解和权衡的，其中很少涉及教育对"人""人的发展""人的幸福"的价值观照与考量。

1978 年，党的十一届三中全会开始拨乱反正，随之在教育领域里也开始对"两个必须"的方针进行全面反思。1981 年，党的十一届六中全会所做的《中国共产党中央委员会关于建国以来党的若干历史问题的决议》对教育功能的基本表述是"努力提高教育科学文化在现代化建设中的地位和作用"②。1982 年，党的"十二大"报告在第三部分"努力建设高度的社会主义精神文明"中论述了教育的地位与作用，其主要精神是：实现四个现代化的关键在于发展科学技术，而要发展科学技术就必须大力发展教育事业。③紧接着 1983 年国庆前夕，邓小平同志为北京景山学校题词："教育要面向现代化、面向世界、面向未来。"④（历史上简称"三个面向"）至此，"三个面向"就成为指导和支配我国教育工作的基本方针。1987 年，党的"十三大"报告在"经济发展战略"部分论述了教育的地位和作用，指出"科技的发展、经济的振兴，乃至整个社会的进步都取决于劳动者素质的提高和大量合格人才的培养"，并提出"百年大计，教育为本"⑤。1992 年，党的"十四大"报告在关于"九十年代改革和建设的主要任务"中论述了教育的地位和功能，指出"必须把教育摆在优先发展的战略地位"，因为"这是实现现代化的根本大计"。⑥1997 年，党的"十五大"报告在"经济体制改革和经济发展战略"中提出实施"科教兴国"战略，指出要"培

---

①《中共中央、国务院关于教育工作的指示》，新华网：http://news.xinhuanet.com/ziliao/2005-01/05/content_2419375.htm.（2025 年 1 月 28 日查询）

②《中国共产党中央委员会关于建国以来党的若干历史问题的决议》，人民网：http://www.people.com.cn/item/20years/newfiles/b1040.html.（2025 年 1 月 28 日查询）

③《全面开创社会主义现代化建设的新局面——在党的第十二次全国代表大会上的报告》，新华网：http://news.xinhuanet.com/ziliao/2005-02/07/content_2558863.htm.（2025 年 1 月 28 日查询）

④《邓小平题词"三个面向"》，首都科技网：http://www.bast.net.cn/dxp2004/lswr/14958.shtml.（2025 年 1 月 28 日查询）

⑤《沿着有中国特色的社会主义道路前进——在中国共产党第十三次全国代表大会上的报告》，新华网：http://news.xinhuanet.com/ziliao/2003-01/20/content_697061.htm.（2025 年 1 月 28 日查询）

⑥《加快改革开放和现代化建设步伐，夺取有中国特色社会主义事业的更大胜利——在中国共产党第十四次全国代表大会上的报告》，新华网：http://news.xinhuanet.com/zhengfu/2004-04-29/content_1447497.htm.（2025 年 1 月 28 日查询）

养同现代化要求相适应的数以亿计的高素质劳动者和数以千万计的专门人才"。[①]2002 年，党的"十六大"报告在关于"文化建设和文化体制改革"中论述了教育的地位和功能，指出"教育是发展科学技术和培养人才的基础，在现代化建设中具有先导性、全局性作用"[②]。纵观以上论述可以看出，自党的十一届三中全会以来，我们党关于教育价值和功能的认识较改革开放前发生了很大的变化，这种变化突出表现为把过去的"教育为政治服务"转向了"教育为经济社会发展服务""为现代化建设服务"。应该说这种转变是一种巨大的历史进步，符合我国社会主义初级阶段的基本国情和实际，并且也极大地推动了教育事业的繁荣和发展。但是，细心地考究起来，这种转变并没有从根本上摆脱"社会本位论"的窠臼，只不过是站在"社会本位"的立场上把教育服务社会功能的具体内容和任务进行了调整，其在元哲学上、在思考问题的逻辑起点上，依然没有凸显出"以人为本""以人为中心"的价值取向，依然缺乏对"人""人的发展""人的幸福"的价值观照。

党的"十七大"报告（以下简称《报告》）本着与时俱进的创新精神，揭开了我党关于教育价值和教育功能认识的新篇章。这种崭新性主要体现在从"以人为本"的元哲学立场出发，从"关注民生""改善民生""保障民生"的基本逻辑起点出发，重新诠释和确立了教育的基本价值与功能。报告在第八部分"加快推进以改善民生为重点的社会建设"中指出："社会建设与人民幸福安康息息相关。必须在经济发展的基础上，更加注重社会建设，着力保障和改善民生，推进社会体制改革，扩大公共服务，完善社会管理，促进社会公平正义，努力使全体人民学有所教、劳有所得、病有所医、老有所养、住有所居。"[③]从这段论述中我们可以清晰地看出，一方面，《报告》把整个社会建设的重心、重点和目的放在了"着力保障和改善民生"上；另一方面，也正是从"着力保障和改善民生"的基本立场出发，提出了要"优先发展教育，建设人力资源强国"，提出了"教育是民族振兴的基石，教育公平是社会公平的重要基础"，提出了要把"办好人民满意的教育"作为对当前教育工作的基本要求。纵观"十七大"报告论述教育问题的逻辑起点与视角，与以往历次党代会对教育问题的阐述有着显著的区别和特点，而其突出的变化就表现在"以人为

---

①《高举邓小平理论伟大旗帜，把建设有中国特色社会主义事业全面推向二十一世纪——在中国共产党十五次全国代表大会上的报告》，中国政府网：http：// www.gov.cn/test/2008-07/11/content_1042080.htm.（2025 年 2 月 4 日查询）

②《全面建设小康社会，开创中国特色社会主义事业新局面——在中国共产党第十六次全国代表大会上的报告》，新华网：http：// new3.xinhuanet.com/ziliao/2002-11/17/content.693542.htm.（2025 年 2 月 4 日查询）

③ 胡锦涛：《高举中国特色社会主义伟大旗帜，为夺取全面建设小康社会新胜利而奋斗——在中国共产党第十七次全国代表大会上的报告》，《求是》2007 年第 21 期。

本""以人为中心""以人为出发点"的教育价值取向得到了明确的弘扬和彰显。

二、从"改善民生"的角度来阐述教育的价值与功能是党的"十七大"报告所高扬的"以人为本"的科学发展观在教育领域里的集中体现和具体贯彻

党的"十七大"报告之所以从"改善民生"的角度来论述和确立教育的价值与功能，并不是孤立的、偶然的或突发奇想的，而与《高举中国特色社会主义伟大旗帜，为夺取全面建设小康社会新胜利而奋斗——在中国共产党第十七次全国代表大会上的报告》（以下简称《报告》）通篇所倡导的灵魂性指导思想——"科学发展观"是紧密联系、一脉相承的。

以胡锦涛同志为总书记的党中央十分重视党的理论创新，在党的十六届三中全会中就明确提出了"坚持以人为本、全面协调可持续的科学发展观"。党的"十七大"报告进一步坚定和弘扬了这一指导思想，并将其庄严地写入《中国共产党党章》。《报告》指出："科学发展观，是立足于社会主义初级阶段基本国情，总结我国发展实践，借鉴国外发展经验，适应新的发展要求提出来的"；"是对党的三代中央领导集体关于发展的重要思想的继承和发展，是马克思主义关于发展的世界观和方法论的集中体现，是同马列主义、毛泽东思想、邓小平理论和'三个代表'重要思想既一脉相承又与时俱进的科学理论"。《报告》强调：科学发展观"是我国经济社会发展的指导方针，是发展中国特色社会主义必须坚持和贯彻的重大战略思想"。①

对于"科学发展观"的基本内涵，《报告》作了十分明确的阐述和界定："科学发展观，第一要义是发展，核心是以人为本，基本要求是全面协调可持续，根本方法是统筹兼顾。"②由此可见，"以人为本"是科学发展观的灵魂与核心，是科学发展观不同于其他发展观的精神实质所在。对于"以人为本"的涵义，《报告》也作了十分明确的阐述："全心全意为人民服务是党的根本宗旨，党的一切奋斗和工作都是为了造福人民。要始终把实现好、维护好、发展好最广大人民的根本利益作为党和国家一切工作的出发点和落脚点，尊重人民主体地位，发挥人民首创精神，保障人民各项权益，走共同富裕的道路，促进人的全面发展，做到发展为了人民、发展依靠人民、发展成果由人民共享。"从这一段论述中不难看出，"科学发展观"把发展的终极目标指向了对人和人的生存论意义上的关怀，把保障

---

① 胡锦涛：《高举中国特色社会主义伟大旗帜，为夺取全面建设小康社会新胜利而奋斗——在中国共产党第十七次全国代表大会上的报告》，《求是》2007 年第 21 期。

② 胡锦涛：《高举中国特色社会主义伟大旗帜，为夺取全面建设小康社会新胜利而奋斗——在中国共产党第十七次全国代表大会上的报告》，《求是》2007 年第 21 期。

人的基本权益、尊重人的主体地位、促进人的全面发展、实现和确保人的幸福安康作为关于"发展"的元哲学的逻辑起点。换言之，"科学发展观"在对社会发展和人的发展互为前提、互为因果、互为目的的对立统一的矛盾关系的认识上，更突出了人的发展的重要地位，彰显出了以人为本位、以人为基元、以人为出发点、以人为发展归宿的价值理念。这无疑是对马克思主义关于发展的世界观和方法论及马克思主义关于人的全面发展学说的重大继承与发展，也是对长期以来学术界争论不休、莫衷一是的关于"社会发展与人的发展谁主谁辅"问题的基本廓清和总结。因此，"科学发展观"的确立具有划时代的历史意义，它不仅是共产党理论建设上的伟大创新，而且在中华民族数千年的文明史上也具有里程碑式的重要意义。

从"改善民生"的角度来阐述和厘定教育的价值与功能，正是"以人为本"这一科学发展观在教育领域里的集中体现和具体贯彻，是对以往教育领域中严重盛行的"社会本位论"的教育价值观和教育功能观的有力矫正与扭转，是"以人为本""以人为出发点"的教育价值观在我国社会中的真正揭橥和确立。

纵观我国古代社会，不乏关于教育价值和功能的丰富论述。但仔细梳理和归纳起来，总体上都是从"社会本位"或"国家中心"的维度来认识和考量教育的。作为"千古圣人""万世师表"的孔子就是其突出代表。《论语·子路》中记载着孔子和其弟子冉有在去卫国路途中的这样一段对话："子适卫，冉有仆。子曰：'庶矣哉。'冉有曰：'既庶矣，又何加焉？'曰：'富之。'曰：'既富矣，又何加焉？'曰：'教之。'"意思是说，治理国家有三个基本条件：一是"庶"，即有充足的劳力；二是"富"，即发展生产；三是"教"，即教化人民。孟子继承和发扬了孔子这一思想，并将教育确立为其"德仁政"思想的核心。《孟子》讲："善政不如善教之得民也。善政民畏之，善教民爱之；善政得民财，善教得民也。"《大学》虽在教育纲领中提出了"明明德""亲民""止于至善"的思想，但把教育的最终目标仍然归结为培养"齐家、治国、平天下"的统治人才。《学记》讲："建国君民，教学为先"；"化民成俗，其必由学"。董仲舒在《贤良对策》中讲："古之王者明于此，是故南面而治天下，莫不以教化为大务。"朱熹在《四书集注》中讲："存天理，灭人欲"；"革尽人欲，复尽天理，方始是学"。至于历代统治阶级和封建帝王更是把教育看成治理国家、驯化臣民的基本工具，而绝少有"民生""民本"和促进人的发展的踪影。从这一点上讲，党的"十七大"报告从"改善民生"的视角、"以人为本"的维度来阐述和确立教育的价值与功能，这在中华民族数千年的教育发展史上也是浓墨重彩、可圈可点的一笔。我们坚信这种科学的教育价值观和教育功能观的确立，一定会指导我国的教育事业实现促进社会发展和人的发展的和谐统一。

三、从"以人为本"的教育价值观出发，当前教育改革与发展要切实把"办好人民满意的教育"摆在突出位置

党的"十七大"报告提出要"办好人民满意的教育"，这句话内涵丰富，意义深远。它意味着今后我国教育事业的发展不仅要以国家、社会的价值准则和利益需求为出发点，还要以满足广大人民群众的价值准则和利益需求为出发点；不仅要服务和促进经济社会的发展，还要服务和促进人自身的全面发展。这也就是说，教育事业不仅要让国家满意、社会满意、政府满意，还要让广大人民群众满意，尤其是要让数以亿计的受教育个体以及受教育者的家庭和亲人满意。从社会学的理论来考察，国家或社会与个人或公民是一种对立统一的矛盾关系。一方面，国家、社会的利益与公民、个人的利益存在着高度的一致性，国家和社会的发展无疑会从整体上促进公民和个人的发展，而公民和个人的发展反过来又会从要素上促进国家、社会的发展；另一方面，国家或社会与个人或公民又是一种矛盾关系，即彼此存在着各自的价值需求和利益差别。换言之，在特定的社会条件下，国家、社会的利益与公民、个人的利益既存在着趋同、一致的可能性，也存在着不相同、不一致甚至剧烈冲突的可能性；二者在发展上既可能出现和谐、同步，也可能会出现不和谐、不同步。而"办好人民满意的教育"，就是要求我国教育事业的发展，既要考虑到国家的利益和社会发展的需要，还要考虑到公民自身利益和个人全面发展的需要；既要帮助公民或个人实现社会价值，为社会的发展进步做出贡献，还要帮助和促进公民或个人实现自我价值，为个人的全面、自由、充分发展及自我实现做出贡献。"以人为本"的教育发展观正是要求要将两者有机结合、统筹兼顾、和谐共进，并在发展的目的和归宿上更加注重对人的发展、人的幸福的终极关怀。

坚持"以人为本"的教育发展观，办好人民满意的教育，从目前我国教育事业运行和发展的实际现状出发，我们认为应突出加强和改进以下几方面工作：

1. 重视教育事业均衡发展，切实促进教育公平。目前国民关于教育的议论与批评，比较突出的是教育事业发展存在着严重的不均衡、不平等。这种不均衡主要表现在三个层面：一是城乡之间存在着巨大差异，诚如有些专家所言"城市学校像欧洲，农村学校像非洲"；二是区域之间存在着巨大差异，即东、中、西部三个大的经济区域的教育事业发展水平严重失衡；三是校际间存在着巨大差异，即名优学校愈来愈强，薄弱学校愈来愈弱。教育公平是社会公平的重要基础，是社会正义的重要指标，是确保公民平等发展的先决条件。教育事业发展水平的巨大差异会为不同区域、不同群体的公民或个人发展带来严重的不平等、

不公正，使一部分公民从一开始就输在了人生发展和社会竞争的起跑线上。为此，"办好人民满意教育"的当务之急是强化教育事业均衡发展，切实促进教育公平。这里，关键是在教育资源配置上要贯彻"十七大"报告所提出的"扶持贫困地区、民族地区教育，健全学生资助制度，保障经济困难家庭、进城务工人员子女平等接受义务教育"[①]。

2. 坚持教育的公益性质，依法规范各种办学行为。由办学行为不规范而引发的各种"乱收费"现象，是广大人民群众对教育议论的热点问题之一。因此从"办好人民满意的教育"的要求出发，当前教育工作一个很重要的方面就是要"坚持教育公益性质，加大财政对教育投入，规范教育收费"[②]，真正把教育尤其是义务教育当作社会公共事业来办，建立公共教育财政制度，并要切实实施依法治教，规范各级各类学校的办学行为，坚决制止各种乱收费现象。

3. 全面实施素质教育，切实提高各级各类学校的教育质量和办学水平。在基础教育阶段，由"应试教育"而带来的巨大压力和种种弊端，已成为严重威胁新生一代健康成长和全面发展的突出问题；在高等教育阶段，由扩招而引发的高校教育教学质量提高缓慢及学生就业压力沉重等问题，已成为当前社会关注的焦点。为此，从"办好人民满意的教育"的要求出发，必须全面实施素质教育，深化考试制度改革，切实减轻中小学生课业负担，提高学生综合素质，促进青少年儿童身心全面、健康、协调发展；必须大力提高高等教育质量，更新教育观念，深化教学内容及方式方法改革，完善质量评价体系，拓宽就业渠道，以确保高等教育的办学质量和水平全面提升。

[①] 胡锦涛：《高举中国特色社会主义伟大旗帜，为夺取全面建设小康社会新胜利而奋斗——在中国共产党第十七次全国代表大会上的报告》，《求是》2007 年第 21 期。

[②] 胡锦涛：《高举中国特色社会主义伟大旗帜，为夺取全面建设小康社会新胜利而奋斗——在中国共产党第十七次全国代表大会上的报告》，《求是》2007 年第 21 期。

高质量审计助力大学治理现代化：逻辑必然与功能优化①

习近平总书记在二十届中央审计委员会第一次会议上强调，发挥审计在推进党的自我革命中的独特作用，进一步推进新时代审计工作高质量发展，以有力有效的审计监督服务保障党和国家工作大局。② 学习贯彻党的二十大精神，深刻把握审计的制度优势，把学习成效转化为推动审计高质量发展的具体举措是伟大时代的召唤。同时，在党和国家对高等教育宏观治理的政策供给以及高等教育发展必需的物质资源供给两个条件都得到了较大改善的时期，大学治理体系与治理能力现代化对高质量高等教育体系建设具有引领性和决定性作用。③ 在以政策约束、拨款问效和监督检查为手段的大学"放管服"治理方式下，大学权责同时加大，面临着有效治理的时代需要。审计作为党和国家监督体系的重要组成部分，在推进大学治理体系和治理能力现代化中起着重要作用，其价值在于以高质量和专业化的审计手段，为有效治理提供经济监督、权力制约、预防免疫、独立评价和协同问责的功能保障。本文认为审计从理论逻辑上看是大学治理体系的必然存在体，从功能发挥上看是助推大学治理提升的重要驱动力。

一、审计在大学治理中的逻辑必然性

构建集中统一、全面覆盖、权威高效的审计监督体系，更好地在发挥审计监督作用上聚焦发力，是党对做好新时代新征程审计工作和进一步推动审计工作高质量发展提出的总体要求。④ 审计三大主体包括国家审计、内部审计和社会审计，在大学治理中它们既成整体，又从不同角度各司其职发挥功能。但因缺乏对大学治理中审计理论逻辑嵌入的系统认识，制约了审计高质量发展，阻碍了审计助力大学治理现代化的功效，需要进一步深入研究。

（一）审计与大学治理的理论关系

从审计的受托经济责任理论、国家审计治理理论和免疫系统理论出发，既可以从不同角度解释审计与治理的三层关系，又可以分析三者之间的相互联系。

---

① 原载《西北大学学报》（哲学社会科学版）2024 年第 2 期，与魏妮合作

② 习近平：《在二十届中央审计委员会第一次会议上的讲话》，《求是》2023 年第 21 期，第 4—10 页。

③ 眭依凡、王改改：《大学治理体系与治理能力现代化：高质量高等教育体系建设的必然选择》，《中国高教研究》2021 年第 10 期，第 8—13 页。

④ 中共审计署党组：《坚决落实坚持和加强党中央集中统一领导推进新时代新征程审计工作高质量发展》，《人民日报》2023 年 9 月 15 日第 9 版。

1. 审计是大学治理体系的必然存在

受托经济责任理论认为，受托经济责任关系广泛存在于各种治理体系中，它的存在被认为是审计产生的首要前提。[①] 在受托经济责任理论下，特定的受托方负有按照特定要求或原则运用权力去经管资源和资金等并报告其经管状况的责任，而这种责任的落实需要监督。[②] 这是审计作为独立第三方与受托方、受托经济责任的辩证关系。独立的第三方，监督、鉴证和报告受托经济责任理论为大学治理多元主体的各关系找到了隐性的基础底层关系，在这种关系下，审计在大学治理中产生，大学治理离不开审计。

2. 审计是大学治理体系的权力约束机制

国家审计治理理论认为，国家审计是国家治理的重要组成部分，是国家治理过程中的权力制约和问责机制，延伸出内部审计与机构治理的辩证关系以及社会审计以购买服务的补充形式参与治理的关系。国家审计作为一种制度安排，要以独立的精神和专业的水准参与国家治理，充分发挥预防和建设性作用。[③] 因而有审计问责机制的治理才是坚强的后盾，以保证和促进公共受托经济责任的全面有效履行。[④] 国家审计治理理论为大学治理有效运行提供了关键的成熟、完整、具有纠错能力的审计治理视角。

3. 审计是大学治理体系的免疫系统

免疫系统论，指国家审计发挥"免疫系统"功能与作用的内在机理亦与机体免疫系统相似，包括发现问题、处理问题、完善机制以致增强免疫功能以及通过系统发挥。[⑤] 中共审计署党组 2023 年 9 月在监督职能、防御职能方面，不断提升"免疫系统"的建设性和自适应性。《人民日报》刊文指出，随着社会主义市场经济体制不断完善，有效发挥了审计保障国家经济社会健康运行的"免疫系统"功能。国家审计"免疫系统论"的理论基点虽然是国家审计，但对内部审计、社会审计同样适用，内部审计身处组织机构内部，是机体第一道免疫防线，能更早地感受风险、发现问题、提出建议，达到促进健全机能、改进机制、筑牢防线的作用。社会审计通过购买服务参与其中，共同构成了整个审计"免疫系统"。免疫系统理论是国家

---

① 蔡春、朱荣、蔡利：《国家审计服务国家治理的理论分析与实现路径探讨——基于受托经济责任观的视角》，《审计研究》2012 年第 1 期，第 6—12 页。

② 秦荣生：《公共受托经济责任理论与我国政府审计改革》，《审计研究》2004 年第 6 期，第 16—20 页。

③ 张文秀、郑石桥：《国家治理、问责机制和国家审计》，《审计与经济研究》2012 年第 6 期，第 25—32 页。

④ 顾建民：《大学何以有效治理？——模式、机制与路径》，上海交通大学出版社，2021 年。

⑤ 赵军锋、金太军：《论中国特色社会主义审计政治学的理论建设——基于国家治理视角》，《社会科学研究》2019 年第 3 期，第 1—7 页。

审计治理理论的升级，为大学治理健康运行、加强自律和防范风险提供理论视角。

（二）审计在大学治理中的具体逻辑

有学者认为大学治理方式是多元共治的，多元共治有助于限制不当干预、释放某些主体的活力，但也可能导致多元主体责任不清、推诿扯皮、效率低下等问题。[①] 多元治理上述问题会引发利益分配、"谁来负责"和权力监督、权力制约等问题。从审计理论的视角嵌入，将审计与大学治理的三层关系落实，发挥审计提供高质量的反馈信息和专业化的权力监督制约的作用，为多元治理主体提供消减累积性结果偏差的治理手段。有助于大学治理从结构上实现权力监督、责任界定和权责对等，从过程上实现公共理性、理性决策和透明法治。

1. 受托经济责任是大学治理的基础责任

我国公布的 2022 年教育部部门预算一般公共预算中教育支出 1234 亿元，其中高等教育支出 1085 亿元，占 87.93%，远高于教育支出中小学和高中等项目。除此之外，国家高等教育专项资金和各省份地方高等教育资金投入、社会经济力量注入以及资金背后重大教育政策落实的背景下，审视大学治理问题，它虽然不是以经济利益最大化为治理目标，但是经济活动却是其治理的基础性目标。大学治理中虽然不止经济责任一种责任，但是经济责任作为基础责任却影响和牵制了决策、教学、科研、人事和众多公共利益责任，影响着相关领域的治理效果。受托经济责任在大学内外治理中体现为：对外包含大学落实国家推进现代大学建设政策目标，落实教育、科研政策目标，公共资金、国有资产、国有资源的安全完整目标，社会经济合同责任履行等内容；对内则表现在大学与科研部门、学院等内部机构和人事、财务、资产、后勤等职能部门之间涵盖的人才引进、学科建设、教师待遇、奖助学金、国际合作、廉政监督等方面的目标责任。在大学治理中，广义经济责任指国家和大学、社会和大学、大学和学院、大学和所属机构等多元主体因经济或经济相关事项产生的多重受托经济责任；狭义经济责任指管理、支配和使用经济资源及与经济资源相关事项的大学领导者、行政管理者和教师等所负的受托经济责任。

2. 受托经济责任在大学治理中需要具体划分

将受托经济责任内容具体到谁对谁负责、负什么责和如何履行责任的大学治理过程。[②] 我国大学主体是公办大学，国家和政府对大学"放管服"政策的实施，强化了国家、政府

---

① 蒋达勇：《现代国家建构中的大学治理——基于中国经验的实证分析》，中国社会科学出版社，2014 年。

② 别敦荣、易梦春：《普及化趋势与世界高等教育发展格局——基于联合国教科文组织统计研究所相关数据的分析》，《教育研究》2018 年第 4 期，第 135—143、149 页。

对大学的受托经济责任。随着大学与其所属学院和机构的教学、科研管理等各项权力而接受的公共资金和国有资产等各项资源，"所有权和经营权"愈加分离。一方面，随着国家加大教育投入，与大学相关或受其支配的资金、资产和资源倍速增量；另一方面，大学经济运行及相关领域中政府放权和扩大大学自主办学，两方相互作用更催生出厘清受托经济责任、明确责任归属划分、保证责任履行到位的治理需求。从宏观角度看，大学受国家、社会所托履行相应的经济责任，内部机构受大学所托履行相应的经济责任。具体而言，这些责任落到大学主要领导者、内部机构主要管理者、教师和其他人员身上，主要包括依法治校的责任、科学决策的责任、保障公共利益的责任、信息披露和报告的责任、有效内部控制的责任、有效使用的责任等。通过上述责任的履行保障大学公共资金、国有资产、国有资源的合理配置、有效使用，确保大学职责的有效履行，实现各相关者利益最大化。

3. 审计制度是大学治理中的权力约束机制

我国的大学治理中主要存在八个方面的主要关系，即党委领导与校长的关系、学术与行政的关系、学校与院系的关系、大学章程与学校制度的关系、办学自主权与治理能力的关系、治理与管理的关系、政治建设与文化建设的关系、外在推力与内生动力的关系。[1] 在治理中建立完善的问责机制是实现良好治理的前提。[2] 国家审计治理延伸到大学治理中，大学治理中审计作为治理工具主要有以下四种表现：（1）从单纯的学校预算管理、财政财务收支监督发展到关注大学制度建设和政策落实审计问责；（2）通过开展校级和中层主要领导干部经济责任履行情况审计和评价，落实权责对等，对权力进行监督和制约；（3）全覆盖监督、评价和建议大学公共资金、国有资源和资产的使用和效益，促进其使用过程的阳光透明，保证大学治理中多元治理主体的利益公平；（4）国家审计通过广泛开展对教育主管部门和大学相关机构的审计形成约束，作为国家监督机制，从最高层次为大学治理有效运行提供坚强后盾。随着审计服务治理的理论和实践的发展，又开始关注到区分错误与容错机制，成为审计发挥治理作用的优化路径。

4. 免疫系统是大学治理的审计本质

在大学治理中，在确定了责任和问责的基础上，审计免疫系统将随着审计内容全覆盖而延伸到大学治理的内部和外部，涉及大学政策制定和改进，内部控制体系建设和落实，大学自身建设和纠错能力，权力、资金和资源分配等全方面、全过程的细节性问题，从苗

---

[1] 张德祥：《我国大学治理中的若干关系》，《高等教育研究》2018 年第 7 期，第 1—8 页。
[2] 高文强：《我国国家审计服务国家治理的角色分析》，《审计研究》2020 年第 4 期，第 35—40 页。

头到趋势、从表象到里层，进行深层次分析、揭示和反映，运用专业化手段发现苗头性、倾向性问题，及早感受风险，提前发出警报，起到预警作用，发挥审计的本质作用。[①] 大学治理中审计免疫系统越完善、越有效，就越能提高大学治理能力和管理水平。审计免疫系统能力的增强才能真正让大学在经济资源管理和使用等方面从"他律"转为"自律"，将"放管服"政策落到实处并达到有效治理的目标要求。

二、审计功能在大学治理中存在的问题

审计理论与大学治理的结合和运用，使得审计功能在大学体系中催生有效治理。但仍存在审计理论逻辑的运用未紧密结合大学主体特点合理安排和审计功能未充分释放的问题。

（一）审计经济监督评价功能与大学治理中经济内容模糊化现象

1. 大学审计的经济监督评价功能

大学教书育人、科学研究等的显性特点在一定程度上掩盖了经济活动的隐性特点，根据上述理论分析，其实受托经济责任在大学治理中广泛存在。教育部印发的《教育部直属高校主要领导干部履行经济责任重要风险提示清单》，清晰化地将受托经济责任落在大学书记、校长"一把手"等主要领导干部身上，明确要求他们接受审计监督。这些经济责任审计指标同样可以分解到大学的内设机构和各级院系产生更细化的指标体系，可谓"无审计不治理"[②]（见表1）。

表1　教育部直属高校主要领导干部履行经济责任重要风险提示清单

一级指标	二级指标	三级指标
领导学校发展方面	落实党和国家重大经济方针政策和决策部署情况	党和国家重大经济方针政策和决策部署落实情况（是否：明确责任、落实责任、追究责任）
		严令禁止事项落实情况（是否：自查自纠、整改到位）
	制定实施学校发展战略规划情况	对学校发展战略的领导和人才的培养（是否：战略规划与学校人才培养、科学研究核心使命与现实状况脱节、实施不力）
		协调学校各二级单位服务学校发展（是否：内设机构统筹配合）
	"三重一大"决策情况	决策范围，决策依据，决策议题（是否：范围清晰、依据科学、决策议题有效）
		对二级单位重大经济决策的监督和指导（是否：指导到位）
		学校内设机构职责，决策、执行和监督，业务管理系统与财务管理信息系统的联系（是否：权责明确）

---

① 时现、李善波、徐印：《审计的本质、职能与政府审计责任研究——基于"免疫系统"功能视角的分析》，《审计与经济研究》2009年第3期，第8—13页。

② 蔡春：《面对"大考"，审计应怎么做？能做什么？——来自审计学人对新冠病毒疫情防控的思考》，对外经济贸易大学国际商学院联合中国CFO发展中心，2020年。

续表

一级指标	二级指标	三级指标
领导学校发展方面	完善内部治理情况	学校内部控制建设的重视程度，重要业务的内部控制完善情况（是否：评价机制流于形式，机构运行统筹协调）
		管理系统规划状况，业务管理信息系统和业务流程（是否：业务流程和业务管理信息脱节）
	按规定履行分管职责情况	有关规定负责分管领域与事项，如学校主要负责人直接负责学校内部审计、内部控制等工作（是否：直接负责）
直接分管工作方面	党风廉政建设情况	党风廉政建设第一责任人职责，个人廉洁自律准则、履行中央八项规定精神、廉洁从政规定行为（是否：违反廉洁自律原则，中央八项规定）
	按规定不得直接分管事项落实情况	职称评定、科研项目评审、资金存放、建设项目、采购、重大项目投资等经济活动，以及产业、后勤等经营管理活动（是否：违规干预）
其他管理工作方面	预算与财务管理情况	财务管理体制的完善程度，议事规则建立健全，二级单位（尤其是独立核算单位）的专业指导和监管（是否：进行专业的指导和监督）
		预算管理对学校各项业务的引导，预算编制的科学性，预算调整的严谨性，预算执行进度（是否：预算管理完善，预算调整随意，执行进度缓慢）
		组织收入行为规范性，收益存在应收未收现象，收入不入账或不纳入预算管理，应上交国库或财政专户收入足额，对财政捐赠配比资金使用（是否：违反国家规定擅立项目，超标准、超范围收费）
	资产管理情况	资产归口管理情况，资产使用按规定程序报批报备，对外投资可行性研究（是否：无形资产监管严格，资产收益的管理充分）
	人力资源管理情况	二级单位绩效纳入学校归口管理、绩效的分配情况（是否：合乎规范）
	采购管理情况	采购的管理，采购计划和采购预算编制，采购验收的规范性，付款审核的程序。（是否：违规将项目化整为零或以其他方式规避招标）
	合同管理情况	合同的归口管理，各类合同签署权限及程序，程序签订合同的规范性，合同印章管理的规范性，对合作方履行合同情况的监控（是否：对违约行为及时采取应对措施，适时止损）
	建设工程管理情况	建设工程的归口管理，投资评审制度的完善，办理竣工决算，办理产权登记，资产及时结转入账（是否：及时办理竣工结算，办理产权登记，资产及时入账）
	办学管理情况	办学归口管理，办学审批立项制度，学校或二级单位办学的情况，合作办学的监管情况，合作办学收益或分成比例的确认和分配（是否：违规招生，违规收费，合作办学收益不明确或比例不合理）
	科研管理情况	国家政策要求的配套制度，财务管理方式，财务报销手续，科研财务助理制度落实，科技成果转化激励约束机制（是否：把制度完善落地，挥霍科研经费，科技成果转换机制到位）
	对外合作管理情况	合作论证审批、立项程序，合作过程的监控，学校权益的合理保障；（是否：合作过程缺乏有效监督，权益得到保障）
		附属医院、研究院、独立学院、教育基金会、附属中小学、后勤等单位内部控制机制的建立健全，附属单位和后勤单位的监管制度和机制（是否：监管制度和机制完善）
	所属企业管理情况	学校履行国有股东权利与责任，对所属企业的重大决策、重大事项、重要人事任免及大额资金支付业务的监管，关于高等学校所属企业体制政革的有关精神和要求落实情况（是否：对高等学校所属企业体制改革的有关精神和要求落实到位）

审计经济监督评价功能通过经济评价指标履行情况，使得大学的经济活动对大学治理的隐性作用得以彰显，进而可以通过对相关治理理念、政策制度和管理结构的影响来改变大学治理效果。如在人才引进专项资金审计中，可以通过人才引进资金的大量结余判定此项工作推动不力，也可以通过人才引进资金的支出对比引进人才的科研输出评价人才引进效果和效益。在 S 省开展的高校数据全覆盖审计中，有一项总体运营情况审计，其中评价指标包含：师生比例、高声望教师比例、科研发展情况分析、学生发展情况、获得捐助金额增长比例、新增重点学科比例、人均开支增长率、人员支出占总支出比、经费自给率等，通过审计监督评价提供大学治理基础发展的专业评价。

2. 经济内容模糊化现象制约大学审计经济监督评价功能的发挥

在经济特点不明显的大学中，资金和资产方面的审计内容比较容易明确，大学主业中却存在经济内容模糊化现象：一是涉及学术和科研权力使用、资源分配，质量工程资金效益评价等方面，相关内容效果不易量化且需要结合大学自身教学科研业务来评判。审计就有了离开熟悉经济领域向大学相关业务延伸的现实需要。这种延伸在实践中演变成审计判断的自由裁量行为，因学校和院系情况不同、审计事项不同、审计人员不同，只能一事一处理，从而产生出不同的延伸内容。二是大学除产业后勤和经营行为外存在大量的经济要素投入和非经济利益产出的非线性关系，但审计判断存在缺乏标准模型的情况，需要依赖审计人员对大学治理的认识水平和使用所谓审计进行自由裁量权。上述现象落实在大学审计实践中产生了功能偏移的情况。

实践中一些审计人员确实存在对大学类审计对象的研究不足等问题，比如主要围绕科研经费结余与否，在耗费大量资金的科研工作外围转圈，或在科研转化和科研绩效等审计深水区，简单套用行政单位经费办法只问对错，导致实际的监督和评价功能越位或缺位。虽然审计人员相对熟悉大学的科研、学术权力运行轨迹，但是由于经济的隐性特点，缺少刚需规定，在面对学校的教学科研、学科建设等中心工作时，由于缺乏明晰的必审内容，内部审计也存在习惯性的退让和隐忍的做法。同时大学不以经济目标最大化的价值观和内部审计先天独立性不足的缺陷，使得一些大学治理者存在对内部审计有"低质量"的偏好需求和内部问题自己说了算的无所谓态度的现象，还有的治理者会以所在大学系统的利益为最大利益而屏蔽存在的相关问题的情况。以上是制约审计监督和评价功能发挥的最现实原因。

（二）审计权力制约问责与大学治理中审计政治属性的形式化现象

1. 大学审计的权力制约问责功能

大学治理现代化不仅反映国家治理的逻辑，同时也是大学内在强化发展逻辑的自然延伸。[1] 在中央层面成立审计委员会，凸显出审计在治理中的政治属性。[2] 完整、准确、全面理解和落实党中央对审计工作的部署要求是新时。具体到大学，国家审计通过开展对大学校长和书记经代，更好发挥审计监督作用的高质量发展所需责任履行情况的审计，对"一把手"任期内贯彻执行党和国家经济方针政策、决策部署情况，学校重要发展规划和政策措施的制定、执行和效果情况，"三重一大"事项决策、预算管理、资金使用和效益，经济活动中落实党风廉政建设责任、以往审计发现问题等情况进行审计和问责，抓住了关键少数；大学内部审计通过对职能部门"一把手"、学院"一把手"、校属独立法人开展经济责任审计，聚焦了大学掌握资源、掌管分配的一批关键少数，对学校内部组织框架下的权力和责任的落实情况进行监督和检查。审计从多角度对大学治理中的多元主体进行制约、监督和提出审计改进建议，激活"自律"机制，帮助大学完善制度体系，倒逼被审计对象，建立权力制约观念。

相比政府和企业，大学是人才培养、知识产出、思维创新和服务社会的组织，审计的独立性、专业性和通用性有助于大学治理各主体对经济问责的落实。同时审计问责机制自身的内涵也不断扩充，引入了"三个区分开来"的容错机制使得审计问责机制更加成熟，为大学治理现代化提供了科学制度保障（见图1）。

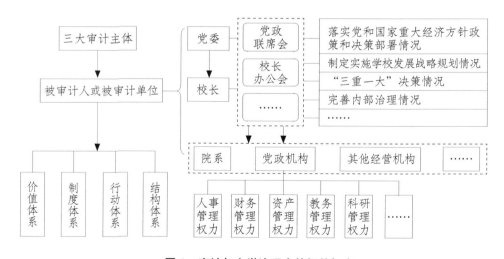

图1　审计与大学治理中的相关权力

① 赵军锋、金太军：《论中国特色社会主义审计政治学的理论建设——基于国家治理视角》，《社会科学研究》2019 年第 3 期，第 1—7 页。

② 时现、李善波、徐印：《审计的本质、职能与政府审计责任研究——基于"免疫系统"功能视角的分析》，《审计与经济研究》2009 年第 3 期，第 8—13 页。

2. 审计政治属性的形式化现象制约大学审计权力和问责功能

审计被称为"经济体检"，是党和国家监督体系的重要组成部分。党的二十届中央审计委员会第一次会议明确提出增强审计的政治属性和政治功能，对所有管理使用公共资金、国有资产、国有资源的地方、部门和单位的审计监督权无一遗漏、无一例外，形成常态化、动态化震慑。① 但学界习惯从经济学和管理学（会计学）角度来理解审计，掩蔽了审计的政治性。② 这种观念影响了一些大学治理者，他们缺乏对审计逻辑的深入理解，有"矮化"审计的倾向。最普遍误判是认为问题存在于审计技术层面，被审计者往往认为，只要自己没有腐败行为，审计发现的问题应该由具体管理者和执行者担责，减弱了审计发现问题整改的力度和主责。另外审计整改事项未列入大学党委领导班子、二级学院党委领导班子议事范围的问题还屡见不鲜，甚至在审计发现问题整改中还存在形式主义，一些系统性和深层次的问题长期得不到有效改正。另一些大学治理者对审计的技术性视而不见，懒于行使审计赋予的意见反馈权力，对由于审计师认识局限导致产出的不恰当的审计结论采取全盘接纳的做法。这种认识上的偏差，产生了沟通不畅和资料不足现象，这都消耗了审计和被审计双方的宝贵资源，出现了审计形式化和整改困难的情况。

为加强各级党委对审计工作的领导，各省份也相继成立省级审计委员会，这样的安排也传导到大学中。不少大学成立了校党委审计委员会，加强了党对大学内部审计的领导，强化了内部审计独立性。但大学治理层对党管审计制度上的"坚决"和实践中的"忽略"，常常能在现实中捕捉到。如存在未完全落实《审计署关于内部审计工作的规定》（2018）、《教育系统内部审计工作规定》（2020）内部审计应当在大学主要负责人的直接领导下开展内部审计工作，向其负责并报告工作的规定。主要负责人直接管理审计仍存在未落实到位的问题，影响了问责功能发挥。

（三）审计系统预防反馈功能与大学治理中免疫系统效能的弱化现象

1. 大学审计系统预防反馈功能

审计在大学治理的外循环和内循环中都具有内生性免疫功能特点。从外循环来说通过审计不仅可以揭示教育主管部门或外部相关主体对学校投入的各种资源的合理性、完整性和真实性，还可以检查推动大学发展和完善大学治理方面重要政策制定、落实和效果；从

---

① 习近平：《在二十届中央审计委员会第一次会议上的讲话》，《求是》2023年第21期，第4—10页。

② 眭依凡、王改改：《大学治理体系与治理能力现代化：高质量高等教育体系建设的必然选择》，《中国高教研究》2021年第10期，第8—13页。

内循环来说通过审计可以摸清学校的家底，揭示学校决策层、管理层在学校资金、资产和资源分配、使用中存在的问题，分析学校在重大问题决策、破解组织交叉事务的治理能力。总之，通过审计可以提出审计建议和意见，促进大学完善制度、健全机制、改革体制和防范重大风险。

2. 审计免疫系统效能弱化制约大学审计系统预防反馈功能

虽然近年加大了审计力度，发挥了审计在大学治理中的免疫系统效能，但大学仍是腐败现象的高发地。其中，基建是大学腐败现象的重灾区，科研也有案例。除了上述重大腐败风险，在学科建设、科研转化和"质量工程"等方面还存在投入的经济要素未达到相应效果和损失浪费的情况。作为治理免疫系统的审计为何在重点防范领域中仍会出现"功能失灵"？究其原因，一方面，在某些领域受到了审计取证力度的困扰，比如基建工程项目，审计往往只能调取学校作为甲方的资料，延伸到施工企业则困难大，导致审计资料不能显示基建事项全貌，审计检查风险大；另一方面，实践中还存在大学审计免疫系统效能弱化的情况。

大学审计免疫系统效能弱化表现为：（1）国家审计受自身自上而下的视野影响，仍然存在程式化审计思维方式，对大学治理的把握和研究还不够，对大学业务深水区的审计探索不够，采取项目立项和项目下沉等多样化手段激发内部审计协同潜力也做得不够深入。（2）一些大学主要负责人直接管理审计的政策要求没有完全落实，弱化了内部审计的独立性和对其的支持度，使得内部审计在监督学校内部控制运行情况中，存在"智慧回避"和"保守式输出"的做法，在审计结果利用和审计整改协作联动方面普遍存在不足。（3）审计力量不足，内部审计存在审计实践思维不开阔、要点把握不足和审计建议价值低的内审现象；社会审计往往追求经济利益最大化，大学审计项目常常按照预算资金的量来计算服务费用，远不及企业资产量、基建资金量，社会审计提供购买服务时存在将自己的精锐力量放在价值产能高的项目上，而将能力较弱或新手派驻大学的情况。上述存在问题导致了审计免疫系统在大学治理中的功能弱化。

三、审计功能在大学治理中的优化措施

在深入认识审计在大学治理中的逻辑必然和功能制约基础上，提出优化功能大学审计的具体举措主要包括以下三点。

（一）建立大学审计的一体化机制

全面落实党中央对审计工作的部署要求，进一步提高政治站位，坚持把政治导向、政治要求、政治原则贯穿审计工作全过程。建立以国家审计主导、内部审计为主体，围绕大学治理目标和大学治理现代化的一体化审计机制。发挥国家审计主导作用，能突出审计的政治功能，为在大学治理中充分发挥内部审计主体作用提供政治和落实保障，解决审计功能优化的最底层问题（见图2）。

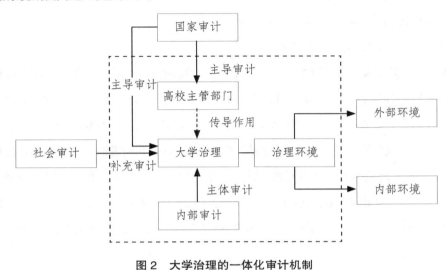

图2　大学治理的一体化审计机制

国家审计在发挥主导作用中，一是提高大学治理主体对审计政治功能和政治属性的充分认识，促进大学全面贯彻国家审计制度安排；二是加大在涉及质量工程、学术科研、学科建设和人才评价等重点领域数据分析监测和审计成果共享；三是发挥大学内部审计治理内生性特点，鼓励发挥内部审计功能开展自查、自纠和自律，积极为大学治理反馈监督和问责审计信息；四是做好大学内部审计和社会审计导向，建立健康审计理念，审计范围内的事项做到一查到底、审深审透，不该干涉的不应该随意干涉。发挥内部审计主体作用，需要进一步强化党委和校长对审计的领导，发挥自身熟悉大学治理规律的特点，找到有价值的审计问题，敢于审计和反映，落实审计发现问题整改，推动大学有效治理能力和水平提升。在上述基础上，根据治理的需要引进社会审计为补充作用，共同构建以提升大学有效治理为目标的大学审计机制。

（二）开展大学治理的研究型审计

深入开展研究型审计是全面贯彻落实习近平总书记关于审计工作重要讲话重要指示批示精神及党中央国务院决策部署，实现审计工作高质量发展的重要理念和抓手。应该针对大学这个特定审计对象，深入大学治理相关研究，围绕经济相关事项，明确基于大学内外治理研究基础上的审计内容和责任清单。

1.研究权力分配，明确审计内容

（1）研判下放大学的国有资源和公共权力的审计，如将国家让渡的招生权、职称评定权、资产处置权、资金使用权、工程建设与招标权、学生奖学金评审权以及权力伴随的资源分配纳入重点审计内容。（2）研究大学对外合作和市场行为的审计，发挥审计熟悉经济事项和市场规律的长处，研究大学改革发展方向、发现大学行业经营违规问题和优化学校市场合作行为能力和内部控制制度制约。

2. 研究分权制约，明确审计边界

（1）落实聚焦审计经济监督要求，注重大学章程内容和管理制度落实，注重发挥党委巡察和纪检监察等其他监督主体协同监督功能。（2）关注学术委员会、学位委员会、职称委员会、教学委员会依规行使的权力和做出的决策和落实情况，积极维护教代会、学代会、工会等大学民主权力的行使，对上述机构反映的和经济有关的问题纳入审计范围并公布审计结果。（3）研究大学面临的焦点问题，针对大学新型基础设施建设发展、科研经费包干制配套、审计整改和问题清单跟踪检查等大学治理中重点关注的问题，积极研究审计对策、提升审计成效、应用审计成果，促进大学体制机制改革，助力现代大学治理能力的提升，促进大学治理现代化。

3. 建立问题清单，形成问题推送

国家审计可以充分利用相关审计成果结合全覆盖数据审计、各类大学审计，推动大学发现问题并解决和整改，倒逼大学完善相关治理机制；教育主管部门审计机构可以形成大学审计问题和重要风险年度提示清单，定期向大学推送相关审计负面清单；内部审计可以充分利用推送清单，长期跟踪、持续问效；审计发现问题清单也有助于大学和大学领导者、大学治理参与者认识自身问题，研究解决问题，积极整改不足。将问题发现清单和审计整改清单结合，形成问题推送、查找问题、整改联动、问题整改、过程跟踪。问题整改跟踪和问题整改销号的闭环机制将审计成果转化发力点，确保整改到位。如模仿教育部直属高校主要领导干部履行经济责任重要风险提示清单，结合学校特点建立经济责任重要风险问题提示单（见图3、图4）。

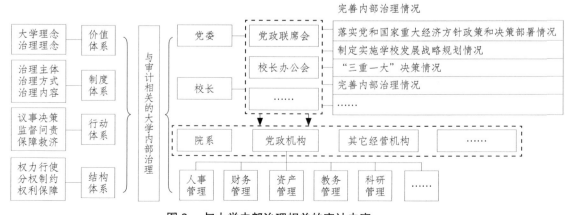

图 3　与大学内部治理相关的审计内容

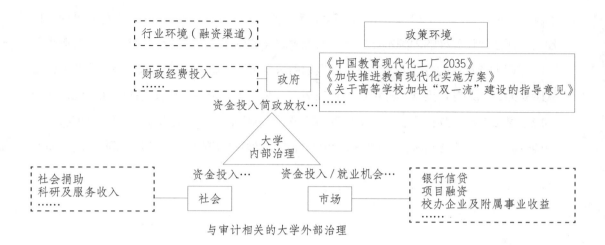

图4　与大学外部治理相关的审计内容

（三）完善大学审计自身体系建设

提升审计在大学治理中的免疫系统功能，还需要加强审计自身建设，练好基本功。

1. 完善审计制度建设

国家审计或教育主管部门可以围绕大学特色制定大学审计指导规范，结合《关于高等学校加快"双一流"建设的指导意见》等制度文件和大学治理政策的战略目标，出台大学特色行业审计制度。同时发挥教育主管部门在国家审计和大学之间的纽带作用，完善审计制度体系建设：（1）建立健全国家审计与教育审计、国家审计与大学内审、大学外部治理与大学内部治理的机制连接，从教育体系和大学治理整体观出发支持审计在大学制度化和常态化开展，在贯彻落实国家重大政策措施、学校发展规划、"三重一大"事项、领导人员履行经济责任、重大投资和基建项目、内部控制及风险管理等重点审计领域出台教育行业审计问题清单和审计规范制度。（2）建立大学系统审计信息平台建设和审计信息技术支持制度，倡导建立大学行政管理部门、学院、经营实体等不同单位审计联络员制度，建立和推行大学治理层、管理层定期开展审计专业和流程培训制度，制定大学审计人员借调国家审计和教育行业审计工作管理办法，提升大学审计人员的专业技术能力和水平。从制度和技术两个层面保证审计资源"一盘棋"政策在大学落实，为大学审计创造良好的实施环境。

2. 优化审计自身建设

特别是关注审计主体短板建设，即内部审计自身建设。大学应该结合自身情况，优化审计职能建设。（1）要优化大学审计议事决策能力。落实党主要负责人直接领导下、定期听取审计汇报等制度要求；教育主管部门帮助大学体系发声，让国家审计随时听得到大学治理的目标和需求。（2）要优化大学审计监督问责能力。一是加强大学内部审计机构自身建设。抓住建设怎样的内部审计机构和要吸收怎样的审计人员这两个关键点，建设熟悉大学治理和审计专业的专门人才队伍，积极运用数据审计和研究审计技术，提升内部审计的软硬实力；二是营造大学内部审计的有利环境。对于发展中不撞红线的探索性问题，敢于顺应大学教育治理规律，从有利于发展、改革、纠偏和防腐四个维度去审视审计事项，历史地全面客观地看待问题，努力赢得学校管理者和教师队伍的信任，营造有利的发展环境。

陕西省高等教育"双一流"建设的现状、困境与路径 ①

建设世界一流大学和一流学科，是进入新时代党中央做出的重大战略部署。国家"双一流"建设启动以来，陕西省积极响应、主动作为，在促进高等院校学科建设水平提升、加强国际交流与合作、健全相关体制机制等方面取得了显著成效。但是还存在着整体发展不协调、资源支撑力不强等问题。为此，陕西省应强化战略布局、统筹各类资源、突出优势特色、聚焦社会服务，大力助推高等教育"双一流"建设的快速提升。

建设世界一流大学和一流学科，是进入新时代党中央做出的重大战略部署，对于提升我国高等教育发展水平、增强国家核心竞争力、奠定民族复兴的长远发展基础，具有十分重要的意义。陕西虽地处我国西北部，但高等院校数量多、质量高、特色明，是我国"双一流"建设的重点省域。在全国高等院校百舸争流、千帆竞发的激烈竞争背景下，陕西省高校"双一流"建设的进展情况如何？面临哪些问题？加快建设与发展的出路在哪里？

一、陕西省"双一流"建设的现状与成效

2014 年 5 月 4 日，习近平总书记在北京大学师生座谈会上指出："党中央作出了建设世界一流大学的战略决策，我们要朝着这个目标坚定不移前进。办好中国的世界一流大学，必须有中国特色。"2015 年 10 月，国务院印发《统筹推进世界一流大学和一流学科建设总体方案》，明晰了"双一流"建设的基本思路。2017 年 1 月，教育部等三部委印发《统筹推进世界一流大学和一流学科建设实施办法（暂行）》，标志着第一轮"双一流"建设正式启动。2019 年，教育部发布声明，将"211 工程"和"985 工程"等重点建设项目统筹为"双一流"建设。2022 年 2 月，教育部、财政部、国家发展改革委公布了《第二轮"双一流"建设高校及建设学科名单》，标志着"双一流"建设进入了第二轮。国家"双一流"建设政策启动以来，陕西省积极响应、主动谋划、大力推进，先后出台了《关于建设"一流大学、一流学科，一流学院、一流专业"的实施意见》（2016 年）、《陕西省"一流大学、一流学科"建设支持方案》（2022 年）等举措，促进了本省"双一流"建设的高位开局。目前，在陕西 111 所高校、55 所本科院校中，已有 8 所高校、20 个学科入选国家"双一流"建设名单，其中一流大学分别为西安交通大学、西北工业大学、西北农林科技大学、西安电子科技大学、西北大学、陕西师范大学、长安大学、空军军医大学。20 个一流学科

---

① 原载《新西部》，2023 年 8 期，与马洁合作。

也主要分布在 8 所高校之中，具体情况为，西安交通大学有 8 个：力学、机械工程、材料科学与工程、动力工程及工程热物理、电气工程、控制科学与工程、管理科学与工程、工商管理；西北工业大学有 3 个：机械工程、材料科学与工程、航空宇航科学与技术；西北农林科技大学有 2 个：植物保护、畜牧学；西安电子科技大学 2 个：信息与通信工程、计算机科学与技术；西北大学有 2 个：考古学、地质学；陕西师范大学有 1 个：中国语言文学；长安大学有 1 个：交通运输工程；空军军医大学有 1 个：临床医学。总括来讲，陕西省高等学校"双一流"建设成效显著，其学校和学科总数分别位居全国第四和第七，在西部 12 个省区排名第一。具体建设成效主要体现为以下几方面。

（一）促进学科建设水平提升

陕西省坚持"分层分类＋精准支持"的原则，将不同发展水平的高校分为不同建设层次，根据学校发展实际制定差异化的建设目标，依据建设重点制定不同等次的财政支持力度。同时，积极引导高校制定个性化建设方案，实行"一校一案"，鼓励其特色化发展。在学科方向的厘定上，主动响应国家重大发展战略需求，发展前沿学科和新兴学科，如碳中和、新材料、航空技术、人工智能等，优化更新的学科、专业数占比近 40%。引导高校在建设过程中积极推进科技成果转化，主动融入并服务地区重大战略发展需求。以上措施使一批学科专业成功跻身全国前列，少数学科处于全国领先位置。在教育部第四轮学科评估中，陕西省有 27 个学科进入前 10%，94 个学科进入 ESI 前 1%。

（二）加强国际交流与合作

1. 中外合作办学和科研机构日益增多。教育部 2013 年批准的电子信息工程中外合作办学项目，为西安电子科技大学与法国南特大学综合理工学院合作举办，是陕西首个工科全日制中外合作办学项目。2016 年西北工业大学伦敦马丽女王大学工程学院正式获批成立，成为西北地区第一所中外合作办学机构。西北农林科技大学的中外科研合作平台自 2017 年之后激增，仅 2018 年一年就成立了 10 个中外合作交流平台。

2. 广泛聘请国外知名专家、学者为学校名誉教授或客座教授。例如，2017 年西北工业大学与中国宇航学会共同成立的"一带一路"航天创新联盟，聘请了包括诺贝尔奖获得者在内的 200 余名国际专家学者。

3. 中外学生交流活跃，不断探索国际化人才的培养模式。例如，西北工业大学实施了"一境四同"模式（即中外学生同堂授课、同卷考试、同室科研、同班活动），在国际交流与合作的地域范围上立足西安的地理特征，与"一带一路"沿线国家形成了更具长期性的交流机制。与此同时，中外合作办学的形式也越来越丰富，分别有国际双学位班、项目专题会、中外合作交流平台等。

（三）健全宏观体制机制

在第二轮"双一流"建设实施方案中，陕西省的保障措施更加完善。一是责任更加明确。在"一流大学"和"一流学科"的支持方案中将具体任务分解到各个职能部门，压实各部门职责，保障了政策落实的组织力和执行力。二是规划的实际操作性更强。把建设方案中的任务和指标层层分解，并以计划书、项目书等形式呈现，为"双一流"建设提供了清晰的路径指引。三是财政投入不断加大。"十四五"期间陕西对"双一流"建设的支持力度进一步加大，相比"十三五"期间省级财政投入翻了一番，"十三五"期间省财政共安排12亿元对部属高校的"一流大学、一流学科"建设进行专项支持，"十四五"期间建设资金将高达43.7亿元。

二、陕西省"双一流"建设面临的问题与困境

（一）整体发展不协调

各高校间发展不均衡，是陕西省"双一流"建设中面临的最为突出的问题，具体表现为省属高校竞争力较弱。在第二轮"双一流"入围名单中，陕西省虽入选了8所高校，然而主要为部属高校，省属高校中仅有西北大学1所。此外，在国家"双万计划"立项的一流专业中，省属高校虽数量众多，但入围的一流专业仅占全省约55%。以上状况反映出省属高校的办学水平和综合实力亟待提升。造成这种状况的原因，一方面与省属高校建设起步晚、底子薄有关。另一方面与部分省属高校思想观念保守、进取动力不强、创新意识不足有关。

（二）资源支撑力不强

人力、物力、财力是支撑"双一流"建设的基础，但相对于东部地区高校，陕西省尚处于滞后状态。一方面，经济支撑力不足。尽管"十四五"期间，陕西省财政预算投入高校"双一流"建设的资金将高达43.7亿元，但从横向对比来看，与其他省市仍有较大差距。资料显示，湖北省每年安排10亿元专项资金支持省属高校一流学科建设，河南省将在"十四五"期间投资55亿支持本省7所高校开展一流学科创建工作。另一方面，人才支撑力不足。截至2022年底，陕西高校共有"两院院士"48人，国家级人才847人，近五年省属高校新进教师中具备博士学历的比例达到72%，全体高校专任教师中副高及以上

职称占比达 46.6%。以上状况，在中西部省份中算是比较好的，但与东部经济发达省份相比，明显存在着不足。与此同时，"孔雀东南飞"的人才流失现象仍然严重存在。

（三）学科发展不均衡

在国家第一轮"双一流"建设名单中，陕西有 17 个学科入选一流学科建设，在第二轮"双一流"建设名单中，陕西有 20 个学科入选一流学科建设，其中西安交通大学的信息与通信工程、西北农林科技大学的农学没有进入第二轮一流学科建设名单，但新增了西安交通大学的控制科学与工程、西北大学的考古学、西北工业大学的航空宇航科学与技术、西北农林科技大学的植物保护、畜牧学。从入选学科的学科属性和门类来看，明显存在着"工强理弱文落后"的现象。入围的 20 个学科以工科和理科为主，哲学社会科学学科仅占约十分之一，这种状况与陕西作为文化大省的实际地位极不相符。

（四）发展速度不够快

从历史的维度来看，陕西省"双一流"建设取得了长足进步，但在与其他省份的横向比较中，则存在着"前甩后追"的态势。例如，在第二轮学科评估中，江苏省的 A 类学科仅比陕西多 11 个，而到了第四轮评估则比陕西多出了 53 个。又如与陕西相邻的四川省在第二轮学科评估中 A 类学科比陕西少 5 个，而到了第四轮评估，则与陕西齐平。特别是西安理工大学、西安建筑科技大学、西安科技大学、陕西科技大学、西安美术学院等虽实力较强、特色鲜明，也是陕西省重点培育的国家"双一流"建设储备高校，但在第二轮"双一流"建设评估中均榜上无名。

三、加快陕西省"双一流"建设的对策与路径

（一）强化战略布局，创新政策供给

一方面，应抓好顶层设计，精准制定目标规划。"双一流"建设不能仅靠某一高校、某一学科"单打独斗"，而需要高校与政府、科研机构、企业等多部门"联合作战"，因此从战略层面明确目标定位、做好统筹规划、促进相互联动十分重要。政府部门承担着统筹规划、政策厘定、资金投入、绩效评估等重要职责，因此应进一步发挥好牵头与组织作用。同时，要持续推进分类施策的做法，以"一校一策，一学科一规划"的思路支持各类高校加快"双一流"建设步伐。

另一方面，应协调好部属高校与省属高校在"双一流"建设中的密切合作关系。梳理和摸清省内各高校科研平台、学科团队、人才队伍等学术资源底单，建立高校间学科资源

与信息平台共享机制，推进学科资源协同整合，实现部属高校与省属高校优势互补、强强联合，共同推动"双一流"建设。

（二）统筹各类资源，拓展筹资渠道

一方面，政府应加大资金支持力度。"双一流"建设经费投入应建立中央财政稳定支持、地方政府增加配套支持、高校主动争取社会支持的综合保障机制。目前省级财政应以"普遍增加，重点扶持"的方式，设立专项支持计划，为具有优势特色学科的省属高校提供"双一流"建设专项资金。

另一方面，各个高校应积极拓展多元筹资渠道。陕西省面临着高校数量多而地方财政收入低的客观实际，这种情况可以被形象地比喻为"小马拉大车"。为此，陕西省高校的"双一流"建设必须改变过度依赖省级财政的现象，应通过积极争取国家各类科研项目、促进科技成果转化、开展社会服务、建立健全校友基金会等多种渠道，广泛筹措办学资金，努力提升经费来源的多样性。

（三）突出优势特色，优化学科布局

一流学科建设应瞄准学科发展前沿理论和动态，关注社会经济发展的趋势和走向，形成"基础学科＋特色学科＋交叉学科"相互并重、三足鼎立的学科建设模式。应建立健全一流学科建设动态调整机制，对建设态势良好、成效明显的院校与学科，给予更大支持力度；对建设起色不大、进展缓慢的，则应限期整改，整改不力的应实行淘汰调整。应大力加强基础学科和哲学社会科学类学科建设，引导高校优化学科布局，创新基础学科和哲学社会科学类学科的发展方式，努力提升基础学科和哲学社会科学建设水平。

（四）聚焦社会服务，融入区域发展

服务国家和地方经济社会发展是高等院校学科建设的重要职责。陕西高校的"双一流"建设应自觉担负起引领区域经济发展、促进地方科技进步和繁荣文化发展的重要使命。因此，应进一步找准"双一流"建设与陕西经济社会发展的切入点，不断提高学科建设对陕西经济社会发展的贡献度。同时，要下功夫破解产、学、研、用严重脱节的瓶颈，充分发挥好"秦创原"的平台作用，有效建立起"政府—企业—高校"三方密切协同合作的体制机制。在这一过程中，政府要做好政策制定和引导，企业要提高承接技术成果的能力和条件，高校要深入了解企业转型升级所需要的新技术、新工艺。只有将产、学、研、用紧密结合，才能强力助推陕西的经济腾飞，才能促进陕西高等教育健康茁壮发展。

理实相生、知行合一的教育家

——师从刘献君教授札记 ①

明年即将迎来导师刘献君教授八十大寿。按照国人的传统习俗，但凡人岁至八十耄耋、九十鲐背、一百期颐这种上寿之年，都要在其诞辰隆重地举行一番祝寿活动，同时遵照传统以虚龄计岁的方式，祝寿一般都在周岁的前一年即七十九岁举行。因此当甲辰龙年刚至，同门的众兄弟姐妹们便热烈地酝酿起如何给刘老师祝寿的问题。我清晰地记得，10 年前当刘老师即将迈入古稀之年时，我们在西安的几位弟子便谋划着要给他做寿，可是遭到了刘老师的坚辞和谢绝。所以，这一次弟子们不再请示，而是执意进行起了筹划和运作，以便既成事实。伴随着给老师祝寿日期的临近，我从心底里萌生出一种浓浓的情愫，迫切地想写一些关于刘老师的文字，于是欣然提笔，写下这篇札记。

一、蒙师不弃 忝列师门

我拜入刘老师门下是比较晚的。1983 年，我于陕西师范大学教育系毕业后留校任教，从事教育学和教育管理学的教学与研究工作，三年后在职攻读研究生，并获北京师范大学教育学硕士学位。研究生毕业那年便想接着读博深造，然而当时孩子刚满两岁，我和妻子均在高校工作，那时高校教师的收入非常微薄，因此鉴于经济上的拮据和窘迫，妻子劝阻了我。在之后的岁月里，我一边在陕师大从事教学和科研，一边骑着自行车、摩托车四处讲课，给儿子挣奶粉钱。1996 年，我如期晋升了副教授，并于当年春季被提拔为教育系（含心理学系，后改为教育学院和教育学部）副主任，分管科研工作。当年秋冬时节，又被派往英国莱斯特大学做了三个多月的访问学者。访学归来，读博的欲望再次燃起，此时华东师大的一位教授也一心想招我为他的博士生。就在我积极备考的时候，时任陕师大的赵世超校长却突然找我谈话，动员我到学校人事处去工作，担任分管师资工作的副处长。我坦诚地向老校长汇报了考博的想法，起初他表示十分理解和支持（老校长系北大本科、川大博士、历史学教授，他主政陕师大后十分重视引进和培养博士人才，当时陕师大全校师资

---

① 这是 2024 年 4 月为庆祝自己的博士生导师刘献君教授八十寿诞而撰写的札记，被辑入《教育理念与实践研究：全国基础教育科研论文集》。

队伍中才 30 多位博士），然而时隔两个月后他却再次找我谈话，态度十分坚定地动员我到人事处工作，并劝慰我"博士以后再找机会读"。我被老校长的信任、器重以及他执政以来的治校理念和办学精神深深打动，于是放弃了考博机会，走进了陕西师范大学的办公楼。在人事处工作两年半后，38 岁时我又被任命为学校党委组织部部长，五年后又以陕师大副校级干部的身份被教育部派往祖国最西部的大学——喀什师范学院（后更名为喀什大学）从事了三年援疆工作（担任喀什师院分管科研、研究生和部分教学工作的副院长），2008 年回到陕师大学担任党委副书记。

一连串职务上的履新以及每到一个岗位皆全身心地投入到了管理工作，使我再也无暇顾及读博的事宜。尽管 2002 年自己就晋升为教授，2003 年担任了博士生导师，并成为陕师大教育学学科带头人之一，但职务上的一路"开挂"却始终未能泯灭我读博的执念，而且伴随着年龄的逐渐增长，其作为一种人生缺憾的感觉更加浓烈地萦绕着我。

于是，2008 年在工作岗位稍加稳定后，便锚定了决心要完成这一夙愿。然而，此时的我已经 47 岁了，心底又不免打起鼓来：都这么大年纪了，读谁的呢？谁又愿意招这么大年纪的学生呢？都当博导五六年了，再读博士会不会遭人讪笑？尽管心存以上疑虑和忐忑，但读博的执念依然挥之不去，并且就自己当时的心态而言，思忖着已到了如此年轮，不读则已，要读就要拜一个德高望重的名家为师。在这种观念支配下，思来想去就想到了刘献君老师。之前，自己曾读过刘老师的文章和著作，也聆听过他的讲座并有过短暂的交流，深为刘老师的治学和德风所钦佩。主意打定后，我便邀请陕师大教育学院的书记栗洪武教授（他是刘老师 2000 年所招的博士）于 2008 年秋季陪同我一起前往武汉拜谒刘老师。在乘飞机的一路上，自己的心情犹如十五只吊桶打水一般七上八下的，生怕遭到刘老师的拒绝和冷漠。然而一进刘老师家门，他便热情地接待了我们。在了解我的来意并审阅了我的简历之后，刘老师当即表示了首肯，并勉励我说"你现在的年龄读博士也不算太晚"，同时鼓励我"你有较好的研究基础，只要精力集中、功夫下到，快了两三年就能完成学位论文答辩"。刘老师的接纳和鼓励犹如一股暖流注入心田，让我纠结、顾虑的心顿然冰释。翌年，在完成了招生审核和测试后，我荣幸地加入了师门。在之后两年多的学习中，我一边坚持听课，一边不失时机地请教刘老师，刘老师总是给予耐心的辅导、悉心的解答，每一次见面交流，总有煦若春风、如沐阳光般的感觉，既深受教益，又倍感温暖。尤其是在我撰写博士论文的过程中，曾多次找刘老师请教和讨论，从选题确立到提纲厘定再到内容撰写，刘老师都给予细致入微、循循善诱的点拨和指导。2011 年春季，我顺利地通过了学位论文答辩，并得到了答辩委员们的一致好评。在答辩结束后的致谢感言中，已是天命之年的我，竟情不自禁地眼眶湿润，刘老师则欣慰地说："这是近年来我带得最轻松、也毕业最快的学生。"

回想跟随刘老师读博的两年多时间里，自己不仅在学术思维和研究能力上获得了极大的锻炼与提高，而且从他身上汲取了丰富的管理智慧和做人做事的道理，得到了实实在在的充电、赋能和加持，这对自己后来从事学术研究和承担高校领导工作产生了极大的帮助和裨益。饮其流时思其源，成吾学时念吾师。刘老师的培育之恩，我将永铭！

二、著书立说 建树新学

刘老师给我最深刻的印象是其孜孜不倦、锲而不舍的科研精神，直到今天，他虽已年近八旬，但依然劬劳勤勉、笔耕不辍地著书立说。毕业后我曾几次专程赴武汉去看望他，每次见面时他都伏在办公室的电脑前进行研究和写作。听他身边的学弟学妹们讲，老师在寒暑假和一般的节假日也常常如此，而且作息很有规律。天道酬勤，功不唐捐。悉数刘老师的科研成果，已出版了 28 部著作，发表了 250 多篇论文，若用"著作等身"来形容，实不为过。

仔细地研读刘老师的著作和论文，一个十分突出的特点是直面现实、直击问题，与时代同频共振，即其均为对改革开放以来我国高教领域所面临的一系列突出问题和矛盾的研究与阐释，读来绝无凌空蹈虚、概念游戏、空洞无实之感，而且其思想见解和学术观点蕴含着丰富的理论创新，对建构和完善具有中国特色的高等教育学、高等教育管理学的学科体系、学术体系、话语体系做出了重要贡献。例如，他 1996 年出版的《大学德育论》（华中科技大学出版社），对大学德育的价值、功能、内容体系、基本途径、方式方法等进行了全面系统的论述，明确提出要建立"全方位、全过程、全员参与"的"三全"德育体系，这对推进当时条件下我国高等院校德育课程和德育工作的科学化、规范化做出了重要理论贡献。他于 2009 年出版的《文化素质教育论》（高等教育出版社），系统阐述了在大学中开展人文教育、提升大学生人文素养的重要价值，率先倡导大学要举办"人文讲座"，"开设文化素质教育课程"，特别是提出了从起于知识到止于境界的在专业教育中渗透人文教育的八种方法，对我国高等院校尤其理工科大学大力开展和普及人文素质教育产生了重要的推动作用，成为了学术界公认的我国高校文化素质教育的开拓者之一。他 2000 年出版的《大学之思与大学之治》（华中科技大学出版社）、2008 年出版的《高等学校战略管理》（人民出版社）、2013 年出版的《大学之思与大学之建》（华中科技大学出版社），对当时条件下我国高校普遍存在的办学模式雷同、办学定位模糊、办学目的功利化、办学体制行政化等弊端提出了严肃的反思和批评，强调大学要从国家战略布局、区域经济社会发展需要和自身办学实际与使命出发进行分层分类，以彰显特色的科学定位；要制定中长期发展规划，强化战略管理；要加强学科建设，发挥学科建设在提升办学水平中的龙头作用；要坚持以人为本，突出教师在办学中的主体地位；要弘扬大学精神，建设进取向上、求是创新、博雅仁爱的大学文化等。他 2006 年出版的《院校研究与现代大学管理》（与陈敏合编，中国海洋大学出版社），2008 年出版的《院校研究》（高等教育出版社），2009 年出版的《中国院校研究案例》（第一辑）（华中科技大学出版社）、2021 年出版的《院校研究论》（华中科技大学出版社），则开辟了我国院校研究的先河，并经过长达二十多年的开垦和建树，创建了我国高等教育学领域里的院校研究学派，为指导我国各级各类高等院校合理定位、科学发展产生了重要的影响和推动作用。

再细读刘老师发表的众多学术论文，如《没有一流的学科就没有一流的大学》（《求是》2002 年第 3 期）、《论高等学校定位》（《高等教育研究》2003 年第 1 期，《新华文摘》全文转载）、《试论学校德育和社会大系统》（《高校德育研究》1986 年第 3 期，《新华文摘》全文转载）、《21 世纪中国高等教育的走向》（《高等教育研究》2000 年第 2 期）、《大学核心理念：意义、内涵与建构》（《教育研究》2012 年第 11 期）、《建设教学服务型大学——兼论高等学校分类》（《教育研究》2007 年第 7 期）、《提高教育质量必须树立的四个观念》（《中国高等教育》2001 年第 C3 期）等，更是充满了对改革开放以来我国高等教育各阶段进程中一系列现实问题的审视与研究，具有极强的针对性、指导性和可操作性，对牵引和助力我国高等教育办学理念嬗变、体制改革深化、管理水平提升、教育教学质量提高等，均不同程度地产生了重要的思想引领和理论范导作用。

三、讲学弘道 培育人才

开门收徒、讲学授课、培育人才是刘老师一生中十分重要的工作。他早年为华科大的本科生带德育课程，1994 年开始招收社会学硕士研究生，1998 年开始招收高等教育学博士研究生，已招收和培育博士生 120 多人。如今，虽已岁至耄耋，却依然坚守讲坛，行教不辍。读博期间，我曾系统聆听过他讲授的"高等教育管理""院校研究""教育研究方法高级讲座"等课程。概括刘老师讲课的特点，总体上是质朴无华、敦厚实用。他的普通话并不标准，语气中总带有浓浓的湖南口音，课堂上也鲜有抑扬顿挫、慷慨陈词式的激情演讲，上课总是娓娓道来、款款叙说、侃侃而谈。然而，悉心地倾听他的课，你会发觉条理十分清晰，逻辑十分缜密，对问题的剖析和讲解十分透彻、深刻，即能够把知识或问题彻底讲清楚、讲到位。其实，无论教学也好，科研也好，说到底就是把一个需要认识的问题或事物从根本上搞清楚、弄明白，而刘老师授课的特点恰恰在于能够直捣主题、切中肯紧、一语中的，并如"奥卡姆剃刀"一样，把学生可能产生的知识盲点和认知误区一一消除。因此听他的课，从无云里雾里、似懂非懂的感觉，而常有拨云见日、心窍大开的惬意。

刘老师讲课的另一个特点是充满了深邃的哲理性，尤其是在讲叙中常常会道出一些令人顿悟和遐想的至理名言，如"知识学习从理解开始，行为学习从模仿开始，思想学习从问题开始"；"不要把学问变成了问答"；"不能用无知去研究未知"；"教育研究中要抓住问题、理论、资料、方法四个基本要素；研究中普遍存在的问题是：问题偏大，理论偏多，资料偏少，方法偏乱"；"人要共性生存，特性发展"；"人要有积极的生活态度，不要背着'埋怨'两个字走完自己的一生"；"高调做事，低调做人"；"一天太长，一生太短"；等等。《易经》云："形而上者谓之道，形而下者谓之器。"听刘老师的课，你不仅能够明道，还能够利器；不仅能够获得知识和方法的启迪，更可以从中汲取丰富的人生智慧和道德涵养。

在刘老师的辛勤培育和教导下，其门下的一大批弟子均是茁壮成长、健康发展，成为了以教育界为主的各行各业的精英人才。就我熟知的一些同学而言，有的成长为"院士""长江学者""全国教学名师"，有的成长为知名大学的书记、校长，还有的成长为省部级领导和厅局长，更多的则成长为高等教育领域里的教授、博导和管理骨干，真可谓"桃李满天下，群英竞芬芳"。

刘老师丰厚的学养与建树，使他经常受邀到全国各地去讲学，已应邀到国内外 500 多所大学作过学术报告，并被聘任为多所大学的顾问教授和兼职教授，这使他的学术思想得到了更为广泛的传播，对众多高校的管理和办学实践产生了重要的影响。

四、创新管理　开拓实践

在从事教书育人工作的同时，刘老师的一生承担着繁重的学校领导与管理工作，用他自己的话说"我的一生大部分时光是在大学管理的一线中度过的"。刘老师出生于 1945 年，童年和少年时期在家乡湖南宁乡读完小学和中学。1964—1970 年在华中工学院发配电专业读本科，毕业后留校工作。30 岁出头时便被擢拔为处级干部，先后任华中工学院党委学生工作组组长、组织部副部长、青年工作部副部长、湖北襄樊职业学院党委副书记（当选襄樊市市委委员）、中南政法学院党委宣传部部长等。1987 年之后，相继担任华中理工大学党委党校副校长、德育教研室主任（首任）、人文学部党总支书记、党委宣传部长。1992 年晋升华中理工大学党委常委，担任党委宣传部部长、文学院院长、政教系系主任等。1996—2005 年担任华中科技大学党委副书记，并兼任校学术委员会副主任、《高等教育研究》主编、教科院院长等。

2005 年退出一线领导岗位后，刘老师仍担任华科大学术委员会副主任、《高等教育研究》主编，并从 2003 年起兼任文华学院副董事长，2010 年起兼任文华学院院长。

"凡事不做则罢，要做就做好、做到极致"，这是刘老师信奉的格言。本着这一信条，他每到一个岗位，一方面总是全力以赴、朝乾夕惕、夙夜在公地辛勤工作，另一方面总能独辟蹊径、开拓创新，打开工作的新局面。在担任华中理工大学首任德育教研主任及政教系主任、党委宣传部长期间，他积极倡导大学德育工作科学化、规范化，大胆推进德育课程改革和德育工作创新，使华中理工大学的德育工作走在了全国理工科院校前列，也正是基于这一亲身实践和深入思考，他出版了《大学德育论》（华中科技大学出版社，1996）。在华科大担任人文学院党总支书记、文学院院长以及学校党委副书记期间，他积极配合老校长杨叔子、周济等人，大力倡导理工科大学要高度重视人文素质教育，促进人文与科技交叉融通、工具理性和价值理性和谐统一，并认为这样既能促进学生德智体美劳全面发展，又有益于积极健康的大学文化建设。在他的大力倡导和组织实施下，华中科技大学的人文素质教育和哲学社会科学研究有了长足发展，在全国高校中创建了首个文化素质教育基地，也正是基于这一真切实践和思考，他出版了《专业教学中的人文教育》（华中科技大学出版社，2003）、《文化素质教育论》（高等教育出版社，2009）。2000 年，作为华科大教育科学研究院的首任院长（以学校党委副书记身份兼任），他筹资新建了5100 平方米的教学办公大楼，使学院各项事业步入快速发展期，2003 年学院获批教育经济与管理学博士点，2007 年获高等教育学国家重点学科，2007 年获准设立博士后流动站，2009 年获批全国首批教育博士试点单位，2011 年获批为一级学科博士点。同时，从办院宗旨确立到各项规章制度厘定、从课程门类开设到学科建设水平提升、从四处延揽优秀师资到筹集办学所需要的各种资源，他无不倾注了大量的心血。在他的精心领导和组织下，华科大教育科学研究院迅速壮大、声名鹊起、独树一帜，成为全国综合性大学中在教育科学研究和人才培养方面具有显赫影响的重镇，他多年担任主编的《高等教育研究》杂志，则成为教育理论界屈指可数的顶级学术刊物。2005 年，从学校领导岗位退了下来之后，他仍继续担任华科大学术委员会副主任，同时一方面继续招收培养博士生，另一方面受聘兼任文华学院院长（最初为华中科技大学所管辖的独立学院，2014 年转为独立设置的普通本科高校）。在他的精心驾驭和操持下，文华学院的教育教学质量全面提升，办学特色日益彰显，成为民办院校中颇具影响力的高校，荣膺"中国六星级民办大学"。

桃李不言，下自成蹊。刘老师在人才培养、科学研究和管理工作上的卓越成就与突出贡献，使他赢得了华科大师生们的高度尊重和学术界的广泛认同。在教学方面，他先后荣获国家优秀教学成果一、二等奖各、湖北省优秀教学成果一等奖、华中科技大学"2009 年度我最喜爱的导师"等；在科研方面，荣获高等学校科学研究优秀成果二等奖、全国教育科学研究优秀成果二等奖、全国教育图书一等奖、从事高等教育工作逾 30 年高教研究有重要贡献学者、湖北省社会科学优秀成果一等奖等；在管理工作方面，荣获全国优秀党员教育工作者、入选中国高等教育"改革开放 40 年'教育人物 40 名'"、享受国务院政府特殊津贴等。

2023 年在第 39 个教师节来临之际，习近平总书记在致信全国教师代表时号召要"大力弘扬教育家精神"，并对中国特有的教育家精神的内涵进行了深刻阐释："心有大我、至诚报国的理想信念，言为士则、行为世范的道德情操，启智润心、因材施教的育人智慧，勤学笃行、求是创新的躬耕态度，乐教爱生、甘于奉献的仁爱之心，胸怀天下、以文化人的弘道追求。"悉心地领会习近平总书记的指示精神，再仔细地回想刘献君教授的一生，其不正是这种教育家精神生动而具象的写照吗？他热爱教育，热爱学生，把自己的一生无怨无悔献给了党和人民的教育事业；他甘当园丁，甘为人梯，培养了一批又一批的优秀学子；他潜心治学，著书立说，为丰富深化高等教育理论研究做出了卓越的贡献；他躬耕管理，开拓创新，使华中科技大学的人文学科尤其是教育学科竹苞松茂，蓬勃发展。康德说："感性无知性则盲，知性无感性则空。"刘献君教授的一生，既从事高等教育理论研究，又深耕高等教育实践管理，这种学之研之、践之行之的人生履历及其所做出的理论建树和实践功绩，使他当之无愧地成为我国当代高教界理实相生、知行合一的教育家。

教育家精神的光辉典范

——纪念改革开放后陕西师范大学教育系创始人张安民教授 ①

光阴荏苒、日月如梭，转眼间迎来了母校陕西师范大学 80 华诞。但凡每一所大学建校逢"十"之年，都要热热闹闹、轰轰烈烈地搞一番庆祝活动。作为陕西师范大学培养、毕业后又留校工作逾 40 年的一名学子和教师，伴随着校园里日益浓郁的校庆气氛，心底里自然也荡漾出一种喜悦的情愫。恰在此时，学校《当代教师教育》杂志社的郭向宁同志邀我写一篇纪念改革开放后陕西师大教育系创始人张安民老师的文章。接到此通知，记忆的门窗仿佛瞬间被打开，教育系创办和发展的历历往事，在陕西师大学习、工作、生活的点点滴滴，尤其是老系主任张安民老师那慈祥、刚毅、亲切的面容，不由得一幕幕浮现在眼前。

一、筑炉搭灶 恢复创办教育系

陕西师范大学教育系有两个来源，一个来源是创建于 1944 年的国立西北大学文学院教育系。1937 年全面抗战爆发后，北平大学、北平师范大学、北洋工学院三所大学内迁陕西，合并组成西安临时大学。1938 年初，日寇侵占山西风陵渡，陕西潼关告急，西安临时大学再次迁移至汉中城固县，同时更名为西北联合大学，翌年 8 月又更名为国立西北大学。1944 年，国立西北大学文学院开始筹备建立教育系，并于 1945 年秋季正式招生。当时教育系主任为高文源教授，骨干教师有马师儒、郝耀东、包志立、鲁世英、孙道升等教授。到 1949 年新中国建立后的五年时间里，教育系共招收了 4 届学生，共 73 人。1949 年 5 月西安解放后，1944 年成立的陕西省立师范专科学校（被确定为陕西师范大学建校的初始学校）并入西北大学，并建立了西北大学师范学院，师范学院下设教育系，系主任由师范学院院长刘泽如教授兼任，教授有马师儒、郝耀东、孙道升、陈高墉，副教授有怀惜吾、晁庆昌、朱勃、高汝淼、吴元训，助教有毕德海、肖前瑛、游正伦、殷培桂、李养林等。1953 年师范学院从西北大学独立出来，更名为"西安师范学院"（俗称"南院"），并迁

---

① 原载《当代教师教育》2024 年第 2 期。

至现在陕西师范大学的老校——雁塔校区。

陕西师大教育系的另一个来源是陕西师范学院（俗称"北院"）教育系。陕西师范学院创始于1953年的"中教班"，即当年8月陕西省为培训初级中学教师成立了中等教育师资培训班，后扩建为陕西师范专科学校。1956年北京师范大学冯成林、魏庚人教授率100多名北京师大青年教师来陕西支教，遂在师专基础上成立了北京师范大学陕西分校，后更名为陕西师范学院，院内设教育、心理学教研室，教研室主任是董锡钧，教师有谢景隆、黎顺清、欧阳仑、余瑞媛、施华芸、孙昌识、姚平子、胡永芝、郑其树等，主要负责全院的教育学、心理学、教材教法等课程教学工作。1959年暑期，院内又开设了学前教育系，教师有李岩、姚平子、汪庄祥、崔琴华、熊易群、李平江、唐鑫、李美杰、汪文玉等。

1959年底至1960年春，陕西师范学院与西安师范学院合并，更名为陕西师范大学，至此原西安师院的教育研究室与陕西师院的教育、心理学教研室和学前教育系3个单位合并成立了陕西师范大学教育系，当时专任教师近80人，十分繁荣鼎盛，为学校教职工人数最多的系科之一。然而好景不长，伴随着20世纪60年代初对苏联修正主义的批判，教育学被说成是"凯洛夫的学说"，心理学被污蔑为"伪科学"，于是刚刚成立不久的教育系于1962年被迫撤销、停办，只保留了教育研究室，其在1961年、1962年招收的两届学生也被转至政教系、中文系。1966年"文化大革命"开始，教育学科及教育系的老师们更是遭到了厄运，教育学被明确定性为修正主义遭到批判，教师们则被四处遣散，有的被批斗、有的被下放、有的被劳改、有的被转岗成搞收发的、卖饭票的、看大门的等等。

1976年粉碎"四人帮"以后，伴随着改革开放的春风，教育学科迎来了明媚的春天。也正是在这百废待兴之际，张安民老师于1977年9月临危受命，担任教育系系主任兼研究所所长，承担起教育系的恢复和重建工作。面对"十年浩劫"造成的队伍四散、资料全无、设备奇缺的状况，张老师从零开始，白手起家，四处寻访失散的教师，四处延揽优秀的人才，四处筹集办学所需要的各种资源。系所成立后，他又亲自拟定各项规章制度，从办学宗旨确立到专业方向厘定，从课程门类开设到教学方法改革，从促进教风学风转变到学术氛围营造等，他无不倾注了大量心血。在他和王兴中（时任系总支书记）、杨永明（时任系副主任）、谢景隆（时任教育学教研室主任）、欧阳仑（时任心理学教研室主任）等众多先驱们的共同努力奋斗下，教育系于1978年迅即恢复了招生工作，招收了第一批两年制专科生，1979年招收了第一批本科生。也正是在1979年这一年，我幸运地考入陕西师范大学教育系，成为了张老师的学生。当时我们这一级就招了一个班，仅31人。1983年我毕业后留教育系任教，在之后的十多年里，又亲身体验、亲眼目睹了张安民老师操持和推动教育系发展的桩桩实践，领会了他超凡的人格魅力和领导艺术。此时张安民老师已年过知天命之年，然而他朝乾夕惕，劬劳勤勉，四处忙碌，显示出永不疲倦的神态；他思路清晰，作风干练，处事果断，彰显出卓越的领导才能；他驾驭全局，统筹各方，紧紧地把广大师生团结在一起，共同迈步向前。

张安民老师担任教育系主任长达 15 年之久，在他的努力下，教育系的师资队伍迅速壮大，不仅使一批"文革"中失散的教师纷纷归队，而且还引进了一批中青年骨干。当他 1992 年卸任时，教育系和教育研究所的教职工队伍已由最初的 10 多人发展壮大到 60 多人，不仅拥有了诸如刘泽如、吴元训、怀惜君、谢景隆、孙昌识、杨永明、欧阳仑、游正伦、史明轩、黎顺清、曹鸿远、陶志英、王兴中、于明纲、姚平子、关甦霞、王淑兰、李殿凤、冀引凤、童焕云、王启萃、熊易群、胡永芝、李士敏、寇崇玲、梁树人、殷培桂、毕德海、郭祖仪、苏耀荣等一批知名学者和教授、副教授，同时还拥有了方俊明、强海燕、李智华、李国庆、刘新科、田杰、栗洪武、陈晓端等一批中青年骨干人才，同时获得了外国教育史、普通心理学、教育基本理论、中国教育史等学科的硕士学位授予权，为后继陕西师范大学教育学科和心理学科的蓬勃发展奠定了坚实基础。

1992 年张安明老师从系主任岗位上退了下来，1995 年光荣退休。之后教育系经过方俊明、李国庆、游旭群、郝文武、陈鹏、李森等历任系主任、院长、部长和王淑兰、郭祖仪、马晓雄、栗洪武、荆峰、张旻等历任党总支书记、分党委书记的接续奋斗，获得了快速发展和壮大。1997 年教育系拓展为教育学院，2003 年教育学原理和普通心理学双双获得博士学位二级授权点，2008 年教育学和心理学分设，分别成立教育学院和心理学院，2010 年教育学、心理学双双获得博士学位一级授权，同时获得全国首批教育博士专业学位（EDD）授予权，2011 年教育学、心理学获批设立博士后流动站。2022 年教育学院发展更名为教育学部（为陕西师大首个成立的学部），特别是在 2023 年教育部组织开展的第五轮学科评估中，教育学、心理学双双进入 A 档，并且教育学科被学校明确确立为冲击世界一流学科的重点培育对象，显现出了葳蕤挺拔、欣欣向荣的发展态势。

二、教书育人 培养桃李吐芬芳

作为系主任，张安民老师一方面肩负着领导和管理全系教学、科研和行政工作的重任，另一方面作为教授他又承担着大量的教学工作。张老师是史学出身，1930 年 11 月，他出生在陕西省潼关县一个普通的农民家庭，解放前在家乡读完小学和中学，1951 年考入西北大学师范学院史地系，上大学二年级时应组织需要提前留校参加工作。1952 年底，西安师范学院从西北大学分离出来后，张老师主要在历史系工作，先后任辅导员、教师、系副主任、党总支副书记、书记等职务。期间，1958年至1960年曾在北京师范大学历史系中国近代史研修班进修，师从著名史学家白寿彝教授。1971年至1972年曾任政教系党总支书记，1974年至1977年在《陕西师范大学学报》从事编辑工作。在历史系工作期间，他主要为本科生讲授"中国近代史""中国近代经济史"等课程。深厚的史学背景和积淀使张老师在教育系成立后便把历史学与教育学有机结合起来，主要从事"中国近代教育史""中国教育思想史"的教学与研究工作。

在本科生阶段我曾系统聆听过张老师讲授的"中国近代教育史"，毕业留校工作后又聆听过他为教育史专业研究生开设的"教育论文写作"讲座。总结张老师的讲课，深感有以下三个突出特点：

1. 清晰透彻，一针见血，即把知识或问题能够彻底讲清楚、讲到位。其实，无论教学也好、科研也好，说到底就是把一个需要认识的问题从根本搞清楚、弄明白。而张老师讲授课的特点恰恰就在于能够直捣主题，一语中的，并如"奥卡姆剃刀"一样，把学生可能产生的知识盲点和认知误区逐一消解。因此听他的课，从无云里雾里、似懂非懂的感觉，而常有拨云见日、心窍大开的惬意。

2. 纵横捭阖，应对裕如。张老师上课常带有一叠厚厚的教案，可他从不照本宣科。其实在当时陕西师大许多老教授的观念里，他们认为"有没有教案是态度问题，而看不看教案则是水平问题"。由于对教学内容早已成竹在胸、烂熟于心，因而张老师在课堂上总是能娓娓道来，侃侃而谈，并且从容不迫，收放自如。为讲清楚一个问题，他常常旁征博引，纵横古今，而引经据典时又总能信手拈来，脱口而出。聆听他的讲授，不仅能摄取大量的知识和信息，而且可以极大地开阔学识眼境和学术视野。事实上，一个普通的教师教给学生知识；一个优秀的教师"授人以渔"，教给学生方法；而一个卓越的教师则恰恰在于能够拓展学生的视域，开启学生的"天目"，让学生看到另一番天地。

3. 直观生动，寓庄于谐。张老师讲课的总体风格是质朴无华、敦厚实用的，在此格调下又镶嵌着特定的生动与幽默，并且常常妙语珠连，妙趣横生。他上课操着一口纯正的东府秦腔，偶尔也蹦出几句醋溜普通话。他喜欢联系实际，经常把深奥的问题通俗化，同时又把通俗的问题哲理化。古人云："形而上者谓之道，形而下者谓之器。"而他往往能够把"形而上"与"形而下"融会贯通，使学生既可明道，也能利器。为阐明问题，他常常运用一些幽默的笑话、风趣的俚语和逗哏的方言，这样便容易使大道无形的抽象知识能够深入浅出、活灵活现地表述。譬如，他把讲话条理不清、语无伦次的状况，常常比喻为"狗吃抹布——串串，粘（陕西话读'ran'）嘛缠稀的"；把谈问题不着边际、胡拉乱扯的状况，比喻为"膝盖上钉掌——离蹄（题）太远"；把研究问题不知从何着手、从何开始的状况比喻为"老虎吃天——没处下爪"；把写文章脱离主题、云游四方的状况比喻为"博士买驴，书纸三卷，未有驴字"；把政治对教育的制约和影响关系，比喻为"政治打一个喷嚏，教育就要感冒"；等等。观察他的课堂，你会发现同学时而专心致志，时而爽朗一笑，时而又会会心地颔首点头。若用"醍醐灌顶"一词来形容对他的课堂感受，实不为修饰。张老师的教学方式和效果，已成为一届又一届教育系学子们在重逢聚会时的丰富谈资。

天道酬勤，功不唐捐。在张安民老师精心组织和教导下，在教育系广大教师们的辛勤培育和努力下，教育系虽然是一个新建的系科，但其培养出来的学生素质和质量却很高。就我所熟知的 1978 级、1979 级、1980 级、1981 级、1982 级这几届学生而言，他们在经过教育系四年的学习后，均取得了良好的发展，成为了以教育界为主的各行各业的精英和骨干人才。虽然这几届教育系学生每届只招收一个班，且每个班的人数也大都在 30 人至40 人左右（只有 1981 级招收了 61 人），但却人才辈出、群英璀璨，有的成为了省部级领导，有的成为了大学的书记、校长，有的成为了"长江学者""全国教学名师""国务院突出贡献专家"，更多的则成长为大学的教授、博导和基础教育领域里的优秀校长、骨干教师等。"饮其流水时思其源，成吾学时念吾师"，每逢我们这几届学生相逢聚会时，都会情不自禁地回忆和谈论起张安民老师，其怀念之情、感恩之心、敬仰之意无不溢于言表，正可谓"高山仰止，景行行止"。

三、著书立说　拓展教育研究新境界

说实在的，由于张老师一生兼做大量的行政工作，因此其学术著作算不上丰厚，更无法用"著作等身"来形容，就连老师自己也说，他这一生是"运动员"，参加了一场又一场运动，因而投入科研的精力十分有限。然而只要悉心地研读他所发表的 20 多篇论文和出版的三四部专著，便不难发现，其治学态度十分严谨，学术功底异常深厚。张安民老师早期的科研成果是关于史学方面的，如 1959 年、1960 年先后在《北京师范大学学报》发表了《帝国主义对中国的经济侵略（甲午战争前后至"五四"运动期间）》《义和团团员访问记》的论文，1974 年在《陕西师范大学学报》发表了《法家路线与让步政策》等论文。1977 年他到教育系主持工作后，便将自己的研究重心转移到了教育科学研究方面，先后在《陕西师范大学学报》发表了《陕甘宁边区的在职干部教育》《伟大历史转折时期的教育决策》《建国以来师范教育的回顾与展望》等一系列文章。同时在《人民教育》《高等师范教育研究》《陕西教育》等刊物发表了《我国教育方针的演变》《教育的起源与发展》《教育专业改革刍议》《毛泽东同志在延安时期的教育理论与实践》及数篇批判教育"左倾"

错误的评论文章。1981 年由他主持和参与主编的《陕甘宁边区教育史资料》（主编为陕西师范大学党委书记李绵同志）由教育科学出版社正式出版，之后他相继出版了《陕甘宁边区教育史》《教育理论研究》《陕西历代教育评估》等著作。

总结张老师的科研，我感到有两点十分突出：

1. 经世致用，直面现实。他所发表的教育学论文，均为对特定的历史条件下我国教育改革和发展进程中所面临的突出现实问题的研究与阐释，读来绝无凌空蹈虚、概念游戏、空洞无实之感。例如他撰写的《教育专业改革刍议》一文，深刻剖析了文革后全国高等师范院校教育专业创办十余年之后的经验与得失，提出"教育专业生存和发展的希望在于改革，而改革的关键在于招生对象及办法的改变"。此观点不仅受到学界认同，同时得到时任国家教委常务副主任何东昌同志、邹时炎同志的首肯和专门批示，并将其基本观点及操作性意见作为国家教委制定相关文件时的重要文献资料和理论渊源。他主编的《陕甘宁边区教育史料》篦梳史札，钩沉发微，系统搜集和整理了中国共产党在陕甘宁期间的各种教育史资料，共 12 册，多达 300 多万字，受到业内人士的高度关注，引起广泛好评。他编写的《陕甘宁边区教育史料》则填补了我国近现代教育史研究领域的一项空白。

2. 方法独具，思想奇特。张老师虽为史学出身，但做学问、写文章绝无八股模式，更无迂腐气息。坦率而言，他所读的书比之我所知道的一些老先生并不算多（对此老师自己也直言不讳），可他似乎总能开卷有益，悟性极高，在阅读、观摩和思考的过程中，能够较快地形成自己的认知、心得与思想见解。尤其最令我等学子们钦佩的是，他观察问题、分析问题的思维模式十分独到，看问题总能高屋建瓴，切中肯綮，入木三分，同时文字表达能力极为精道，堪称妙笔生花。毕业留系任教后，我经常倾听他的讲话，也聆听过他为研究生开设的"教育论文写作"讲座，听后确有金针度人之感，受益匪浅。

张安民老师卓越的教学、科研和管理成就使他于 1922 年荣获国务院突出贡献专家称号，并先后担任国家教育科学规划领导小组成员、陕西省人民政府教育咨询委员、陕西省教育学会副会长等学术职务。

2023 年 9 月第 39 个教师节来临之际，习近平总书记在致信全国教师代表时号召"要大力弘扬教育家精神"，并对中国特有教育精神的时代内涵进行了深刻阐释："心有大我、至诚报国的理想信念，言为士则、行为世范的道德情操，启智润心、因材施教的育人智慧，勤学笃行、求是创新的躬耕态度，乐教爱生、甘于奉献的仁爱之心，胸怀天下、以文化人的弘道追求。"总书记的指示和号召引起了教育理论界和实践界对教育家精神的热烈讨论。悉心地回想张安民老师的一生，不正是这种教育家精神生动而具象的写照吗？！他热爱教育,热爱学生,把自己的一生无怨无悔地献给党和人民的教育事业;他甘当园丁,甘为人梯,培养出了一批又一批优秀学子;他殚精竭虑,夙夜在公,克服重重困难,恢复和创办了陕西师范大学教育系,使教育学科、心理学科成为陕西师范大学学苑里一道亮丽的风景线。在我及教育系诸多学子和教师的心目中,张安民老师既是受人爱戴的老师、令人钦佩的学者、让人尊重的领导,更是把教育理论与教育实践完美结合的典范!

　　院系是大学的基本组织单位,也是学科建设的核心载体。没有一流的学科就没有一流的学院,没有一流的学院就没有一流的大学。回想一下陕西师范大学 80 年的发展历程和今天所取得的光辉成就,不正是由各个院系像张安民老师这样一代又一代具有教育家精神的老师辛勤耕耘铸就的吗?！斯人已逝,丰功永存。张安民老师的一生生动而真实地体现了教育家精神的内涵,他为我们从事教书育人工作树立了鲜活的榜样,他与无数先贤们的付出与贡献将会永恒地镌刻在陕西师范大学历史的丰碑上。

习近平关于青年工作重要论述的逻辑理路、理论特征及实践价值 ①

党的十八大以来，习近平高度重视青年工作，明确指出："青年工作，抓住的是当下，传承的是根脉，面向的是未来，攸关党和国家前途命运。"② 围绕新时代"培养什么样的青年、怎样培养青年、建设什么样的共青团、怎样建设共青团"等重大理论与实践问题，习近平提出了一系列新思想、新观点、新论断，形成了全面系统的关于青年工作的重要论述，开创了马克思主义青年观的新境界，指引新时代青年工作的新发展，对于推进高质量青年工作体系建设、开创青年工作新格局具有重要的实践价值。

一、习近平关于青年工作重要论述的逻辑理路

习近平关于青年工作重要论述是一个思想渊源深厚、逻辑架构严谨的理论体系，其来源于马克思主义青年观，根植于中华优秀传统文化，并遵循着历史传承与时代创新的内在逻辑，以对当代青年发展需求的理论关切，指明新时代青年工作突破困局、实现高质量发展的主攻方向。

（一）马克思主义青年观是习近平关于青年工作重要论述的理论依据

马克思主义历来高度重视青年在社会发展和历史变革中的重要作用，从社会历史范畴把握和理解青年本质，突破了纯粹从"自我发现"的抽象价值范畴认识青年的局限性，充分肯定青年在社会发展进步和革命事业中"是一种重要的推动力量"③。在德国工人运动和革命中，恩格斯曾指出："实现这一变革的将是德国的青年。德国的革命行动将从我们的工人当中开始。"④ 可见，在恩格斯看来，青年工人是不可忽视的革命力量，是"阶级的未来，从而也是人类的未来"⑤。这就要求无产阶级政党必须从革命性和时代性上认识

---

① 原载《西安财经大学学报》2021 年第 5 期，与黄娟合作。

② 习近平：《习近平在同团中央新一届领导班子成员集体谈话时强调代表广大青年赢得广大青年依靠广大青年让广大青年敢于有梦勇于追梦勤于圆梦》，《人民日报》2018 年 7 月 3 日第 1 版。

③［德］马克思、恩格斯：《马克思恩格斯选集》（第一卷），人民出版社，1995 年。

④［德］马克思、恩格斯：《马克思恩格斯全集》（第二卷），人民出版社，1995 年。

⑤ 中国共产主义青年团中央团校编：《马克思恩格斯列宁斯大林论青年》，中国青年出版社，1980 年。

青年本质，必须将青年置于历史的、具体的时代条件下考察和研究。中国共产党人无论在民主革命还是在社会主义建设中始终高度重视青年力量的发挥。毛泽东在《青年运动方向》中就提出了青年是"革命先锋队"的历史定位。习近平从新时代青年的本质特征出发，结合中华民族伟大复兴的时代际遇，提出"中国梦实现在于青年"的重要论断，强调每一代青年"都要在自己所处的时代条件下谋划人生、创造历史"①，并要求青年工作应"充分认识青年的这种特质，适应这种特质去拓展工作，否则就会落后于青年"②。

列宁在马克思、恩格斯关于青年本质、历史作用等认识的基础上，结合革命实践的需要，以加强组织建设为着力点培育社会主义青年，指出"真正建立共产主义社会的任务正是要由青年来担负"，并"责成所有的党组织尽力协助这些青年实现其组织起来的愿望"③，指出共产主义青年团应当能够在组织青年参加社会工作、推进青年的培养和学习以及改造青年思想上发挥重要作用，从而进一步将马克思、恩格斯的青年观真正转化为实践形态。习近平继承和发展了列宁的青年观，提出党管青年原则、共青团改革等重要思想，为新时代青年作用能够更充分地发挥创造条件。

马克思主义认为，青年时期是决定一个人能否成才的关键阶段，而对成才目标的审视需要与青年所参与的党和国家事业结合起来。由此，不同历史时期党和国家事业对青年成才目标有着不同的具体要求。社会主义建设时期，毛泽东提出使受教育者"在德育、智育、体育几个方面都得到发展"④的教育理念。改革开放以来，结合中国特色社会主义的新实践，邓小平提出培养"有理想、有道德、有文化、有纪律的社会主义新人"⑤的教育目标。江泽民则将"社会主义建设者和接班人"确定为新时期我国人才培养的总体规划。胡锦涛对广大青年提出"四个新一代"的成才期望与要求。中国特色社会主义进入新时代，习近平总书记继承了中国共产党青年观，以培养担当民族复兴大任的时代新人为着眼点，明确青年运动的新主题和青年工作的新目标，从德智体美劳"五育"并举、立德树人、青年政策体系建设等方面整体推进了中国化马克思主义青年观。

① 习近平：《青年要自觉践行社会主义核心价值观——在北京大学师生座谈会上的讲话》，《人民日报》2014年5月5日第2版。

② 中共中央文献研究室编：《习近平关于青少年和共青团工作论述摘编》，中央文献出版社，2017年。

③ ［俄］列宁：《列宁全集》（第六卷），人民出版社，1995年。

④ 中共中央文献研究室编：《毛泽东文集》（第七卷），人民出版社，1999年。

⑤ 邓小平：《邓小平文选》（第三卷），人民出版社，1993年。

（二）中国传统教育思想是习近平关于青年工作重要论述的文化渊源

不忘历史才能开辟未来，善于继承才能善于创新。[①] 根植于中华民族血脉深处的传统文化蕴含着丰富的教育思想。习近平关于青年工作重要论述的一个显著特征就是善于从中华优秀传统文化中汲取新时代青年工作的思想精髓，使其在新的实践中彰显出时代价值。

以孔子、孟子为代表的儒家学派，主张把德育放在教育首位，成为中国古代德育的主流和核心。在儒家思想中，德化人生的最高价值是"仁"，德化社会的最高准则是"礼"。如《礼记·大学篇》就提出："大学之道，在明明德，在亲民，在止于至善。"[②] 其中"明明德"意为弘扬光明正大的品德，并将其置于"亲民"与"至善"之首，突出道德对弃旧图新、追求完善境界的重要作用，强调立德的主导价值。在大学道德教育的"八条目"中，以"格物、致知、诚意、正心"强调独善其身，同时以"修身、齐家、治国、平天下"强调兼济天下，充分体现了道德教育内修与外治的有机结合。宋明理学则主张启发人的理性自觉，将道德原则转化为道德行为。王阳明提出以"致良知"为目标的德育思想，即启发受教育者内心的道德良知，并把"知行合而为一"，将习得的良知外化为德行。对于新时代青年教育，习近平强调人无德不立，育人的根本在于立德，要求贯彻党的教育方针，落实立德树人的根本任务。在对当代青年提出的一些具体要求中也常常引用传统文化中的教育理念，例如，以"从善如登，从恶如崩"[③] "国有四维，礼义廉耻"教育青年要注重立德修身，树立正确道德价值观；以"学如弓弩，才如箭镞""功崇惟志，业广惟勤"鼓励青年树立远大志向，勤奋务实，以真才实学报效国家，等等。

文化传承是一个文化自身发展规律与个体主观选择相统一的辩证过程。作为社会上层建筑，中华优秀传统文化需要"与当代文化相适应，与现代社会相协调"[④]，能够提供与实践要求相契合的世界观、人生观和价值观，从而增进社会文化认同，凝聚起推进中华民族伟大复兴的强大精神动力。对此，习近平指出，要用发展的眼光传承中华优秀传统文化，"处理好继承和创造性发展的关系，重点做好创造性转化和创新性发展"。具体到青年工作上，"创造性转化"和"创新性发展"就是结合时代发展要求和青年成长实际，与时俱进，深入挖掘优秀传统文化的当代价值，赋予其新的时代内涵，使其保持对现实问题的解释力，彰显与世界文化对话的软实力，从而扩容青年的话语体系，丰富青年的文化底蕴，给予青

---

① 习近平：《习近平谈治国理政》（第二卷），外文出版社，2017年。
② 郭齐家：《中国教育史》（上、下卷），人民教育出版社，2015年。
③ 人民日报评论部编著：《习近平用典》，人民日报出版社，2015年。
④ 习近平：《习近平谈治国理政》（第一卷），外文出版社，2016年。

年面向世界、面向未来的一把"文化密钥"。习近平强调，传承和弘扬中华优秀传统文化是青年工作的重要内容，要引导青年增进文化自觉，坚定文化自信，以文化人、以文聚力，造就秉承中华民族精神基因的新时代青年。

（三）青年发展的需求是习近平关于青年工作重要论述的现实指向

习近平关于青年工作重要论述秉持"立足于时代去解决特定的时代问题"[①]的理论品质，探索新时代青年工作面临的时代挑战与现实困境，以理论创新指导青年工作破局与发展。

1. 青年发展的多元诉求与现实困境需要理论创新

经济社会转型发展在拓展青年视野、提升生活品质的同时也激发了青年多元化的主体性诉求。他们追求更高层次的精神世界，渴望更多元的身份认同，期待更高质量的社会融入，这一切反映出青年强烈的主体意识，凸显了青年鲜明的个性化色彩。然而，充斥校园内外的多样化社会思潮和多元化价值观不断冲击着青年的思考力和判断力，自我认识受到严重干扰。尤其是当虚拟网络环境成为青年生存的"第二空间"，虚拟与现实的矛盾更加重了青年自我认同的困难。当代青年正面临着精神支撑脆弱、价值判断困惑、行为选择迷茫等现实困境。习近平关于青年工作重要论述指引青年正确认识"我是谁、到哪里去、怎样去、跟谁去"的根本问题，以高屋建瓴的理论谋划破解青年发展的现实困境。

2. 青年工作的制度设计与组织建设需要理论指导

长期以来，有关青年发展的政策都散见于教育、就业等其他各项相关的政策制度之中，这种分散型青年政策模式无法有效聚焦青年问题和清晰指引青年发展方向。在青年多元化发展的新趋势下，这种传统政策模式已经严重滞后于时代与青年发展的需要，做出改变势在必行。共青团作为党联系青年的纽带、党的助手和后备军，面对青年群体的新特征和青年工作的新趋势，在组织建设上明显滞后，不仅损伤了青年对团组织的感情和信任，更为严重的是如雨后春笋般出现的其他青年组织对中国共青团的影响力造成冲击，加剧弱化其对青年的吸引力和凝聚力，深化共青团改革、提升组织力迫在眉睫。习近平关于青年工作重要论述为新时代青年工作制度设计与共青团改革提供了行动指南。

3. 青年教育的时空把握与危机转化需要理论引领

深刻把握"两个大局"是做好新时代青年教育工作的关键前提。"世界百年未有之大变局"的不确定性给我国发展带来了诸多困难和挑战。我们能否从容应对、突破干扰、化

---

① 习近平：《之江新语》，浙江人民出版社，2007 年。

危为机、稳住自己的发展节奏，能否在世界格局的深刻调整中抓住历史契机、顺势而为、推进中华民族伟大复兴中国梦的实现？从长远发展来看，这一切最终都指向青年一代的教育工作，通过培养"有理想、有本领、有担当"的时代新人抓住变局的主动权，掌握变局的主导权。马克思、恩格斯指出："一切划时代体系的真正内容都是由于产生这些体系的那个时期的需要而形成起来的。"① 习近平关于青年工作重要论述正是基于"两个大局"历史性交汇的时代背景下提出的，是指导青年教育应对新的时空境遇、强化青年意识形态引领、化解青年理想信念危机、培育中华民族伟大复兴"梦之队"的内在要求。

4. 人生经历是习近平关于青年工作重要论述的实践基础

理论来源于实践，理论创新也必须建立在实践探索的基础之上。习近平关于青年工作重要论述的直接来源正是梁家河的七年知青岁月和治国理政的实践经历。在梁家河的插队经历对青年习近平的成长有着深刻影响，也是习近平关于青年工作重要思想的历史起点。习近平曾谈到"七年上山下乡的艰苦生活对我的锻炼很大"②，"很多实事求是的想法，都是从那个时候生根发芽的"③。艰苦生活磨练了坚强意志，贴近群众培养了人民情怀，习近平从一个懵懂少年成长为自信坚定、敢于担当的青年。离开梁家河后，在长期地方主政的领导实践中，习近平始终关心青年成长，在不同时期关于青年工作都作出了重要论述。在正定任县委副书记时，习近平指出："时代的变革，常以青年为先锋；社会的前进，必以青年为主力。"④ 针对青年身上的弱点和不足，习近平勉励正定青年要"树立革命的人生观，"树立爱祖国、爱家乡的坚定信念"，"发奋学习"，"拿出实实在在的真本事、扎扎实实的硬本领"。在宁德任地委书记时，针对共青团不适应改革开放新形势而出现的新问题，习近平提出"坚持并深化改革，才是唯一的良药"⑤。在浙江团省委机关调研时习近平明确指出："现在共青团组织要克服机关化、官僚化倾向，不能没有共青团的特点，死气沉沉。"⑥ 在福建工作期间，强调青年干部要注重实践，切忌自以为是、盲目地自我感觉良好。在上海工作期间，与青年座谈时指出，青年要坚持知与行的统一，切实把书本上学到的"知"付诸于"行"，提高学以致用的能力。党的十八大以来，习近平始终

---

① ［德］马克思、恩格斯：《马克思恩格斯全集》（第三卷），人民出版社，1960 年。

② 中央党校采访实录编辑室：《习近平的七年知青岁月》，中共中央党校出版社，2017 年。

③《追寻习近平总书记的初心·梁家河篇》，新华网：http://www.xinhuanet.com/politics/2017-03/19/c_129512760.html.（2025 年 2 月 8 日查询）

④ 习近平：《知之深爱之切》，河北人民出版社，2015 年。

⑤ 习近平：《摆脱贫困》，福建人民出版社，2014 年。

⑥ 习近平：《干在实处走在前列——推进浙江新发展的思考与实践》，中共中央党校出版社，2006 年。

高度重视青年工作，不管有多忙，总是把五四青年节的时间留给青年人。习近平与青年交谈、回信勉励青年，亲自领导和部署共青团改革，指导制定《中长期青年发展规划（2016—2025年）》，并多次就青年工作发表重要讲话、作出重要指示。习近平关于青年工作的重要论述就凝结在这些重要讲话、重要指示、重要回信和对青年的亲切关怀与指导之中，最终形成了全面系统、与时俱进的青年工作重要思想。

二、习近平关于青年工作重要论述的理论特征

习近平关于青年工作重要论述以马克思主义理论为指导，结合新时代青年运动的时代主题，立足当代青年工作实际，以深远的战略性、鲜明的人民性和系统的整体性为新时代青年工作提供精神指引。

（一）认识中的战略性

青年兴则国家兴，青年强则国家强。中国共产党青年观始终建立在青年与国家特定关系意义的基础之上，决定了党的青年工作所具有的根本战略价值。习近平站在党和国家事业发展的全局高度，以长远眼光将青年置身于实现中华民族伟大复兴中国梦的历史进程之中，将青年发展与政党责任、国家命运紧密结合起来，强调"党的青年工作是一项政治性极强的工作"，党要"用极大力量做好青年工作"，[①]体现了新时代青年工作的重要性，进而明确了青年工作在推进国家全局工作中的战略定位。

习近平关于青年工作重要论述的战略性特征体现在对青年工作的战略安排上兼具深度与广度。一是坚持整体推进与重点着力相结合，开展青年工作的改革创新。习近平从青年教育、青年发展、青年实践等方面全方位指导青年工作的改革与创新，不留工作领域空白。同时，明确新时代中国青年运动的主题，抓住青年工作的"牛鼻子"，重点完善青年工作政策体系，深化共青团改革，构建新时代青年工作新格局；二是将规划青年群体发展与关注青年个体成长相结合，既着眼长远，以政策的前瞻性确保青年群体发展的方向正确，又立足当下，关切当代青年成长的主体性需求，以务实的具体举措助力青年享受时代红利，成就自我。习近平关于青年工作重要论述的战略性特征还体现在对青年教育所具有的深远战略思想。在世界处于"百年未有之大变局"的背景下，习近平要求青年工作既要以国家发展的卓越成就与美好蓝图引导青年坚定"四个自信"，更要教育青年学会以全面辩证的眼光审视未来，发扬斗争精神，增强斗争本领，时刻做好防范前进道路上的风险与挑战的准备。

---

① 习近平：《在纪念五四运动100周年大会上的讲话》，人民出版社，2019年。

（二）价值中的人民性

"以人民为中心"是中国共产党理论创新的根本立场。习近平关于青年工作重要论述强调"以青年为本"①的价值取向，深入探讨"以青年的什么为本""怎样实现以青年为本"的理论问题，着力解决青年发展的实际困难，为青年成长成才服务，彰显了理论鲜明的人民性。

"以青年为本"核心在于以青年的全面发展为本。从理论根源上看，习近平关于青年工作重要论述以马克思主义的人的全面发展理论为依据，致力于不断推进青年自我身心协调发展，适应社会和时代的发展进程，避开"单向度青年"的成长陷阱，实现青年在思想政治素质、科学文化素质和身心素质等方面的全面发展。这也是新时代青年工作的一个重要任务。但是，当前青年发展水平还不能完全适应社会主义现代化建设的新要求，也未能在较高程度上满足青年成长的新期待。对此，2017 年 4 月，中共中央国务院印发了《中长期青年发展规划（2016—2025 年）》（以下简称《规划》），这是新中国史上第一个在国家层面编制实施的青年发展规划，由此开启了我国青年政策的新时代。《规划》首次提出"青年首先发展"的理念，并确定了教育、健康、社会融入等十个青年优先发展的领域。这为青年实现全面发展创造了有利条件，增强了广大青年的获得感。"以青年为本"为基础在于以满足青年需求为本。从马克思主义关于人的需求理论可推知，青年需求是影响其个体行为积极性和动力的关键因素。因而，青年工作必须关注青年需求，以走在青年前列的工作理念和具有针对性的有效服务来吸引青年、赢得青年。习近平高度重视青年需求问题，在对共青团的要求中明确提出："青年有什么需求，团组织就要开展有针对性的工作。"②这一要求的意义不仅体现在通过关心、关怀青年的生活与学习，解决青年在成长中的实际困难，增强青年工作吸引力和凝聚力，更重要的意义在于关注青年的发展需求，以先进政治理念引领青年，强化青年对中国共产党领导和社会主义制度的信仰认同，发挥青年工作培养社会主义建设者和接班人的本职功能。实现"以青年为本"的关键在于尊重青年的主体地位。走近青年，"同青年零距离接触、面对面交流倾听他们对社会问题和现象的看法，对党和政府工作的意见和建议"；了解青年，用青年喜闻乐见的方式增进沟通，加强引导，帮助青年解决自我发展的思想困惑和实际问题；鼓励青年，尽情释放创新创造的青春力量，构建符合时代要求、契合党和人民期待以及贴合自身价值追求的"意义世界"。

---

① 中共中央、国务院：《中长期青年发展规划（2016—2025 年）》，《人民日报》2017 年 4 月 14 日第 1 版。

② 中共中央文献研究室编：《习近平关于全面从严治党论述摘编》，中央文献出版社，2016 年。

（三）逻辑中的整体性

习近平关于青年工作重要论述与中国共产党青年观一脉相承，是立足新时代对党的青年观的继承与发展。通过对中国共产党青年理论的回溯与总结，我们发现其始终是以团结带领广大青年为民族独立、国家富强和人民幸福而奋斗为理论主旨的，并在中国革命、建设和改革的历史进程中，逐步形成了革命型青年观、建设型青年观和改革型青年观。党的十八大以来，习近平立足新时代这一新的历史方位，鲜明提出了新时代中国青年运动的时代主题，并围绕这一主题形成了青年工作理论体系，整体推进了中国共产党青年观的创新发展，在历史逻辑上凸显了理论的整体性。

着眼习近平关于青年工作重要论述的理论本身，其在理论的系统建构逻辑与内容建构逻辑上都体现了整体性特征。从青年工作原则、理念的确立更新到制度、格局的跟进保障，新时代青年工作建立了清晰的发展脉络，建构了完整的框架体系。具体体现在习近平明确提出党管青年的原则，将青年发展与青年工作提升到党的全局工作之中进行统筹谋划。同时，在党的青年全面发展、优先发展的工作理念基础上，习近平将青年发展进一步设定在"首先发展"的最高层级，并据此制定和颁布国家层面的青年发展规划，这一重大战略将在当前和今后很长一段时间为青年发展提供制度保障。为确保制度的落地见效，习近平要求各级党委和政府、各级领导干部以及全社会都要关心青年成长，充分信任青年，整合优化全社会的资源和力量为青年发展提供机会和平台，形成全员、全过程、全方位协同施策的青年工作大格局。在内容建构上，习近平关于青年工作重要论述是由青年教育观、青年实践观、青年学习观等不同主题内容共同构成的整体。而每一个主题内容在其核心目标、工作理念、发展方向等方面又能够自成一体。如习近平关于共青团改革的重要论述，以"共青团改革何以可能""共青团改革指向何方"以及"共青团改革如何实施"的根本问题构建起独立且完整的内容体系。在具体实践上，将青年工作融入推进新时代中国特色社会主义实践的整体布局，致力于培养社会主义建设者和接班人，要求青年工作要始终坚持围绕以服务党和国家工作大局为中心，"在大局下思考，在大局下行动"，并结合自身职责定位，找准工作着力点，为大局提供有力支撑。

三、习近平关于青年工作重要论述的实践价值

习近平关于青年工作重要论述是新时代党的青年工作的行动纲领。围绕青年工作的目标与主线，在理论指导下着力强化青年思想引领，深化共青团改革创新，构建高质量青年工作体系，推进青年工作新发展与新实践。

（一）习近平关于青年工作重要论述是引领青年成长成才的创新方法

青年是最具有生命活力、最善于创新创造的群体。谁赢得了青年，谁就掌握了未来。中国共产党百年的奋斗历程从未间断过与青年的联系，不断巩固和扩大青年群众基础，形成党走向哪里，青年就紧跟到哪里的"党青关系"。新形势下社会思想观念呈现出多元多样、复杂多变的新特点，给新时代"党青关系"的保持与发展带来了不小的影响和挑战。对此，习近平提出坚持党管青年原则，要求全党都要关心关爱青年，做青年成长的"引路人"，发展具有中国特色的政党青年工作模式。

1. 要高度重视处于"拔节孕穗期"青年的思想引领。加强青年理论武装工作，深化青年马克思主义者培养工程，广泛持续开展"青年大学习"，推进习近平新时代中国特色社会主义思想入耳、入脑、入心。开展党史学习，引导青年坚定听党话、跟党走的人生追求，在思想深处巩固党的青年群众基础。

2. 要抓好青年社会主义核心价值观教育。习近平指出，"抓好这一时期的价值观养成十分重要"，并借用"扣扣子"的比喻说明在青年阶段的价值观培养对人一生发展的重要意义，要求青年深刻理解、自觉践行社会主义核心价值观。

3. 要尊重青年的主体地位，针对青年的成长需求和个性特征，开展全方位的思想引领工作。推动新时代思想政治理论课建设，发挥课堂的明道功能；强化理想信念教育，筑牢自觉担当民族复兴大任的思想根基；秉持"因事而化、因时而进、因势而新"的工作原则，创新青年思想政治教育模式，注重教育引导与实践养成。

（二）习近平关于青年工作重要论述是深化共青团改革的理论指南

伴随市场化转型的加快和社会思想文化的深刻变化，青年思想更为活跃，社会组织更为多样，而部分基层团组织软弱涣散的现状根本无力应对外部环境的变化与挑战，也无法满足青年发展的诉求。当前要增强共青团的政治性、先进性、群众性，彻底破解机关化、行政化、贵族化、娱乐化的不良倾向问题，必须深化改革，着力提升团的组织力。习近平关于青年工作重要论述为新时代共青团改革提供了现实方案和行动指南。

1. 强化共青团的历史使命，激发深化改革的驱动力。习近平指出："中华民族伟大复兴的中国梦终将在一代代青年的接力奋斗中变为现实。"为此，要求共青团"广泛组织动员广大青年在深化改革开放、促进经济社会发展中充分发挥生力军作用"，为新时代共青团明确了目标任务，指明了发展方向。

2. 重塑团组织新形象，找准破解问题的关键点。正所谓"改革开放中的矛盾只能用改革开放的办法来解决",在新的历史条件下,深化共青团改革既是与时俱进的历史规律要求,也是解决新矛盾和新问题的根本途径。习近平指出:"群团组织中存在的问题,实质是脱离群众。"①推进共青团改革就是聚焦这一本质问题,使共青团回归青年群众,重塑让青年"想得起、找得到、靠得住"的团组织新形象。

3. 改进团干部作风,推进从严治团。习近平坚持以青年为主体落实改革,从"严"字和"实"字上要求团干部改进工作作风,要"做青年'友',不做青年'官'"②,创建与青年有效沟通的路径,以青年话语风格对主流意识形态进行"编码",构建凸显共青团特色的青年话语体系。

4. 深化组织建设改革,提升共青团组织力。习近平以整体性思维指导共青团在组织制度、职能体系、运行机制、工作方式等方面进行深度改革。《共青团中央改革方案》包含了四大方面和十二个领域的改革措施,既有纵向维度的团中央委员会以及基层团组织改革,又有横向维度上的共青团自身职能的改革创新。《新时代团的组织力提升三年行动计划(2019—2022)》从二十二个方面完善团的组织体系,规范团的基本建设。以协调思维指导共青团在"自我革命"的同时,注重与社会其他领域改革的有机衔接,在保证"自转"的前提下能够融入国家治理体系大格局之中,提升共青团对推进国家治理体系和治理能力现代化的贡献度。

(三)习近平关于青年工作重要论述是开创青年工作新格局的根本保障

进入新发展阶段,党的十九届五中全会明确提出了"推动高质量发展"的时代主题。"高质量"为新时代青年工作改革发展指明了坐标方位,提出了更高要求。习近平关于青年工作重要论述全面阐释了在实现中华民族伟大复兴中国梦的历史进程中青年工作发展的重大实践课题,为在新发展阶段构建青年工作体系,创建新格局提供根本保障。

1. 找准政治方位,服务于青年使命。面对"两个大局"的时代背景,我们所面临的风险挑战和不确定性陡增。青年工作是关系到党和国家事业后继有人、永续发展的关键领域,必须坚持把政治建设摆在首位,坚守引领青年的初心和使命,努力培养有理想信念、有爱国情怀、有使命担当、有品德修养的时代新青年。

2. 统筹宏观与微观,实现精准对接。习近平坚持辩证唯物主义和历史唯物主义的世界观和方法论,从宏观层面上指导具有中国特色的青年运动实践,提高青年工作科学化水平;从微观层面上关注青年个体发展,分层、分类予以指导,不同社会阶层、不同职业的青年

---

① 中共中央文献研究室编:《习近平关于社会主义政治建设论述摘编》,中央文献出版社,2017年。
② 习近平:《习近平在同团中央新一届领导班子成员集体谈话时强调紧跟党走在时代前列走在青年前列在实现中华民族伟大复兴的征途中续写新光荣》,《人民日报》2013年6月21日第1版。

都能得到理解、帮扶和引导。习近平曾深情点赞医护人员、快递小哥等平凡岗位上的奋斗者，动员广大青年立足岗位为实现民族复兴建功立业。

3. 创新制度设计，优化体制机制。习近平遵循青年工作和青年成长规律，从青年工作的组织机制、运行机制、保障机制、联动机制等方面深层次、全方位地进行制度创新。如团干部联系青年制度的健全、青年工作评估指标的创设、青年工作模式的调整、专兼职干部队伍的建设等，这些蕴含时代性和针对性的制度设计有效提升了青年工作的实效性。

4. 增强青年政治参与度和社会度参与度，推动青年社会融入。坚持党管青年原则，各级党委、政府要进行政策安排，引导青年理性参与社会事务，将青年发展议题纳入党政工作内容，在各领域创造青年建言献策、建功立业的机会，全面提升青年社会参与度。

5. 强调青年发展的开放视野，提升青年国际影响力。邓小平曾对新的时代特征和历史潮流作出科学论断，"现在的世界是开放的世界"。习近平始终将青年发展置于人类命运共同体的视域下，多次在出国访问的演讲中提出，青年是人民友谊的生力军，要为促进世界和平与发展做出积极贡献，鼓励青年在国际舞台上展现中国青年风采，在国际交流中奉献中国青年智慧。

学校管理篇

西部县域校长教师交流轮岗政策执行中的问题与对策 [①]

师资力量配置失衡是阻碍义务教育均衡发展的关键性因素。党的十八届三中全会通过的《中共中央关于全面深化改革若干重大问题的决定》中提出，将实施校长教师交流轮岗作为统筹城乡义务教育资源均衡配置、办好人民满意教育的一项重要举措。2014 年 8 月，教育部联合财政部、人力资源和社会保障部印发《关于推进县（区）域内义务教育学校校长教师交流轮岗的意见》（以下简称《意见》），对加快推进义务教育阶段教师交流轮岗工作做出了全面部署，明确提出"力争 3~5 年实现县（区）域内校长教师交流轮岗的制度化、常态化"。那么，目前这一政策在西部县域内的实施状况如何？面临着哪些具体问题和突出矛盾？如何才能更为有效地推进这一政策"落地"？本文拟在深入调研的基础上对此进行探讨。

一、西部县域校长教师交流轮岗政策执行以来的主要成效

2006 年以来，伴随修订后的《中华人民共和国义务教育法》和国家一系列促进义务教育均衡发展的政策出台，全国范围内，包括西部 12 个省市区在内的地区，在义务教育均衡发展方面迈出了坚实步伐。截至 2014 年底，全国 28 个省份的 757 个县（市、区）通过了国家义务教育发展基本均衡县督导评估认定，占全国县（市、区）总数的 26%。[②] 并且均衡发展的目标已逐步从追求办学设施与条件的硬件均衡迈向了以追求师资均衡配置为核心的软件均衡。相关资料显示，仅 2014 年全国各地参与交流轮岗的校长教师达 50.1 万人次，占义务教育教师总人数的 6.2%，其中 464 个县（市、区）各类交流轮岗教师 9.9 万人，覆盖 1.9 万所学校。[③]

（一）交流轮岗政策初步建立

从目前西部地区校长教师交流轮岗的整体形势来看，一方面，西部地方政府及其教育行政部门能够从思想上充分认识校长教师交流轮岗对促进义务教育均衡发展的重要性，并

---

① 原载《教育研究》2015 年第 8 期，获陕西省第十三次哲学社会科学优秀成果一等奖，获 2017 年度陕西高等学校人文社会科学研究优秀成果一等奖，与杨令平合作。

② 柴葳：《加快推进义务教育均衡发展 保障适龄儿童接受良好义务教育》，《中国教育报》2015 年 5 月 1 日第 1 版。

③ 康丽：《国家教育督导报告公布》，《中国教师报》2015 年 4 月 8 日第 1 版。

在行动上积极开展多种形式的推进和探索；另一方面，西部许多地方政府正在积极制定和出台关于中小学校长教师交流轮岗的基本运行体制机制。如，2013年以来，重庆、陕西、贵州、四川、宁夏等省（区、市）已率先出台了由多部门联合印发的校长教师交流轮岗指导意见，并在全省范围内进行改革试点。2014年，教育部等三部委出台《意见》后，西部其他各省也在加紧研制落实《意见》的具体办法。从西部市、县（区）等实践情况来看，众多地方已采取定期交流、跨校竞聘、大学区管理制度改革、学校联盟、名校办分校、集团化办学、对口支援等多种促进校长教师交流轮岗的途径和方式，有力推动了校长教师交流轮岗措施的落实。

（二）交流轮岗政策执行初显成效

交流轮岗政策自实施以来，给西部农村教师队伍建设带来了新气象。主要表现为以下三个方面：

1. 城乡教师队伍水平差距显著缩小。城乡之间的教师交流轮岗，既为乡镇学校输入了新鲜血液和优质资源，又提高了农村中小学师资配置的底线，使得以往农村学校与县城学校在师资水平上的整体差距明显缩小。

2. 农村薄弱学校师资队伍结构得到明显优化。受生源减少、学校规模小等因素的影响，西部偏远地区农村学校师资的结构性矛盾异常突出，即不少学科缺乏专任教师，出现了一批"缺科学校"。交流轮岗的实施，使县城学校一些相应学科的教师轮岗到了"缺科学校"，极大地改善了农村薄弱学校的缺科现象。

3. 义务教育阶段"择校热"得到了一定程度的缓解。"择校热"难以降温的主要原因在于城乡学校、强弱学校之间的师资水平失衡，这就好比人人都要找有名大夫的医院看病一样。交流轮岗政策的实施，城乡学校、强弱学校之间师资水平的差异在不断缩小，"择校热"困境得到了缓解。事实上，目前西部一些乡镇学校已出现了学生回流现象。

（三）交流轮岗政策给城乡学校发展注入了活力

校长教师交流轮岗政策的实施，"搅动"了以往校长教师队伍"一潭死水"的局面，犹如一石激起了千层浪，为城乡学校校长教师的队伍建设及学校发展带来了新活力，既促进了校长教师队伍的专业化发展，也增添了城乡学校的发展动力。在调研中，有校长坦言，校长教师交流轮岗，消除了自己工作中存在的惰性思想，环境的改变给自己带来了全方位的变化与挑战，迫使自己不断进取，否则将会面临"下课"的境地。一些农村学校的校长认为，县城教师轮岗到农村学校任教，带动了农村教师教学理念的更新改变。同时，也增进了县城教师对农村教师的理解，磨炼了他们的意志，锤炼了他们艰苦奋斗、勤奋敬业的精神品格；而农村学校教师轮岗到县城学校任教，则开拓了教师的视阈，启迪了思维，领略到了先进学校的教学水平、教学风格、教学艺术，也感受到了不同学校的管理理念与文化，认识到了自身的差距，激发了见贤思齐、向高基准看齐的意识，自然使专业发展的自觉性和内在动力得到了强化。校长教师交流轮岗把"一潭死水"变活，恰恰起到了这种相互对比、彼此开阔眼界的作用，给西部城乡学校带来了新的发展活力。

二、西部县域校长教师交流轮岗政策执行中面临的突出问题

从调研情况来看，校长教师交流轮岗政策虽取得了初步成效，但由于此项政策牵涉面广，尤其是涉及相关群体的利益，因此，这一政策在实施过程中还面临以下问题。

（一）利益相关者对政策的认同不统一

交流轮岗是一项关涉政府、学校、校长、教师、学生、家长及社会等多方利益的政策，各利益相关者对其认同的统一是这一政策有效实施的前提。从调研情况来看，西部省区各利益相关者对于这一政策的认同还存在不够统一的情况。

从政策主导者政府和教育行政部门的层面来看，他们普遍对这一政策持认可和赞赏态度。笔者在采访陕西、甘肃、四川、新疆等省区一些县的县长、副县长和教育局长时，他们普遍对这一政策持较高的认同度，并认为这一政策是在当前条件下突破义务教育均衡发展瓶颈的关键所在。当然，也有个别教育行政部门官员对此持观望态度，其理由是这种做法是"削峰填谷"，不符合市场竞争法则。他们认为，教育事业发展既要符合公平原则，还要符合效率原则；既要注重面向全体学生，还要注重英才教育。

从直接利益相关者城乡交流学校的层面来看，他们对这一政策的态度呈明显的分化态势甚至持对立态度，即县城参与交流轮岗的校长教师对这一政策持较为消极的态度，而乡镇学校参与交流轮岗的校长教师则持明显的积极态度。换而言之，县城学校的校长教师对政策的支持率明显低于乡村教师。在调研中，我们观察到，部分县城校长教师对教师轮岗交流工作认识不足，缺乏大局意识和应有的责任感，而只从评聘职称或被动完成任务的角度来考虑问题；再加上区域间交通生活不便、生活条件存在差异等因素，造成了他们有畏难情绪，主动性不强。在他们看来，交流轮岗是一种不得已而为之的行为，处于一种"被交流""被轮岗"的状态。一些受访者表示，自己参加交流的目的就是"为了评职称""为了完成政治任务"。调研中我们还发现，在交流轮岗的过程中，来自女教师的阻力明显比男教师大，有不少女教师都是哭着收拾行李离开学校的。从学校层面来讲，城镇学校往往

对这一政策存在潜在的抵制情绪，他们怕交流轮岗影响到本校的教学质量，继而便"雪藏"优质教师。个别农村学校也存在一定的抵触情绪，其原因是交流轮岗一方面给教师的生活交通等带来不便，另一方面打破了学校原有的管理常态和平衡，增加了许多管理上的难度。

从核心利益相关者学生和家长的层面来看，他们在认识上也是褒贬不一。农村家长普遍对交流轮岗持欢迎和赞扬态度，他们认为县城教师的教学水平确实比当地教师高，希望能够派更多的高水平教师来；某些农村家长也持反对态度，他们认为有些县城学校选择表现不佳或新任教师交流轮岗，使农村学校成为这些教师的"试验田"和"练手场"，不利于教育教学质量的提升。还有的家长认为，交流轮岗一般都是短期行为（一年或两年），频繁换教师，学生很难适应，这既不符合教育规律，也不利于学生的进步和成长。县城学校学生家长则较多对校长教师交流轮岗持消极态度，从道理上讲，他们也对实施交流轮岗，促进城乡学校均衡发展的做法表示支持和理解，但情理上他们又担心农村校长教师水平不高影响了自己孩子的学习成绩。

（二）交流轮岗政策的体制机制不完善

虽然西部许多县域已初步建立起了交流轮岗的基本政策，但目前整个管理体制和运行机制仍未完善。

1. 缺乏有效的组织领导体制。校长教师交流轮岗政策，需人事、编制、财务、教育等多个部门协同推进，但目前往往是由县教育局来统筹协调。实际上，教育局只能管交流轮岗人员的选派，其对于编制、经费、岗位设置等方面的事务往往无能为力。

2. 缺乏科学有效的交流轮岗人员遴选机制。交流轮岗人选如何确定、校长教师应按什么标准和规则来参与交流轮岗、校长教师参与交流轮岗后应享受什么待遇等，这是确保交流轮岗政策发挥效应的重要一环。从理论上讲，只有县城学校那些优秀的校长教师轮岗到农村学校，才能促进农村学校追赶县城学校，从而实现城乡教育均衡发展。但目前的实际状况是这些方面还很不完善，标准的确定、遴选的程序、轮岗后的待遇等均不规范和不明确，存在很大的随机性和随意性。县城学校更多的是将教学水平一般或富余的学科教师派出去轮岗，农村学校则普遍对派来的教师感到不满意。

3. 缺乏完善细致的使用管理机制。目前，在交流轮岗政策的执行中，教师工资待遇和人事关系全在原来的学校，这造成了交流轮岗的校长教师明显存在着"身在曹营心在汉"的现象。另外，各地虽在政策上对轮岗人员的住房保障、专业发展、职称待遇、交通补助、人文关怀等条件提出了要求，但常常因可操作的具体政策不到位或落实不力，使得交流轮岗的校长教师的实际权益受到侵害，继而严重地影响他们的积极性。除以上外，还存在着办学体制上的羁绊。比如，在西部一些省会城市的义务教育学校的办学模式中，存在着省教育厅直管学校、大学举办的附属学校、市直管学校、各区政府举办的学校等多种办学形式共存的状况。这种长期形成的体制壁垒，也使得交流轮岗政策在实际操作中困难重重。

4. 缺乏科学的评价监测机制。目前在国家和西部一些省份出台的政策文本中，虽然对交流轮岗政策都有监测评估规定，但其内容往往过于笼统和宽泛，缺乏可操作性。这突出表现在：监测评估主体不明确且未形成合力，监测评价标准不细致乃至缺失，缺乏监测评估后的问责机制和激励机制等。在实际的监测过程中，存在着重过程轻结果、重派出轻监管、重到岗轻使用的倾向，其监测评估形式往往采取具有随机性、临时性的"走走看看""看看人在不在岗""看看表现怎样"等。评价监测机制的缺失，一方面导致决策部门难以及时有效地掌握交流轮岗的真实状况，导致出台的相关政策缺乏科学依据；另一方面导致交流轮岗信息匮乏，利益相关者无法深入了解交流轮岗结果，更无法对其施加影响，民主监督、媒体监督也时常处于信息不对称或缺位状态。

（三）交流轮岗政策缺乏配套经费支持

长期以来，由于种种客观和主观、历史和现实的原因，导致西部农村中小学办学条件差、教师福利待遇低、学校生源日趋匮乏，加之生态环境的恶劣和生活环境的艰苦，因而西部农村尤其是边远地区学校普遍存在着教师"下不去、留不住、干不好"的尴尬状况。而目前的交流轮岗政策主要采用的是强制命令式的推进策略，其突出手段是用评职称或行政指令、年终考核等来设卡，并无配套的经济激励措施。换言之，在促进校长教师交流轮岗的政策机制中，市场自主配置的杠杆作用并没有得到充分发挥，以提高劳动力价格为主的激励措施未被激活和运用，经济激励明显缺失。这突出表现为缺乏与交流轮岗相配套的薪金补贴、交通补贴、住房补贴、生活补贴等优惠政策，交流轮岗几乎是在不计成本和回报的状态下推进的，这对身处经济条件优越的县城的校长教师而言，自然产生了回避和顾虑的心态。而对农村交流轮岗到县城的校长教师而言，由于他们之前工资收入低、经济积累少，流动之后的低收入不足以支撑其因流动而带来的较高消费负担，因此他们对交流轮岗到县城学校任教既渴望又心存顾虑。与此同时，交流轮岗对农村教师还产生了另一种负面效应，即他们在真切地感受到了城乡教师之间的巨大差距之后，更加坚定了走出农村的决心。有学者对西部地区的甘肃、宁夏、贵州三个省 460 名义务教育阶段教师所进行的调查显示，有 233 人有流失的倾向，占被调查总数的 50.8%。[①]

[①] 苗承燕、王嘉毅：《西部贫困地区农村教师生存现状研究——基于甘肃、宁夏、贵州 3 省 17 所中学的调查》，《基础教育》2011 年第 6 期。

三、西部县域进一步落实校长教师交流轮岗政策的对策建议

2015 年 6 月，国务院办公厅印发了《乡村教师支持计划（2015—2020 年）》，把乡村教师队伍建设摆在优先发展的战略位置，推出包括提高师德水平、拓展补充渠道、提高生活待遇、统一编制标准、职称评聘倾斜、城乡教师流动、提升能力素质、建立荣誉制度等在内的多项关键举措，毋庸置疑，推进校长教师交流轮岗便是实现上述意图的一项重要举措。因此，必须在完善制度设计的基础上，扎实有效地推进这一政策的制度化、常态化。

（一）加强宣传引导，提升政策认同度

没有正确的认识便没有正确的行动。目前，西部县域在校长教师交流轮岗工作中出现的种种问题与矛盾，很大程度上是思想认识不到位所致。为此，推进此项工作的当务之急是必须进一步加强思想宣传引导，争取政府、学校、校长、教师、学生、家长及社会各界对这一政策的价值认同，并达成共识。

一是通过舆论宣传，进一步增强校长教师交流轮岗对推进义务教育均衡发展的重要意义的认识。二是增强县城学校的责任意识和担当意识。通过多渠道宣传教育，提高县城学校校长教师对交流轮岗政策的关注度、认可度及参与度，实现从被交流轮岗—要交流轮岗—喜欢交流轮岗的转变，增强参与交流轮岗的责任性和义务性。三是政府作为校长教师交流轮岗政策的领导主体，要树立"以人为本"的交流轮岗理念，避免把交流轮岗制度变为一种强迫性的政策行为，而应强化政府的公共服务意识，为校长教师交流轮岗提供更多政策和资金的支持。同时，参与交流轮岗的学校之间要积极开展多方面的交流，注重学校文化的融合，防止因环境改变出现"水土不服"的现象而影响交流轮岗效应。

（二）完善制度设计，健全运行机制

"公共政策常常是作为一个整体发挥作用的，尤其像教育政策这样一个本身没有经济造血功能的领域，更容易受到其他政策因素的影响和冲击。"[①] 因此，要推进校长教师交流轮岗政策的有效实施，就必须在深化教育领域综合改革的基础上完善相关制度设计，使校长教师交流轮岗管理制度化。

1. 理顺交流轮岗的管理体制。从目前的实际状况看，仅依靠县级教育行政部门的力量很难强力推进校长交流轮岗制度的实施。为此，必须强化县级政府对推进此项工作的主体责任。建议西部各县将校长教师交流轮岗作为"一把手"工程，做好顶层设计，统筹和协

---

① 吴志宏等编：《教育政策与教育法规》，华东师范大学出版社，2003 年，第 78 页。

调县内教育、财政、人社、编制等部门，协同制定相关政策，明确各自工作职责与任务分工，并确保执行到位。

2. 建立科学的交流轮岗校长教师遴选机制。目前以行政强制命令为主的遴选机制，忽略了交流双方的意愿，不利于校长教师交流轮岗工作持续健康发展。建议在确保完成任务的前提下，探索"双向选择"的遴选办法，即允许校长教师在规定的范围内，依据选拔条件、标准、预期结果及操作程序，采取意向与自选相结合的方式，充分尊重参与交流轮岗的校长教师的自主权，通过签订交流轮岗协议，使参与交流轮岗的校长教师由"逼我去"变为"我要去"、由"不愿去"变为"我想去"。

3. 创新校长教师交流轮岗机制。创新机制是确保校长教师交流轮岗政策取得成效的最重要一环。建议建立对交流轮岗校长教师进行全程性跟进指导的工作机制。派出学校要加强对交流轮岗教师的培训和管理，探索流动校长教师与流入学校的管理有效融合机制，为他们搭建专业发展的"脚手架"，使他们专业有压力，发展有平台，成长有机会，指点有导师；流入学校要创设良好的管理环境，努力激发流入教师的积极性；参与交流轮岗的学校要探索、建立和完善轮岗后的持续追踪管理机制，促进教师的专业发展和成长。

4. 完善校长教师交流轮岗监测机制。针对目前监测机制不够完善的实际情况，建议由县级人民政府教育督导室牵头成立教师交流轮岗评价监测组织，按照"管办评分离"的原则，研制切实可行的监测评价指标和评价体系，实施全程、全面、全员监测，科学使用监测结果，完善交流轮岗的激励和问责机制。将交流轮岗工作纳入党政领导干部教育工作督导考核体系，并作为认定义务教育均衡发展基本均衡县的重要指标。对落实状况好、成效显著的地区，要予以重奖；对工作不力、范围不广、成效不大的地区，不接受其义务教育均衡发展县的认定申请，并启动问责程序，追查责任。

（三）提供配套经费，强化激励措施

针对目前交流轮岗相关专项经费缺乏和西部地区农村学校办学经费困难的状况，建议国家设立交流轮岗专项经费，专项经费主要用途有：

一是用于西部城乡学校，改善西部中小学教师交流轮岗的基本条件，推进城乡学校在校长教师基本生存条件和专业发展支持条件上的标准化。二是用于解决校长教师交流轮岗期间的食宿等基本生活需要，让他们"下得去""留得住""用得上""干得好"，真正发挥引领带动作用。三是作为对在校长教师交流轮岗方面做出优异成绩和突出贡献的学校的奖励和补助。

此外，建议国家在西部农村地区实行教师特殊津贴制度，即在现有国家工资的基础上，

给西部边远贫困地区的从教人员额外再增加一部分经济收入，增加的幅度一定要具有吸引力。具体提出以下三个方面的建议：

1. 津贴增加幅度要大，足以产生激励作用。我们认为西部教师特殊津贴的额度应至少达到全国职工工资平均水平（根据国家统计局 2014 年 5 月 27 日公布的数据，2013 年城镇非私营单位在岗职工年平均工资数额为 52379 元，日平均工资为 200.69 元）的 50% 左右。

2. 根据西部农村的实际贫困程度和边远程度可以尝试将它们分为边远、比较边远、最边远三个地域层次。经济越落后、条件越艰苦的三类和四类地区教师的特殊津贴额度应高一些，同时要随着物价的变化进行动态调节。

3. 在特殊津贴的经费管理与发放方式上，应实行严格的核编定岗制度，津贴随着岗位走，专款专用。中央和省级财政厅根据享受特殊津贴教师的数量与额度进行严格测算，将经费列入每年的财政预算，并专项列支管理，保证专款专用。

（四）深化理论研究，提供科学支撑

交流轮岗政策的实施既是一项政策议题，也是一项实践命题，事关教师队伍建设全局，影响面大，理论性和政策性非常强，涉及很多需要研究的具体问题。但从调研的情况看，我们对这项政策的研究，在广度和深度上都存在明显不足。当前，应着重致力于对校长教师交流轮岗政策的学理性、法理性和政策执行的研究。

1. 对交流轮岗政策的学理性研究。具体包括我国提出交流轮岗政策的理论源头是什么，价值基础和价值取向是什么，国外此项政策的发展经历了哪些阶段，研究的成果对我们有何启示，这些政策的理论基础有哪些等。

2. 对交流轮岗的法理性研究。具体包括交流轮岗政策的法律依据和渊源是什么，如何依法推进这一政策，法律效力体现在哪些方面，如何更好地维护交流轮岗对象的法律地位及权利，如何从依法治教的视角完善交流轮岗的政策体系等。

3. 对交流轮岗政策在执行中存在的现实问题与对策的探讨。具体包括：如何从制度层面保证名优校长和骨干教师不被"雪藏"；交流轮岗政策的绩效如何评价；如何破解政策执行中的阻滞与困境，如何认识"系统人"的教师管理机制与办学自主权扩大之间的矛盾；交流轮岗政策是师资队伍均衡配置的权宜之计还是长久之策；国外有没有现成的经验，如有，对我国的适切性如何；应建立怎样的政策动态调适机制；如何做好交流轮岗中的文化融合工作；等等。

新中国建立 70 年以来我国教育管理学发展的总结、评价与展望 ①

"观今宜鉴古，无古不成今。"回顾和总结新中国建立以来我国教育管理学发展的基本历程、取得的辉煌成就、汲取的经验教训，不仅可以增强我们对中国特色社会主义的道路自信、理论自信、制度自信、文化自信，而且可以激发作为新时代教育管理学人的学科自信、职责自信、使命自信，同时更可以使我们理性地认识现状，清晰地把握未来，满怀信心地继续奋斗。

一、新中国教育管理学发展的基本历程

19 世纪末，伴随着"西学东渐"思潮的兴起，教育管理学被从西方引入中国，当时在学科内容和体系上主要以效法德国和日本为主。教育管理学在神州大地上的真正发展和繁荣，是新中国建立后特别是改革开放以后的事情。梳理新中国建立 70 年以来我国教育管理学发展的基本历程，以学科知识体系建设、学科独立地位发展、学术成果产出以及研究热度等为标准，大体上可以将其划分为以下几个阶段：

（一）学科孕育诞生期（1949—1966 年）

清末民初，当时中国的社会性质决定了此时所产生的教育管理学既不具有马克思主义属性，也不具有中国特色社会主义属性。因此，独立的、科学的、具有中国特色社会主义属性的教育管理学的建立与发展，起始于新中国建立之后。

新中国建立初，为了完成政权更替和对国民党时期旧教育的改造，在教育管理研究领域的主要措施是总结推广陕甘宁边区干部教育和学校教育及其办学经验，尝试将教育朝着社会主义的、人民的、大众的方向转型，同时加强党对各级各类学校的领导，确保党对教育的领导地位。20 世纪 50 年代初，中苏友好关系建立，我国在教育管理领域开始学习和引进苏联的模式与理论。由于当时苏联教育学界认为教育管理学的研究对象未能超出教育学的范畴和领域，因此这导致我国未能将教育管理学作为一门独立学科而展开研究，对其学术探索主要孕育和包含在教育学研究的母体之中。在当时翻译出版的苏联教育学著作（如巴拉诺夫等人主编的《教育学》）中，往往附有一章"学校管理"。换言之，这一时期由

———————————

① 原载《中国教育学刊》2019 年第 10 期，被《教育科学文摘》2019 年 4 期转载，与吴东方合作撰写。

于受苏联的影响，我国学者普遍把教育管理学看成是"单数的"教育学知识体系的有机组成部分，加之当时我国教育学在整体上尚未展开分化研究，"复数的"教育学知识体系还未形成，因此教育管理学研究总体上依附于教育学的知识体系建构之中，鲜有教育管理学专著问世。经考证，此阶段仅有程今吾的《延安—学校》和郭林的《小学行政领导和管理讲座》这两本专著[①]。

（二）学科发展停滞期（1967—1978 年）

1966 年"文化大革命"爆发，随着无产阶级专政下继续革命理论的提出和"以阶级斗争为纲"思想路线的强化，尤其是随着反修防修斗争的深入，教育学及其相关学科相继被康生、"四人帮"等打上了"修正主义"的标签，心理学被说成是"伪科学"。这一时期，全国师范院校纷纷撤销了教育学、心理学等专业和学科，包括教育管理学在内的整个教育学发展陷入了无专业、无组织、无人员、无著述的研究停滞期。

（三）学科恢复重建期（1979—1993 年）

1978 年党的十一届三中全会召开，开始了全面拨乱反正。1985 年第一次全国教育工作会议召开并颁布了《中共中央关于教育体制改革的决定》，标志着我国文化、科技、教育等各项事业进入了恢复、重建和蓬勃发展时期。伴随着改革开放的到来，教育管理学和整个教育学科迎来了明媚的春天。

1. 各师范院校纷纷恢复、重建教育系和教育管理专业。随着教育管理专业的设立和招生，教育管理学、学校管理学、教育行政学、教育督导学、教育政策法规等成了该专业的主干课程，这意味着学科重建和学科研究的起步。

2. 全国性的教育管理学术团体创立。1981 年 4 月，在福州召开的全国教育学会第二届年会上，萧宗六等十位同志发起成立了全国学校管理研究会筹备组。1982 年暑假，在大连举行了"学校管理学"研讨会，1983 年 10 月在西安正式成立了中国教育学会教育管理分会并召开了首届学术年会。[②] 教育管理分会建立的宗旨是团结和组织全国有志于从事教育管理学研究的人员，积极开展学术研究，促进教育管理科学化水平的提升和教育质量的提高。1985 年，全国高等教育管理委员会成立。专业学会的成立，既为广大学者搭建了学术交流的平台，又活跃了学术氛围，促进了教育管理学研究的发展和繁荣。

---

① 李旭、侯怀银：《20 世纪我国教育管理学学科建设的本土探索》，《山西大学学报》（哲学社会科学版）2011 年第 6 期，第 117—122 页。

② 司晓宏：《教育管理学论纲》，高等教育出版社，2009 年。

3. 学科研究重新起航。如同在长期压抑之后获得解放一样，这一时期教育管理学的著作和论文纷纷涌现，并不断促进整个学科发展朝着正规化、系统化、科学化的方向演进。这一时期具有代表性的教育管理学著作有：张济正的《学校管理学导论》（1984），张萍芳的《学校管理与系统控制》（1986），萧宗六的《学校管理学》（1994），李钟善的《大学校长的教育思想和实践》（1989），陈孝彬的《教育管理学》（1990），吴秀娟的《学生心理与班级管理》（1991），张复荃的《现代教育管理学》（1989），贺乐凡的《学校管理研究》（1993），齐亮祖的《普通学校管理学》（1985），等等。据统计，在这一阶段，有关教育管理学的专著与教材达到了 70 多部，并且还有大量国外的教育管理学论著被翻译引进，如日本学者安藤尧雄的《学校管理》（1981）、美国学者托马斯·J. 兰德斯（Thomas J.Landers）和朱迪思·G. 迈尔斯（Judith G.Myers）的《学校管理》（1983）等。同时，1987 年北京教育学院还创办了首个教育管理学的专门杂志《中小学管理》。

这一阶段教育管理学的发展具体表现如下：一是学科研究领域和学科研究对象逐渐明晰和确定，学科体系初步构建成型。二是专业化的学术研究组织和学科研究共同体正式成立，专业化研究平台初步搭建，独特的学科话语体系开始构建和生成。三是大力引进西方现代企业管理理论、组织行为理论、西方教育管理理论等来充实、丰富学科的知识体系和内容。四是专门化研究队伍形成，大大推动了教育管理学研究成果的产出。

（四）学科研究繁荣期（1994—2012 年）

1993 年中共中央国务院印发了《中国教育改革和发展纲要》（以下简称《纲要》），次年 6 月中央召开了第二次全教会讨论《纲要》的贯彻落实。1999 年 6 月第三次全教会召开，中共中央、国务院引发了《关于深化教育改革全面推进素质教育的决定》。2010 年 7 月第四次全教会召开，党中央颁布了《国家中长期教育改革和发展规划纲要（2010—2020 年）》。随着这一时期我国教育改革的不断深化和教育事业的快速发展，教育管理学研究进入了稳健发展和繁荣时期。

1. 学科地位和属性被明确界定。国家技术监督局在 1992 年颁布、1993 年正式实施的《中华人民共和国学科分类与代码国家标准》（简称《学科分类与代码》）将"教育管理学"作为"教育学"一级学科下属的次级子学科进行了明确标识，这标志着教育管理学作为一门独立的二级学科在国家标准中被正式确立。1997 年国务院学位委员会和国家教委联合颁布了《授予博士、硕士学位和培养研究生的学科、专业目录》（简称《学科、专业目录》），其中将"教育管理学"明确列为"公共管理学"一级学科之下的二级学科。尽管教育管理学在学科归属问题上存在争议，但国家标准和学科专业目录从根本上解决了教育管理学的学科定位和科学地位问题。

2. 学科体系建设日臻成熟。这一时期，经过众多学者的努力，已初步形成了较为系统、全面的教育管理学学科体系和学术体系，并且研究内容上的本土化特征日益凸显。薛天祥教授将教育管理学的学科体系划分为经验体系和理论体系。① 安文铸教授将学科的理论体系划分为知识体系、著作体系和教学体系。② 孙绵涛教授将教育管理学的学科体系划分为三个层面：基本理论学科、专业基础学科、专业学科领域。③ 陈孝彬教授将教育管理学学科体系划分为教育事业的管理、学校和其他教育组织的管理、教育管理人员的自我管理三个层面。④ 黄崴教授将学科体系划分为要素体系、经验体系、板块体系、职能体系、工作体系、系统体系和综合体系等。⑤ 司晓宏教授认为教育管理学体系由四大板块组成：一是教育管理基础理论研究；二是教育管理体制和政策法规研究；三是教育管理人员和教育管理对象研究；四是教育实务管理研究。

3. 对西方教育管理理论的引进与借鉴显著增多。这一时期除了本土研究日益升温之外，许多学者积极引进与推介西方成熟的教育管理理论，以丰富和充实中国教育管理学的知识体系。例如引入（美）马克·汉森（E.Mark Hanson）的《教育管理与组织行为》（1993），（英）托尼·布什（Tony Bush）的《当代西方教育管理模式》（1998），（美）伦恩伯格（Lunenburg·F.）和（美）奥斯坦（Ornstein·A.）的《教育管理学——理论与实践》（2004），霍伊（Wayne K.Hoy）和米斯克尔（Cecil G.Miskel）的《教育管理学——理论·研究·实践》（2007）等。此外，国外"校本管理理论""学校发展计划""ISO 国际教育标准""教育证券"等亦成为研究者聚焦的主要内容，企业管理中的"全面质量管理""标杆管理""公平理论"等也被移植和融入教育管理学的话语体系当中。⑥

这一阶段教育管理学的发展特征主要表现为：（1）明确了教育管理学的学科属性和学科定位，为学科知识的生成和学科体系的发展奠定了基础；（2）教育管理学发展从以分化、独立的视角出发所进行的话语知识体系的构建转向对学科体系的整体统合与建构上来；（3）面

---

① 薛天祥：《高等教育管理学》，华东师范大学出版社，1997 年，第 6 页。

② 安文铸：《现代教育管理学引论》，北京师范大学出版社，1995 年，第 39 页。

③ 孙绵涛：《中国教育管理学 30 年：成就、特点与问题》，《教育研究》2009 年第 2 期，第 21—28 页。

④ 陈孝彬、高洪源主编：《教育管理学》，北京师范大学出版社，2008 年，第 8 页。

⑤ 黄崴：《教育管理学科体系：概念、分类与整合》，《华南师范大学学报》（社会科学版），2004 年第 5 期，第 119—124 页。

⑥ 李保强、池振国、刘永福：《改革开放后教育管理学发展的阶段性成就梳理与反思》，《教育理论与实践》2009 年第 31 期，第 15—20 页。

向实践的教育管理学知识建构与理论生成开始走向前台，学术研讨的实践取向得到明显强化；（4）开始触及对学科研究方法和学科研究范式的探讨与变革。

（五）学科守正创新期（2013 年至今）

2012 年党的十八大召开，我国经济社会发展进入了新时代。这一时期，习近平新时代中国特色社会主义思想成为指导包括教育事业在内的我国各项事业发展的根本指南。2016 年 5 月 17 日，习近平总书记在哲学社会科学工作座谈会上发表了重要讲话，对新形势下我国哲学社会科学发展提出了新任务、新要求、新期待，要求哲学社会科学发展必须坚持马克思主义，坚持正本清源、守正创新。2018 年 9 月全国教育大会召开，习近平总书记发表重要讲话，对新时代我国教育事业发展进一步提出了明确的新要求。伴随着对习近平总书记的讲话精神的学习和贯彻，这一时期我国整个社会科学研究包括教育管理学在内，开始进行一定程度的反思，并在指导思想、价值取向、研究重心、关注焦点等方面出现了以下明显特征和趋势：

一是进一步巩固马克思主义对教育管理学研究在哲学层面的指导地位；二是随着"四个自信"的确立，进一步注重本土研究，着力构建富有中国特色的教育管理学学科体系、学术体系和话语体系；三是进一步凸显学术研究的"问题意识""靶向思维"，由以往醉心于"知识旨趣"的研究取向，转向对新时代我国教育管理实践所面临的种种现实问题和突出矛盾的探讨与解答；四是在研究范式和方法上更加注重实证研究、量化研究、田野调查以及基于现代信息技术的大数据和云计算等手段的运用。

这一阶段教育管理学的发展表现如下：一是强化本土化研究，力图构建凸显中国特色、解决中国问题的教育管理学理论知识体系；二是研究问题域从单纯的学校管理研究转向宏观的教育管理现象域和问题域的研究，拓展了研究视野，提升了学科思维深度；三是实现了研究范式从单一的思辨模式向多学科背景、运用多种问题分析解释框架的转变；四是强调学科建设中的反思与批判，对传统的接受性思维方式进行再认和革新，对固有的教育管理学观念进行分辨和剖析，理论研究和知识生成中的反思、批判意识显著增强。

二、新中国建立 70 年以来我国教育管理学发展的主要成就

新中国建立 70 年以来，我国教育管理学的发展历经波折，但是正如同我国社会主义事业发展一样，在蜿蜒曲折中依然坚韧向前，并取得了辉煌成就。

（一）学科地位日益提升，学科阵容不断壮大

分析新中国建立 70 年以来我国教育管理学的发展历程，总体上呈现出一种正规化、

建制化、体系化的发展取向。在这一过程中，学科体系、学术体系、话语体系不断得到丰富和完善，教育管理学获得了应有的科学地位。首先，教育管理学被正式列入了《学科分类与代码》和《学科、专业目录》，庄重而神圣地登上了科学殿堂。其次，高等院校特别是师范类院校中普遍设立了教育管理学的教学与研究机构，并开展本科生、硕士生、博士生以及博士后等专门人才培养。据统计，目前全国教育经济与管理博士学位授权点已达 25 个，教育领导与管理专业型博士授权点 12 个，教育经济与管理专业学术型硕士授权点 98 个，教育管理专业型硕士学位授权点 120 个，北京师范大学和北京大学的教育经济与管理学科更是跻身于国家重点学科行列。再次，有了专门的研究刊物。据统计，涉及教育管理学的杂志达到 20 多种，并且许多学术期刊还分别开设了教育管理专栏。最后，有了一支实力雄厚的研究队伍，并建立了全国性和地方性的学会组织。

（二）研究内容不断拓展，知识体系日益成熟

历经 70 年的辛勤耕耘，教育管理学的研究领域不断拓展，内容体系日益丰富，学科建设日趋成熟。教育管理学的研究重点已从早期执着于对学科归属、研究对象、概念建构、体系完善、研究范式和研究方法等的探讨，逐渐转移到了对以"问题"为中心的教育管理现象的分析和破解上，并从本体论、认识论、价值论范畴展开了广泛深入的研究。近些年来，大量教育管理学术论文、专著、教材等层出不穷就能充分说明这一点。

（三）研究范式日趋规范，研究方法不断创新

学科研究范式和研究方法的选择直接影响了学科体系的构建和学科知识的生成。中华人民共和国成立 70 年以来教育管理学的研究范式呈现出两类基本特征：

一是衍生于教育学母体的教育管理学，受人文社会学科主流思辨式研究方法的影响，强调建立核心概念明确、逻辑体系严密的知识体系；二是衍生于管理学母体的教育管理学，受工具理性主义实证性研究方法的影响，强调对教育领域中的管理活动进行设计、控制与干预，通过实验验证的方式以生成教育管理学知识的过程。

受研究范式和研究模式多元化的影响，教育管理学的具体研究方法和手段呈现出多样化趋势，在传统的文献法、调查法、经验总结法、个案法、实验法等基础上，出现了质的研究方法、行动研究法、叙事研究法以及田野调查等。研究方法的多样化和科学性极大地促进了教育管理学研究内容的深化及科学性的增强。

（四）学习借鉴国外理论，本土化理论不断创生

早期中国教育管理学的发展是建立在对西方教育管理理论的平面移植基础之上的，最

先是学习德国、日本，之后是效法英美，新中国建立以后主要学习苏联，改革开放后又开始大量引进西方理论。伴随着对外来理论的学习、消化和吸收，本土化、原生性、具有自身特点的教育管理学研究成果诞生并日益丰富，初步创建出了切合中国国情、具有中国特色的教育管理学知识体系。

三、现阶段我国教育管理学发展的不足

70 年栉风沐雨、辛勤耕耘，我国教育管理学虽有了长足发展，但是从建设具有中国特色的教育管理学理论体系的水准来考量，仍存在着许多短板和不足。

（一）学科归属定位存在争议

在 20 世纪 90 年代中期以前，教育管理学是存在的，其研究视角大多是从教育领域出发关注宏微观的教育管理问题。但是 1997 年后，《学科、专业目录》把教育经济学和教育管理学合并组建成教育经济与管理学，并将其归入公共管理学一级学科之下，同时在 1998 年正式设立教育经济与管理专业。[1] 因为在一级学科归属上的摇摆与分野，导致学术界一直存在着关于教育管理学学科归属问题的争议，并引发话语体系和话语表达方式上的矛盾与冲突。遵从于管理学，则强调"科学主义"的思维方式和研究视角，强调客观中立、效率至上、价值无涉的知识生产方式，注重实证、实验式的知识生成方式。遵从于传统教育学的思维方式，则强调教育管理学的研究应建立在知识通约、理解意义上的哲学思维方式与框架上，强调对教育管理意义世界的追寻与探讨，并把探讨思维与存在的关系问题视为学科发展之鹄。这种在学科归属问题上的摇摆与争议严重影响了教育管理学的健康发展。

（二）整体上理论与实践相脱节

教育管理理论工作者的研究旨趣与一线实践工作者的客观需求存在着较大程度的差异。众所周知，理论对实际的教育管理者而言存在三种基本功能：一是提供分析问题的参考框架；二是提供分析和解决问题的一般模式；三是为做出理性决策提供理论指导。[2] 但是，从既有的我国教育管理学理论的生成轨迹来看，更多的是借助于其他学科的理论成果、话语体系、研究思路以及认识路径来解决具有相对独特性的教育管理实践问题，热衷于讨论建立在"虚拟情景"中的教育问题，专注于不同话语体系融合中的教育管理学知识的生产，

---

① 《学科、专业目录》，阳光学院：http://www.kyc.ygu.edu.cn/info/1006/2041.htm.（2025 年 2 月 8 日查询）

② 张新平：《关于我国教育管理学发展中的五个问题》，《教育理论与实践》2001 年第 1 期，第 10—14 页。

而缺乏对具象的、真实的教育管理实践问题的深入探讨，这导致了教育管理学有寄居于其他学科之感。另外还有学者热衷于对教育情境进行碎片化的描述，以及从心理学层面解读具体的教育问题，缺乏用统合的教育视角来审视真实的教育世界，这导致普遍性的教育管理理论和学科体系难以生成，学科发展的理论品位不足，科学价值缩水。

（三）学科的理论建构和话语体系有待完善

目前我国教育管理学发展存在着知识生成方式单一、过度依赖上位学科的问题，即过分强调教育管理学的发展必须严格遵循上位学科管理学或者教育学的研究范式和思维方式，以至于有学者直言不讳地指出：教育管理学的理论生成存在着"概念陈旧，体系拼凑，视野狭窄，理论肤浅，缺少实效功能"的问题。[①] 对此观点，笔者并不苟同，认为其失之偏颇，但这也确实从另一个侧面反映了教育管理学研究中存在的突出问题。世界银行组织认为，教育经济学的核心研究领域主要包括教育干预的经济分析、财务和支出、影响评估、公共与私营部门的伙伴关系、校本管理、教育质量，[②] 而教育管理学公认的研究领域主要是宏观的教育政策领域（包含教育方针、政策、法规、体制机制等）和微观的教育管理领域研究（主要是各级各类学校管理），两个学科研究内容侧重不同、从属学科不同，在涉及学科建设、学位授予、课题申报等具体问题时会出现同一二级学科分属两个不同一级学科的现象，这极不利于教育管理学学科的建设与发展以及独立话语体系的形成。

四、新时代我国教育管理学发展的展望

进入新时代，担当新使命，展现新作为。展望新时代我国教育管理学发展的目标和愿景，将出现以下趋势。

（一）马克思主义哲学在教育管理学领域的指导地位将进一步得到强化

我国教育管理学发展的根本目的和功能在于为深化教育改革、提高教育管理的科学化水平提供理论依据，继而促进教育质量提高，培养德智体美劳全面发展的社会主义事业建设者和接班人。我国社会主义教育事业的性质和教育管理学发展的目的、功能及服务对象客观地决定了教育管理学的学科建设与发展必须坚持以马克思主义哲学为指导。特别是进入新时代以来，以习近平同志为核心的党中央旗帜鲜明地强调要进一步巩固马克思主义在

---

① 李政涛：《从"问题"到理论——教育管理学研究的反思与展望》，《中小学管理》1999 年第 2 期，第 13—15 页。
② 赵干：《我国教育经济与管理专业高层次人才培养问题研究：基于博士学位论文文献计量的视角》，兰州大学硕士学位论文，2013 年。

哲学社会科学领域的指导地位，坚持正本清源，守正创新，培根铸魂。在这样一种背景下，未来我国教育管理学的发展必将更进一步凸显马克思主义哲学的指导地位，并按照"不忘本来、吸收外来、面向未来"[①] 的基本思路着力构建具有中国特色的教育管理学理论体系。

（二）教育管理学知识的实践生成模式将进一步加强

如果说在过去 70 年的历史中，教育管理学为了争取学科的独立地位、构建学科的基础理论、丰富学科的知识体系而尊崇一种"理性主义至上"和以"知识建构"为旨趣的研究模式与取向的话，那么今天伴随教育管理学理论框架的初步完善、知识体系的日臻成熟，尤其根据我国教育管理现象世界内外环境的巨大变化，教育管理学的研究取向和理论建构必将转向实践生成模式，即对进入新时代后我国教育管理实践所面临的一系列新矛盾、新问题、新现象进行积极的探索、研究和解答，同时在这一过程中不断创新、生成、丰富教育管理学的知识内容和理论体系，并借此建构和完善具有中国特色的教育管理学。

（三）教育管理学的研究内容将朝着多元化、多学科领域不断拓展

教育管理学的学科母体具有多元性，这决定了教育管理学具有边缘性、交叉性、综合性的学科特征。伴随着学术探索的深入，教育管理学的研究内容必将朝着多学科领域渗透和拓展，而且其研究方法将呈现出以多学科分析工具来综合解决教育管理实践问题的特征，学科群、知识群等将纷纷涌现，质性研究和量化研究将会受到同等重视。

（四）大数据、云计算等现代信息技术将在教育管理学研究中广泛应用

伴随着信息技术和网络技术的蓬勃发展，大数据、云计算已成为现代社会人类生产和生活中的常态化数据处理与分析工具。大数据虽不能完全表征社会实践的所有状态，但其可以帮助我们对教育实践问题进行全息式的描述与认知，正如维克托迈尔—舍恩伯格（Viktor Mayer-Schön berger）与肯尼思·库克耶（Kenneth Cukier）在《大数据时代：生活、工作与思维的大变革》一书中所指出的：大数据不仅数据量大、类型繁多、价值密度低、速度快，而且这些海量数据拥有着常规研究方法所无可比拟的全域数据优势和全面状态表征优势，借助一定的分析工具和手段进行可视化的数据分析，可以使人类通过数据规律的方式来预测和洞见人类科学研究、社会实践领域中的真知和规律。[②] 云计算是借助互联网大量的云

---

① 《在哲学社会科学工作座谈会上的讲话》，人民网：http://politics.people.com.cn/n1/2016/0518/c1024-28361421.html.（2025 年 2 月 13 日查询）

② 胡弼成、王祖霖：《"大数据"对教育的作用、挑战及教育变革趋势》，《现代大学教育》2015 年第 4 期，第 98—104 页。

端计算资源进行数据分析与处理的，这可以大大降低教育管理研究中海量数据资源处理时硬软件设备的限制，并能够通过对云计算中心的共享和分布式教育资源的运用获得前所未有的数据分析和处理能力，从而更为科学、客观地认识和把握教育管理的规律。

（五）强化本土研究、建构具有中国特色的教育管理学体系将成为最主要的目标和任务

增强理论自信、道路自信、制度自信、文化自信，坚定地发展中国特色社会主义，是新时代我国官方和民间的最强音。同样地，增强学科自信、理论自省和建构独立话语体系，也是当代中国教育管理学人最为鲜明的主张。在这一背景下，我国教育管理学研究未来将会更加注重本土研究，更加注重问题意识和靶向思维，并把构建具有中国特色、体现中国国情、解决中国问题的教育管理学学科体系、学术体系和话语体系作为主要的攻坚任务和奋斗目标。

贯彻落实中小学校党组织领导的校长负责制的思考 ①

2022 年 1 月，中共中央办公厅印发了《关于建立中小学校党组织领导的校长负责制的意见（试行）》（以下简称《意见》），这意味着我国中小学长期实行的校长负责制将被党组织领导的校长负责制取代。学校领导体制是学校管理体制和治理结构的核心。对基础教育界而言，这无疑是一场重大的改革。鉴于此，如何精准地理解这一体制的内涵、积极稳妥地推进这一体制的施行、妥善处理好其在操作层面的各种技术路径与问题，是当前迫切需要研究的课题。

一、正确认识实行党组织领导的校长负责制的重要意义

任何一项管理体制的改革都有其特定的时代背景和历史动因。目前在中小学推行党组织领导的校长负责制，既是深化内部管理体制改革、完善治理结构、提高教育教学质量的需要，更是时代精神的反映。

（一）新时代全面加强党对教育工作领导的需要

党的十八大以来，我国开启了中国特色社会主义建设的新时代，我们面临的国际背景和国内矛盾发生了重大而深刻的变化。

从国际背景来看，世界正面临着百年未有之大变局。随着以我国为代表的发展中国家的迅速崛起，世界力量对比和整体格局正在发生急剧变化，出现了"东升西降"的态势。特别是伴随着我国综合国力的显著增强和现代化步伐的明显加快，围堵和遏制中国成为以美国为首的西方势力的主要战略目标。面对这一国际形势，我们必须奋起反击和斗争。办好中国的事情关键在党，要成功进行这场事关中华民族复兴的伟大斗争，就必须全面加强党的领导。只有加强党的领导，才能高度统一思想、统一意志、统一行动，形成坚不可摧的磅礴力量。加强党的领导，必须巩固党对基层政权和基层组织的领导，否则"基础不牢，地动山摇"。中小学实行党组织领导的校长负责制，正是适应了新时代这一伟大斗争形势的客观需要。

从国内形势来看，我们正面临着中华民族伟大复兴的战略任务。2021 年我们如期实现了全面建成小康社会的第一个百年奋斗目标，同时开启了第二个百年奋斗目标，开启全面

---

① 原载《中国德育》2022 年第 17 期，与魏平西合作。

建设社会主义现代化国家的新征程。"中华民族伟大复兴，绝不是轻轻松松、敲锣打鼓就能实现的。"[①] 步入新时代，我们面临着人民日益增长的美好生活需要和发展不平衡不充分的社会主要矛盾，面临着统筹推进"五位一体"整体布局、"四个全面"战略布局和贯彻新发展理念的艰巨任务，面临着妥善处理好改革、发展、稳定等各种错综复杂的矛盾关系的严峻挑战。在这种背景下，只有全面加强党的领导，才能增强"四个意识"，做到"两个维护"，坚定"四个自信"，充分认识"两个确立"的决定性意义，才能取得全面建设社会主义现代化强国的伟大胜利。正所谓"党政军民学，东西南北中，党是领导一切的"[②]。在中小学校建立党组织领导的校长负责制正是适应新时代这一历史背景的客观需要。

（二）新发展阶段切实加强中小学党建工作的需要

1949 年以来，我国中小学领导体制曾历经多次变革。中小学现行的领导体制——校长负责制是从 1985 年开始实施的。1985 年党中央召开了第一次全国教育工作会议，出台了《中共中央关于教育体制改革的决定》，提出"学校逐步实行校长负责制"[③]。1993 年中共中央、国务院颁布了《中国教育改革和发展纲要》，进一步指出"中等及中等以下各类学校实行校长负责制"[④]，并取消了《中共中央关于教育体制改革的决定》中使用的"逐步"两字。至此，中小学校长负责制在全国被较为稳定地确定了下来。客观地讲，中小学校长负责制的施行，顺应了当时教育改革与发展的需要，产生了积极的效应，特别是促使学校工作转移到了以教育教学为中心的正确轨道，尊重了教育规律，规范了教学秩序，推动了教育质量提高。

但是毋庸讳言，这一体制在长期执行中也衍生出了一些问题和弊端，其中突出的一点就是中小学的党建工作遭到了削弱、出现了式微。在校长负责制下，中小学党组织的基本职责被定为"加强党的建设和加强思想政治工作，大力支持校长履行职权，保证和监督党的各项方针政策的落实和国家教育计划的实现"[⑤]。这在客观上导致人们通常把以校长为首的行政系统看作学校管理的主体和权力中心，而对党组织的作用重视和发挥得不够，甚至出现了支部书记、副书记以及支部委员很少或很难介入学校教育教学和行政管理工作的现象，学校中的重要事项主要由校长决定。这种状况还导致单纯的业务主义思潮在学校滋

---

① ②《决胜全面建成小康社会夺取新时代中国特色社会主义伟大胜利——在中国共产党第十九次全国代表大会上的报告》，中国政府网：http：//www.gov.cn/zhuanti/2017-10/27/content_5234876.htm.（2025 年 2 月 13 日查询）

③《中共中央关于教育体制改革的决定》，《中国教育报》1985 年 6 月 1 日第 1 版。

④《中共中央国务院关于印发〈中国教育改革和发展纲要〉的通知》，法律快车：https：//law.lawtime.cn/d509766514860.html.（2025 年 2 月 13 日查询）

⑤ 国家教育委员会办公厅编：《教育工作文件选编》（1985），人民教育出版社，1987 年，第 16 页。

长，智育至上和工具理性主义蔓延，学生的德育工作、教职工的思想政治工作遭到了不同程度的遮蔽和削弱。鉴于这种情形，2018 年 7 月，习近平总书记在全国组织工作会议上指出："当前党的领导落实到基层还有不少'中梗阻'……在中小学、医院、科研院所，党组织领导的校长（院长、所长）负责制还没有建立起来。"①

（三）现阶段纠正中小学工作中种种问题的需要

当前，我国中小学各项工作的整体发展是好的，但也存在着诸多令人民群众不够满意的地方。譬如，素质教育推进缓慢，"应试教育"得不到有效矫正；大班额、择校热等现象屡禁不止，减负工作收效甚微，家长和学生教育焦虑情绪蔓延；智育至上、成绩为王现象严重，德育为先的地位并未得到有效落实，体育、美育和劳动教育遭到不同程度的忽视和削弱；教职工的思想政治教育失之于松、失之于宽，备受社会诟病的师德师风问题时有发生；学校管理中官僚主义、形式主义依然存在，家长制、"一言堂"等不民主现象难以杜绝，不少中小学校的教职工大会（教职工代表大会）形同虚设，等等。诚然，上述问题的出现有着广泛而深刻的社会综合性因素，但毋庸置疑，其与中小学校党的领导和党建工作的削弱不无关系。

二、精准理解党组织领导的校长负责制的基本内涵

认识是行动的先导。目前要使中小学校党组织领导的校长负责制在实践中得到积极的推进、有效的执行、正确的贯彻，首先须深入理解和准确领悟这一体制的基本精神与内涵。

（一）中小学党组织是学校各项工作的领导核心

这是此项体制的关键所在。在校长负责制下，校长是学校各项工作的领导核心，而在实行党组织领导的校长负责制后，党组织则成为学校各项工作的领导核心，这是两种体制的根本区别所在。换言之，在校长负责制下，校长是学校的最高领导机构（校长不仅是一个岗位，也是一个机构）和最高领导者；而在实行党组织领导的校长负责制下，学校中的党委、党总支或党支部则成为最高领导机构，主持党组织工作的书记成为最高领导者，并与校长共同构成了学校管理工作中的关键人物。

《意见》指出："中小学党组织全面领导学校工作，履行把方向、管大局、作决策、抓班子、带队伍、保落实的领导职责。"这就明确指出，在实行新体制后，学校的最高权

---

① 习近平：《在全国组织工作会议上的讲话（2018 年 7 月 3 日）》，人民出版社，2018 年，第12—13 页。

力机构和决策中心发生了转移，即由校长过渡到了学校党组织，学校工作中重大问题的决策，包括事关学校改革发展稳定的工作、事关教育教学和行政管理中的"三重一大"问题，事关学校章程等基本管理制度的制定出台，事关干部的教育、培训、选拔、考核和监督，事关教师等人才的培养、招聘、使用、管理、服务以及职称评审和奖惩等，均应由党组织决定。这与以往在实行校长负责制体制下形成的校长对学校工作拥有决策权、指挥权、人事权、财政权等传统观念有着本质的区别。①

（二）校长担负着教育教学和行政管理的双重责任

《意见》指出："校长在学校党组织领导下，依法依规行使职权，按照学校党组织有关决议，全面负责学校的教育教学和行政管理等工作。"同时指出："实行中小学校党组织领导的校长负责制，必须发挥党组织领导作用，保障校长依法依规行使职权，建立健全党组织统一领导、党政分工合作、协调运行的工作机制。"这就清楚地表明，在新体制下校长依然是学校管理工作中的关键人物，承担着学校教育教学和行政管理工作的职责。校长的职责具体为：研究拟订和执行学校发展规划、基本管理制度、内部教育教学管理组织机构设置方案；组织开展教学活动和教育教学研究，加强教育教学管理，深化教育教学改革，负责招生、就业和学生学籍管理；加强学生德育、体育、美育、劳动教育，提高思政课质量；研究拟订和执行学校重大建设项目、重要资产处置、重要办学资源配置方案；研究拟订和执行学校年度预算、大额度支出，加强财务管理和审计监督；加强教师等各类人才日常教育管理服务工作，依据有关规定与教师以及内部其他工作人员订立、解除或终止聘用合同；组织开展学校对外交流与合作，加强学校与社会、家庭的联系，形成育人合力；向学校党组织报告重大决议执行情况，向教职工大会（教职工代表大会）报告工作，支持群团组织开展工作，依法保障师生员工合法权益。

校长过去既是决策方案的提出者、拟订者，也是决策方案最终决定者、仲裁者，还是决策方案实施的组织者、指挥者，而在新体制下，校长的职责更多是提出或拟订决策方案、参与决策的讨论和确定、组织决策方案的实施与执行。

（三）集体领导和个人分工相结合成为重要特色

《意见》指出，"学校党组织实行集体领导和个人分工负责相结合的制度"，"凡属重大问题都要按照集体领导、民主集中、个别酝酿、会议决定的原则，由党组织会议集体

---

① 司晓宏：《校长负责制的再思考：关于中小学校长负责制考查与批评的对话》，《教学与管理》（太原）1996年第4期，第3—6页。

讨论作出决定。党组织班子成员根据集体的决定和分工，切实履行职责"。这就清晰地表明，在实行党组织领导的校长负责制后，学校领导体制的类型由过去的"一长制"（亦称行政首脑负责制）转变为"合议制"（亦称委员会制）。所谓"合议制"，即组织中最高的领导机构不能只由一名成员构成，而必须由一个若干人组成的委员会来充当最高领导机构，并且重大问题须经委员会成员集体讨论做出决策，讨论时通常坚持少数服从多数的原则。党的领导体制坚持党的委员会的集体领导，并且贯彻民主集中制的组织原则。

现代管理理论认为，任何一种类型的领导体制都是长短相伴、利弊并存的。在学校管理中实行合议制，最大的好处是可以发扬民主，广开言路，有益于集思广益、群策群力做出科学决策。但它也潜存着不足和弊端，就是容易造成权力界限不明、责任边界不清，即谁都理事又谁都不管事、人人都有责任但又人人都不全担责任。为此，《意见》明确规定"实行集体领导和个人分工负责相结合的制度"，意即把学校党组织集体领导与校长个人负责有机结合起来，同时还要对党组织成员均做到明确分工，让大家各在其位、各司其职、各谋其政、各行其权、各负其责。这样就能将合议制和一长制的优势有效结合，有利于提高学校管理效能。古人云"议事当广其谋，处事宜专其职"，讲的正是这一道理。

三、贯彻落实党组织领导的校长负责制需要注意的几个方面

自《意见》印发以后，中小学校党组织领导的校长负责制正在全国积极稳妥地推进，不少地方已出台了实施细则和操作性文件。在推进这一体制的过程中，备受大家关注的一个问题是"如何正确协调处理好中小学内部的党政分工和党政关系"。从历史的经验和教训来看，这一问题如果处理不好，可能导致学校管理矛盾重重、内耗丛生，从而使得这一体制的推行效果大打折扣。下面，就如何贯彻落实这一体制，我们提出一些思考与建议。

1. 根据《意见》规定，各地在推进这一体制时，对于那些教职工和学生人数较少、学校规模较小并且党组织设置为党支部的中小学，一般实行书记、校长"一肩挑"制度，这样既可以精简机构、精悍管理队伍、提高管理效能，还可以最大限度地避免党政之间产生矛盾。而对于那些师生人数较多、办学规模较大、管理任务较重，并设立基层党委或党总支的学校，则应该实行书记、校长分设制度，同时校长为党员的应当兼任党组织的副书记。

2. 各个中小学应当根据《意见》和地方党委、政府下达的实施细则，明确厘定出学校党组织会议和校长办公会议的基本职责与权限。众多案例表明，党政分歧或党政不合现象的产生，往往是职责界线不清、权力边界不明所致。虽然《意见》对中小学校党组织和校长的基本职责、对学校党组织会议和校长办公会议的议题范围和决定权限等作了比较明确具体的规定，但由于《意见》是指导全国的宏观性文献，带有一定的概括性和原则性，这

就需要各地中小学根据自身的管理实际把党组织会议和校长办公会议的议事规则以文件的形式确定下来。如《意见》规定，涉及学校的"三重一大"事项必须提交党组织会议讨论确定，但在不同规模和层次的学校中"三重一大"的具体内涵是不同的。拿"大额资金使用"来说，办学规模和财务总量不同的学校对"大额奖金"的定义差异很大，对一些大型学校 10 万元以上的支出可能才算大额资金使用，而对一些小型学校 1 万元甚至 5000 元都属于大额资金支出。实践证明，学校党组织会议和校长办公会议的职责权限和决策程序厘定得越清晰，党政之间的矛盾和推诿现象就越少。

3. 应建立书记和校长的定期沟通交流制度。维护好学校党政团结和整体稳定的关键在于要协调好书记与校长之间的关系。尽管我们强调要廓清党政职责，明确议事规则，努力做到以制度管事管物管人，但就学校管理的实际而言，许多事项很难完全做到分清职责，有些事可以"铁路警察，各管一段"，有些事则必须"老王打狗，一起上手"，何况任何制度的执行都存在着管理主体的自由裁量权问题。在这种状况下，维护党政协调和班子团结，就迫切需要建立书记和校长的定期沟通、交流制度。譬如，召开党组织会议或校长办公会议，书记和校长应事先就重要议题进行沟通，倾听对方意见，意见不一致时应当暂缓决定。又譬如，学校每年都要定期召开民主生活会，会前书记和校长应进行充分的思想交流，以达到认识统一。又譬如，在日常的管理工作中书记、校长应该就一些具体事项随时交换意见、相互碰头通气。团结既要靠制度约束，还要靠提高党性觉悟和个人修养涵养来巩固。在这一点上，书记、校长应该保持清醒自觉，要像爱护眼睛一样爱护团结。众多经验表明："相互补台，好戏连台；互相拆台，一起垮台。"

4. 上级党委和教育行政部门应加强对中小学领导班子建设的监管和指导。我国现行的中小学管理体制是"以县为主"。由于我国人口众多、县域面积较大，因此普遍存在的一个问题是县区一级教育行政部门管理跨度过大、管理任务过重。这种状况导致上级党委和教育行政部门对中小学班子建设的监督、管理、评价、指导不够，客观上存在着管不过来或管得不深、不细、不实等现象。在推进中小学校党组织领导的校长负责制过程中，这种状况必须予以重视和纠正。管理学原理揭示，组织中平行的两个部门或领导如果产生了矛盾，既要靠他们自身进行协调和平息，还要靠上级部门出面干预和调和。因此，上级党委和教育行政部门应加强对所辖地区中小学党政班子运行情况的监管和指导，应当建立健全定期考核、民主测评、巡察监督、民主生活会等制度，应完善中小学领导班子定期向上级报告和重要事项请示等制度。

中小学党组织书记领导力的价值意蕴、构成要素及提升路径 ①

2022 年 1 月，中共中央办公厅印发了《关于建立中小学校党组织领导的校长负责制的意见（试行）》（以下简称《意见》），自 1985 年起，实行了 30 多年的校长负责制被党组织领导的校长负责制所取代，这意味着我国中小学的领导体制发生了重大的改革。新体制的推行使中小学党组织在学校管理工作中的领导核心地位得到了明确的确立和彰显。在这种背景下，大力提升中小学党组织书记领导力就成为十分重要而迫切的课题。

一、中小学党组织书记领导力的价值意蕴

领导力的概念滥觞于西方企业界，其核心含义是企业中的领导者有效地感召和影响广大员工去实现组织目标与企业愿景的能力，之后这一概念被逐渐引用到教育管理学领域。然而，纵观学术界有关教育管理者领导力的研究，大量是关于校长领导力的探索和论述，而关于中小学党组织书记领导力研究的文献则寥寥无几。反观实践层面，长期以来人们也往往比较关注和重视校长在学校管理中的地位、角色、作用及其领导力的提升，而书记领导作用的发挥和领导力的提升则几近处于被忽略的状态。中小学实行新的领导体制后，这种观念和认识必须予以纠正。

实行党组织领导的校长负责制，预示着中小学的最高权力机构和决策中心发生了转移，即由校长过渡到了学校中的党组织。《意见》指出："中小学校党组织全面领导学校工作，履行把方向、管大局、作决策、抓班子、带队伍、保落实的领导职责。"② 这就鲜明揭示出，在新体制下中小学党组织是学校管理工作的领导核心，是学校的最高权力机构和决策中心，这是新旧两种体制的根本区别所在，也是新体制的灵魂所系。这种体制上的变化，使得中小学党组织书记的重要地位和作用充分凸显，即由过去校长负责制下的"配角"或"辅助"转变为"主角"，成为主导学校管理工作的核心人物。在这种背景下，大力提升中小学党组织书记的领导力自然就变得意义重大。

---

① 原载《中小学管理》2023 年第 7 期，人大复印资料《中小学校管理》2023 年 12 期全文转载，与魏平西合作。

② 《中共中央办公厅印发〈关于建立中小学校党组织领导的校长负责制的意见（试行）〉》，中国政府网：https://www.gov.cn/zhengce/2022-01/26/content_5670588.htm.（2025 年 2 月 13 日查询）

1. 它关系到党的路线方针政策在中小学贯彻落实的力度和精准度。学校党组织的首要使命在于确保党的教育方针和各项政策在学校工作中得到全面、准确、有力地贯彻执行，而在这一过程中，书记作为党组织负责人无疑发挥着至关重要的作用。书记的政治站位和政治觉悟直接影响着学校党组织对党的路线方针政策领会、理解的精准度，其领导力水平制约着党的路线方针政策在学校各项工作中贯彻执行的力度。

2. 它关系到学校党组织以及整个党政班子的凝聚力和战斗力。在新体制下，书记不仅是党组织的负责人，而且是学校党政班子的"班长"，因此其领导能力和水平如何，既决定着学校党组织领导核心作用的发挥程度，也影响着学校整个党政领导班子的建设水平，影响着班子成员之间的团结和谐状态，决定着学校班子在广大教职工中的凝聚力、感召力和战斗力。

3. 它关系到整个学校管理水平和管理效能。实行新体制后，党组织书记成为学校名副其实的"一把手"，担负着重要决策制定、干部选拔任用、师资队伍建设等重要职责。在这种状况下，党组织书记的领导力状况自然关乎着整个学校管理效能和办学水平，关乎着学校教育教学质量。

二、中小学党组织书记领导力的构成要素

管理学和心理学关于领导力的研究众多，其中关于领导力构成要素或领导者核心素养的观点更是众说纷纭，这些学说更多是对各行各业领导者应具备的基本素养和核心能力所作的抽象分类与概括。我们认为，对中小学党组织书记领导力构成要素的分析，必须从其履行学校管理基本职责的客观需要和其应具备的相应心理品质的双重维度出发，否则就会失于抽象、宽泛和空洞，就会缺乏针对性和具象性，从而丧失现实指导意义。根据党和国家在新形势下对中小学教育工作的基本要求，结合中小学党组织书记履行主责主业的核心能力需求，综观和分析现阶段中小学党组织书记队伍素质的实际状况，我们认为当前应着重强化和提升中小学党组织书记以下几方面的领导力。

（一）思想政治领导力

中小学党组织作为中国共产党在基础教育领域的基层组织，应责无旁贷地保持党的政治本色，秉持党的政治属性，维护党的政治主张。这就客观地要求中小学党组织书记必须首先具备坚强的思想政治领导力。所谓思想政治领导力，就是能够把握学校发展的政治方向和政治大局，驾驭学校工作全局，坚持社会主义办学性质，全面贯彻党的教育方针，领航学校始终沿着正确的轨道前进。提升中小学党组织书记的思想政治领导力需要从以下两方面做起：

1. 要增强政治"三力"。习近平总书记指出:"必须增强政治意识,善于从政治上看问题,善于把握政治大局,不断提高政治判断力、政治领悟力、政治执行力。"① 所谓政治判断力,就是要能够体察时势,明辨是非,胸怀国之大者,既通晓党和国家教育事业的根本任务、宏观形势,又能够敏锐洞察师生员工的思想动态与脉搏,继而在思想上作出准确及时的研判,在政治上实施坚强有力的领导。所谓政治领悟力,就是要精准理解和领会党中央在新发展阶段对基础教育事业发展的新要求新期待,特别是要学深悟透习近平总书记关于教育工作的一系列重要讲话、重要指示精神,继而在学校各项工作中自觉地加以贯彻落实。所谓政治执行力,就是要坚定不移、不折不扣地贯彻执行党的路线方针政策和各项纪律要求,面对复杂、疑难、棘手的工作局面,要敢于正视问题、直面矛盾,既要主动担当、攻坚克难、奋发有为,又要恪守底线思维,做到有令必行、有禁必止,始终与党中央保持高度一致。

2. 要增强思想引领力。学校是一个学习型组织,善于学习、勤于思考、坚持真理、追求创新与变革是这一组织的重要特征。正是学校组织的这种特性,决定了流行于政府部门和企业中的科层化管理模式及其惯常运用的行政方法、经济方法等在学校组织中并不适宜,而扁平的、柔性的、动态的、人性化的管理模式才更适合学校,思想引领和说服教育才是学校管理中最值得运用、最富有成效的方式。正如苏联教育家苏霍姆林斯基所言:"领导学校,首先是教育思想上的领导,其次才是行政上的领导。"② 中小学党组织书记的这种思想引领力着重体现在:能够占据思想认识和理论水平的高地,以深邃的思想、先进的理念、卓越的见识和丰富的科学理论素养来统一学校党政班子成员的思想观念,指明学校深化教育教学改革的基本方向,统率广大师生员工的思想与行动。中小学党组织书记要增强思想领导力,就要不断提高马克思主义理论水平,特别是要注意用马克思主义中国化时代化的最新成果武装自己;同时,要坚持学习教育学、管理学等科学理论,养成勤于学习、勤于思索、勤于探究的良好习惯,与时俱进地以丰富的科学理论知识充实自己。中小学党组织书记只有自身具备了思想认识和理论水平的高度、宽度、厚度,才能在知识分子云集的学校中占据思想引领的制高点,掌握思想教育的主动权和话语权。

---

① 臧安民:《增强政治意识,把握政治大局——深刻领会习近平总书记关于提高政治判断力、政治领悟力、政治执行力的重要论述》,《人民日报》2021 年 3 月 12 日第 1 版。

② [苏] 瓦·阿·苏霍姆林斯基著,赵玮等译:《和青年校长的谈话》,教育科学出版社,2009 年,第 33 页。

（二）教育教学领导力

中小学的根本任务是立德树人，中心工作是教学工作。实行新体制后，中小学党组织的基本职能由过去发挥政治核心和监督保障作用转变为全面领导学校各项工作，这就客观地要求党组织书记必须具有领导教育教学工作的能力的与水平，否则就可能出现瞎指挥、乱决策的现象。这是新体制下对中小学党组织书记素质能力要求与以往不同的重要所在。中小学党组织书记的教育教学领导力具体表现为：谙练教育教学的规律、原则和方法，熟悉学校的课程设置、教学资源配置、教学管理环节以及教育教学质量的总体状况，能够科学地指导、评价、诊断教师的教学活动和学生的学习活动，能够通过目标擘画、制度设计、师资培养与配备、资源开发与保障以及文化氛围营造等，为教育教学工作的顺利开展和质量的全面提升创造有利条件，能够在党组织会议研究讨论教育教学问题时拥有专业话语权。中小学党组织书记要提高自身的教育教学领导力，就必须认真学习党和国家的各项教育政策法规，丰富教育理论知识，掌握教育改革动态，积极开展调查研究和教研工作。

（三）组织决策领导力

实行新体制后，中小学党组织成为学校各项工作的决策中心，这就要求党组织书记必须具有较强的组织决策能力。《意见》指出，学校工作中重大问题的决策，包括学校改革发展稳定，教育、教学和行政管理中的"三重一大"问题，学校章程等基本管理制度的制定出台，干部的教育、培训、选拔、考核、监督，教师人才的招聘、培养、使用、管理、服务以及职称评审和奖惩等，均由党组织决定。尽管学校党组织的决策是以会议形式做出的，但书记作为会议主持人必须对决策内容和方案具有精准的理解和研判，这样才能有效地引领班子成员做出最佳的抉择。中小学党组织书记的组织决策力着重体现为以下四个方面：

1. 是具有前瞻力。即中小学党组织书记要能够以深邃的思维、缜密的思考、开阔的视域把握事物的运行规律，洞察事物的发展趋势，对未来做出清晰准确的预见和判断。

2. 具有决断力。决策理论的创始人西蒙指出，任何一种决策方案都是利弊相伴、长短并存的，现实中那些价值和意义越大的决策往往风险性也越大。因此在进行决策时，书记作为"一把手"，一定要勇于负责，敢于担当，善于决断。在决策方案的拟定和讨论中，班子其他成员和教职工难免会出现意见不一致甚至对立的情况。面对这种状况，书记应与校长及班子其他成员进行深入的沟通，在充分发挥民主集中制的基础上，择优而从，果断拍板，否则就会错失良机，影响学校事业的发展。古语云："畏首畏尾，身其余几？"一个优柔寡断、患得患失、畏葸不前、缺乏决策魄力的领导者将一事无成。

3.具有执行力。决策方案敲定后,中小学党组织书记要善于科学地组织调配人力、物力、财力,做到人尽其才、物尽其用、财尽其利,形成"上下一条心、呼吸同相应"的执行合力;

4.要恪守底线思维。面对一些违背原则、触及底线的人或事,书记作为第一责任人一定要敢于说"不"、果敢制止,决不能当"和事佬""老好人",也不能过分爱惜自己的羽毛,更不能向错误思想、不良倾向妥协。

(四)道德文化领导力

领导者在组织中的影响力既有与职务、权力相关的权力性影响力,也有与职务、权力无关的非权力性影响力。非权力性影响力一般来自领导个体的道德素养、人格品质、才华学识、专业能力等。因此,中小学党组织书记必须重视自身非权力性影响力的提升。在提升非权力性影响力方面,美国管理学者萨乔万尼提出了著名的"道德领导"概念,意指学校领导者应该注意树立自己的道德权威,并通过自身道德影响力的发挥来感召、濡染和同化师生员工,继而构建起共同的文化价值观,形成共同的目标、愿景和理念,借此推动学校工作向前发展。

萨乔万尼认为:"道德领导是抵及学校改善的核心。"[1] 因此,中小学党组织书记欲在学校管理中树立领导权威,增强对教职工的感召力和凝聚力,就必须努力提升自己的道德影响力,发挥道德示范和引领作用。中小学党组织书记要做到:一是端正"三观",完善人格,加强品德修养,提高思想境界,拓展人格魅力,这样自然就可以在教职工中树立起威信威望并起到以上率下的引领作用。二是通过积极的宣传、阐释、推介,把自己的价值观和办学理念转化为班子成员和广大教职工的共识共鸣,为大家普遍认同和接受,并内化为一种思想和行动自觉。三是通过校训校歌、环境设计、礼仪活动、校报广播以及丰富多彩的校园活动等多种载体,充分呈现和展示学校的共同价值观,以形成积极向上、充满生机、富有特色的学校文化。文化是学校之魂,是来自师生员工心灵深处的自律与自觉。书记和校长只有把自己的办学理念和价值观转化为一种文化力量,才能形成牵引和带领学校阔步向前发展的强大内生动力。

---

① [美]托马斯·J·萨乔万尼著,冯大鸣译:《道德领导:抵及学校改善的核心》,上海教育出版社,2002年,第165页。

三、中小学党组织书记领导力提升的基本路径

在充分认识了新体制下中小学党组织书记领导力的重要价值和构成要素之后，就要多措并举，努力提升其领导力。

（一）厘清权责，完善制度设计

职、权、责明确，是所有组织系统中管理主体行使领导职责、发挥领导力的先决条件。在学校管理的具体场域中，涉及的管理主体是多方面的，既有党组织还有行政组织，既有书记还有校长。在这种背景下，如何科学精准地厘清各自的职、权、责，就成为有效发挥其领导力的关键。事实上，在实行新体制后，大家最担心的问题就是如何协调处理好党政分工和党政关系，担心学校工作会不会出现内耗。研读《意见》可以看出，其在条例内容上已经对中小学党组织和校长的权责范围以及党组织会议和校长办公会议的基本职责等作出了比较清晰明确的规定。然而《意见》作为面向全国的指导性文件，毕竟带有一定的宏观性、概括性、原则性，这就需要地方党委、政府以及中小学根据《意见》精神，结合本地本校实际，进一步细化书记、校长的职责和权力边界。

一方面，地方党委和政府职能部门应及时制定出台贯彻落实《意见》的实施细则。细则中要进一步厘清书记、校长在学校各项管理工作中的责权关系和责权界限，尤其要针对在实际管理中可能出现的党政扯皮现象与矛盾，作出富有针对性和现实指导性的规定。

另一方面，中小学校应根据《意见》和上级颁布的实施细则，制定出台学校内部党组织会议和校长办公会议的议事规则，进一步细化和明确哪些事项应该由校长主持的校长办公会议研究决定，哪些事项则应该由书记主持的党组织会议决定。例如：《意见》指出涉及"三重一大"的事项必须提交党组织会议研究决定，但在不同规模和层次的学校，"三重一大"的具体内涵是不同的。

（二）因岗择人，做好选拔配备

实行新体制后，中小学党组织书记的地位提高了，责任加重了，权力扩大了，因此在选拔和配备人选时，对其基本素质和能力水平的要求也应该随之提高。我们认为，在书记、校长分设的情况下，应该首先配强书记。在实行校长负责制的情况下，通常配强的是校长，而实行新体制后，书记成为学校工作的领航人，因此必须优先在整体素质和能力水平上配强书记。当前在选配书记的素质规格上，既要考查其政治觉悟、政策水平、行政能力，还要考查其教育教学的专业素质与能力。

（三）激发潜能，增强内生动力

管理者的领导力并非先天赋予，而是通过后天的学习与历练形成的。因此，唤醒中小学党组织书记的思想自觉，激发其自主学习、自我进取、自行提高的内生动力，是拓展和提升中小学党组织书记领导力的根本路径。中小学党组织书记要做到：一是强化学习的自觉性，不断以丰富的科学理论知识武装自己；二是注意对管理工作进行细致的观察、总结和反思，以此丰富管理经验，增强管理智慧；三是在思想上自觉强化与校长的合作意识，对于中小学党组织书记而言，搞好班子团结特别是处理好与校长的合作关系，既是其基本责任，也是其发挥领导力的重要保障。党组织领导的校长负责制，是党组织集体领导与校长负责的有机统一。在新体制下，校长依然担负着领导学校教育教学和行政工作的重要职责，依然是学校管理工作的关键人物。因此，书记作为"班长"，一定要维护班子团结，积极支持校长工作，做好党政班子成员的分工协作。否则，如果书记要权威、摆派头、闹矛盾、搞分裂，那样不仅会严重危害学校各项事业的发展，而且也会极大地损害书记、校长的威信和影响力。众多案例表明，"相互补台，好戏连台；相互拆台，一起垮台"。

（四）加强培训，提高整体素质

进行有组织、有计划的集中统一培训，是提高管理干部素质能力的重要途径。以往的培训工作比较重视对中小学校长的培训，而较为忽视对书记的培训，这种状况今后应予以积极改善。一方面，应在"国培计划"和"省培计划"中增加中小学党组织书记培训的比例和比重；另一方面，各市县应该定期举办中小学党组织书记专题培训班。除强化培训外，市县一级党委和教育行政部门应加强对中小学领导班子建设的监管与指导力度，健全定期考核、民主测评、巡查督导以及民主生活会等制度，以帮助和促进中小学党组织书记领导能力不断提高。

构建具有中国特色的中小学内部治理体系①

推进教育治理体系和治理能力现代化，是党的十八大以来我国深化教育体制改革所面临的一项重要任务。中小学的内部治理结构作为教育治理体系的重要组成部分，其改进和完善已成为激发学校办学活力、确保学校各项工作健康运行、提高教育教学质量的关键所在。立足新时代，开启新征程，我国中小学的内部治理体系和治理结构应在以下方面做出积极的改进和完善。

一、加强党的领导

充分发挥党组织的政治核心作用。坚持党的领导是中国特色社会主义的本质特征，也是我国各项事业取得成功的根本保证。加强中小学的党建工作，发挥党组织的政治核心作用，是我国社会主义条件下中小学内部治理体系和世界上其他国家学校治理体系的重要区别。我们要确保中小学党组织的政治核心作用得到充分发挥，使其真正成为党在学校中全部工作和战斗力的基础，首先必须在制度供给上明确其基本职责与权限。2016 年中组部和教育部党组联合印发的《关于加强中小学校党的建设工作的意见》明确规定：中小学校党组织"全面负责学校党的思想、组织、作风、反腐倡廉和制度建设，把握学校发展方向，参与决定重大问题并监督实施，支持和保证校长依法行使职权，领导学校德育和思想政治工作，培育和践行社会主义核心价值观，维护各方合法权益，推动学校健康发展"。对此广大中小学校要准确地领会理解，不折不扣地贯彻执行。其次，要完善学校领导班子的配备方式，推行党组织与行政班子成员双向进入、交叉任职，保证党组织在重大事项决策中的地位和作用。这里需要特别注意的是要选优配强党组织书记，把党性强、懂教育、会管理、有威信的优秀党员干部选拔到党组织书记岗位上，同时应积极地推行书记、校长"一肩挑"政策。

二、继续发挥校长的负责作用

加强中小学的党建工作，发挥党组织的政治核心作用，并不意味着党组织要事无巨细地包揽一切事务。学校党组织的作用应将重点放在加强党建、把握方向、参与决策、保证监督上，而对教育教学、总务后勤和行政管理等具体事务，则应充分支持和放手让校长去

---

① 原载《中小学管理》2021 年第 6 期，为卷首语。

管理。根据 2017 年中组部、教育部印发的《中小学校领导人员管理暂行办法》，目前我国中小学的领导体制仍为校长负责制。在这种体制下，校长更应该自觉地肩负起管理好学校的全面责任。目前，我国一些地方正在积极地试行"党组织领导下的校长负责制"，这意味着学校领导体制的重大变化。实行了这一领导体制的学校，党组织将在学校管理工作中发挥领导核心的作用，即学校工作中重大问题的决策必须由党组织以特定会议的形式做出决定。当然，中小学即使实行了这一体制，从该体制本身的基本内涵出发，校长也仍然要发挥其负责作用。这就如同我国高等院校长期以来实行党委领导下的校长负责制一样，既要充分发挥党委的领导核心作用，又要切实发挥校长在教育、教学、管理等各项实际工作中的具体指挥和负责作用。现代企业管理倡导这样一种主张：董事会铺设铁轨，总经理驾驶火车。这一做法颇值得我们在学校治理中借鉴。

三、进一步发挥教职工的民主管理与监督作用

在我国社会主义条件下，教职工是学校的主人，教师是办学的主力军，因此他们既有权利参与学校的管理工作，更有责任和义务监督学校的各项工作。因此，发挥教职工的民主管理与监督作用，是我国中小学治理体系和治理结构的又一显著特征。为此，我们首先要在中小学建立健全教职工代表大会制度，人数少的学校可建立全体教职工大会制度，校长要定期向教代会或全体教职工大会报告工作；其次，要坚持校务公开原则，重大问题决策需提交教代会讨论或审议的，一定要按规定提交；再次，无论是以书记为首的党组织系统，还是以校长为首的行政系统，都要在管理作风上发扬民主，广开言路，并以积极健康的心态自觉接受群众监督。

传统文化与内隐观念下的师生关系研究①

师生关系是一种大量存在的教育现实，也是学生在校关系的重要维度。在某种意义上，师生关系是真实存在着的"潜在课程"②，对学生发展具有重要的教育作用。"各种自我都只能存在于它们与其他自我的明确的关系之中。"③师生关系在师生日常的交往互动中，潜移默化地影响着学生对人际关系的判断与择取，塑造着学生的人生态度和世界观，长远地影响着学生的终身发展。现实的师生关系背后深受诸多内隐文化观念的制约和影响，将现实中的师生关系进行聚类抽象，分析典型类型背后的文化传统和具体观念，将有助于我们深入把握师生关系及其重建问题。

一、多学科视野中的师生关系类型分析

师生关系是一个心理学、社会学、教育学等诸多学科都在研究的重要问题。不同学科对师生关系的类型、内涵、特征和理想构建等，展开了不同视角和层面的研究，形成了丰富的研究资源，其中师生关系的类型分析为我们的分类研究提供了广域资源。

（一）心理学的依恋维度分类

西方心理学首先研究了幼儿园和小学低年级的师生关系，以心理学相对成熟的依恋理论为基础，从亲密—冲突的维度，区分了亲密—冲突程度不同的师生关系：亲密的师生关系、依赖的师生关系和冲突／愤怒的师生关系。亲密性表现为师生之间的温暖、开放交流，亲密的师生关系可以成为学生探索环境的支持源，有助于促进学生学习，提高学业成绩。依赖性则是学生过度地将教师作为支持源。冲突性表现为师生之间的不和谐交往，缺少情感协调，学生与教师之间经常产生摩擦，学生很少将师生关系作为支持源，这种师生关系往往会触发学生的愤怒、挫败等消极情绪，从而导致学生自我孤立、习得无助等，不仅不利于学生的自我意识发展，而且会降低学生的学业成就。

我国教育心理学研究者在借鉴国外研究成果的基础上，开展问卷调研，研究发现：现

---

① 原载《教育科学》2013 年第 1 期。与黄春梅合作撰写。
② ［比］易克萨维耶·罗日叶著，汪凌译：《整合教学法：教学中的能力和学业获得的整合》，华东师范大学出版社，2010 年，第 85 页。
③ ［美］米德（Mead·G.）著，霍桂桓译：《心灵、自我与社会》，华夏出版社，1999 年，第 178 页。

实中的师生关系不容乐观，为了学生的发展，现实中的师生关系尚待改善。[①]

（二）社会学的控制程度分类

西方社会学视班级为小社会，通过分析班级小社会里的角色关系、互动方式乃至组织结构，如座位排列、教师走动、交往对象与方式等，提出了教师中心、学生中心和知识中心三种课堂互动行为以及相应的三类师生关系：控制与服从关系、主体与主体关系、为达成共同目标而结成的特殊伙伴关系。提出了教师的领导方式（权威式、民主式和放任式）以及相应的课堂教学行为（教师命令式、师生协商式和师生互补干涉式）。

我国教育社会学的有关研究，主要从控制—服从的维度对师生关系进行区分，根据师生行为的属性把师生互动划分为三种类型：控制—服从型，控制—反控制型和相互磋商型。有关研究提出，目前课堂中的师生关系尚须大力更新[②]。

（三）教育学的主体间性分类

现当代教育学对师生关系的分类强调：师生关系应具有主体间性的关系本质。如有研究者认为师生关系是学生人生初期人际交流的一部分，是从属于学生"生活世界"的一种"生活关系"，师生关系不是简单的"主—客体"关系或"手段—目的"关系，而是互为主体间的"人与人"关系。[③]师生关系应从主客体的"我—他"关系走向主体间的"我—你"关系[④]。有学者提出，师生关系是主体间的复合关系，不能用"人与物"的"主—客体"关系模式来认识，师生之间特殊的"人—人"关系是在教育教学的特殊交往中形成的，师生之间以"动态生成"的方式交互成为共同发展的有机整体[⑤]。

二、典型师生关系分类及其传统文化分析

多学科的研究视角为师生关系的类型分析提供了视域复合的可能：首先，师生关系是特殊的"人—人"关系，可以从普适的"我""你""他"人称维度进行区分。其次，师

---

① 林崇德、王耘、姚计海：《师生关系与小学生自我概念的关系研究》，《心理发展与教育》2001年第4期，第17—22页；刘万伦、沃建中：《师生关系与中小学生学校适应性的关系》，《心理发展与教育》2005年第1期，第87—90页；等等。

② 吴康宁、程晓樵、吴永军等：《课堂教学的社会学研究》，《教育研究》1997年第2期，第64—72页。

③ 金生：《超越主客体：对师生关系的阐释》，《西南师范大学学报》（人文社会科学版）1995年第1期，第40—54页。

④ 冯建军：《论交往的教育过程观》，《教育研究》2000年第2期，第35—41页。

⑤ 叶澜：《"新基础教育"论——关于当代中国学校变革的探究与认识》，教育科学出版社，2006年，第267—268页。

生关系是在教育教学过程中形成的，它以有组织的文化为中介，以影响个体身心发展为直接目的，可以从独特的交往内容与目的维度进行区分。由此，可以形成师生关系的复合分类。

（一）当代师生关系的普适与专业之复合分类

以复合维度为参照，当代中国师生关系可以概分为三大类："我—他"式认知授受关系、"我—你"式相对助长关系和"我们"式伙伴相长关系。

1. "我—他"式认知授受关系中，师生作为认知体而存在，以教师向学生的单向知识传授为交往方式，交往的载体是教学内容，交往的主要目的是提高学生的学业成绩。在此类关系中，教师视学生为接受认知客体的"他"，学生亦视教师为认知载体，从"他"这一外在客体接受知识。这种师生关系基本上是一种被社会规定的理性工作关系："他"是"我"工作、作业的对象，"我"授或受，是在完成"我"被规定或应完成的任务。

2. "我—你"式相对助长关系中，师生作为具有认知理性和情感敏感的相互主体而存在，师生之间以共在的"我""你"相互面对和交往。交往的载体有知识和情意，交往的目的包括学生学业成绩的提高与道德人格的养成两方面，交往的内容已不再只是认知维度的授或受，而是注重多方面发展，即"你"以完整的个体形象呈现在"我"面前。教育以相对"长大了"的"我"（教师）促进"正在成长中"的"你"（学生）之发展为鲜明特征，具有多方面促进学生成长的教育品质："我"需要引导、促进"你"的成长，帮助"你"顺利成长是"我"的责任，"我"不仅给"你"知识，还给"你"人格，"我"不仅给、而且引导"你"把他们转化为"你"自己的。为此，"我"关注、直面和熟悉"你"的成长状态与需要。

3. "我们"式伙伴相长关系中，"我"与"你"都是整体且具体的发展中的全人，相互之间不只是相对关系，更是并肩同行、携手共进的相互式关系，交往的载体是全人所有的整体存在，交往的目的是学生的全人发展。为此，势必需要促进教师的全人发展。此类关系具有浓郁的相长意蕴："我们"不可剥离，一旦剥离则"我"不成为"我"，"你"不复为"你"。"我们"不仅构成交互生成的生命螺旋，而且"我与你"在主体间的教学相长与个体内的教学相长之间不断相互激发、转化。质言之，"我们"共同成长："我们"在一起，是为了共同成长；为了成长，"我们"必须在一起。

三种师生关系类型并非天然合理或断然不合理，而是各具阶段性，有其特定的适用范围。三种类型各自处于发展演变中，相互之间亦具有转化性。真实情境里的师生关系是某种类型相对为主或突显，其他类型以不同比例和结构组合式呈现。

（二）中国传统文化中典型的师生关系观

我国素有尊师重教传统，是一个尊重文化、重视教化的国度，传统文化中的师生关系在思想论述和实践体现方面都是研究资源的丰富来源。大体而言，自先秦以来，我国传统文化中的师生关系主要有师道尊严、师徒父子、师生同心体、师友关系等。

1. 师道尊严的师生关系观。"师道尊严"流变于"师严道尊"："凡学之道，严师为难。师严然后道尊，道尊然后民知敬学。是故君之所不臣于其臣者二：当其为尸，则弗臣也；当其为师，则弗臣也。大学之礼，虽诏于天子无北面，所以尊师也。"① 在此语境中，在字的层面上，"严"的意思是尊敬，不是严厉、严格；在词的层面上，"师严道尊"是要求治国者（君、天子）"尊师"以"重道"，以身示范，教化百姓。为了体现师严道尊，把"师"和祭祀时扮作受祭的祖先神相提并论，这是把"师"提到了超越天子、君民高不可攀的地位。这比后来荀子提出的"天地君亲师"对"师"的尊重更加高扬。由此可知，师道尊严的本意是要求治国者尊敬教师的行为、仪式等，在社会上营造尊师重教的为学风气，从而教导、教化百姓。只是良好的初衷在宗法制等级森严的后世慢慢异化成了典型的权威—服从式师生关系。

2. 师徒父子的师生关系观。在师徒父子关系中，师生如父子，一日为师、终身为父。此类师生关系导源于《吕氏春秋》："事师之犹事父也。"② 师生如父子，这一方面是尊师，但与师道尊严之尊师不同的是，师徒父子关系还富有浓郁的情感因素。只是随着"三纲五常"的社会化发展，父子关系在宗法制度下走向专制—服从，师生如父子的温情关系亦蒙垢异化了。师徒父子关系在宗法制解体了的当代，父子关系逐步从"恩""债"和"权利"，走向"亲""情"、义务和使命："觉醒的父母，'自己背着因袭的重担，肩住了黑暗的闸门，放他们到宽阔光明的地方去；此后幸福的度日，合理的做人。'这是一件极伟大的要紧的事，也是一件极困苦艰难的事。"③ 随着父子关系的当代转换，师生父子关系亦将逐渐焕发其本有的情感之爱，从热爱学生开始，尊重、研究、引导并促进学生发展。

3. 同心同体的师生关系观。"同心同体"是我国传统文化中鲜闻于世却难能可贵的师生关系："不能教者，志气不和，取舍数变，此师徒相与异心也。善教者则不然，视徒如己，反己以教。所加于人，必可行于己，若此则师徒同体。"④ 从教者与学者两个角度，

---

① 《礼记·学记》。

② 《吕氏春秋·孟夏纪第四·劝学》。

③ 鲁迅：《我们现在怎样做父亲》（1919年），见《鲁迅经典全集杂文集》（下），北方文艺出版社，2018年，第127页。

④ 《吕氏春秋·孟夏纪第四·诬徒》。

从不能教者与善教者、不能学者与善学者的对比中，以反于己、反于人情为依据，提出并多角度论证了师生之间同心同体的重要性。这种师生之间互生如己的同心同体关系，与"教学相长"的后世演变内在相通。

（三）当代师生关系背后的传统文化分析

传统文化中的师生关系观，以内在基因的文化传统方式，绵延至今深沉潜隐地影响着当代师生关系的现实呈现。概而言之：

1."我—他"式认知授受关系背后是非常明显但已非其原意的师道尊严观念。所要学习的文化是人类社会赖以存在和延续的保障，具有不可撼动的权威性。教师作为文化道德的代言人，是知识权威的代表；学生则是有待教化的对象，是文化知识的无条件接受者，亦即教师权威的服从者。教师对学生负有"给予"义务，亦拥有"不二"的评判权。在此类关系中，人被严格划分了等级，是被严格规范的不平等关系。

2."我—你"式相对助长关系背后的文化传统混合，它既有部分但不完全的师道尊严观，又有浓郁的师徒父子关系。文化依然具有权威性，但其习得方式不再那么强硬灌输。教师依然是文化的代言人，具有权威性，但他同时能够关注、关爱学生，是"严父"，也是"慈父"。学生是不成熟的人，"我"有义务帮助"你"成长，习得文化、进入社会。这类关系在肯定文化权威的同时，充满了浓郁的情感联系。但这种情感关系、成长意识主要是由教师作用于、体现于学生身上，教师更多地是作为付出者、奉献者，他自身还不是教育活动的成长受益者。他的收获有赖于学生的成就，而非自身的自我教育和自觉发展。此类关系中的教师是传统意义上的好教师：他是烛火，送来温馨的光明；他是雨露，滋润心灵的成长。但他日渐用尽了自己，也易在日复一日中走向倦怠。

3."我们"式伙伴关系背后是同心体关系，此外还受传统文化中相对成人之间的师友关系、相师文化以及当代新文化的影响，如新的知识观、儿童观、教育观、人际关系观，以及新的教师角色定位、教学相长等。在此类关系中，师生是人格平等、相互激发的发展共同体。学生在习得基础文化的同时，还有更加丰富的生活交往和更加完整的人格成长。教师不再是文化喂养者，也不只是学生成长的单向推进者，他和学生共同研究如何发现问题、形成知识，是与学生共同经历文化探索和个体化创造性习得过程的较为成熟的"大伙伴"。在与学生共在的学校生活中，他一方面研究促进学生的多方面发展，同时还有自身多层面的成长和成熟空间。作为生命自觉者，他常常生长，不会倦怠。"学而不厌，诲人不倦"①"温故而知新"②是他的理想追求，也是他生活的常态。

三、师生关系的内隐知识观、儿童观分析

师生关系生成和呈现于师生之间以育人中介为载体的教学教育活动中，师生关系的背后不仅是深沉的内在文化传统，细析之，更受主流知识观、学生观和教师观等观念系统的综合作用。

（一）知识观转型参照下的师生关系

我国的分科式课程教学源于近代西方的学校教育，至今仍深受近代西方知识观的影响。西方知识观认为知识是确定、必然、系统化、符号化的真理，具有高于日常生活的等级性权威，学习者的任务就是接受系统化的知识。但西方现当代知识观已从多角度发生了明显的转型：一是科学哲学提出了知识的不确定性，如爱因斯坦（Einstein, A.1879—1955）提出：科学理论的基础是想象性的假设而非确定性的必然；波兰尼（Polanyi, M.1891—1976）认为科学发现本质上是不确定的，由主体的想象力推动，并最终取决于个体判断；③库恩（Kuhn, T.1922—1996）的"科学革命"提出"范式"包括科学研究共同体的传统信念和主体意识。④二是认知心理学将知识分为三类：关于"是什么"的陈述性知识；关于"如何做"的程序性知识和"元认知"层面的策略性知识。陈述性知识可以直接授受获得，程序性知识难以授受，策略性知识几乎无法授受。三是社会组织的多元知识分类，如OECD将知识分为know—what, know—why, know—how, know—who四种类型，不同类型的知识具有不同的基本特征，需要不同的习得方式。并以之确立了知识经济时代。⑤

上述研究从多个视角聚集出了当代知识观的转型：首先，在内涵层面上，知识不再以确定性、必然性和体系化为其基本特征，知识是一个探究的过程，它是人类发展的假设性工具；其次，在知识获取上，从授受走向互动建构，强调主体在与环境的相互作用中主动地、创造性地构建知识；最后，当代知识观承认知识的个体性、意会性。质言之，知识的显著特征是它的创造性、生成性、更新性和个体性，而不再是累积性、确定性和客观性。在当

---

① 《论语·述而第七》。

② 《论语·为政第二》。

③ ［英］波兰尼著，彭锋等译：《社会、经济和哲学：波兰尼文选》，商务印书馆，2006年。

④ ［美］托马斯·库恩著，金吾伦、胡新和译：《科学革命的结构》（第四版），北京大学出版社，2003年。

⑤ 经济合作与发展组织（OECD）编，杨宏进、薛澜译：《以知识为基础的经济》，机械工业出版社，1997年。

代知识观的参照下，不难看出：

1."我—他"式认知授受师生关系背后的知识观，是非常明显的近代知识观：知识是确定、客观的权威，教学主要是一个特殊的认知过程，是以教师作为知识代言人权威并单向地向学生灌输真理的过程。无疑，在知识社会中，这种知识观和相应的师生关系已日益显出偏狭和局限性。

2."我—你"式相对助长师生关系背后的知识观，具有含混性和过渡性，它既强调知识的确定性，需要学生习得，又关注学生个体对教学过程的投入，关注学生对知识习得过程的兴趣激发和主体参与。教学是以主动经历知识获得过程为途径的对确定性知识真理的获得和转化。

3."我们"式伙伴相长师生关系背后的知识观，强调了知识的生成性，强调师生共在教学过程中，以互动生成的方式经历知识的合作探究、发现，最终体现为主体的个性转化。知识的个体化形成需要经过若干层面的转化，从不确定性走向相对确定性，再在相对确定性的基础上，走向更深远层面的不确定性。学生在此知识习得过程中，不仅经历知识的挑战、猜测和发现，学会学习，而且学会交往、合作。正是在特殊的教育交往关系中，自我和自我教育的多方面素养得到开发、养成，由此，学无涯，发展无止境。

（二）儿童观更新视域中的师生关系

现当代儿童研究，正在不断革新中古以来的儿童观，儿童不再被视为预成的小大人。以皮亚杰（Piaget，J.1896—1980）为代表的认知发展理论，强调儿童在对客体的行动和与环境的互动中，以同化、顺应等方式主动探索和建构知识，促进认知图式不断走向新的平衡。与之相应，教学不是传授知识，而是通过选择客体和设计环境促进学生的知识建构过程之发展。其背后是主动建构的个体主体儿童观。以维果茨基（Vogytsky，L.1896—1934）为代表的社会文化发展理论，则更多强调儿童在与成人或同伴的沟通交往中学习，在现实发展的基础上实现可能的发展，把社会互动与个体内化关联起来，认为教学应走在发展前面并促进发展。其背后是主体间际多重转化的儿童观。以布朗芬布瑞那（Bronfen brenner，U.1917—2005）为代表的生态系统理论则强调多个层次系统对儿童发展的开放式、交互式影响，认为儿童处在丰富复杂的影响关系中。质言之，当代儿童发展研究日益聚焦于在系统和关系中研究儿童的发展，强调在多重互动关系中促进儿童的多方面主动发展。儿童的个性、多方面性，关系性、动态发展性，是当代儿童观的基本思想。

在当代儿童观的视域里，不难看出："我—他"式认知授受关系中的儿童主要是作为被动的客体，而且主要地还只是作为认知体的单向被动体，他不是（至少在师生交往的意义上还不是）具有多方面丰富特性的发展主体。这种师生关系背后的儿童观，显而易见是旧迹斑斑的，亟需更新。而一旦儿童观更新了，师生关系亦必随之更新。"我—你"式相对助长关系中的儿童是被面对、被促进发展的对象，但已经是多方面、丰富的整体面对，是关注其作为参与主体的被促进发展对象。背后的儿童观已多方面丰富起来，具有在被帮助下成长的主体意识。"我们"式伙伴相长关系中的儿童不仅是共同成长中的主体，而且成为共同成长的重要资源，即在共同体的互动生成中，个体实现多方面的动态发展；同时，个体以其具体独特的整体个性，在互动中还能促进共同体不断生长。该关系中的儿童具有多方面的完整个性，并与共同体处于系统关联式的相长中。

（三）内隐文化观念分析对师生关系重构的启示

1. 文化传统具有深沉强大的"似本能"力量，内在而无觉，日用而不知，它以"集体无意识"的方式影响着我们的存在与发展。将传统文化中的文化传统揭示出来，对我们自觉地在本真的意义上进行思想的当代转换和更新，具有前提意义。比如：通过对"师道尊严"的分析，可以看到社会需要尊师重教，教育系统里应少一些行政权威的等级意识，多一些专业支持的尊重意识，这才是教育世界的本真。"师徒父子"从恩到情，从权利走向义务，从等级走向平等，师生关系相应地也会多一些充满爱的理解、尊重和对成长的研究与关注。"教学相长"从个体内部的转化拓展到了个体间的相互激发、共同成长，这是古典思想在当代焕发出的奕奕神采——这些对文化传统的反思与当代转换，有助于我们深入明晰当下思想的更新发展。

2. 师生关系背后具体的内隐文化观念首先涉及到知识观、儿童观。如何看待知识就会如何对待知识：确定的真理体系、客观的标准信条是高高凌驾于个体之上的，是需要个体服从、供奉的；生成性的探究过程、阶段性的主体建构是在主体互动中形成、发展、更新的，需要去尝试、去运用、去发现。不同的对待知识的方式体现为不同的教学行为，呈现出了不同的师生关系。从这些不同中可以判断当代所需要的是怎样的师生关系。如何看待儿童亦将如何对待儿童，是将儿童视为单面的认知体还是知情意行多方面的整体，是即时的存在还是拥有长远的未来，不同的考虑下会有不同的教学行为。如何对待儿童就将形成相应的成人—儿童关系，体现出不同的师生关系。以当代知识观、儿童观为参照，可以更自觉地反思我们日常的师生关系，基于反思才能有明智的重建。

从校本课程到课程校本化

——我国学校课程开发自主权探寻 ①

自 20 世纪 90 年代以来，"校本课程"成为我国课程理论与实践研究的热点之一。"三级课程"政策的出台，既是我国学校课程由原有的单一的国家课程走向多元的标志，也是原本集中的课程决策权力开始松动的标志，还是世界范围内民主参与与个性发展等教育思潮以及"校本课程"在我国的反映。无疑，它是我国课程行政体制走向民主参与的重要一步。"校本课程"的开发和建设，对于国家课程决策的民主、开放，对于学校办学的独立、自主，对于教师的专业发展，对于学生的主动性培养和个性发展等都具有重大意义。但我们必须清醒地认识到，"校本课程"是"舶来品"，它有其自身的生长、发展土壤，移至我国，可能更多的是在于启发我们思考学校办学自主权的问题，而不能单纯地照搬其模式。另外，在我国独特的教育管理体制下，学校自主权的空间更多地存在于教育主体的过程性专业创造中。

一、校本课程在国外与我国的不同生境

就世界范围而言，"校本课程"的开发实践主要是在英国、美国及原英联邦诸国，如加拿大、澳大利亚等，而这些国家实行的都是非集权制的课程行政体制。美国的教育管理权在州政府的职权范围内，课程决策权本来就属于地方，而地方又赋予学校相当程度的课程自主权。在美国，学区和学校的自主权一向相当大，校本课程一直是其课程体系中的重要组成部分。据统计，20 世纪 80 年代末，美国中小学存在着万余种不同的学校课程。② 英国的教育制度一直秉承学校自主办学的传统，其法律规定，课程设计权归属地方教育当局和个别学校团体，中央教育机构很少介入课程事务。这样的教育行政体制既和他们的政治体制类型相呼应，也与他们对教育行政与教育事业的区分有关。这种教育行政体制和我国是很不一样的。在我国，"校本课程"不只是增加某些课程，而是意味着教育行政权力的下放，所提出的是学校办学自主权问题，是教育工作的创造性问题，是教师发展的必要性问题。

---

① 原载《中国教育学刊》2013 年第 3 期，与黄春梅合作。

② 崔允漷：《校本课程开发：理论与实践》，教育科学出版社，2000 年，第 3 页。

当前，在我国基础教育阶段，日常影响学生成长的主要课程形态不是校本课程，教育教学的主要媒介也不是校本课程，而更多的是国家课程和地方课程。究其原因：一是学校开发的校本课程有限，因为校本课程的开发需要较多的人力、财力、物力的投入；二是有更深层体制方面的制约因素。因此，在基础性的学校行为中，以大量的既存课程为中介而非开发某种新的校本课程，是实现现有课程与学校、师生等相关主体有效结合的最佳途径，也完全可以寻找学校在课程自主开发、建设方面能够有所作为的更大空间。为此，从学校教育实践中提出的课程校本化概念主要是指把既存的占绝大比重的国家课程和地方课程，以学校为本，以全面提高学生的综合素养为目标，在学校内部创设性地进行重组、转化，最终落实到学生发展的动态性过程中。相较于校本课程，课程校本化所指的课程主要是国家课程和地方课程，"校本化"是学校内部基于学校校情、教师教情以及学生学情的立场对国家课程和地方课程所做的教育教学之转化、消化，更强调其适用性和特殊性，而不是传统意义上的课程执行与授受的统一性和普适性。课程校本化在本质上是国家课程或地方课程重构的过程。在新的课程理念下，教师既是课程方案的开发者，也是课程方案的执行者。[①]

二、校本课程与课程校本化的比较：空间的性质与大小

校本课程与课程校本化都能够赋予学校自主开发课程的空间，不过从其空间的性质与大小两个基本维度进行比较可以看到，行政空间与专业空间的不同会带来学校自主权的实质性大小差异。就我国目前的教育教学管理体制而言，行政与专业有别。校本课程开发更多体现的是课程开发行政权力的下放，主要是一种行政空间，其主动权来自学校之外。当前，我国学校可作为的课程行政权力空间有限，而且受到诸多主体因素的限制。而如何把国家课程与地方课程校本化、班本化，学校教育却拥有巨大的专业可作为空间。课程校本化主要是一种学校内部课程管理的专业自主权，其主动权更多地存在于学校自身，依靠学校教师课程专业自主意识的觉醒。学校在多大程度上需要和如何能够开发出新的课程尚待研究，但学校和教师必然需要而且能够对既有的课程进行自主开发、运用，因为这是学校和教师的职责所在。

就课程本身而言，它必然具有极其鲜明的社会性和公共性，而学校之所以为学校的存在价值就是要把课程内含的社会文化与教育要造就的新生一代进行联系、沟通和转化，这需要学校教师发挥实践智慧。此沟通、转化的教育过程，就是课程校本化，它主要体现在

---

① 姬升果、王云峰：《国家语文课程校本化实施的内涵、特征及其基本内容》，《首都师范大学学报》（社会科学版）2006年第2期，第99—103页。

课程设计、实施及评价上，是学校教育教学业务能力的综合体现。在相当大的程度上，它集中体现和生成教师的教育创新和教育智慧。因此，在校本课程开发赋予学校课程自主权和教师专业发展权的同时，学校应该在课程校本化方面寻找更大的、更具可行性的专业性可作为空间。

三、课程如何校本化

课程校本化的"化"本身是个动态过程，要通过师生日常的教育教学实践来实现，这也是极具创生性的互动生成过程。学校要实现课程"校本化"，须明确"校"之"本"，形成"学校自我"。这必然涉及学校文化问题，在此意义上，课程校本化和学校文化之间是双向建构的过程：学校文化深度地影响校本化的创造，校本化又实际建构着学校文化。换言之，校本化会真实地促进学校自我的更新。

（一）课程校本化的主体

"课程校本化"是个转化生成的过程，学校中的每个人都应该而且能够主动创造其在课程校本化中的"角色"。学校不是孤岛式的存在，学校中的人处在内外交织的复杂人际网中，学校之外的有关影响主体也应发挥积极作用。多方教育主体要尽可能形成更大的教育合力。

1. 校长及其管理团队

作为学校的法人代表，校长应首先从课程行政的角度在管理上下移重心，为校内的一系列课程转化提供行政支持。管理团队在组织上要进行机构整合，组建有效的课程教学部门。在师资队伍培养方面，学校领导首先是业务领导，要参与教育教学的专业研讨，培养一批能够有效实现课程校本化的教师骨干，并以骨干辐射、带动团队发展。这其实也是管理实践与管理文化价值观双向建构的过程。

2. 教师及其研究团队（教研组、年级组、备课组及其他非行政性研究组织）

作为学校教育事业的主体，教师及其研究团队是课程校本化主体中的主体，他们是在教育教学实践中研究和实现课程校本化、班本化的主体。在实践层面，教师主要是围绕学生的成长需要，激发课程中蕴含的生命活力，并激活和沟通文本与多重生命关系的：与原创者生命实践之间的沟通；与当代现实生活的沟通；与学生生活经验和发展需要的沟通；与人类组织文本的智慧生命的沟通。教师要以"前移后续""听说评课"等方式，研讨教学设计如何提高具体针对性、如何有效地螺旋结构化；在日常的教育教学中研究学生的成长需要，从而在教学过程中创造性地落实开放互动、环节递进、转化生成。课程校本化的过程打造出学校独特的教育文化。在理论层面，教师要结合本校情况，广泛了解国内外有关的历史与当代研究，体悟其蕴含的深层教育教学理念，在创造性实践中研究，在研究性实践中锤炼教育人生的智慧，并逐渐形成独特的教师文化。

3. 学生个体及其群体

师生是教育教学的复合主客体[①]，在具有一定开放程度的教育空间中，学生必然积极参与、表达自我的个性化理解，并逐渐形成各自独特的成长路径。为此，课前，学生预习文本，提出疑问，查找信息，积累学问；课中，学生在教师的提示、提升中阅读、思考、互动交流，进一步获得新知良能，丰富情感，灵活思维结构。这就是前面所谈的第三层次的转化过程，也是教育中一系列转化生成价值的最终落实。学生的个性成长及其群体路径，既为课程校本化、班本化提供研究的依据和资源，同时也有助于形成本班、本校的学生活动系列和学生文化，这些反过来又会作用于学生的成长。

4. 各类合作研究者

现代学校的特征之一是结构开放，各类校际研究共同体对学校的整体发展的重要价值已经成为共识。尤其是大中、小、学之间的专业合作研究，合作研究者主动、深度地介入学校、班级、课堂，与学校内部人士一起切磋研讨。一方面，大学专业研究者在提供理论先行优势的同时，在创造性的研究实践中更新自己的理论，进行理论与实践在主体间与个体内部的转化、提升；另一方面，在成就学校教育之事、成就学校中人的良性互动中，中小学教师实现了学校事业的校本化自觉。

5. 外围相关主体

外围相关主体主要是政府和社区，它们的发动、放权、支持、认可，是学校教育生态形成的重要影响因素。在我国教育管理体制权力下放的趋势下，他们积极作为的空间也越来越大。

（二）课程校本化的原则

1. 具体的适度创生原则

国家课程或地方课程校本化的实施对象是学校学生，归根结底服务于学生的需要和发展。尽管课程校本化是在学校资源、办学条件、教师水平和学生需要等基础上进行的二度开发，但是课程校本化以促进学生全面发展为首要目的，所以应以学生立场作为课程校本化是否可行的评判依据。

2. 理论与实践交互推进的原则

课程校本化在开发、实施的过程中应随时对出现的对于预定课程目标的偏离和其他不

---

① 叶澜：《教育概论》，人民教育出版社，2006年，第13—17页。

足进行修正和完善，通过开发和实施主体间理论与实践的互动以及开发者个体内部理论与实践的转化来不断推进课程校本化的适应度。这也是课程校本化的目的所在。

3. 多方合作、专业切磋的原则

在课程校本化过程中，多方参与主体应本着合作、切磋的原则进行课程的开发、实施和评价，这不仅能够保障课程校本化的有效落实，而且有利于课程在校本化过程中的不断完善和改进。课程校本化相较于校本课程更有可能实现，更能切实满足学生的学习和发展需要。学校在发扬专业发展自主权的同时，应更关注课程校本化的开发、实施和评价。

在线课堂的实践困境与破解之策 ①

公共卫生安全事件对国内民众正常生产、生活产生了巨大影响，对正常的教育教学活动提出了严峻挑战。为了降低新冠肺炎疫情对中小学正常开学和课堂教学造成的干扰，教育部办公厅、工业和信息化部办公厅在 2020 年 2 月 12 日联合发布《关于中小学延期开学期间"停课不停学"有关工作安排的通知》。通知下发后，学校、辅导机构、线上教育等纷纷响应并开展活动。从运行情况来看，在线课堂取得了一定成效，但也存在诸多乱象，给学校、教师、学生和家长均带来不小的压力和困扰。因此，规范和完善线上课堂对于公共卫生安全事件背景下的正常教育教学活动以及构建网络化、数字化、个性化、终身化的教育体系，建设"人人皆学、处处能学、时时可学"的学习型社会具有重大意义。

一、在线课堂成为社会焦点是必然现象

科技的每一次重大变革，都会引发教育的重新思考，在线课堂伴随互联网的出现而到来。在线课堂是以网络为介质的授课方式，通过网络，学生可以在手机、电脑或其他移动设备上登录，并可以在世界任何地方完全参与课程，随时随地进行学习，真正打破时间和空间的局限。在线课堂上，学生可以在聊天互动中进行提问，参与问答或学情调查以及共享、查看文档和演示文稿，促使学习更加自主和高效。国内最早大规模开展在线课堂的是普通高等院校里的远程教育学院（现名继续教育学院）和广播电视大学（现名开放大学）。随后，微课、慕课、翻转课堂等在线课堂也开始蓬勃发展，并受到教师们的普遍关注，进而逐步应用到日常的教学活动中。如今，在线课堂对大多数人而言已不再陌生。据统计，我国网络教育的应用人数增长迅猛，截至 2018 年底，网络教育的应用人数已经达到 2 亿人次。当前的网络教育用户主要分布在 20~49 岁这一年龄段，处于该年龄段的许多用户已经具备经济独立的能力，且部分有正在接受各个不同学段教育的子女，其中子女正在中小学阶段学习的家长占较大部分。② 中小学在线课堂的体量已然非常庞大。

随着互联网的迅猛发展，"互联网 + 教育"的呼声越来越高，我国对此也非常重视。2018 年以来，教育部、中共中央、国务院先后印发《教育信息化 2.0 行动计划》《中国教

---

① 原载《教育评论》2020 年第 4 期，与王桐合作。

② 《2018 年度中国在线教育市场发展报告》，网经社：http://www.100ec.cn/zt/2018zxjybg/. 2019-05-27.（2025 年 2 月 20 日查询）

育现代化 2035》《关于规范校外线上培训的实施意见》《关于促进在线教育健康发展的指导意见》等一系列重要文件，不断促进在线课堂持续、健康、有序发展。这些相关政策的陆续出台，充分表明在线课堂已经成为新时代我国教育发展的新特征。在线课堂已经引起了国家、社会、学校以及家长的普遍关注，必将在未来得到长足发展和提升。当然，线上课堂也存在诸多问题，尚需不断加强对其的科学认知，需要教师在实践中观察、比较线上课堂和传统授课方式的相对优势，为在线教育的健康发展提供一些建设性的意见，而不是一味地纵容或限制其发展。[①]

二、在线课堂的实践困境

公共卫生安全事件的突发，严重影响了正常的教育教学活动，在线课堂成为这一背景下降低影响的最佳选择。但从实际运行状况来看，在线课堂还存在诸多问题亟待解决。

（一）网络不畅，硬件薄弱

网络通畅、硬件配备和终端操作是在线课堂的基本保障。在网络方面，截至 2018 年 12 月，我国农村地区互联网普及率为 38.4%，城镇地区互联网普及率为 74.6%。[②]农民大量进城务工和办理宽带要收取一定资费，导致农村的宽带安装率普遍较低。当前，虽然 4G 网络覆盖率已超 98% 的全国人口，但是在农村地区信号强度依然不理想，尚待进一步优化。在硬件配备方面，智能手机是当前最重要的在线学习设备，但是并非所有智能手机均为高配，且手机的屏幕普遍较小，且有迟缓卡顿、系统崩溃和反应滞后等问题，使得在线课堂的体验大打折扣。在终端操作方面，截至 2018 年 12 月，我国农村网民规模为 2.22 亿，城镇网民规模为 6.07 亿。城镇学生能够在家长的辅助下顺利参加在线课堂，但留守儿童在终端操作方面具有一定困难。如果一味地任由儿童自己操作，那么智能手机可能沦为儿童娱乐的工具，甚至可能造成儿童沉溺网络游戏或家庭经济损失等严重后果。

（二）课程繁多，难以甄选

公共卫生安全事件给在线课堂带来发展机遇，各大在线辅导机构的纷纷加入，造成了在线课堂空前泛滥。原本处于"影子"中的校外培训机构突然走在了学校教育的前面，竟

---

①Raghu N.Singh., David C.Hurley.The Effectiveness of Teaching-Learning Process in Online Education as Perceived by University Faculty and Instructional Technology Professionals［J］.*Journal of Teaching and Learning with Technology*，2017（1）：72.

②《第 46 次〈中国互联网络发展状况统计报告〉》，中国政府网：http：//www.cac.gov.cn/2020-09/29/content_5548176.htm.（2025 年 2 月 20 日查询）

成为一种"主流"的存在。首先，在线课程平台类别繁多，大体可分为综合类、辅导工具类、语言类、数学类和音乐类。其中，综合类包括腾讯课堂、学而思网校、精锐教育、100 教育等，辅导工具类包括作业帮、猿辅导、小猿搜题、猿题库等，语言类包括新东方在线、51Talk、哒哒英语等，数学类包括阿凡题、速算盒子、聪聪数学等，音乐类包括 Finger、VIP 陪练等。疫情下，为吸引广大学生的加入，这些在线课堂平台进行了一系列大力的营销宣传，数量如此庞大的在线课堂必然使广大家长难以抉择；其次，在线课堂的质量良莠不齐。笔者对各在线机构网址进行查看后发现，各在线教育机构均注重对任职教师的包装和宣传，任职教师皆具有各种名师头衔，宣称辅导效果成效突出。但从实际的学生反馈情况看，部分在线机构明显存在教师身份虚构、教学质量夸大等虚假宣传的现象；最后，在线课堂监管机构缺位。由于在线课堂的灵活性和封闭性，监管存在一定困难，主要包括教师的授课资质是否达标、授课内容是否超纲、收费标准是否合理等。

（三）内容陈旧，缺乏温度

公共卫生安全事件给国家和人民带来沉重的灾难，但中国人民向来是团结的、不屈的，全国人民众志成城、齐心协力、共克时艰。疫情期间，涌现出一批批最美的逆行者，一幕幕感人的画面，一个个动人的故事。值此危难之际，这些人和事本应该是当下最好的教材，是进行爱国教育、生命教育、责任教育的最佳契机，但疫情下的学校在线课堂忽视了这些宝贵的素材，忽视了培养人这一教育的根本目的，而仅仅将传统课堂搬到了线上。主要表现为：

1. 授课内容照旧。部分学校还是按照传统课程计划的安排，所有科目、内容照旧，有的学校仅仅是将应试科目的内容搬到了线上，非应试科目选择了暂时停课。

2. 在线课堂缺乏互动。部分教师还是传统的"一言堂"，学生只是被动地听课。部分教师虽然开启了弹幕，但频繁闪动的弹幕成了学生证明存在的最好方式，却让缺乏在线教育经验的教师无所适从，教师被活生生地逼成了网络主播。

3. 在线课堂时间长短不一。课时有 15 分钟、30 分钟、40 分钟以及 40 分钟以上，课间休息的时长也不相同。需要注意的是，过长的线上课时不利于学生的用眼健康，也不利于学生对课堂内容的消化吸收。

三、在线课堂运行困境的破解之策

在线课堂运行已经显现出来的这些问题，有的可以快速解决，有的则需要一个缓慢的过程。在线课堂运行问题的破解应该始终秉承教育是培养人的社会活动这一根本使命，结合教育者、受教育者和教育影响的各自特性，综合施策，精准施策，徐徐图之。

（一）关注学生主体，培养自主学习

在线课堂具有学习方便、内容丰富、能够重复以及不受空间和时间局限等特点，能够很好地实现个性化学习。随着人们对在线课堂认识和应用的逐步深入，在线课堂必将成为和传统课堂一样重要的学习方式。因此，教师要准确、客观地看待在线课堂，认识到它只是一种学习的新路径。在线课堂的学习成效从根本上取决于学生自身，只有学生具有良好的学习习惯、浓厚的学习兴趣、强烈的学习意愿，才能保证学习有效。自主学习的过程包括三大阶段，分别是计划任务阶段、行为调控阶段和自我反思阶段。[①]

1. 教师要弄清学生的个人学习状况，为每一个学生制定贴切的、有针对性的学习方案和提升策略。这些学习方案和提升策略的厘定应该关注学生学习环境的实际变化，遵循人才培养的基本规范和要求，尊重学生的主体认同和选择。

2. 在计划付诸实践的过程中，教师要加强学生的行为调控。在线课堂的使用离不开网络支撑，而网络中充斥着诸多不利于学生成长的因素，因此要确保学生对网络的正确使用，避免学生沉迷网络游戏或浏览不良信息。学校、家庭、社会要共同协作，营造良好的网络学习环境，及时作出学习干预或调试，保护学生的自主学习热情。

3. 要注意引导学生做好自我反思。学会反思，才能不断进步，教师要帮助学生培养自我总结能力、自我评价能力和自我补救能力。强调学生自主学习能力的提升，是现代教育的必然选择和应有之义，然而这并不意味着传统教师的作用和功能的式微。这一转变对教师提出了更高的期许和要求，教师不仅要深入学生中间，掌握学生的性格偏好和学习状态，而且要适时、适当地提出与之相匹配的支持策略，真正做到因材施教。[②]

（二）优化教学设计，增强交互活动

在线教学的核心不是录制音 / 视频课件，这些"资源"都可以用优质图书、纪录片等来替代。一门在线课程最核心的任务是设计高质量的交互教学活动，通过优良的学习活动设计，实践"以学生为中心"的在线学习。学生往往希望在线学习中遇到问题能够第一时间得到帮助。教师即时性的帮助和激励有利于增强学生学习的兴趣和积极性。因此，构建高效的在线课堂，教师要在教学过程中重视以下内容的设计和优化：

---

① 刘畅：《学生自主学习探析》，《教育研究》2014 年第 7 期，第 132 页。
② 李子建、邱德峰：《学生自主学习：教学条件与策略》，《全球教育展望》2017 年第 1 期，第 48 页。

1. 简化操作，注重实用。在线课堂的操作不要设计得过于复杂，要便于师生使用，避免给师生带来应用性壁垒，影响师生在线联动的积极性。

2. 提供多样性交互方式。师生交互方式可以采用文本、图片、语音和视频等多种形式，既可以有弹幕互动、实时交流等同步交互，也可以有课后辅导、答疑、讨论等异步交互，既可以有一对一的交互，也可以有一对多的交互。教师要力求通过多样的交互拉近师生之间的距离，让学生感受到教师的真实存在，从而激发学生的学习热情。

3. 设计全方位的交互内容。内容设计要重视学生与学习环境的交互、学生与教师的交互以及学生与学生的交互。首先，让学生认识到在线课堂的特点，并调整自己以适应在线课堂的环境；其次，在线课堂教师应转换角色，让自己成为"导演"，辅助学生完成学习目标；最后，在线学习可能让学生产生孤独感。学生需要通过生生间的交互获得温暖，感知彼此的存在，进而减少"孤独感"和"隔离感"，这种交互也有利于学生了解同伴们的学习感受。

（三）完善在线课堂评价机制

理想的在线课堂环境包括积极主动的在线教师、良好的师生交互、优秀的自主学习能力、可靠的技术服务[1]，这些需要依靠相应的评价机制予以保障。在线课堂评价既可以规范在线课堂的内容、授课的方式以及应该禁止的行为，又可以了解学生的教育需求、促进教师改进教学以及评价在线课程是否达到了预期效果。完善在线课堂评价机制应该重视以下方面：

1. 构建在线课堂相关国家标准。在线课程质量国家标准应包括在线课程内容、教学设计、技术、学生评估和课程管理等内容。国际 K-12 在线学习协会（iNACOL）旨在确保所有学生可以获得世界一流的教育和高质量的在线学习机会，让他们为一生的成功做好准备，先后发布了《iNACOL 国家质量在线课程标准》《iNACOL 国家质量在线教学标准》，极大地推动了美国在线课堂的高质量发展，这些在线课堂的发展经验值得借鉴。

2. 建立在线课堂教师资格证书制度。在线课堂要求的教学技能必然离不开一般教学技能，但在线课堂不同于传统课堂，需要教师线下做充分的准备，选用适应于在线环境的教学策略，具有一定的专业性。[2]并非所有教师都适合开展线上课堂，因此必须构建一套在

---

①Satu Uusiautti, Kaarina Mtt, Eliisa Leskisenoja. Succeeding Alone and Together University Students' Perceptions of Caring Online Teaching ［J］. *Journal of Studies in Education*，2017（2）：65.

②Laura Mcallister，Charles R.Graham.An Analysis of the Curriculum Requirements for K-12 Online Teaching Endorsements in the US ［J］.*Journal of Online Learning Research*，2016（3）：249.

线课堂教师准入制度，打造一支高标准、专业化的线上教师队伍。

3.完善网上课堂监管制度。当前，线上课堂处于起步阶段，还存在诸多问题。地方教育行政机构应联合市场监管部门，建立网上课堂监管制度，定期巡查在线教育机构，防止在线课堂沦为应试教育的训练场，掣肘基础教育的健康发展。

（四）大力提升乡村学校在线课堂应用水平

师资配置不均衡是义务教育均衡发展面临的关键问题。为了平等地对待所有人，提供真正的同等机会，社会必须更多地关注那些天赋较低和处于较不利社会地位的人们。[①] 在线课堂能够共享优质教育资源，分享教育讯息，是破解乡村学校优质教育资源供给不足的有效路径。一项研究结果显示，电子书包对学生学习具有积极正向的促进作用，也能积极正向地促进学生认知发展和非认知层面的参与。[②] 提升乡村学校在线课堂的应用水平应从硬件和软件两方面努力。

1.保障乡村学生在线课堂的硬件配备。当前，乡村学生个人移动学习终端的配备还普遍薄弱，其直接原因是乡村就读学生的家庭经济状况普遍较差。因此，国家和地方政府应全力保障乡村学生在线课堂的硬件配备，免费提供诸如电子书包或手机等在线课堂终端，并支付或补贴由此产生的网络费用。

2。提升乡村教师线上课堂的应用能力。线上和线下教育的融合，会使教师经历各种各样的感受，这些感受在整个过程中波动，其中包括积极的连接感、责任感和满足感，同时也会带来更多的混乱和挫折感。[③] 引入优质的在线课堂资源，并不是减轻了乡村教师的工作负担，而是对他们的工作提出了更高的要求和挑战。乡村教师必须合理地遴选线上教育资源，引导学生正确使用线上课堂并及时帮助学生解决各种问题。这些环节都需要通过专业的技能培训提升乡村教师线上课堂的应用能力。

---

① 刘齐：《习近平教育公平思想的形成与实践》，《现代教育管理》2019年第1期，第16页。

② 顾小清、胡梦华：《电子书包的学习作用发生了吗？——基于国内外39篇论文的元分析》，《电化教育研究》2018年第5期，第22页。

③Brent Philipsen, Jo Tondeur, Bram Pynoo, Silke Vanslam brouck, Chang Zhu. Examining Lived Experiences in a Professional Development Program For Online Teaching: A Hermeneutic Phenomenological Approach ［J］. *Australasian Journal of Educational Technology*，2019（5）：50.

"双减"之下：教育焦虑现象的纾解与治理 ①

2021 年 7 月，中共中央办公厅、国务院办公厅印发了《关于进一步减轻义务教育阶段学生作业负担和校外培训负担的意见》（以下简称"'双减'《意见》"），② 表明了党中央对长期以来备受社会诟病且阻碍我国教育优质均衡发展的学生课业负担过重、校外培训负担过重问题，以及由此引发的广大家长和学生的教育焦虑现象的高度重视，表明了党中央彻底解决相关问题的态度与决心。

"双减"《意见》是引领教育发展走向新台阶的重要举措，作为教育理论工作者，笔者认为应从教育焦虑现象的突出表现入手，分析其根本原因，从而理顺对应的缓解政策。

一、教育焦虑现象的"症状"聚焦

心理学通常把焦虑定义为人对觉察到的潜在危险的情绪反应和心理体验。在笔者看来，教育焦虑主要表现为家长和学生对教育环境和教育结果的过度担心、忧虑乃至恐惧。归纳目前我国社会教育焦虑的基本症状，突出表现在以下几方面：

1. 家长担心孩子输在起跑线上而拼命"抢跑"。众多家长在孩子幼小的时候就担忧子女所受的教育不公平、不如人，担心孩子上不了好的中小学、考不上好大学，以致将来无法在社会较好地就业和生存，于是从小学乃至幼儿园起就争抢着让子女享受优质的教育资源。

2. 升学考试焦虑和恐惧向低学段蔓延。除了较早就已经出现的高考焦虑和恐惧外，对小升初和中考的焦虑与恐惧现象近年来逐渐增多。家长和孩子的焦虑时限不断拉长，频次不断增多，程度不断加深，以至于弥漫孩子成长的整个阶段。童年和少年本该拥有的天真烂漫与轻松快乐成了永远无法触及的梦想。

3. 教育竞争"内卷化"发展。"内卷"这一概念之所以能够被广泛认同并迅速流行，说明其比较精准地反映了当前我国社会的一种真实现状，即在各种竞争日趋激烈的状况下，普遍存在着同行间以付出更多努力去争取有限资源的现象。这在教育领域表现得尤为明显，即学生们为了提高分数或考上名校而超时超限地学习，教师们也在各种竞争的压力下超时

---

① 原载《中小学管理》2021 年第 10 期，与王桐合作。

② 《中共中央办公厅 国务院办公厅〈关于进一步减轻义务教育阶段学生作业负担和校外培训负担的意见〉》，教育部政府门户网站：http://www.moe.gov.cn/jyb_xxgk/moe_1777/moe_1778/202107/t20210724_546576.html。（2025 年 2 月 25 日查询）

超限地加班，大搞"题海战术""层层加码""大运动量训练"等，最终形成了不断暗自加码的恶性循环。大家都明明知道这样的做法不对，但却被裹挟其中不能自拔。

二、教育焦虑现象的成因分析

教育焦虑在我国已是一种较为普遍的社会现象，并日趋成为一种严重的社会病症。透视这一现象生成的原因，可以发现其背后蕴含着十分复杂的社会因素。

（一）家长对孩子成长成才缺乏科学理性的认知

心理学认为焦虑首先源于人错误的感知或认知。现阶段家长焦虑情绪之所以会不断滋长，很重要的一点就在于家长对子女成长成才规律缺乏科学理性的认知。这种认知上的误区突出表现在以下几方面：

1. 把"别让孩子输在起跑线上"奉为圭臬，因此总想着给孩子"吃偏食"，选报各种补习班或聘请家教进行种种超前的或额外的教育。据 2018 年中国教育财政家庭调查数据显示，中小学阶段学生的校外培训参与率高达 48.3%，年人均费用 2697 元。其中 5% 年消费支出最高的家庭生均校外培训支出达 14372 元 / 年。[①]

2. 把学习成绩和学习能力看成是最重要的，孩子的身心健康、品德完善、人格健全、情感发展等则处于被忽视和遮蔽的地位。

3. "望子成龙""望女成凤"心切，而无视或否认孩子的先天差异及承受能力，违背量力而行、循序渐进、因材施教的教育基本原则。

4. 一些家长不恰当地以自己的成长经历来解读当代少年儿童，强迫孩子接受自己所认同的教育方式。更有个别家长总想把自己人生发展中的缺失、缺憾在子女身上找补，因而不切实际地给孩子提出过高期望、苛刻要求。

（二）唯分数唯升学指挥棒的牵引

1977 年高考制度的恢复给我国社会发展带来了巨大的生机和活力，然而，事物是发展的，矛盾是会转化的。高考制度逐渐衍生出了"唯分数唯升学""一考定终生""千军万马过独木桥"等应试教育的弊端。针对应试教育的弊端，党和政府早在 20 世纪末就给予了高度重视，并进行了一次次强力纠正与矫治，但制度本身所固有的巨大磁性与张力，以及因长期执行所导致的路径依赖，一直影响着学校与教师，束缚着家长与学生。在应试教育的导引下，义务教育作为提高全民族素质的基本动能遭到了扭曲，使学校产生了错误的

---

① 王蓉：《教育蓝皮书：中国教育新业态发展报告》，社会科学文献出版社，2018 年，第 108 页。

政绩观，家长产生了错误的成才观，形成了极为不良的教育生态。

（三）优质教育资源的短缺

由"择校""升学"等引发的教育焦虑现象，从客观上讲与我国优质教育资源供给不足密切相关。改革开放以来，我国教育事业获得了长足发展。人民群众对教育的需求也在逐步提高，这就使得人民不断增长的教育需求与教育事业发展不平衡不充分的矛盾日益凸显。针对这一实际，自21世纪以来，党和政府就把"促进义务教育均衡发展、实现教育公平"作为重中之重加以大力推进。截至2020年底，全国已有26个省份、2809个县实现了县域义务教育基本均衡发展，县数占比达96.8%。[1]然而，义务教育基本均衡发展重点解决了城乡、区域、学校之间在生均经费和办学条件等"硬件"上的差距，而教育教学质量上的差距还远未能消弭，这就使得"择校热"和"城挤乡空"现象难以根除。

三、纾解教育焦虑现象的思考与对策

（一）各级政府要着力推进义务教育优质均衡发展

造成教育焦虑现象经久不衰、持续发酵的一个客观原因是我国基础教育优质资源供给不足。为此，各级政府要在巩固义务教育基本均衡发展成果的基础上，进一步推动义务教育向优质均衡发展迈进，努力扩大中小学优质教育资源供给。优质均衡也称高位均衡，即促进城乡、区域义务教育学校的教育教学质量和办学水平实现实质性均衡与公平。换言之，基本均衡重点解决的是义务教育学校在办学硬件条件上的均衡，优质均衡重点解决的是不同群体儿童所受教育的质和量的实质性均衡。推进义务教育优质均衡发展，目前关键是要强化优质教师资源的合理配置，促进骨干教师和优秀校长向边远地区和薄弱学校流动，这就如同只有配置了好大夫才能从根本上提升薄弱医院的医疗水平一样。[2]

（二）中小学要认真落实"减负"任务

推进"减负"工作，纾解教育焦虑，各中小学校是责任主体。广大中小学校应认真贯彻落实党中央"双减"《意见》的精神，积极回应社会关切与企盼，通过深化改革、科学治理，为构建良好教育生态、促进学生全面发展、健康成长提供保障。

---

① 《全国2809个县实现义务教育基本均衡"双九五"目标如期实现》，中国教育网：http://edu.china.com.cn/2021—04/27/content_77445442.htm.（2025年2月25日查询）

② 司晓宏、杨令平：《西部县域校长教师交流轮岗政策执行中的问题与对策》，《教育研究》2015年第8期，第74—80页。

1. 要全面压减学生作业总量及时长，使"减负"工作真正落实落地。《意见》明确要求："小学一、二年级不布置家庭书面作业"，"小学三至六年级书面作业平均完成时间不超过 60 分钟"，"初中书面作业平均完成时间不超过 90 分钟"，同时"严禁给家长布置或变相布置作业，严禁要求家长检查、批改作业"。对于这些规定和要求，广大中小学要不折不扣地贯彻执行。

2. 要下大力气拓展课后服务，满足学生多样化需求。对于《意见》中明确提出的"保证课后服务时间""提供延时托管服务"等要求，① 学校要全力落实。同时学校要严格审定课后服务提供者的资质，一般应由本校教师或退休教师、具备资质的社会专业人员或志愿者提供。

3. 要改进课堂教学质量，提升学生在校学习效率。应严格按照课程标准坚持零起点教学，提升课堂教学质量与效率，做到应教尽教，保证学生达到国家规定的学业质量标准。应注意不得随意增减课时、提高难度、加快进度，特别是要降低考试压力、改进考试方法，不得有提前结课备考、违规统考、考题超标、考试排名等行为，考试成绩应实行等级制，防止唯分数倾向。

（三）家长要树立科学的教育观念和成才理念

纾解教育焦虑情绪，还应加强对于家长群体的观念引导，端正家长的教育观念和成长成才理念。

1. 不要被"别让孩子输在起跑线上"所误导。孩子的成长与发展并不同于"赛跑"，人生的目的和意义也不能够用输赢来做比拟。如果非要拿"赛跑"来作比喻，那么人一生的成长与发展并不是百米赛跑，而是一场漫长的马拉松。童年和少年时期需要的是按照自然规律与年龄特征对孩子施加正确适度的教育，促进孩子的身体正常发育，心智和情感健康发展；

2. 要防止和纠正家长只重视智育而忽视德智体美劳全面发展的错误观念。就人一生的发展而言，身体健康永远是基础，是第一位的，正如习近平总书记说过的："健康是 1，其他是后面的 0，没有 1，再多的 0 也没有意义。"② 再从人类社会衡量人才的基本标准来看，

---

① 《中共中央办公厅 国务院办公厅〈关于进一步减轻义务教育阶段学生作业负担和校外培训负担的意见〉》，教育部政府门户网站：http://www.moe.gov.cn/jyb_xxgk/moe_1777/moe_1778/202107/t20210724_546576.html.（2025 年 2 月 25 日查询）

② 《健康是幸福生活最重要的指标》，中国政府网：http://www.gov.cn/xinwen/2021-03/24/content_5595274.htm.（2025 年 2 月 25 日查询）

思想品德也总被置于最重要、最核心的位置。只有德智体美劳全面发展，学生才能真正茁壮地、健康地、和谐地成长，因此政府和学校必须引导家长们牢固树立德智体美劳全面发展的基本理念；

3. 要防止不切实际地对孩子期望值过高。每个孩子的天赋是有差异的，仅在学业成绩上对孩子寄予过高的期望与要求，不仅无助于孩子的成长与发展，相反会造成孩子过重的心理负担与压力，从而产生严重的副作用。

（四）全社会要合力推进教育综合治理

许多教育问题的"病症"或"病灶"反映在教育领域里，但其"病根或病因"却来自社会诸多方面。以"减负"为例，政府在推动，学校在落实，但家长们却在形形色色的社会培训机构的推波助澜下，变着法地"增负"。因此，推动"减负"工作，纾解教育焦虑，必须强化系统思维，多管齐下、综合治理。

1. 要全面治理和规范校外辅导机构。"双减"《意见》对此已做出了全面、系统、细致的规定，各级政府应予以严格的贯彻执行。

2. 要深化教育评价改革。应破除唯分数、唯升学的藩篱，把评价导向和机制真正扭转到促进学生德智体美劳全面发展的正确轨道上来。应借鉴多元智能理论，重视差异性评价，激励人人都能出彩，行行皆有状元。

3. 应深化考试招生制度改革。高考改革应进一步完善"3+X"制，并强化对学生综合素质的考评，充分尊重学生的兴趣爱好和个性发展，促进高中阶段教育文理融通。中考改革要完善基于初中学业水平考试成绩、结合综合素质评价的招生录取模式，同时逐步提高优质普通高中招生指标分配到区域内初中的比例。小升初招生录取应坚持就近入学的原则，并实行"公办民办同招""电脑随机派位招生"等招生办法。

4. 中小学校要牵头完善家校协同机制，明晰家校育人职责，密切家校沟通，推进协同育人共同体建设。

百年来我国中小学教师资格制度的流变与展望 ①

教师资格制度是确保教师队伍整体质量与水平的基本制度保障，是促进我国教师队伍迈向专业化、推动我国教育事业蓬勃发展的重大制度构建。本文拟回顾建党百年来教师资格制度的变迁历程，疏证其演进理路，探讨优化教师资格制度的进路选择，以期为把好教师入口关、建设新时代教师队伍提供发展逻辑线和优化路径图。

一、我国中小学教师资格制度的发展历程

（一）萌芽与断裂阶段（1909—1977 年）

我国教师资格制度发轫于 1909 年，是以清政府颁发的《检定小学教员章程》作为标志。该章程对小学教员的认定条件作出了明确规定，其检定方式包括资格检定和免试检定，检定强调考察受检人员的学历资质、相关履历、执教科目以及师德师风情况；同时，该章程对检定的组织机构和执行人员提出了规范性要求。1911 年，清政府又颁发《检定初级师范学堂中学堂教员章程》，该章程新增了对国内外接受高等教育人员的评价，同时强调对检定结果的再评价。一系列规定推动了教师队伍逐步走向规范化之路。清政府权力土崩瓦解之后，教师的选聘制度却并未中止，民国政府在原先教师选聘制度基础上作出了进一步修改与完善。1912 年，民国政府颁发《检定小学教员规程》。与之前的规定相比，《检定小学教员规程》（1916）强调考核教员的实际教学经验和水平，注重检定机构和组织的规范性。1936 年，民国政府在 1917 年制定的《试行检定小学教员办法》的基础上进行进一步修订和补充，颁发《小学教员检定暂行规程》，对教师遴选提出了更加严格、规范的资格审查要求。

中华人民共和国成立后，之前的教师资格制度被全面废止，但在之后近 30 年的发展历程中，教师资格制度的恢复与重建并未受到国家的关注，这也导致了我国近代教师资格制度的断裂和停滞，尤其在"大跃进"和"文革"的影响下，我国教育事业受到了严重干扰。

（二）探索与构建阶段（1978—1993 年）

教师资格制度的缺失严重掣肘了我国基础教育的发展。改革开放后，国家决心以教育体制的重大改革推动国民素质的快速提升和人才问题的不断破除。自 1978 年起，党和国

① 原载《教育评论》2021 年第 11 期，与王桐合作。

家开始关注教师队伍的建设问题，并出台了一系列相关的法律法规。由此，我国的教师资格制度逐步迈入探索与构建阶段。

1. 师范教育受到国家关注。1978 年 10 月，教育部颁发《关于加强和发展师范教育的意见》，该意见指出：各地要大力发展和办好师范教育，扩大师范招生并建立师范教育网，努力建设一支又红又专的教师队伍。

2. 针对在岗教师提出规范性要求。1985 年 5 月，中共中央颁布了《关于教育体制改革的决定》，这一文件的出台具有划时代的重要意义，标志着中国教育体制改革的序幕正式拉开。该决定明确指出：在岗教师必须经过培训和学习，具备要求的学历和资质才能继续从事教师职业。1986 年通过的《中华人民共和国义务教育法》第十三条指出：国家建立教师资格考核制度，对合格教师颁发资格证书。

3. 对教师获得资格证书提出基本要求。1993 年通过的《中华人民共和国教师法》第三章对教师的资格与任用进行了初步规范，指出"国家实行教师资格制度"，并对申请教师的政治条件、学历水平以及考核方式进行了基本规定。

（三）成熟与完善阶段（1994—2011 年）

应党和国家对教师队伍建设的迫切需求，教师资格的具体细则研制加快了步伐。如何制定出切实可行、行之有效的教师资格制度是这一阶段的重要目标和任务。事实证明，这一时期制定的教师资格制度很好地完成了其历史任务，较好地推动了我国教育事业的快速发展。这一时期的中小学教师资格制度也逐步趋于成熟和完善。

1. 教师资格制度的法制规范体系不断健全。1995 年 12 月，国务院颁发《教师资格条例》，明确教师资格的类别划分、准入条件、考试方式以及认定程序，极大地推动了教师资格制度的法制化进程，也为教师资格制度的实施提供了强有力的法律支撑。

2. 教师资格的各项环节更加精细和明确。2000 年 9 月，教育部颁发《〈教师资格条例〉实施办法》，该办法对教师资格申请的整个流程都做出了具体规定和要求，申请者只需要通读文件就能了解自己条件是否匹配以及后续如何安排个人的备考计划。

3. 教师资格制度的实行灵活而稳妥。《教师资格条例》颁发当年，国家教委迅速跟进，颁发了《教师资格认定的过渡办法》，针对性地考虑并解决相关特殊教育工作者的资格认定问题。为了吸纳更多有志于从事教育事业的非师范生和优秀社会人员进入教育领域，1999 年，中共中央、国务院颁发《关于深化教育改革全面推进素质教育的决定》。该决定提出调整师范学校的层次和布局、优化教师培养方式以及全面实施教师资格制度等规定，有力地促进了教师队伍的繁荣和壮大。

（四）深化与调适阶段（2012 年至今）

党的十八大为我国义务教育擘画了宏伟蓝图，做出了顶层设计。"努力办好人民满意的教育"成为新时代义务教育发展的重要目标。为此，中小学教师资格制度也进行了相应的调适和变革。

1. 教师资格的申请条件进一步提高。2012 年 8 月，国务院颁发的《关于加强教师队伍建设的意见》指出，要进一步规范和提高教师资格的相关条件，并加强对申请者思想道德情况的考察。2018 年 1 月，中共中央、国务院颁布的《关于全面深化新时代教师队伍建设改革的意见》要求，要不断优化和完善教师准入制度，逐步重视教师专业培训在资格认定中的重要作用。

2. 资格认定更加灵活和科学。2013 年 8 月，教育部颁发的《中小学教师资格考试暂行办法》规定：教师资格认定实行全国统一考试。由此，师范生免试认定教师资格的专业优势被暂时取消。2020 年 9 月，教育部颁发《教育类研究生和公费师范生免试认定中小学教师资格改革实施方案》，重新恢复了师范生免试认定教师资格的权利，并对不同学段的认定情况作出了具体规定。由此，国家统考和高校考核并行的教师资格考试制度基本形成。

3. 教师资格管理制度更加规范和严格。2013 年 8 月，教育部颁发的《中小学教师资格定期注册暂行办法》指出，强化教师动态管理，要求教师资格证书每 5 年进行一次注册，并提出具体的考核办法，对于考核未通过的人员，撤销其从教资格证书。

二、我国中小学教师资格制度的演进特征

教师资格制度是教育实践过程中教育经验和教育规律的沉淀，是伴随着教育实践活动的制度创新，其演进过程虽然表现有一定的不确定性和变动性，但整体呈现出相当的规律性和稳定性。[1] 审视和梳理我国中小学教师资格制度的演进特征，有助于理解教师资格制度稳定与变动的价值内核，有利于开展可持续性的制度变革与创新，进而彰显教师资格制度应有的时代价值。

（一）动力机制：始终坚持党对教师资格制度的统筹和调控

中国共产党精准地把握了我国社会经济发展的关键，始终把科教兴国作为国家发展的重大战略，持续高度重视教育事业和教师队伍的发展，推动了我国教育制度不断走向成熟。[2]教师资格制度便是在党的高度重视和宏观统筹下逐步发展和完善起来的，主要表现为以下

---

① 王浦劬：《国家治理现代化：理论与策论》，人民出版社，2016 年，第 41 页。
② 邓小平：《邓小平文选》（第二卷），人民出版社，1983 年，第 301 页。

三点：

1. 强化教师资格制度的法律保障。在党中央的高度重视下，教师资格的法律法规不断健全，先后出台《中华人民共和国教师法》《教师资格条例》等多部重要法律法规，对教师资格制度的顺利实施起到了根本性的保障作用，有力地推进了我国教师资格制度的法制化进程；

2. 相关制度的构建充分考虑我国教育发展的实际状况。不同发展时期，社会发展对教师的需求有所差异，到底是关注数量的增长还是关注质量的提升，需要着眼于教育发展的现实状况。中国共产党始终致力于解决教师发展最突出、最关键的问题，推动教师发展迈向专业化和国际化；

3. 不断优化和完善教师资格制度。党和国家清醒地认识到教师资格制度的构建并不是一劳永逸的工程，必须坚持与社会的发展同频共振，必须不断提高教师适应现代教育发展需要的新素质和新要求，并先后多次对教师资格制度进行了适时修正和完善。

（二）价值遵循：从外延式发展转向内涵式发展

价值问题往往不是事后的说明，而是事先的预设。外延式发展和内涵式发展都是发展过程中预设的一种模式，两种模式的价值理念均体现在对现实问题的经济回应和文化彰显上，其关键区别在于对发展路径的选择和发展结果的指向。教师资格制度的外延式发展模式注重服务教育外部环境的基本特征，体现了外部文化对制度构建的偏好，而教师资格制度的内涵式发展模式侧重服务于教育内部环境的基本特征，体现了教育内在价值对制度的要求。纵观教师资格制度的百年变迁，制度遵循的价值转向是其发展的特征之一。

1. 这种特征体现为从数量需求转向质量需求。中华人民共和国成立初期，教师队伍严重匮乏，为此国家对教师资格并未设定严格的标准，并持续加大教师的培养力度，对教师数量的增长具有显著的推动作用。改革开放后，教师的数量问题依然是制约教育发展的现实问题之一。1985 年，中共中央颁发的《关于教育体制改革的决定》对教师队伍规模发展做出了明确指示。1997 年后，教师规模问题得到有效改善，国家先后颁发了《面向 21 世纪教育振兴行动计划》（1999）、《关于深化教育改革全面推进素质教育的决定》（1999）等文件，要求全面推动教师整体质量的提升，建设一支教育强军。

2. 这种特征体现为评价体系的标准化向人性化的转变。随着教师资格标准不断完善，教师队伍的专业能力和素养得到明显优化。但评价体系的标准化并不意味着就能遴选出教育发展需要的优秀教师，也不能确保通过资格审核的教师就可以很好地适应复杂的教育现实。为此，教师资格的审核转向为更加关注是否能够遴选出适合教育职业、潜心育人、甘于奉献、有教育情怀和教育信仰的人。

（三）目标聚焦：从社会本位转向社会与教师本位并重

制度制定的过程中，制度制定者必然会受到社会现实、各种组织、团体、学者和普通公众的影响，在草案拟定之前以及拟定之后，政府相关部门都会通过不同渠道和不同方式征询社会公众的意见。[1] 因此，教育制度的构建也凸显了不同阶段的公共教育需求。在中国传统民生观中，教育一直被视为一项重要的民生追求，是治国理念的核心。[2] 中华人民共和国成立至改革开放后较长时期内，我国的教师资格制度具有鲜明的"社会本位"色彩，旨在关注党的政治任务和社会发展目标的达成，漠视教师遴选的规律和特性，致使教师队伍的整体质量和水平不高。当然，这种制度选择也具有一定的现实性和针对性，符合教育发展的基本规律。

这一时期，我国处于政治高度集中、经济高度计划的管理体制之中，教师作为社会主义社会职业体系的一部分，自然也被纳入分配序列之中。所有毕业于师范院校的师范生通过院校考核，基本获取了教师任职资格，并按照国家计划定向分配。这样的教师资格制度有利于均衡区域之间、城乡之间、校际之间的师资配置，却漠视了个体对任教学校和职业方向的关注与选择。改革开放中后期以来，国家对教师资格制度的关注目标也逐步发生转变，不再只注重对"社会本位"的聚焦，也开始注重"个人本位"的实现，强调教师资格制度既要注重教师的专业发展，也要关注教师的"志业"养成，突出教师个体价值的回归与彰显，注重社会目标和个人目标的共赢。

（四）管理模式：由粗放式管理迈向精细化治理

中华人民共和国成立以来至改革开放后的较长时期内，教师资格管理主要呈现为粗放式管理，具体表现在以下两方面：

1. 管理结构松散，责任体系不明。地方教育行政机构和所在学校关于教师资格认定的权责边界模糊，均存在较大的自由裁量权。因此，教育行政部门和学校常常出现权利交错，甚至在教师资格认定的程序和规定方面双方都存在矛盾，极大影响了制度的严肃性和规范性；

2. 资格审核把控不严，部分规定流于形式。鉴于教师数量的短缺，教师资格认定部门对审核条件执行不严格，审核过程仅关注被评人员的硬性要求，对细节内容关注较少，整体表现为只重结果，不重过程。

---

① 宁骚主编：《公共政策学》，高等教育出版社，2011 年，第 300 页。
② 谭维智：《国家视角下的教育民生论》，《教育研究》2014 年第 12 期，第 4—12 页。

进入 21 世纪以来，教师的资格管理制度逐步走向规范化和法治化，并开始迈入精细化管理轨道。2000 年 9 月，教育部发布《教师资格条例》实施办法，对资格认定基本流程和相关条件做出严格、细致的规定。当前，我国教师资格制度的考核方式也更加灵活和多元，考核形式包括国家统一考试和师范院校自行考核两类，考核内容既包括笔试部分，也涉及面试内容。同时，该办法规定教师资格证书每 5 年进行一次注册，并提出具体的考核办法。

三、我国中小学教师资格制度的未来展望

教师资格制度关涉国计民生，某种程度上，它决定了一个国家的整体教育质量。任何一个国家都会为提高本国教育质量提供制度保障，而教师资格制度是这种保障制度中不可或缺的重要一环。[①] 为推动教师资格制度科学化、现代化，教师资格制度应从准入条件、培养课程、考核机制等方面予以不断完善。

（一）严格教师资格准入条件，增强职业教师的胜任力

当前，我国每年通过教师资格考试的人数相对较多，这与教师资格通过标准较低有着直接关系，同时，通过标准较低也是导致教师资格证书含金量不高、社会认可度不够的重要原因之一。为此，严格教师资格的准入条件应是未来一段时间教师队伍建设的努力方向之一。

1. 强化思想道德这一基本要求。教育是启迪智慧、培育道德、陶冶灵魂的精神产业。从思想道德上，教师必须有纯洁的个人品质、坚定的教育信仰和高度的政治自觉，才能更好地担负起为党育人、为国育才的重任，才能培养出品德高尚、意志坚强、政治坚定的社会主义现代化建设者和接班人。

2. 提高报考教师资格考试的学历要求。韩国在 20 世纪 80 年代中期就已基本实现了本科层次小学教师的培养与任用。2019 年，我国普通本科毕业人数为 3947157 人，占普通本专科毕业人数的 52%。[②] 从本科毕业生的整体规模和教育事业的长足发展考虑，应当将报考教师资格证书的学历要求适时地提升至本科学历层次，进而以提升我国从事各类教育工作人员的整体学历水平。

3. 提高非师范专业考生的报考条件。非师范专业考生未经系统的教师教育培训和学习，仅仅通过国家教师资格考试就能直接进入学校任教，这显然不符合教师专业化发展的基本

---

① 朱旭东：《教师资格制度相关问题研究》，《河南大学学报》（社会科学版）2009 年第 4 期，第 123—128 页。

② 《高等教育学校（机构）学生数》，教育部政府门户网站：http://www.moe.gov.cn/jyb_sjzl/moe_560/2020/quanguo/202108/t20210831_556352.html.（2025 年 2 月 25 日查询）

规律，也是对师范教育考生的极大不公。因此，要加快构建非师范专业教师培训和学习制度，夯实非师范生教育教学的基本知识和专业能力。教师资格准入条件应当明确规定非师范专业考生必须接受至少 1 年教师教育培训，方可参加教师资格考试。

（二）深化师范专业内部改革，提升培养课程的针对性

师范生免试认定教师资格的制度回归，表明我国对师范教育专业性的重视和认可，也彰显了师范教育对教师发展的重要作用和影响。师范教育承担着教师培养的重要任务，为我国基础教育培养了大批合格人才。师范生是我国教师队伍的主要来源，肩负着未来教育发展的重要职责和神圣使命。为此，师范教育应该始终秉持促进师范生专业发展这一根本宗旨，各项培养内容、各个培养环节都要为未来教师切实谋划、认真设计，并适时地进行个性化指导和跟进服务，确保每位师范生都能够在未来的教学岗位上成长为国家期待、社会需要、人民认可的高水平教师，保障教师资源的整体质量与水平。

1. 增设契合新时代教育发展需要的新课程。教育的基本目标是培养人的社会适应能力和沟通协作本领。因此，教师不仅要充分理解学生的行为表现和心理活动，而且要积极、主动地修正和塑造他们的社会性。很显然，传统的教育学、教育心理学、课程与教学论等理论课程已经不能很好地满足和适应认识学生与组织教学的需求，必须增设诸如脑科学、学习科学等前沿理论课程，以提升师范教育的科学性和实效性。

2. 加强教学实践环节的训练。实践出真知，师范院校要高度重视实习、支教等教学实践环节，让师范生有机会走进真实、复杂的教育情境之中，通过个体观察、体验和反思，基本掌握解决各类教学问题的手段与方法，并找寻和构建适合自己的教学风格。

（三）优化教师资格考核机制，提升教育教学的适切性

教师资格考核是对教师资格申请者进行的整体性评估，是对申请者教育教学的相关知识、实践能力以及具体表现作出系统判断并提供结果反馈的评估活动。对教师资格申请者进行有效的考核和反馈是提升教师资格证书的含金量以及把好教师入口关的关键所在。

1. 优化教师资格的考核内容。国家教师资格考试通常采用笔试和面试相结合的方式。笔试侧重考察专业知识和教学设计能力，这样的考试设计有一定的现实性与合理性，但也容易导致教师资格考试的应试化倾向。社会上大量存在的教师资格培训机构针对相关考试内容进行有针对性的、功利化的应试辅导，致使教师资格考试被严重异化。未来，应尽快优化教师资格考试内容，更加侧重考察申请者对教育教学问题的解决能力和知识的综合应用能力。教师资格面试内容主要包括试讲和结构化面试。其突出问题表现为面试时间短和

考核深度不足。我国教师资格面试的时长一般规定为 40 分钟，但在实际运行中一般仅为 20 分钟左右。韩国的教师资格面试时长约为 130 分钟，并注重深层的交流和实际技能的测试。在这一方面，我国很有必要借鉴和改革。

2. 优化面试考官的人员结构。教师资格考官一般由当地中小学优秀教师担任，结构相对单一。这样的考官人员构成方式具有明显的局限性，不能很好地适应对申请者进行全方面、多维度的专业性评估的要求。对此，应该积极吸纳教育研究者、课程专家、优秀教研员等多方人选，优化面试考核人员结构，为科学、规范地评估教师资格申请者的职业倾向、价值认同、基本素养及教学能力提供良好的保障。

3. 进一步细化不同类别的教师资格考核。线上教学活动和农村小规模学校的教学活动明显有别于传统的线下教学活动，均具有各自独特的教学情景和授课要求，需要教师具备特定的文化知识和专业技术，具有高度的专业性。因此，未来对这类特殊情境下的教学资质认定，应该同特殊教育教师资格证一样，细化分类，进行有针对性的考核。[①]

---

① 王桐、司晓宏：《在线课堂的实践困境与破解之策》，《教育评论》2020 年第 4 期，第 52—56 页。

城乡教育一体化进程中的教师资源配置研究
——以陕西省为例 ①

消除城乡二元结构，推进城乡一体化建设，是我国当代经济社会发展的一项战略目标。由于教育在经济社会发展中起着基础性和先导性作用，所以率先推进和实现教育的城乡一体化，不仅是城乡一体化建设本身的应有内涵，而且也是加快一体化建设步伐的一条基本途径和主要策略。种种迹象表明，目前我国城乡之间存在着严重的教育鸿沟，已不主要表现在受教育的规模、数量等"外延"方面，而主要表现在受教育的水平、质量等"内涵"方面。由于教师是制约教育教学质量的决定性因素，因而如何消除城乡之间显著存在的师资水平差距，便成为了当前我国在推进城乡教育一体化建设、实现区域内教育均衡发展进程中最需要解决的关键问题。基于这一考量，本文拟以陕西省为例，对当前我国城乡教育一体化进程中的教师资源配置问题加以分析和探讨。

一、陕西省城乡教育一体化发展的进程和成就

陕西地处我国西北部，地理上既是联结中西部地区的纽带和桥梁，又是西部大开发的"桥头堡"。全省土地面积 20.56 万平方千米，人口 3748 万，10 个地级市，107 个区县，经济发展水平在西北五省位居第一，在全国则处于中下游水平。2009 年全省经济总量为 8186.65 亿元，在全国排第 17 位。从教育事业发展状况看，全省有各类高等院校和高等教育机构 133 所，普通高中 636 所，普通初中 2001 所，小学 16316 所，在校学生 817.11 万人，教职工总数 55.61 万人，教育人口约占全省总人口 1/4。② 总体上看，陕西的高等教育在全国处于上游水平，但义务教育、基础教育则处于中下游位置，整体发展水平比较落后，尤其是城乡二元结构表征明显，城乡教育差异大。从这一点上讲，陕西省的经济社会发展状况以及基础教育发展的水平与特征在我国中西部省份中是具有代表性和典型性的。

进入 21 世纪以来，尤其是伴随着 2003 年国家对西部地区"两基"攻坚战略的启动和

---

① 原载《陕西师范大学学报》2011 年第 1 期，获陕西高校人文社会科学研究优秀成果奖三等奖，与王鹏炜合作。

②《陕西教育概况》，陕西省人民政府网：http：// jyt.shaanxi.gov.cn/about/jygk.html.（2025 年 2 月 25 日查询）

2005年底《国务院关于深化农村义务教育经费保障机制改革的通知》（以下简称"新机制"）的出台，陕西省的农村义务教育在短短几年里获得了长足发展，城乡教育一体化进程呈现出良好势头。

（一）"两基"攻坚计划顺利完成，农村儿童受教育权利得到充分保障

确保农村孩子与城市孩子一样拥有平等的受教育权利，这是衡量城乡一体化建设水平的关键性指标，也是实现教育公平的最基本的宗旨。随着国家"两基"攻坚战略的启动和"新机制"的出台，陕西省人民政府相继颁发了《陕西省实施〈中华人民共和国义务教育法〉办法》《陕西省人民政府关于加快中小学布局调整和优化教职工队伍、确保农村义务教育投入的意见》《国务院办公厅关于完善农村义务教育管理体制的通知》等相关文件。经过全省人民和各级地方政府的积极努力，目前在城乡儿童平等享受义务教育基本权利方面已取得了历史性的突破。截至2007年，全省小学、初中入学率分别为99.38%、99.25%；小学辍学率从1993年的3.2%下降到0.11%，初中辍学率从1993年的10.1%下降到1.19%。[①]以国家级扶贫开发工作重点县宁陕县为例，2008年全县小学、初中适龄儿童入学率分别达到100%和99.1%，小学、初中在校学生巩固率分别达到99.16%和98.34%。另以平利县为例，2005年该校小学入学率为99.6%，初中入学率为97.5%，小学辍学率为1%，初中辍学率为2.5%，到2009年时小学和初中入学率分别上升为99.98%和99.75%，辍学率分别下降为0.5%和1%。[②]而近年来经济迅速崛起的吴起县则从2010年起在县域内全面实施了15年免费教育，对所有学龄前儿童上幼儿园的费用实行"一免三补"。义务教育的全境域普及，使长期以来困扰陕西农村学龄儿童"上学难"的问题得到历史性破解，这便最大限度地保证了广大农村儿童平等接受义务教育的基本权利。

（二）农村中小学办学经费短缺得到初步缓解，办学条件明显改善

"城市学校像欧洲，农村学校像非洲。"这是一些学者对城乡教育两极分化、差距悬殊状况的基本描述。近年来，随着"新机制"的出台，陕西省义务教育阶段农村中小学的办学经费被全面纳入公共财政保障的范围，免除学杂费后的资金缺口及生均公用经费资金由中央和陕西按8：2的比例分担，校舍维修改造资金由中央和陕西按5：5的比例分担。农村义务教育经费保障新机制的建立，使陕西农村中小学的经费投入得到了史无前例的增

---

① 《建国60年陕西省基础教育发展成效显著》，中广网：https：//edu.cnr.cn/x/shan-xi/cj/201006/t20100607_506543295.html.（2025年2月28日查询）

② 王林生、胡宏晓等：《平利县域教育全面协调可持续发展规划研究》，吕明凯主编：《基础教育改革发展研究》，陕西出版集团三秦出版社，2009年，第50—63页。

长，以往"无米之炊"的窘迫局面得到根本性缓解，办学条件和面貌发生了天翻地覆的变化。以生均公用经费为例，全省农村小学生、初中生生均公用经费分别由 2006 年的 18.90 元和 41.73 元[①] 增长到 2007 年的 250 元和 385 元，到 2009 年又增长到 350 元和 550 元。从基本建设经费来看，从 2007 年起，陕西省将农村义务教育阶段中小学校舍维修改造的测算单价标准从每平方米 400 元提高到 500 元，所需经费由中央与陕西按 5：5 的比例分担，陕西地方所承担的资金又按 5：5 比例由省和县（市）两级政府分担。[②] 这项措施使农村中小学的校舍面貌发生了历史性改观。从 1993 年至 2007 年的 14 年间，全省共新建义务教育校舍 1651 万平方米，添置了 34.8 亿元的教学设施设备，基本配齐了完全小学和初中所需的各类实验室。与此同时，还投入资金 11413 万元完成了全省农村中小学现代远程教育工程软硬件设备及服务采购工作，使远程教育覆盖到全省 10 个市 85 个县的 3254 所农村中小学校，建成光盘播放系统 747 个，卫星教学收视点 2026 个，多媒体计算机网络教室 481 个，全面完成了农村中小学现代远程教育工程建设任务，顺利开通了基础教育专网。[③]上述建设成就，使陕西农村义务教育的办学条件和面貌与城市学校之间的差距日益缩小，城乡教育一体化崭露出良好端倪。

（三）农村教师工资待遇稳步提高，师资队伍建设呈现良好势头

过去，城里教师和农村教师虽为蓝天下的同一职业，但其收入水平和素质状况却存在着天壤之别。学历低下、收入微薄、生活窘迫乃至衣衫破旧，几乎成为了以往乡村教师的代名词。随着"新机制"的推行，近年来陕西省农村中小学教师的这种形象已得到了极大改观。目前，全省农村教师的工资都能够得到足额、及时、规范发放，拖欠、挪用、克扣教师工资的现象已彻底绝迹。同时，随着国家绩效工资政策的实施，农村教师的工资收入水平也有了较大幅度增长。陕西从 2009 年 1 月起在全国率先实施了教师绩效工资政策，这使得农村中小学教师月工资平均增加了 1400 元左右，月工资总额平均达到 2500 元~3000 元。

在提高收入待遇的同时，一系列针对农村中小学教师的培训计划也相继启动，如在认真落实国家有关农村中小学教师各种专项培训计划的同时，陕西还相继出台了《陕西省教

---

①《教育部 国家统计局 财政部关于 2002 年全国教育经费执行情况统计公告》，中国教育和科研计算机网：http：// www.moe.gov.cn/jyb_xxgk/gk_gbgg/moe_o/moe_1/moe_3/tnull_5365.html.（2025 年 2 月 28 日查询）

②《2008 年陕西农村义务教育呈现四大亮点》，中华人民共和国教育部网：http：// www.moe.gov.cn/jyb_wfb/s6192/s222/moe_1759/201004/t20100420_86342.html.（2025 年 2 月 28 日查询）

③《中国教育年鉴 2008》，中华人民共和国教育部网：http：// www.moe.edu.cn/edu/jiao_yu_zi_xun/nian_jian/nj08/.（2025 年 2 月 28 日查询）

育厅关于开展农村骨干教师研修培训工作的通知》《陕西省中小学实验教师培训方案》《关于开展 2007 年新课程百县行的通知》《陕西省普通高中新课程师资培训实施方案》等一系列主要针对农村教师的培训计划，并组织了"百县行"省级专家研训班，选派大批专家、优秀教师和教研员深入到农村中小学进行师资培训。[①] 与此同时，根据国家的统筹部署，还积极施行了"支教计划""特岗教师计划""免费师范生计划"等。这些措施不仅有效地缓解了陕西边远农村地区师资力量薄弱的突出矛盾，而且也极大地促进了农村中小学师资队伍素质和水平的提升，为在质量和内涵上促进城乡教育一体化发展奠定了一定基础。

二、师资水平差异是制约陕西当前城乡教育一体化进程的主要素

尽管陕西省城乡教育一体化进程取得了长足的进步，但从总体上看，城乡之间教育事业发展水平的差距仍显著存在。这表现为：一方面，经费投入和办学条件仍存在差距。农村中小学的校舍面貌虽然已发生了很大变化，但其内部的实验设施设备等仍无法与城市学校相媲美；另一方面，这种差距更主要表现为教育教学质量相差悬殊。根据我们调查，2008 年陕西全省小学共毕业 617895 人，招生 431794 人，入学人数净减少了 186101 人。但在招生人数大幅下滑的背景下，城市小学入学人数却实际增加了 6154 人，农村小学实际减少了 199248 人。[②] 农村学校与城市学校学生数量此消彼长的事实有力地说明了陕西目前存在着大量农村孩子向城市流动、到城里择校的现象。而导致这种现象产生的原因很简单：一是农村儿童随打工的父母迁入城市，二是农民有意识地将子女送到质量较好的城市学校就学。用农民自己的话说："城里医院的大夫比乡里好，城里学校的教师更比农村的好。"由此可见，就连农民也已经清醒地意识到了教师的素质和水平是决定教育质量并由此导致城乡教育差距的关键性因素。目前陕西省城乡之间师资水平的差异主要表现在以下几个方面：

（一）农村教师学历层次偏低

教师作为"传道、授业、解惑"的职业，其学历层次与其知识水平和专业能力之间存在着密切的正相关关系。目前，陕西全省共有 36.45 万中小学专任教师，其中地市级以上城市的中小学教师约 5.4 万人，占 14.81%，县城及以下的农村中小学专任教师约 31.05 万人，

---

① 《中国教育年鉴 2008》，中华人民共和国教育部网：http://www.moe.edu.cn/edu/jiao_yu_zi_xun/nian_jian/nj08/.（2025 年 2 月 28 日查询）

② 陕西省教育厅编：《陕西省教育年鉴 2008》，陕西人民教育出版社，2009 年。

占 85.19%。^① 城乡之间中小学教师学历状况如表 1 所示：

表 1　2008 年陕西省城乡初中、小学教师学历状况比较

	初中			小学		
	城市	县镇	农村	城市	县镇	农村
研究生毕业 %	3.17	0.40	0.28	0.48	0.07	0.04
本科 %	73.81	52.96	42.19	34.10	16.00	10.12
专科 %	22.45	44.51	54.31	54.74	68.46	59.11
高中 %	0.56	2.09	3.14	10.55	15.28	29.68
高中以下 %	0.01	0.04	0.08	0.13	0.19	1.05

由表 1 可以看出，城市初中教师本科率为 73.81%，而农村初中教师本科率仅为 42.19%，两者相差达 31% 之多；城市小学教师本科率为 34.1%，而农村小学教师本科率仅为 10.12%，两者相差约为 24%。由此可见，陕西省城市初中教师队伍以本科学历为主，加上少量的研究生学历和一定比例的专科学历；而农村初中则以专科学历为主，加上少量的本科学历和一定比例的高中学历。这种学历上的落差，必然导致了城乡之间教师队伍的整体素质和水平存在着巨大鸿沟。

（二）农村教师专业技术职务水平偏低

专业技术职务水平（俗称职称）是教师专业发展能力和水平的集中体现。据《陕西省教育事业统计年鉴 2008》显示：当年全省城市初中专任教师中，中教高级职称占 17.37%，中教一级占 36.46%，中教二级占 37.92%，中教三级占 2.31%；而农村初中教师队伍中相应的职称比例却分别为 3.07%、24.98%、47.99%、12.90%。由此可见，具有中教高级职称的教师农村比城市少了 14.3%，具有中教一级职称的教师农村比城市相差了约 11%。同样，在城市小学教师队伍中，小教高级职称占 44.74%，小教一级占 42.85%，小教二级占 5.15%，而农村小学教师相应的职称比例则分别为 28.14%、51.29%、13.09%，^② 其中具有小教高级职称的教师农村比城市相差了 16.6%。农村中小学教师专业技术职务水平偏低，必然导致了其教育教学质量与城市存在差距。

---

① 表 1 数据由《陕西省教育事业统计年鉴 2008》测算得出。
② 该数据由《陕西省教育事业统计年鉴 2008》测算得出。

（三）农村教师队伍老龄化突出

陕西省农村教师队伍目前还面临着年龄老化的突出矛盾。以 2008 年为例，全省农村小学教师队伍中 50~55 岁的教师占 18.07%，46~50 岁的教师占 13.30%，而城市小学教师队伍中相应年龄段的教师仅分别为 7.85% 和 8.81%。[①] 这反映出了农村中小学教师队伍补充困难，新生力量缺乏。究其原因，与 1998 年后实行的大学生"供需见面，自主择业"的就业机制密切相关。根据我们对吴起、平利等几个县的实地调查，近十多年来，农村中小学很难补充正规的大学毕业生，大量的教师缺口不得不由民办转公办的教师来充任。而这些教师一方面学历学识有限，另一方面年龄普遍老化。

（四）农村教师队伍结构性缺编严重

教师的学科分布关系着学生的全面发展与培养，也关系到教学计划和课标的全面落实。从队伍的规模来看，目前陕西农村中小学教师的数量缺口已经不大，甚至基本上处于饱和状态，但队伍结构性缺编的矛盾十分突出，即有些科目教师过剩，有些科目教师奇缺。根据我们调研，目前农村中小学最为缺乏的是英语、体育、美术、信息技术等学科的教师，其次是生物、化学、物理、数学等学科的教师。据《陕西省教育事业统计年鉴 2008》计算，城市中小学信息技术科目教师约占全省中小学专任教师总量的 2.86%，而农村仅占 1.55%；城市中小学体育教师占教师总量的 5.69%，而农村仅占 2.34%；城市中小学音乐教师占教师总量的 4.79%，而农村仅占 1.82%；城市中小学美术教师占 4.18%，而农村只占 1.41%。农村教师队伍的结构性缺编，导致一些科目难以开设以至于不得不滥竽充数，这在相当程度上制约了农村教育教学质量的提高，也阻碍了素质教育的全面贯彻和推进。

三、优化教师资源配置机制是推行城乡教育一体化发展的根本举措

在明确了师资素质和水平是制约当前农村教育事业健康发展、造成城乡教育质量差距的主要根源之后，我们就必须把工作的重心和重点放在如何加强与改进农村教师队伍的建设上。只有消除了城乡师资水平的差距，才能从根本上消除城乡学校之间在教育质量和教学水平上的差距，也才能扎扎实实地推进城乡教育朝着一体化的方向发展。

加强农村教师队伍建设，缩小其与城市教师队伍之间的差距，涉及诸多制度和政策改革。从目前的实际出发，我们认为最根本、最重要的是应优化教师资源配置机制，强化城

---

① 该数据由《陕西省教育事业统计年鉴 2008》测算得出。

乡之间师资统筹统配、合理流动的基本制度。

（一）大力提高农村教师工资待遇，以利益导向吸引优秀师资向农村流动

市场经济的发展必然使人们形成趋利的思维方式，"理性经济人"假设成为当代人们行为的主导。在这种背景下，要改变农村师资队伍的落后面貌，吸引优秀人才向农村中小学流动，就必须首先大幅度提高农村从教人员的工资待遇。在2010年召开的第四次全国教育工作会议上，胡锦涛总书记指出："要采取更有力的措施，提高教师地位，维护教师权益，改善教师待遇，加强教师培训，关心教师身心健康，为教师解决后顾之忧。"为此我们必须在提高农村教师待遇方面出台硬举措：

1. 从国家层面应对边、老、少、穷地区的农村教师实行特殊津贴制度，[1] 即在现有国家工资的基础上，对在边远贫困地区的从教人员额外再增加一部分经济收入，并且增加的幅度一定要具有诱惑力，能够达到吸引优秀人才到农村尤其是到边远地区积极从教的目的。

2. 各级地方政府应针对本地经济社会发展和自然地理环境的实际，对城乡之间和经济社会发展水平不同的农村地区之间的教师实行有差别性的地方津贴、补贴机制，即越是到边远、贫穷和艰苦的地方从教，其所获得的补贴和待遇就越高。

在现行市场经济背景下，非实施这两条措施，便不足以从根本上改变农村教师队伍的落后面貌。我们在陕北吴起县的调研也印证了这一观点。吴起县的农村教师队伍建设在近年来出现了十分可喜的变化，究其原因，该县从2007年起对农村一线教师实行了浮动一级工资政策并给每位非本县籍教师每月增加100元住房补贴和每年补助2000元探亲费等。正是上述政策的出台，才使得该县偏远地区农村中小学教师队伍出现了"流得进，稳得住"的良好变化。

（二）实行教师身份公务员化，以行政干预促进优秀师资向农村流动

义务教育是公益性事业，其"不以营利为目的"的基本属性要求其从教人员的工资收入和福利待遇必须依赖于国家供给。从义务教育的这一基本属性出发，仅靠市场调节的方式来加强农村教师队伍建设远远不够，还需借助于行政干预。而要做到这一点，就必须改变现有教师身份，即将义务教育阶段教师的身份确定为国家公务员。这样就可以顺理成章地运用计划、指令、人事调配等行政方式来对农村教师队伍进行合理补充与加强。

---

① 赵世超、司晓宏：《关于在西部地区建立教师特殊津贴制度的思考与建议》，《教育研究》2002年第5期，第17—20页。

将义务教育阶段教师身份确定为公务员并非不可行。首先，从国际经验看，发达国家中有将义务教育阶段教师作为公务员的先例。德、法、日等国都实行教师公务员制度，教师接受公务员法的调整，以保证国家教育职责得到充分的履行，并较为公平地向社会提供教育服务。尤其是日本，根据教育事业发展的实际需要，强制性地对教师进行区域之间、城乡之间、校际之间调配，并以此来达到促进义务教育均衡发展的目标。[1] 其次，从我国历史和文化传统来看，也有将教师作为公务员的一贯做法。我国古代官学里面的教师皆属国家公职人员，即"官师合一"。新中国建立后，教师也一直被确定为"国家干部"，并在这种体制下较为有效地确保了农村地区和边远地区教师队伍的补填。再次，从当前的现实来讲，把教师确定为公务员，并不会影响和冲击我国现行的公务员管理体制，也并不额外增加政府的财政负担，而且还从根本上有利于教师经济地位和社会地位的稳定与提升。

（三）加强培训工作，不断提升农村中小学教师队伍素质

教师素质的形成是一个连续积累和发展的过程。因此，建立健全农村中小学教师培训机制，使其能够不断获得终身学习与发展的机会，是加强农村教师队伍建设、缩小城乡教育差距的十分重要的手段。实践证明，目前我国农村教师队伍素质水平之所以低下，一方面是因为优质师资来源差，另一方面是由于现有教师队伍得不到及时、有效的培训。在信息资源和培训机会不对等的情况下，农村教师与城市教师的差距只能越拉越大。因此，加强对农村教师的培训，已成为刻不容缓的任务。

一是要从中央政府层面大力增加针对农村中小学教师的专项培训投入，并进一步扩大各种国培计划；二是省级政府和市地级政府要加强师资培训机构建设，提高对农村中小学教师培训的层次和质量。从陕西目前的实际状况看，广大农村中小学教师主要在区县教师进修学校接受培训。而据我们调查，陕西现有的 89 所区县教师进修学校中，绝大部分存在经费不足、设备老化、师资力量薄弱等问题，因此通过他们来培训农村中小学教师，其成效甚微，事倍功半。针对这一实际，我们建议将区县级教师培训机构全部撤销，而重点加强对省、市两级教师培训机构的建设，并使之成为承担农村中小学教师培训的主体。这样不仅可以减少成本，降低政府投入，还可以提高培训的质量和层次；三是要深化培训方式和内容改革，把平时培训与集中培训、校本培养与教育行政部门培训、理论知识培训与实践技能培养等有机结合起来，通过多元、灵活和适切的培训，切实达到提高广大农村教师专业能力发展的目的。

---

① 申素平：《对我国公立学校教师法律地位的思考》，《高等教育研究》2008 年第 9 期，第 54—58 页。

（四）继续推行和完善教师特岗计划、支教计划、免费师范生等政策，确保优质教师资源能够及时向农村流动

1. 应进一步实施好特岗教师计划。2006 年，教育部、财政部、原人事部、中央编办联合下发了《关于实施农村义务教育阶段学校教师特设岗位计划的通知》（以下简称"特岗计划"）。"特岗计划"旨在解决边远贫困地区农村教师补充困难的实际矛盾，即公开招聘高校毕业生到"两基"攻坚县农村义务教育阶段学校任教，聘期 3 年，原则上安排在县以下农村初中，适当兼顾乡镇中心小学。"特岗计划"的实施在短短的几年里已取得了明显成效。2006—2008 年，全国共招聘了 6 万多名特岗教师，他们覆盖在西部 400 多个义务教育攻坚县的数千所学校之中。就陕西而言，仅 2006—2007 年两年间，就通过"特岗计划"为农村中小学招聘了 1723 名特设岗位教师。[①] 这些教师的加入，从学识水平、观念视野到教育教学的方法和手段等，都给农村中小学带来了一股清新气象，并使农村教育的质量得到了潜移默化的提升。因此，各级地方政府一定要继续坚定不移地推行好特岗教师计划。

2. 要进一步扩大和完善实习支教计划。"顶岗实习支教"是指开办有师范专业的高校在农村学校建立长期稳定的实习基地，通过选派师范生到农村中小学进行顶岗实习支教，与此同时选派优秀的实习指导教师，对所属基地的农村中小学教师开展教育教学培训，以此来达到既缓解农村学校师资不足，又提高师范生专业实践技能，同时又促进农村教师业务素质提升的目的。实践证明，"顶岗实习支教计划"是一项一举多得的极好措施。目前需要注意的是，一方面应进一步扩大该计划实施的范围和规模；另一方面师范院校应与当地政府联手共同建设好实习基地。

3. 要落实好免费师范生政策。免费师范生政策是国务院于 2007 年启动的、为加强农村教师队伍建设而采取的一项特殊措施，目前主要在 6 所部属师范大学中实施。按照该项政策，这些免费师范生毕业后将按照协议到农村基层学校服务两年，这必将在很大程度上优化农村教师队伍的结构，壮大农村中小学优质教师资源的队伍。2011 年将是免费师范生毕业的第一年，也是这项政策能否见效的关键之时。目前，在落实这一政策中急需注意以下几点：一是保证这些学生能够切实进入农村基层学校并担负起教育教学的主要责任；二是让他们在服务期限内留得住、干得好，认真帮助他们解决好工作和生活中的各种后顾之忧；三是确保政策执行的连续性和完整性，要有始有终，保证这些师范生既下得去又上得来；四是积极做好他们的后续培训工作，使他们尽快把所学理论与教学实践结合起来，从

[①]《中国教育年鉴 2008》，中华人民共和国教育部网：http: // www.moe.edu.cn/edu/jiao_yu_zi_xun/nian_jian/nj081/.（2025 年 3 月 2 日查询）

而迅速提高农村基层学校的教育教学质量。

（五）深化中小学人事分配制度改革，增加农村教师队伍建设活力

加快农村教师队伍建设步伐，必须通过深化人事分配制度改革来增强其内在动力和活力。

1. 应进一步完善教师资格制度。教师资格制度是教师队伍建设的门槛。对待农村教师应像城市教师一样实行严格的资格认定和准入制度，绝不允许素质低下、学历不达标的人员再进入该行列；

2. 要合理确定农村中小学教师编制。农村地广人稀，学校难以形成较大规模。针对这一实际，必须适当扩大农村学校的教师编制标准，降低其生师比。同时，应根据农村中小学寄宿学生数量不断增加的客观实际，适当增设生活教师的编制和岗位。针对农村教师队伍结构性缺编的实际，应在优化编制结构的基础上加强对英语、艺术、体育、信息技术专业奇缺教师的补充。

3. 应认真落实好绩效工资政策，增强农村教师自我发展的活力。2009 年，我国开始在义务教育阶段学校实施绩效工资政策。实施绩效工资的目的，一是为了提高农村中小学教师的待遇；二是为了把教师的劳动业绩与经济收入密切挂钩，从而鞭策其敬业投入、勤奋工作。根据我们调查，绩效工资的实施已引起了良好反响和效应，调动了广大农村教师专心从教的积极性。但这一制度在执行中也出现了一些问题：一是目前许多省份还没有出台明确的配套政策，这导致各区县自行制定的政策极不统一，二是教师考核标准还比较模糊，许多学校存在平均发放的现象。为此我们建议，省级政府应尽快制定适合本地区的绩效工资配套政策，同时应建立健全教师考核标准体系，严格考核制度，真正做到优劳优酬，多劳多得，拉开差距，把绩效工资发放与教师的实际工作业绩密切挂钩。只有这样，才能以此为杠杆来达到增强农村教师队伍建设内在动力和活力的目的。

我国欠发达地区普通高中教育发展的现实困境与理性选择^①

　　"加快普及高中阶段教育"是我国当前及今后一段时期内教育发展战略的目标之一。在加快普及高中阶段教育中，普通高中教育的发展水平直接影响着普及高中阶段教育这一目标的实现进程。目前，我国地区间、城乡间、群体间、校际间的教育差距还普遍存在，且这种教育差距在欠发达地区的表现更为集中、问题更为复杂、矛盾更为突出、涉及面更广。由于欠发达地区长期以来存在的巨大教育差距，致使处于普及义务教育和高等教育大众化两头挤压下的普通高中教育，面临着资源总量不足、布局结构不合理、教育经费投入严重不足、投资主体单一、学校负债严重、教育成本负担机制不合理、教育资源配置不均衡与优质教育资源短缺、学校治理机制不完善等很多现实难题，这些现实难题的存在，已成为普通高中教育发展的"瓶颈"。基于此，本文在"欠发达地区普通高中教育发展状况"调研工作基础上，对我国欠发达地区普通高中教育发展的现状和问题进行深入分析，并提出有针对性的政策建议。

一、我国欠发达地区普通高中教育发展的现实困境

　　我国欠发达地区普通高中教育的发展严重滞后于义务教育与高等教育的发展水平，呈现"两头大、中间小"的态势，面临诸多现实困境。

（一）政府对普通高中教育经费的投入严重不足与不均衡并存

　　从我国20世纪80年代中期以来教育事业发展的重点来看，从1986年至21世纪初期，教育主管部门一直致力于普及九年义务教育；从21世纪初开始，教育主管部门的工作中心又转移到高等教育的大规模扩招上。也就是说，我国教育事业的发展重心是直接从义务教育阶段跳跃到高等教育阶段的，超越了普及高中阶段教育而直接迈入高等教育大众化阶段，从而产生普通高中教育经费的投入严重不足与不均衡的问题，这种情况在欠发达地区更为突出。如，从2007年普通高中教育生均预算内教育事业费的增长情况看，全国平均增长率为18.19%，而增长率最低的青海、云南则分别为0.83%、0.75%，但同期的全国普通小学、普通初中教育生均预算内教育事业费的增长率分别为35.11%、41.28%；从2007年普通高中教育生均预算内公用经费增长情况看，全国平均增长率为13.54%，而有的欠发

---

　　① 原载《教育科学研究》2009年第11期，与祁占勇合作。

达地区则出现了负增长，湖南、青海、湖北、云南、广西的增长率分别为 - 43.63%、- 41.13%、- 22.30%、- 15.31%、- 0.21%，陕西的增长率为 0，而同期的全国普通小学、普通初中教育生均预算内公用经费增长率分别为 56.86%、62.38%，除青海省普通小学增长率为 - 16.71% 外，其他各省区并无负增长情况。[①]

同时，从政府对普通高中教育的投资状况看，政府对普通高中教育的投资主要作用是保障教师的基本工资，学校基本建设费、公用经费主要依靠集资、垫资、学费等方式解决，普通高中教育投资在国家公共财政中所占的比例低于义务教育学校和高等学校，呈"两头大、中间小"的特征。从 2007 年教育生均预算内教育事业费来看，普通初中、普通高中、普通高等学校分别为 2679.42 元、2648.54 元、6546.04 元，而在普通高中教育中，最高的上海、北京分别为 9585.78 元、7788.41 元，最低的湖北、河南则分别为 1325.05 元、1303.74 元；从 2007 年教育生均预算内公用经费来看，普通初中、普通高中、普通高等学校分别为 614.47 元、509.96 元、2596.77 元，而在普通高中教育中，最高的北京、上海分别为 3708.31 元、2959.87 元，最低的江西、湖北则分别为 141.22 元、151.83 元。同时，我国长期以来的重点校政策，致使政府将有限的普通高中教育经费主要投入重点高中、示范高中，加剧了这些高中积聚优质教育资源的态势，人为地拉大了校际差距，造成薄弱学校的经费压力巨大，这些学校只能艰难度日或维持现状，城乡、区域和校际间差异明显。

（二）教育投资主体单一与学校普遍负债经营现象并存

改革开放以来，随着市场力量对教育的有限介入，我国教育经费的来源逐渐呈现多元化的发展态势。但这种情况集中于发达地区各级各类教育的发展方面，而欠发达地区普通高中阶段要真正形成"以地方政府办学为主，社会各界共同办学"的体制还有待时间的检验。调查中我们发现，陕西省某农业大县，仅有一所民办高中，其他均为公办高中；在某市，普通高中共 189 所，民办高中仅占高中总数的 23%，在校生 2.17 万人，占高中总人数的 11%，且民办高中学校中仅有两所是标准化高中。另一方面，近年来，普通高中学校为了达到省级标准化高中的要求，通过教师集资、施工方垫付等方式大规模举债，以改善学校办学的硬件设施。据我们调查，陕西省某县 6 所普通高中欠债就高达 1.5 亿元，而该县每年的财政收入仅有 5000 万元左右。

---

①《教育部 国家统计局 财政部〈关于 2007 年全国教育经费执行情况统计公告〉》，中国政府网：http://www.gov.cn/zwgk/2008-12/15/content_1178680.htm,.（2025 年 3 月 3 日查询）

（三）教师数量不足且工作任务繁重与结构性短缺现象并存

在欠发达地区，普通高中教育的生师比较低、教师编制不足、教师的工作任务繁重的情况普遍存在。在调查中我们发现，陕西省某县 2008—2009 年度共有高中生 22950 人，高中学段科任教师 1027 人，生师比高达 22.35 ∶ 1，而 2007 年全国普通高中的生师比为 17.48 ∶ 1，国家编制办的标准是 15 ∶ 1。同时，在欠发达地区教师结构失调、专业不匹配问题普遍存在，成为制约普通高中学校发展的一大瓶颈。目前，由于国家人事政策收紧，教师流动性变缓，教师结构调整的路子被切断，学校教师队伍抱残守缺现象较为普遍。许多高中学校反映：近年来学校基本上很少进新教师，遇到教师科类不合理问题时就只有求助于内部协调来解决。当前，高中学校最缺乏的是生物、地理教师和体育、音乐、美术教师，这与新课程改革的推行有一定关系。显然，教师队伍的这种现状是与学校的特色化发展战略不相适应的。

（四）教师待遇偏低与流动趋势加大现象并存

在欠发达地区，普通高中教师的各种福利待遇偏低，岗位津贴无法落实，教师的课时费没有保障。同时，高中学校教师的流动基本上由教育行政部门控制，校长干预人事流向的能力弱，无力改变教师队伍现状。加之近年来各地严把教师入口，压缩新进教师计划，教师队伍多年来无甚变化，这就使学校的教师结构优化问题凸显。当前，农村学校要进新老师需首先向教育局人事部门申请，然后由教育行政部门负责招聘，这就导致学校想要的教师进不来，不想要的教师出不去，教师人事流动失序，单向"上流"现象严重：每年都有一部分优秀教师或被调出学校，或被民办学校"挖走"，导致部分公办普通高中学校成为民办高中和重点高中的"教师培训基地"，直接挫伤了这些学校的办学热情。调查中我们发现，2004 年甘肃省民勤县普通高中教师流失 24 人，占教师总数的 5.67%，其中英语教师流失 10 人，占该县普通高中英语教师总数的 15.15%。

（五）校级间生源大战与学生无序流动现象并存

由于受生源锐减、学校追求社会效益等因素的影响，普通高中学校迫于生存压力，不得不在招生上狠下工夫，不惜代价。从教育行政管理方面来看，每年在中考结束之后，教育行政部门都会对所有考生成绩进行分类分档、排定名次。同时，为保证本地区重点高中和"一中"的教学质量，招生部门会将一批优质生源录取到这些高中学校，本地区其他高中学校也会根据本校档次录取到相应的生源。但在实际执行中，学生和家长却对此视而不见，教育行政部门对生源的宏观调控能力薄弱，学校具有实质上的"招生自主权"，家长具有实质上的"自主择校权"，国家对高中学校生源的控制和引导陷入失控状态，市场化的力量被无限放大。为争取优质生源，几乎所有普通高中学校都陷入了这场"生源大战"。南方的、省城的、市区的高中都会到欠发达地区、农村地区去物色、选拔优质生源，甚至"抛"出各种各样的奖励政策，如免学杂费、发放奖学金等，使农村一般中学陷入了另一种办学困境之中。据一名农村校长反映，他们学校整个暑假都在做生源巩固和新生录取工作，根本无暇顾及教师的暑期学习。

（六）学校领导行政化与办学自主权缺乏现象并存

在普通高中学校，校长职务与行政级别挂钩，不同层次学校的校长享受不同的行政待遇与经济待遇。重点中学校长享受处级或副处级待遇，普通学校校长享受科级或副科级待遇。在基层党政机构干部职位有限的情况下，地方主管干部的机构将部分乡镇干部选拔到普通中学担任校长或其他重要领导岗位，以解决这些干部的行政待遇问题；同时，随着农民税赋的免除，基层组织经费运转困难，一些乡镇干部也主动选择到中学担任行政职务，以获得相对较多的经济利益。这就必然导致基层中学的行政化现象。调查中我们发现，在陕西省某县，6所公办普通高中的校长中，有3所高中的校长是从乡镇干部或其他行政部门人员中选拔的。同时，由于校长的行政化色彩比较突出，从而使学校缺乏办学自主权；学校成为政府直接管理的事业单位，学校的办学自主权还只停留在法律层面的应然状态；校长的任命、教师聘任与流动，招生以及干部选拔等都直接或间接体现着政府的意志，均由政府通过指令性计划来实现。

二、我国欠发达地区普通高中教育实现可持续发展的理性选择

（一）坚持以政府投入为主，积极拓展普通高中教育经费筹措渠道，构建合理成本分担机制

从普通高中教育的性质定位来看，普通高中教育虽不属于义务教育，但仍属于基础教育，是基础教育的高级阶段。制约欠发达地区普通高中教育发展的主要因素是教育经费资源的严重短缺。在解决欠发达地区普通高中教育经费严重不足的问题上，不仅要通过"政府投入为主，盘活现有资源，争取社会支持，科学利用贷款"等手段，充分调动社会各方面的办学积极性，完善普通高中教育的成本分担机制，而且应参照我国义务教育经费投入的实施方案，缓解欠发达地区普通高中教育经费严重不足的现实问题。

一方面，中央与省级政府应加大对欠发达地区普通高中教育经费的统筹力度，通过专项拨款解决该地区基本建设、公用经费不足等问题；另一方面，省、市、县政府应分项目、

按比例分担普通高中教育所需经费，将普通高中的教育经费纳入各级政府的财政预算，实行普通高中教育经费单列政策，并依法建立高效、透明的教育财政预算、拨款、评估制度。在此基础上，加强省级政府统筹普通高中教育财政转移支付资金的力度。在强化政府责任的基础上，鼓励社会多方参与，积极发展民办高中，采取有效措施吸引更多的社会资源投入普通高中教育；并且普通高中教育对民办教育来说，还有较大的发展空间，可通过吸引境外资金、吸引民间资金、采取多种融资方式，吸入更多的外部资金投入普通高中教育。

（二）大幅度提高欠发达地区普通高中学校教师经济待遇，适时启动欠发达地区普通高中学校教师特殊岗位计划，多渠道补充优秀教师，确保教师队伍结构不断优化

长期以来，囿于教师待遇偏低、教师数量不足、优质教师资源短缺、教师引进和稳定困难等因素的影响，欠发达地区普通高中学校教师的整体素质较发达地区还有较大的差距。要改变欠发达地区普通高中学校教师资源贫乏的现状，要注重以下两方面：

1.国家应在《关于实施"农村义务教育阶段学校教师特殊岗位计划"的通知》的基础上，扩大教师特殊岗位计划的实施范围，启动欠发达地区普通高中学校教师特殊岗位计划，通过制定科学的教师选聘程序和民主监督规则，确保优秀大学毕业生、外校优秀教师被选聘到欠发达地区普通高中学校中来，以确保新引进教师的质量。

2.应大幅度提高欠发达地区普通高中学校教师的经济待遇，正如有学者曾提出"应在西部建立教师特殊津贴制度"的建议，并主张特殊津贴的额度应至少达到全国教师工资平均水平的50%以上。[1]

唯有如此，才能真正做到教师的校际交流和有序流动。同时，严格落实《中华人民共和国教师法》，保护教师的专业发展权、学习权及其他合法权利，贯彻依法受聘解聘、依法管理的教师管理原则。同时，政府应积极改善欠发达地区普通高中学校教师的住宿和办公条件，真正做到"党以重教为先，政以兴教为本，民以支教为荣，师以从教为乐"，使更多优秀师资愿意到欠发达地区从教，安心在欠发达地区执教。

（三）规范欠发达地区普通高中学校招生程序，实施个性化办学，鼓励其特色发展，确保优质教育资源存活和可持续发展

在欠发达地区，普通高中学校间的生源大战与学生无序流动的现象普遍存在。要从源

---

① 赵世超、司晓宏：《关于在西部地区建立教师特殊津贴制度的思考与建议》，《教育研究》2002年第5期，第17—20页。

头遏制校际间的生源大战与学生无序流动的现象：

1. 国家应切断学生数量与学校收益间的利益链，强化教育行政部门的招生责任，建立规范有序的普通高中招生制度和招生程序，落实以县（市）为单位，分层招生、划片管理的招生原则。

2. 政府应在促使高中学校间质量大体均衡的基础上适度拉开档次和差距，鼓励高中学校之间在开展平等竞争中打造"品牌学校"，实施个性化办学，倡导"重点高中创品牌，一般高中树特色"的学校发展战略，走错位竞争、差异发展之路。

3. 引导学校树立正确的办学规模观，实现办学思路从粗放型向集约型、从规模型向精品型的转变，逐渐增加优质高中教育资源的供给，确保优质教育资源的可持续发展，逐步扩大优质高中学校的分布密度。

（四）转变政府职能，实施管办分离，强化教育行政管理人员的专业化水平

在欠发达地区，学校领导的行政级别与办学自主权缺乏的现象较为严重。要改变政校合一的问题，应注意以下几个方面：

1. 改变教育行政部门对普通高中学校直接的行政干预与控制，变以管制为主的"全能政府""无限政府"向以服务为主的"法治政府""服务政府""有限政府"转变，使政府成为普通高中教育活动秩序的供给者、公共教育供给多样化的倡导者、普通高中教育各主体关系的协调者以及良好普通高中教育产品直接或间接供给的服务者，强化政府在普通高中教育中的服务角色和责任意识。

2. 逐渐变革政府直接管理学校的状况，使政府能够在公开、公正的前提下向所有教育者和学习者提供良好、公平、有效的服务，逐步推行管办分离模式。上海市浦东推行的"管办评"联动改革、江苏省无锡市推行的"管办分离"改革，都在这方面作了有益的探索。

3. 加强教育行政人员专业化建设，通过制度创新与设计，加强教育行政管理人员专业化（教育管理职员化）建设或教育系统的职员化制度。在这方面西方国家有比较先进的经验，如：日本《教育公务员特例法》明确规定，被录用的教育行政管理人员，必须参加并通过相应级别的（教育类）国家或地方公务员统一录用考试，并指出"指导主事是专门的教育职员，这种职务具有完全高度专业性"。这些措施的根本目的和用意就是加强教育行政人员专业化建设，让真正懂得教育发展规律的人办教育、管理教育、服务教育。

（五）推进校长职业化建设，不断健全学校内部治理结构

我国目前的校长选拔机制依然是委任制，由教育局提名、人事局任命。其实，现代大多数国家校长的选拔以公开招聘、考任、选任为主，对校长的选拔和任用都有严格的要求。因此，应建立严格的"民主推荐、竞聘上岗、面向社会公开招聘、校长直选"的校长选拔机制，坚持走行政任命与民主选举相结合的道路，坚决杜绝校长职务与一定行政级别挂钩的现象，尤其要坚决杜绝提拔和任用没有教育经历的乡镇干部任职校长职务，逐渐走校长职业化道路。同时，在继续完善校长负责制并不断推进校长职业化建设的基础上，充分发挥学校党支部政治核心作用和教代会民主监督作用，在学校内部建立决策、执行、监督三权制衡的内部治理制衡机制，促进学校决策的民主化与科学化。因此，国家应参照公司治理的成功经验，在充分调研和论证的基础上，制定《中华人民共和国学校法》，依法规范学校的运行。

（六）建立以政府为主的债务化解工程

欠发达地区普通高中学校的负债经营，是多年来在政府经费投资严重不足和建设标准化高中的过程中形成的，从源头上讲是政府不作为的结果。普通高中的债务，一方面是在兴建教学楼、图书楼、实验楼等的过程中，以教职工集资、施工方垫资的形式形成的；另一方面是在兴建宿舍楼、学生食堂等过程中，通过后勤社会化的方式产生的，即学校与投资方签订合同，由投资方建设宿舍楼和学生食堂，在一定年限内（一般为15~20年）通过收取学生的住宿费和伙食费来偿还债务。但随着近年来学生人数的锐减，投资方已很难在合同期内收回投资，学校也很难在合同期内将宿舍楼和学生食堂等国有资产收回，资方与学校的矛盾越来越尖锐，严重影响了学校正常的教育教学秩序。因此，针对这一现实情况，政府应在严格进行债务审计的基础上，有计划、有步骤地在规定期限内通过转移支付或设立专项资金等途径，化解普通高中学校现有的债务，并依法规范学校的不正当的资金筹措行为，防止新的债务出现。

教育政策评估的困境及其超越 ①

为全面贯彻落实《国家中长期教育改革和发展规划纲要（2010—2020 年）》，国家组织实施了一批改革试点工作，启动了一批教育改革项目并制定了一系列的教育政策。以往教育政策制定实施的实践证明，如果政策制定过程是科学而民主的，政策执行过程是高效的，政策实施便会有好的效果，教育改革必然成功。反之，如果教育政策本身缺乏合理性，或者政策执行的过程中出现虽令不行的情况，政策的实施必然会影响到教育改革，并会给政策对象带来不可逆转的伤害。为保证教育政策制定的高质量、执行过程的高效率，对教育政策进行科学规范的监测评估是行之有效的途径，也是影响政策质量的关键所在。

整体上看，我国目前既存在着相关配套政策供给不足的问题，又存在着对教育政策本身及其实施效果评价滞后甚至忽略的问题。一种普遍的现象是一项教育政策出台就意味着政策的完成，该政策实施效果如何、在多大程度上解决了政策目标所指向的教育问题，并没有引起足够的关注，使一个原本完整的教育政策生长过程显得有些虎头蛇尾。在这样的背景下，对教育政策评估理论的探讨及政策评估实践难题的分析就十分必要而迫切。

一、教育政策评估的价值及内在逻辑

一般认为，教育政策评估是教育政策评估主体依据一定的评估标准、使用专门的评估方法，对教育政策决策过程、文本、执行过程、执行结果以及教育政策实施环境等相关因素进行事实判断和价值判断，以监测和监督教育政策是否达到了预期政策目标的活动。教育政策评估应具备三个要素，即明确的评估主体、科学有效的评估方法、合理的评估标准。

教育政策的本质是人类认识和改造教育世界的实践，这一过程经历了从简单到复杂、从低级到高级的发展历程。教育政策评估对教育政策的发展起着"加速器"的作用。作为一项社会科学活动，教育政策评估有其特定的理论基础和范式，它的产生，一方面基于人类的认识规律和思维逻辑，另一方面基于政策活动的现实需求。教育政策评估可以实现两方面的功能：一是总结整个教育政策过程的经验，明确其实施效果；二是发现教育政策实施过程中存在的问题，并探寻问题产生的原因，进而提出政策改善建议，发挥政策评估的建设性批判功能。后者才是政策评估的真正价值所在。教育政策评估作为一种对教育政策效益、效率和价值进行判断的活动，通过对教育政策制定过程的监督，可以提高教育政策

① 原载《教育理论与实践》2016 年第 1 期，与白贝迩合作。

决策水平；通过对教育政策执行过程的监督，更好地发挥教育行政部门"看不见的手"的功能。可以说，教育政策评估的价值植根于教育政策实践的现实需要。

为实现科学评估教育政策的目的，首先应明晰教育政策系统运行的过程，以弄清教育政策评估的内在逻辑。教育政策本身是一个大的生态系统，按照戴维·伊斯顿（David Easton）的社会政治系统论观点，教育作为一个系统，是动态的、开放的，教育政策就是运用"输入"的资源，通过"输出"解决教育问题。这里的"输入"即政策系统以外的大环境（包括自然界、社会、政治、经济和文化）对教育系统提出"要求"（环境中的个人和相关团体为占有数量有限的教育资源、实现自身的教育利益和价值追求而向政策系统提出倡议），由外部环境"输入要求"后，决策者对"要求"做出反应，即遵循一定的教育政策决策程序，做出具有权威性的决定，这个决定就是"输出"，即教育政策。教育政策形成并合法化后，进入政策执行阶段，以回应政策系统以外大环境输入的"要求"，目标在于影响、改变环境，满足个人和相关团体的需要。最后，政治系统对政策结果进行评估，即"反馈"。这就是"输入→反应→输出→影响反馈"的教育政策系统反应模式（见图1）[①]。

图1　教育政策运行逻辑

这种持续不断的转换过程正是教育政策系统的生命力所在，过程中的每一个环节都会影响最终的政策实施效果，对每一个环节能否及时有效地"反馈"，成为影响整个教育政策质量的关键。从教育政策运行的逻辑看，对政策的反馈即教育政策评估应该包含以上"输入""反应""输出"和"影响"几个方面，即完整的政策评估过程包括政策环境评估、政策决策评估、政策执行评估及政策效果评估。

从整个教育政策运行过程来看，教育政策评估不应是独立于政策实施的一个阶段或步骤，而应是从教育问题成为政策问题开始，一直贯穿于整个教育政策过程的一种理念和行为，是保证教育政策质量应有的配套措施，是科学、完整的政策过程应有的保证机制。

---

① ［美］戴维·伊斯顿著，王浦劬等译：《政治生活的系统分析》，华夏出版社，1989年，第35—36页。

二、我国教育政策评估的现实困境

目前，教育政策的制定与评估在我国尚处于合二为一的状态，教育政策评估的独立性不强，且评估专业化水平不高。就国外的发展看，教育政策评估已成为一项专业性很强的活动，评估过程包括了一系列要素，如专业机构、专业人员，并且要使用专业方法、评估人员要具备专业知识和技术、评估有科学且专业的程序[①]。目前，我国教育政策评估的各个环节存在的漏洞较多，很难达到科学评估的要求，主要体现在以下几个方面。

（一）评估政策缺乏制度保障

教育政策评估是内生于教育政策过程的一种需求，它应贯穿于教育政策的每一阶段。就目前我国的教育政策评估来看，它恰恰成了独立于教育政策过程的"局外人"。某一领域的发展程度可以通过近年学者们的文章数量得到验证。搜索有关政策评估的文献，主题多集中于医疗、环保、经济、农林等公共政策评估领域，教育政策评估的研究数量不多。相关教育政策评估经费来源、评估者的责任和义务、政策评估程序的设定、保障教育政策评估的相关法律制度等方面的回应鲜有人问津。

（二）评估方法实证倾向严重

从形式和手段上讲，教育政策评估是对教育政策的监测和验证，这种性质决定了教育政策评估方法的逻辑实证倾向。然而在现实评估中，由于教育政策内在和根本的目标是实现人的全面发展和教育的发展，很难通过某科成绩提高 5 分就有效证明教育对象的全面发展。教育政策评估对象自身的特殊性决定了教育政策评估必须脱离其他公共政策评估的经济效益标准、数字标准。评估者要用"服务于人"的胸怀倾听政策对象和利益相关者的心声，将观察、个体访谈、实地调查等质性研究方法应用于教育政策评估。

（三）非官方专业评估机构缺失

目前，国内十分缺乏可以针对不同类型、不同层级的教育政策进行评估的专业性组织。从国家层面看，1986 年经国务院批准建立了国家教育发展研究中心，并设置了专门进行教育政策实施效果评估的教育政策评估研究室；从地方层面看，各省、各地市也相继成立了教育政策研究所，以分析社会环境对于教育改革的政策诉求，个别教育发达地区还根据教育的不同类别，对政策研究室进行了分类设置。如上海市教科院分别设置了高等教育研究

---

① 范国睿、孙翠香：《教育政策执行监测与评估体系的构建》，《教育发展研究》2012 年第 5 期，第 54—60 页。

所、基础教育研究所等，专门负责该领域教育政策问题的研究 [①]。这些官方评估组织的出现促进了教育政策评估事业的发展，但是以官方评估组织为主的政策评估主体本身属于政府组织的一个机构，对上级政府极易产生依赖，有时在上级政府的压力下，无法独立而客观地对教育政策做出评价。评估主体的单一极易造成评估结果的主观性，缺乏外部非官方的政策评估组织参与，导致"偏听则暗"的政策评估结果。

（四）评估人员专业化程度低

评估人员专业素养的高低对政策评估质量有很大影响。我国目前尚无相关的教育政策评估人员职业资格标准，也尚未有高校设置教育政策评估的相关专业，很多因素造成了教育政策评估人员整体专业化程度不高的事实。在对某个项目进行评估时，临时组建评估团队的情况并不鲜见，有的团队中，评估者缺乏基本的政策评估知识，对政策文本内容并不清楚，对政策实施背景亦不了解，使评估流于形式，成了"走过场"，未能真正实现教育政策评估监督、监控的作用。

（五）评估标准系统性不强

教育政策评估标准是对教育政策属性在质上的规定，是政策评估者进行评估时应坚持和遵循的客观尺度，是用来判定教育政策活动优劣的准则。评估标准的设立是教育政策评估的关键，评估标准的科学性直接决定了评估结果的客观性及有效程度。目前，教育政策评估标准林立，有的学者将教育政策的目标可行性作为评估标准、将教育政策实施后的反馈结果作为标准；有的学者以教育政策的价值大小作为评估标准，以政策对社会、经济环境和社会秩序影响的合理性以及公众的态度作为评价标准 [②]。由于不同评估者使用不同的评估标准，出现了对同一项教育政策评估的评估结果不一致的状况。因此，集中各方力量建构科学、合理的政策评估标准，是实现教育政策有效评估亟需解决的问题。

三、教育政策评估走出困境的对策

教育政策实施效果不理想的状况，一方面，归因于缺乏及时、有效的评估，使政策修正延迟；另一方面，则是上述政策评估自身存在的诸多问题所致。走出教育政策评估的困境应着力从以下几方面入手：

[①] 胡伶、全力：《我国教育政策评估的成就、问题与建议》，《辽宁教育行政学院学报》2009年第3期，第49—52页。

[②] 王素荣：《教育政策评估指标体系研究》，《教育理论与实践》2006年第6期，第8—10页。

（一）教育政策评估制度化

教育政策评估制度化是指有关政府部门或决策部门构建起政策预测评估、执行评估和结果评估相结合的一套完整的政策评估体系，并将教育政策评估作为一项经常性的制度纳入政府的工作日程，克服以往只注重政策制定而忽视政策评估的积弊[①]。教育政策评估制度化建设是从根本上保障教育政策评估走上正常发展轨道、逐渐消除政策实施过程的盲目状态和主观随意性的有效途径。

1.确保足够财力、人力的投入

教育政策评估本身要耗费大量的人力、物力、财力，且不带来任何直接的经济效益。当前，我国的教育政策评估工作刚刚起步，财政支持力度小，经费来源渠道单一，影响了评估工作的顺利展开，资金来源问题是要解决的关键问题。可以多方筹措资金：一是建立政策评估基金，拓展资金来源渠道，鼓励社会各界注入资金，以促进政策评估的开展；二是政府专门划拨，即将政策评估资金直接划拨到政策实施预算中；三是鼓励成立营利性的政策评估机构。科学的政策评估对政策本身有价值贡献，政府可以为第三方评估创造市场，鼓励民间的评估组织以较少的成本赢得政策价值回报。

同时，评估主体是教育政策评估系统中的核心要素，评估主体专业水平高低直接决定了教育政策评估质量高低。教育政策覆盖了教育领域的方方面面，对评估主体的专业素质和个人能力要求较高，评估主体的知识结构中必须包含专业的教育学知识和评估专业知识。我国评估人员多来自高校教师和政府官员，来源单一。培养专业的教育政策评估人才是对教育政策评估事业发展最基本的要求。可以参考国外政策科学较发达国家的做法：一是从高校学科建设入手，开设层次、门类齐全的政策评估学专业，并逐步构建起政策评估专业规范、系统的课程体系；二是建立专门的政策评估师培训学校，负责培养专门的教育政策评估人才；三是实施教育政策评估师认证制度，将其职业化，提高社会对政策评估人才的重视。

2.推进政策评估程序科学化

从运行程序来看，教育政策评估包括准备阶段、实施阶段和总结阶段。不同的评估阶段评估主体需要考虑的问题不同。首先，准备阶段。评估主体应明确这项政策评估的侧重点是对政策的阶段性评估还是对具体目标实现程度的评估、评估的方案该如何设计等。其次，实施阶段。评估主体应按照设定的评估方案收集政策过程的详细信息，包括政策环境

---

① 白常凯：《公共政策评估程式的研究》，复旦大学博士学位论文，2004年，第99页。

相关资料（社会政治、经济、文化背景）、政策决策资料（书面资料、影音资料）、政策执行数据资料等。政策过程中每一阶段信息的搜集都至关重要。最后，在总结阶段，要对信息进行汇集整理、综合分析，得出评估结论。还要对评估过程本身进行元分析，积极听取相关人员的意见，不断调整评估的信息和过程，最后将评估报告呈递有关政府部门或公之于众。为保证政策评估的质量，这几个阶段应该是一个循环的动态过程。

3. 健全政策评估制度保障体系

辅以制度法规方面的保障是政府加强教育政策评估事业发展的关键所在。制度化使教育政策评估工作的规范性加强，真正转变其在政策过程中"局外人"的身份。许多发达国家根据自身的政府管理体系制定了相关的法律、法规以明确教育政策评估的合法地位，并通过对教育政策评估的职能机构、人员、预算、操作流程等具体内容的规定，构建了一套系统化、一体化的常态机制，以保证教育政策评估的顺利进行。这种做法，一方面提高了评估活动的科学性，另一方面为上述评估程序良好运行提供了制度保障。例如，由于教育政策评估需要得到评估资金、评估信息等方面的资源，通过法律法规进行保障，首先确保了资金、资源的按时按要求到位，同时加强了对这些资源的合理运用及有效管理，避免了因随意性而带来的资源短缺或资源浪费问题。

（二）评估方法科学化

方法是人类认识世界和改造世界的思路、方式、程序和途径。[①] 方法的优劣决定了做事情是"事半功倍"还是"事倍功半"。具体到教育政策评估活动，评估的对象和内容是教育政策的客观事实，对客观事实的描述方式和描述手段构成了政策评估的方法，方法的选择在很大程度上决定了教育政策科学研究的质量和深度。

拉斯韦尔认为，政策科学应该是也必须是为"人"服务的，因此，他强调在研究方法的使用上"规范研究"和"实证研究"应具有同等地位，人文关怀和自然科学方法的使用互相渗透，最终都应指向"服务于人本"[②]。在教育政策评估中使用定量评估与定性评估相结合的方法完全基于"服务于人"的目的。

教育政策评估中的定性评估方法指教育政策评估主体根据自己所拥有的专业知识和经验，运用逻辑思维对评估对象的性质等各方面进行分析，最终形成对教育政策实施效果、

---

① 王坤、段作章：《论教育政策研究方法的取向》，《江苏师范大学学报》2013 年第 4 期，第 141—144 页。

② 陈振明：《政策科学——公共政策分析导论》（第二版），中国人民大学出版社，2003 年，第 1—5 页。

过程和体系的基本评判[①]。这种评估方法对评估主体的个人专业素质要求较高。评估者要有教育学和评估学专业背景，有发散思维的能力和睿智的眼光，在观察教育政策可衡量的显性效果的同时能够把握政策实施后的隐性效果，并通过访谈、实地考察等质性研究方法证明其正确性。如有学者呼吁的西部教师特殊津贴政策，内容是财政政策，目的是提高西部教师的待遇，但从政策的深远影响看，政策的实施能为西部留住甚至吸引大量的优秀教师资源，政策的隐性效果是实现了东西部优秀教师资源的公平配置，有利于促进东西区域教育发展的均衡。[②] 在政策评估的方法设计上，可以对西部学校进行实地考察，明确师资结构的变化，并对教育质量进行政策实施前后的对比分析，通过访谈历任校长、问卷调查教师对政策实施的满意度等方式证明政策促进教育均衡发展的效果。

教育政策评估中的定量评估方法指依据对教育政策实施情况的调查研究和资料搜集获得政策实施的相关信息，并运用数学、统计学和经济学等学科方法对获得的数据进行整理，最后对政策实施效果做出评判的一种方法。量化方法所得出的结论直观，具有说服力，是逻辑实证主义者推崇的方法，在实践中应用较多。在教育政策评估中将定性和定量的方法结合使用，一方面，更加关注政策利益相关者的主观感受，做到尽量全面收集政策实施效果的数据，能扩大教育政策实施效果的评估范围，更"人性化"；另一方面，数据结果经过统计学等方法的处理，一目了然，可提高政策效果评估的真实性和科学性。

（三）评估组织构成多元化

评估组织是教育政策评估活动的载体，是整合评估资源的平台，其实践发育程度是一个地区乃至一个国家政策评估总体水平的标志。目前，我国的教育政策评估组织主体单一，一类是政府中的政策研究组织，另一类是政策科研单位。前者隶属于国家政策决策机关，评估结论往往由于受其上级的影响而欠缺客观性。后者在评估过程中，虽然理论上说可以摆脱决策机构的权力束缚，但在资料收集和结果呈现方面上由于其地位缺乏组织制度上的保障，可能遭到来自决策机构的干预，此外，很多政策科研单位是受决策机构委托对政策进行评估的，存在变相的"雇佣关系"，科研单位也会为迎合"雇主"而做出失去客观公正性的评估结论。

实现评估组织多元化是解决这一问题的最佳途径。而鼓励民间评估组织的发展是实现

---

① 尹娜娜：《我国公共政策评估存在的问题及其完善研究》，湘潭大学硕士学位论文，2012年，第28页。

② 赵世超、司晓宏：《关于在西部地区建立教师特殊津贴制度的思考与建议》，《教育研究》2002年第5期，第17—20页。

政策评估市场化的关键。在西方发达国家，教育政策评估已经发展为一个产业，政策评估机构普遍存在于民间和政府内部，并且这些评估机构的评估专业水平普遍较高，借鉴西方发达国家教育政策评估的做法：

一是教育政策评估项目实行社会范围内的招标，建立健全政策评估市场机制。二是在我国培育独立的第三方民间评估机构，这样，一方面可以保证评估组织的独立地位，另一方面还可以利用其发展空间获得广泛的社会关系资源，使民间评估组织和隶属于政府的政策评估组织各司其职、各负其责。三是"人人对教育都有话可说"，充分利用被誉为"第四种力量"的大众媒体，鼓励公众、报纸及电视媒体积极参与到教育政策的评估中来，使所有政策利益相关的声音得到表达，从而加深对教育问题的挖掘，充分传递民意，调节纠纷。

（四）教育政策评估标准合理化

教育政策评估标准的非系统性问题，影响了政策评估结果的全面性与完整性。以形式、事实、价值三方面为基点构建教育政策的评价标准，可以涵盖教育政策评估的各方面。

1. 形式标准是以教育政策具体的外部表现形态和政策产生的方式为标准，即教育政策文件的形式、政策体系的形式和教育政策程序的形式。这三方面的评价标准具体包括：（1）教育政策文件文本是否具有确定性，在政策语言使用上有无含混不清。（2）与现行的教育政策体系是否具有一致性，与体系内部的其他政策有无冲突和重复之处。（3）教育政策程序是否具有法定性，即教育政策的决策程序和执行程序是否符合程序规定，决策过程和执行过程是否做到了科学民主。

2. 事实标准是指能够反映被评估对象存在状况的客观指标。包括教育政策实施的效益标准即成本—效益标准、效能标准即教育政策目标的达成程度和政策主体的满意程度等。依据这些客观指标对教育政策进行评估，可以揭示教育政策在运行期间对国家、社会和个人产生了怎样的影响或起到了什么样的作用。

3. 价值标准是指在教育政策评估过程中评估主体所持有的具有个人倾向性的准则和原则，是评估主体理想、信念和价值追求的反映。教育政策作为一种特殊的公共政策有其自身的特点，教育政策的终极价值是人的价值，教育政策制定的目的在于促进受教育者的发展。从应然层面讲，这种"教育性"是深深渗透在教育政策评估之中的，因此，教育政策的价值标准应体现促进教育的发展和人的发展两个方面。我国正处于全面建设小康社会的关键时期，在社会主义核心价值观的指导下，教育政策所追求的更多是对民生的关注和实现更高层次上的教育公平，在这种情况下，教育政策评估标准的建构应做到与时俱进，及时引入新的评价标准，如教育的均衡发展、公平、民主等。

　　教育政策评估事业在我国的发展速度已与目前教育政策发展程度严重脱节。教育政策评估环节的缺失已经成为削弱教育政策实施效果的一大因素，同时，也削减了教育政策为教育改革和教育事业发展所提供的助力。环视世界范围内各国教育政策评估事业的不断进步与发展，无不得益于政策制定者对教育政策评估的重视。评估组织的建设、人员的配备、评估资金的筹措等各个环节运作成熟，教育政策评估制度趋于完善，市场化明显，已经形成水准较高的教育政策评估产业，这与我国教育政策评估提供的有效服务水平不高的现实形成鲜明对比。这一现实提醒我们，我国的教育政策评估已成为教育政策科学发展中的短板。一方面，存在国家内部制度保障力度不够的缺陷；另一方面，来自评估自身发展的不足使其作用难以得到有效发挥，例如评估方法的单一取向、评估人员专业性不强、评估标准的欠系统性等问题。目前，加强政府行政能力建设已经提上政府日程，制定科学且行之有效的政策并使其得到强有力的执行，也是政府行政能力增强的一种表现。从我国教育改革的现状看，国家教育政策对教育改革的推动力还没有完全展现出来，如何使教育政策实施达到预期的政策目标，探明我国教育政策评估理论的不足及评估实践中的难题，从而逐步找到走出评估困境的路径，是教育政策研究者们义不容辞的责任。

批评议论主义视域下教育政策研究的双重逻辑①

教育政策研究范式包括经验技术范式、阐释范式与议论批判的范式②。早期的教育政策研究是一种典型的经验技术范式，把教育政策看作是一个确定的过程，试图通过科学的量化方式进行教育政策研究。而随着社会的发展，教育政策不仅是确定的事实，而且事实下蕴含着价值，因此产生了理解诠释的教育政策研究范式。既然教育政策研究中蕴含着不同的价值，那么不同主体的价值在教育政策研究中就会进行博弈，最终某个主体的价值观会作为优势价值体现在教育政策中。基于此，教育政策研究就需要关注不同主体的权力关系，从而产生了批评议论的教育政策研究范式。批评议论的教育政策研究范式中，教育政策研究的研究对象是议论。事实上，批判理论从马克思的批判理论源起、经过法兰克福学派对批判理论的发展而日益受到研究者的关注。布尔迪厄和阿普尔等将批判理论引入教育学研究，从而形成了批判教育学思潮。然而，教育政策研究领域中关于批评议论的研究相对较少，亟需对批评议论的教育政策研究进行逻辑证成。

一、批评议论主义视域下教育政策研究的兴起

自 17 世纪以来，从培根开始，"科学"的教育学渐渐成为教育学的主流。到了 20 世纪，从心理学引入的实验法进入教育学的研究方法中，并开始逐步统治教育学的研究。人们开始认为，一切教育问题都可以从科学的实证研究中得出答案。一直到 20 世纪 70 年代，众多的政策研究都是建立在"经验—技术"分析的基础上的。③但这种研究范式并不能解决教育政策中存在的不平等问题。所以 20 世纪 50 年代后，实证的研究方法开始受到质疑，"后现代主义""后结构主义"和"批判主义"的出现对实证研究方式提出了异议。④于是在 1979 年，英国东安格利亚大学福勒等人提出了"批评语言学"理论，掀起 1980 年以来公共政策研究领域对研究取向上的种种反思与转向，如后实证主义、语言转向、辩论转

---

① 原载《教育理论与实践》2023 年第 10 期，与祁占勇、王城合作。
② 曾荣光：《教育政策研究：议论批判的视域》，《北京大学教育评论》2007 年第 4 期，第 8—36 页。
③ 田海龙：《批评话语分析：阐释、思考、应用》，南开大学出版社，2014 年，第 i 页。
④ 田海龙：《批评话语分析精髓之再认识——从与批评话语分析相关的三个问题谈起》，《外语与外语教学》2016 年第 2 期，第 1—9 页。

向、议论转向等，即从量化的"实证—经验"取向转向为质性的"意义—阐释"取向。随后在 1989 年，英国的语言学家诺曼·费尔克拉夫提出了批评话语分析。1995 年，陈中竺首次将批评话语分析引入我国。① 然后有学者用批评话语分析分析了教育政策，如刘晓晓对高等教育话语实践市场化的批评话语分析与胡秋梅对教育政策文本的批评话语分析。因此，自 20 世纪 80 年代起，教育政策研究批评议论范式逐渐走入了研究者的视野。

福柯、卢曼与哈贝马斯三位学者研究了话语的含义。福柯在《知识考古学》中对话语进行了定义，福柯认为，我们一直滥用了"话语"这个术语。"话语"应该被理解为有符号序列的整体，但对于符号序列有一个前提，就是这些符号序列必须是陈述，陈述也就是它们能被确定的特殊存在方式。最终，福柯对话语所下的定义为隶属于同一系统的陈述整体。卢曼也对话语进行了界定。卢曼认为，社会的基本单元是沟通活动，因此社会学应该对话语含义与话语博弈进行研究。② 哈贝马斯将社会分成了两种世界，一种是系统世界，另外一种是生活世界。系统世界是由非语言的物质建构起来的，货币或者权力是统治系统世界的手段；生活世界由话语建构，话语是统治生活世界的手段。生活世界与系统世界划分的依据就是符号，而生活世界的特殊性就在于，生活世界通过规范完成自身的内在整合，而规范的表述形式就是话语。在生产社会化过程中，通过真实的表达和需要证明的规范，即通过话语的有效性要求，生活世界与其环境进行了交流。③ 福柯、卢曼和哈贝马斯都认为，"议论"是一个多元主体的多元价值的集合。教育政策议论也是如此，体现着不同主体的诉求，是教育政策中多元主体的多元价值的集合。教育政策议论蕴藏着多元主体的权力关系。20 世纪 80 年代以来，由于教育政策研究的原有范式没有解决教育政策话语中存在的不平等问题，教育政策批评议论范式兴起。具体而言，教育政策研究原有范式遇到了以下困境。

（一）忽视了教育政策背后的权力关系

教育政策蕴含着权力关系。福柯的论述印证了权力的广泛存在。福柯认为，话语中的"规训"限制了民众自由，现代社会属于人道主义的规训时代。他提出了知识权力，认为知识与权力互相蕴含，相比于用强制的手段实现权力约束，权力更多地通过隐藏在符号与

① 田海龙：《话语研究的语言学范式：从批评话语分析到批评话语研究》，《山东外语教学》2016 年第 6 期，第 3—9 页。
② 季卫东：《议论的法社会学：溯源与创新》，《中国法律评论》2020 年第 4 期，第 38—49 页。
③ ［德］哈贝马斯（Habermas, J.）著，刘北成、曹卫东译：《合法化危机》，上海人民出版社，2009 年，第 11—12 页。

话语中来实现约束作用。福柯写道："位于这座城市中心的，而且似乎是为了恰当地控制这个中心的，不是'权力中心'，不是一种武力网络，而是一个由不同因素组成的复杂网络：高墙、空间、机构、规章、话语。"[①] 福柯认为，权力在社会中的作用就和人体的毛细血管一样，"它进入人们的肌理，嵌入他们的举动、态度、话语，融入他们最初的学习和每日的生活"，权力对社会的规训主要通过话语来实现。[②] 这"无处不在"的权力也控制着教育政策议论。教育政策的权力关系包括教育政策内的权力关系与教育政策外的权力关系。

（二）忽视了教育政策内在的权力关系

教育政策过程中，不同主体的地位不平等。这些主体有政策制定者、实施者、直接利益相关者与媒体舆论，他们的价值与利益诉求共同形成了教育政策议论。教育政策议论不可能与价值无关，其原因在于教育政策的主体选择性、内生性与价值多元性。[③] 霍克海默认为，研究者作为"科学家"，会把社会现实一同当作是外在于他的东西，而作为"公民"，他则通过发表政论文章、成为政党或社会服务组织的成员、参加选举等方式来表现他对现实的兴趣。但他并没有把这两种活动统一起来，也没有把其他活动统一起来，只是对这些活动作一些心理解释而已。相反，推动批判思想的活动却努力要真正地超越这种张力，要消除个体的目的性、主动性、合理性与社会建立于其上的那些劳动过程中的关系之间的对立。教育政策内部的各个主体构建着权力关系，政策研究者作为不同主体其研究也存有差异。

（三）忽视了教育政策外在的权力关系

权力通过议论控制着教育政策。马尔库塞认为，个性在社会必需的但却令人厌烦的机械化劳动过程中受到压制。由于政策制定者与新闻舆论的影响，群众的思想被固化为单向度的思想。他认为，这种单向度体现在控制的新形式、政治领域和话语领域的封闭。控制的新形式即具有生产性和破坏性的国家机器的技术结构及效率，这种控制伴随着明显的强制性：生计的丧失，法庭、警察、武装力量的管辖。[④] 权力尤其是支配性的权力对其他权

---

① ［法］米歇尔·福柯著，刘北成、杨远婴译：《规训与惩罚：监狱的诞生》，生活·读书·新知三联书店，1999 年，第 353 页。

② ［法］福柯著，杜小真编选：《福柯集》，上海远东出版社，2003 年，第 269 页。

③ 祁占勇：《中国教育政策学的知识图谱研究 1985—2015》，科学出版社，2019 年，第 76、101、111、136 页。

④ ［美］赫伯特·马尔库塞著，刘继译：《单向度的人——发达工业社会意识形态研究》，上海译文出版社，2005 年，第 15、21、25 页。

力的施压或者控制并不是采用指令性话语的方式，而是把自己的利益隐匿于话语或议论中，通过不易被察觉的方式诱导其他权力主体思考，如通过从所谓大局或道德等角度隐蔽地提出蕴含自己实际利益的诉求，用思维转向实现自己权力规训的目的。在教育政策中，权力也会操纵议论生成，继而控制教育政策。

（四）隐藏了教育政策议论的权力博弈

政策制定者、实施者、直接利益相关者和媒体等主体在教育政策中存在着权力关系，共同建构了蕴含着主体价值观的议论。不同主体的价值在教育政策研究中进行博弈，最终某个主体的价值会作为优势价值体现在教育政策中。批评语言学中的"话语"可以佐证议论中存在着权力博弈。季卫东认为，法律主要表现为话语[①]，由此可以推断教育政策的表现形式也是话语。语言学的批评话语分析与教育政策研究的批评议论都是对议论或者话语的批评分析。语言学批评话语分析重视批判话语所蕴藏的权力关系，把话语视为权力斗争的产物。权力通过话语来实现威权、操纵、说服与合法化。在权力通过话语实现规制作用的同时，博弈中优势主体的价值观崭露头角，抑制甚至扼杀弱势主体的价值显现。如在教育政策过程的网络议论中，不同主体对教育政策议论的影响程度是不同的。通常认为，政府主导着教育政策的制定、执行与评价，其在教育政策形成过程中具有最有力的作用。虽然政府主导着教育政策过程，但是公众参与也有着丰富的表现形式与重要作用。民众通过网络参与政策的过程表现为赞同政策观点、理性地提出对政策的质疑以及对政策进行讥讽、嘲笑甚至谩骂。[②]民众参与网络议论会对教育政策形成深刻的作用。教育政策过程的权力关系中显露着权力博弈，强势主体会刻意隐藏教育政策议论的权力博弈。

（五）粉饰了教育政策过程的徇私偏向

权力关系和权力博弈导致了教育政策中的徇私偏向。在教育政策权力博弈的过程中，某个主体的价值会获得优势地位，其价值会作为优势价值观体现在教育政策中，这样不平等就产生了。哪些问题可以进入教育政策议程，哪些人可以对教育政策进行议论，哪些主体的观点可以被政策最终采纳，政策执行过程中哪些问题是必须克服的，哪些问题又是可以暂时被忽略的，这些问题都是教育政策议论不平等的体现。教育政策议论体现了不同主体的利益与权力关系，研究者在研究教育政策的时候，要关注教育政策的议论生成，重视

---

① 季卫东：《法律议论的社会科学研究新范式》，《中国法学》2015年第6期，第25—41页。

② 徐志勇：《试析网络上的教育政策话语形态——以对搜狐网站"教育评论"栏目的分析为例》，《中国教育学刊》2006年第2期，第9—13页。

教育政策话语所蕴藏的权力关系，把话语视为权力斗争的产物，力图分析话语中暗含的权力关系，进一步揭示权力关系下存在的不平等情况，为消除徇私偏向努力。

二、教育政策批评议论的理论逻辑

教育政策的批评议论是由逻辑起点、逻辑主线与价值旨趣组成的严密理论系统。逻辑起点、逻辑主线和价值旨趣分别回答了教育政策批评议论的"为什么""是什么"和"干什么"的问题。教育政策的批评议论的逻辑起点是有限理性桎梏下教育政策的议论生成。教育政策的批评议论的逻辑主线是议论生成过程中教育政策的偏见揭露。教育政策的批评议论的价值旨趣是实现人的自由与社会的民主。

（一）逻辑起点：有限理性桎梏下教育政策的议论生成

在教育政策议论生成过程中，理性是有限的，所谓纯粹的理性并不存在。以教育政策过程中有限理性桎梏下的议论生成为逻辑起点，可以推导出在议论过程中存在不平等，这种不平等最终会体现在教育政策中，为教育政策研究提供批评议论的余地与必要。

对理性的批判源于法兰克福学派对康德在《纯粹理性批判》中所倡导的批判进行批评。其认为根本不存在纯粹的理性，任何理性都是一定的社会政治、经济和文化条件的产物。其中，霍克海默认为，思想主体既不是知识和客体一致而形成的场所，也不是达到绝对知识的出发点。自笛卡尔以来的唯心主义关于主体的幻想是严格意义上的意识形态，因为在这种幻想里，资产阶级个人的有限自由虚幻地表现为完全的自由与自主。这些关于思想作用的看法的错误之处在于，思想力量从来没有在社会里控制住自己，它总是作为劳动过程中的非独立环节起作用，而劳动过程却有自己的取向和倾向。[①]康德的理论哲学即康德对认识的分析，也有着这样的矛盾，他主张有一个一般主体的存在，却没办法更多地描述它。传统理论可以把一些事物看作是理所当然的，但是，它们在批判思想那里却引起了怀疑。批判理论追求的目标——社会合理状态是由现实的苦难强加给它的。教育政策过程中的研究者思想是与外界环境关涉的，不可能做到完全理性。教育政策的批评议论源于对纯粹理性的批判。

有限理性制约着教育政策的议论生成。西蒙提出了有限理性的概念与框架。[②]西蒙认为，决策者面临的困境表现在问题描述、信息获取、选定方案和解决问题上。在教育政策研究中，

[①] 徐崇温主编，［联邦德国德］麦克斯·霍克海默著，李小兵等译：《批判理论》，重庆出版社，1989年，第196、204—205、206页。

[②]［美］赫伯特·西蒙著，杨砾、韩春立、徐立译：《管理行为》，北京经济学院出版社，1988年，第78页。

这些困境具体表现为：在问题描述上，教育政策问题通常是结构不良问题，其问题形成与表达大多是模糊的。教育政策过程信息获取受制于信息成本，研究者所获得的信息通常不完全。在选定政策方案上，决策者对于某项政策方案的可能后果是难以得到完全信息的，难以从所有可能的备选方案中选出最适合解决问题的方案。在解决问题上，研究者本身所拥有的时间、能力与金钱都是有限的，不能以最理性的方式解决问题。有限理性制约着教育政策议论生成，研究者不可能通过所谓纯粹的理性来指导教育政策的研究。

（二）逻辑主线：议论生成过程中教育政策的偏见揭露

教育政策议论的有限理性为偏见滋生提供了温床。从教育政策内议论的有限理性来说，其议论生成过程中主体地位不平等，不同主体间的权力博弈会导致偏见。研究者要揭露因内在权力关系而导致的偏见。从教育政策外议论的有限理性来说，其议论生成会受到教育政策外要素的控制。研究者要揭露因外在权力关系而产生的偏见。马尔库塞曾批判了不自由的社会中的权力关系。一种单向度的体制对反对性的思想进行了压制，抑制了民众思想中的批判思维，进而使社会变成单向度的社会，限制了民众的自由。从教育政策的批评议论的逻辑起点出发，其逻辑主线是对议论生成过程中教育政策的偏见进行揭露。

1. 在教育政策议论中，不同主体地位的不平等会导致偏见。在实际教育政策推行过程中，多元的价值带来了一个问题：谁的价值可以得到政策的认可。权力关系的存在左右着这个问题。在教育政策过程中，要对价值进行整合，保证大部分人利益的同时兼顾少部分人的利益。即使不能使少部分人的利益得到完全满足，也要使其生活得更好。教育政策的效果并不是每个人利益的直接相加，而是不同人群利益的有机整合。整合不同主体的价值诉求可以抑制偏见的滋生。

2. 在教育政策议论中已扭曲的社会环境也会导致偏见。教育政策发生的扭曲不仅来自政策本身，还来自社会系统中其他结构与要素。如教育政策的执行效果与教育政策过程不是简单的线性关系，教育政策作为内生性变量，会受到社会经济、政治、文化和历史的影响，主体在社会中的经济资本与文化资本不平等会导致教育政策执行结果的不平等。

（三）价值旨趣：实现人的自由与社会的民主

偏见揭露服务的目的是实现人的自由与社会的民主。话语中的权力博弈与过程的徇私偏向是教育政策批评议论的出现背景，该背景突显出实现民主与自由的必要性。

1. 教育政策的批评议论要实现社会的公平。公平是教育政策的内在要求。正如罗尔斯所说，假定一个社会是由一些个人组成的自给自足的联合体，这些人在他们的相互关系中都承认某些行为规范具有约束力，并且在很大程度上遵循它们而行动。进一步假定这些规范标志着一个旨在推进所有参加者利益的合作体系。因为社会合作使所有人都有可能过一种比他仅仅靠自己的努力独自生存所过的生活更好的生活[①]，即合作好于个人单干，因此社会要合作；合作需要有契约，不然合作不牢固；公平是为了让弱势群体参与合作；如果契约中没有公平，那么弱势群体就不会选择合作，不会遵守社会契约，甚至社会会因此割裂。这就要求教育政策也要维护社会公平，否则就会导致弱势群体的不合作。（1）教育政策不能仅仅维护一部分人的利益。部分学者认为，如果某教育政策可以维护大部分人的利益，那么该教育政策就是可取的。但事实是，无论教育政策代表的是大部分人的利益还是小部分人的利益，该教育政策都会造成两个利益群体之间的冲突甚至对立。在教育政策制定的过程中，应该用民主的方式协调不同群体间的利益。（2）教育政策作为公共政策的一部分，有着公共价值属性，应为其后的公共价值服务，通过对已经扭曲的社会环境的批判促进人类的发展。

2. 教育政策的批评议论要实现社会的民主。民主被运用最多的含义是"人民主权思想与个人权利受法律保护思想融合"及"如果愿意，任何人都可有公民资格，但他们必须在自身权利受到界定、保护和限制受控制的法定秩序中与其他公民彼此尊重这些平等权利"。正如创立政策科学的拉斯韦尔所说，民主的本质就是参与决策。即在决策中，不同的话语主体直接或者间接地参与决策，从而形成话语共识。未体现出民主的教育政策中会存在着对人的异化。

3. 教育政策的批评议论最终要实现人的自由。福柯认为，惩罚通过维护公共秩序、改变惩罚的目的帮助罪犯洗心革面与重新做人、专家知识也参与司法的过程以及惩罚针对罪犯行为背后的原因这四个方面，使监狱的模式已经渗透到社会的方方面面。这样的规训限制了民众的自由，不再以肉体伤害所造成的恐惧统治人们的内心，取而代之的是话语的规训。[②] 而教育政策处于权力规制的社会环境中，如果一项教育政策不能促进人的自由，甚至仅仅将人异化为社会大生产的工具，那么这样的教育政策就应该受到研究者的批判。

三、教育政策批评议论的实践逻辑

理论逻辑的落脚点是实践逻辑。有限理性是教育政策批评议论的逻辑起点。有限理性体现在教育政策外部与内部。从教育政策外部来说，教育政策研究者应体会社会环境背景，分析政策所处系统；从内部来说，研究者应深入研究人员角色，理解不同主体议论。揭露

---

① ［美］约翰·罗尔斯著，何怀宏等译：《正义论》，中国社会科学出版社，2009年，第4页。
② ［法］福柯著，陈怡含编译：《福柯说权力与话语》，华中科技大学出版社，2017年，第108页。

偏见是教育政策批评议论的逻辑主线。从教育政策的外部来说，研究者应剖释社会偏见动向，阐明有偏环境规训；从内部来说，研究者应聚焦政策过程缺陷，揭示各个环节偏见。总之，研究者应落脚批评议论旨趣，维护人的自由发展。

（一）体会社会环境背景，分析政策所处系统

因有限理性体现在教育政策外部，教育政策研究者应体会社会环境背景，分析政策所处系统。从系统的角度来说，教育政策会受到其所处的政治、经济和文化等外在环境的影响，研究者要对社会环境于教育政策的影响进行批判性反省。不同于诠释学强调对文本的话语分析，教育政策批评议论强调对话语背后的社会环境进行分析。在 2007 年，我国存在优秀的学生不愿意选择师范专业、师范类学校专业程度弱化[①]和部分贫困大学生入学难等问题。为了解决这些问题，我国实施了免费师范生政策。由于政策要求的原则是"双向选择"与"统筹安排"，所以只有无法完成"双选"的学生才会被安排到农村地区工作，政策的初衷难以实现。在研究该政策时，要体会政策颁布时的社会环境背景，把教育政策看作系统要素进行全局考量。

（二）深入研究人员角色，理解不同主体议论

从教育政策内部来说，研究者的理性是有限的，要深入研究人员角色，理解不同主体议论。

1.研究者有固有的价值观，在教育政策研究中，要深入研究人员角色。笛卡尔曾假设，研究者中立于研究对象，可以理性地分析研究问题。但事实上，研究者无法做到"价值无涉"，要把研究者在教育政策研究过程中的地位与作用放在整个议论的场域中进行反省。如国家助学贷款政策是由非受资助大学生主体提出来的，受研究者社会角色的影响，并不可能做到对贫困生感同身受，对贫困生需要资助的意愿也难以做到最好的满足。部分贫困生的隐私权受到了侵犯，这一点违背了政策的初衷，也不是贫困生本来的意愿。在研究该政策时，要考量贫困生的真正需求是否体现到了贷款政策中。

2.研究者会受到社会环境的影响，更要理解不同主体议论。个体会受到社会的影响。德国古典哲学极其清晰系统地阐述了个体存在的非独立性："有人就必须有独立存在的其他实在，只有把这一切及其内在关系总和起来，概念才能得到充分的认识。单凭个体是无法符合个体的概念的。"换言之，只有作为整体的一部分，个体才是真实的。个体的本质

[①] 张翔：《师范生免费教育政策的十年回顾与展望》，《国家教育行政学院学报》2017 年第 8 期，第 21—27 页。

规定、性格爱好、业余嗜好和世界观等都源于社会及其社会命运。① 不同研究者的角色会影响到教育政策的研究。①如果教育政策的研究者是政府官员，那么其研究价值就体现在教育政策的制定、实施和评价上；②如果教育政策的研究者属于教育智库的一员，那么其研究更多体现为支撑、引导和监督的作用；③如果教育政策的研究者是高校科研人员，那么其研究价值会体现在学术研究、政策咨询与批评等多个方面。② 在教育政策研究中，要理解不同的主体议论。

（三）聚焦政策过程缺陷，揭示各个环节偏见

揭露是教育政策批评议论的逻辑主线。从教育政策内部来说，研究者应聚焦政策过程缺陷，揭示各个环节的偏见。在教育政策实施过程中，各种议论并不平等，议论结果会由于权力发生扭曲，部分议论会被边缘化甚至不被提起，研究者应该把那些被完全忽略或边缘化的议论重新提起，以引起公众的重视。

研究者要对教育政策制定过程的偏见进行批判。教育问题能否成为政策要解决的问题，取决于这个教育问题是否可以引起公众与政府的关注。虽说教育问题的影响力大小、问题的清楚程度、问题的成本与评估等都会影响到一个教育问题是否可以成为教育政策要解决的问题，但是教育问题的客观性并不能否定教育政策问题的主观性。比如，议程设置过程就会存在一定的偏见。教育政策问题是否被提及就是议程设置过程下隐蔽的权力关系的体现。如果在议程设置中，想让某个教育政策问题被公众知道，一般不会采用反复向公众强调某个教育政策问题重要性的方式，而会在媒体宣传教育政策问题时，对希望公众关注到的问题进行多次曝光，这样就可以让希望被公众关注到的教育政策问题被公众所关注到，进一步使公众认识到该教育政策问题很重要。正如科恩说的："如果对受众'怎么想问题'指手画脚，恐怕很难成功，但它对受众'想什么问题'的控制却易如反掌。"③ 有些教育问题明明很严重，却被其背后巨大的权力力量千方百计地阻止，该教育政策问题就不会被公众提及。而有些教育问题明明很小，却得到了公众的广泛提及。研究者要从教育政策制定过程的角度进行批判。

研究者要对教育政策执行过程的偏见进行批判。外部环境如政策的正确性、具体明确

---

① 曹卫东编选，渠东、付德根等译：《霍克海默集：文明批判》，上海远东出版社，2004 年，第 235 页。

② 王大泉、卢晓中、朱旭东等：《什么是好的教育政策研究》，《华东师范大学学报》（教育科学版）2018 年第 2 期，第 14—28 页。

③ 王绍光：《中国公共政策议程设置的模式》，《中国社会科学》2006 年第 5 期，第 86—99 页。

性、政策资源的充足性、目标团体、执行人员、执行机构组织协调都会影响到教育政策的执行。麦克拉夫林曾提出教育政策执行过程的互动模式。互动模式的核心观点就在于：执行教育政策的人与教育政策的需求方关于教育政策的意见并不相同。要实现教育政策的目标有很多种方式，在环境的影响下，教育政策执行与环境等因素进行了交互影响，整个相互影响的过程并不是简单的上令下达的过程，而是一个主体间动态平等的过程。教育政策的执行过程存在着不同主体之间的动态权力博弈，要对这个过程产生的偏见进行批判。如教育政策执行过程存在着替换性执行、选择性执行、附加性执行、象征性执行、残损性执行和机械式执行等各种因为制定、执行与受影响人群的交互关系而导致的执行过程的偏差。研究者要从教育政策执行过程的角度进行批判。

（四）剖释社会偏见动向，阐明有偏环境规训

偏见揭露是教育政策批评议论的逻辑主线。从教育政策外部来说，研究者应剖释社会偏见动向，阐明有偏环境规训。教育政策存在于已扭曲的社会环境中，作为社会的一部分，也是系统的一部分，会受到系统中其他结构与要素的影响。处于社会环境中的教育政策会由于社会系统的扭曲而产生偏见。在教育政策批评议论的过程中，要对其是否体现社会公平正义进行批评。如高考政策处于过于强调竞争的社会环境中，高考政策改革可以扭转已扭曲的社会偏向。在新高考改革政策中，高考的选拔标准从掌握知识的多少转向为学生能力的考核。原有的社会环境更加强调效率，高考政策改革通过提高录取工作的公平性来对更重视效率的社会环境进行批判，政策与更追求效率的社会环境形成了鲜明的对比。社会偏见会导致教育政策的偏见，在教育政策研究中，研究者要从政策背后的社会偏见这个角度展开批判。

（五）落脚批评议论旨趣，维护人的自由发展

如果在教育政策制定或实施的过程中，人的意义发生了异化，人被异化成工具，就违背了教育"有目的地培养人"的本质，那么即使其再符合社会环境发展需要、政策研究者角色再客观、过程再民主亦或其所处的社会环境再清朗，都是不可取的。马克思的学说对人的问题的关注、对人本质的探讨与对人类解放的追求，始终占有重要的地位。不论是青年时期对异化劳动和人的本质的异化的批判，还是后来确立了唯物主义历史观之后注重从生产关系的角度去考察人的生存方式，创立科学共产主义学说以寻求无产阶级和全人类的解放，马克思都把促进人的全面自由发展放在核心位置上。从马克思的思想发展史中，

可以深深感受到马克思博大深刻的人文关怀思想[1]。教育政策中也要体现出这样的关怀。2021年中共中央、国务院印发的"双减"政策是维护人的自由发展的政策体现。过度的学习压力已经把学生压得喘不过气，但社会依然在"努力"或"奋斗"的话语粉饰下，继续给学生施加压力。在这个过程中，教育的目的已经异化了。我国教育方针明确指出，教育的根本任务是立德树人，而过重的课业负担与培训机构使学生异化了，学生已不再是追求自由与民主的个体，而成了学习的工具。双减政策揭示并扭转了过重的负担下学生所发生的异化。这体现出了教育政策批评议论的归宿是人的自由发展。教育政策的批评议论要从人的自由的角度展开。

总之，实践中基于教育政策的批评议论的理论逻辑需从五个维度展开，即对社会背景、研究者、教育政策过程、政策背后的社会偏见与人的自由的批判。与此同时，批评议论主义视域下的教育政策研究能够推进教育政策研究的步伐。首先，批评议论主义视域下教育政策研究可以促进人的自由与社会的民主。其次，其可以促进教育目的的实现并且符合教育的本质；最后，其可以促进教育政策研究范式的深化。当然，虽然批评议论主义视域下教育政策研究可以发现问题，其研究目的是改变社会不平等的现状，却不能在实践上解决现实问题。未来教育政策研究者应当从批评议论视域窥视教育政策的缺陷，继而促成实践问题的消解。

---

[1] 伏涤修:《从批判人的异化到寻求人的自由与解放——论马克思的人文关怀思想》,《人文杂志》2002年第2期，第1—6页。

法国教育督导的权责构造与运行机制 [①]

法国的教育督导制度建立于 1802 年，迄今已有 221 年的历史，法国据说是世界上最早建立教育督导制度的国家之一。[②]200 余年来，法国教育督导制度先后经历了肇始与奠基、健全与分工、丰富与发展、改革与探索四大阶段，完成了内容由粗放到精细，方式由笼统到周密，功能由评价到咨询，风格由权威到建议的转变，逐渐形成了内容全面、权责明晰、构造合理、机制完善的督导体系。[③]2019 年 9 月 27 日，法国政府颁布了《教育体育与研究总督导特别章程》（*Statut particulier du corps de l'inspection générale de l'éducation, du sport et de la recherche*），该章程规定于当年 10 月 1 日将原有的国民教育总督导处（Inspection Générale de l'Éducation Nationale，IGEN）、国民教育行政与研究总督导处（Inspection Générale de l'Administration de l'Éducation Nationale et de la Recherche，IGAENR）、图书馆总督导处（Inspection Gnraledes Bibliothèques，IGB）、青年与体育总督导处（Inspection Générale de la Jeunesse et des Sports，IGJS）部门合并，设立教育体育与研究总督导局（Inspection Générale de l'Éducation，du Sport et de la Recherche，IGÉSR），以期确保公共服务质量，助力法国教育改革，并对未来产生前瞻性的思考。

当前中国关于 21 世纪以来法国教育督导制度动态尤其是对"教育体育与研究总督导"的相关研究，缺乏深入阐释。本研究密切关注法国督导制度的发展，通过对现行机构的权责构造与运行机制进行分析，以期为中国教育督导体制机制建设提供国际比较层面的有益经验。

一、法国教育督导的权责构造

教育机构的设置体现了教育权力在不同机构中的分配状态。对制度下设机构的权责构造加以研究，明确其如何合理有效地进行分工，以确保组织目标的完成，是组织理论在教育管理学领域的重要实践。

[①] 原载《高教发展与评估》2023 年第 4 期，与郑森合作。

[②] 许多关于法国教育督导制度的文献都有"法国是世界上最早建立教育督导制度的国家"之说或类似表述。经笔者考证，荷兰教育督导制度起源于 1801 年，因此荷兰应为世界上最早建立教育督导制度的国家，关于法国是世界上最早建立教育督导制度的说法并不准确。

[③] 郑森、司晓宏：《法国教育督导制度变迁的内在逻辑与动力机制——基于历史制度主义分析范式》，《比较教育学报》2023 年第 1 期，第 33—48 页。

教育体育与研究总督导局并不完全隶属于某个部门，而是与国防与安全事务局、国民教育与高等教育监察专员一道，接受"国民教育、青年与体育部"和"高等教育、研究与创新部"的联合领导，其中关于体育方面的督导工作内容，主要由国民教育、青年与体育部分管体育的部长助理管理。

国民教育、青年与体育部与高等教育、研究与创新部内设有高级规划委员会（Conseil Suprieur des programmes，CSP）和国民教育科学委员会（Conseil scientifique de l'Education nationale，CSEN）以支持总督导局的工作开展，同时两部委内设有预算控制与部门会计处（Service du Contrôle budgétaire et comptable ministériel，SCBCM）和研究与高等教育评估高级委员会（Haut Conseil de l'évaluation de la recherche et de l'enseignement supérieur，HCERES）两个独立机构，他们接受两部长联合领导，为教育体育与研究总督导局的工作提供帮助。教育体育与研究总督导局内部机构设置受法国教育管理体制约束，体现出集权化特点，但为了增强横向交流功能、提高信息协调能力，法国政府在设置总督导局内部机构时进行了创新，法国教育督导机构外部架构如图1所示：

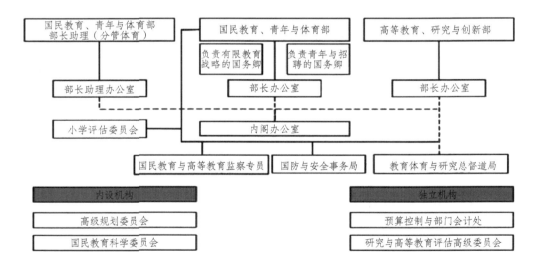

图1 法国教育督导制度外部权力架构[①]

①Ministre de l'Éducation Nationale，de la Jeunesse et des Sports.Organigramme de l'administration centrale［EB/OL］.（2019-10）［2021-12-02］.https：//www.education.gouv.fr/organigramme_de_ladministration_centrale_7475.

教育体育与研究总督导局将原有下设机构进行整合，重新划分了职权内容，形成了四类组织机构：督导团（Collge）、平行协作职能中心（Ple）①、特派团（Mission）和职业健康安全总督学（Inspecteurs santéet sécuritéau travail）。各类机构角色定位不同，承担不同的职责。（图2所示）

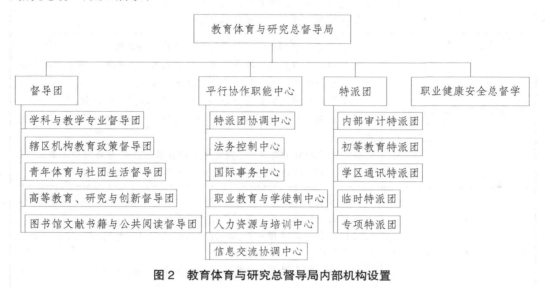

图2　教育体育与研究总督导局内部机构设置

（一）督导团：督导工作的承担者

督导团是总督导局根据督导内容分化出的专业督导团队，共设学科与教学专业督导团（Collège Expertise disciplinaire et pédagogique），辖区机构教育政策督导团（Collège Établissements，territoires et politiques du éducatives），青年体育与社团生活督导团（Collège Jeunesse，sports et vie associative），高等教育、研究与创新督导团（Collège Enseignement supérieur，recherche et innovation），图书馆文献书籍与公共阅读督导团（Collège Bibliothèques documentation，livre et lecture publique）五类督导团，其主要职能如表1所示：

---

　　①"Pôle"的含义很多，可译为"极""活动中心"等义，本研究根据教育体育与研究总督导局下设机构的实际功能，将"Pôle"意译为"平行协作职能中心"，特此说明。

表 1 督导团机构设置及其主要职能

督导团名称	主要职能
学科与教学专业督导团	1. 对本学科及其教学的状况进行督导； 2. 对本学科重大教育教学问题进行分析并产生具有前瞻性的思考； 3. 派遣特派团监测和支持公共政策在教育领域的执行； 4. 派出招聘考试、特定活动等专业督导人员[①]
辖区机构教育政策督导团	1. 评估关于教育部内或其他部际间相关的公共政策； 2. 监测和支持中央教育服务机构、地方教育服务机构、学区辖区下小学和中学的运作情况，并对其进行跟踪评估； 3. 与学区和小学评估委员会合作，形成对小学的系统评估； 4. 对行政部门和教育机构进行督导和控制，处理教育政策失灵时的相关问题； 5. 协助国民教育及青年部、高等教育研究及创新部等部门的改革工作，以及提供中央行政部门或各部长办公室要求的任何专业知识[②]
青年体育与社团生活督导团	1. 控制任务，即区分不同性质的任务，并针对其特点进行具体的控制、长期审查、检查、二级控制和行政调查； 2. 评价任务，即对相关的公共计划或公共政策、特定主题的专业知识等进行评价； 3. 在业务范围内派遣支援特派团以提供咨询、援助服务； 4. 内部审计任务； 5. 在青年体育部秘书长主持下完成部际指导小组的任务[③]

---

①Ministre de l' Éducation Nationale，de la Jeunesse et des Sports.Collège Expertise Disciplinaire et Pédagogique de l' IGÉSR［EB/OL］.（2021-12）［2021-12-02］.https：//www.education.gouv.fr/college_expertise_disciplinaire_et_pedagogique_de_l_igesr_41498.

②Ministre de l' Éducation Nationale，de la Jeunesse et des Sports.Collège Établissements，Territoires et Politiques Édu catives de l' IGÉSR［EB/OL］.（2021-12）［2021-12-02］.https：//www.education.gouv.fr/college_etablissements_territoires_et_politiques_educatives_de_l_igesr_7484.

③Ministredel' ducation Nationale,delaJeunesseetdes Sports.Collge Jeunesse,Sportset VieAssociativedelIGSR［EB/OL］.（2021_09）［2021_12_02］https://www.education._gouvff/college_jeunesse_sports_et_vie_associative_de_Ligsr_3335.

督导团名称	主要职能
高等教育、研究与创新督导团	1. 评估部级和部际公共政策； 2. 对高等教育和研究机构及政策进行监督； 3. 应企业的要求或高等教育、研究与创新部长的要求，向遇到困难的企业提供支持，或向希望从对其部分活动的具体审计中受益的企业提供支持； 4. 在高等教育、研究与创新部决定之前进行内部审计； 5. 在决策方面提供协助，以便教育改革的顺利实施； 6. 监测中央、地方高等教育服务机构的运作情况，并应部长的要求对其进行评估； 7. 对学术事务的支持； 8. 在政策失灵的情况下，对有关机构、人员进行管控[①]
图书馆文献书籍与公共阅读督导团	1. 产生不公开的督导报告； 2. 开展专题研究或预期任务，并将其列入年度方案，研究报告经有关部门批准后发表；负责国家图书馆工作人员招聘考试的评委工作，并参加其他招考的评委工作，以行政部门代表或专家的身份参加国家图书馆工作人员联合行政委员会； 3. 应高等教育机构或地方政府邀请，担任图书馆或文献组织管理职位的招聘评委[②]

学科与教学专业督导团的职能定位是督学，主要向国民教育、青年与体育部，高等教育、研究与创新部以及与这两个部有联系的各司局提供高中学校和高中毕业后的深入学科与教学的专业知识。无论是以专业组的形式，还是在督导团的跨职能框架下与其他督导团联合开展督导工作，总目标趋于一致：促进所有学生的发展。辖区机构教育政策督导团的职能定位是督政，其职能范围涵盖了除教学内容以外的教育政策、教育政策的组织、操作方法和学校领域的行动手段有关的所有问题，包括学校环境和学校生活、指导、教育支持等。该团的主要任务包括对学生的监督和支持，以及与学校氛围和学校生活、教育、体育、文化行动有关的问题；青年体育与社团生活督导团负责监督、检查国民教育、青年与体育部部长领导下的中央和地方服务机构及其工作人员的活动；高等教育、研究与创新督导团负责督导与高等教育有关的所有问题，包括与高等教育有关的学科教学专业知识、与高等教育系统衔接的课程、辖区机构下的高等教育政策、公共高等教育机构、公立科学技术机构、公立工商业机构部门；图书馆文献书籍与公共阅读督导团的主要任务是对图书馆进行监督，特别是对地方图书馆的科技督导以及对大学的通用文献进行督导。

① Ministredel'ducation Nationale,dela Jeunesseetdes Sports.Collge Enseignement Suprieur,Rechercheet Innovationdel'IGSR［EB/OL］.（2021_09）［2021_12_02］_https://www.education.gouv.fr/college enseignenent_supeneur_recherche_et_innovation_de_Iigesr_9875.

② Ministredel' ducation Nationale,dela Jeunesseetdes Sports.Collge Bibliothques Documentation,Livreet Lecture Publiquedel' IGSR［EB/OL］.（2021_09）［2021_12_02］_https://www.education.gouv.fr/college.. bihbotheques documentation_livre_etlecture publiquc_de_L_igesr_9872.

从纵向角度来看，督导团督导工作囊括了学前教育阶段至高等教育阶段各个时期各级各类教育的教育教学活动；从横向角度来看，督导团督导工作包括了学科教学、行政事务、青年体育、社会生活、科研创新、文献书籍等各个教育领域。督导团建构了督导工作的主体，形成了督导工作的主要框架，涵盖了督导工作的主要内容。

（二）平行职能协作中心：居中调度的协调者

平行职能协作中心是为了满足总督导局内部管理需要而设置的平行职能机构，下设六个协作中心，它们之间属于协作关系而非隶属关系。平行职能协作中心协调各个督导团、特派团之间可能出现的合作、调度、配合等问题，并对各个团体在督导工作中的法律事务、国际事务、职业教育、人力资源、人员培训、信息交流等项目提供支持与服务，其具体职能如表 2 所示：

表 2　平行职能协作中心机构设置及其主要职能

平行职能协作中心	主要职能
特派团协调中心	1. 协调特派团间的任务分配问题； 2. 协调特派团间任务交叉的内容
法务控制中心	1. 管理官员工作方式的问题； 2. 处理因政策失灵而使某一组织受到影响的问题； 3. 分析重大事件发生的法律背景和原因
国际事务中心	1. 在国际上推进教育体育与研究总督导局的行动； 2. 借助督学专业知识为教育对外行动做出贡献； 3. 通过国际比较提升教育体育与研究总督导局工作水平
职业教育与学徒制中心	1. 为职业教育各项工作提供适当的协调和补充； 2. 在总督导局内获得有关职业教育的动态信息
人力资源与培训中心	1. 有计划地开展招聘工作； 2 持续开展督学培训工作，使其具备通用督导技能基础； 3. 对内促进总督学与各督导团的人员岗位流动，对外为高级管理人员任命提供政策支持及培训
信息交流协调中心	1. 定期向总督学提供各部门的工作情况以及公共政策信息； 2. 为总督学和高层管理团队设立信息公开、建议反馈的论坛； 3. 为特派团工作的顺利开展发挥信息协调作用； 4. 为各学区和地区建立具体而确定的联系

特派团协调中心（Pôle Coordination des missions）的工作理念为协调、分享、增强。该中心有助于统筹各特派团间的任务分配，并妥善协调不同特派团间任务交叉的内容。法务控制中心（Pôle Affaires juridiques et contrôle）与其他督导团合作，参与督导工作中的

控制和检查。其对下辖机构审查范围内的业务、其他机构的监督任务进行干预。国际事务中心（Pôle Affaires internationales）对总督导局内的国际事务进行督导干预。其干预措施大致可分为三类：一是支持法国的海外教育网络建设；二是在双边和多边教育合作机构中派出代表；三是支持发展中国家的公共政策制定。职业教育与学徒制中心（Pôle Voie professionnel le et apprentissage）的主要职责是掌握职业教育动态工作方案信息并预测职业教育与学徒制的未来发展走向。该中心负责与职业教育、学徒制内容有关的协调工作，主要分为两类：一是提供与就业挂钩的职业培训课程；二是构建学生职业发展通道。人力资源与培训中心（Pôle Ressources humaines et formation）主要负责督学的招聘、培训及人员流动管理，其存在保证了督学队伍的体量和专业性。除此之外，该中心每年负责编纂关于人力资源项目进展或完成情况年度报告。信息交流协调中心（Pôle Coordination des groupes d'échange et d'information）为总督导局内部传播必要的即时信息，同时兼顾每一位总督学的来源、能力和任务的多样性为其提供个性化的有效信息。

（三）特派团：专项问题的解决者

特派团是教育体育与研究总督导局针对督导工作中较特殊、复杂或敏感的项目，通过抽调督导团督学、借调其他部门工作人员等方式特别组成的专项督导团体。根据法国教育实际，特派团在内部审计、初等教育、学区通讯三个领域设立常设特派团，并允许在突发或特殊情况发生时，组建临时特派团。其中常设的三类特派团主要职能如表3所示：

表3 特派团机构设置及主要职能

特派团名称	主要职能
内部审计特派团	1.内部控制任务，即负责在本组织各级部署审计程序，以确保合理控制评估的风险； 2.内部审计任务，主要负责评估内部控制的有效性和效率
初等教育特派团	1.监测初等教育质量； 2.确保有关初等教育的政策顺利执行； 3.监测教师和管理人员的入职培训和在职培训情况
学区通讯特派团	1.参加国民教育督学理事会，并定期考察各地区，详细了解小学的运作情况； 2.应各部委和各局的要求进行评估并提供专业知识； 3.对学区下属教育机构进行专业性访问； 4.对学区下辖学校、机构进行专业督导
临时特派团	特发或特殊情况
专项特派团	特殊的、需要专项解决的教学问题

内部审计特派团（Mission ministérielle d'audit interne）是针对于教育体育与研究总督导局内部的控制与审计机构。控制与审计的目的是使督导队伍的行政管理从以注重外部控制的传统管理体制向以内部共同控制的管理责任制转变。初等教育特派团（Mission

Enseignement primaire）是特别负责督导初等教育的常设特派团。作为历年国家教育工作的重点，其职责范围涵盖与初等教育相关的所有领域，必要时可得到其他督导团督学的支持。学区通讯特派团（Mission des correspondants académiques）是每个学区都必须配备的信息传输岗位，每学区共设两名总督学，其在教学和行政管理方面的工作具有互补性。除常务督导外，学区通讯特派团还参加学区管理部门、行政财务部门与人力资源部门的战略管理任务和业绩评价。

（四）职业健康安全总督学：职业健康的守护者

职业健康安全总督学在国民教育、青年与体育部和高等教育、研究与创新部的授权下，负责职业健康和安全的督导任务，其主要工作内容如下：

1. 对国民教育、青年与体育部，高等教育、研究与创新部以及体育部的中央管理部门、地方部门各个机构进行职业健康方面的督导。

2. 职业健康安全总督学监督各级各类学校卫生和安全规则的实施情况，并向校长提出他们认为可能改善卫生、工作安全和预防职业风险的任何措施。

3. 职业健康安全总督学应邀参加健康、安全和工作条件委员会（Comité d'Hygiène，de Sécurité et des Conditions de Travail，CHSCT）会议，并在发生严重健康安全事故时参与调查。

4. 职业健康安全总督学参加由社会科学研究院院长召集并主持的指导委员内部协商会，参与每年社保局工作方案的制定。

5. 职业健康安全总督学与大学校长会议合作，编写参考书《职业风险预防》。[①]

总之，教育体育与研究总督导局通过设置四类机构，形成了合理的权责构造。督导团负责督导主要业务开展，平行职能协作中心负责各类督导资源调配，特派团负责解决专项督导问题，职业健康安全总督学负责保障职业安全健康。各机构间权责边界明晰而互联互通，以期在控制、评估和公共政策监测方面建立统一的标准，有助于各级各类学校更好地理解公共政策，促进教育高质量发展；有助于学生更好地参与体育、社区生活或公众阅读活动，实现教育全面发展；有助于政府制定与社会联系更紧密的政策，助力教育均衡发展；有助于借鉴国际督导经验，指引教育国际化发展。

二、法国教育督导的运行机制

当前关于法国教育督导制度的研究主要聚焦于督导的机构设置、职能任务、人员选聘

---

① Ministre de l'Éducation Nationale，de la Jeunesse et des Sports.Inspecteurs Santé et Scurité au Travail de l'IGÉSR［EB/OL］.（2021-01）［2021-12-05］.https：//www.education.gouv.fr/inspecteurs_sante_et_securite_au_travail_de_l_igesr_9848.

等静态体制内容，对于教育督导制度的运行规范、组织实施、工作程序等动态机制内容则鲜有涉及。究其原因，一方面纵向各级督导机构、横向各同级督导机构的教育实际情况不同，各自侧重领域和工作方法因时因地而异；另一方面作为各自领域的专家，不同督学面对自身工作领域的问题时会依赖自身教育督导经验，由此对于同一问题处理方法也可能会因人而异，导致督导工作方法没有明确的规范。因此，为了更全面地展示法国教育督导制度，不仅需要关注其静态体制，而且需要以宏观督导机制情况与督学具体工作开展为分类依据来探讨其运行机制。

（一）督导宏观运行机制：督学督政分工明确且注重协调合作

法国教育督导工作原则呈现出典型的分工协作督导态势。宏观运行机制的设定往往由中央督导部门直接负责。对于中央一级的教育督导工作，督学与督政工作分开，各自在其工作领域内进行督导，并在平行职能协作中心的协调下进行合作，不同性质的工作对应不同的工作方法。督学性质类的工作，其开展方式主要有三类：

1. 教育体育与研究总督导局以学科为单位建立学科与教学专业督导团，根据每位总督学的专业背景和经验，将其分别编入不同的督导团，总督学在各自督导团内针对本学科的情况进行宏观把握，全面而深入地进行学科研究和建设，并控制本学科的教学质量。

2. 教育体育与研究总督导局针对特殊的、需要专项解决的教学问题发布专项调研课题，根据每年的教育发展情况，通过抽调督学、借调其他部门工作人员等方式派出专项特派团，深入开展相关问题调研。特派团中既包括为解决法国教育中由来已久的重点问题而设的常设特派团，也包括根据当年教育实际或突发情况建立的临时特派团。

3. 教育体育与研究总督导局在各学区设有两名学区通讯总督学，分别负责教学和行政管理方面的联络工作。作为中央与地方各学区的联系的纽带，负责教学的学区通讯总督学主要应各部委和各局的要求，对学区下属教育机构进行专业性督导。

督政性质类的工作"止步于教室门口"，主要负责除教学事务外的所有行政类事务。在工作形式上，督政工作倾向于调研，调研完毕后形成督导报告。一是教育体育与研究总督导局组建成立辖区机构教育政策督导团，负责对幼儿园到高中的各类教育机构的教育政策落实情况进行常规督导，高等教育及科研机构的督政工作由高等教育、研究与创新督导团负责。二是教育体育与研究总督导局针对本年工作计划中需要专项解决的行政、经济等问题发布专项调研课题，通过抽调督学、借调其他部门工作人员等方式派出专项特派团，深入开展相关问题调研；针对督学、督政各督导团之间可能出现的协调问题，教育体育与研究总督导局通过平行职能协作中心进行督导工作的统筹与组织。三是负责某一学区行政管理的学区通讯总督学，组织并指导本学区的教育督导工作，并与地方督学一起完成本年度调研计划、制定新学年的工作计划。

总体来看，教育督导工作层级上既有宏观层面的工作规划，又有微观层面的具体督导；工作范围上既有整体情况调研，又有专题项目研究；工作方式上既有常规性督导，又有临时性委派；工作内容上既有传统主题的遵循，又有新兴问题的思考。虽然随着教育水平的不断发展，新学年的工作计划任务具有相当的广度和深度，但教育体育与研究总督导局有信心通过教育督导人员以个别调研为点、专题考察为线、整体督导为面的复合督导方式，客观而精准地摸清工作计划中存在的问题，从教育督导角度助力法国教育质量的提升。

（二）督学具体工作开展：工作任务承袭中央且聚焦课堂督导

督学的具体工作往往由地方一级的督学承担，其任务大都承袭于中央。对班上教师的个人督导对于验证其所提供教育的质量至关重要。[1]为掌握最真实的教育现状并评估教学质量，督学深入课堂，对教师的具体教学情况进行直接督导，通过最直接的方式对任课教师进行业务帮助。当进行评估时，督学会构建观察到的现实图像，并将其与该现实的预期特征进行比较。[2]经过多年的发展，虽没有明文规定督学在进行课堂督导时应遵循何种步骤或框架，但历届督学们在督导实践中总结出一套"有序但非正式"的督导流程。具体来说，完整的课堂督导流程主要包括课堂诊断、个别谈话、书面报告三项内容。

在课堂诊断过程中，虽然存在着或明或暗、或理论或实践的规则或指标，但在结构化的框架下，督学仍具有很高的自由裁量权。为了捕捉由互动、往返、干扰和意外事件组成的教学活动，督学不能满足于这些指标，这些指标不仅提供了教学实践的快照，而且更为重要的是，它们将教学实践描述为线性、程序性和重复性的。[3]

在约一小时的课堂诊断过程中，督学主要对以下四方面做出评价：1. 确定教师如何掌握课堂并与学生进行交流。这既涉及到教师提问方式、语气态度等教学形式问题，也涉及重构教学目标等教学实质问题，同时也能通过学生的态度验证老师的教学权威。督学在上

---

①Ministre de l'Éducation Nationale，de la Jeunesse et des Sports.Missions des Corps d'Inspection：Inspecteurs d'Académie-Inspecteurs Pédagogiques Régionaux et Inspecteurs de l'Éducation Nationale Affectés dans les Académies［EB/OL］.（2009-05-28）［2021-12-07］.https：//www.education.gouv.fr/bo/2009/22/mend0910498c.html？ menu=1.

②PAQUAY L.L'évaluation des Enseignants.Tensions et Enjeux［M］.Paris：L'Harmattan，2004：15.

③ALBANEL X.Le travaild'évaluation.L'inspection des professeurs de l'enseignementsecondaire［J］.Revue de recherches enéducation，2012（49）：107-121.

课几分钟内快速建立起简化的评判模型，并形成综合性判断，其判断结果往往具有很强的指导意义。2. 观察课堂上常规性的教学事实。督学应"在课堂上"，跟随课堂的发展描述教学事实。描述这些事实有时看起来微不足道，但将有助于描述课堂上普遍存在的教学氛围。3. 观察教师对于突发状况的应对处理。当课堂出现突发状况时，教师通过其采取的行动表征其潜力，督学通过观察和倾听对教师的特质予以确认。4. 注重教学成果的检验。即使时间紧张，督学依然会抽出时间观察教学痕迹（如讲义、学生笔记、家庭作业等），以确认教师的教学成果。

课堂诊断后，督学会与教师进行个人谈话。个人谈话并非督学的"独角戏"，而是督学与教师对其教学实践进行反思从而提升教学水平的交流讨论。其目的有三：一是验证课堂诊断的结果；二是使教师对诊断结果接受并理解；三是在交流中继续评估，收集可能遗漏的信息。

个人谈话的流程往往经历三个阶段：1. 社会性阶段。督学常常以轻松愉快的话题开启谈话，以达到缓解教师紧张情绪的目的。2. 认知性阶段。督学请教师更详细地介绍自己，同时督学也咨询教师的规划、满意程度、存在的困难等业务问题。除此之外，督学还请教师对刚进行的课程进行自评即教学实践反思。3. 政治性阶段。督学在听完教师的陈述后，针对课堂诊断与前序谈话内容给出具有针对性的意见与建议。此时谈话进入尾声，督学会给教师最后一次发言机会，以确保双方达成共识。

通过个人谈话，双方由课堂诊断而产生的偏差与误解可以得到修正，督学垄断督导活动的情况也得以改善。在完成了课堂诊断与个人谈话后，督学得出书面的督导报告。报告内容分为四个部分：教师介绍、教学场景框架、活动评估和判断、督学意见。虽然篇幅不长，但它的意义非凡。一方面，形成的书面报告经过教师与督学双方确认，并得到国民教育、青年与体育部认证，属于官方文件，学校留存副本，确保了其严肃性与真实性。具有效力的书面报告是教师与学校双方解决纠纷、申请仲裁、主张权利的有力武器；另一方面，由于教育实在与教育话语相互构建的关系[1]，书面报告不仅仅是督导观察活动的文字呈现，更是督学督导思想的再生产。通过对教师教学水平的分组，督学对教师进行评分。报告评价内容大致分为四类：一是对于优秀的教师，祝贺是报告的主要内容；二是对于较为优秀的教师，其总体评价是积极的，突出督学对教师的肯定以及建议；三是对于表现普通的教师，积极的评价中带有批评的色彩，鼓励其遵循督学建议改进；四是对于表现较差的教师，报

---

① 祁占勇、郑森：《修辞学视角下教育政策文本分析及其话语逻辑》，《清华大学教育研究》2020 年第 5 期，第 37—45 页。

告风格趋向于专制严厉,以向教师发出明确的警告。在督导评价结果中,排名前 20% 的教师将直接获得晋升机会,其后 50% 的教师获得候选晋升机会,剩余 30% 的教师则维持现状,仅按照工龄晋升。

虽然具体督导工作流程完整、角度全面,但其评价效果依然有限,存在着程序正义大于实质正义的嫌疑。教师课堂督导每 5 年开展一次,频率过低;课堂诊断与个人谈话流程总计约 2 小时,时间过短;报告内容只有一页纸左右,内容过少;督导缺乏结果运用方面的跟踪反馈,难以为继。在督学眼中,督导工作是对教师工作的指导;而在教师的眼中,督导工作却是对教师的控制。价值立场迥异使得双方总是以各自的方式构想教学,从而产生不可调和的矛盾。因此,当下督导工作只能是效果有限的评价,而非实际工作的完美复刻呈现。

三、现行法国教育督导的理念转向

现行法国教育督导机构的权责构造与运行机制忠实地继承体现了法国教育行政的指导原则,即"政府坚信教育事业是国家的事业,国家应该直接干预教育"。集权化的制度能保证督导质量,统一全国的教育情况;同时针对传统集权制度存在的积弊,现行督导机构又能重视制度引领、横向交流、指导功能的建设,为法国教育的发展指明方向。

(一)重视制度引领

制度贯穿法国教育督导始终:既是历史的产物,亦是现实的存在,更是未来的航标。总结法国历史上教育督导制度的着眼点,其大致经历了由"督导行政部门"到"督导教职员工"再到"督导制度本身"的目标转变,体现出社会对督导需求从"关注政策落实"到"关注教师水平"再到"关注制度引领"的逐步提高。在制度变迁中,督导的工作重心随着时代的发展不断调整。在改革与探索阶段,督导工作突出了总督学对教育制度本身的调研与宏观评价、提供咨询等职责。时代呼唤新的教育督导制度设计,为进一步对教育制度进行整体把控与评价,教育体育与研究总督导局应运而生。梳理教育体育与研究总督导局各下属机构的主要职责,发现以各督导团为主要代表的机构中均有"助力改革""形成前瞻性思考""决策协助""提供咨询、援助服务"等类似表述。由此可见教育体育与研究总督导局最重要的权责特性,就是通过督导团研判法国各类教育政策与改革动态,对其教育的发展状况及存在问题及时进行调研、监测和评估研究,为解决教育领域重大现实问题、为政府做好下一步顶层设计提供客观准确的数据支持。

(二)重视横向交流

法国教育督导制度之所以能够在两百多年的发展中循着自身的制度逻辑发展而不受外

界影响，得益于高度集权、体系独立、专家管理的行政体制。具备专家资格的负责人或决策者虽然保证了教育督导的专业性，符合了督导工作的规律，但同时也忽视了部门内与部门间的横向交流，单兵作战，各自为政，难以形成全方位督导合力。为避免"就督导而论督导"的现象，法国政府在部门间与部门内分别进行了机构设置。

1. 注重部门间横向交流。法国政府将教育体育与研究总督导局置于国民教育、青年与体育部和高等教育、研究与创新部等部门共治之下，就是为了加强教育督导与其他教育事业乃至其他各项社会事业的联系与协调，除了国民教育与高等教育相关部门以外，安全卫生、文献阅读、公共政策等部门都与教育督导机构有业务合作，以期以更全面的视角把握教育动态。

2. 注重部门内横向交流。在教育体育与研究总督导局内设置平行协作职能中心，专门组织协调督导部门内各单位的业务；成立特派团来解决需要多部门协作完成的专项问题，特派团的成立本身就是抽调各个部门的督学，从客观上加强了总督导局内部各部门间的交流沟通。

（三）重视指导功能

作为法国教育督导制度设立的初衷，控制作用为法国教育质量的提升做出了不可磨灭的贡献。但随着教育事业的发展，在 20 世纪 70 年代至 21 世纪初，包括法国在内的诸多国家的督导工作进入瓶颈期，督导体制的任务定位问题重新被提上议程。重新定位后的督导机构比过去更关注经费支出的问责制，重视对学校、学生所取得成果的精确衡量。随着目标和手段的契约化，基于结果的控制形式越来越必要，同时地方政府和决策者的权重也越来越大。控制和管理的功能虽然没有消失，但越来越多地让位于组织、咨询、培训和人力资源管理的功能。[①] 简言之，虽然兼具"督""导"双重职能，但在制度运行时历史的督导重点在于"督"，当下的督导重点在于"导"。从宏观上看，新督导机构的设立目的已不仅仅在于确保教育服务质量，而是要通过指导教育工作帮助国家完成教育改革；从微观上看，督学走进课堂，不仅要完成对教师的评价，更重要的是帮助教师切实提高教学水平，以反馈的视角、指导的态度提升教育质量。教育体育与研究总督导局的设立使督导运行机制的侧重方向重新分配，督学也从"恶狠狠的裁判员"变为"会挑刺的好朋友"。

---

①CUCULOU S，DUTERCQ Y.Un Exemple de Gouvernance Rénovée.La Lettre de Mission des Inspecteurs de l'Enseignement primaire fransais［J］Éducation Compar é e，2014（11）：161-186.

法国教育督导制度变迁的内在逻辑与动力机制

——基于历史制度主义分析范式 ①

教育督导为提升教育质量、推进教育改革、护航教育发展起到了至关重要的作用。2020 年 2 月，中共中央办公厅、国务院办公厅出台了《关于深化新时代教育督导体制机制改革的意见》（以下简称《意见》），明确提出加强新时代教育督导制度建设的引领作用，深化教育督导管理、运行、问责、聘用、保障等各个维度的体制机制改革，建成覆盖全面、运转高效、结果权威、问责有力的中国特色社会主义教育督导体制机制。2021 年 7 月，为贯彻落实《意见》的精神，国务院教育督导委员会印发《教育督导问责办法》，对问责情形、问责方式、问责程序、组织实施等方面做系统制度设计，以强化教育督导的严肃性、权威性。由此可见，深化教育督导制度改革，是我们面临的一项十分重要的任务。但诚如《意见》所言，我国教育督导仍存在"机构不健全、权威性不够、结果运用不充分"的问题，对新时代教育改革发展的呼唤尚不能做出有力回应。

"教育督导是教育机器中不可缺少的齿轮"②，这是法国社会各界对于教育督导的共识。法国教育督导制度历史悠久、极受重视，其致力于建设教育事业强有力的监控体系，积累了丰富的教育督导改革发展经验。综观对于法国教育督导制度的研究情况，国内文献的研究内容往往集中于 21 世纪初法国教育督导体制基本信息（机构设置、组织实施、人员聘用、职级晋升等）、历史沿革③及特点④介绍，缺乏对法国教育督导制度演进脉络、发展动力机制的深层思考与探索。从检索到的法文文献来看，其在明晰督导制度内容的基础上，对法国教育督导机构的历史脉络⑤、职能变迁⑥、国际比较⑦等宏观问题有比较

---

① 原载《比较教育学报》2023 年第 1 期，与郑森合作。

② 霍益萍：《法国教育督导制度》，人民教育出版社，2000 年，第 107 页。

③ 霍益萍：《法国教育督导制度》，人民教育出版社，2000 年，第 32—45 页。

④ 唐一鹏：《法国教育督导制度的现状与特点研究》，《比较教育研究》2013 年第 10 期，第 44—48 页。

⑤Jean-François Condette.Les Personnels d'Inspection.Contrôler, Évaluer, Conseiller les Enseignants.Retour sur une Histoire, France-Europe（Xviie-XxeSicle）［M］.Rennes：PUR，2017：9-16.

⑥Jean-Luc Pissaloux.Les Inspections Générales au sein de l'Administration Française：Structures, Fonctions et Évolution［J］.Revue Française d'Administration Publique，2015（155）：601-622.

⑦Ferry de Rijcke.Le Rôle des Inspections en Europe Aujourd'hui［J］.Revue Internationaled'Éducation de Sèvres，2008（48）：119-126.

详细的论述，并对具体督导机构[1][2]、各级督学[3]、工作特性[4]等微观视角进行了深入研究，具有较高的研究价值。历史制度主义聚焦历史纵深下的制度生存能力及其深刻影响，试图分析观念、立场、利益、行为对制度行动者偏好的影响，考察从初始阶段"增程式"发展的进程。因此，从一手法文史料、法律条文以及国内外已有研究成果入手，以历史制度主义分析范式梳理法国教育督导制度演进历程，并在此基础上从路径依赖与关键节点两个层面分析其演进变迁的内在逻辑，探寻其结构性、历时性、交互性变迁的动力机制，可丰富和发展教育督导理论内容，亦对新时代我国教育督导制度改革的深化具有国际层面的参考价值。

一、法国教育督导制度的历史演进

在法国旧制度[5]（L'Ancien Régime）时期，督导一词已经初现历史舞台。在法国大革命前，法国督导制度隶属于中央政权，零星出现在各个领域。1781 年，法国国家监狱与医院分别设立总督导；1797 年，财政部设立总督导处，由财政部长直接领导；[6]1801 年，法国军队中设立审查督导，负责军队组织、整编、检查、培训等业务。18 世纪下半叶，教育家纷纷提出了"督导"的概念，但在以教会为代表的传统势力的干预与阻挠下，督导制度一直未能按议会的设想建立起来。法国完整的教育督导制度体系肇始于 1802 年，220 余年间法国教育督导机构发生了复杂的调整与演进。以法国历史与法国教育发展历史为基本逻辑，结合法国教育督导自身发展规律，可以将法国教育督导制度变迁划分为肇始与奠基、健全与分工、丰富与发展、改革与探索四个主要阶段。

（一）肇始与奠基阶段（1802 — 1852 年）

在法国教育督导制度的肇始与奠基阶段，国家先后经历了法兰西第一帝国、波旁王朝、七月王朝、法兰西第二共和国等阶段。政权更迭频繁，教育督导制度的机构设置和督学的

---

①Alain Attali.L'Inspection Générale de l'Éducation Nationale[J].Revue Internationale d'Éducation de Sèvres，1995（8）：57-65.

②Jean-François Cuby.L'Inspection Générale de l'Administration de l'Éducation Nationale[J].Revue Internationale d'Éducation de Sèvres，1995（8）：67-78.

③DickeléThierry.Une Évolution des Pratiques d'Inspection.Chez les Inspecteurs de l'Éducation Nationale Chargés d'une Circonscription du Premier Degré[J].Informations Sociales，2005，126（6）：74-83.

④Henri Peña Ruiz.L'Enjeu Républicain d'une Inspection Indépendante[J].Revue Internationale d'Éducation de Sèvres，1995（8）：79-82.

⑤旧制度时期，特指法国文艺复兴晚期（16 世纪末）至 1789 年法国大革命爆发的时期。

⑥张丹：《从分离到整合：法国教育督导制度改革的机构变迁与路径选择》，《全球教育展望》2021 年第 7 期，第 77—90 页。

任命受到政局影响，制度建设尚不健全。但在教育督导制度阶段性发展的背后，隐现出其内在的连续性。1802 年 5 月，法国执政府颁布了《国民教育总法》（*Loi Générale sur l' Instruction Publique*），其中第 17 条规定："由首席执政官（Le Premier Consul）① 任命的三名教育总督学，每年至少访问一次中学，负责审核学校账目，并将审查教育和行政管理等所有方面，就此向政府作出报告。"②《国民教育总法》的颁布和实施，标志着法国教育督导制度的正式建立。这一时期法国教育督导制度表现出如下特点：

1. 督查范围全面。1808 年，帝国大学③（Université Impériale）规定了在全国的每个学区设 1~2 名学区督学。1833 年，《基佐法案》（*Loi Guizot*）第 22 条设立了特别区域督学，其作用是对辖区内的初等学校进行临时督导。1835 年 2 月 26 日法国出台了《关于在每省设立一名初等教育特别督学的皇家法令》（*Ordonnance du Roi qui Établit dans Chaque Département un Inspecteur Spécial de lInstruction Primaire*），明确每个省都要设立一名初等教育特别督学，对辖区范围内所有的初等教育机构进行督导。1837 年，法国又设立了初等教育副督学（Sous-Inspecteur Primaire）协助督学进行督导工作。

2. 督学学历较高。对于督学学历的要求一直是法国教育督导制度中的一个鲜明特点。督导制度建立之初，执政府任命了 3 名国家总督学；④ 七月王朝时期，38 名总督学中拥有博士学位者 9 人，高等师范学校毕业者 13 人，取得文科或理科学位者 23 人。

3. 督学任务繁重。督学不但要负责组织、监督全国国民教育体系，还要调研走访各级各类学校。初等教育督学卡里尔（Carlier）在 1835 年 11 月 23 日至 1836 年 5 月 28 日，调研了 222 所公立学校和私立学校。在两年的单独工作中，他考察了 632 个公社和大约 1500 所小学。1838 年卡里尔在 100 天内参观了 700 所学校，大致相当于每天参观 7 所学校。⑤ 在完成调研考察后，督学还需要撰写冗长的调查报告。1802 年至 1914 年间，在国家档案馆、

---

① 首席执政官为当时法国最高权力长官，时任首席执政官为拿破仑·波拿巴（Napolon Bonaparte）。

②Ministre de l' Education Nationale, de la Jeunesse et des Sports.Loi Générale sur l' Instruction Publique du ler Mai 1802（11 Floréal An X）［EB/OL］.（2016-06-03）［2021-10-28］.https：//www.education.gouv.fr/loi-generale-sur-l-instruction-publique-du-1er-mai-1802-11-floreal-x-1646.

③ 即当时法国教育部，与古代、现代的"大学"意义不同。

④ 三位国家总督学分别是文学家让·弗朗索瓦·诺埃尔（Jean-François Noël）、天文学家德朗布尔（Delambre）和索雷兹学院的前校长雷蒙德·德波（Raymond Despaux）。

⑤Jean-François Condette.Les Personnels d' Inspection.Contrôler, Évaluer, Conseiller les Enseignants. Retour sur une Histoire, France-Europe（Xviie-XxeSicle）［M］.Rennes：PUR，2017：30.

国家图书馆等地保存的系列文件中发现了 15000 多份督导报告，①② 可见其督导工作任务之繁重。

肇始与奠基阶段，学校教育逐步成为"国家事务"（Affaire d'tat），③ 督导体系成为政府对学校教育进行充分了解、沟通、把控以及调节的桥梁。"某种程度上，睁开的政府之眼总在审视着学校"④，国家需要有能力检查和控制工作开展的"左膀右臂"对教育质量进行监测与督导。督学逐渐加强其权力，并试图使各级各类教育协调一致，将其纳入一个系统，实现更有效的教育方案。经过半个世纪的发展，及至 1840 年左右，法国已初步建立了"总督学、学区督学、省督学"的三级督导体系。

（二）健全与分工阶段（1853 — 1945 年）

由于工业化的完成与经济的发展，法国教育督导制度在第一次世界大战爆发前迅速发展，形成了制度健全、分工明确且专业的教育督导制度体系。两次世界大战虽然影响了法国教育督导体制的正常发展，但教育督导制度的专业化分工趋势并未受到影响，各领域督导团体层出不穷，督学队伍建设也取得了长足的进步。在这一时期，督导制度呈现出如下特点：

1. 设立独立的督导机构。高等、中等、初等教育总督学分别在其对应部门设立独立的督导处。1854 年颁布的《福图尔法》（Loi Fortoul sur l'Enseignement）⑤ 规定，每个学区的管理都要由该区的学区督学协助，且每省需要配备一名督学。1882 年法国设立了幼儿园督导处。中小学督导方面，除了传统学科（文学、哲学、数学）以外，督导工作还衍生出了诸如应用外语教学督导处、美术课督导处、职业教育督导处等新的分支机构。法国政府于 1885 年正式任命了两名总务总督学（Inspecteur Général de l'Économat）以应对督察各级各类学校的财务情况和预决算执行时应接不暇的情况。在行政督导的其他领域，也诞生

---

① 这些督导报告包括高等教育 800 份、中等教育 5700 份、初等教育 7800 份，其余报告涉及其他的一个或多个领域。

②Caplat Guy.Pour une Histoire de l'Administration de l'Enseignement（Suite）［J］.Histoire de l'Éducation，1985（25）：11-51.

③Jean-Michel Chapoulie.L'Écol ed'État Conquiert la France.Deux Siècles de Politique Scolaire［M］. Rennes：PUR，2010：614.

④Philippe Savoie.La Rude Jeunesse d'un Corps（1802—1850）［M］Jean-Pierre Rioux.Deux Cents Ans d'Inspection Générale，Paris：Fayard，2002：27-44.

⑤Comprendre la Laicite.Loi Fortoul sur l'Enseignement du 14 Juin 1854［EB/OL］.（2010-06-07）［2021-10-28］.https：//www.comprendre-la-laicite.fr/images/Textes-ant%C3%A9rieurs-C3%A0-1905/ Loi_Fortoul_du_14_juin_1854.pdf.

了诸如图书馆总督导、文献总督导、历史古迹总督导等新的督导团体。

2. 督学与督政渐次分离。1852 年，拿破仑三世以法令的形式宣布公共教学总督导处（Inspection Générale de l'Instruction Publique）成立，并任命了八位高等教育总督学，六名中等教育（初中和高中）总督学和两名初等教育总督学，重点关注课堂表现、教学水平、教学改进和道德教育等方面内容，成为以学科为划分依据的专业督导机构。1920 年，总务督导处更名为行政事务总督导处（Inspection Générale des Services Administratifs），全面负责除高等教育外各级各类学校财务、卫生、物资、住校生等诸多行政事务的行政督导。督学与督政各自为政、分工督导的格局开始形成。

这一时期的法国教育督导制度不断健全，教育督导的政治地位得到了明显提高。19 世纪以来，总督学隶属于公共教育部，与国家机关之间建立了密切的联系。1852 年起，教育总督学由教育部长提名、共和国总统签发任免令。无论帝制抑或是共和制时期，政府对督导制度都呈支持态度，在教育系统中，督导体系成为"温和的催化剂"。督学队伍规模不断扩大，督学的人数由于各个督导分支机构的设立与督学工作的需要而大幅增加。越来越多的领域被纳入了督导范围，各总督学针对自己的领域细化督导工作内容，督学人数因繁重细致的工作而大幅增加。以 1888 年为例，虽然当年高等教育督导被取消，[①] 脱离了教育督导体制，但总督学的人数还是从 16 名剧增到了 31 名。教育督导专业分工趋势愈发明显。督学队伍的专业化倾向加强，督学与督政逐渐分离。关于教学的督导机构逐渐剥离教育督导体制，尝试分工督导；督导体系中衍生出新的专门针对行政事务的督导团体。督学深入教学一线，与各级各类教师产生双向的信息互动，有助于提高教育系统的凝聚力，以促进教育政策的改革与调整。

（三）丰富与发展阶段（1946 — 1957 年）

第二次世界大战结束后，法国迎来了经济快速发展的时期，同时兴起了如何进行教育现代化的思潮。随着法国教育改革的深入，督导制度方面的改革也朝着多样化、专业化向纵深发展。1947 年《郎之万—瓦隆教育改革方案》（Le Plan Langevin-Wallon）中提出"教育督导已经以督查的形式存在，但需要重新梳理，以充分达到督导的目的"[②]。在这一时期，督学与督政进一步分离，诸多新型专业化督学团体应运而生。督学被定义为教师辅导员、

①1875 年后，法国政府通过多部法律确认了高等教育的自由，承认高等学校的法人地位，高等学校享受独立核算的政策，内部自治。1888 年，高等教育督导被法国政府取消。直到 20 世纪 70 年代，高等教育的监测与评估才重新回归教育督导体制。

②Gaston Mialaret.Le Plan Langevin-Wallon，Collection Pédagogueset Pédagogies ［M］.Paris：PUF，1997：127.

教育创新者、学术研究者、理念传播者。与此同时，由于专业化程度的加深、分工后工作内容的细化，督导队伍进一步扩大，行政化问题逐渐凸显。

1. 督导内容精细化。在督学方面，法国政府于 1945 年设立了大众及青年教育督导处。1946 年，法国设立了体育总督导处，下设 7 名总督学；同年，法国又将负责青年与体育的督导处合并，设立了青年和体育总督导处。1968 年，中等教育总督导被分成了七个学科团体；[①] 职业教育出现了工业技术总督导和经济技术总督导两个团体；而学前教育、初等教育与师范教育组成了联合总督导团体。1964 年设立了地区教学督学（Inspecteurs Pédagogiques Régionaux），专门从事学区内中小学各门学科的督导工作。在督政方面，法国政府于 1965 年将原来分设的四个督导部门行政事务总督导处、寄宿学校总督导处、学生工程总督导处、学校卫生设备总督导处合并，设立了国民教育行政总督导处（Inspection Générale de l'Administration de l'Éducation Nationale），它"停在教室门口"，其督导职权范围包括了除督学事务外的一切督政工作。

2. 督学数量大幅增加。一方面，由于新督导机构的设立，督学数量出现结构性增长；另一方面，为面对日渐繁杂的督导工作，20 世纪 50 年代以来，各个部门内部不断扩大督学队伍的规模。以总督学为例，1946 年全法国共有 47 名总督学，而 1960 年这一数目就飙升至 118 人。

3. 督导工作行政化。除日常工作外，名目繁多的督导报告使督学们疲于奔命。从 1965 年到 1995 年的 30 年间，仅国民教育行政总督导处就编写了 6000 余份督导报告，其中半数以上是总报告，其余为对机构的督导报告和个人督导报告。[②]

综观这一时期，由于督导体制的迅速扩张，督导工作的职责范围与专业化程度都有了长足的进步，工作内容变得更加深入、精准，越来越多的领域接受了专业性督导工作。然而，与督导专业化相生相伴的是督导行政化问题，臃肿的督导队伍与陈冗的督导报告成为悬于法国教育督导制度头顶的达摩克利斯之剑。督学队伍在这一时期呈现出了爆炸性增长的态势。全面而细致的专业化特性与僵化而教条的行政化特性交织在督导工作中，法国教育督导体系陷入了从未有过的矛盾境况，一场由教育系统引发而席卷全国各个领域的风暴正悄然而至，教育督导制度也因其多年发展留下的隐疾遭到了自体系建立以来最大的质疑。

①七个学科团体分别为：数学、物理、自然、哲学、文学、历史和地理、应用语言。

②Jean-François Cuby.L'Inspection Générale de l'Administration de l'Éducation Nationale［J］. Revue Internationale d'Éducation de Svres，1995（8）：67-78.

（四）改革与探索阶段（1958 年至今）

在经历了二战结束后经济发展的黄金时期，经济增速回落后法国的社会积弊初露端倪。对大学教育和陈旧教学体制的不满成为 1968 年"五月风暴"爆发的直接缘由，法国教育督导制度因此受到了有史以来最为严峻的挑战。"每个人（包括学区督学、校长、高中和初中教师）都注意到目前实行的督导的不足，这种督导既过于迅速，又过于肤浅"①。对教育督导制度的批评主要集中在三方面：一是过分强调个人评价而忽视了对教育的宏观把握；二是总督学的聘任缺少法律依据②；三是督导工作属于"达标性督导"，无助于教师实际水平提高。"五月风暴"后，法国政府对教育督导制度进行了改革。表现为以下三个方面：

1. 加强教育督导的宏观调控。1980 年，法国公共教育总督导处正式更名为国民教育总督导处（Inspection Générale de l'Éducation Nationale），按专业组织督学工作小组。1986 年法国实行了教育管理体制改革，明确了各级督学的权责分配、聘用等问题。1999 年，国民教育行政总督导处更名为国民教育行政与研究总督导处（Inspection Générale de l'Administration de l'Éducation Nationale et de la Recherche），将科研内容及机构的督导职责亦划归其中。2013 年 2 月和 5 月，国民教育督导处分别进行了两次合并调整，试图将督导重点由具体教学转向为制度本身。2019 年法国政府将原督导部门③重组合并，成立教育体育与研究总督导局（Inspection Générale de l'Éducation, du Sport et de la Recherche），以期确保公共服务的质量、助力国家教育改革、并对未来项目的接续进行前瞻性的思考。

2. 重视督导工作的法律依据。《青年和体育总督导章程》（*Portant Statut du Corps de l'Inspection Générale de la Jeunesse et des Sports*）、《国民教育总督学特别章程》（*Statut Particulier des Inspecteurs Généraux de l'Éducation Nationale*）、《国民教育行政总督导章程》（*Statut du Corps de l'Inspection Généraux de l'Administration de l'Éducation Nationale et de la Recherche*）、《地区学区督学和国民教育督学特别章程》（*Portant*

---

① Léopold Paquay.L'Évaluation des Enseignants.Tensions, Paradoxes et Perspectives［M］Léopold Paquay.L'Évaluation des Enseignants.Tensions et Enjeux.Paris：L'Harmattan，2004：305-322.

② 这一时期的教育总督学的聘任实行推荐制，即由同行推荐、部长任命。

③ 原督导部门指国民教育总督导处（Inspection Générale de l'Éducation Nationale）、国民教育行政与研究总督导处（Inspection Générale de l'Administration de l'Éducation Nationale et de la Recherche）、图书馆总督导处（Inspection Générale des Bibliothèques）、青年与体育总督导处（Inspection Générale de la Jeunesse et des Sports），他们涵盖了当时法国教育督导制度的全部工作内容。

Statuts Particuliers des Inspecteurs d'Acadmie—Inspecteurs Pédagogiques Régionaux et des Inspecteurs de l'Éducation nationale.Pédagogiques Régionaux et des Inspecteurs de l'Éducation Nationale）、《教育体育科研总督导特别章程》(*Statut Particulier du Corps de l'Inspection Générale de l'Éducation，du Sport et de la Recherche*）等教育督导法律法规的出台与修订为各级督学的聘用、督导工作的开展等提供了明确的法律依据。经过数十年的讨论与探索，社会终于达成了共识：只有明确了教育督导制度的法律地位，才能使其免受外界因素带来的影响。

3. 着眼督导功能的改革转型。随着教育管理权力下移，法国教育督导制度调整了各级教育督导工作的重心和方向，突出了总督学对教育制度的调研与宏观评价、提供咨询等职责。2005 年，法国政府规定每个督学都有责任完成以下任务：评价任务、领导和推动任务、训练任务、专业知识任务。[①]2009 年《国民教育官方公报》(*Bulletin Officiel de l'Éducation Nationale*）中将督学的任务替换为"教学指导与管理"，督导也一改之前"控制与咨询"的定义，而被赋予了"评估教学技能、检查课程执行、参与学校管理"的功能。在 2021—2022 学年工作计划中，教育体育科研总督导局主要有三项工作重点：一是监测正在进行的改革任务；二是以尽可能综合的方式涵盖督导的专业领域，布置具有前瞻性的任务；三是主抓长期督导审查下的任务。[②]

经过近半个世纪的发展，督学与督政工作由分离走向融合，这并非"穿新鞋走老路"，而是"旧瓶装新酒"的督学督政机构既能纵向针对自身领域进行专业全面的督导，又能在总督导局的统筹领导下，在交叉领域开展横向合作，助力法国教育改革与发展。虽然新学年的工作计划任务具有相当的广度和深度，但教育督导制度有信心通过教育督导人员个别调研为点，专题考察为线，整体督导为面的复合督导方式客观而精准地摸清工作计划中存在的问题，从教育督导角度为法国教育质量的提升提供依据。

以史为鉴，可以知兴替。变迁二百余载，法国教育督导制度虽经递嬗却历久而弥新（见表 1）。聚焦历史纵深，在梳理法国教育督导制度发展脉络的基础上，以宏观的视角厘清其发展内在逻辑、探寻其变迁动力机制，对构建新时代中国特色教育督导制度具有深刻的借鉴意义。

---

①SNUipp-FSU 62.Ton Inspecteur est ton Pilote et ton Manager［EB/OL］.［2023-01-03］.https：//62.snuipp.fr/spip.php？article57#outil_sommaire.

②Ministre de l'Éducation Nationale，de la Jeunesse et des Sports.Le Bulletin Officiel de l'Éducation Nationale，de la Jeunesse et des Sports［EB/OL］.（2021-09-09）［2021-11-12］.https：//www.education.gouv.fr/bo/21/Hebdo33/MENI2125253X.htm.40.

表 1　法国教育督导机构设置演变年表

演进阶段	历史时期	年代	机构演变
肇始与奠基阶段 (1802—1815)	法兰西第一帝国 (1802—1815)	1802 年	设立国家总督学岗位，法国教育督导制度正式建立
		1808 年	在每学区任命 1~2 名学区督学
	七月王朝 (1830—1848)	1833 年	设立特别区域督学，对辖区内初等学校进行临时督导
		1835 年	设立初等教育督学岗位
	法兰西第二帝国 (1852—1870)	1852 年	成立公共教学总督导处。
健全与分工阶段 (1853—1945)	法兰西第三共和国 (1870—1940)	1882 年	成立幼儿园督导处
		1885 年	成立总务督导处
		1888 年	设立职业教育督学岗位
		1920 年	总务督导处与其他督导处合并，更名为行政事务总督导处
	维希政府 (1940—1945 年)	1945 年	成立大众及青年教育督导处
丰富与发展阶段 (1946—1957)	法兰西第四共和国 (1946—1958)	1946 年	成立体育总督导处；青年督导处与体育督导处合并，成立青年和体育总督导处
改革与探索阶段 (1958 年至今)	法兰西第五共和国 (1958 年至今)	1964 年	设立地区教学督学岗位
		1965 年	成立国民教育行政总督导处
		1980 年	公共教学总督导处更名为国民教育总督导处
		1999 年	国民教育行政总督导处更名为国民教育行政与科研总督导处

二、法国教育督导制度变迁的内在逻辑

对于稳定发展的制度而言，其所蕴藏的观念及预设常常被视作理所应当的而被奉为圭臬，但在重要转折点产生的新观念却总不乏有人趋之若鹜。通过对法国教育督导制度历史脉络的梳理，可以得出其发展规律，即制度在存续的正常时期内遵循路径依赖按部就班发展，在关键节点时制度要素间因存续时期积累的权威分配问题而发生冲突，制度由此发生断裂。在两种状态交替进行的"锯齿状增长"发展态势中，现有制度因关键节点的出现发生突变，冲突矛盾因制度变迁而沉淀为新的制度政策。

（一）渐次发展的路径依赖

制度作为一种相对持久的规则与有组织的实践，深嵌在既定的意义与资源结构中，相对固定不变且具有韧性。从历史制度主义的观点出发，制度随时间发展被打上路径依赖（Path Dependence）的烙印。[①] 一旦某种制度被建立并被选用，则在制度存续的正常时期内，

---

①Pierson P.Increasing Returns，Path Dependence，and the Study of Politics［J］.American Political Science Review，2000，94（2）：251-266.

其演变规律会按照前序制度的发展特点进行强化，并按照其特点形成路径依赖，渐次发展。综观法国教育督导制度的演进逻辑，制度自适应机制、制度政策场域稳定、制度体系退出成本过高是造成法国教育督导制度路径依赖的主要因素。

1. 制度自适应机制。"事情在一个序列中何时开始影响着它们如何开始"①。在长期运行的制度框架中，系统会根据环境的变化、运行的反馈等外在条件的改变在制度框架内不断得到调整，以期调整后在新的情境下达到最好或者至少是容许的状态。肇始与奠基阶段，法国虽然初步建立了三级督导体系且督导内容全面，但由于督导工作任务繁重、专业分工不明确等问题，督导工作很难精准而全面地反映教育全貌。为解决上述问题，法国教育部门加强了督导制度设计，将督学任务与督政任务剥离，各自专设了各级各类教育内独立的督导机构。在健全与分工、丰富与发展阶段的百余年间，督导工作的职责范围与专业化程度都有了长足的进步，工作内容变得更加深入、精准，越来越多的领域接受了专业性督导工作。在五月风暴前，法国教育督导制度已经形成了规模庞大、权责明晰、范围全面的督导体系。在此发展过程中，即便出现些许问题，教育部门和教育机构也会在制度框架内寻求调整或解决的思路，但这也使得制度的创新缺乏内生性动力。如果另起炉灶强制进行创新，必然会与旧制度产生一定程度的碰撞，对教育行政部门和教育机构都具有未知风险，为维护政策权威分配的既得利益与规避未知风险，各部门往往倾向于维持现有制度，进行"自我强化"。在自适应机制的潜移默化下，教育行政部门与教育机构早已对如何接受并认同现有政策轻车熟路，并形成了对现有制度的强烈依赖。

2. 制度政策场域稳定。作为最大的制度实体国家，其自身利益诉求决定了谁能够参与到制度的活动场所之中。而法国教育督导制度致力于监测评价法国教育的运行情况，对教育事业发展、未来教育走向都起到了至关重要的作用，因此法国教育督导制度一直处于相对坚固稳定的状态。即便诞生于政权更迭频繁的年代，时局动荡不安，教育督导制度的机构设置和督学的任命因受到政局影响不甚健全，但在教育督导制度阶段性发展的背后，依然隐现出了其内在的连续性，无论哪家政权执政，教育督导制度都表现出足以抵抗甚至屏蔽外界政策场域的稳定结构。如两次世界大战虽然影响了法国教育督导体制的发展进度，但其政策场域与发展趋势并未受到影响。"除了受到攻击、公开或变相的清洗、在政治或行政生活中的进步或挫折之外，其（教育督导制度）影响的锯齿状增长也同样真实；该机

---

①Tilly C.Big Structures，Large Processes，Huge Comparisons［M］.NewYork：Russell Sage Foundation，1981：14.

构并没有在每次危机中中断：更新了它的受众，总体轨迹显示出一种不可否认的生命力。"①

3. 制度体系退出成本过高。教育督导制度体系是一系列相关制度的高度集合，其并非仅仅局限于教育督导制度本身。从工作内容来看，"政策督导机构的多样性与该系统的条块分割是相称的，它们以自己的方式再现了这一点，具体的职业发展道路和不同的责任由不同的章程来管理"②。教育督导工作涉及基础教育、高等教育、职业教育等各级各类教育领域；从组织实施来看，教育督导工作开展遵循个别考察为点、专题考察为线、整体督导为面的复合督导方式，致力于法国教育质量的发展；从政策项目来看，法国教育督导制度针对内部审计、初等教育、学区通信等复杂、特殊、敏感领域以及突发问题进行专项督导。除具有指向性的内部督导外，督导内容还涉及青年与体育、高等教育、安全卫生、图书馆、外交部门人力资源等各个领域。总体来说，法国教育督导制度主体之间早已相互关照、相互依附、相互影响，形成了完整的制度链条。若在现有制度网络基础上进行调整，则其政策成本会递减，预期收益会递增；反之，若"另打锣鼓重开张"，跳出原有的制度体系另谋出路，则不仅要付出高昂的政策成本，同时还要兼顾制度体系退出成本、既得利益集团阻碍等因素，因此政府在考量成本的情况下很难从旧的路径依赖中摆脱出来。

（二）突变发展的关键节点

虽然法国教育督导制度总体上保持着相对稳定的渐进式发展，但其变迁并非在寻求某种意义上的静态平衡，而是因条件改变而使旧平衡被打破从而达到新平衡的动态过程。关键节点（Critical Junctures）正是出现在制度存续时期和制度断裂时期的衔接点，它因制度内在因素质变或外在客观因素推动而出现，打破了制度的原有瓶颈，要求或间接促进政府制度的拓展。法国教育督导制度在发展过程中分别于 1802 年、1852 年、1965 年、1986 年、2019 年经历了 5 个关键节点，每个关键节点的出现均在法国教育督导制的发展史上留下了浓墨重彩的一笔。

第一个关键节点出现于 1802 年前后，18 世纪下半叶，教育领域的督导概念零星出现，但未形成完整的督导体系。《国民教育总法》的颁布和实施标志着法国教育督导制度体系的建立，同时也奠定了以法令为政策依据的教育督导法治体系基础。经过半个世纪的发展与健全，"总督学—学区督学—省督学"的三级督导体系初步建立。

---

①Caplat Guy.Pour une Histoire de l'Administration de l'Enseignement（Suite）［J］.*Histoire de l'Éducation*，1985（25）：11-51.

②Xavier Sorbe.De la Diversitédes Corps d'Inspection et des Inspecteurs［J］.*Administration et Éducation*，2016，149（1）：17-22.

第二个关键节点出现于 1852 年前后，公共教学总督导处成立，督学工作逐渐趋向于学科化、专业化，公共教学总督导处逐渐演变为以学科为划分依据的专业督学机构。与此同时，督导工作由肇始阶段的全面督导转向精细化发展，督学与督政工作开始分离。

第三个关键节点出现于 1965 年前后，法国政府将负责行政事务、寄宿学校、学生工程、学校卫生设备的督政部门合并，设立了国民教育行政总督导处，标志着督学与督政工作彻底分离，分工督导态势全面形成。

第四个关键节点出现于 1986 年前后，法国于当年开展了教育管理体制改革，教育督导领域因此陆续出台了《国民教育总督学特别章程》《地区学区督学和国民教育督学特别章程》等一系列教育督导法律法规。经过此后的一系列调整与发展，中央督学负责宏观把握督导情况、地方督学负责具体督导评估工作的格局基本形成。

第五个关键节点出现于 2019 年，法国政府颁布《教育体育科研总督导特别章程》，宣布成立教育体育科研总督导局。教育体育科研总督导局将原有的督导部门进行了合并与重组，加强了中央对教育质量的监控力度。教育体育科研总督导局的成立，使得督学与督政工作再次融合，教育督导工作走向了新的发展阶段。

总之，以上五个关键节点的出现均为法国督导制度的变迁带来了根本性的转变。法国教育督导制度因此牢牢把握住了自身发展需要，突破了路径依赖对新制度生成的桎梏而历久弥新，保持与时代需求同频共振，最终成为法国教育制度中特色鲜明而不可或缺的制度体系。

三、法国教育督导制度变迁的动力机制

从动力机制角度，历史制度主义不仅强调结构观的运用在制度脉络及其宏观背景下解释制度的变迁，也强调制度"顶端"对"底端"的制约、"底端"对"顶端"的反馈以及由二者利益冲突引发的交互式影响。着眼法国教育督导制度，其制度结构影响下的结构性变迁、历时性变迁和交互性变迁构成其制度变迁的动力机制。

（一）结构性动力：政治经济社会环境是变迁的基础动力

结构性变迁是指制度在既得结构制约和影响下的确立、赓续与鼎新。这种制约与影响构成了法国教育督导制度变迁的基础动力。从历史制度主义观点出发，制度的时代背景与宏观环境是把握制度发展规律的必要条件，否则分析就会因脱离所处环境而缺乏其应有的解释力。影响法国教育督导制度变迁的制度结构主要包括政治、经济与社会环境三个变量，三者共同构成了教育督导制度变迁的基础动力。

1. 法国教育行政管理体制保障了教育督导制度的发展。法国大革命以来的近代，法国政体先后经历了共和制、帝制、君主立宪制、议会共和制、总统制、半总统半议会制，可谓政体多变，迭代频繁。但无论政体如何，其教育督导制度总能够顺应时代潮流，循着自身的制度逻辑发展，均得益于高度集权、体系独立、专家管理的教育行政体制。集权管理的教育行政体制增加了权力越界成本，垂直领导的教育行政体系守护了教育权责边界，专家负责的教育行政工作保障了教育工作权威。因此即便"你方唱罢我登场"，教育行政管理体制"我自岿然不动"，得到了历届当局的认可。教育督导制度在教育行政管理体制的庇护下，亦能够在任何相对独立的教育行政体制中免受中央和地方政府的干扰，在或顺或逆的政局中不受影响，安然发展。独立发展的教育行政管理体制成为教育督导制度从奠基到健全的政治动力。

2. 法国经济发展速度制约了教育督导制度的发展速度。经济发展为教育督导制度发展提供了坚实的物质基础。政策的权威分配需要国家财政的大力支持，在法国经济快速发展和教育质量提升需求的双重作用下，教育督导制度方能得以发展。一方面，经济发展为督导机构的发展提供了物质基础。波旁王朝复辟时期，"督导继续存在，但它已不再是全能的，已经失去了对帝国大学事物和人的控制"。[1] 究其原因，经济低迷使得有关教育督导的投入捉襟见肘。第二次世界大战以后，法国经济迎来了发展的黄金时期，教育督导制度因教育投入的增加而快速发展，在教育的各个领域均衍生出对应的督导团体；另一方面，经济发展为激励督导人员提供待遇支撑。地方分权运动以来，为保证教育督导的质量，提高督学工作的积极性，法国政府致力于督导人员待遇的提升。教育督学成为一条教育从业人员提升待遇的可选之路。教育督导制度也因经济的保障而获得了发展的人才储备。

3. 法国社会对教育高质量发展的期待呼唤着教育督导制度的发展。教育督导制度的发展折射出社会对高质量教育的需求。社会对于教育质量的期待一方面来源于举办教育的学校，另一方面则来源于督导学校的制度。督导制度工作目标来源于对教育实际的回应，不同时期的督导任务反映出了社会对于教育发展制度的发展要求。历数法国教育督导的主要工作任务，其大致经历了由"督导行政部门"到"督导教职员工"再到"督导制度本身"的目标转变，体现出社会对督导需求从"关注政策落实"到"关注教师水平"再到"关注制度引领"的逐步提高。而教育督导制度与社会对高质量教育需求间的矛盾，成为促进法国教育制度变迁发展的推手。因此从社会环境角度分析，教育督导制度的变迁是社会追求

---

①Paul Gerbod.Les Inspecteurs Généraux et l' Inspection Générale de l' Instruction Publique de 1802—1882［J］.*Revue Historique*，1966（7）：79-106.

更高质量教育的结果。

（二）历时性动力：制度的自我学习与强化是变迁的内生动力

历史因果过程本身就是一种量变式积累的过程，需要足够时间的微量增加才能使某些因素凝聚在一起并产生质变式结果，社会过程只有达到了"阈值"后才会产生戏剧性的突变。即使短时间内出现个别变量之间的耦合，但其与结果间并不呈现结构性的因果关系。因此在动力机制的探寻上，既要探寻共时性结构因果关系，也要关注历时性因果关系。影响法国教育督导制度变迁的历时性动力主要体现在学习效应、协同效应和适应性预期三方面。

1. 法国教育督导制度变迁因经验积累而具有学习效应。学习效应是指制度政策出台并实行后，有效经验的累积作用于制度持续性强化的效应。法国教育督导制度变迁过程的学习效应体现在两方面：一方面，法国教育督导制度在各个历史时期的发展都是随着时代需求不断学习的结果。从肇始与奠基阶段的督导制度建立到健全与分工阶段督导团体分工协作，从丰富与发展阶段督导精准化发展到改革与探索阶段督学督政工作的再次融合，都是教育督导制度在提升教育质量方面经验积累而引发的督导工作内容的延续与拓展；另一方面，在中央政府的主导下，教育督导相关政策一经颁布，法国地方政府便会对政策进行深入学习与解读，并针对本地区的教育实际制定本地的督导制度细则。中央到地方的政策落实过程中，政策的再生产丰富了教育督导制度的内涵，教育督导制度因积累各地经验而产生学习效应，形成对现有制度的路径依赖，继而获取变迁动力。

2. 法国教育督导制度与其他制度衔接而具有协同效应。在某种制度产生后，与其相关的正式或非正式制度也接踵而至，以补充或协调该制度的顺利实施。法国教育督导制度自诞生以来，与其他制度配合衔接，产生了千丝万缕的联系。在教育系统内部，学前教育、国民教育、高等教育、职业教育等各级各类教育的各个领域制度均与法国教育督导制度衔接；在教育系统外部，法国教育督导制度还与法律、财政、人力资源、医疗卫生等制度相互协调。同时，国家又相继出台了多项与督导有关的细则条目，以协调补充教育督导制度。多种制度的协调衔接产生了巨大的协调效应，法国教育督导制度因此积累了诸多外部成本。当其他制度发生变化时，为适应社会发展需要，教育督导制度也自觉或不自觉地"因势而动"，配合其他制度的发展而发展。

3. 法国教育督导制度具有长期的适应性预期。一旦某项制度出台，各界就会对该制度产生期待；当该制度具有逐步完善的趋势时，对于该制度的期待就会逐渐增强。制度对象根据自身对制度的期待改变自身行为方式，制度因此而得以存续甚至进一步加强。法国督导制度的发展有迹可循，每一历史发展阶段都做出了具有长期适应性的制度安排。在肇始与奠基阶段，种种督导实践的结果基本符合政策的预期效果，正向反馈强化了政府深入完善教育督导制度的意愿，加强了民众对于教育督导制度的期待。经过二百余年的发展，虽然法国教育督导制度不止一次遭到批评与诟病，但法国各界经过讨论后最终明确：教育督导制度的存在理所当然，它是法国教育制度中必不可少的环节，它的存在必将推动法国教育事业的发展。这种适应性预期大大推动了法国教育督导制度的延续发展和统筹完善，成为重要的历时性变迁动力。

（三）交互性动力：制度主体间基于利益追求的互动角逐是变迁的直接动力

制度与相关行动者[①]（中央督导部门、地方督导部门）间的交互行为是一个复杂的过程，单独从制度的顶端或底端着眼考察，都不足以了解制度变迁的全部内容。历史制度主义偏好互动路径的考察，相关行动者为追求自身利益而趋利避害，各自利益目标与追求互动推动着教育督导制度的变迁。在制度与行为的交互过程中，历史制度主义采用"算计路径""文化路径"两种解释方式解决制度的具体互动过程。"算计路径"强调制度为主体提供有关其他主体行为的确定性程度，制度主体权衡各方案的利弊，完成自我偏好的最大化实现。"文化路径"认为主体的行为表现是制度筛选后的成果，主体对形势的解释和行动由制度提供认知模板。

1. 中央督导部门是教育督导制度政策的主要制定者和推动者，决定制度的顶层设计。鉴于法国教育行政制度的独立与强势，中央督导部门塑造了教育督导的组织策略和政治策略，甚至影响了教育督导制度的话语体系和自我想象。按照"算计路径"的观点，中央督导部门的利益偏好在于必须保证法国教育质量，为当局培养合格的接班人。而在"领导与被领导"的非对称权力关系影响下，法国中央督导部门为保证自身利益最大化，利用占据优势的权力关系，通过建立一套由中央垂直领导的教育督导制度，确立了中央督导部门对全法国教育质量的绝对把控。随着制度外部环境的变化，中央督导部门不断推进教育督导制度的变迁。按照"文化路径"的观点，教育代表着社会主流观念形态，必定会折射出某个阶级的利益与思想。一定程度上，代表当权者思想的价值定位限定了教育督导制度的价值偏好。为回应不同时期的时代呼唤，中央督导部门不断调整其意识形态偏好，发挥其能动性，使得教育督导制度的指导思想和工作任务经历了深刻的变迁。

2. 地方督导部门是教育督导制度政策的主要执行者，助力制度的落实发展。按照"算

[①] 教育督导制度内部的督导工作人员也是推动法国教育督导制度变迁的行动主体，但是督导工作人员与教育督导制度之间的互动并非制度变迁的主要动力来源，因此在这里不做分析。

计路径"的观点，法国教育行政部门间的自上而下垂直领导的行政管理体制框定了地方督导部门对于教育督导制度的行为选择，地方督导部门必须贯彻落实中央督导部门的意志，无条件接受并执行上级乃至中央督导部门改革的思想、方针、政策。与此同时，地方督导部门亦有促进地方教育事业发展等自我利益的需求。地方督导部门除了履行中央督导部门的指令之外，也会发挥主观能动性，推动制度在区域范围内创新，以满足地方教育事业的需要。这些区域经验的积累，也为中央推动教育督导体制改革变迁提供了参考依据。按照"文化路径"的观点，一方面，不同制度文化背景影响地方决策者对教育督导的认知——地方文化背景中重视教育督导的程度决定了教育督导制度变迁的速度。若地方重视教育督导的发展，教育督导制度变迁的决策安排周期则会相应缩短。另一方面，不同制度文化背景影响着地方决策者的教育督导行为。良好的制度环境对地方决策者具有方向引领的作用。地方决策者会根据其环境自觉或不自觉地做出制度创新的决策安排，以促进教育督导制度朝本土化纵深发展。

四、结论与启示

免费（Gratuité）、世俗（Laïcité）、自由（Liberté），是共和国学校建设中长期以来的奋斗原则和理想。这些符号很强烈，能唤起人们的激情，使教育体制成为真正地为公共服务的教育。[①]法国教育督导制度在结构性、历时性与交互性动力的作用下交织共轭，在二百二十年间得以不断变迁发展，形成了督导体制完备、督导法律健全、督导内容全面、督学队伍专业、督导结果权威的体系，助力法国教育质量提升。历史制度主义总是或有意或无意地回应其对当下问题的关切，与时代同频共振。借鉴法国经验，结合《意见》中提出的"机构不健全、权威性不够、结果运用不充分"等问题，我国教育督导制度应在厘清本国教育督导制度变迁动力机制的基础上勇于打破原有的路径依赖，走出"温水煮青蛙"式的制度舒适区，把握制度变革的关键节点，使教育督导"有位""有威""有为"，为新时代我国教育改革发展赋能。

1. 调整督导机构设置，使教育督导"有位"。（1）进一步深化教育督导体制改革，强调教育督导的独立性；优化教育督导机构设置，创新教育督导的管理方式，独立开展督导工作。（2）明晰教育督导职能，协调教育督导委员会成员单位参与督导。强化教育督导的综合功能，进一步形成各部门共商共谋的联动机制；探索教育搭台、多方参与的多元

---

①Frédérique Thomas.Les Principes Fondamentaux du Service Public d'Éducation［EB/OL］.［2023-01-03］.https：//www.capconcours.fr/donnees/enseignement/systeme-educatif/grands-principes-acteurs-reformes-organisation/les-principes-fondamentaux-du-service-public-d-education-ficpra08005.

化督导格局。（3）进一步落实"管办评"分离政策，理顺督导机构与教育行政部门的关系。引入第三方机构完成评估监测的工作，将教育督导的评价权力从教育行政权力中剥离出来，规范地方教育督导机构的设置与管理。

2. 注重提升工作权威，使教育督导"有威"。（1）提升法律制度权威。加强顶层设计，重视督导法律建设。修订原有《教育督导条例》，积极落实《教育督导问责办法》，出台省级督导细则，中央与地方统筹协调，形成上下联动、左右衔接、内外互通、协调统一的督导法律体系。（2）提升督导队伍权威。规范督学队伍的录用方式，完善准入机制；提高督学队伍的学历水平，优化学历结构；完善督学队伍的培训体系，提升专业素养，不断提高督导人员的理论水平与实践能力。（3）提升督导道德权威。提高社会对于教育督导工作重要性的认知，不断提高教育督导的公信力，使社会对于督导的认知从强制约束性行为转化为自发内生性行为。通过提升法律制度权威、督导队伍权威、督导道德权威满足新时代督导工作需要，使教育督导工作"长牙齿"。

3. 强化督导结果运用，使教育督导"有为"。（1）学校要将督导评价结果作为提升治理水平的重要参考。各级各类学校要将督导评价结果作为学校提升教育教学质量、提升学校内部治理能力的重要指导，作为办学情况诊断、学校评价乃至校内决策的重要参考。（2）教育行政部门要将督导评价结果作为考核认定的重要依据。各级教育行政部门要将督导评价结果作为年度考核、评优晋级、选优树模、政策支持、资源配置等方面工作的重要依据。（3）政府要明确督导评价结果通报奖惩制度。市、县政府每年应通报一次督导评价结果，并对评价结果较好的学校进行表彰奖励，对评价未达标的学校予以限期整改提升。对整改不力的，要依据《教育督导问责办法》严肃问责。（4）教育督导部门要将优秀督导评价结果进行宣传推广。对于评估结果优秀、整改成果显著的学校，省级教育督导部门应向上级部门推荐并宣传推广，发挥示范引领作用。

实践操作篇

关于加快陕西省高等教育"双一流"建设的调研报告

2015 年 10 月，国务院印发《统筹推进世界一流大学和一流学科建设总体方案》（以下简称《总体方案》），这标志着我国高等教育"双一流"建设正式启动，也预示着我国高等教育的发展战略由上世纪 90 年代的"211"工程、本世纪初的"985"工程过渡到了新时代以冲刺世界一流大学和一流学科为目标的"双一流"建设阶段。2017 年 9 月，教育部、财政部、发改委公布第一轮"双一流"建设高校及建设学科名单；2022 年 2 月，公布第二轮"双一流"建设高校及建设学科名单公布。陕西虽地处我国西北部，但高等院校数量众多、层次较高，其在国家高等教育的整体布局中的战略地位举足轻重。那么，经过七八年来的两轮建设，我省高等教育"双一流"建设的具体成效如何？目前的现状和短板是什么？今后需要做出怎样的努力和改进？对此，本文在深入调研的基础上报告如下。

一、陕西省"双一流"建设的基本历程和建设成效

（一）基本历程

我省"双一流"建设分两轮推进，第一轮在国务院《总体方案》公布之后，于 2016 年 8 月由省委办公厅、省政府办公厅印发了《关于建设"一流大学、一流学科，一流学院、一流专业"的实施意见》，正式启动了全省的"双一流"建设工作。第二轮于 2022 年 9 月由省委办公厅、省政府办公厅印发了《陕西省"一流大学、一流学科"建设支持方案》（以下简称《建设支持方案》），持续推进了第二轮"双一流"建设工作。

第一轮我省提出的"四个一流"建设是在参考国家"双一流"建设目标的基础上结合陕西实际而做的具体分解和细化。其中，一流大学建设对标的是世界一流和国内一流，即支持 1~3 所高校建设成为世界一流大学，5~7 所高校建设成为国内一流大学；一流学科建设对标的是世界一流和全国一流，即支持若干个学科进入世界一流行列，支持 30 个学科进入国家"一流学科"建设计划，培育 30 个全国一流学科，持续建设一批优势特色学科。一流学院和一流专业是我省独自提出来的，其目标是把我省的一批应用型本科院校和高职院校及其所涵盖的一批专业建成国内一流，具体目标为：建成 5 所国内一流应用型本科院校，建成 3 所、培育 5 所国内一流高职院校，建成 3 所、培育 3 所国内一流民办高校；建设 200 个专业（其中高职 50 个）保持全国领先水平，培育 500 个专业（其中高职 150 个）

保持行业、区域领先水平。我省"四个一流"建设在管理流程和组织机制上与国家"双一流"政策保持一致，包括组建专家委员会论证建设标准、遴选名单、动态管理以及制定相应的保障措施。

第二轮重点聚焦推进一流大学和一流学科建设

1. 健全了高位推进机制。省委、省政府高度重视、多次召开专题会议进行研究，并成立了由省长任组长、省级有关部门主要负责人为成员的省"双一流"建设工作领导小组，协调推动"双一流"建设的重大规划、重大政策和重要工作安排。

2. 明确了分层分类建设的具体目标。将28所高校54个学科按照国家"双一流"建设高校、国家"双一流"培育高校、省级"双一流"培育高校三个层次进行分层建设，逐次推进，并指导高校按照一校一案、一校一策编制建设方案。对已进入国家"双一流"建设范围的8所高校的20个学科和已拟定的具有发展潜力的14个学科（具体名单见附表1），高端对待，重点支持，建强"国家队"；将具有冲刺潜力的5所省属高校和在陕的2所军队院校的7个学科（具体名单见附表2），纳入国家"双一流"培育高校和学科，厚实储备，倾力支持，培育"后备军"；将13所省属高校具有鲜明特色的13个学科（具体名单见附表3），纳入省级"双一流"建设高校和学科，凝练特色，补齐短板，大力加强内涵建设。上述措施有效地引导各高校在不同层次、不同领域办出特色、争创一流，以形成高原崛起、高峰凸显的一流学科梯队。

3. 强化政策驱动引领。在2022年我省出台的《"双一流"建设支持方案》中，提出了11条重大支持举措，在制度安排、政策保障、环境营造、经费投入、资源配置、平台建设等方面给予全力支持和倾斜，形成了全方位的支持保障体系，尤其是加大了经费支持力度，提出"十四五"期间每年再新增2.8亿元专项资金用以重点支持"双一流"建设。

4. 加强过程管理与评价。省教育厅、财政厅制定了《陕西省高校"一流大学、一流学科"建设补助资金使用管理办法》，对建设资金的使用管理进行了明确的规范，对开展中期、终期绩效评价作出了明确的要求。

（二）建设成效

1. 学科建设水平得到一定提升。"双一流"建设启动以来，我省高校及学科发展进步的速度明显加快，学科建设水平显著提升。在第二轮评审中，我省有8所高校、20个学科入选国家"双一流"建设名单，学校和学科总数分别居全国第4、第7，西部第1。特别是新增了响应国家重大发展战略需求的前沿新兴学科，优化更新的学科专业数占比近40%。同时各高校在建设方案中更加重视推进科技成果转化，积极融入国家重大战略和地方经济社会发展需求。在 2016 年教育部启动的第四轮学科评估^① 中，我省有 27 个学科进入前 10%，94 个学科进入 ESI^② 前 1%。在已进入国家"双一流"建设序列的高校中，有 60 个学科进入 ESI 国际学科排名前 1%，8 个学科进入 ESI 国际学科排名前千分之一，西安交通大学的工程学进入前万分之一。

2. 博士点、硕士点数量明显增加。截至 2022 年，全省普通高校拥有博士学位授权一级学科点 199 个，比上年增加 20 个；博士学位授权二级学科点（不含一级学科覆盖点）39 个，比上年增加 3 个。硕士学位授权一级学科点 489 个，比上年增加 33 个。另有科研机构拥有硕士学位授权一级学科点 17 个，硕士学位授权二级学科点（不含一级学科覆盖点）26 个；博士学位授权一级学科点 2 个，博士学位授权二级学科点（不含一级学科覆盖点）5 个。

3. 国际交流与合作不断加强。（1）中外合作办学和科研机构不断增多。2016 年西北工业大学伦敦玛丽女王大学工程学院正式获批成立，成为西北地区第一所中外合作办学机构。西北农林科技大学的中外科研合作平台自 2017 年之后激增，仅 2018 年一年就成立了 10 个中外合作交流平台。（2）聘请国外知名专家、学者为学校名誉教授或客座教授的数量明显增多。如 2017 年西北工业大学与中国宇航学会共同成立的"一带一路"航天创新联盟，聘请了包括诺贝尔奖获得者在内的 200 余名国际专家学者。（3）中外学生交流活跃，国际化人才的培养模式不断拓展。如西北工业大学实施了"一境四同"（中外学生同堂授课、同卷考试、同室科研、同班活动）模式，陕西师范大学、长安大学等与"一带一路"沿线国家的交流活动明显增强。

4. 治理体制机制不断健全。经过两轮的建设与发展，我省"双一流"建设的目标更加明确，组织机制更加健全，保障措施更加到位。（1）在"一流大学"和"一流学科"的支持方案中将建设任务具体分解到省直相关部门和各高校，压实了部门和高校的责任，保障了政策落实的组织力和执行力。同时，建设任务以计划表和项目书的形式呈现，为"双

---

① 学科评估是教育部学位与研究生教育发展中心按照教育部和国务院学位委员会颁布的《学位授予和人才培养学科目录》，对具有研究生培养和学位授予资格的一级学科进行的整体水平评估。此项工作于 2002 年首次在全国开展，至 2017 年已完成四轮评估。目前，第五轮学科评估工作已经结束，但名单不公开发布。然而可以明确的是，在第四轮评估结果基础上，我省又有一批具有实力的学科跻身第五轮评估 A 等次行列。

② 基本科学指标数据库（Essential Science Indicators，简称 ESI）是由世界著名的学术信息出版机构美国科技信息所（ISI）于 2001 年推出的衡量科学研究绩效、跟踪科学发展趋势的基本分析评价工具，现已成为世界范围内普遍用以评价高校、学术机构、国家 / 地区国际学术水平及影响力的重要评价指标工具。在教育部开展的高校第三、四轮学科评估活动中，都将"ESI 高被引论文"作为学术论文质量指标的考量内容。

一流"建设提供了详细的路线图。（2）"十四五"期间省级财政对"双一流"建设的支持力度明显加大，财政投入比"十三五"期间翻了一番多。"十三五"期间，省财政安排12亿元支持"双一流"建设；"十四五"期间，支持额度将达到43.7亿元。（3）政策支持的精准度进一步提升。按照"分层分类＋精准支持"的原则，将不同发展水平的高校分为不同建设层次，制定差异化的建设目标，实行不同等次的财政支持力度。具体来讲，对已列入国家"双一流"建设的学科，按照每个学科每年500万元标准给予支持；对有望冲刺下一轮"双一流"建设的学科，按照每个学科每年3000万元标准给予支持；对有发展潜力的建设学科，按照每个学科每年2000万元标准给予支持。

5. 高校"双一流"建设的积极性明显增强。调研发现，众多高校充分认识到了"双一流"建设的重要性，建设的动力显著增强。（1）学校党委、行政高度重视，普遍将"双一流"建设作为学校的龙头建设来抓；（2）已进入国家"双一流"建设序列的高校积极组建了"双一流"建设办公室，专门负责统筹推进学校的"双一流"建设工作；（3）各学校纷纷出台了本校的"双一流"建设规划，对在建和拟建的一流学科提出了明确的目标任务和时限要求，并在人力、经费、设施等方面给予了充分支持和保障。

二、陕西省高校"双一流"建设存在的问题及原因分析

我省的"双一流"建设虽取得一定的成绩，但与党中央和全省人民的期盼与要求相比，与我省作为高等教育大省、强省和重镇的客观地位相比，尤其是与一些先进省份的发展速度与步伐相比，仍存在不小的差距。

（一）整体发展不均衡

1. 学科门类发展水平不平衡，存在着"工强理弱文落后"的严重"偏科"现象，尤其是人文社科类学科建设水平明显落后，这与我省作为文化大省和红色资源富集省份的地位实不相符。

2. 省属高校竞争力普遍较弱。我省现有6所部属高校，49所普通本科高校，但在"双一流"建设名单中，仅西北大学1所省属高校入选。此外，在教育部一流本科课程"双万计划"[①]立项的一流课程中，省属高校立项也仅占全省立项数的37%，这反映出省属高校的学科建设水平及教育教学质量普遍较弱。

3. 各个高校的重视程度参差不齐。综观我省入选国家"双一流"建设高校、培育高校

---

① 一流本科课程"双万计划"，亦称"金课建设计划"，指教育部实施一流本科课程建设万门左右国家级一流本科课程和万门左右省级一流本科课程的计划。

及相关学科的名单，其中一些省属高校仍未出台"双一流"建设整体方案，一些学校一流学科建设目标的时间节点与省上规划不一致，还有一些学校"双一流"建设办公室的网站信息长期不更新。

4. 博士、硕士学位授权学校和学科的地域分布不平衡。目前，我省拥有博士学位授权机构 17 所[①]、一级学科点 199 个，拥有硕士学位授权高校 27 个、一级学科点 489 个。然而，其在区域分布上存在着极大的不平衡性，拥有硕士以上授权的高校和学位点关中地区分别为 24 个和 758 个、陕南地区分别为 1 个和 20 个、陕北地区分别为 2 个和 42 个，其中关中地区拥有硕士以上授权的高校和学位点又主要聚集在西安市（授权高校 21 个、学位点681 个）。

分析上述问题生成的原因，一是与国家早期在我省理工医农文等学校的布局结构有关；二是与省属高校办学时间短、基础差、底子薄有关；三是与省属高校长期以来办学经费投入不足有关；四是与部分省属高校思想观念保守、故步自封、满于现状，进取动力和创新意识不强有关。

（二）资源支撑力仍然不强

人力、物力、财力是支撑"双一流"建设的基础。从纵向比来看，我省第二轮"双一流"建设的支持力度比第一轮明显增强，但从全国范围内的横向比来看，支撑力度仍存在差距。

1. 经费支持力度不强。尽管"十四五"期间省财政投入高校"双一流"建设的资金将达到 43.7 亿元，但与相关省市相比仍有较大差距。例如，与我们相邻的湖北省每年安排10 亿元专项资金支持省属高校一流学科建设，河南省在"十四五"期间将投资 55 亿元支持 7 所高校开展一流学科创建工作。

2. 人才支撑力不足。从高层次人才来看，截至 2022 年底，我省高校共有"两院院士"48 人，国家级人才 847 人，省级人才 1342 人、创新团队 75 个，二、三级教授 1474 人。从师资队伍的学历结构来看，部属高校教师博士率已接近 100%，省属高校近 5 年新进的8000 余名教师中博士率也达到了 72%。这一状况在西部地区具有比较明显的优势，但是与东部沿海省市相比则呈现出明显的劣势。目前在人力资源方面阻碍我省"双一流"发展的关键因素是，作为学科核心支撑力的拔尖创新人才少，笼罩群雁、引领学科发展的领军人才少。

分析上述状况形成的原因，一是与我省经济底盘小、财政收入少而高校数量众多所导

---

① 17 所博士学位授权机构中有 15 所为在陕高校，还有 2 所为在陕科研机构。

致的"小马拉大车"现象有关；二是与我国东西部地区经济社会发展水平存在严重落差所导致的人才吸引难、稳定难以及"孔雀东南飞"现象有关；三是与我省筑巢引凤、延揽人才的软性环境不佳和教育投资观念不够解放有关。

（三）一流学科建设优势不明显

在第一轮"双一流"建设名单中我省有 17 个学科入选一流学科建设，第二轮我省有 20 个学科入选一流学科建设，虽取得了一定进步，但步履仍显缓慢。

1. 学科建设水平排名与部分省市差距呈现拉大趋势。在第二轮"双一流"名单中，我省虽有 8 所高校的 20 个学科入选，但每所高校平均入选学科数仅 2.5 个，居全国第 15，低于全国平均数 3.45 个。上海、江苏、北京 3 省市的入选学校、学科数都是我省的 2 倍以上；广东入选学校数与我省持平，但入选学科数比我省多；湖北、浙江的入选学科数也比我省多。同时，综观教育部第四轮学科评估，江苏省第二轮仅比我省多 11 个 A 类学科，第四轮则将这一优势扩大至 53 个；四川省第二轮比我省少 5 个 A 类学科，第四轮则与我省齐平（在教育部第四轮学科评估中，我省高校进入 A 类学科的分布状况，见附表 4）。此外，作为我省高等教育"龙头"的西安交通大学有 8 个学科入选"双一流"名单，而上海交大则有 18 个学科入选；西北工业大学有 3 个学科入选，而同类型的哈尔滨工业大学、北京航空航天大学则均有 8 个学科入选。

2. 部分高校的优势特色学科建设水平不高。例如，以农林学科为主要特色的西北农林科技大学的林学和农学尚未进入国家"双一流"建设名单，以教师教育为主要特色的陕西师范大学的教育学科也与一流学科无缘。以上状况反映出我省高校"双一流"建设在横向比上呈现出"前甩后追"的严峻态势。

（四）社会服务能力不强

社会服务是大学的基本职能之一，而大学社会服务职能的发挥必须以学科建设水平和科技创新能力为支撑。在社会服务功能发挥方面，我省高校与东部省市的高校相比也存在着明显差距。尽管截至 2022 年我省高校的科研经费投入较 2016 年翻了一倍多，专利授权数量也增长了 2 倍以上，但相较于北京、上海、江苏、浙江、广东等地的高校，我省高校在对接社会需求、承担国家重大战略工程、服务和促进地方经济社会发展等方面从观念意识到能力水平均存在较大差距。同时，长期缺乏促进产、学、研相结合的体制机制和相应平台，市场主体与高校和科研单位的"两张皮"现象严重存在，这种状况直到前两年我省"秦创原"创新驱动平台的创立后才有了明显改观。

三、加快陕西省高等教育"双一流"建设的对策与建议

通过对我省高等教育"双一流"建设的客观现状、存在问题及生成原因的剖析，结合当前我国高等教育发展的趋势和本省实际，我们对加快陕西高等教育"双一流"建设提出以下建议。

（一）坚持政策驱动，进一步发挥政府的统筹协调作用

推进高等教育的"双一流"建设，绝不能仅靠单个高校、单个学科散兵游勇、各自为战、单兵突进，而必须发挥省级政府在总体规划、政策供给、资金投入、绩效评估等方面的统筹协调作用，这也是许多先进省市的普遍经验和做法。目前，我省已经成立了由省政府主要领导和分管领导为正副组长、省级有关部门负责同志为成员的"双一流"建设工作领导小组，并形成了政府主导、部门协同、高校和社会参与的联动机制，这种高位推进的体制机制非常好。

目前，需要注意坚持和改进的是，一方面应充分运用好这一体制，通过定期召开会议、听取汇报、检查评估等，及时分析和研判全省高校"双一流"建设的进展情况，对发现的问题、存在的困难、遇到的矛盾等予以坚强有力的指导推动和协调解决。另一方面，要根据高校在建设过程中面临的种种实际障碍和需要，及时地推进制度创新，优化政策供给。根据调研中高校的普遍诉求，建议进一步完善以下政策供给：

1. 应在省级层面出台高校科研经费管理办法，通过该办法出台，切实扩大高校在科研项目管理和科研经费使用方面的自主权，尤其是要扩大课题负责人对经费使用的自主权，建议对于人才类项目和基础研究类项目应实行以成果验收为基本准则的经费包干制。

2. 应制定出台在陕部属高校与省属高校之间实施对口支援的具体方案，明确对口支援学校和受援学校的具体名单，以及双方在学科合建、科研互动、平台共享、研究生联合培养、干部挂职锻炼等方面的基本任务，以此带动省属高校的学科建设水平和教育教学质量快速提升，以形成我省高校学科群体蓬生勃长、繁荣茂盛的雨林生态和共生效应。

（二）完善顶层设计，进一步优化拟重点建设的学科布局

对"十四五"期间拟重点建设、冲刺"双一流"的高校和学科，我省已在《建设支持方案》中做出了具体规划和部署。目前，应按照规划既定的目标及划分的三个层次，遵循"一校一策""一学科一方案"的原则认真加强建设、扎实扩充内涵，确保各项指标任务逐项落实和完成。同时，根据如前所述的我省在学科布局结构上存在的突出短板和缺陷，遵循"扬优势、补短板"的原则，建议今后应在重点学科建设的思路上作出如下调整：

1. 在继续确保工科优势的基础上应充分重视和加强理科建设。我省高等院校学科体系"工强理弱文落后"的"偏科"格局太过严重，这种状况既不利于高等教育"四大功能"的系统发挥，也不利于工科自身的健康成长。科学与学科发展的规律表明，只有坚持基础理论学科和应用技术学科协同发展、协调并进，才能获得良好的学科建设成效，也才能取得科学技术上的重大进步与突破。为此建议，对已进入教育部学科评估 A 档次和具有发展潜力的西安交通大学的数学、物理学，西北大学的化学等理科学科予以重点支持建设。

2. 应大力加强哲学社会学科建设。理工科学解决的是工具理性问题，社会科学解决的是价值理性问题。历史经验表明，经济发展、社会进步、文明生成与提升，既要靠自然科学的创新驱动，也要靠社会科学提供价值导向。步入新时代以来，习近平总书记高度重视哲学社会科学发展，先后作出一系列重要讲话和重要指示批示，明确提出要大力加强和繁荣哲学社会科学发展。我省在资源禀赋上拥有丰富的历史遗产、深厚的文化沉淀、富集的红色资源等独特优势，具备发展哲学社会科学的丰厚土壤和优渥条件，加之人文社会科学发展不需要太大的资金投入和建设成本。因此建议，对已进入教育部学科评估 A 档次和具有发展潜力的西北大学的理论经济学、陕西师范大学的教育学、西安交通大学的马克思主义理论和应用经济学以及西安美术学院的美术学等予以重点支持建设。

3. 应支持一些行业院校建强建优自身的特色优势学科，如应重点支持西北农林科技大学的林学、农学冲击一流学科，支持陕西师范大学的教育学冲击一流学科。

（三）促进产教融合，深度融入"秦创原"创新驱动平台

长期以来，人们对陕西经常发出这样的叩问：一个拥有 50 所本科高校、50 所大型科研机构、50 万科技人才的省份，为什么经济总是振兴不起来，GDP 总是在全国的中游徘徊？最根本的原因就在于我省的产、学、研长期以来楚河汉界、相互割裂，从而使科技作为第一生产力的效能和威力没有得到充分释放。针对这一问题，2021 年 3 月省委省政府大刀阔斧地启动了秦创原创新驱动平台建设并予以正式授牌成立。创设该平台的目的就在于促进产、学、研、用有机结合，以打通我省科教优势转化经济社会发展新动能的"堵点"。从该平台创建两年多来的运行效果看，其在促进校地校企合作、共建技术研发平台、推动科技成果转化、培育创新人才等方面已取得了明显的成效。然而调研发现，目前全省高校融入该平台的状况很不平衡，除部属高校和一些高水平的省属大学外，许多省属院校对融入该平台重要性的认识并不到位，参与的积极性也不高。为此提出了以下三点建议：

1. 应成立省产教融合教育指导委员会，以具体领导、指导和促进高校积极地对接和融入秦创原创新驱动平台。

2. 应根据第四轮产业革命即将到来的现实，积极探索建立未来技术学院、未来研究院和现代产业学院。

3. 在宏观治理和评估导向上，应进一步强化高等院校服务促进地方经济社会发展的基本职能。

（四）强化人才支撑，努力打造高水平的师资队伍

没有一流的学科就没有一流的大学，而没有一流的人才就没有一流的学科。因此加强"双一流"建设，归根结底表现为加强人才队伍的建设。在人才队伍建设方面，党和政府已经出台了许多政策和项目，我省也有不少创新性的制度和举措。目前，一方面要把这些人才政策和项目运用好、贯彻好，使之真正发挥作用；另一方面，针对在调研中所发现的问题，提出以下三点建议：

1. 应指导高校坚持"引进"与"稳定"并重。目前不少高校存在的一个普遍现象是，只重视引进人才而忽视稳定人才，其结果使本校辛辛苦苦培养和成长起来的人才流失了，而且流失人才的质量并不比引进的差。这种前门引进、后门流失，甚至"引进了女婿气走了儿"的现象要坚决杜绝。

2. 要更加重视聚拢人才的人文软环境建设。调研发现，我省高校许多优秀人才的"跳槽"流失并非因经济利益驱动，而是缘于得不到应有的尊敬、发挥不了应有的作用、人际关系紧张抑或政治文化生态不良。因此，应引导高校在吸引和稳定人才问题上，不仅要注重"五子登科"（票子、房子、帽子、妻子、孩子）式的物质待遇改善，更要重视优化人文环境、强化人文关怀，努力做到感情留人、事业留人、文化留人。近两年我省大力倡导营商环境改善，其实在人才队伍建设上也应该大力倡导"引人""稳人"环境的改善，只有当尊重知识、尊重人才在三秦大地成为一种浓郁的社会风尚时，陕西才能真正成为聚拢人才的凹地。

3. 应鼓励高校在招聘人才、延揽人才的工作中要加快办事速度、提高办事效率，特别是对一些高层次拔尖人才，要做到特事特办、急事急办。

（五）加强管理评估，增强高校学科建设的内生动力

高等院校是学科建设的主体，因此加快我省"双一流"建设最根本的是调动广大高校的积极性和能动性，增强他们的责任感和紧迫感。如前所述，自我省"双一流"建设启动以来，多数高校积极响应、迅速行动，促进了学科建设水平的快速提升。但调研发现，仍有不少省属高校紧迫感和责任心不强，存在着得过且过、顺其自然的思想。为此提出以下三点建议：

1. 应进一步强化省属高校的学科建设意识。要通过宣传引导和强化管理，使广大省属本科院校充分认识学科建设在学校事业发展中心的龙头地位，号召其以加强学科建设带动学校办学水平全面提升、促进教育教学高质量发展。针对目前一些省属高校学科建设工作十分不力的实际，建议省委在给省属高校配备领导班子时，至少应在书记和校长之间选配一个懂学科、会抓学科的人。

2. 应鼓励省属高校大力加强科学研究。开展科学研究、提高教师的学术水平是促进学科建设的根本途径。调研发现，有不少省属本科院校不能正确认识科研与教学的关系，总认为自己属于教学为主型学校，只要搞好专业建设、课程建设、常规管理等教学工作即可，因而将科研工作置于可有可无的状态。其实这种观念是极其错误的。首先，只要是大学尤其是本科以上高校，都有开展科学研究的基本职能。其次，就教学工作而言，大学的课堂也是内容为王、知识为王、学术为王，大学教师应该是学者而不是教书匠。如果大学教师不搞科研、不学无术，就不可能把最前沿的科学知识和最先进的科学观念带进课堂，继而就无法使学生获得思想启蒙和智慧启迪，也就不能从根本上提高教学质量。因此欲推动"双一流"建设，就必须大力增强高校的科研意识和科研动力，广泛提高科研学术水平。

3. 应大力加强省属高校领导班子干事创业、锐意进取的工作动力。加强学科建设是一项十分复杂、繁重、艰巨的工程，需要高校领导班子率领广大教职工付出艰苦卓绝的努力。为此，就必须进一步强化高校领导班子的担当作为意识，克服安于现状、畏葸不前的"不作为"或"慢作为"思想。应该坚信，只要全省高校的领导班子能够真正做到以上率下、绾裤涉水、撸袖实干、踔厉奋发，就一定能够打开我省"双一流"建设的新局面。

附表1

省级"双一流"建设第一层次名单

学科类别	入围学校	入围学科
已进入国家"双一流"建设范围的学科	西安交通大学	力学、机械工程、材料科学与工程、动力工程及工程热物理、电气工程、控制科学与工程、管理科学与工程、工商管理
	西北工业大学	机械工程、材料科学与工程、航空宇航科学与技术
	西北农林科技大学	植物保护、畜牧学
	西北大学	考古学、地质学
	西安电子科技大学	信息与通信工程、计算机科学与技术
	长安大学	交通运输工程
	陕西师范大学	中国语言文学
	空军军医大学	临床医学
已拟定的具有发展潜力的学科	西安交通大学	数学
		物理学
		马克思主义理论
		核科学与技术
	西北工业大学	计算机科学与技术
		兵器科学与技术
	西北农林科技大学	农业资源与环境
		农业工程
	西安电子科技大学	电子科学与技术
		网络空间安全
	陕西师范大学	教育学
	长安大学	地质资源与地质工程
	西北大学	化学
		理论经济学

附表 2

省级"双一流"建设第二层次名单

高校类别	建设高校	建设学科
省属高校	西安理工大学	水利工程
	西安建筑科技大学	建筑学
	陕西科技大学	轻工技术与工程
	西安科技大学	安全科学与工程
	西安美术学院	美术学
军队院校	火箭军工程大学	控制科学与工程
	空军工程大学	电子科学与技术

附表 3

省级"双一流"建设第三层次名单

建设高校	建设学科
西安石油大学	石油与天然气工程
延安大学	马克思主义理论
西安工业大学	光学工程
西安工程大学	纺织科学与工程
西安外国语大学	外国语言文学
西北政法大学	法学
西安邮电大学	信息与通信工程
陕西中医药大学	中医学
陕西理工大学	生物学
西安财经大学	统计学
西安音乐学院	音乐与舞蹈学
西安体育学院	体育学
宝鸡文理学院	化学

附表4

在教育部第四轮学科评估中，我省高校进入 A 类学科的分布状况

科门类	入选学科	入选高校及等次
人文社科类	理论经济学	西北大学 A-
	应用经济学	西安交通大学 A-
	马克思主义理论	西安交通大学 A-
	考古学	西北大学 A+
理学	数学	西安交通大学 A
工学	力学	西安交通大学 A
	机械工程	西安交通大学 A
	材料科学与工程	西北工业大学 A
		西安交通大学 A-
	动力工程及工程热物理	西安交通大学 A+
	电气工程	西安交通大学 A+
	电子科学与技术	西安电子科技大学 A+
		西安交通大学 A-
	信息与通信工程	西安电子科技大学 A
	控制科学与工程	西安交通大学 A-
	计算机科学与技术	西安交通大学 A-
		西北工业大学 A-
		西安电子科技大学 A-
	航空宇航科学与技术	西北工业大学 A+
农学	林学	西北农林科技大学 A-
医学	口腔医学	空军军医大学 A+
管理学	管理科学与工程	西安交通大学 A-
	工商管理	西安交通大学 A
	公共管理	西安交通大学 A-
艺术学	美术学	西安美术学院 A

注：教育部第五轮学科评估已于去年出来，但是一直没有公布结果，因此不便于列入附表。

新高考背景下陕西省高中阶段教育教学面临的对策研究①

2014 年 9 月，国务院颁布了《关于深化考试招生制度改革的实施意见》，提出"2014年启动考试招生制度改革试点，2017 年全面推进，到 2020 年基本建立中国特色现代教育考试招生制度，形成分类考试、综合评价、多元录取的考试招生模式"。随后，在教育部统一部署下，按照"试点先行，批次推进"的要求全国各省逐次展开考试招生制度改革工作。截至 2022 年，全国已有 29 个省市分五批启动了新高考改革试点，前三批试点省市已实现平稳落地，第四批将于 2024 年落地。2022 年 5 月，教育部将陕西、山西、内蒙古、河南、四川、云南、青海、宁夏等 8 省区作为第五批改革省份，要求"自 2022 年秋季入学的高一年级学生起，启动高考综合改革"。以上 8 省区本着"边试点、边总结、边完善、边推进"原则，全面启动了高考综合改革工作。那么一年多来，我省新高考改革的进展状况究竟如何？其给高中阶段的教育教学带来了哪些挑战、面临着哪些问题？需要进一步完善的措施是什么？对此，受省政府参事室委托，本课题组进行了深入的调查研究，现将调研结果报告如下。

一、我省新高考改革推进的基本情况与成效

（一）政策出台情况

自 2014 年国务院《关于深化考试招生制度改革的实施意见》下发后，省教育厅于2015 年印发了《陕西省普通高等职业教育分类考试招生指导意见》（陕教生〔2015〕2 号），首先对高职院校招生制度改革做出了动员和部署。随后省政府相继出台了《关于印发推进考试招生制度改革实施方案的通知》（陕政办发〔2016〕25 号）、《关于新时代推进普通高中育人方式改革的实施意见》（陕政办发〔2020〕34 号）、《关于进一步加强高考综合改革基础保障条件的指导意见》（陕政办发〔2021〕28 号）等一系列文件。以上文件就如何深化我省高考综合改革、完善相关保障措施等作出了总体部署和规定，为改革工作的顺利进行奠定了坚实基础。2021 年 5 月，我省向教育部报送了《陕西省教育厅关于高考综合改革基础条件自评情况的报告》，申请于 2022 年启动高考综合改革，2025 年整体实施。2021 年 12 月，教育部对我省高考综合改革的基础条件进行了调研指导，并给予了充分肯定。

---

① 这是 2023 年作为省政府参事为陕西省政府提交的调研报告，陕西省省长赵刚、常务副省长王晓做出肯定性批示。

2021年，省教育厅印发了《陕西省普通高中新课程新教材实施意见》（陕教〔2021〕199号），将推进选课走班、深化课堂教学改革、完善学生综合素质评价制度等作为具体落实的主要任务，并于2022年秋季学期在普通高中一年级全面实施新课程新教材。2022年，省政府下发了《陕西省深化普通高等学校考试招生综合改革实施方案》（陕政发〔2022〕14号，以下简称为《实施方案》），标志着我省高考综合改革工作全面启动。

《实施方案》提出了我省高考综合改革的四个主要内容：完善普通高中学业水平考试制度；完善普通高中学生综合素质评价制度；深化普通高等学校考试招生制度改革；完善高等职业院校分类考试招生制度。与此同时，教育厅相继印发了《陕西省普通高中推进选课走班管理的指导意见》（陕教〔2021〕204号）、《陕西省普通高中学业水平考试实施办法》（2022年修订）（陕教〔2022〕54号）、《陕西省普通高中学生综合素质评价实施办法》（2023年修订）（陕教〔2023〕29号）。以上文件的制定出台，为我省新高考改革的顺利实施提供了政策保障和基本遵循。

（二）政策落实情况

上述政策出台后，全省各地市积极响应，认真贯彻落实。

1. 各地市成立了高考综合改革专项工作组，并下发操作性文件具体落实和推进此项工作。如安康市政府印发了《安康市加强高考综合改革基础保障条件建设重点任务清单》，详细摸排了各区县学校的实际情况，梳理形成问题清单，并逐一加以解决。安康市教体局印发了《关于成立高考综合改革领导小组及专项工作组的通知》《普通高中选课走班管理实施意见》等文件，对改革过程中的重点任务、职责权限、攻克难点等进行了厘清和规范。

2. 全省选择性考试"3+1+2"模式普遍推开，与之相伴的选课走班管理模式广泛实行。我省《实施方案》中将普通高中学业水平考试分为合格性考试和选择性考试。合格性考试成绩将作为普通高中学生毕业以及高中同等学力认定的主要依据，选择性考试成绩将作为高校录取参加统一高考考生的重要依据，计入高校招生录取考生总成绩。对于选择性考试我省统一采用"3+1+2"模式，即考生总成绩由3门统一高考科目（语文、数学、外语）、1门首选科目（历史或物理）和2门再选科目（化学、生物、思想政治、地理中任选2门）成绩构成（理论上根据每位学生的自由选择可以生成12种组合）。其中，3门统考科目和1门首选科目成绩均按照卷面原始分计入总分，2门再选科目成绩则按照等级转换分数计入总分，即根据每门科目的同一类型学生成绩的位次排名，确定其所在等级，再按照学生原始分数、所在等级的原始成绩区间和赋分成绩区间比例相等的原则，计算出相应的等级转换分。为配合和落实学生自主选课的需求，各地市普遍施行了"走班管理制"，即构建了行政班与教学班并行的管理模式，行政班是学校对学生教育教学、日常管理、集体活动的基本组织单位，教学班则是根据不同学生自主选择科目而临时组建的教学组织单位。

3. 生涯规划教育课程普遍开设，学生综合素质评价体系初步搭建。随着选课走班制的实施，一方面对学生的生涯规划教育便变得尤为重要，生涯规划教育涵盖了长远人生规划和现阶段学习目标，即学生在高中阶段就需要对自己未来的职业意向和发展路径有所规划，以便做出符合自身发展的学习课程和科目选择。我省《普通高中新课程新教材实施意见》出台后，各地市学校均为高中不同年级的学生开设了生涯规划教育课程，并建立了学生职业发展中心。另一方面，学生的综合素质评价工作也在积极推进，其内容包括思想品德、学业水平、身体健康、艺术素养、社会实践 5 大方面，各地市学校均采取由教师如实记录学生三年期间在上述方面的实际表现并进行赋分的评估方式。与此同时，已经建立了全省统一的中学生综合素质评价信息管理平台，目前正处于试运行阶段。该平台将如实记录各地市学校对高中学生三年学习期间的实际表现和评语评价，并最终形成学生的综合素质评价档案。

（三）当前改革成效

通过实地走访调研，我们发现各地市对新高考改革普遍比较重视，纷纷积极行动，促进了新高考改革工作稳步推进。

1. 学生选课全面完成，走班管理制顺利实施。在我们所调研的 13 所普通高中，有 12 所学校编制了《课程设置方案》，13 所学校均编制了《选课指导手册》，制定了《选课走班方案》。部分重点高中在《实施方案》颁布前就对个别学科进行了分层走班的试点工作，制定发布了分层走班试行办法，通过先行先试积累了先期经验。大多数普通高中也都能在《实施方案》颁布后进行积极响应，认真制定本校"选课走班"的实施方案，并对学生进行多次模拟选课，以帮助学生明晰自我认知和定位，还通过家长会、学生班会等方式进行广泛动员宣传，引导学生合理选课。

2. 相关教师的培训工作基本完成，学生综合素质评价工作逐步规范。省上《实施方案》颁布后，各地市积极采取多种方式组织相关培训活动，例如，组织骨干教师和教育管理干部赴高等学校进行专题培训，组织拟任课教师全员参加新课程新教材培训，召开高考综合改革基础条件保障摸底统计培训会等。目前，各区县和学校相继通过"国培""省培"和市级培训项目以及校本研修、跟岗学习等多种途径，已完成了对高一、高二拟任课教师和管理者的全员培训。此外，为有效应用学生综合素质评价信息管理平台，还对新高一、高二任课教师和教研员集中开展了信息平台操作培训，初步实现了对高中生综合素质评价的全省统一信息管理，使学生综合素质评价工作逐步走向系统化和规范化。

3. 改革宣传引导及时有效，形成了良好的社会舆论氛围。各地高中学校通过采取家长会、学生会、专题讲座等形式，利用学校网站、公众号、宣传栏、展板、微信群等手段，广泛宣传解读新高考政策，及时回应社会关切，取得了良好效果。此外，大部分学校将综合素质评价实施办法和配套措施纳入家长教育课程，积极寻求与家长和社会的充分配合，形成了良好的舆论氛围。通过实地调研，未发现与新高考改革有关的重大舆情发生，整个改革工作正在平稳有序推进。

二、目前存在的主要问题

新高考虽已在其他省份尤其是沿海省市实施多年，但于我省而言，从政策出台到落地实施仅有一年多的时间，因此目前总体上仍处于初步运行、调试和磨合阶段。从当前的推进情况上来看，主要存在以下问题。

（一）选课走班难点多、挑战大

新高考改革实行"3+1+2"的模式，这就在课程设置上打破了原有高考制度下学生统一在固定的班级、按照同一课表进行授课的模式，而需要根据学生自主选择的"首选科目"和"再选科目"进行重新编班授课，这便对传统的班级授课制模式提出了严峻挑战，也给学校管理工作带来了很大困难。目前在选课走班上存在的主要问题有：

1. 对学生的指导不足。实施选课走班后，学生将面临全新的多种选课组合，在这一过程中，如果缺乏教师的充分指导和获取相关的资讯，通常学生很难独自做出科学、理性、适切的选择。尽管目前各学校通过采取多次模拟选课的方式来帮助学生合理选科，但作为高中学生依旧难以根据个人的兴趣特长和生涯规划做出明智的选择。调研发现，学生在选择科目时往往基于短期利益、同伴压力或群体追随，而并非基于自己的兴趣爱好、能力特长或长远职业规划来抉择。

2. 学校现有资源难以完全满足学生选课需求。调研发现，各地市学校普遍面临着学生的选课多元化与本校的师资及教室等资源供给有限之间的矛盾。针对这种情况，部分学校通常采取了"分科不走班"的管理模式，即从高一开始就对选择同一组合的学生进行统一教学、统一管理，不再区分行政班和教学班。然而，这种做法则在一定程度上使学生的自由选科受到了限制，即按照"3+1+2"模式在理论上可以形成 12 种选课组合模式，如此操作下来，大多数学校通常只能提供 6~8 种学科组合，规模较小的学校仅能提供 3~5 种学科组合。对于选择人数较少的科目组合，学校一般会通过提供限定组合"套餐"的方式，引导和规劝学生选择人数相对较多的组合。

3. 对学生选科的信息化支撑不足。调研发现，目前新高考选科平台只能依靠各学校自行开发和搭建，在市级或省级层面尚缺乏规范统一的选科平台，这就使得各个学校所积累的选课数据不具备样本意义，很难对下届学生的选科工作提供有效参考。此外，各地市缺少对考试结果的统计以及对在选科目进行等级赋分的信息化平台，目前各校大多依靠第三方机构来开展此项工作，在这一过程中由于缺乏必要的过程监督，导致数据分析结果的稳定性和可靠性有所欠缺。

（二）师资队伍的数量和质量难以满足要求

新高考的推行涉及到课程的重组、教学方式的改进、教学质量的提高以及对学生生涯规划的精准指导，这便对教师队伍的学科结构和素质规格提出了新要求、新期待。目前，在这一方面存在的问题主要有：

1. 师资结构性短缺问题凸显。新高考改革鼓励学生根据个人兴趣特长和未来发展方向选择多样化的科目，这就导致一些科目的师资需求急剧增加、另一些科目的师资需求又明显下降现象的出现，使学校现有师资队伍的规模、结构难以适应和满足。调研发现，尽管目前我省各地市学校师资队伍的总体数量比较充足，但由于不同科目组合的学生选择人数存在较大差距，这就导致组合后一些"热门"科目的教师严重短缺，而"冷门"科目的教师严重过剩，甚至出现"无班可带"的现象，这给当前的学校管理工作带来了严峻挑战。

2. 教师的教学理念和方法难以及时跟进新高考要求。从新高考改革的价值导向和已实行新高考改革的省份的高考试卷变化趋势来看，考试的重点不仅包括学生对知识掌握的广度深度，更重要的是考查学生分析问题、解决问题的思维能力和德智体美劳全面发展的综合素质。换言之，新高考倒逼着新课改，新课改倒逼着教学新理念，教学新理念又倒逼着对教师素质规格的新要求。这就使得以往以应试为中心的传统教学模式和方法已难以适应新高考的要求。在调研中不少教育局领导和校长对我们反映，目前教师的教学理念、教学方法和素质水平与新高考的要求存在不小的差距，亟待改进提升。

3. 教师的专业技能和知识更新不足。新高考的实施要求教师掌握更为丰富的课程内容和更为多元的教学技能，但调研发现，由于我省新高考改革刚刚实施，大多数教师存在着严重的路径依赖，即不注重知识更新和能力提升，依然沉湎于传统的教学模式和讲授方式，在引导学生进行探索性学习、形成批判性思维、培养创新能力等方面做得很不够；部分教师在运用项目式学习或翻转课堂等新型教学模式时，缺乏进行资源整合和引导学生自主学习的能力。

（三）学生生涯规划教育亟需规范和加强

随着新高考改革的推进，加强对学生的生涯规划教育是有效帮助学生进行选科、选考、选课、升学等的重要任务和路径。但从目前来看，许多高中并未足够重视生涯规划教育，主要表现为以下两个方面：

1. 生涯规划教育的专业性和精准度不高。在新高考制度下，学生根据个人兴趣和未来职业意向选择科目，这就要求学校必须提供专业化的生涯规划教育。但调研发现，目前开展生涯规划教育的师资队伍的专业水平普遍较低，大部分是由没有接受过专业培训、"师出旁门"的心理健康教师或政治课教师兼任的，授课内容也大多是教师自己通过网络、书籍、论文等搜集整理形成的，这就使得各校生涯规划教育的内容"五花八门"，既难满足学生对不断变革的社会职业行业进行深入了解的需要，又难有效地指导学生进行科学的生涯规划，进而也就无法有效地帮助学生进行学习科目的选择；

2. 生涯规划教育形式单一，缺乏实践体验平台。调研发现，当前多数学校提供的生涯规划教育与社会产业结构及市场需求相脱节的现象严重。其所以出现这种状况，一方面与高中教师本身对社会行业职业真实状况的了解有限有关，另一方面则与高中学生缺乏对职业场域的真实体验相关。从各个学校开展生涯规划教育的形式来看，主要以专业讲座、专题班会等方式进行，很少有让学生"走出去"进行实践学习和体验的机会。

（四）学生综合素质评价的体制机制亟待完善

新高考改革将改变以往将考试成绩作为唯一录取标准的做法，而要求将学生的综合素质评价纳入招生录取参考。这就客观地要求学校必须建立健全学生综合素质评价的体制机制，即通过长期的、多维度的、多元化的考核方式来客观描绘、科学评价学生的综合能力素质。在这一点上，目前主要存在以下问题：

1. 学生综合性评价工作尚未受到学校充分重视。调研发现，虽然各校都对新高考政策中学生综合素质评价的内容进行了学习，但总体来看重视程度普遍不高。这主要表现为：一方面由于开展此项工作成本大、任务重，需要教师对每个学生在校学习期间的各种表现进行如实记录，导致教师畏难情绪严重，工作细致程度不够；另一方面，此项工作在学校管理中的重要性也并未充分显现，学校更为关注的是课堂教学、选课走班、学生管理等方面的工作，而对于学生综合素质评价工作的部署和要求明显不足。

2. 学生综合素质信息平台亟需正常运行。目前我省学生综合素质评价平台还处在试运行阶段，各地市学校的学生综合素质发展档案尚无记录平台，只能使用大量纸质档案进行记录保存，导致教师工作量较大。同时目前尚缺乏规范的操作流程，导致效率低下、错误频发。

三、新高考改革背景下完善高中阶段教育、教学和管理工作的建议

针对当前我省在推进新高考改革过程中高中阶段教育、教学和管理工作所出现的问题、面临的挑战，我们提出以下对策建议。

（一）进一步优化顶层设计，完善政策供给

新高考改革是一项复杂的系统工程，其给高中阶段传统的教育、教学和管理模式带来的挑战是全面的、系统性的，面临的改革任务也是十分艰巨的，因此必须在顶层设计上加以精心考量、周密部署，并按照"边试点、边总结、边完善、边推进"的原则，及时地进行反馈、调节和完善。目前，我省虽已制定出台了《关于印发推进考试招生制度改革实施方案的通知》《关于新时代推进普通高中育人方式改革的实施意见》《关于进一步加强高考综合改革基础保障条件的指导意见》等系列文件，这些文件的颁布，从顶层设计和宏观政策上明确了我省推进新高考改革的总体思路、基本要求和操作规程等，确保了新高考改革工作的整体平稳有序推进。但是，针对目前在实际运行中所出现的种种新问题、新矛盾、新情况来看，仍需进一步优化顶层设计，完善制度供给。为此，我们提出以下建议：

1. 省教育厅应针对目前改革过程中在选课走班、师资结构、学生生涯规划教育、学生综合素质评价等方面存在的突出问题，进一步制定出台富有针对性和可操作性的实施细则，以指导基层政府和学校对前述问题作出有效的应对和破解。

2. 针对新高考改革实施后学生自主选择权力扩大、学生的选课需求与学校师资供给之间矛盾突出的实际，应该在制度设计上给予高校和中学适当的弹性空间，即对于高校来讲，应根据本校的专业实际及人才培养目标适当确定选考科目的范围，从而对学生的选科自由权进行一定程度的约束；对于中学而言，则应在有限放权的情况下允许学校对学生选科的组合数量及种类进行一定程度的规范，以发挥不同学校的办学优势与特色，这样既可以减少部分学生为获得更高分数而不考虑个人兴趣特长与职业生涯规划的"选考投机"现象，同时也可以增强基础教育与高等教育的衔接性。

（二）摸清不同学科教师需求底数，有效解决教师结构性短缺问题

按照教育部生师比的相关规定，目前我省普通高中教师的配备总体上是满编的，即基本上都保持在 12.5 ∶ 1 至 13.5 ∶ 1 之间，不存在教师严重缺编问题。但是随着新高考"3+1+2"自由选课组合模式的实行以及选课走班制的施行，教师队伍的结构性短缺问题一下子突出起来，即在学生自由选课后，有的科目教师出现不足（如历史和生物），有的

科目教师则出现剩余（如政治和化学）。这种学生自由多元选课与学校现有教师资源供给有限的矛盾，目前最令中学的书记、校长们头疼。为此我们提出以下建议：

1. 省级教育行政部门应对在实行新高考改革后全省各地市学校各门课程教师的短缺与盈余状况进行认真的调查统计，如实摸清底数，这样便可以在招聘和补充教师时作出有针对性的规划和调整。

2. 应鼓励各地市和区县积极探索建立教师编制"周转池"制度，盘活现有编制存量，实行动态滚动，以解决不同时期不同学科教师的"缺"和"余"问题。

3. 面对当前部分学科教师极度短缺的状况，作为权宜之计，应鼓励和动员各地市学校对一些相邻学科教师在进行短期培训后转岗授课，同时还可以对一些教师短缺严重、十分急需的学科采取临聘教师方式加以解决。

（三）采取有效措施，大力提升学生生涯规划教育质量

如前所述，目前各地高中对学生的生涯规划教育十分薄弱，既无专任教师，也无专门教材，更无职业体验的平台和见习实习，这种状况亟待改善。为此我们提出以下建议：

1. 应通过"国培""省培"计划加强对承担生涯规划课程的教师进行系统培训，努力增强该门课程的专业性和科学性。

2. 应要求普通高中强化对全体教师尤其是班主任对学生进行生涯规划教育的基本职责。换言之，对中学生的生涯规划教育决不能仅仅依靠一门课程或个别教师来实施，而应将其有机地渗透到各门课程教学和对学生进行教育、管理、服务的全过程、全方位、全环节之中。

3. 在目前国家层面尚无生涯规划教育的课程标准、专门教材和教学指导用书的情况下，省级教育行政部门应组织相关专家积极编印相应的教学资料，以备教师教学和学生学习之需。

4. 应强化高中阶段的实践教学环节，以帮助学生积极地接触社会，正确地认识和了解社会，真切地感知和洞悉社会职业行业的发展变化趋势。

5. 根据新高考改革给高中阶段教育教学带来的实际变化，应优化师范生培养方案，尤其是在师范院校中应增设中学生职业生涯规划教育课程及相关的专业学位硕士点、博士点。

（四）进一步规范学生综合素质评价工作，增强其客观性和科学性

实行新高考改革后，普通高中对学生三年在学期间的综合素质评价将作为大学招生录取的重要参考。针对目前在这方面存在的问题，我们提出以下建议：

1. 各地市、区县教育局应认真贯彻落实好《陕西省普通高中学生综合素质评价实施办

法》（2023 年修订），并据此下发实施细则，进一步提出明确要求、细化操作规程。

2. 各学校在对学生的综合素质进行客观记录和评价时，既要描绘出其全面发展的状况，又要概括出其个性发展的特征，即把"全面合格制"与"个性特长制"有机结合，这样更有益于高校录取时参考使用。

3. 应尽快完善省级综合素质评价信息化平台建设，确保其尽早全面、正式运行。在该平台建设上，应注意简化操作程序，以方便班主任录入、整理和使用，最大限度地减少教师的工作负担。

（五）加强督导评估，确保新高考改革有效落地落实

新高考改革是一项老百姓广为关注的、政策性极强的工作。政府部门作为推动新高考改革的主导力量，必须认真加强教育督导和评估工作。为此，我们提出以下建议：

1. 应适时出台新高考改革专项督导评估工作方案，制定督导评估指标体系，重点督导普通高中在考试学科选课、走班教学组织、学生生涯规划教育、学生综合素质评价、教师课堂教学改革、家校协同育人等方面的具体实施情况，通过严督实导促进新高考改革顺利推进。

2. 应充分发挥督导评估的教学改进作用，倒逼教师转变传统的教学观念和僵化的教学模式，促使其形成与新高考改革要求相适应的教育理念和素质能力。

3. 应加强广泛宣传和社会监督，积极引导学生、教师、家长等深入了解新高考改革政策的基本内涵，争取广泛的社会认同和支持，接受人民群众的普遍监督，为新高考改革的顺利实施、平稳落地营造良好的社会氛围。

加强文化建设　培育大学精神 ①

同志们：

今年我校思想政治工作会议的主题是"促进大学文化建设"，今天《陕西师范大学文化建设规划纲要》也正式颁布实施。下面，受学校党委和行政的委托，我就我校《文化建设规划纲要》的相关问题和内容做几点说明与解读。

一、我校《文化建设规划纲要》出台的必要性

（一）为了响应党和国家关于加强文化建设的号召

2011 年 10 月，党的十七届六中全会出台了《中共中央关于深化文化体制改革推动社会主义文化大发展大繁荣若干重大问题的决定》；2012 年 2 月，中央又印发了《国家"十二五"时期文化改革发展规划纲要》。从去年底到今年初，教育部也连续几次召开了有关加强大学文化建设的座谈会。从逻辑上讲，在我国现代化建设进行到这样一个历史阶段时，党中央相继出台一系列关于加强文化建设的重要文件，必定有其特殊的时代目的和历史意义。我校党委作为党的一个基层委员会，陕西师范大学作为国家系统中的一份子，自然应该对党中央的号召和部署有所响应和动作。

我个人的理解，党中央其所以在我国经历了 30 多年的现代化建设之后明确地提出加强文化建设，反复地强调要增强国家和民族的文化软实力，这预示着，我国的现代化建设在今天已跨入到了一个新的历史阶段，也意味着我们的现代化建设在某种程度上正面临着某些缺失和不完善。

据最新数据统计，截至 2011 年底，我国的 GDP 总量已达 47.3 万亿人民币（约合 7.3 万亿美元），GDP 总量已于 2010 年跃居世界第二（美国第一，约为 15 万亿美元；日本第三，约为 5.8 万亿美元）；人均 GDP 也达到 3.63 万元（约合 5445 美元），位居世界第 81 位（美国人均为 4.8 万美元，日本人均为 4.5 万美元）。然而在国家经济实力和物质财富急剧增长的同时，国家精神文明建设、民族文化软实力、国民人口文化素质却并未完全与之同步发展。例如，华语文化在国际上的影响力、竞争力不强的问题，国内市场经济运行中的诚信缺失问题，社会建设尤其是民生状况改善缓慢的问题，贫富差距日益拉大的问题，政府

---

① 本文系 2012 年以学校党委副书记身份在陕西师范大学文化建设推进会上的讲话。

官员贪污腐败的问题以及由"小悦悦""范跑跑"等事件所折射出的"人心不古，世风日下"等问题，均突出地存在着。反思这些问题使人们越来越深刻地认识到，现代化绝对不是一个单纯的 GDP 指标，不是纯粹的物质财富增长。这也印证了美国社会学家英格尔斯的观点，他在评论一些中东国家的现代化进程时指出：光脚丫子蹲在奔驰车上的那不叫现代化国家。

基于上述考量，党的十七大以来我们一改过去"四个现代化"（工业、农业、国防、科技）的提法，而转提加强五项建设，即经济建设、政治建设、文化建设、社会建设和生态文明建设，并把文化建设的重要性日益凸显，指出"文化是民族的血脉，是人民的精神家园"，文化建设是现代化建设中的一项十分重要的任务和内容。以上这些都是国家提出加强文化建设的历史背景，而我们学校的《文化建设规划纲要》正是在这种背景下出台的。

（二）为了适应我国高等教育改革发展新形势的需要

众所周知，2010 年党中央召开了改革开放以来第四次全国教育工作会议，出台了《国家中长期教育改革和发展规划纲要》，拉开了新一轮教育改革发展的序幕。解读《教育规划纲要》，关于高等教育最关键的两个字是"质量"，关于基础教育最关键的两个字是"公平"，关于职业教育最关键的两个字是"就业"。这也就是说"扩充内涵，提升质量"是现阶段党中央对高等教育改革与发展提出的最主要、最根本的要求。

高等教育质量的提升过程，说到底就是确保高等教育的基本功能，即人才培养、科学研究、社会服务、文化传承与创新有效发挥的过程。在这一过程中，大学的文化建设扮演着十分重要的角色。一方面，大学只有搞好了自身的文化建设，才能有效地发挥和承担其对社会的文化传承创新、文化辐射引领、文化服务支撑等功能与使命。另一方面，大学只有搞好了自身的文化建设，才能确保和促进其人才培养、科学研究、社会服务等基本功能的有效发挥（文化的特点在于以文化人，即通过特定的环境和氛围潜移默化地感染人、熏陶人、教化人）。这正如我校《文化建设规划纲要》所指出的："加强大学文化建设有助于构筑全校师生员工的精神家园，形成推动事业发展的思想动力；有助于净化优化育人环境，促进学生德智体美全面发展；有助于激发广大师生的进取精神和创新活力，使大学能够更好地发挥对社会文明进步的引领作用。"

关于文化建设的重要性，学术界和实践层面有各种理喻，所谓"泡菜坛子"理论就是其中一个。在企业界流行着这样一种说法："三流的企业出产品，二流的企业出品牌，一流的企业出文化。"而在高等教育领域里则有人说："三流的大学靠管制，二流的大学靠制度，一流的大学靠文化。"因为文化相对制度而言是一种构成组织的人群集合体的自律，是一种生命主体的内在自觉。

（三）为了适应学校转型发展办学目标的需要

我校第十次党代会把促进转型发展、建设"以教师教育为主要特色的综合性研究型大学"作为了当前和今后我校的主要奋斗目标。正如甘晖书记在党代会报告中指出的，实现转型发展，我们有许多工作要做，有许多任务要完成，但建设与高水平大学气质和气息相匹配的高品位文化，是一项重要而迫切的任务。换言之，我们要建设综合性、研究型的高水平大学，就必须首先营造和培育与之相适宜的文化场域和文化氛围。

应该承认，自1944年建校以来，经过几代人的奋勇开拓和辛勤耕耘，我们陕西师范大学，薪火相传，教泽流芳，形成了以"厚德、积学、励志、敦行"校训为内涵的优良办学传统（这也是我校的文化传统），造就了一大批勤勉质朴、执著坚守、无怨无悔、敬业奉献的优秀师资和各类人才。进入新时期以来，学校文化建设的自觉性进一步得到增强，"崇真务实、开放包容、勇于创新、追求卓越"的办学理念逐渐彰显（这一理念最早由房喻校长提出，最后也写进了我校的战略规划和"十二五"规划），文化育人功能显著提升，学术氛围日趋浓厚，校园文化生活丰富多彩，师生员工的精神面貌呈现出蓬勃向上的良好状态。

然而，我们必须清醒地认识到，我校文化建设的整体水平距离高水平大学办学目标的要求以及广大师生的期望还有不小的差距，这突出表现为：现代大学的先进办学理念还不够深入人心；既秉承传统文化又体现时代特征的大学精神尚需进一步凝炼和提升；学校文化元素和文化氛围中的开放性、包容性、进取性、创新性尚需进一步增强；学院（部、中心）的文化特色、文化品牌尚需打造和生成；文化阵地建设有待进一步加强；文化产业亟待做大做强；学校的整体文化品位和影响力尚需进一步提高，等等。也正是基于这一现实的考量，学校党委和行政才决定制定和出台我校《文化建设规划纲要》，以期对我校的文化建设工作在顶层设计上有所规划，在具体实践中有所推动和促进。

二、我校《文化建设规划纲要》的形成过程与起草思路

我校《文化建设规划纲要》的起草工作是在学校党政的直接领导下进行的。早在2007年党委宣传部就提出了关于制订我校文化建设规划的设想建议，并经校党委同意后已于2009年起草了一个文本。当时这个文本的侧重点在于加强校园文化建设。2011年初，党委常委会决定正式起草和制定学校文化建设规划纲要，并决定要站在大学文化建设的高度来起草这一文件，同时决定将这一文件作为我校第十次党代会的一项重要议题，提交党代会代表讨论和审议。

上学期初，学校成立了专门的起草小组，由我担任组长，并抽调宣传部孔祥利、新闻

中心李卫东、文学院孙清朝、教育学院田建荣、政治经济学院吕俊涛等几位同志共同起草这一文件。初稿形成后，起草小组先后多次召开座谈会征求基层党员干部、教师代表、学生代表、离退休老同志及党外人士的意见，共收集修改意见近百条。在吸收各方面意见认真修改后，分别提交校党委常委会和全委会讨论。2011年12月，修订稿提交给我校第十次党代会的全体代表审议和讨论，并根据代表们提出的意见又认真进行了修订，然后又于本学期再次提交党委常委会进行了讨论审定。概括这一文件的起草过程，可以说是"涓涓细流汇聚成川"，集中和凝结了众多教职工的心血与智慧。

《纲要》在起草的思路上坚持了以下几条原则：一是紧扣时代脉搏，体现学校加强文化建设的新思路；二是凝聚各方智慧，寄托广大师生对学校文化建设的新愿景；三是着眼未来发展，出台加强和改进文化建设的新举措。关于第三条原则我想特别解释一下，在文件起草的过程中，我们既要注重该文件的宣传、倡议和导向功能，又要更加注重它的实际可操作性，即尽可能出台一些加强文化建设的实际举措，把文化建设工作做实在、做具体，而不啻于发一个文件、开一次会就算完成了。

三、我校《文化建设规划纲要》的文本解读

《纲要》的整体架构由序言、总体战略、主要任务、重点工程建设、组织领导等五个部分组成。

（一）关于我校文化建设的指导思想、建设原则和总体目标

我校文化建设的指导思想是：高举中国特色社会主义伟大旗帜，以邓小平理论和"三个代表"重要思想为指导，深入贯彻落实科学发展观，坚持社会主义先进文化的前进方向，继承中华民族的优秀文化传统，以坚持社会主义核心价值体系为根本，以全面推进素质教育和弘扬人文精神、科学精神为基础，建设优良的校风，优化学校文化环境，提升学校文化品位，丰富校园文化生活，强化文化育人功能，建设与高水平大学相适应的格调高雅、特色鲜明、充满活力、健康和谐的大学文化。我校文化建设的基本原则是：一是坚持社会主义核心价值体系，将其贯穿于文化建设的全过程，融入到文化生活的全方位；二是坚持以人为本，突出文化育人功能；三是坚持历史传承与发展创新相结合，体现文化建设的时代特征；四是坚持"双百"方针，提升学校的文化创造力；五是坚持大学文化建设的基本规律，彰显陕西师大文化的鲜明特色；六是坚持整体规划与分步实施相统一，完善文化建设的长效机制。

我校文化建设的总体目标是：通过加强文化建设，进一步传承、弘扬和创新陕西师大精

神，形成与学校转型发展相适应的、具有高水平大学风范的精神文化、制度文化、行为文化和形象文化品质，使包含教师教风、学生学风和管理与服务人员工作作风的校风状况进一步得到改善，文化育人功能进一步得到增强，文化创造力、凝聚力、感召力和文化品位显著提升。

（二）关于我校文化建设的主要任务

大学文化是由师生员工共同创造的、体现一所大学办学底蕴和形象识别特征的文化形态，它涉及到学校的物质和精神、工作和生活的方方面面。文化是一个很宽泛的概念，关于文化的定义学界有200多种。英国人类文化学创始人泰勒（E.B.Taylor）把文化界定为"整个生活方式的总和"，这就意味着文化无所不包。在学术的语境中，人们把"文化"看成是一个与"自然"相对应的范畴；把"文明"看成是一个与"蒙昧"与"野蛮"相对应的范畴。我校《文化建设规划纲要》提出，今后5年内，学校将重点从精神文化、制度文化、行为文化和形象文化等四个方面大力加强和全面推进文化建设。

1. 关于精神文化建设

精神文化是学校在长期的办学实践中积淀形成的共同理念、历史传统、价值取向、群体意识和行为规范的总称。精神文化是大学文化建设的核心，因而《纲要》提出把加强精神文化建设置于各项文化建设工作的首要位置，并将着重从强化办学理念、践行师大校训、加强校风建设三个方面来加强学校的精神文化建设。

（1）在强化办学理念方面，重点是进一步弘扬和强化"崇真务实、开放包容、勇于创新、追求卓越"的办学理念。（2）在践行校训方面，重点是继承和弘扬"厚德、积学、励志、敦行"的校训精神，并使之成为全校师生员工共同的文化自觉和精神追求。（3）在加强校风建设方面，重点是进一步改进教师的教风、学生的学风、管理和服务人员的工作作风。

校风是一所学校师生员工行为和精神风貌的集中体现，具有强大的同化力、感染力和约束力。校风通常由教师的教风、学生的学风以及管理与服务人员的工作作风构成。加强学校精神文化建设，必须着力改进校风建设。将来我们学校的校风应如何概括？教师教风、学生学风、管理和服务人员工作作风的内涵应如何凝练？学校将通过一定的渠道和程序来征集广大师生员工的意见。今后在校风建设中，我们既要继续坚持教师教育的传统和特色，秉承"学为人师，行为世范"的师范精神，同时也要根据学校转型发展的历史性任务，积极培育和塑造具有综合性、研究型大学气质风范的学校风尚。

2. 关于制度文化建设

文化建设只有从观念价值固化为制度形态，才能在实践中持续发挥作用。《纲要》提出学校将从三个方面来推进制度文化建设：

（1）强化制度意识。着力在全校上下树立依法治校的理念，形成有法可依、有章可循、执纪必严、违章必究的良好风气。（2）健全制度体系。重点是以制定学校章程为契机，完善校内治理结构及议事规则与决策程序；出台扩大学院办学自主权、发挥教授作用、加强学术权力的相关制度；健全教职工代表大会、学生代表大会等制度。（3）规范各种制度执行行为。进一步推进校务公开、院务公开等；加强制度的检查监督力度，真正做到令行禁止。

3. 关于行为文化建设

行为文化是师生员工在日常行为和校园活动中所表现出来的规范和风尚，是办学理念、大学精神直观的和动态的体现，也是大学文化建设的重要抓手。在行为文化建设方面，《纲要》提出将着重从规范师生员工的公共行为、端正师生员工的职业行为、树立师生员工的文明行为抓起。譬如在规范公共行为方面，重点是引导师生员工在校内外公共活动中时刻注意树立陕西师大人的良好形象，自信、自尊、自律，衣着整洁，仪表端庄，态度谦逊，言语儒雅，举止大方，行为文明。

4. 关于形象文化建设

形象文化建设关系到学校整体形象的对外展示和舆论宣传，集中体现着学校的文化品位与格调，发挥着外塑形象、内聚力量的作用。《纲要》指出，加强学校形象文化建设，重在提升学术品位、增强文化创造力、优化校园环境、提高学校的社会美誉度。

（1）在提升学术品位方面，重点是进一步倡导教师强化科研志向，使"视学术为生命""以学术来立身"成为广大教师普遍的价值追求；鼓励教师瞄准学术前沿，力争出高水平、有影响力的科研成果。（2）在增强文化创造力方面，重点是充分发挥我校现有的学科优势，力争产出一批具有创新意义和重大社会价值并能经得起实践与历史检验的优秀学术理论成果；同时要组织和动员文学、音乐、美术、新闻传播等方面学科的力量，努力推出一批在全国有影响、有份量的文学艺术作品。（3）在优化校园环境方面，重点是进一步统筹规划雁塔校区和长安校区的功能定位与整体布局，使两校区成为功能定位明确、空间布局合理、资源利用高效、环境优美温馨的大学校园。目前尤其要重视长安校区的人文化、园林化建设，使其不仅要绿草如茵、绿树成荫、绿篱匝地、鲜花竞妍，而且要充满书香气息、人文气息和现代气息。（4）在提高社会声誉方面，重点是通过媒体传播的作用发挥来宣传学校、推介学校，让社会公众了解和认识学校。同时，将进一步健全校园重大突发事件媒体应对和舆论引导工作机制，建立学校新闻发布制度。

（三）关于我校文化建设的重点内容

为了促进学校文化发展，实现上述建设目标和任务，《纲要》指出，在未来五年，学校将着力组织实施五项文化建设重点内容。

1. 做好校史文化传承工作

校史是学校精神传统的历史源泉，也是对广大师生进行校情教育的宝贵资源和生动载体。（1）抓好校史研究与编撰。如修撰和续编《陕西师范大学校史》《陕西师范大学年鉴》《陕西师范大学校史人物略传》，出版陕西师范大学知名学人记述丛书。（2）建设好校史展览馆，使其面向师生和校内外长期开放。（3）加强对我校知名学者和校友的宣传。

2. 进一步促进学术文化繁荣

学术文化是大学文化的本质所在，也是一所大学文化品位的突出体现。在这一方面，要注意以下几点：（1）进一步活跃学术氛围，尊重学术自由，鼓励个性化研究，着力形成"自由探索、宽松和谐、鼓励争鸣、崇尚合作"的学术环境；同时，启动学校"年度科研人物"评选活动，加大对入选人员的精神表彰和舆论宣传。（2）进一步发挥教授作用，不断增强教授治学的自主权和权威性；完善"教授接待日""专家导引室"工作体系，使之常规化、持续化；开展教授工作室"开放日"活动，探索教授"进社区、进宿舍、进社团"的有效途径。（3）进一步强化对外交流，加强与国际著名大学、科研机构的联系，开展实质性合作，推进授权办学、海外分校、姊妹计划、学分互认等国际合作办学的工作进程。（4）进一步完善学术制度，严明学术纪律，引导师生秉持学术良知，恪守学术道德，力戒学术浮躁，坚决抵制学术失范和学术不端行为。

3. 推进学院文化打造工程

学院是大学的主体组成单位，学院文化是构成大学文化的基元。加强学校文化建设，必须以促进学院文化发展和繁荣为基础。《纲要》倡导各学院高度重视学院文化建设，要注意以下几点：（1）彰显学院特色。学院发展应该明确办院宗旨和目标定位，凝练能够反映学院传统和师生共同价值追求的学院精神与院训，以形成特色鲜明、风格迥异的院风；着力培育"优势互补、协同攻关、相互尊重、淡泊名利"的基层学术组织文化；定期举办好学院活动，以此来建构全院师生共同的组织愿景和集体风尚。（2）树立学院品牌。学院应充分发挥知名教授的学术品牌效应，加强宣传和推介工作，造就和成就学术大师；应加强特色学科、优势专业建设，打造学科和专业品牌。（3）塑造学院形象。学院应做到标识鲜明，装饰优雅，院容整洁，环境温馨；应建设学院形象展示区，设立著名教授、知名院友及学院各项建设成就的展示橱窗或陈列室；规范制作学院宣传画册，积极拓展对外交流工作；重视学院建筑内的非正式学习空间的建设，方便师生的学习、工作、交流和休闲；规范使用学校及学院形象识别系统，树立严肃、庄重、开放的学院形象。

4. 加强校园景观建设

校园文化景观是呈现学校文化意蕴和人文气息的物质载体，也是一所学校文化追求和文化品位的直接反映。在这一方面，要注意以下几点：（1）学校将建设标志性文化基础设施，如完成"新勇学生活动中心"建设，启动陕西师范大学博物馆建设，在长安校区建立正规庄严的升旗点等。（2）在长安校区建设主题鲜明的文化景观，如建设学术圣贤或校史名人雕像、书法石刻、文化长廊、自然景观小品以及毕业生和校友纪念林、纪念石、纪念堂、纪念墙等（这一方面，将来到底做哪些、如何做、做成什么样等，都将按照一定程序具体论证）。

5. 加强学校形象传播工作

重点是推进《陕西师范大学形象设计（VI）手册》应用，统一学校形象标识，做好对外宣传和推介工作，重视并组织好各项重大礼仪活动等。

四、我校《文化建设规划刚要》加强的几点要求

（一）加强对《文化建设规划纲要》的学习宣传和贯彻

《纲要》明确了学校今后一段时期文化建设工作的思路、原则和目标，提出了文化建设的主要任务和重点建设内容，是未来五年指导我校文化建设工作的纲领性文件。各单位和部门要组织师生员工学习《纲要》内容，领会《纲要》精神，并结合本单位、本部门的实际，认真贯彻实施。

（二）加强对文化建设的领导和管理工作

为了加强对文化建设工作的组织领导，经校党委常委会研究已成立了学校层面的领导小组，组长由甘书记担任，副组长由我担任。领导小组成员由相关职能部门负责人组成，办公室设在党委宣传部，主任由孔祥利同志担任。下一步，领导小组将根据《纲要》的精神制订具体的实施方案，细化分工，明确责任。希望相关部门负责人能够根据分工的要求认真负起责任，也希望各基层单位和附属单位的党政负责通知，高度重视并明确本单位负责文化建设工作的领导分工。

（三）形成推进文化建设的合力

文化建设是一项复杂的系统工程，需要全校树立上下一盘棋的意识，形成学校统一领导、党政共同负责、各部门各单位各司其职、相互协作、全体师生员工共同参与的一种局面。只有各方配合，才能把我校的文化建设扎扎实实推向前进。

创新形式 拓展阵地 不断把全校学习型
党组织建设引向深入 ①

各位领导、各位同仁：

大家下午好！

我要汇报的题目是：《创新形式，拓展阵地，不断把全校学习型党组织建设引向深入》。我从三个方面向大家汇报我校学习型党组织建设工作的主要做法、基本体会和几点建议。

一、我校在深化学习型党组织建设工作中的主要做法

自从党的十七大提出、十七届四中全会全面部署建设马克思主义学习型政党以来，中央和省委多次召开会议、下发文件安排部署这项具有全局性、战略性的工作。为了落实中央和省委的精神和要求，全面推进并深化我校学习型党组织建设，不断提高全校各级党组织、各级领导班子和领导干部的能力和水平，在全校努力营造勤于学习、善于学习、乐于学习的良好氛围，进一步发挥各级党组织和共产党员的应有作用，从而有力推动科学化、高水平大学建设，我们主要采取了三个方面的措施。

（一）通过创造性开展校院两级联动的学习形式，增强校院两级领导班子的学习效果

党委中心组在学习型党组织建设中起着模范带头作用，学校一直把"学理论、转观念、议大事、出思路、建班子、谋发展"作为理论学习的中心任务，着力在统一思想、形成共识、提高素质上下功夫。今年上半年，我校又专门出台了《关于创新校院两级中心组学习形式的通知》，明确要求校内各分党委、党总支在安排好正常的学院（部）中心组学习的基础上，每学年最少组织一次有校领导参加的联合学习活动，并形成由党委办公室和党委宣传部统一协调、学院党委中心组具体落实的工作机制。通知下发以来，先后有9个学院分别邀请主管校领导参加了学校党委中心组的学习活动。学习活动贯彻科学发展观要求，紧密结合全国教育工作会议、《国家中长期教育改革和发展规划纲要》、十七届五中全会精神，就学院学科发展、师资队伍建设、加强非师范专业建设、提升学术影响力、特色发展等专题

---

① 本文系 2010 年以陕西师范大学党委副书记身份在陕西省高校建设学习型党组织建设工作座谈会上的经验交流发言。

进行了深入学习研讨，为学校领导深入基层、了解实际、分类指导，对学院明晰发展思路、破解发展难题都起到了很好的推动作用。校院联动模式进一步提高了党委中心组学习质量，充分发挥了领导干部在学习型党组织建设中的带头作用，在校内兴起了调查研究和求真务实之风，为我校探索出了一条运用理论指导实践、提高科学决策水平的有效途径。

（二）通过丰富和创新干部师生的教育形式，切实把学习型党组织建设的工作落到实处

为了增强广大师生理论学习的主动性和实效性，学校通过积极开展读书活动、调查研究、专家专题讲座、学习专题研讨、学习交流、学习考察、专业知识竞赛等形式，活化教育学习形式，并取得了良好的效果。

1. 在全省高校中率先组建了教授宣讲团。学校发挥在哲学社会科学研究方面的优势，抽调政策水平高、专业知识精、演讲口才好的教授专家，深入校内基层单位、农村、厂矿社区等地，先后就贯彻党的十七大和十七届三中、四中、五中全会精神及科学发展观、国际形势等举办专题讲座百余场次，听众达万余人，受到热烈欢迎。

2. 每年拿出 5 万元，设立校级思想政治研究项目，按照重点项目 4000 元、一般项目 2000 元的标准给予配套研究资金，大力鼓励和支持学校教师参与理论研究。迄今，已有几十项研究成果在全国和我省相关理论成果评选中获得了高级别奖励，学校思想政治理论研究论文集（2008 年卷和 2009 年卷）也正式出版，极大提升了学校理论研究实力。

3. 定期举办中层以上领导干部研修班。通过交流学习成果，邀请资深专家解读，理论专题片辅导，让全校干部都能先学一步、学深一点，能够准确把握中国特色社会主义理论体系，全面领会中央的路线、方针、政策，正确分析学校面临的形势和任务。

4. 除了积极为各党支部配备学习资料外，还定期编发《学习宣传资料》。我校自己编发的学习宣传资料重在贴近校园实际，贴近师生生活，以师生易懂的方式深入浅出地宣传重大理论与热点问题，加深师生思想认识。

5. 强化学以致用，使理论学习研究与工作思路研究、决策研究结合起来。学校建立了优秀理论研究与调研成果直接向学校领导与有关职能部门推荐的"绿色通道"，两年来，先后已有 20 余项研究成果经校领导批示后用于指导学校发展实践。

6. 广泛深入开展大讨论活动。围绕办学理念、教育观念、人才培养和教育创新四个主题，组织广大教职工展开深入讨论，汇编出版了《创新教育是大学永恒的主题——陕西师范大学教育思想和教育观念大讨论论文集》，为深化学校的教育教学改革奠定了良好的思想基础。围绕学习实践科学发展观，组织广大师生开展"解放思想大讨论"活动。从工作理念、

工作目标、工作思路和工作措施入手，查原因、谈思路、讲措施，探讨在新形势下如何进一步解放思想、谋划发展、破解难题，推动学校事业又好又快发展，在广大党员中再次掀起了学习理论、研究理论、运用理论的新高潮。

7. 实施好"青年马克思主义者培养工程"，强化团学骨干理论素质的培养。学校以学生干部、优秀社团负责人、理论学习骨干和科技文体骨干为对象成功举办了多期大学生理论骨干培训班，通过理论培训、业务提升、素质拓展、校际交流和挂职锻炼等环节，不断提高大学生骨干的思想政治素质、政策理论水平、创新实践能力和组织协调能力，为普通学生起到了很好的先锋模范作用，受到了团中央和团省委主要领导的高度评价。

（三）通过搭建平台、拓展阵地，不断把学习型党组织建设引向深入

1. 充分发挥党校在党员教育培训中的主渠道、主阵地作用，精心制定教育大纲，聘请有关方面领导和专家教授担任党课教师，努力改进培训方法，不断提高培训质量。

2. 改进和加强思想政治理论课建设，配足配强师资力量，强化教师培训和教学研究，不断提高教师的业务水平和执教能力，努力增强思想政治理论课教学的针对性和吸引力，使之成为学生真心喜爱并终身受益的课程。

3. 加强马克思主义理论人才培养，在进修深造、课题申报等方面进行扶植，努力培育一批在全省乃至全国有一定影响的高校马克思主义理论研究学科带头人和骨干专家，为学习型党组织建设提供强大智力支撑。

4. 推进管理干部海外学习，每年拿出近 220 万元用于处级干部和辅导员的培训，以拓展思维眼界，提升管理水平。目前已经组织了 5 批共近 100 名处级干部到加拿大、美国、香港、新加坡等地的著名大学进行高等教育管理的学习和培训。

5. 积极推进爱国主义教育基地和社会实践基地建设，与富平习仲勋陈列馆等多家单位共建党员师生教育培训基地。

6. 充分利用校园电视、广播、报纸、网络等媒体开展学习型党组织建设气氛营造、学习教育和典型树立工作，录制了《管理者说》等专题音视频节目，改版了思想政治工作门户网站——红烛网，在校报、宣传橱窗、新闻网开设了学习型党组织建设专题频道，甚至在两校区候车厅也安置了理论文化书架。

7. 组织开展系列专题活动。通过开展"争一流、做标兵"学习型党员教师创建活动，组织和引导广大党员教师外树形象、内强素质，充分发挥党员的先锋模范作用。抓好"五比五看"：比党性意识，看理想信念是否坚定；比奉献精神，看服务意识是否增强；比业务水平，看教学能力是否提高；比工作业绩，看任务完成是否出色；比社会评价，看师生

反映是否满意。通过开展"讲师德、提师能"主题教育活动，结合教育改革发展需要，不断提高党员教师的综合素质和教书育人本领，不断提高教师的人格魅力，不断增强贯彻落实党的教育方针的自觉性和主动性。进一步推进师德量化考核，严格推行师德师风"一票否决制"。通过开展"树典型、学标兵"活动，推进学习型党组织和学习型党员的创优评选，对于获得荣誉称号的党组织和个人，给予必要的表彰和奖励，同时加大对先进典型的宣传力度，充分发挥其典型示范作用。

通过采取以上措施，加强学习型党组织建设，使得全校党员师生的学习能力不断提升，党员干部的知识素养不断提高，各级党组织的创造力、凝聚力和战斗力不断增强。但是，我们也清醒地认识到，我们的工作与广大师生的期望、与高等教育大发展的要求还有一定的差距，在今后工作中需要采取更有效的措施加以解决。比如校内各级党组织的学习型党组织建设工作开展得还不平衡，在世情、国情、党情深刻变化的背景下，准确把握学校师生思想活动的独立性、选择性、多变性、差异性，在切实改进学习教育形式方面还有大量工作要推进。这些都需要我们在今后的工作中认真加以改进。

二、我们在学习型党组织建设中的体会

1. 建设马克思主义学习型政党是全党一项长期的战略任务，对高校而言，加强学习型党组织建设是一项系统工程，因此必须建立起长效机制，常抓不懈，不断创新形式，营造浓郁氛围，才能把学习型党组织建设工作引向深入，促进学校的改革发展。

2. 要增强学习型党组织建设的实效性和针对性，必须结合学校的发展实际，结合各级党组织、广大党员和干部、师生的思想、工作、学习、生活实际，采取行之有效的措施。

3. 加强高校学习型党组织建设，是一项关系到学校科学发展的政治任务，各级党组织的主要负责人必须高度重视，切实负起领导责任和组织责任，才能确保此项工作取得实效。

三、我们对教育工委的建议

1. 希望进一步加强校际间的交流与相互学习，推广好做法好经验，全面推动各个学校的学习型党组织建设工作。

2. 希望组织好理论研究，通过理论研究，推动学习型党组织建设工作的深入开展。

3. 希望把学习型党组织建设工作与当前正在进行的创先争优活动有效地结合起来，全面地推动高校党组织的建设。

推进综合改革 加快内涵发展

努力实现建成宝鸡大学的奋斗目标 ①

一、学校现有的基础、优势和面临的挑战

（一）学校现有的基础与优势

宝鸡文理学院 1958 年创办（本科），1963 年停办，1975 年恢复成立陕西师范大学宝鸡分校（本科），1978 年被国务院批准为宝鸡师范学院，1992 年与 1984 年新设立的宝鸡大学合并更名为宝鸡文理学院。经过各位先贤和师生们 50 多年筚路蓝缕、栉风沐雨的开拓奋斗，尤其是经过改革开放后近 40 年来的大力建设，目前学校已发展成为一所学科门类较为齐全、办学规模蔚为可观、办学水平较高的二本院校。具体来讲，学校具有以下办学基础和优势：

1. 办学规模可观

办学规模是学校本体存在的表征与具象，也是大学办学功能发挥的载体与基础。没有量的规模与形式，就无从谈及质的存在与发展。我非常感谢学校前几代领导人和广大师生员工的智慧与奉献，他们抓住了近 20 年来我国高等教育大发展的机遇，使学校具有了蔚为可观的办学规模。目前学校拥有本科生 21800 人，研究生 55 人；拥有在职教职工 1297 人，其中专任教师 926 人，离退休教职工 350 人；占地面积 1100 亩，固定资产 10.3 亿。

2. 学科门类齐全，且拥有硕士学位授予权

学科建设和专业建设既是大学发挥人才培养功能的载体，更是大学发挥科学研究功能、社会服务功能、文化传承与创新功能的依托。目前学校拥有 17 个院系，64 个本科专业。极为可贵的是，2013 年学校被国务院学位委员会批准为具有硕士学位授予权的高校。目前学校拥有 3 个一级学科（中国语言文学、化学、地理学）硕士学位授予权，涵盖了 13 个二级学科点。2014 年学校又获得了教育硕士、工程硕士专业学位授予权，其中教育硕士覆盖了 13 个领域（数、理、化、地、文、史、政、外、体、音、美及小学教育、教育管理），工程硕士涵盖机械工程和光学工程两个领域。从学科跨度来看，我校涵盖了 13 个学科门类中的 11 个，除军事学和医学外，其他的学科均有涉及。从一级学科来讲，2011 年版全

---

① 本文系作为校长在宝鸡文理学院 2016 年全校工作会议上的讲话。

国学科目录共设有 110 个一级学科，而我校涵盖了 36 个；1997 年版的二级学科目录全国共设有 382 个，而我校有 77 个。这充分说明我校的学科设置比较齐全，具有了综合性大学的初步特征。

3. 师资队伍力量雄厚

教师是办学的主力军。目前全校近 1300 名教职工，共有专任教师 926 人（含"双肩挑"干部和辅导员）。从学历结构来看，专任教师队伍中，拥有博士学位的 122 人，占教职工人数总数的 9.41%，占教师队伍总数的 13%，同时还有 65 名在读博士；拥有硕士学位的 620 人，占教师队伍总数的 66.95%（全校教职工拥有硕士 693 人，占 53.4%）。教师队伍中，博士、硕士、本科的总比例为：1.3 : 6.7 : 2。这个数字说明，我校教师队伍中的博士率和硕士率，在西安以外的省属高校中还是比较高的。

从职称结构来看，在专任教师队伍中，有正高 86 人（含双肩挑），占 9.29%；副高 197 人，占 21.27%；中级 532 人，占 57.45%；初级 111 人，占 11.99%。正高、副高、中级、初级之比为：1 : 2.1 : 5.7 : 1.2。正副高加起来总数为 283 人，占教师队伍总数的 30.56%。这一比例虽不理想，但作为省属地方高校也算不错。从年龄结构看，51~60 岁有 96 人，占10.36%；41~50 岁有 183 人，占 19.76%；31~40 岁有 521 人，占 56.26%；30 岁以下的 126人，占 13.6%。年龄结构也算尚可。

4. 学校财力状况良好，教职工收入水平高

资金是学校事业发展的决定性资源。正所谓"要办大学两大难，一是教师二是钱"。我校财务总量虽然不大（每年总的事业收入约为 4.5 亿元，2014 年接近 4.8 亿），但财务总体运转良好，尤其是对我这个新任校长而言，最为庆幸的是，不仅账面上未有赤字和债务，而且还留有 3 亿元的资金。这意味着我们可以做许多想做的事情，不会出现"巧妇难为无米之炊"的局面。另一方面，我校教职工的津贴收入比较高，在省属高校中名列前茅（赶不上部属大学，但在省属高校中是较高的）。这一点十分有利，也十分重要。我校远离省会城市办学，客观上存在着吸引稳定人才困难的问题，如果教职工的收入不高，既难以增强现有教职工的归属感和荣誉感，也难以吸引和稳定优秀人才，从而也就无法谈及教育教学质量和办学水平的提高。

5. 学校文化积极向上，教职工精神面貌好

精神不是万能的，但人无精神面貌是万万不能的。我来宝文理短短的两个月时间里，我最欣慰的是教职工的整体精神状态和面貌良好。一是学校这些年处于爬坡、上升阶段，先后取得了新校区建设、本科教学评估获优、荣膺硕士学位授予权三大成绩；二是教职工

队伍人心思齐、人心思进，大家对学校的整体认同感、归属感、荣誉感较强，特别是优秀人才的流失率较低；三是教职工对学校加快内涵发展、提升办学水平，尤其对尽快实现建成宝鸡大学的奋斗目标认可度比较高，愿望和动机也十分强烈；四是教职工队伍、干部队伍以及学校领导班子内部的矛盾并不尖锐，总体上讲是团结向上、心齐气顺的。以上这些软环境、软条件都是非常重要的。人常说"心态决定状态"，"态度决定进度"，我认为这是今后促进学校事业快速发展的重要软实力，这也给我平添了许多自信。

（二）学校面临的困难与挑战

学校尽管近些年取得了快速的发展，但是与党和政府的要求相比，与我国高等教育飞速发展的整体形势相比，与广大师生的期望相比，仍面临着许多差距、困难和挑战。

1. 从外部环境来看，我们面临以下挑战：

（1）我国关于高等教育发展的基本格局已经形成，当前和今后高等教育发展的方针已转变为以内涵式发展为主，这意味着学校在"升大"、学位点增长、研究生教育扩张以及办学空间拓展等方面所面临的机会和机遇已不多。我国高等教育格局已经形成。2+7 高校（C9 高校）、985 高校、211 高校、重点本科高校、普通本科（含独立学院和民办）、高校高职高专院校和成人院校的总体布局已基本就位（高等院校重新洗牌和排队占位的总体形势已过）。换而言之，解读当前国家的宏观教育政策，高等教育关键的两个字是"内涵"，职业教育关键的两个字是"就业"，基础教育关键的两个字是"均衡"。在这种大形势下，我们要想更名升格为大学，要想扩张硕士点、争取博士点、扩大研究生教育的规模等，所面临的挑战十分巨大。

（2）高校之间的竞争日趋激烈。从纵向上看，我们这些年发展很快，迈出了"三大步"。然而，从横向上看，别人的发展一点也不慢，甚至比我们更快。与省内水平相近的高校相比，陕西中医药大学已升格为大学，陕西理工学院虽然今年"升大"仅差一票，但已确认为筹建大学（陕西理工学院近 5 年有国家级科学项目 68 项、省部级以上科技奖项 34 项，博士 260 人，教授 132 人）。原先比我们办学历史落后的西安财经学院，这些年办学实力也是突飞猛进，教授已达 130 人，博士 140 人，2009—2013 年省部级以上科研奖有 41 项，并有 7 个省部级科研基地，4 个省级重点学科。与此同时，一些办学实力虽未超过我们、但过去距离我们差距很大的高校，如渭南师范学院、咸阳师范学院、西安文理学院、西安医学院等（这些学校都是 1999 年后才升本的），则紧紧追赶我们，与我们的差距越来越小。

再与一些省外同类的高校相比，绍兴文理学院 1996 年才升本，但现在教授数量已经达 171 人，近五年有省部级以上项目 388 项，其中国家级项目 95 项，有省级以上科研成果奖励 14 项。其中有 1 项国家技术发明二等奖、8 个浙江省级重点学科、2 个省级重点实验室、3 个国家特色专业。再譬如重庆文理学院，2001 年才升本，现有教授 100 名，近 3 年有国家级项目 38 项，获得授权专利 100 余项，而且光电材料、植物育种和园林等学科特色十分突出。

我言及以上这些，是想说明，近些年来我国高等教育处在一个百舸争流、千帆竞发的时代，发展和进步是众多高校共同的特征。处于这样的时代，不要说不进则退，进步慢了也是退步。换而言之，我们正面临着前甩后追的局面。因此，我们在肯定成绩、确立信心的同时，还必须清醒地意识到当前所面临的严峻形势，绝不能自我感觉过于良好，必须具有强大的紧迫感和危机感。

2. 从我们自身的内部条件看，存在以下不足和短板：

（1）学校学科建设和专业建设的整体水平不高

一是从学科建设来看，仅有 6 个省级重点学科（哲学、中国语言文学、数学、化学、物理学、地理学），2 个省级研究中心（周秦伦理文化与现代道德价值研究中心、关陇方言与民俗研究中心），2 个省级重点实验室（陕西省植物化学重点实验室，陕西省灾害监测与机理模拟重点实验室），3 个一级学科硕士学位授权点，2 个专业硕士学位授权点。2014 年研究生规模仅 55 人，2015 年才达到 95 人。同时，学科特色不够鲜明，缺乏颇具优势的亮点学科。

二是从专业建设来看，全校 64 个本科专业（师范类 17 个、工科类 24 个、管理及其他 23 个））中，仅 1 个国家级特色专业（物理学），3 个省级品牌专业（化学、汉语言文学、数学与应用数学）。国家级特色专业和品牌专业甚少，尤其是缺乏特别强硬的拳头专业或品牌专业。

三是从科研水平来看，首先，科研项目和经费少。截至目前，全校仅获 50 项国家级课题，其中社科基金 29 项，自然科学基金 21 项。2014 年仅获 1 项国家级社科基金，4 项自然科学基金（当年延大有 3 项社科基金，4 项自然科学基金；陕理工有 2 项社科基金，6 项自然基金）。科研经费 2014 年仅有 450 万元。其次，高层次科研成果少。2014 年全校共出版了 26 部专著、编著，998 篇论文。但理科的 SCI 论文仅 76 篇，文科的权威论文仅 8 篇。尤其是迄今为止，文科还没有在 18 种最具影响的权威期刊如《中国社会科学》《求是》《哲学研究》《历史研究》《文学研究》《法学研究》《教育研究》《心理学报》等杂志上发表过论文。最后，科研获奖少。迄今为止，文理科国家级奖励为零。2011 年以来，仅获省级以上奖励 18 项（文理各 9 项）。

（2）师资队伍数量不足，质量有待进一步提高

一是教师队伍总量不足，生师比过大。全校把双肩挑干部和辅导员加上共有专任教师928人（不加仅有730人），而有本科生21804人，加上研究生55人（硕士按1∶2折算），共有学生约21900人。生师比，人事处按绝对专任教师算出来的是29.99∶1；教务处按各专业专任教师数算出来的是27.7∶1。这一比例远远高于教学评估和"升大"的标准（18∶1）。与此同时，员生比也达到了17∶1，远远高于陕西省的核岗标准（10.8∶1）。由此可见，我校教师队伍的缺口很大，如此下去不要说"升大"渺茫，就连2017年的审核评估都将难以通过；

二是教师队伍整体水平有待进一步提高。教授人数偏少，占比不到10%；副高以上教师的整体比例偏低，仅占30.56%；最为严重的是，在学术界有影响力的学科带头人、学术带头人很少，知名学者明显不足。

（3）办学空间狭小，教学和行政办公用房严重不足

从占地面积来说，目前全校共有1100亩（约733337平方米）土地，生均占地面积远远不能达标。教育部规定的标准生均占地面积是54平方米/生，而我校是33.63平方米/生，生均相差约20平方米。从建筑面积来说，教学及行政用房严重不足，教育部规定的标准是14平方米/生，而我校是8.39平方米/生，生均相差5.61平方米。食堂标准也不达标，教育部规定的标准是1.3平方米/生，而我校是0.55平方米/生，生均相差0.75平方米。以上教学及行政用房算下来，总面积相差超过10万平方米以上。因此，即使新校区综合教学楼（3.2平方米）盖好也相距甚远，难以从根本上解决教学和办公用房紧缺的问题。尤其最令人焦虑和担忧的是，教室普遍紧张，许多院系连教研室都没有。目前我校只有学生宿舍面积达到且超过了标准，教育部的标准是6.25平方米/生。我校是7.91平方米/生，生均超了1.41平方米。

二、关于学校发展顶层设计和基本思路的思考

（一）学校的办学定位

1. 关于办教学型大学还是办教学研究型大学的问题

高等教育一般分为教学型、教学研究型、研究型三个层次，目前我校总体上属于教学型。2014年被省教育厅审核通过的我校章程明确提出了要办"教学研究型"大学的基本定位。我认为这一定位既符合学校的现实状况，也符合学校长远发展的长远利益，因此应该予以恪守和坚持，并应力求最大限度地统一认识。教学研究型大学的基本特征是：以本科教学

为主，不培养专科，并有一定数量的研究生，个别专业可以招收博士。从我们目前的办学现状出发，应该说朝这一方向努力，并且具有达成的可能性。

2. 关于办学术型大学还是办应用型大学的问题

高等教育又被分为学术型、应用型和职业技术型三种类型。近年来伴随对"地方本科院校转型"话题的热议，这一分类方法越来越被人们关注。但到底什么是学术型大学？什么是应用型大学？对此，目前学界既无统一的定论，官方亦无清晰的界定，更缺乏可操作性的标准和政策。从广义的角度来理解，宝文理乃至陕师大、西外大、西法大等都是应用型大学，因为他们培养的都是以特定行业为主的应用性人才。与此同时，关于应用型大学与职业技术学院的界限也十分模糊，不少学者认为，所谓办应用型大学实际上就是在办广义上的职业技术大学，是属于大职业教育的范畴。

关于地方高校向应用型大学转型的话题，是教育部鲁昕副部长去年 3 月 22 日在 2014 年中国发展高层论坛上提出的，她强调中国应加强教育结构调整力度，大力发展和加强现代职业教育，并指出目前中国有近 2500 所高校，改革完成后将有 1600~1700 多所学校转向以职业技术教育为核心，这些学校在人才培养模式上将淡化学科、强化专业、培养技术技能型人才。她还强调调整转型的重点是 1999 年大学扩招后"专升本"的 600 多所地方本科院校，这些高校将逐步转型做现代职业教育。2014 年 3 月 25 日教育部下发了《关于地方本科高校转型发展的指导意见》（征求意见稿），明确提出要引导和推动部分地方本科高校向应用技术类型高校转型发展，并指出应用型大学（即"升大"）要向转型类高校倾斜。从陕西省来讲，李兴旺厅长 2015 年 1 月 9 日在《中国教育报》撰文，强调了要推动形成陕西高等教育分类的框架。他将陕西现有的高校整体分为五个层次：第一层次是 7 所 985、211 高校，第二层次是 12 所省属高水平大学，第三层次是 36 所应用型本科高校（包括独立学院），第四层次是 15 所国家级和省级示范高职院校，第五层次是 22 所普通高职院校。按照这一层次划分，我校只能属于第三层次的应用型本科高校。

以上就是地方高校转型问题提出的背景。面对这种形势，我们到底应该如何办？要不要转型呢？对此，我的基本看法是：且行且看！换而言之，在转型问题上，我们既不持积极态度，也不持消极态度。何以如此，理据如下：

（1）关于地方本科院校是否应该转型、哪些应该转型以及如何转，教育部尚无明确的文件（目前有的也只是征求意见稿）。（2）目前学术界对转型问题的认识极不统一，上级的态度也不明确。（3）针对地方高校转型，鲁昕副部长所讲的也是指 1999 年后专升本的院校，而我校是 1958 年和 1975 年的本科。同时，教育部《关于地方本科学校转型发展的指导意见》（征求意见稿）中强调的也是"部分地方院校"转型，而不是全部地方院校转型。（4）从我校目前的学科专业布局和人才培养规格来看，很难说我们是学术型高校，也很难说我们是应用型高校。我们的学科设置以文理基础学科为主，具有很强的学术性特征，而我们的人才培养规格和学生的就业去向又带有很强的应用性特征。（5）如果转型是变相地将我们变成职业技术学院，或者仅仅为了获得一个大学的名头而进行转型，那么我觉得要十分谨慎。因此对转型的问题，我们将暂时搁置争议，且行且看，一切等将来上级文件明确后再议。

3. 关于办多科性大学还是办综合性大学的问题

大学又分为学科性大学、多科性大学和综合性大学。我们到底是应办多科性大学还是办综合性大学呢？我认为目前争论这个问题的实际意义不大。从我们的学科设置来看具有综合性，但从我们学科的整体水平来讲，目前还只能属于多科性大学。我想只要我们不断提升学科的建设水平，就会自然而然地向综合性大学靠拢。

（二）学校的奋斗目标

我们学校既定的奋斗目标是在十三五期间建成宝鸡大学。从目前国家对"升大""更名"的紧缩形势以及"升大"的基本标准来看，我们面临的挑战和难度极大。梳理了一下，在升大方面我们具体存在以下差距：

（1）在办学规模方面，要求在校研究生规模要达到在校生的 5%。按照我校 20000 学生的规模计算，即要达到 1000 人，这在今后几年里很难实现。（2）在学科与专业建设方面，要求有 3 个以上学科门类作为主要学科，20 个本科专业，2 个硕士点。这一点我们能达到。（3）在师资队伍方面，要求生师比不高于 18∶1，专任教师中硕士达到 50% 以上，博士应达到教师队伍的 20%，具有高级职称的专任教师不低于 400 人，正教授不低于 100 人。除硕士学位比例外，其余的我们均不达标。（4）在教学方面，要求近两届教学成果评选中至少有 2 个以上国家级一、二等奖或省级一等奖。这一项我们也不达标。（5）在科研方面，要求近 5 年年均科研经费以人文、社会学科为主的学校至少应达到 500 万元，其他类高校至少应达到 3000 万元；近 5 年来科研成果获得省部级奖励 20 项，其中至少应有 2 个国家级奖励；至少设有省部级以上（含省部级）重点实验室 2 个和重点学科 2 个。国家奖和省级以上奖是我们最大的软肋。（6）在基础建设方面，本科生生均占地面积应达到 60 平方米以上，生均校舍建筑面积应达到 30 平方米以上，生均教学科研行政用房面积应不低于 15 平方米。这些指标我们远远不达标。

面对这种形势和这些差距，我们要不要继续坚持"升大"呢？对此我的基本态度是：

要继续坚定不移地坚持这一奋斗目标，并且要破釜沉舟、排除万难去实现这一目标。之所以这样认为，其理据如下：（1）在"升大"的道路上我们虽然困难重重，现实的差距也较大，但我们并非完全没有基础和条件；（2）升大学是全体师生、员工的共同愿望，也是前任领导班子的既定方针；（3）"升大"的政策是动态的，一切都处在变化之中。五年之后到底会是什么政策，现在谁也说不清楚；（4）在学校目前的状况下，"升大"是最能凝聚人心、鼓舞士气的口号，也是加强学校内涵建设最为有利的抓手。换而言之，"升大"既是一个奋斗目标，也是一种奋斗过程，向着这一目标奋进，终能牵引学校向着更高的层次迈进。

目前，最为要紧的是：（1）抓紧"升大"工作的实际启动，今年学校必须成立"升大"办；（2）要紧急行动，按照申报条件和时间节点来紧锣密鼓地加强教学、科研、学科建设、师资队伍建设、基础设施建设等各项工作，并且要明确目标、分解任务、落实责任、逐次推进；（3）必须鼓足干劲，要有破釜沉舟、背水一战的信心和勇气。

（三）学校发展应确立的基本理念

办学理念涉及的很多，从当前高等教育发展的总体趋势和学校的实际出发，在今后的办学过程中我们应着重凸显以下办学理念：

1. 坚持内涵发展的理念

从当前国家对高等教育发展的基本要求、我们实现"升大"的目标以及学校在各种办学资源方面的实际现状出发，今后我们将不再搞规模扩张，而要逐渐稳定、控制和压缩招生规模（这也是这些天来我听到的最多的意见和建议），力求使我校本科生规模控制在18000~20000人左右（这里我想特别说明，学生规模是我校办学经费的主要来源，因此还不能压缩得太厉害，更不能一下子压下去），今后重点是扩大研究生招生规模，力争使研究生规模达到1000人。坚持内涵发展的重点是，要认真实施和推进质量立校战略、科研兴校战略、人才强校战略。

2. 坚持进取、竞争、务实的理念

进取，即克服自我满足、"小富即安"、得过且过心理，要树立力争上游、追求卓越的意识，强化发奋图强、埋头苦干、拼搏进取的意识，每一位教职工都要竭尽全力地做好自己的本职工作。竞争，即要倡导学校与学校、院系与院系、部门与部门、个人与个人之间的竞争，并且要奖优罚劣，奖勤罚懒。务实，即一切工作都要从实际出发，都要讲求实绩，力求实效，不走过程，不搞形式，不摆花架子。今后学校对干部和教师的评价与考核都要

突出以绩效为主的原则。

3. 坚持开放包容的理念

（1）坚持开放办学、开门办学，使学校与外界保持密切的联系与沟通，并从观念、体制、文化、管理等各方面积极适应高等教育发展的新形势、新要求。（2）教学、科研、学科建设和管理等各项工作要坚持"走出去、请进来"的原则。在这一过程中，要特别注意坚持向高水平大学的基准看齐。（3）要鼓励教师积极参加国内外各种学术会议和学术论坛（但一定要坚持"以文与会，以文会友"），使教师积极融入国内省内学术主流圈。（4）要鼓励干部多出去交流参观，同时干部要强化公关意识，与政府职能部门和兄弟院校保持良好的联系与合作（不能"不叫不到，不给不要"）。（5）要强化学生的见习、实习以及暑期社会实践等环节，认真搞好素质拓展 8 学分，努力增强学生的创新精神、实践能力，提高学生德智体美全面发展的整体素质。（6）各院系要经常地举办各种学术论坛和学术会议，以营造浓郁的学术氛围。（7）要大力加强国际交流与合作。鼓励学生积极出国攻读硕士研究生，对通过托福、雅思、GMAT 等考试的学生予以奖励（报销考试费用）。加强与国外大学的合作交流和合作办学，积极探索和拓展 2+2、3+1 以及暑期学校、短期访学等多种合作办学模式。（8）鼓励教师积极出国访学和攻读学位，首先要积极争取和认真完成国家的各种出国公派计划（我校的西部计划指标少，但仍完成不了），其次应建立学校层面支持教师出国访学的计划和制度。（9）建立处级干部海外培训制度（学校拿出一部分经费，每年搞一期海外培训班）。（10）今年要加紧国际交流合作处的筹建和成立工作。

所谓包容，就是要尊重个性、包容差异，鼓励教师、学生在遵守国家法制和社会公德的前提下，彰显个性、展示风采，让各种创新思想、创新精神和创造活力竞相迸发，同时要尊重知识、尊重人才、不拘一格延揽人才。在干部制度上，要破除封闭保守、论资排辈的观念，不拘一格地选贤任能。

4. 坚持依法治校的观念

根据我校新出台的《大学章程》，全面健全、完善和细化学校内部治理的各项规章制度，力争使规章制度覆盖到学校管理工作的各个环节、各个领域；要强化法制观念、淡化人治思想，努力做到以制度管人、管事、管钱、管物，使权力在制度的框架下运行。全体干部、教师、学生都要树立讲规矩、懂规矩、守规矩的意识，即什么事该怎么办就怎么办，该按什么程序办就按什么程序办，尽可能避免人为因素和人治成份。同时，在各项管理工作中，要树立精细化管理思想，避免粗放式经营。

5.坚持学校事业发展与教职工和学生发展共赢的理念

宝鸡文理学院既是全体师生员工的大学，更是党的大学、三秦人民的大学，同时既是我们这一代人的大学，也是未来无数代人的大学。因此，我们一定要坚持学校事业发展与师生发展共赢的理念。要大力促进学校事业蓬勃发展，"皮之不存，毛将焉附"，只有学校事业得到了发展，师生发展才能有更好的载体和依托。在促进学校事业健康发展的同时，还要努力改善广大师生员工的工作、学习和生活条件，提高教职工的收入待遇，不断增强师生、员工对学校的认同感、归属感和荣誉感，使广大师生、员工能够具有较高的幸福指数，能够体面、有尊严地活着。

三、关于 2015 年的重点工作

今年工作总的基调是全面深化综合改革，加快内涵发展。下面我就学校今年的重点工作谈以下几点意见。

（一）教学工作

人才培养是大学的核心职能，教学工作是学校永恒的主题。全校上下要进一步强化对教学工作的重视。今年在教学工作方面，核心是抓教学质量提升（去年的巡视诊断报告给我们教学方面提出了很多意见，其中众多意见是针对教学质量方面的）。为了确保教学质量的提升，落实巡视诊断整改方案，今年在教学工作方面要强化以下几项工作：

1.要开展专业调整、合并、整合的调研论证工作。目前学校专业设置太乱，不少学院重叠、交叉设置专业；还有一些专业专任教师极缺，甚至连一个副教授都没有；还有一些专业就业状况很差，分别被亮红牌和黄牌；与此同时，不少专业制定的人才培养方案十分粗糙。这些问题师生反映十分强烈，对此必须正视。因此，今年我们一定要启动专业调整的调研论证工作。

2.要严格教学管理，强化教学规范，完善质量监控体系，努力促进教师教风和学生学风的改善。目前，教师热衷于抢课头、抢课时，但对教学内容深化、教学方法改进、教学效果增强并不重视，对此学生反映强烈。学生的学风也有待进一步改进。不少教师反映学生上课玩手机的现象十分普遍，甚至对挂科都满不在乎。为此，必须严明教师的教学纪律和学生的学习纪律。对教师上课迟到、早退、随意缺课、学生评价不满意等现象应进行严肃的通报批评，出现教学事故的，该处分就要处分，该扣津贴的就扣津贴。对学生随意旷课、考试不及格、考试作弊等现象，该留级的留级，该肄业的肄业，该缴费重修的缴费重修，该严厉处分的一定严厉处分。

3. 从今年开始要逐渐稳定、控制和压缩本科生招生规模。究竟哪些专业要进行稳控和压缩，教务部门和招办要进行深入论证，提出具体方案。

4. 强化教学激励机制，要进一步建立健全教学成果优秀奖、青年教师赛教活动等评审办法，加大奖励力度。

5. 进行教学资源清查和整合，优化资源配置，缓解教室、教研室、实验室等极度紧缺的压力。

（二）科研工作

我们要想实现办教学研究型大学的目标，就必须坚持教学和科研两个中心。大学的办学实力取决于学科实力，而学科实力从根本上讲取决科研实力和学术水平。从大学教师的素质类型来看，优秀的大学教师一定是一名学者，而不是一个"教书匠"，而学者的突出标志就是具有高深的学术造诣，而这种学术造诣只能通过科研活动来摄取和积累。再从教学与科研的相互关系来看，二者相辅相成，相携互济。一般来讲，在一所真正的大学中，一个教师科研好不一定教学就好，因为教学还涉及到对学生的关爱，涉及到对教学的态度和投入度，也涉及到教学方法和教授艺术，但是一个真正教学好的教师一定是一个科研优秀、学术水平高的教师。须知在大学教坛上，一定是内容为王的。再从我校目前在"升大"过程中所面临的瓶颈来看，制约我们的恰恰就是科研水平、科研成果、科研奖励。因此，全校一定要进一步重视科研工作，进一步强化学术氛围，扎扎实实地推进科研兴校战略。应注意强化以下几方面的工作：

1. 修订和完善科研奖励办法（要加大对高层次成果奖的奖励力度，要加大对文科顶级权威期刊的奖励力度）。

2. 在修改和完善学校整体分配制度的过程中，强化对教师科研工作考核的力度。

3. 进一步健全和完善院系举办学术会议、教师外出参加学术会议的相关制度和办法。

4. 加强理工科院系的科研基础条件建设，同时工科院系要强化校企合作机能，加强对应用性科研成果的研发。

5. 通过科学遴选，加强对重点科研成果的培育、扶持和支持；6. 加强科研处和院系科研管理岗的基本力量。

（三）学科建设与研究生教育工作

学科建设是大学的龙头建设。没有一流的学科就没有一流的大学，没有特色的学科也就没有特色的大学。目前我们所面临的学科建设整体形势很不好。国务院学位委员会将陕西高校划为学科建设的 A 类地区，在硕士点、博士点及研究生数量的增设和增长方面，已经基本上处于关闭状态。今后全校上下必须进一步强化学科建设意识，从学校到各院系都要把学科建设摆在十分突出的位置来抓。

1. 切实加强对现有的 6 个省级重点学科、2 个省级重点研究中心和 2 个省级重点实验室的建设工作，切实加强对它们的投入，将其做实、做大、做强，使其真正成为我校的学科亮点与品牌。

2. 加强对新的硕士学位增长点和省级重点学科增长点的培育工作，对已列入的校级重点建设学科，要予以实际的有效支持。我们必须明白，学位点和重点学科是培育起来、建设起来的，绝不是单纯突击申报出来的。

3. 抓住专业硕士学位点的申报机会，争取在专业学位硕士点的增列和申报方面能有较大突破。到 2020 年专业学位布点还有 2 次机会；学术型硕士虽已关门，但学科建设要密切。

4. 学科建设处和各院系要切实加大研究生的招生宣传力度，招生责任和压力要层层传导，落实到每一个单位、每一位导师身上，要力争把既有的招生指标吃饱用尽。

5. 要建立健全和规范研究生教育、管理、服务的各项制度，加强对导师的培训，努力提高研究生的培养质量。

（四）教师队伍建设和人事分配制度改革工作

大学所有功能的发挥，所有竞争力的提升，最终都归结和落脚在了教师队伍的建设上。校际之间办学水平的差距，实质上是师资队伍力量和水平的差距。因此，我们一定要把师资队伍建设作为重中之重来抓。今年在教师队伍建设工作上，要重点抓好以下工作：

1. 增加教师队伍的总量。专任教师增加以博士为主，今年我给人事处下达的引进博士的最低标准是 15 人，合理标准是 20 人，理想标准是 30 人。人事处要将此标准层层分解到各院系。今后学校将把教师队伍建设状况、优秀人才引进状况，作为对院长、系主任考核的一项重要指标。博士除去个别长线专业外，短线专业原则上有多少进多少（当然也要进行一定程序的考核）。个别特殊专业，如艺术、体育、工科及文理科中的稀有专业可以适当引进硕士，但对其两个学历要提出较高要求。

2. 今年管理岗位和辅导员的人数也要适当增加，但招聘工作的程序一定要进一步规范，各单位要填写岗位需求表，人事处要认真审核，校务会议最终审定。同时学校要在网上刊登公开招聘启示，所有新进人员都要历经公开报名、资格审查、笔试、面试、学校研究决定等环节。同时，按照省人社厅和教育厅的要求，新进硕士一律实行人事代理制度。教职工子女在同等条件下可适当照顾。

3. 要制定出台高层次人才管理办法。分配制度是调动教职工积极性的杠杆。今年在分配制度政策方面：（1）考虑增加教职工的岗位津贴。此项工作，上半年就要落实，落实的原则是在原有分配制度的总体框架下实行简便易行的操作方式，并且以缩小不合理差别和普调为主。同时此次津贴增加连同离退休教职工一并考虑（此项工作不管几月开始几月结束，津贴一律都从今年元月核算起）。（2）对学校整体分配制度和分配办法在认真调研论证和广泛征求教职工意见的基础上进行改革。

（五）学生工作

学生既是我们教育的对象，也是我们服务的对象。关于学生工作，我重点强调四点：

1. 全校都要牢牢树立"以生为本"的理念，努力做到"一切为了学生，为了一切学生，为了学生一切"。全体教职工（教师、干部、职工）都要关心、关爱、帮助学生，努力到教书育人、管理育人、服务育人、环境育人，把"立德树人"真正落实到各个层面、各项领域。

2. 要注意培育学生勤奋学习、诚信做人、快乐成长的良好思想和行为。要教育学生诚信做人，牢固树立社会主义核心价值观，要引导学生坚持以学为主，勤奋学习，刻苦攻读，努力增长才干（在奖助学金评比和优秀学生、优秀班干部的选拔中，首先要考虑学生的学习态度和成绩）；要鼓励学生多参加各种文艺体育活动和社会实践活动（这里我强调学校的体育设施首先要保障向学生和教师开放）；要坚持社会化教育与个性化教育协调并重，既要提高学生的社会化水平，也要提高学生的个性化水平。

3. 认真加强就业指导和服务工作，千方百计提高就业率。

4. 要切实注意学生的安全，加强心理健康教育和各种生命与财产安全教育。

（六）基础设施建设

前面我们已经说过了，我校的基础设施建设的水平总体上还比较落后。因此，在这一方面我们今年的任务十分繁重。如期加快新校区综合教学楼建设；尽快启动老校区综合楼改造工程；加快文理新村两栋高层住宅楼的建设；对新校区的水泥篮球场进行规划和改造；加强对新校区校园的整体绿化和美化；启动老校区工科大楼建设的论证和设计工作；对新老两个校区的功能定位进行认真论证和设计，如果有可能把老校区一些院系搬迁过来。

（七）深化综合改革、完善校内治理体系

1. 要以总结"十二五"规划、制定"十三五"规划为契机，全面、科学地做好学校的顶层设计，进一步明晰学校未来的发展目标和战略步骤。在这一过程中，要通过开展教育

观念大讨论，广泛听取广大教职员工的意见和建议。

2. 要以实施《大学章程》为契机，全面健全和完善学校各项工作的管理规章制度，理顺各种关系，完善校内治理结构。这主要包括要依据中央和教育部新出台的有关坚持和完善党委领导下的校长负责制的文件，修订和完善我校党委会和校务会的议事规则，进一步理顺党政关系；要依据教育部新出台的有关大学学术委员会规定的文件，重新修订我校学术委员会章程，健全学术委员会的组织体系和运行机制，并以此来进一步理顺学术权力和行政权力的关系，让教授治学真正落到实处；要以教育部 2012 年新出台的有关高等学校教职工代表大会的文件为依据，修订和完善我校教代会和二级教代会的相关制度，以此来切实保障教职工民主管理和民主监督权力的发挥与落实。通过以上措施，要使"党委领导、校长负责、教授治校、民主管理"的学校内部治理结构和治理体系得到充分的健全和完善。

3. 要深化干部制度改革。在干部机制改革方面，一是要强化公开、平等、竞争、择优的机制，即实行公开招聘、竞争上岗。在这一过程中要打破围墙，实行一定程度的面向社会公开竞聘政策；二是在干部任职期限上要按照中央和省委的要求，扎扎实实地推进干部任期制度和换岗交流制度。

4. 要在认真调研论证、广泛征求意见的基础上，积极推进学校管理重心下移，以扩大院系办学自主权。

凝心聚力 砥砺奋进
努力开创建设高水平宝鸡大学新局面 ①

同志们：

大家好！今天我讲话的主题是"凝心聚力，砥砺奋进，努力开创建设高水平宝鸡大学新局面"。围绕这一主题，我主要讲三个问题：一是 2017 年行政工作的简要回顾；二是学校目前面临的形势分析；三是对 2018 年学校重点的行政工作进行部署。

一、2017 年行政工作简要回顾与总结

2017 年是学校发展历史上不平凡的一年。这一年，在党政班子和全体师生员工的共同努力下，学校重点工作迈出了坚实步伐，取得了具有重要历史意义的建设性发展成就。现总结回顾如下。

（一）圆满完成本科教学审核评估

迎接自 2007 年以来的本科教学审核评估工作，是学校 2017 年工作的重要主题。这一年来，全校教职工本着高度的责任感和使命感，以主人翁的姿态全身心地投入到迎接审核评估的各项工作当中，尤其是广大教师、干部和职工主动放弃暑假、国庆节和周末休息时间，冒酷暑、战高温、抗疲劳，日夜加班，勤奋工作。这种热爱学校、自觉维护学校荣誉的精神，这种顽强拼搏、吃苦耐劳的精神，这种关键时刻不掉链子、能顶上去的精神，令我深深地感动和起敬。功夫不负有心人，经过全校上下的通力合作、辛勤努力，我们不仅顺利通过了审核评估工作，打赢了审核评估攻坚战，赢得了评估专家的普遍好评，而且更为重要的是，通过迎接审核评估工作，极大地促进了教师教风和学生学风的改善，推动了教育教学质量的提高，真正达到了"以评促建、以评促改、以评促管"的目的。

在全力做好审核评估工作的同时，学校还大力加强了省级一流专业的建设和申报工作并取得了显著成绩，有 9 个专业成功入围省级一流专业（一流建设专业 2 个，一流培育专业 7 个），已获得专项建设经费 140 万元。同时，强化了专业调整退出机制，停招了师资力量薄弱、就业率不高的艺术教育、舞蹈表演等 6 个本科专业（全省 2018 年共撤销 380 个专业），优化了专业结构。顺利完成了师范专业引导性评估工作。

---

① 本文系作为校长在宝鸡文理学院 2018 年全校工作会议上的讲话。

1. 创新创业教育工作深入开展。制定出台了《大学生创新创业学分管理办法》，开设了"创业创新领导力"等创新创业通识选修网络课程12门，组建大学生创新创业团队6个。经济管理学院获批为"陕西省创新创业教育改革试点学院"。设立校级大学生创新创业训练计划项目120项，其中54项获批为省级大创项目、21项获批为国家级大创项目。

2. 招生工作顺利完成。2017年我校共录取本科生5126名（普通类本科生4840人，专升本286人），比去年多录取150人。而且录取的分数明显提高，省内文史类超出分数线28分，理工类超出分数线24分，较去年分别提高了3~4分（2016年文史高25分，理工高20分）。省外文史、理工和体育录取分数也较去年有所提高。这意味着学校的社会美誉度和生源质量日益提升。

3. 认真做好教学成果奖的培育和申报工作。组织评选出校级教学成果奖24项，推荐了4项教学成果参加陕西省2017年高等教育教学成果奖评审，获批一等奖2项（这是学校首次获2个一等奖）。

（二）学科建设取得显著成绩

学科建设是高等学校各项建设的龙头。2017年我校学科建设工作取得了具有重要历史意义的显著成绩：

1. 成功获批为陕西省"拟新增博士学位授予单位立项建设单位"，这使得学校事业发展站在了一个新的历史起点上。

2. 硕士学位点翻番增长，有4个学术型一级学科硕士学位授权点（哲学、数学、物理学、教育学）和2个专业硕士学位授权点（旅游管理、艺术硕士）成功获批。这意味着我校一级硕士学位授权点将涵盖至学校的一多半学院（17个学院中有12个将拥有一级硕士学位授权点），标志着我校的学科建设水平达到了一个新的历史高度，同时也为研究生数量增长奠定了坚实基础。

3. 实现了省级一流学科的零突破，化学学科成功入围陕西省一流学科，到账经费110万元。这意味着学校跻身于拥有省级一流学科院校的行列（跑道变了）。

4. 认真组织中国语言文学、化学、地理学参与了全国第四轮学位点评估工作，评估结果全部为合格。

5. 获批为全国硕士研究生招生考试院校报考点，同时，成功组织了第一次全国硕士研究生入学考试，共报考学生1499人，其中报考我校362人，圆满完成了各项考试工作任务。这既为我校考生提供了极大便利，同时也对扩大学校影响力具有积极的作用。

与此同时，研究生教育管理工作也得到规范有序开展。

1. 扩大了研究生招生规模，使研究生招生数量由 2016 年的 125 人增长到了 2017 年的 158 人（净增 33 人），较上年增长了 26.4%（今年经过我们与上级部门积极争取，增长了 60 个指标，增长率为 38%）。

2. 组织了 2017 届首届毕业研究生的学位论文答辩工作及学位授予仪式，使研究生培养工作顺利完成一个周期，92 名研究生圆满完成学业并获得硕士学位，有 10 名硕士毕业生考取了高水平大学的博士研究生。

3. 制订并修订了《全日制教育硕士专业学位研究生培养方案》和《研究生培养质量保障体系建设办法》等文件，使研究生的培养、教育、管理等一系列制度得到进一步健全。

4. 完成了硕士研究生导师的考核工作。

（三）科研工作再创历史新高

2017 年学校科研工作成绩显著。去年全校获批国家自然科学基金项目 11 项，创历史新高；获批国家社科基金项目 3 项；获批教育部项目 9 项，教育部项目也创历史新高（共 23 项）。同时获批省级项目 34 项，市厅级项目 116 项，争取到纵向科研经费 719 万元。签订横向项目 74 项，签约金额 530 万元，到账金额 367 万元。签约经费 1249 万元，到账总经费 1086 万元。

2017 年全校文理科发表论文 1053 篇，其中文科发表论文 586 篇，顶级期刊论文 1 篇，权威期刊论文 2 篇，SSCI 论文 3 篇，C 刊论文 32 篇，核心论文 105 篇，权威期刊和 C 刊论文有了显著增加。理科发表论文 460 篇，其中 SCI 论文 126 篇（一区 16 篇，二区 44 篇），EI 论文 32 篇。全校出版学术专著 34 部，获批专利 190 项。

在科研获奖方面，省级社科奖目前评审工作已经结束但结果尚未公布。根据公示，我校共获得 6 项奖励，其中一等奖 1 项、二等奖 2 项、三等奖 2 项，还有 1 项三等奖我校为第二单位。同时还获得陕西省科学技术三等奖 1 项（目前已完成公示）。

（四）人事制度改革和师资队伍建设深入推进

在人事制度改革方面，出台了学校《第二次岗位聘用工作整体方案》。对全校的人员编制、岗位设置和聘任程序进行了顶层设计，理清了实施全员聘任的整体思路。依据上级文件和兄弟院校的先进经验，对全校的岗位设置按固定岗位和流动岗位分设，并完成了 A、B 两类人事代理人员的聘任工作，从制度设计上减轻了学校人头费负担。明确了三级以上教授 65 岁退休的基本政策，并在新的分配方案中将二、三、四级教授的绩效工资档次明确拉开，实行二级教授与书记、校长同档，三级教授基本上与副校级同档。这些政策措施，既激发了教师队伍专业发展的内生动力，同时也促进了健康大学文化的生成和嬗变。

在师资队伍建设方面，出台了学校《高层次人才引进办法》，提高了引进待遇，加大了引进力度，尤其是优化了引进博士的专业和学科结构，同时对高层次人才实行全职引进和柔性引进相结合的引进方式。2017年，共新增博士52名，其中引进、调入博士41名，回校博士9名，柔性引进海外兼职教授2名（经管院1名、数信学院1名）；外语、电气、计算机、经济管理等学科实现了近3年来博士考察引进零突破。引进的博士人才中具有副高级以上职称的14人，具有海外学术背景的7人，优秀博士6人，引进质量和结构得到了很大提升和优化。同时有1名教师晋升二级教授、4名教师晋升三级教授。去年学校还出台了《宝鸡文理学院教职工攻读博士学位管理办法（试行）》，极大地激励了广大教职工攻读博士学位的热情（原来只发基本工资外加1000元补贴，现在可以享受60％的基础绩效工资），据人事处反映，自该政策实施以来，教职工报考博士学位的申请人数明显增多。同时，年底还出台了《宝鸡文理学院"横渠学者"引进管理办法（试行）》，进一步加大了对高层次人才的引进力度。

在分配制度改革方面，出台了新的《绩效工资分配办法》。直接注入了1900万资金，调涨了教职工绩效工资（再加上住房公积金、养老保险金等配套附加支出，实际支出超过3500万元），并从整体上改革了绩效工资分配办法，使之更符合国家政策和高等学校的规律，极大地激发了广大教职工从事教学科研工作的积极性。

（五）学生教育管理进一步加强

1. 强化管理制度建设。根据上级文件要求和形势变化，及时修订颁布了《学生管理规定》《学生违纪处理办法》《学生申诉处理办法》等相关制度，进一步规范了学生的教育、管理和服务工作，强化了"以生为本"的理念，确保了整个学校工作的安全稳定。

2. 各级各类学生竞赛活动蓬勃开展。积极组织学生参加全国全省各类竞赛活动，共获得国家级一等奖11项、二等奖58项、三等奖91项，省级一等奖6项、二等奖12项、三等奖18项、其他奖励6项，这为历年来最好成绩。同时，首次组织师生赴国外（韩国）参加"第三届全球创新创业大赛"，获得优秀奖。

3. 就业工作整体状况平稳。全校5362名本科毕业生中，有467名考取研究生（含9名出国留学者），占毕业生总数的8.56%。有23名同学被"西部计划"等中央和地方项目正式招募和录取。2017届毕业生初次就业率仍保持在90%以上。

（六）基建工作和后勤服务进一步加强

1. 完成了润德园、凤鸣湖的建设工作，并拆除了学校与游泳跳水馆之间的围墙，使新校区校园整体环境面貌发生了显著改观。

2. 完成了对新老校区教室的粉刷、修缮等工作，启动了大学生创新创业中心改造、校园通透围墙改造等多项维修工程。

3. 完成了博文楼竣工收尾、高低压配电系统施工等工程，并于暑期正式投入使用。

4. 完成了新校区综合运动场工程的环评、地勘招标、施工图设计等工作。

5. 在财务工作方面，全年将实现收入 4.8 亿元，创历史新高，同时积极争取到中央支持地方高校发展专项 1634 万元。

6. 在国有资产管理方面，加强资产信息化平台建设，实现资产系统和报账系统两大信息管理平台的有效对接，同时依法依规加强国有资产采购工作，提升了采购效能。7. 完成了教育学院、马克思主义学院的整体搬迁及相关学院办公用房的调整工作。8. 改建了校园大门机动车辆门禁系统，规划了校内停车场，规范了车辆停放，维护了学校稳定安全。

（七）校内综合改革及现代大学制度建设扎实推进

1. 出台了全校机构设置调整方案，新增了一些职能处室，合并了一些职能处室，规范了二级学院的名称（系全部改为学院），健全了科级机构设置，使学校的管理体制进一步优化，初步建立起了与现代大学制度相适应的治理体系和治理结构。按照公平、公开、竞争、择优的原则，实施了全校正副处级和科级干部的聘任工作，一批年富力强、德才兼备、高学历高水平高素质的优秀年轻干部走向管理岗位，干部队伍的整体素质明显提高，工作动力和活力显著增强。

2. 扎实推进"追赶超越"工作。根据省委省政府要求，制定出台了学校《"追赶超越"工作方案》，认真贯彻落实省委"三项机制"，有力地促进了学校各项工作快速发展。我校第一季度"追赶超越"考核在全省省属高校统一排名中名列第 21 名，第二季度、第三季度"追赶超越"考核在陕西省"其他本科高校"中排名分别上升至第 11 名和第 4 名。

3. 大力加强校园文化建设。配合审核评估工作，制作了学校宣传片，更新了校史馆，统一制作了教室标牌、道路指示牌、办公室门牌等，组织开展了学校新建园林景观和楼宇命名等活动，各学院也都普遍加强了自身的文化建设，以上这些使整个校园中的物质文化、精神文化、行为文化、制度文化、标识文化等发生了明显改观，周秦伦理文化的特色进一步得到彰显。

（八）"创大"工作迈出坚实步伐

1. 我校创大更名工作被明确列入陕西省和教育部"十三五"高等学校设置规划。这使我校的升大更名工作被正式提上了省政府和教育厅的议事日程（"十三五"期间陕西省被列入院校设置规划的只有 2 所高校，即西安财经学院和我校）。

2. 我校创大更名工作赢得了省市领导和主管部门的大力支持。宝鸡市人民政府成立了共建宝鸡大学工作领导小组，惠进才市长亲任组长。2017 年 3 月庄长兴副省长携带省政府 6 个相关厅局领导和宝鸡市领导莅临学校，就我校升大更名、开辟科技创新园暨新校区建设、老校区土地置换等工作进行了专题调研，并做出了明确指示和支持。

3. 省市共建协议及高校对口支援协议正式签署。10 月 24 日省教育厅厅长王建利与宝鸡市市长惠进才共同签订了《陕西省教育厅宝鸡市人民政府共同推进宝鸡文理学院建成宝鸡大学协议》。同时，我校与西安交通大学、西北农林科技大学、陕西师范大学、西北大学签订了《对口支援宝鸡文理学院协议》。依据省市共建协议，宝鸡市在"十三五"期间向学校提供 5000 万元专项资金（4 月 1 日首批支持款项 1200 万元已经拨付到学校）。陕西省人民政府将按宝鸡市经费支持的 2 ∶ 1 进行配套，其中省教育厅在"十三五"期间每年向学校提供 600 万元专项资金（5 年 3000 万）。省市共建协议的正式签署，意味着我校的创大工作已进入实质性的具体实施和推进阶段。

4. 顺利通过了陕西省教育厅专家组对我校"科技创新园区暨新校区"建设项目的进校评议工作。并完成了"科技创新园暨新校区"项目可行性研究报告的编制工作，目前教育厅已审批并上报到省发改委。

（九）民生状况得到改善

1. 实施了绩效工资改革，提高了教职工收入待遇。

2. 完成了事业单位工作人员养老保险及职业年金缴费工作。按照新的社保政策，全校在编教职工养老保险及职业年金 2017 年按月足额缴费，1 月至 11 月，完成单位部分缴费共计 2225 万元。截至 2017 年 1 月，2014 年 9 月 30 日前我校退休人员全部纳入陕西省机关事业单位社会保险基金管理中心集中发放养老金，整个转接工作平稳顺利。

3. 顺利完成了对贫困学生的精准资助工作。协助 2805 名学生办理了生源地助学贷款手续，贷款 1935 万元；为 108 名家庭经济困难学生发放临时困难补助 10.8 万余元；为 440 名勤工助学学生发放酬金 61.9 万元；同时，对 1202 名建档立卡贫困生进行了全校教师干部"一对一"帮扶。

4. 完成了文理新村 4#、5# 职工楼基坑桩基支护工程的施工工作。这里需要说明一下，2017 年 7 月，因这两栋楼在 2012 年报建时手续不健全，工程被迫停止。停工是由学校基建部门主动提出的，其目的是为了最大限度地保护教职工的利益。目前学校正在积极出面协调，准备按照商品房开发模式办理相关手续，这一手续的办理过程比较复杂，政策性也很强，学校正在积极推动，但时间的确不由我们做主，这一点请教职工理解。

5. 设立了贫困教职工救助金，对极度贫困的教职工实施最大限度的人道关怀。

6. 启动了美伦小区、文理新村以及老校区家属楼安装电梯工作的入户调查工作，目前此项工作还在进行之中。这项工作迟缓的原因是，我们想享受宝鸡市棚户区改造的相关政策，这样可以相对减轻教职工们的负担。同时，加强了教职工家属区的绿化和监控设施建设。

除上述以外，学校的扶贫工作、离退休工作、学报工作、图书馆工作、附属幼儿园、中小学工作、校医院工作等等，也都在顺利开展。

总之，2017 年是学校发展历史上极为不平凡的一年，这一年学校事业发展亮点多多、出彩多多，同时这一年大家也辛苦多多、付出多多。在这里，我对广大教师、干部和职工们的辛勤付出表示衷心的感谢和崇高的敬意！

二、当前形势分析

成绩固然喜人，但在看到成绩的同时，我们也应该清醒地认识到前进的道路上还存在不少问题、困难和矛盾，尤其是我们要在 2020 年如期实现创大更名的目标，还面临着诸多严峻挑战。

（一）高等教育发展的竞争形势日趋激烈

党的十九大报告对新时代我国高等教育事业发展提出的基本要求是"加快一流大学和一流学科建设，实现高等教育内涵式发展"。这意味着，一方面，坚持内涵发展、提高教育质量，依然是新时代我国高等教育事业发展的主题。另一方面，随着国家"双一流"建设的启动与实施，全国各地高校发展步伐和办学水平提升的速度明显加快，在各类办学资源方面的竞争也日趋激烈，这对于我们这样的地方院校在人才引进、师资队伍稳定、学科建设和专业发展、办学经费获取与增长等诸多方面都形成了严重挤压和严峻挑战。

从省内来看，陕西省出台了"四个一流"建设实施计划，制定下发了《陕西省教育事业发展"追赶超越"工作方案》。在这一政策的牵引下，省内各高校的发展步伐和建设速度也明显提速。面对这种百舸争流、千帆竞发的形势，不要说不进则退，缓进、慢进、渐进也是退。如何在这种激烈竞争的形势下获得发展先机、取得发展优势、奋力实现追赶超越，这是我们面临的主要压力与挑战。为此，在新的一年来临之际，我们绝不能有"歇歇脚，喘口气"的思想，而必须进一步鼓足干劲，迎难而上，驰而不息，奋力促进学校事业更好更快地发展。

（二）"创大"更名既面临良好机遇也面临严峻挑战

我校"十三五"规划和第四次党代会明确提出了于 2020 年实现创大更名的宏伟目标。目前在创大工作方面，我们面临的有利因素有：

1. 我校升大更名工作被陕西省人民政府和教育部明确列入了"十三五"高等院校设置规划。2. 我校升大更名工作获得了省政府和宝鸡市的大力支持，并正式签署了省市共建宝鸡大学协议。3. 国家在升大更名方面取消了以往东部年、中西部年和民办教育年三年一个轮次交替开展的做法，而每年都开有口子，即只要符合条件，年年都可以申报。

我们所面临的不利因素有：

1. 国家虽然每年都开口子，但升大更名的标准明确更严，门槛明显提高（新的设置细则还未正式出台），而且在总体原则上虽然不关门但实行收紧政策。

2. 按照原有的升大更名条件和标准，在 7 大类指标和 37 个观测指标中，我校仍有 4 项观测指标不达标准，即生均占地面积 ≥ 60 ㎡不达标、生均校舍面积 ≥ 30 ㎡不达标、近 5 年年均科研经费 ≥ 3000 万不达标、研究生规模 ≥ 在校生的 5% 不达标。在已达标的标目中，优势也不强，如博士率、科研获奖、办学硬件条件等都刚刚达线，并且有些打的是擦边球。要实现这 4 项关键性指标达标，需要我们付出极大的心血和气力。

3. 时间紧迫，现在距离 2020 年实现升大更名目标仅剩下两年多时间。两年时间内我们要实现开辟新校区建设并完成一期工程主体建设的任务，要使年均科研经费达到 3000 万以上，要使在校研究生规模达到 800~1000 人，确实时间紧迫，压力"山大"。这就要求我们必须以时不我待、只争朝夕的精神，甩开膀子加油干，迈开大步朝前赶。

（三）面对学校事业发展的客观需求，办学经费和财力状况面临巨大压力与挑战

2017 年绩效工资调整后，随之带来的教职工养老保险、职业年金、住房公积金等各项支出费用的相应增加以及明年教职工队伍的壮大，全校的人头费支出已达到了 3.17 亿，而我们全年的总收入也就 4.8 亿左右。换言之，学校的人员经费支出已占到了学校财政总盘子的 66%（今年再进一些人，就达到 70% 了）。这就意味着，一方面我校人员经费支出已达到了天花板。另一方面，学校能够直接用于教学、科研、管理、设备购置和基础设施建

设等各项事业运行经费的支出仅剩下 1.6 亿。在这种背景下，我们还面临着新校区建设和加大博士等高层次人才引进的繁重任务。由此，大家可以想象学校面临的财政压力有多大。学校财政压力大，还有以下两个客观原因：

1. 陕西省近年来经济发展速度明显放缓，财政收入增长乏力，这从整体上导致省政府对高等教育事业发展的资金支持力度明显减弱。如 2016 年初，省委省政府明确出台文件要拿出一批钱对非省会城市高校给予特殊的额外支持，但这笔经费因为财力拮据迄今未能兑现。

2. "十三五"以来省政府对高等学校的投资导向明显呈现出"扶强扶优扶特不扶弱"的变化。如 2016 年明确提出全省高校生均经费由 1.2 万提升到 1.5 万，但增长的生均 3000 元不再按学生人头数划拨，而主要用于"四个一流"建设。这就导致办学水平高、学科专业实力强的高校可以获取更多的经费支持，而学科专业实力弱的高校很难争取到这部分资金。面对以上财政压力，我们只有奋力提升学校的办学水平，增强学科专业实力，凸显办学特色，多渠道拓展学校财政收入来源，开源节流，不断做大做强学校财政"蛋糕"，才能化解矛盾、渡过难关，才能够真正实现学校事业发展和教职工个人发展的共赢。

三、2018 年工作要点

关于今年的工作安排与部署，学校下发的党政工作要点已规定得很明确，我不再详细展开，这里主要强调一下今年行政方面的一些重点工作。

（一）扎实做好"创大"更名工作

1. 从现在起，我校的创大更名工作将进入决胜阶段。要加快推进"科技创新园暨新校区"的规划、征地、报批等工作，尽快启动新校区建设。2. 要对照升大更名的几项短板指标，以钉钉子精神一锤一锤地夯，一个问题一个问题地解决。以时不我待、朝乾夕惕的精神加快创大各项工作的步伐。3. 加强校地、校校合作。积极落实《陕西省教育厅宝鸡市人民政府共同推进宝鸡文理学院建成宝鸡大学协议》和西安交通大学、陕西师范大学、西北农林大学、西北大学、西安石油大学《对口支援宝鸡文理学院协议》，推动协议内容落地生根，加快创大步伐。4. 做好建校 60 周年庆典活动，广泛争取校友和社会支持并不断提高学校的知名度与影响力。

（二）认真实施本科教学审核评估整改工作

1. 在逐条梳理审核评估专家反馈意见和建议的基础上，制定出台学校《本科教学审核评估整改工作实施方案》，明确整改措施，落实责任单位、责任人和完成时限，并以落实整改为契机，促进教学质量进一步提高，再接再厉地以优异成绩迎接审核评估的中期检查和整改验收工作。2. 教务处、学工部等部门要千方百计地巩固好此次迎接审核评估过程中所形成的优良教风和学风，使之常态化、常规化、持久化。3. 推进深层次教学改革。在认真调研，悉心论证的基础上，出台教学改革文件，以全面推进专业设置、课程设置、人才培养方案、教学方式等深层次改革。启动师范专业、工科专业认证工作。继续深入推进大类招生，做好学生专业分流，实施学生个性化培养方案。做好省级教改项目和高层次教学成果奖的培育和建设工作。

（三）加快一流学科建设

1. 启动博士学位授予单位立项建设工作。根据省学位办和教育厅已将我校列入博士学位授予单位立项建设计划的实际，启动博士学位授予单位立项建设工作（力争到 2021 年开始着手申报工作）。2. 修订出台学校《重点学科建设管理办法》，进一步加强和规范学科建设的各项管理工作，促进省级一流学科建设。重新遴选和确定学科带头人。3. 做好新增一级学科硕士学位点的建设准备和招生工作。4. 做好研究生导师的遴选工作，改革研究生导师课时费。

（四）加强科研创新工作

1. 进一步强化"教学科研"两个中心理念，增强教师的科研动力和学术意识，营造浓郁学术氛围。2. 做好高层次项目申报和科研奖项培育和申报工作。认真做好国家和省部级科研项目和获奖的组织、论证和申报工作，确保高层次项目数量、质量、科研经费持续增加。2018 年理科自然基金课题确保在 10 项以上，国家社科基金课题力争有所突破，教育部项目保持住今年的数目。各学院要认真动员教师申报课题，同时还要进行集体论证。3. 积极开展社会服务，推动横向课题立项工作。根据地方经济社会发展需要，加强和地方政府、企业等的联络和合作，加强科技合作，创新合作模式，提升科技成果转移转化能力。4. 重新组建学校学术委员以及下设的教学工作指导委员会、科研工作指导委员会和学位委员会，并按照新颁布的学术委员会章程切实发挥其在学校治理中的作用。同时建立健全二级学院一级的学术委员会，规范其职责权力，使学术权力在学院层面落到实处。

（五）深化人事管理制度改革

1. 实施全员岗位聘任工作。根据学校机构设置和全员聘任总体方案，启动对一般管理人员、专业技术岗位聘用和工勤技能岗位的聘用工作，实施全员聘任工作。此次聘任工作要认真实施，一是逐一核实岗位，对一些不重要的岗位进行压缩，克服人浮于事的现象；

二是对一些不好好工作、三天打鱼两天晒网的人，要通过此次聘任将其晒晾出来，进行裁汰。

2. 依据新出台《"横渠学者"高层次人才引进办法》，进一步加强和规范高层次人才的引进与管理工作。同时出台《"横渠学者"岗位聘任办法》，积极稳定校内人才，发挥高层次人才的支撑引领作用，在全校营造有利于人才"引得进、稳得住、干得好"的良好氛围。

3. 改革职称评定办法。根据省上下放职称评审自主权的实际和一系列新的政策要求，修订完善学校职称评审办法，改革职称评审制度，使职称制度和办法更科学更合理，并以此来激发广大教师专业发展的内在动力，助力学校事业发展。

4. 做好"师德师风建设年"工作。以"四有好老师"为目标，坚持"四个相统一"要求，全面加强师德师风建设。

（六）推进后勤、基建等工作

1. 积极协调行政主管部门和建设单位，完成博文楼的消防专项验收、竣工备案验收、竣工决算与审计等工作。2. 加快新校区综合运动场项目建设。3. 完成老校区体育场改造项目。4. 积极稳妥做好后勤公司改制工作（改制方案已到教育厅、财政厅及省政府办公厅，目前还没有批下来）。5. 按照"精确、细致、深入、规范"的基本要求，持续推进后勤"精细化"管理水平，为师生提供良好的工作学习和生活环境。

（七）拓宽筹措资金渠道

1. 积极联络和寻求各级政府支持，争取更多教育财政资金。积极争取中央及地方财政资金支持，做好专项申报工作，强化收入管理。2. 开拓社会筹资渠道，广泛争取社会资金。多渠道筹措资金，提高学校自筹收入能力，持续促进办学经费稳步增长确保办学收入持续增长。3. 建立和发挥校友基金会的作用。成立学校教育发展基金会，完善教育基金会运行机制，提高教育基金会募资能力和内部管理水平。同时，以建校60周年庆典为契机，积极获取校友支持，为学校发展争取更多的社会资源，助推学校事业发展。4. 增强财务预算及管理能力。进一步提高预算管理水平，坚持刚性预算，强化预算管控能力，科学、合理安排各项资金，切实提高资金使用效益。紧缩各种不必要开支，树立勤俭办学意识，集中财力办大事。

（八）提高国际化办学水平

1. 进一步拓展学生赴国（境）外交流学习渠道。做大做实"3+1"项目、交换生项目、暑期学校等，实现学生交流项目、派出人数大幅度增长，不断开阔学生的国际化视野。2. 大力推进教师、干部赴国（境）外交流学习。积极组织参与申报国家公派留学项目，鼓励教师、干部出国，参加海外访学、进修等。选派学科带头人和青年学术骨干赴高水平大学（研修机构）开展交流学习、合作研究，提高教师创新创业能力。3. 积极扩大留学生规模。开拓留学生招生和培训工作，积极扩大留学生规模，优化留学生生源结构，提升留学生培养质量，以提升学校办学的国际化水平。

（九）积极推进民生工程和扶贫工作

1. 加快文理新村 4#、5# 职工楼工程建设速度，确保工程建设顺利进行。2. 加快办公室、教研室、教师工作室的空调安装工作，改善教职工的办公条件。3. 推动美伦小区、文理新村以及老校区家属楼加装电梯工作，力争尽早启动。4. 加强附属中小学师资队伍建设，提升教学质量和水平。加强教师队伍建设，强化内部治理，稳定办学规模。在调研、借鉴兄弟院校经验的基础上，探索附属中小学办学新机制，不断提高教育教学质量和社会影响力。5. 做好扶贫工作。继续做好千阳县省级"两联一包"扶贫工作和学校"双百工程"结对帮扶太白县脱贫攻坚工作。

同志们，过去的一年值得欣慰，新的一年犹存期盼。对于我们升大更名目标的实现而言，2018 年是至为关键的一年。习近平总书记在今年的新年贺词中指出："幸福都是奋斗出来的。"我们要想创造宝鸡文理学院美好的未来，就必须不懈奋斗。因此，让我们进一步保持 2017 年的优良作风和精神状态，以昂扬的斗志投入到 2018 年的各项工作当中去，努力谱写建设高水平宝鸡大学的新篇章！

谢谢大家！

继往开来 携手共进

为建成高水平大学——宝鸡大学而努力奋斗 ①

尊敬的魏增军副省长、徐启方副省长，尊敬的各位领导、各位嘉宾、亲爱的各位校友，老师们、同学们：

大家好！

金风送爽玉露清，三秋桂子满园香。在举国欢庆伟大祖国 69 周年华诞之际，我们也迎来了宝鸡文理学院建校 60 周年的生日。今天我们在这里隆重集会，举行宝鸡文理学院创建宝鸡大学论坛暨誓师大会。这是文理学院遍布海内外 12 万多名校友翘首以望的日子，是关心和支持学校事业发展的社会各界人士热切期待的日子，是各级领导寄予厚望、高度关注的日子，是文理学院 2 万多名师生员工齐心欢腾的日子。我确信，此情此景必将在宝鸡文理学院的办学历史上留下浓墨重彩的一笔。在此，我谨代表学校党委、行政和全体师生员工，向在百忙之中莅临大会的各位省市委厅领导，向社会各界嘉宾，向来自长城内外、大江南北的各位校友，表示最热烈的欢迎和最崇高的敬意！

乾坤运周，大道直行，天地有心，唯勤是酬。一甲子风雨兼程，数十载春华秋实。在六十年坎坷、曲折而辉煌的办学历史中，一代代文理人筚路蓝缕、栉风沐雨、奋勇开拓，使文理精神弦歌不辍，薪火相传，教泽流芳，终于将学校建设成为矗立于三秦大地的一座巍巍学府。

宝鸡文理学院的历史肇始于 1958 年，当时是经陕西省人民政府批准的省属四年制本科高校，被命名为宝鸡大学，校址位于长寿山麓；1963 年，因国家经济困难奉命停办；1975 年学校恢复建设，定名为陕西师范大学宝鸡分校（本科）；1978 年，经国务院批准更名为宝鸡师范学院。当时学院的基础设施十分简陋，办学条件异常艰苦，老一辈教师都还清晰记得当年拉着架子车迎接新生的情景，学校曾经的主要交通工具是一辆手扶拖拉机，校园面积仅有约 0.037 平方千米；1980 年，在宝鸡市委市政府的大力支持下，学校建设了石坝河校区，也就是今天的老校区；1984 年，宝鸡市政府为了适应经济社会发展需要，经省人民政府批准，创办了以培养应用型工科人才为主要目标的市属高等职业专科学校——

---

① 本文系 2018 年作为校长在宝鸡文理学院建校 60 周年校庆大会暨"创大"誓师动员大会上的讲话。

宝鸡大学，新创办的宝鸡大学在 8 年办学历史中为宝鸡市培养了一大批应用技术人才；1992 年，在省教育厅和宝鸡市政府的积极协调下，经原国家教委批准，两所学校顺利实现合并，并被正式命名为宝鸡文理学院。自此，学校驶入了以教师教育和应用型工科人才为培养目标的多科性大学的发展轨道。新世纪初，老一届学校班子未雨绸缪，积极扩大办学空间，并于 2004 年正式启用高新校区，使学校的办学条件、办学规模和人才培养质量迈上了一个新台阶。

目前学校拥有石坝河和高新区两个校区，占地面积约 0.73 平方千米，新近经省人民政府批准，学校又在蟠龙塬新征约 1.13 平方千米教学用地，届时校园面积可达近 2 平方千米。拥有固定资产 7.4 亿多元，各类图书 307 余万册。拥有全日制在校生 19495 名，其中本科生 19053 名，硕士生 429 名，同时还招收韩国、尼泊尔、巴基斯坦等国的留学生。拥有教职工 1397 名，其中高级职称人员 505 名，教授 103 人，二级和三级教授 15 人，博士 312 名。学校设有 17 个二级学院，66 个本科专业，其中 1 个国家级特色专业，9 个省级一流专业、3 个省级名牌专业，5 个省级特色专业。拥有中国语言文学、化学、地理学、数学、教育学、哲学、物理学 7 个一级学科学术型硕士授权点和教育硕士、机械工程、光学工程、旅游管理、艺术硕士 5 个专业硕士学位授权点，涵盖 79 个二级学科。拥有 1 个省级一流学科，6 个省级重点学科，2 个省级重点实验室，3 个省级哲学社会科学重点研究基地。学校有 50 多位教师鹰获国务院有突出贡献专家、全国优秀教师、陕西省千人、陕西省哲学社会科学和艺术领域领军人才、陕西省有突出贡献专家、陕西省教学名师、陕西省师德标兵等省部级以上荣誉称号。2008 年学校荣获教育部"普通高等学校本科教学工作水平评估优秀学校"称号，2013 年学校获批为国务院学位委员会"硕士学位授予单位"。

近年来，在省委省政府、高教工委教育厅和宝鸡市委市政府的大力支持下，搭乘着新时代我国高等教育内涵式发展的快车，学校事业更是走上了发展的康庄大道。

1. 在学科建设方面，2017 年学校实现了硕士点数量翻番增长，新增 4 个一级学术型硕士、2 个专业学位硕士点，并被陕西省学位办和教育厅列入新增博士学位授予单位立项建设计划；2018 年学校入选为陕西省"国内一流学科建设高校"。在教学工作方面，2017 年学校圆满完成了教育部本科教学审核评估工作，赢得了评估专家的普遍好评。通过迎接审核评估和以评促建工作，教风学风明显改善，教育教学质量显著提升，有 9 个专业成功入围陕西省一流专业建设。2018 年学校荣获陕西省高等院校优秀教学成果一等奖 2 项。近年来，毕业生初次就业率持续保持在 90% 以上。2017 年共有 467 名应届本科毕业生考取了硕士研究生，有 10 名应届硕士生考取了国内外高水平大学的博士研究生。

2. 在科研工作方面，通过强化科研激励机制，广大教师的科研意识显著增强，学术氛围日趋浓郁，各项科研指标翻番增长。2017 年获批国家自然科学基金项目 11 项、国家社科基金项目 3 项、教育部规划项目 9 项。2018 年获批国家自然科学基金项目 9 项、国家社科基金项目 3 项（其中 1 项为重点项目）、教育部规划项目 8 项。2017 年全校理科发表 SCI 论文 126 篇，其中一、二区论文 60 篇；文科发表核心以上论文 105 篇。2016 年获省自然科学一等奖 1 项（第二单位）、二等奖 1 项、三等奖 3 项。2017 年获省哲学社会科学一等奖 1 项、二等奖 2 项、三等奖 3 项。到校科研经费由 2015 年的 360 多万增涨到 2018 年的 1900 多万。

3. 在师资队伍建设方面，学校积极实施人才强校战略，加大人才引进和培养力度，近三年来每年新增加 50 余名博士，同时积极引进海外高层次人才。2018 年我校有 9 名教师成功入选陕西省"千人计划"和"特支计划"，这一数量在全省高校中排名第 12 位，除去部属 211、985 大学，在省属高校中排名第 6 位，并一次性为学校获得 900 万科研经费奖励。在校园基础设施建设方面，校园绿化净化美化工程持续加强，办学条件和校园育人环境日益改善，广大师生的满意度和学校的社会美誉度日益提高。

老师们，同学们，缅怀往昔，先辈们的奋斗足迹清晰可见，展望未来，宏伟蓝图的实现更是时不我待。今天我们在这里隆重举行誓师大会，就是要庄严地宣告，宝鸡文理学院将举全校之力，一定要在 2020 年实现升大更名的宏伟目标。实现升大更名，创建高水平宝鸡大学，这是几代文理人共同的梦想，也是 12 万余名文理校友的美好心愿，更是省市委厅领导的殷殷期盼。早在"十二五"时期，以王志刚书记为首的老一届班子就规划了这一宏伟愿景。学校的十三五规划和第四次党代会坚持一张蓝图绘到底，进一步厘定了这一目标并做出扎实部署。我们升大更名的核心目的和意义在于：一是将此目标作为最大同心圆和公约数来凝聚人心、统一意志、鼓舞士气，团结和带领广大师生员工共同投身于学校事业，阔步发展；二是以升大更名的目标和指标为抓手来弥补短板，全面加强内涵建设，增强学校的办学实力，促进教育教学质量和办学水平快速提升，进一步提高学校为陕西尤其是宝鸡地方经济社会发展服务的能力。再具体一点讲，就是促进学校由教学为主型大学向教学研究型大学提升和转型，促进学校由省属普通本科高等学校的梯队向省属重点建设的高水平大学的梯队跻身和进军。目前，我校升大更名工作已被陕西省人民政府和教育部列入了"十三五"高等院校设置规划。同时，陕西省教育厅和宝鸡市人民政府共同签署了《推进宝鸡文理学院建成宝鸡大学协议》，西安交通大学、西北农林科技大学、陕西师范大学、西北大学等 4 所高校给予了极大的关爱和支持，与我们签署了对口支援帮扶协议。

根据省市共建协议，省人民政府划拨 1 亿支持我校创大更名工作，其中教育厅支持 3000 万，宝鸡市人民政府划拨 5000 万支持我校创大工作（其中 2400 万已经到账），同时还在蟠龙塬区给我们廉价划拨了约 1.13 平方千米办学用地。在此，我代表宝文理 2 万余名师生对省市委厅领导和兄弟院校以及社会各界的大力支持表示衷心的感谢！

母校以校友为骄傲，校友以母校为光荣。我注意到在今天这个神圣庄严的时刻，有上千名校友荣返母校，你们中有不少人诸如苏权科、丁茂洲等已经成为社会的栋梁和各行各业的骨干与翘楚，你们以自己的实际行动和卓越成就为母校赢得了荣誉。在学校创大之际，你们中更有宁远喜、徐洲成等学子为母校慷慨解囊，捐献巨资，伸出了温暖的援助之手。作为校长，我为你们所取得的成就以及给母校带来的荣誉倍感骄傲，对你们给予母校的支持与关爱表示衷心的感谢！你们的品行和成就以及这种"饮其流时思其源，成吾学时念吾师"的嘉言善行，更是在校学弟学妹们鲜活的学习榜样和巨大的教育力量。

老师们，同学们，朋友们，宝鸡文理学院从 1958 年创始至今，三迁校址，三易校名，从长寿山麓到渭水之滨，历经坎坷艰辛。历史已经昭示，宝鸡文理学院 60 年的发展历史，是历代文理人艰苦创业、自强不息、开拓奋进的历史。在这个重温过去、展望未来的时刻，我们最需要铭记的就是先辈们不畏艰难、披荆斩棘、奋勇拼搏的奋斗精神，最需要继承和弘扬的就是文理人"博文明理厚德尚能"的优良传统。习近平总书记告诫我们："幸福都是奋斗出来的。""历史只会眷顾坚定者、奋进者、搏击者，而不会等待犹豫者、懈怠者、畏难者。"让我们将文理人这种光荣的传统代代接续，薪火相传，并在伟大的新时代绽放出炫目的光芒！

李大钊先生曾言"黄金时代，不在我们背后，乃在我们前面；不在过去，乃在将来"。新时代开启新征程，新使命呼唤新作为。让我们以习近平新时代中国特色社会主义思想为统领，以建校 60 周年为契机，始终坚持立德树人的根本任务，全面贯彻党的教育方针，深化综合改革，加快内涵发展，努力办好人民满意的高等教育，为早日实现"建成高水平宝鸡大学"的宏伟目标而努力奋斗！

青春飞翔　绽放辉煌 ①

同学们，老师们，家长朋友们：

大家上午好！

在春风绿了芭蕉、红了樱桃的时节，我们又迎来了一年一度的毕业季。"年年岁岁花相似，岁岁年年人不同。"置身于这盛大、庄严、喜庆的典礼殿堂，凝望着同学们欢快喜悦、青春洋溢的神情，我的心情颇为激动。在此神圣而庄严的时刻，我首先代表学校党委和行政，代表全校广大的师生员工，向 2016 届圆满完成学业、顺利毕业的 6533 名同学表示热烈的祝贺！

"桐花万里丹山路，雏凤清于老凤声。"目视着同学们活力四射、风华正茂的神态，我也仿佛回到了那青春烂漫的学生时代。那个时候，我们没有"互联网"，没有"苹果"和"三星"，也没有"高富帅""白富美"的调侃，但青春的律动感是一样的，渴求知识的心灵也是相同的，尤其是毕业季那即将奔赴广阔人生舞台的万丈豪情更是一致的。因此，你们此刻砰砰跳动的心我能感受到，你们此时难以抑制的喜悦我亦能体悟到。我真诚地祝贺同学们终于学业有成、羽翼丰满，迎来了鹰飞蓝天、鱼游大海的壮美时刻。

回首四年前，你们带着父母的谆谆嘱托和亲朋的殷殷期望来到了宝鸡文理学院。在这里，你们每日眺望巍巍秦岭的高峻绵长，聆听浩浩渭水的滔滔流淌，你们浸润周礼广场的文化底蕴，沐浴石鼓园上的春风清阳，你们不会忘记高新大道的熙熙攘攘、相家庄的臊子面、"水木清华"巷子里的麻辣烫，你们更不会忘记教室里老师们的滔滔不绝和激情挥洒，不会忘记歌手大赛上帅哥靓妹们的优雅舞姿和嘹亮歌声，不会忘记绿茵场上运动健儿的龙腾虎跃和生命活力的恣意张扬。图书馆里留下了你们默默攻读的身影，杨树林里荡漾着你们悠扬悦耳的朗朗书声，林荫道上有过你们悠闲轻松的漫步徜徉，"四为园"的石凳上更是留下了你和他依偎相恋的呢喃情长。在这里，你们的青春在绽放，你们的生命在成长，你们的精神在升华。"人生年轮七八旬，最美不过青春时。"我相信历经在宝文理四年的修炼，你们的思想和精神已经获得了全副武装，你们已经由青涩和懵懂走向了理性与成熟。我更坚信在宝文理的四年，将会成为你们每个人永远珍藏、历久弥新的不朽记忆。

同学们，作为校长我一直秉承着"以生为本"的理念，并力求把"一切为了学生、为

---

① 本文系 2016 年作为校长在宝鸡文理学院 2016 届学生毕业典礼上的讲话。

了一切学生、为了学生一切"贯穿到各项实际工作中去。为此，在过去的一年多里，学校斥巨资在学生公寓楼和教学楼安装了直饮饮水机，将你们日常饮用的自来水变成了具有高质量保证的纯净水，也让数十年来大学校园里学生提壶打水的景象永远定格为了历史；学校在每栋学生宿舍楼的每一层修建了洗澡间，以方便同学们可以随时便捷地冲冲澡、纳纳凉，从而以全新的面貌走向课堂、走进图书馆、走到你和他秘密相约的地点；学校改造了原有的水泥篮球场，不仅实现了全塑胶化，而且增加了网球场、排球场、羽毛球场，同时还实施了点亮工程，这一切令你们再也不会感觉到高等学府的体育设施还不如毗邻的宝鸡中学；学校加大了校园绿化、净化、美化建设的力度，使我们的校园不仅绿树成荫、绿篱匝地，而且鲜花竞妍、景色旖旎。学校所做的这一切，都是为了能够给你们创造一个良好舒适的学习、生活和成长环境。

作为校长，我也欣喜地看到，你们没有辜负学校的期望和父母的嘱托。在你们这一届毕业生中间涌现出了一大批让母校引以为荣的佼佼者，如张耀文等 433 名同学考取了包括 985、211 在内的高水平大学的研究生，高佳旭等 12 名同学获得了赴美国、加拿大等发达国家出国留学的资格，李志刚等 5 名学生积极响应建设祖国边疆的号召并成功地被新疆和田地区招录为基层公务员，韩淑婷等 20 余名同学顺利地被招募为西部计划志愿者，陈期望等同学荣获学校 2015 年大学生年度人物。

四年来，你们以优异的表现和合格的答卷为学校的发展助添了动力，赢得了光彩。"学子以母校为骄傲，母校以学子为光荣。"我相信在未来的岁月中，同学们将以为祖国、为人民所做出的突出贡献来为母校赢得更多的社会美誉度。同时，我也向同学们郑重承诺，在未来的几年里，学校将以铿锵的步伐坚定地向着建设高水平宝鸡大学的宏伟目标迈进，并以跻身教学研究型大学行列的成就来为校友们平添更多的自豪与骄傲。"杨柳依依，悠悠我心。"在同学们即将背起行囊、出征远行的时候，作为校长，我难免也要送上几句叮咛与嘱托。

首先，我们希望同学们永葆积极上进的心态。有人说"知识决定命运"，有人说"性格决定命运"，有人说"IQ（即智商）重要"，有人说"EQ（即情商）重要"。依我已步入"知天命"之年的阅历来看，我以为人生的"态度"最为重要。这正如一位哲人所言："生活就像一面镜子，你对他微笑他也就对你微笑。"因此，我希望同学们无论身处何时何地都要以积极向上的心态来面对自己所处的环境与遭遇，并要将这种积极向上的心态付诸脚踏实地、埋头苦干的实际行动中去。

最近网络上盛传着这样几条黄金定律，我想在此与同学们分享共勉。第一则：工作不养闲人，团队不养懒人；第二则：入一行，先别惦记着能赚钱，先学着让自己值钱；第三则：没有哪个行业的钱是好赚的；第四则：干工作，没有哪个是顺利的，受点气是正常的；第五则：赚不到钱赚知识，赚不到知识赚经历，赚不到经历赚阅历，以上都赚到了就不可能赚不到钱；第六则：只有先改变自己的态度才能改变人生的高度，只有先改变工作态度才能有职业高度；第七则：让人迷茫的原因只有一个——那就是本该拼搏的年纪，却想得太多，做得太少！这几条定律也印证了我国古代宝典《易经》上的一句名言即"天道酬勤"，我认为这是颠扑不破的真理。由此我想告诉同学们的是，只要你肯付出辛勤的劳作与汗水，理想之花盛必将盛开。

其次，我希望同学们永葆自信坚韧的品质。"信心比金子还重要"，萧伯纳曾说"有自信的人，可以化渺小为伟大，化平庸为神奇"。自信是每一个生命个体发自内心的自我认定，它能够使我们在各种艰难困苦的环境和嘈杂繁芜的声音中听从内心的召唤，去勇敢地面对困难、质疑与挑战，继而增添我们前行的动力。自信首先来自于我们内心的强大，心有多宽，舞台就有多大，路就有多长。一个人要想征服世界，就必须首先征服自己。自信也来自于我们对自我价值的正确判断。"知人者智，自知者明"，因此在任何时候我们既不能妄自菲薄，也不要妄自尊大。自信更来自于我们孜孜不倦、持之以恒的潜心学习、积累与修炼，只有当我们身心素质与内在实力积攒到了一定程度时，自信才能转化为攻无不克的巨大能量。由此，我想对同学们说，如果你们当中有人暂时还没有找到称心如意的工作，那么请自信吧，因为这个世界上最终谁也不会被落下。如果你们当中还有人在为失恋而痛苦纠结，那么请自信吧，"人间处处有芳草"，一拐弯你就会遇到爱。

再次，我希望同学们永远保持一颗感恩的心。羔羊有跪乳之情，乌鸦有反哺之义，感恩更是我们人类这一高级生灵的基本品性。事实上，只有懂得感恩的人，才能真正懂得和拥有幸福。也只有懂得感恩并在感恩中回馈社会、关爱他人的人，才能赢得社会与他人更多的回赠与关爱。因此，我真挚地期望同学们永远怀揣一颗感恩的心。你们应该感恩父母，正如《诗经》所言："哀哀父母、生我劬劳"，"父兮生我、母兮鞠我"，"无父何怙？无母何恃"。因而当你们成家立业以后，应该多报答父母、孝敬父母，正如一首歌词所写"常回家看看，哪怕给妈妈刷刷筷子洗洗碗，哪怕给爸爸捶捶后背揉揉肩"。你们应当感恩社会，正是我们伟大的祖国、伟大的人民、伟大的党、伟大的改革开放时代，为你们创造了良好的学习、生活和成长条件，因此当你们成材成器之时，应该为国家、为人民、为伟大的中国梦的实现添砖加瓦、多做贡献。当然，你们也应该感恩母校、感恩老师，因为正是母校的精心培育和老师的谆谆教诲滋养着你们茁壮成长。因此你们应当"饮其流时思其源，成吾学时念吾师"，更应该"此去须怀报国志，勿忘春风化雨情"。

"请君看取东流水，方识人间别意长。"最后，我想给亲爱的同学们送上临行前最为真挚的祝福，我祝福同学们坚定而豪迈地走向大江南北、长城内外、五洲四海！我祝福同学们在广阔的社会舞台上勇敢地上演你们缤纷绚烂、波澜壮阔的美好人生！我祝福同学们成为祖国的栋梁，母校的骄傲！

谢谢！

博文明理 强身健体 开启人生新篇章①

老师们、同学们、96401 部队的官兵同志们：

金秋九月，丹桂飘香。在这个充满希望与收获的季节，我们迎来了又一批负笈求学的莘莘学子。在此，我代表学校党政领导和全体师生员工，向来自全国 31 个省、市、自治区的 4983 名新同学表示热烈的欢迎！向承担我校大学生军训任务的 96401 部队官兵们表示崇高的敬意和衷心的感谢！

宝鸡文理学院南依秦岭、北临渭河，被山带水，景色旖旎。学校成立于 1958 年，拥有 18 个院系部、66 个本科专业，在校生规模为 21000 余名，毕业生就业率连续多年保持在 90% 以上，稳居陕西省属同类高校前列。近年来，学校抢抓机遇，走内涵式发展道路，建设有 1 个国家级特色专业、3 个省级名牌专业、5 个省级特色专业，6 个省级重点学科、2 个省级重点实验室、2 个省级哲学社会科学重点研究基地。学校拥有教职工 1350 多名，其中专任教师 900 余名，教授、副教授等高级职称人员 375 名。2008 年，学校荣获教育部"普通高等学校本科教学工作水平评估优秀学校"称号。2013 年学校获批为国务院学位委员会"硕士学位授予单位"。2014 年学校又获得了教育硕士、工程硕士专业硕士学位授权点，现有 6 个一级、25 个二级学科硕士学位授权点。目前，全校上下同心同德，锐意进取，正在朝着建设教学研究型的高水平宝鸡大学的宏伟目标奋进。

学校坐落于宝鸡这片神奇的沃土上。宝鸡，古称陈仓、雍州，是夏代时就已确立的华夏九州之一。据考证，"中国"一词最早出现在出土于宝鸡的青铜器——"何尊"的铭文之中。在这片神奇的沃土上，炎帝播撒下农耕文明的火种，造福华夏子孙；姜太公垂钓蟠溪得遇周文王，成就千秋伟业；"文圣"先驱周公制礼作乐，奠定了中华文化的基本格局；秦孝公与商鞅推行变法，奏响了大秦帝国图强的号角；理学奠基者张载彪炳"为天地立心，为生民立命，为往圣继绝学，为万世开太平"的誓言，使之成为一代又一代儒生修学经世的壮志宏愿……厚重而璀璨的历史既令我们生活在这片热土上的人荡气回肠、倍感自豪，更令我们豪情满怀、阔步向前。继往开来，当代的宝鸡，作为"丝绸之路"经济带上的重要节点城市，"关天经济区"副中心城市，更彰显出非凡的活力。宝鸡已荣获了国家园林城市、国家卫生城市、国家环保模范城市、中国魅力城市、中国十大美食城市、中国十佳

———————————

① 本文系作为校长在宝鸡文理学院 2015 级新生开学典礼暨军训动员大会上的讲话。

最干净城市、全国文明城市等诸多殊荣。因此，亲爱的同学们，你们应该为自己来到这座充满文化底蕴和现代气息的城市而感到骄傲与自豪。

同学们，从今天起将意味着你们大学生涯的正式开启。大学是什么地方？前任北大校长蔡元培先生如是答："大学以教授高深学术，养成硕学闳材，应国家需要为宗旨。"因此，在你们步入大学门槛的时候，我真诚地提醒你们认真思考一下来这里的目的。为此，我向大家提出几点希望：

1. 我希望你们勤奋学习、刻苦攻读。学生以学习为天职。我希望大家牢记自己的本分与使命，把学习、读书、听课、思考、探究等作为自己四年大学生活的主要形态，万不可在潇洒、浪漫、轻松、悠闲以及"高富帅""白富美"等新潮词语的诱惑下而虚掷了这宝贵的四年光阴。而在学习的过程中，正如马克思所言"在科学的道路上没有平坦的道路可走，只有不畏劳苦艰险、沿着陡峭崎岖山路努力攀登的人，才有希望达到光辉的顶点"。古人云"天道酬勤""书山有路勤为径，学海无涯苦作舟"，我希望同学们永远铭记这一最为朴素而又颠扑不破的真理。

2. 我希望你们修德砥品、健全人格。《大学》一书开宗明义："大学之道，在明明德，在亲民，在止于至善。"我们党的教育方针是培养德智体美劳全面发展的社会主义建设者和接班人。因此我希望同学们铭记，你们到大学里不光是为了学习知识、掌握技能、开发人力，你们还要通过大学生活的修炼来纯正人性、净化灵魂、澡雪精神、完善人格。换言之，你们不仅要使自己更有知识、更有力量、更为强大，而且还要使自己更具有人味、人气、人品和人道精神。《左传》云"度德而处，量力而行"。只有德才兼备、又红又专，你们才能真正成为社会的栋梁之材。

3. 我希望你们强身健体、全面发展。新文化运动的发起人陈独秀先生云："欲文明其精神，先自野蛮其体魄。"蔡元培先生指出"有健全之身体，始有健全之精神"。毛泽东主席告诫我们"身体是革命的本钱"，并强调"体者，载知识之车，寓道德之舍也"。因此，我希望同学们在"博文明理、厚德尚能"的同时，能够积极踊跃、持之以恒地参加丰富多彩的文艺体育活动，以此来锻炼身体，丰富情感，愉悦心理，培育高雅健康的生活情趣和积极向上的人生态度，使自己成为生理上和心理上双重强大的人。

4. 我希望你们志存高远，勇于担当。俗话说："心有多大，舞台就有多大。"古语云"有志者，事竟成，破釜沉舟，百二秦关终属楚；苦心人，天不负，卧薪尝胆，三千越甲可吞吴。"因此我真诚地期望同学们能够树立远大志向，胸怀鸿鹄抱负，把自己当下的勤奋学习、刻苦攻读紧密地与实现"国家富强、民族复兴、人民幸福"的伟大中国梦联系在一起，继而朝乾夕惕、奋勇进取，使自己努力成长为造福桑梓、报效祖国的有用之材。

同学们，即将开始的军事训练是你们步入大学生活的第一课。大学生军训既是加强我国国防力量的重要组成部分，也是高等教育人才培养方案的有机内容。因此同学们一定要正确认识军训的意义与价值，以饱满的姿态认真投入到军训活动之中。此次承担我校军训任务的是中国人民解放军 96401 部队，这是一支有着光荣革命传统的虎贲之师和文明之师，也是我校多年来开展军民合作的共建单位。为了搞好此次军训，96401 部队挑选了精兵强将为同学们担当训练教官。我希望同学们在军训中发扬不怕苦、不怕累的精神，严格要求、一丝不苟、刻苦训练；希望同学们听从命令，服从指挥，尊敬教官，努力习获解放军的优良作风；希望同学们通过严格艰苦的军事训练既锻炼身体，增强体质，又磨练意志，砥砺品格。同时我也希望承训教官既要严格要求，严肃执教，确保军训任务保质保量地完成；又要做到以生为本，以情带兵，科学施训，宽严适度；同时更要万无一失、毫发不爽地保证整个军训活动的安全。

千里之行，始于足下。祝愿同学们能够有一个良好的大学生活开端，预祝此次军训工作取得圆满成功！

博学笃行 发奋进取

努力做新时代勇于创新创业的高素质人才 ①

各位老师、各位新同学：

在这秋阳高照、丹桂飘香的美好时节，我们以无比喜悦的心情，在此举行宝鸡文理学院 2015 级研究生新生开学典礼。这是我校第二届硕士研究生开学典礼。首先，我代表学校党政和 23000 名师生员工，向新入学的一百余位研究生表示诚挚的祝贺和热烈欢迎！

宝鸡古称"陈仓"，地处关中平原西部，是炎帝故里、周秦文化发祥地、青铜器之乡、佛骨圣地、民间工艺美术之乡，历史文化积淀深厚，蕴藏着中国传统文化丰富的信息。今天的宝鸡，是陕西第二大工业城市，也是我国重要的交通枢纽城市，其连南进北，承东启西，拥有"全国绿化模范城市""全国创新型试验城市""全国文明城市""全国最佳人居环境城市"等诸多殊荣，作为关中—天水经济区副中心城市和丝绸之路的重要节点，宝鸡的活力、创新力和城市魅力将进一步得以彰显和焕发！

宝鸡文理学院是一所以教师教育为特色，拥有哲学、文学、历史学、理学、工学、经济学、法学、教育学、管理学、艺术学等多学科的省属普通本科高等学校。现设有 17 个院系，66 个本科专业，面向全国 31 个省市自治区招生，全日制在校生 2 万余名，毕业生就业率连续 8 年保持在 90% 以上，稳居陕西省属同类高校前列。近年来，学校抢抓机遇，高举内涵式发展大旗，加快发展，建设有 1 个国家级特色专业、6 个省级重点学科、2 个省级重点实验室、2 个省级哲学社会科学重点研究基地、5 个省级人才培养模式创新实验区、6 个省级教学团队、3 个省级名牌专业、5 个省级特色专业，实现了跨越式发展。2008 年，学校荣获教育部"普通高等学校本科教学工作水平评估优秀学校"称号；2013 年我校被国务院学位委员会正式批准为新增硕士学位授予单位，中国语言文学、化学、地理学三个一级学科获得硕士学位授权，2014 年我校又获得了教育硕士、工程硕士 2 种 15 个领域专业学位授权点，实现了文理人半个世纪来孜孜追求的研究生教育梦想，创建宝鸡大学也已迈出坚实步伐。

同学们，今天，对于你们来说是人生的一个值得永生铭记的新起点，你们带着深造的渴望和成才成业的抱负来到学校，必将为学校的发展注入新的活力，同时也会感受到学习

---

① 本文系作为校长在宝鸡文理学院 2015 级研究生开学典礼上的讲话。

的压力和挑战。在此，我作为你们的长辈和校长，向你们提几点希望。

一、志存高远，担当责任，胸怀远大理想

宝鸡著名学者、北宋哲学家张载的"横渠四句"讲："为天地立心，为生民立命，为往圣继绝学，为万世开太平。"这是我国知识分子的最高人生追求与价值理想。明代著名哲学家王守仁讲过："夫志，气之师也，人之命也，木之根也，水之源也。"清初哲学家黄宗羲说"学莫先于立志，立志则为豪杰，不立志则为凡民"。明成祖训导大臣曾讲"人须立志，志立则功就，天下古今之人，未有无志而建功"。科学家巴斯德讲"立志是一件很重要的事情，工作随着志向走，成功随着工作来，这是一定的规律，立志、工作、成功是人类活动的'三大元素'"。治学之人必先有志于道，作为当代高等教育的高层次人才，应当志存高远，必须胸怀远大理想，要有高远的人生理想和远大的奋斗目标，要以天下为己任，为人类谋幸福，为祖国强盛而奋斗，为中华民族之崛起而奋斗。修身，齐家，治国，平天下。要有"先天下之忧而忧，后天下之乐而乐"的志士情怀，以为社会谋发展、为民众谋福利为自己的最大价值取向和人生航标，以时代的召唤和社会的需求为自己人生奋斗的最大快乐，敢于担当，济世报国，为此而珍惜光阴，发奋读书，方能成为一个纯粹的人，一个有道德的人，一个脱离了低级趣味的人，一个有益于人民的人，自然也就成为一位大写的人。可以说，立志修德，树立崇高理想，既是人生成功的基石，也是研究生学习的第一门课程乃至终生必修的永久课程。希望你们立鸿鹄之志，追求远大理想，注重道德修养，交一份你们学业和人生双满意的优秀答卷。

二、博学笃行，严谨求实，努力提升创新创业能力

功崇惟志，业广惟勤。在信息资讯和知识经济席卷全球的当下，知识、人才和创新成为世界发展的制高点。我国要建设创新型国家，需要千千万万的具有创新创业能力的高水平人才，作为当今时代高层人才的有机组成，特别要将培养自己的创新精神和创新创业能力作为第一要务。一个合格的乃至优秀的研究生应具备以下三种意识和三个能力。

1. 三种意识

（1）鉴别意识。在研究生学习阶段能够鉴别不同文化的差别，能甄别不同知识体系的重点和不同之处。

（2）批判意识。作为知识领域的探索者，既要崇敬大师，信奉权威，更要追求真理，在真理面前，对一切知识要有怀疑意识、辨析意识和批判意识。

（3）道德意识。良好的学术道德是学者安身立命的特质要求，尊重知识，尊重他人

劳动成果，是追求学业知识的职业操守和戒律标尺，要终生杜绝抄袭、剽窃等学术不端行为。

2. 三个能力

（1）专业能力。要全面系统地掌握本学科的知识体系，既要具有较广博的知识基础和扎实的专业功底，又要术有专攻，对本学科自己所从事的专业领域有深入钻研和前沿领域有专门研究，为将来继续深造或从事专业领域的相关工作奠定坚实基础，专业学位的研究生尤其是需要注重专业实践，在实践中培养高水平的技能，为将来做一名优秀的教师或工程师做充分准备。

（2）创新能力。创新是一个民族进步的灵魂，也是研究生教育的灵魂。研究生作为创新知识体系的生力军，要善于发现新事物，关注新领域，勇做创新者，研究生思想深处一条永恒飘动的彩旗就是不断地关注科学研究的新领域、新思想、新思维、新途径、新方法。要经常追踪本学科的前沿动态，要善于综合概括不同的知识、不同的思想之间的内在逻辑关系和关联点，不断培养和锻炼自己的学术原创能力，能够在已有的知识领域、层面、观点上有新发现、新突破、新创造。

（3）表达能力。要获取必需的专业术语和论文写作的基本方法和技巧，能够用明晰顺畅的文字表达自己的思想和研究路径。为此，希望你们树立远大的学术理想，要为"学问"而不要为"学位"孜孜不倦地去拼搏，要立下追求真理、创造新知的志向，敢于探索未知的、重大的和困难的课题，并为此付出汗水和心血。马克思有句名言："在科学的道路上没有平坦的大道可走，只有不畏艰险沿着陡峭崎岖的山路攀登的人，才有希望到达光辉的顶点。"《中庸》有云："博学之，审问之，慎思之，明辨之，笃行之。"要获取创新能力，必须首先要发奋学习，要发扬我国古代学者苦学、强学的精神，心无旁骛，伏案苦读，潜心钻研，摒弃市场经济的滚滚红尘、浮躁喧哗，要有强烈的求知欲、好奇心，须有板凳要坐十年冷的功夫、有研精覃思的韧劲。同时，要注重力行，格物致知仍需身体力行，既要读万卷书，又要行万里路。自然科学专业要在实验室验证知识，获取新知，人文和社会科学要在广袤的大地上和火热的生活中去体悟与运用知识，从而获得真知灼见。同时，在科学研究的道路上还需要严谨的态度、科学的方法，唯此，方能最终实现自己的学术理想，成为一名优秀的研究生。

希望同学们在研究生期间不仅要掌握扎实的基本功，广博的知识面，更要培养强烈的求知欲、好奇心，要有创新创业的勇气，不断钻研创新，厚积薄发，不随波逐流，不浅尝辄止。在学习和探索中多思考、多交流、多总结、多实践，力求知行合一，主动与导师包括实践基地导师交流、讨论，让创造性思维成为自己的思维习惯。同时还应加强团队协作，注重跨学科学习与合作，实现共同进步，在研究生期间做到有所发现、有所发明、有所创造、有所作为。

三、健全身心，全面发展，整体提升综合素质

"大学之道，在明明德，在亲民，在止于至善。"塑造健全人格，促进身心健康发展，也是研究生教育的重要内容。希望同学们在获取知识、提升能力的同时要滋养健全人格，学会做事，善于沟通，乐于合作，积极参加校内外的学术文化及公益活动，注重身体锻炼，培养健康体魄；学会感恩，关心社会，做一个思想高尚、内涵丰富、精神昂扬、人格健全、阳光健康、积极向上的新时代学子。

同时我对研究生导师也提几点希望。导师是育人之才和育才之人，研究生导师们作为研究生培养的第一责任人，是研究生健全人格的发展者、创造性知识的传递和生产者、研究生实践和科研能力的培养者、人才市场的引路者，是研究生思想灵魂的塑造者，是研究生做人的楷模和榜样。导师肩负着创造知识、引导学生学习、研究和创新的责任，在研究生人才培养过程中具有关键地位，发挥着重要的主导作用。导师应以立德树人为神圣职责，以传道、授业、解惑为要义，指导、引导学生学习、做事、做学问、做人。一是每个导师要严以修身，砥砺高洁品德，培养良好人格魅力；二是崇尚学术道德，治学态度严谨，具有批判和探索精神，有较高的学术造诣；三是具有责任感。应以为国家培养高层次人才为历史使命，尽心尽力，兢兢业业，认真做好研究生培养的课程教学、专业实践、论文撰写等各个重要环节的指导工作，一丝不苟，切切实实地为国家和社会培养出德才兼备、全面发展的高素质人才。

同学们，今天开始，你们将翻开人生新的一页，你们将朝着自己新的人生目标发起新的冲击！作为我校学生中知识层次最高、思想最活跃、最具发展潜力的一个群体，希望你们发扬"艰苦奋斗，励精图治，开拓创新，敢为人先，立心立命，勇于担当"的宝文理大学精神，踏石留印、抓铁有痕。我相信，依托我校悠久的文化教育传统、丰富的办学经验、高水平的办学质量，在导师和学校的精心教育和热忱指导下，同学们一定会用青春与汗水、知识与毅力，取得骄人的成绩，圆人生美好的梦想！

同学们，人的一生只有一次青春，美好的青春在奋斗中闪光。新的征程已在脚下，成功永远属于追求卓越、刻苦学习的人，属于笃行求真、博学创新的人，属于有梦想、有作为的人，我相信成功属于你们！

预祝同学们学业精进，身心健康，生活愉快！

谢谢大家！

不辱使命 恪尽职守 开创陕西省社科院工作新局面①

尊敬的王秉琦副部长、王吉德常务副部长，各位领导，社科院的各位老师和同志们：

大家好！

今天我很荣幸地成为了陕西省社会科学院的一员，此时此刻，我既深感使命光荣，又倍感责任重大。在此，我首先要感谢陕西省委、省委组织部、省委宣传部、省委教育工委对我的信任，感谢社科院的老师和同志们对我的接纳，感谢近四年来宝鸡文理学院广大领导干部和师生员工对我的关心、支持和帮助。我一定恪尽职守、勤勉工作，决不辜负省委和全院职工的信任与重托！

几天前，胡和平书记对我进行了任前谈话，对如何进一步办好社科院提出了明确的要求，寄予了殷殷期望和谆谆嘱托。刚才，任宗哲同志作了充满深情的讲话，我们能够真切感受到他对社科院发自内心的热爱。在过去的几年里，任宗哲院长以非凡的思想见识、出色的领导才能、忘我的奉献精神，为社科院的建设与发展朝乾夕惕、夙夜在公、辛勤工作，正是在他和班子成员的团结带领下，在全院职工的共同努力和奋勇拼搏下，社科院的科研综合实力大幅提升，智库功能显著发挥，办院特色日益鲜明，各项事业发展呈现出欣欣向荣的局面。为此，我要向任宗哲院长致以崇高的敬意和深深的感谢！

我深知自己肩负着组织的重托、广大职工的信任。因此，今天我郑重地做出如下表态和承诺：

一、秉承传统，接续奋斗

任何一个单位都有自己创立、演进、发展的奋斗历程以及在此过程中所形成的优良传统。作为继任者，只有不忘初心，方得始终；只有秉承传统，才能继往开来。陕西省社科院创建于1958年，"文革"时期曾被迫停办，1979年恢复建院。60年来，经过几代人筚路蓝缕、栉风沐雨的辛勤开拓与耕耘，如今已发展成为一所学科特色鲜明、研究实力雄厚的省属社科院，成为了省委省政府重要的"思想智库"和"智囊团"。为此，我将把陕西社科院当作一本厚厚的书，去仔细地研读、悉心地品味，尤其是要把前任领导班子既定的战略目标、擘画的美好愿景、创立的科学制度、生成的良好风尚，牢固地继承下去，坚持一张蓝图绘到底，努力做到秉承传统、"萧规曹随"，绝不随意地改弦更张、另起炉灶，

---

① 本文系2018年12月在履职陕西省社科院党组书记、院长的会议上的讲话。

更不盲目地"瞎折腾"。

二、与时俱进，开创未来

"凡益之道，与时偕行"。作为续任者，更需要在继往的同时开创未来，需要紧跟时代步伐，把握时代脉搏，不断开辟事业发展的新局面。当前我国已进入了中国特色社会主义建设新时代，党和人民以及省委省政府对社会科学研究工作提出了诸多新希望、新要求、新任务，全院职工也对单位事业发展充满了新期待。置身于这一时代背景，我将在确保办院思路和发展目标连续性的同时，以与时俱进、时不我待的态度，科学地分析、研判和考量社科院现阶段在建设与发展过程中所面临的新形势、新任务、新矛盾，积极地回应省委省政府以及全院职工对进一步做好社科院工作的新需要、新诉求，稳健地推进改革，大胆地开拓创新，激发内生动力，争取外部支援，奋力破解各种现实发展瓶颈与障碍，尤其是将恪守和弘扬开放进取、追求卓越的办院理念，坚持向高基准看齐，加快追赶超越步伐，使社科院事业能够与时代发展同频共振，能够在新的历史起点上获得新发展。

三、合作共事，团结奋斗

浩浩寰宇，芸生渺渺。对于一所历史悠久、底蕴深厚和生命力持久的大型科学研究机构而言，我们每个人的工作时光和作用能量都是极其有限、极其渺小的。同时，我也深知社科院是党和政府的研究机构，是三秦人民的研究机构，是全院一百六十余名员工的研究机构。因此，我一定会客观、理性地摆正自己的位置，坚持拜人民为师，坚持向群众学习，坚持紧密地依靠全院广大职工办院。具体来讲，我将牢记为人民服务的宗旨，践行密切联系群众的工作作风和实事求是的思想路线，以习近平中国特色社会主义思想和党的十九大精神为指导，牢固树立"四个意识"，认真贯彻民主集中制的组织原则，坚持集体领导和分工负责相结合，与班子成员精诚团结，紧密合作，同心同德，风雨同舟，坚强有力地带领全院职工去谱写陕西社科院薪火相传、弦歌不辍的新篇章。

四、以身作则，身先士卒

"空谈误国，实干兴邦"，"吼破嗓子，不如甩开膀子"。我深知作为一院之长，只有依靠自己踏踏实实、兢兢业业、勤劳勤勉地工作和公正廉明、身先士卒、率先垂范的作风，才能够赢得广大员工和同事们真正的信赖与尊重，也才能较好地发挥领导作用和管理效能。因此，我将全身心地投入工作，居敬持志，心无旁骛，绾裤涉水，撸袖实干，扑下身子做事，干干净净做人，把满腔的热忱和全部的心思投放在本院的管理工作和科研工作上，投放在谋划和促进社科院事业的健康发展上。同时，我将严于律己、以身作则，严格遵守党的各项纪律和廉政准则，并自觉虚心接受全院职工的广泛监督。

五、群策群力，实现宏图

我深知我们院已确立了"打造理论陕军、创建全国一流地方社科院"的奋斗目标，并积极实施了"科研立院、人才兴院、管理强院"的基本战略。"勇立潮头风正劲，乘风破浪好扬帆"。我将和班子成员一道，勠力实干、积极作为、勇于担当，通过脚踏实地、卓有成效的工作，去奋力实现这一宏伟蓝图。同时，我也渴望着全院职工进一步鼓足干劲、振奋精神、群策群力、弛而不息，在各自的岗位上积极地为实现这一宏伟目标做出应有的贡献。

成绩代表过去，奋斗才能诠释未来。习近平总书记告诫我们："历史只会眷顾坚定者、奋进者、搏击者，而不会等待犹豫者、懈怠者、畏难者。"我真诚希望通过我和大家的共同奋斗，陕西省社科院的事业能够获得蓬勃崭新的发展，我更渴望伴随着社科院事业的发展，全院广大员工也能够实现自己幸福美满的人生。

谢谢！

植根三秦四十载 砥砺奋进新时代

——纪念陕西省社会科学院恢复建院四十周年 [①]

汉唐华章，巍巍气象；日新月异，灼灼星光。陕西是中华民族和华夏文化重要发祥地之一，是哲学社会科学的重镇。西安是历史厚重、文化灿烂的古都，是秦岭巍峨、八水滋润的沃土。作为陕西省委省政府直属的惟一综合性研究机构，陕西省社会科学院（以下简称省社科院）从1979年恢复建院至今，已走过四十个春秋。

四十年来，在陕西省委、省政府的坚强领导下，在陕西省委宣传部的大力支持下，省社科院以创建全国一流地方社科院为奋斗目标，经过几代人的不懈努力，已发展成为思想政治过硬、学科特色鲜明、科研实力雄厚的现代综合研究机构，在服务陕西发展、推动理论创新、强化舆论引导等方面，都发挥着不可替代的作用。

四十年来，省社科院组织全院学人，坚持用脚力深入实践，用眼力透视规律，用脑力咨政辅政，用笔力讴歌时代，为党和人民述学立论、建言献策；积极承担繁荣发展哲学社会科学和传承文明、创新理论、咨政建言、引导舆论、服务社会的光荣使命，植根三秦大地，勇担时代重任，书写了一部具有陕西特色的激昂华章。

一、与时代同步 开启砥砺征程

省社科院恢复建院四十年来，坚持以马克思主义为指导，坚守为人民做学问的立场，潜心研究，开拓进取，成就辉煌。特别是近十年，共出版著作340部，发表论文4956篇，承担省部级以上课题227项，获得省部级以上奖励100余项，报送咨政成果903篇。

牢记使命担当，在坚定理想信念中培根铸魂。在"不忘初心、牢记使命"主题教育活动中，省社科院鼓励党员干部扑下身子、迈开步子、走出院子，深入革命老区、乡村社区、工矿企业、贫困地区等，在实践中学深悟透习近平新时代中国特色社会主义思想，把群众观点、群众路线深深植根于思想中、具体落实到行动上、体现到调查研究中，有效增强了党员干部的宗旨意识、增进了为民情怀。

打造高端智库，在扎根现实中咨政辅政。早在二十年前，省社科院就提出了"以现实

---

① 本文系2019年作为陕西省社科院书记、院长在陕西省社科恢复建院四十周年纪念大会上的讲话，《新西部》2019年第34期全文刊载。

研究为主，兼顾历史研究；以应用研究为主，兼顾基础理论研究；以陕西问题为主，兼顾全国问题研究"的研究定位。十年之前，省社科院又明确提出"课题来自实践中，成果写在大地上"的科研理念，通过鼓励和引导科研人员扎根现实，紧紧围绕党和国家重大决策部署及省委省政府中心工作，围绕人民群众关切的经济社会热点问题开展调查研究，产出了一系列政治站位有高度、问题分析有深度、对策建议有力度的优秀调研成果。

近年来，省社科院开启了智库建设的新征程。以重大课题为载体，整合院内外研究力量，开展"陕西经济社会发展重大问题研究"，每年完成重大课题 10 项以上；长期跟踪全局性、战略性、前瞻性问题及热点难点问题，全面参与全省重大战略决策的前期研究及中长期发展规划的咨询工作，先后完成国家及省部级以上课题 200 余项、专著 70 余部，产出"发展关中城市群""组建大西安""建设陕北能源化工基地""发展陕南绿色产业示范基地""小微金融""投资环境评估"等研究成果。

贴近基层一线，持续开展大型调研活动——"社科专家走三秦"，获得了大量的一手资料，提出了一大批有分量的调研报告。近年来，省社科院围绕优化营商环境，在全省开展集中调研，形成了《陕西省优化提升营商环境调研问效专题报告》等 5 份调研报告；围绕精准扶贫，在全省开展大调研大走访，形成 4 份调研报告，发挥了积极作用。

倾力打造咨政辅政平台。三年以来，省社科院围绕热点难点问题，共上报《送阅件》103 期，其中四分之一获得省委省政府领导肯定性批示，大部分咨政建议被相关部门采纳。自 1998 年起连续出版的《陕西蓝皮书》，截至 2019 年已推出《陕西经济发展报告》《陕西文化发展报告》《陕西社会发展报告》《丝绸之路蓝皮书——丝绸之路经济带发展报告》《陕西精准脱贫研究报告》等 5 部，成为反映发展成就的重要载体、了解省情数据的重要资料、服务科学决策的重要平台。

舆情信息报送工作成效突出。截至目前，省社科院先后获批中宣部舆情直报点、陕西省舆情研究中心、全省首批"重点舆情信息研究中心"，已连续八年荣获中宣部舆情信息工作"先进单位"称号。舆情研究智库，为各级党委和政府提供了一批具有全局性、战略性、前瞻性的决策咨询成果。

强化理论引领，在立足中国话语中述学立论。四十年来，省社科院先后涌现出郭琦、何微、赵炳章等众多知名专家。其中，王玉樑研究员的"价值哲学"、余树声研究员的"历史哲学"等，均在全国产生了重大影响；石英研究员的《质性社会学导论：基于本土经验的社会学话语体系构建》，入选《国家哲学社会科学成果文库》。与此同时，省社科院古籍研究彰显国家水准，先后出版《陕西古籍总目》《陕西碑刻总目提要》《陕西金石文献汇集》等。陕甘宁革命根据地史研究、文艺研究等异军突起，在构建中国特色哲学社会科学话语体系中发出了响亮的声音。

《人文杂志》秉承"观乎人文、传承文明、彪炳经典、前瞻新知"的办刊宗旨，以严谨的办刊风格和高质量的学术追求，实现权威杂志转载率 50% 以上、在全国综合性社会科学期刊排名中居第 8 位，并入选国家社科基金名刊工程首批资助期刊。智库刊物《新西部》，集中反映西部智库成果，影响力不断扩大。

坚持开门办院，在深化合作中共谋发展。四十年来，省社科院先后在全省建设了 9 个调研基地，出版了《当代陕西县域经济》《精准扶贫在陕西》等大型系列丛书，并受地方政府委托完成了百余项发展规划。与职能部门、高等院校深度合作，联合组建了"丝绸之路经济带研究院""陕西落实新发展理念重大实践协同创新中心""陕西省重点舆情信息研究中心""陕西省残疾人事业研究院"等十余个研究平台，联合召开了近百场学术研讨会。

依靠全院职工，在聚人心鼓干劲中不断壮大。目前，省社科院在职员工 170 余人，设有 10 个研究所、1 个博士后科研工作站、2 个杂志社、5 个省级社团组织、8 个管理服务处室，是陕西省惟一一家省级哲学社会科学综合研究机构。2018 年以来，省社科院先后完成了 14 项整改提升工作，加快干部管理、业绩考核、成果评价、职称评审、课题经费管理、人才引进、学术交流等一系列制度改革，人心思进、干事创业、谋求发展，形成了共聚一股气、共绘一幅图、共建一个家的生动局面。

二、与改革同向 使命铸就担当

四十年的发展历程表明，正是几代社科人融入时代大潮，积极承担使命，以创新的精神、奋进的姿态，把握学术前沿，扎根三秦沃土，省社科院才能取得长足发展。

1. 高举旗帜、政治统领的使命自觉

加强和改善党对哲学社会科学工作的领导，是繁荣发展我国哲学社会科学事业的根本保证。四十年来，省社科院始终将政治方向寓于学科建设、理论研究、课题导向之中，坚持为人民做学问，实现了政治方向、学术导向和价值取向的自觉融合。

2. 久久为功、精益求精的执着追求

高质量研究是生存之本、繁荣之源。四十年来，省社科院牢记"崇尚精品、严谨治学"，在知行合一上下功夫，以精品奉献人民、以精品咨政辅政，实现了从科研强院到精品强院的升华，为哲学社会科学研究再上新台阶、开辟新境界，积聚了更为持久的力量。

3. 投身时代、服务大局的责任担当

与时代共振，是哲学社会科学的活力所在。四十年来，省社科院坚持探索中国本土化的学术话语，坚持用中国理论解读中国实践，坚持以陕西各个发展时期的重大理论和现实问题为科研主攻方向，服务实践、解决问题，实现了与时代同步、与改革同向。

4. 继往开来、守正创新的传承发展

知常明变者赢，守正创新者进。四十年来，省社科院始终坚持以马克思主义为指导，传承优秀传统，厚植学术根基，坚守哲学社会科学工作者的使命和责任，立足中国实际，彰显中国气派，不断开拓进取，使学科、学术、学问与历史链接，与现实互动，与时代相呼应，在守正创新中实现薪火相传。

5. 解放思想、开放协同的生动实践

开放的空间决定发展的空间，开放的程度决定发展的程度。四十年来，特别是近年来，省社科院坚持开门办院、创新兴院，在解放思想上下功夫，在整合资源上想办法，在开放中添活力，在外联中扩大影响，在合作中促进发展，形成了"勇于开拓、共谋发展"的开放局面。

6. 以人为本、凝心聚力的不懈探索

构建中国特色哲学社会科学，要从人抓起，久久为功。四十年来，省社科院始终坚持"服务人、依靠人、为了人"的发展思路，形成了人才聚集的"雪球效应"，实现了"人才""人缘""人气"三位一体的良好格局，更好激活了发展的内生动力。

三、与梦想同行 重整行装再出发

勇立潮头风正劲，乘风破浪好扬帆。哲学社会科学事业是党和人民的重要事业，哲学社会科学战线是党和人民的重要战线。对于省社科院来说，为国家和民族培根铸魂，为党和人民述学立论，为陕西发展建言献策，就是初心和使命的生动体现。

不忘本来，面向未来。"这是一个需要理论而且一定能够产生理论的时代，这是一个需要思想而且一定能够产生思想的时代。我们不能辜负了这个时代。"当前，省社科院顺应时代潮流，把握时代机遇，以建设一流地方社科院和高端新型智库为目标，正在积极谋求发展、稳健推进改革、大胆开拓创新，以高度的责任感和使命感，振奋精神、鼓足干劲，绾裤涉水、撸袖实干，力争做出更加辉煌的新业绩。

一代人有一代人的使命，一代人有一代人的担当。面向新时代，新一代社科人将继续立足中国现实，植根三秦大地，聚焦主责主业，以更加开放的学术姿态、更加包容的良好风尚、更加自信自觉的历史担当，为推进国家治理体系和治理能力现代化、实现中华民族伟大复兴的中国梦不懈努力，为奋力谱写新时代追赶超越新篇章做出新的更大贡献。

为人民"做学问"

——关于繁荣陕西哲学社会科学事业的思考 [①]

习近平总书记高度重视哲学社会科学工作，先后在多个场合就发展繁荣哲学社会科学事业发表了一系列重要论述，特别是 2016 年 5 月 17 日在哲学社会科学工作座谈会上的重要讲话，立意深远、视野开阔、内涵丰富，为当代中国哲学社会科学发展指明了前进方向、擘画了宏伟蓝图，更是陕西奋力推进哲学社会科学工作的基本遵循。

一、持之以恒做到"三个坚持"

习近平总书记强调："意识形态工作是党的一项极端重要的工作"，"要巩固马克思主义在意识形态领域的指导地位"。哲学社会科学工作具有鲜明的意识形态属性，因此为贯彻总书记讲话精神，我们在开展哲学社会科学研究时必须始终不渝地做到"三个坚持"。

1. 坚持马克思主义的指导地位。哲学社会科学发展首先涉及世界观和方法论问题，这不仅关系到哲学社会科学的服务对象，也关系到哲学社会科学的发展水平。习近平总书记指出："以马克思主义为指导，是当代中国哲学社会科学区别于其他哲学社会科学的根本标志，必须旗帜鲜明加以坚持。"同时告诫我们："我国哲学社会科学的一项重要任务就是继续推进马克思主义中国化、时代化、大众化，继续发展 21 世纪马克思主义、当代中国马克思主义。"习近平总书记的这一论断，立足当代中国社会思潮日益多样化、复杂化，且彼此之间存在密切交融交锋的新形势，为我国当代哲学社会科学发展提供了根本遵循。中国共产党的百年历史充分证明，只有坚持马克思主义，我们的事业才能不断走向成功，同样也只有坚持马克思主义，我国的哲学社会科学发展才能真正体现出为中国特色社会主义服务的基本属性。否则，丧失了马克思主义的基本原则，我国哲学社会科学发展就会迷失方向、丢失灵魂。因此，学习贯彻习近平总书记讲话精神，首先必须毫不动摇地坚持马克思主义对哲学社会科学发展的指导地位。

2. 坚持以人民为中心的研究导向。哲学社会科学发展首先要明确和解决为谁服务、为什么人服务的问题。"以人民为中心"，"坚持人民至上"，是习近平新时代中国特色社

[①] 本文系作为陕西省社科院书记、院长对如何发展陕西哲学社会科学而作的思考，全文载于陕西省委主办的《当代陕西》2021 年第 10 期。

会主义思想的基本立场，也是其一系列治国理政举措的根本出发点。总书记指出："脱离了人民，哲学社会科学就不会有吸引力、感染力、影响力、生命力。"这就鲜明地揭示了人民群众是历史的创造者，是一切社会实践的主体，同时人民群众所创造的历史实践也是哲学社会科学发展的动力源泉。因此，只有坚持以人民为中心的价值取向，哲学社会科学才会有所作为，只有树立为人民做学问的基本理念，哲学社会科学工作者才能创造出经得起历史和实践检验的研究成果。

3. 坚持问题导向，推进理论创新。创新是一切科学研究的永恒主题，也是社会发展、实践深化、历史前进对哲学社会科学的客观要求。习近平总书记强调："问题是创新的起点，也是创新的动力源。只有聆听时代的声音，回应时代的呼唤，认真研究解决重大而紧迫的问题，才能真正把握住历史脉络、找到发展规律，推动理论创新。"当代中国正发生着最为广泛而深刻的宏大社会变革，面临着世界百年未有之大变局和中华民族伟大复兴的战略全局，处于实现"两个一百年"奋斗目标的重要历史交汇期。这种深刻而复杂的国际国内形势变化，为哲学社会科学提出了一系列亟需破解的重大理论和实践课题，迫切需要广大社科工作者去潜心研究，奋力攻关。"文章合为时而著"，只有树立问题意识、靶向思维，并密切地与时代同频共振，才能创造出无愧于时代的优秀科研成果。

二、正确认识陕西社科事业发展现状

习近平总书记在"5·17"讲话中提出了"加快构建中国特色哲学社会科学"的战略判断和时代课题，并把建设具有中国特色的学科体系、学术体系和话语体系作为新时代我国哲学社会科学发展的重要任务。

纵观和研判我省哲学社会科学发展的基本现状，总体态势良好，在全国处于中上游水平，位列 31 个省市区的第 12、13 位。这一排名相对于我省在全国的 GDP 排名而言并不逊色和落后，但是对照于我省作为一个科技大省、教育大省和文化大省的特殊省情与地位而言，也有不令人满意之处。

1. 队伍规模数量偏少，且高层次拔尖人才缺乏。高校是社科研究的主要群体和基本力量。陕西虽然高校林立（109 所），但却存在着"工强理弱文落后"的基本格局。目前全省约有专职社科研究队伍 2.85 万人，主要分布在高校、社科院、党校（行政学院）和地方党政机关政策研究部门等四大系统，队伍规模总体位居全国第 13 位左右。其中，"长江学者奖励计划" 20 人，"万人计划" 24 人，教育部学部委员 4 人，国务院学位委员会 10 人，以上高层次社科人才数量与发达省份相比存在较大差距。

2. 学科建设水平高台多、尖峰少。我省哲学社会科学门类齐全，涵盖文科 7 个全域门类和 23 个全域一级学科,其中,博士后科研流动站 26 个、一级学科博士学位授权点 36 个、硕士学位授权点 130 余个,学位点数量在全国处于前列,但国家级重点学科、双一流学科和 A 类学科等居于全国领先地位的学科则明显不足。目前全国哲学社会科学设有一级重点学科 32 个,重点培育学科 40 个,我省尚处于空白,设有 161 个国家二级重点学科,我省仅有 6 个。在教育部第四轮学科评估中,我省 C 类以上学科 55 个,B 类学科 27 个,A 类学科 7 个,分别仅占全国比重的 3.6%、4.2% 和 3.4%。特别是在教育部设立的 151 个人文社会科学重点研究基地中,我省仅有 2 个。

3. 高层次高水平有影响的精品力作不多。据统计,2018 年全省发表哲学社会科学论文占全国比重为 4.36%,但其中 CSSCI 期刊论文仅占全国的 1.07%,"三报一刊"的论文仅占全国的 0.26%。全省高校获省部级以上奖项仅占全国比重的 3.8%,特别是获教育部高等院校哲学社会科学优秀成果一等奖和二等奖的情况鲜有。

4. 智库建设落后。全省高校、社科院、党校(行政学院)、党政部门等机构各类智库进入南京大学 706 家智库索引的仅 19 个。上海社会科学院智库研究中心发布的《2018 年中国智库报告——影响力排名与政策建议》显示,中国智库综合影响力 40 强以及决策影响力、学术影响力、社会影响力、国际影响力等分项排名前 20 强机构中,我省无一家上榜。

5. 研发经费投入不足且增速缓慢。我省在争取国家社科基金和教育部社科基金项目数量方面并不落后,近些年基本上居于全国第 10 位左右,但经费投入明显不足。教育部官方网站公布的统计数据显示,2016—2018 年,全国省级科研经费年均增速为 16.3%,而陕西仅为 3.6%。

三、提高陕西哲学社会科学发展水平

习近平总书记指出:"哲学社会科学是人们认识世界、改造世界的重要工具,是推动历史发展和社会进步的重要力量,其发展水平反映了一个民族的思维能力、精神品格、文明素质,体现一个国家的综合国力和国际竞争力","一个国家的发展水平,既取决于自然科学发展水平,也取决于哲学社会科学发展水平"。循此出发,学习贯彻总书记讲话精神,贵在增强对哲学社会科学重要性的认识,并以实际行动大力加快陕西哲学社会科学事业发展步伐,以追赶超越的姿态奋力促进陕西哲学社会科学繁荣昌盛。

要完善顶层设计,对全省哲学社会科学发展做出科学精准的规划,并完善相应的制度供给。要加大经费投入,以实际举措努力保障和支持哲学社会科学事业发展。同时,全省广大社科工作者要牢记总书记"空谈误国、实干兴邦"的教诲,增强忧患意识和担当感、使命感,锚定目标、鼓足干劲,勇攀哲学社会科学发展的新高峰。

社科研究应担当讴歌改革开放精神的时代大任 ①

习近平总书记在庆祝改革开放四十周年大会上的讲话，是一篇闪耀着马克思主义思想光辉的纲领性文献，是指引新时代我国改革开放事业的行动指南。社会科学工作者应深刻领会讲话精髓，牢牢把握其精神实质，勇立时代潮头，自觉担当起讴歌改革开放精神的时代大任。

一、以习近平总书记讲话为统领，把讴歌改革开放的精神与哲学社会科学的使命担当结合起来

（一）中国特色社会主义理论创新对四十年改革开放的成功引领中发现哲学社会科学的时代价值和光荣使命

改革开放是前无古人的事业，是中国共产党人的伟大创造。正如习近平总书记所指出的，改革开放是我们党的一次伟大觉醒，正是这个伟大觉醒孕育了我们党从理论到实践的伟大创造。而这一伟大历史创造的根本原因首先来自于正确的理论指导，来自于我们党对中国特色社会主义理论的不断创新、发展和完善。中国共产党在领导中国人民进行社会主义建设的进程中，始终坚持以马克思列宁主义、毛泽东思想为指导，与此同时，根据我国社会主义实践的不断发展，遵循实事求是的思想路线，相继创立和产生了邓小平理论、"三个代表"重要思想、科学发展观和习近平新时代中国特色社会主义思想，科学地回答了中国特色社会主义建设在不同历史时期和历史阶段的一系列基本问题，从而引领我国改革开放事业和现代化建设沿着正确的轨道获得了历史性的伟大发展和飞跃。

（二）紧紧围绕以人民为中心、充分发挥人民群众首创精神，牢牢把握哲学社会科学的智慧之源和依靠力量

人民是创造历史的根本动力。改革开放所铸就的伟大改革开放精神，成为当代中华民族最鲜明的精神标识！在改革开放 40 年的历史进程中，掌握着自己命运的中国人民焕发出前所未有的能动性和创造性，展现出气吞山河、气势磅礴的强大力量！正如习近平总书记所指出的，40 年来取得的成就不是天上掉下来的，更不是别人恩赐施舍的，而是全党全国

---

① 本文系 2019 年初作为陕西省社科院书记、院长在陕西省委宣传部召开的学习习近平总书记在庆祝改革开放大会重要讲话座谈会的发言，全文载于《新西部》2019 年第 1 期。

各族人民用勤劳、智慧、勇气干出来的！改革开放的历史实践充分证明，人民群众的首创精神弥足珍贵，而这也正是哲学社会科学发展的智慧之源和力量之基。

（三）不断把握历史发展大势、不断提高决策的科学性合理性，全面发挥哲学社会科学的引领作用和助推功能

历史发展有其规律，但人在其中不是完全消极被动的。只要把握住历史发展大势，抓住历史变革时机，奋发有为，锐意进取，人类社会就能更好更快地前进。习近平总书记指出，坚持"摸着石头过河"和顶层设计相结合，坚持问题导向和目标导向相统一，坚持试点先行和全面推进相促进，既鼓励大胆试、大胆闯，又坚持实事求是、善作善成，只有这样，才能确保改革开放蹄急步稳，行稳致远。他还指出，在前进道路上，要增强战略思维、辩证思维、创新思维、法治思维、底线思维，加强宏观思考和顶层设计，坚持问题导向，聚焦我国发展面临的突出矛盾和问题，深入调查研究，鼓励基层大胆探索，坚持改革决策和立法决策相衔接，不断提高改革决策的科学性。习近平总书记的讲话为我国哲学社会科学发展既提出了明确的新要求、新任务、新期待，也指明了前进方向。

二、坚定改革信念，发扬创新精神，谱写陕西追赶超越新篇章

改革开放40年来，特别是党的十八大以来，在以习近平同志为核心的党中央坚强领导下，陕西围绕"五位一体"总体布局和"四个全面"战略布局，经济社会发展取得了历史性变革和成就。站在全面深化改革新的历史起点上，陕西应把学习宣传贯彻习近平总书记重要讲话精神与落实习近平总书记来陕视察重要讲话结合起来，进一步解放思想、更新观念，在新起点上推动改革开放实现新突破，以改革创新精神谱写新时代追赶超越新篇章。

（一）进一步解放思想，坚持实事求是，深入探索符合陕西省情的追赶超越新路径

解放思想、实事求是、与时俱进，是马克思主义活的灵魂，是我们适应新形势、认识新事物、完成新任务的根本思想武器。习近平总书记强调：中国改革开放40年来，解放思想是贯穿始终的一条主线。没有不间断的解放思想，就不会有改革开放的累累硕果。解放思想不是脱离国情的异想天开，也不是闭门造车的主观臆想，更不是毫无章法的莽撞蛮干，解放思想的目的在于更好地实事求是。当前，我省正处于追赶超越的关键期，已经临近"十三五规划"目标收官的时间节点，需要攻坚克难的事情多、任务重、问题新、难度大。在这种背景下，仅靠传统思维和惯性做法，很难达到理想的效果。这就需要我们跳出"城墙思维"，冲破思想观念障碍，突破利益固化藩篱，站立于"秦岭之巅"，用国际视野、

辩证思维和战略眼光，把加强顶层设计和"摸着石头过河"结合起来，大胆探索，勇于实践，敢闯敢试敢干。只有这样才能有效实现追赶超越的奋斗目标。

（二）发扬改革创新精神，坚持新发展理念，打造陕西追赶超越创新驱动新引擎

创新是引领发展的第一动力。习近平总书记强调：惟改革者进，惟创新者强，惟改革创新者胜。中国改革开放 40 年来的宏伟历程，正是凭着一股敢为天下先、敢啃硬骨头的改革创新精神，基于一批批重大创新成果问世而逐步突破西方势力的种种围堵和束缚，逐渐走向自主创新、攻坚克难的辉煌历程。陕西作为文化和科技资源大省，蓄积着追赶超越的巨大创新潜能，积极实现这些资源的创造性转化和创新性发展是实现追赶超越目标的关键。为此，我们应以习近平总书记重要讲话为指导，以"三个经济"为引领，向改革开放要动力，向创新创业要活力，向特色优势要竞争力。目前，要特别注意在推进市场经济改革中，打造高标准的营商环境，充分发挥市场对资源配置的决定性作用，最大程度地激发民营企业的经济活力；要以制度创新为基础，有效推进政府治理体系和治理能力现代化，更好发挥政府对市场的宏观调控作用；要依据当前我国社会主要矛盾，深入推进供给侧结构性改革，不断优化经济结构，形成高质量发展的格局，不断满足三秦人民日益增长的美好生活需求；要加快深化科技体制改革，以市场为导向，促进产学研协调创新，军民融合协同创新；要构建新时代创新型人才培养体制机制，营造创新型人才汇聚成长环境，奋力形成和有效发挥西部人才洼地的作用。

（三）持续扩大开放，打造内陆开放新高地，构建陆空内外联动、东西双向互济的对外开放新格局

开放带来进步，封闭必然落后。我们坚持以开放促改革、促创新、促发展，牢牢抓住国家"一带一路"向西开放的战略机遇，大力发展枢纽经济、门户经济、流动经济，大幅度放宽市场准入，创造更有吸引力的投资环境，用好物流中心、保税区、出口加工、高新综合保税区等平台，办好丝博会，加快铁路公路建设，加强知识产权保护，扩大丝绸之路沿线国家的广泛交流合作，把自贸区建设成为新时代改革开放的新高地，形成全方位、多层次、宽领域的对外开放新格局，并以此为驱动，使陕西真正成为新丝绸之路的强大龙头，带领自身以及大西北融入世界经济发展格局。

三、加强改革开放研究，为陕西深化改革、扩大开放提供理论成果和智力支持

作为陕西省委、省政府直属综合性社科研究机构，我们要把学习习近平总书记在庆祝改革开放四十周年大会上的重要讲话作为当前的重要政治任务，在学深学透上下大功夫，准确地把握讲话精髓，理解讲话要义，用讲话精神武装头脑。同时积极引导专家学者撰写理论文章，讴歌宣传改革开放的伟大精神。

对历史的回顾和纪念重在关照现实、照亮未来。我们将从习近平总书记的讲话中汲取营养，明确研究方向，并围绕陕西一些重点领域和关键环节深入开展改革开放研究，力争推出一批有分量、有深度的理论成果，以期为陕西进一步深化改革、扩大开放建言献策，有效发挥智库功能。

同时，我们将以习近平总书记讲话精神为引领，推动自身革命，深化社科院内部体制机制改革，完善治理体系，提高治理能力，激发内生动力，扩大开放程度，加强研究队伍建设，提高科学研究水平，增强咨政辅政能力，使社科院作为推进陕西改革开放的"思想库"和"智囊团"的功能得到有效发挥，积极助力全省追赶超越。

加强社科研究

为陕西高质量发展提供智力支持 ①

习近平总书记来陕考察重要讲话和重要指示充分彰显了坚定的人民立场、浓厚的家国情怀。在陕期间，习近平总书记轻车简从、不辞辛劳，先后深入商洛、安康、西安等地的自然保护区、贫困山村、社区、产业基地、学校和企业，考察指导生态保护、脱贫攻坚、疫情防控、复工复产等工作，看望、慰问干部群众。在来陕之前和之后，习近平总书记还赴浙江、山西等地考察，调研走访的重点也是乡村社区、工厂企业、生态保护区等基层一线，关注的焦点依然是人民群众的生产发展和生活改善。习近平总书记的一步一履、一言一行无不体现出扎根人民群众、依靠人民群众的深厚情感和始终坚持以人民为中心的坚定立场。在陕西考察期间，习近平总书记真切流露出对家乡的热爱、对三秦父老的关心，多次提道："陕西是我的家乡，也是我青年时代工作生活过的地方。""无论在哪里工作，我都铭记着陕北人民的养育之情，牵挂着陕西的父老乡亲。""家乡每一点发展变化都让我感到高兴。"这些质朴无华、情真意切的话语，充分彰显了习近平总书记胸怀天下、心系苍生、情牵桑梓的家国情怀。在中华民族的传统文化中，对家乡的热爱、对故土的眷念和对民族的热爱、对国家的忠诚，始终是紧密联系在一起的，正所谓"家国情怀、君子之风"。

习近平总书记来陕考察重要讲话和重要指示为陕西新时代追赶超越擘画了发展蓝图、指明了前进方向。习近平总书记立足国际国内发展大势，对陕西提出奋力谱写新时代追赶超越新篇章的发展目标和"五项要求"。这与五年前习近平总书记来陕考察时所提出的"追赶超越"目标和"五个扎实"要求既一以贯之、一脉相承，又与时俱进地进行了深化和发展，体现出习近平总书记对陕西发展的新要求新期望。"奋力谱写陕西新时代追赶超越新篇章"，这表明陕西的基本定位依然是追赶超越，而且要加大力度、加快进度，奋力谱写出新的篇章。"推动经济高质量发展迈出更大步伐"，要求陕西在追赶超越的进程中，坚持新发展理念，把发展的重心放在质量和效益上，通过创新驱动实现量的合理增长和质的稳步提升；"打造内陆改革开放高地"，要求陕西进一步解放思想、扩大开放，尤其要依靠创新体制机制激发内生动力和发展活力，深度融入共建"一带一路"大格局；"推动生态环境质量

---

① 本文系作为陕西省社科院书记、院长在省委召开的学习习近平总书记来陕系列重要讲话重要指示座谈会上的发言，载于《中国社会科学报》（2020 年 11 月 4 日）。

持续好转"，要求陕西进一步提升对生态保护的认识，深入践行"两山"理论，以绿色发展实现三秦大地山更绿、水更清、天更蓝；"加强民生保障和社会建设"，要求陕西牢固树立以人民为中心的思想，坚持人民至上，扎实解决好人民群众最关心最直接最现实的利益问题，不断增强三秦百姓的获得感、幸福感、安全感；"推动全面从严治党向纵深发展"，要求陕西旗帜鲜明讲政治，尤其是要持之以恒地用延安精神净化政治生态，为加快陕西发展提供政治保障和精神动力。"五项要求"既为陕西今后的发展擘画了新蓝图，提供了根本遵循和科学路径，同时也为做好陕西新时代各项工作提供了思想武器，注入了强大动力，对于指导和推动全国的发展也具有重要而普遍的意义。

习近平总书记来陕考察重要讲话和重要指示，闪耀着辩证唯物主义和历史唯物主义的真理光辉，蕴含着一系列重大理论和实践问题，这也赋予了社科工作者深入开展研究的责任与使命。陕西省社会科学院作为全省宣传思想战线上的主阵地、开展哲学社会科学研究的主力军和省委省政府的"思想库""智囊团"，将在认真学习贯彻习近平总书记重要讲话和重要指示的基础上，组织专家学者结合陕西实际深入开展专题研究，及时推出一批有分量有影响力的研究成果，积极为陕西谱写新时代追赶超越新篇章提供有益的理论支撑和智力支持。

勇担哲学社会科学工作者的时代使命 ①

习近平总书记在哲学社会科学工作座谈会上的重要讲话全面而深刻地揭示了新时代加快构建中国特色社会科学所面临的基本形势、存在问题和主要任务，体现了新时代党对哲学社会科学发展的顶层设计、根本要求和殷切希望，是一篇闪耀着马克思主义光辉的纲领性文献，为构建新时代中国特色哲学社会科学指明了前进方向，提供了根本遵循。

学习贯彻习近平总书记的讲话精神，今后我们将在以下方面作出扎实努力。一是勤耕耘、出精品，为促进陕西哲学社会科学发展繁荣做出应有的贡献。自觉承担发展繁荣陕西省哲学社会科学的职责使命，提高政治站位，坚持守正创新，巩固马克思主义的指导地位。勇立时代潮头，坚持"文章合为时而著，歌诗合为事而作"，努力记录新时代、书写新时代、讴歌新时代。虚心向学、深入钻研、勤奋著述，努力增强"眼力、脑力、笔力、腿力"，以优秀的精品力作和模范言行为培根铸魂、净化世风和澡雪国民精神做出应有的贡献。二是献智谋、勇作为，切实发挥好省委省政府"思想库""智囊团"的职能作用。聚焦习近平总书记对陕西提出的"追赶超越"和"五个扎实"的要求，紧紧围绕省委省政府重大决策部署，认真研究省情域情，深入开展调查研究，积极建言献策，切实发挥好咨政辅政的智库作用。三是破障碍、促改革，不断增强自我革新、奋发进取的内生动力。开展自我革命，坚持刀刃向内，大力促进人事、科研和分配制度改革，奋力破解阻碍全院事业健康发展的体制机制障碍；扎实推进科研立院、人才强院、管理兴院战略的实施，加强基础设施建设，改善科研办公条件，提高科研人员收入待遇，努力增强哲学社会科学工作者的幸福感、获得感、安全感，使广大科研人员的内在动力和聪明才智竞相迸发。

---

① 本文系作为陕西省社科院书记、院长在参加陕西省委宣传部举办的学习习近平总书记在哲学社会科学座谈会上重要讲话的会议上的发言，载于《中国社会科学报》（2019 年 6 月 28 日）。